Juan María Hoyas

Cáceres, 1965.

Trabaja como profesor de Lengua Castellana y Literatura en un instituto de Enseñanza Secundaria.

Compagina la docencia con la paternidad, los viajes, la literatura y la fotografía.

PUBLICACIONES
GUÍAS DE VIAJE
•*Extremadura en bici* (2001)
•*Itinerarios ecoturísticos por las Tierras de Granadilla* (2004)

RELATOS DE VIAJES
•*Viento De Cara* (2005)
•*Viajes Diferentes* (2007)
•*Con C de Confín* (2010)

NARRATIVA
•*El Centro del Mundo y Otros Relatos* (2006)
•*Infancia* (2014)

ISBN-13: 978-1506108933
ISBN-10: 1506108938

Copyright © 2015 Juan María Hoyas
Todos los derechos reservados

CON C DE CONFÍN

Cuatro andanzas a los puntos cardinales

Juan María Hoyas Santos

2007. Bretaña, Inglaterra y Escocia........................7

2008. Egipto *All In One*......................................119

2008. El largo camino a casa..............................215

2009. Viaje al reino de Trapisonda......................361

PREFACIO UNO

Este libro se lo debo a mis lectores. Con ello no pretendo decir que sea una obligación contraída con quienes me leen, sino que, literalmente, existe gracias a ellos.

Después de publicar los relatos de Cabo Norte y Marruecos consideré que por el momento ya había satisfecho mi cupo de literatura viajera, y que si volvía a escribir más valía que fuera sobre otro asunto. Como la fotografía y los viajes sí me han seguido interesando, pensé sería buena idea subir -al portal autocaravanista del que formo parte- las imágenes más inspiradoras de nuestro recorrido por Bretaña, Inglaterra y Escocia acompañadas de comentarios, y compartirlas de este modo con los compañeros de afición.

Entonces hubo gente –bastante- que me animó a que siguiera refiriendo impresiones y experiencias y así, como si de una bola de nieve se tratara, me vi de nuevo inmerso en la dulce droga de narrar viajes.

Ése y no otro es el motivo por el que he dicho ahí arriba que este libro se lo debo a mis lectores. Va por ellos es decir por ti, por vosotros.

PREFACIO DOS

Por más que les pese a las agencias de noticias y a los agoreros varios, en este mundo hay muchísima más gente buena que mala. De esta premisa, desconocida por muchos, nos valemos aquellos a quienes nos gusta movernos por el planeta haciendo lo posible por evitar los caminos trillados, las rutas impuestas, los itinerarios industriales y estandarizados. No por elitismo ni por soberbia, sino porque es la mejor forma que conozco de entender el mundo circundante, de aproximarme a la comprensión acerca de lo que pinto aquí y de mi papel en el cosmos.

El viaje idealizado no existe, como tampoco existen los noviazgos perfectos. Un viaje, ahora empiezo a verlo claro, es la suma de sucesos agradables y desagradables que te asaltan desde la última vuelta del camino, celebrados los unos, denostados los otros; pero al fin y al cabo, ¿qué diferencia hay? Lo importante, como dijo el sabio, no es la experiencia en sí misma sino lo que tú haces con ella. Prometo pensar sobre esto cuando vuelva a ponerme en camino.

Y de todos modos, como diría José Mota, *Siempre nos queda Alcafrán.*

Bretaña, Inglaterra y Escocia

2007

*Al final de este viaje en la vida quedarán
nuestros cuerpos hinchados de ir
a la muerte, al odio, al borde del mar.
Al final de este viaje en la vida quedará
nuestro rastro invitando a vivir.
Por lo menos por eso es que estoy aquí.
Somos prehistoria que tendrá el futuro,
somos los anales remotos del hombre.
Estos años son el pasado del cielo;
estos años son cierta agilidad
con que el sol se dibuja en el porvenir,
son la verdad o el fin,
son Dios.
Quedamos los que puedan sonreír
en medio de la muerte, en plena luz.*

*Al final de este viaje en la vida quedará
una cura de tiempo y amor,
una gasa que envuelva un viejo dolor.
Al final de este viaje en la vida quedarán
nuestros cuerpos tendidos al sol
como sábanas blancas después del amor.
Al final del viaje está el horizonte,
al final del viaje partiremos de nuevo,
al final del viaje comienza el camino,
otro buen camino que seguir descalzos
contando la arena.
Al final del viaje estamos tú y yo intactos.
Quedamos los que puedan sonreír
en medio de la muerte, en plena luz.*

Silvio Rodríguez

Foto: Puesta de sol tras la tormenta cerca de Le Conquet (Bretaña)

Para Albert y Pepi. Por *AC Pasión*,
entre otras cosas.

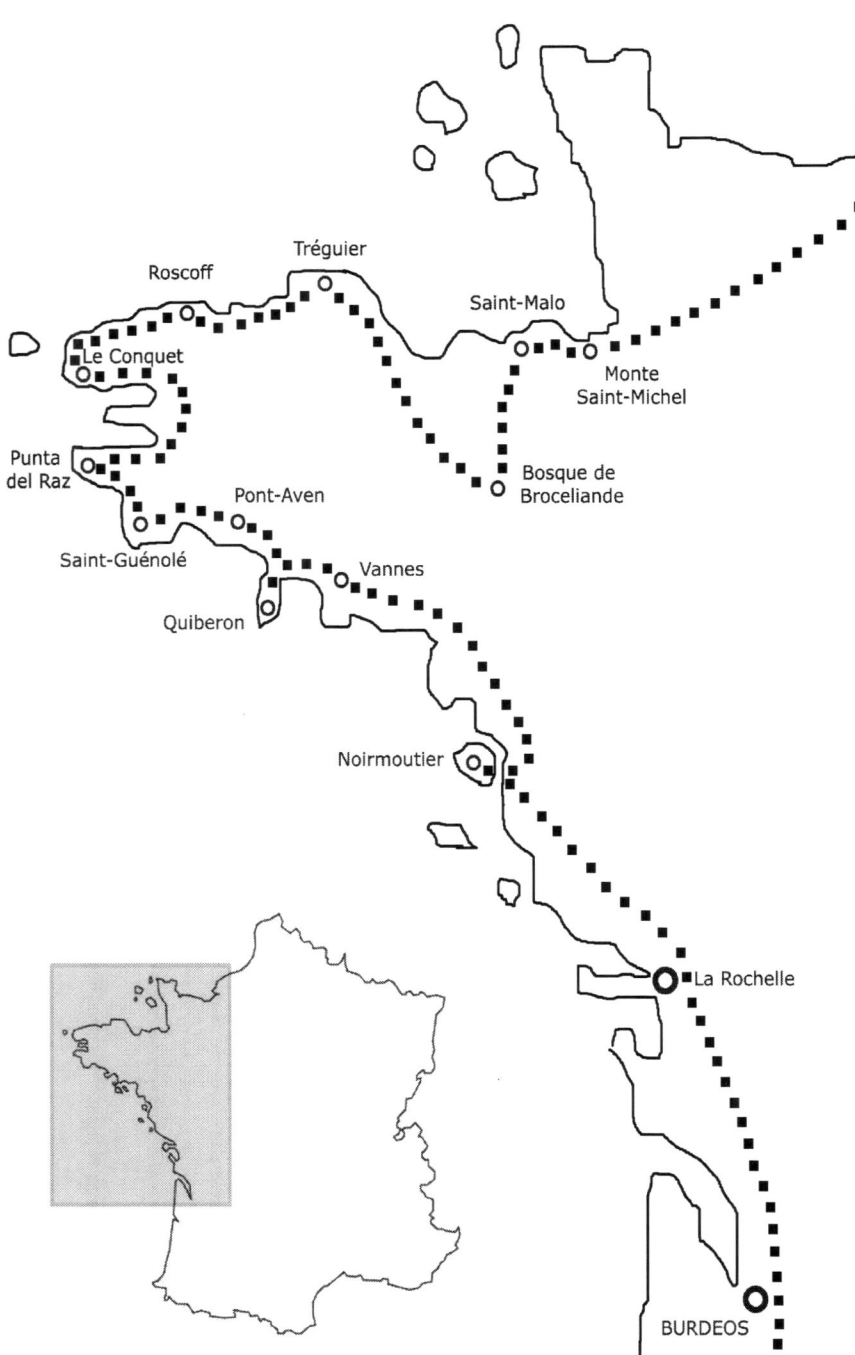

PRIMERA PARTE

Si en lugar de dedicarme a ver mundo y tratar de describirlo fuera un arqueólogo con la misión de rescatar los restos visibles y recuperables de este viaje, comenzaría hablando del inicio, que de tan lento fue imperceptible, como la partida al oscurecer del 4 de Julio, cuando después de recorrer apenas 40 kilómetros los viajeros pararon a dormir en mitad del Valle de Jerte. Luego hablaría de los días siguientes, teñidos de nombres tan sonoros y esdrújulos como Turégano y Sepúlveda, o las enmarañadas hoces del río Duratón. Siguiendo hacia el Norte mencionaría Aranda de Duero y el miedo que pasaron allí al ponerse a dormir justo en medio del mercadillo de la droga, la majestuosidad de Lerma o la ermita mozárabe de Santibáñez del Val. También nombraría la Garganta de la Yecla, el monasterio de Silos cuyo ciprés inmortalizó Gerardo Diego y, cómo no, el árbol petrificado de Hacinas.

Si fuera esa persona encargada de birlarle al olvido los mejores momentos de este viaje, salvaría como fuera la ermita visigoda de Quintanilla de las Viñas, al Sur de Burgos, con todo ese áspero y castellano paisaje a través del cual no han pasado los siglos, y por donde aún deben de cabalgar los infantes de Salas.

Luego preservaría para los restos la serpeante carretera que se adentra en la Rioja a través de la Sierra de la Demanda y va a parar al Monasterio de Valvanera. Me acordaría de San Millán y del monasterio de Suso sólo por ver escribir a Berceo, y de Tricio y su antiquísima basílica romana. Después iría hasta Estella, que fue capital del infortunado Carlos VII, y por la Sierra de Urbasa arriba me adentraría en el País Vasco para, tras recorrer Álava y Guipúzcoa, depositar a mis viajeros sobre el Bidasoa, el río que une o separa dos países, según se mire, y los dejaría allí dispuestos a empezar otro largo viaje, un poco más reconciliados con el paisaje y la historia.

Y si hubiera que poner música a esta historia, entonces sería la de un grupo que ellos aún no conocen llamado *Soldat Louis*, que son de Lorient, en Bretaña, y que según dicen les dio fuerzas con sus canciones y les inspiró en los momentos bajos.

Kilómetros recorridos: 800

12-13 JULIO: LAS LANDAS
Tras pasar Bayona y comer en Ondres vamos remontando la costa. Aparte del mucho calor, la sensación es de agobio por la cantidad de gente y por lo atestadas que están las áreas. También nos sorprende la infinidad de lagunas que hay por la zona, entre ellas una con nombre que suena a alemán o flamenco: Hossegor.

Tratando de huir del mundanal ruido y hartos de callejear, elegimos para dormir el área exterior de un camping, y elegimos mal. Aparte de carísimo, el terreno está tan inclinado que por la mañana despertamos con un dolor de cuello impresionante. En compensación, esa tarde disfrutamos de una puesta de sol que de tan dorada parece mentira.

Al siguiente día escogimos mejor. Siguiendo los consejos del compañero Arsenio, vamos hasta el área de Navarrosse, a orillas del Étang de Cazaux et Sanguinet. Aquí la cosa es más asequible: pasar el día y repostar agua, gratuito. Si te quedas a dormir, cobran 7,5 euros.

Esta zona da la sensación de hallarse menos masificada que el tramo hacia el Sur. Además, hay multitud de carriles bici que te permiten disfrutar del entorno sin ir pendiente de conducir la *casa-a-cuestas*.

Etapa: 169 kilómetros
Total: 969 kilómetros

14 JULIO

Pasando por Burdeos, nos vamos hasta La Rochelle. Nuestra intención era dar un pacífico paseo por el casco viejo, pero asombrados descubrimos que la ciudad arde en fiestas. Serias dificultades para aparcar, a más de dos kilómetros del centro.

Una multitud se congrega en el puerto y calles aledañas. Hay actuaciones musicales de pago y en la calle. Personas de toda raza, credo y condición conviven en alegre mescolanza.

Cuando a eso de las doce de la noche nos retiramos aún hay gente que acude a sumarse al jolgorio. Con la auto nos alejamos en busca de un sitio tranquilo-seguro y damos con el área de autocaravanas de pura chiripa, a seis kilómetros del centro de la ciudad.

Etapa: 270 kilómetros
Total: 1.239 kilómetros

15 JULIO

Subimos hasta el departamento de Vendée. Allí está Noirmoutier. Para quien no lo sepa diré que así es llamada una isla que se halla unida a tierra por una carretera sumergible con la marea. La primera impresión es que resulta imposible que el mar cubra toda aquella extensión.

Cuando llegamos al lugar de autos, un cartel luminoso advierte de que la marea lleva dos horas y media subiendo. Como vemos que no dejan de pasar coches, decidimos correr el riesgo e intentarlo nosotros también.

Alcanzamos la otra orilla, estacionamos y volvemos sobre nuestros pasos, dispuestos a contemplar el prodigio: lentamente, el desierto se transforma en laguna, y llega un momento en que ya sólo es visible la línea de la carretera. Veinte minutos después, también ésta ha desaparecido. Su trazado lo recuerdan las torretas que, esparcidas a intervalos regulares, sirven para que te subas a ellas en caso de que el agua te pille a mitad de camino.

Recorremos la isla hasta el final y dormimos en un área a la punta del todo, de cara al Atlántico.

Etapa: 171 kilómetros
Total: 1.410 kilómetros

16 JULIO
Aunque ya han construido un puente de peaje para entrar o salir de Noirmoutier, es mucho más interesante hacerlo por donde vinimos, esto es por la carretera vieja, de manera que nos enteramos del horario de mareas para no andar tan justos como ayer. De paso podremos contemplar las labores de marisqueo de cientos de personas.

Rumbo al Norte, ahora pegados a la costa. Cruzamos el Loira muy cerca de su desembocadura, a la altura de Saint Nazaire. Resulta impresionante el puente que han construido aquí para salvar el brazo de agua de 2.300 metros de anchura. Continuamos después en dirección Nordeste y llegamos a Vannes, que podemos considerar la puerta de Bretaña.

De Vannes nos gusta mucho la muralla medieval y su peculiar arquitectura. También me sorprenden los carteles bilingües en francés y gaélico-bretón, porque pensé que en este país el centralismo político y cultural no permitía, al menos hasta ahora, licencias de este tipo.

Tras la visita decidimos continuar camino y dormir en un área de la península de Quiberon. Luego nos pasamos media tarde buscando el lugar donde se va a celebrar un recital de música y bailes populares, pero para cuando damos con él nos enteramos de que lo han trasladado a cubierto debido a la amenaza de lluvia.

Etapa: 215 kilómetros
Total: 1.625 kilómetros

17 JULIO
Hoy toca uno de los objetivos primordiales del viaje: Carnac.

Hace muy poco que hemos aprendido que menhir es palabra bretona. En realidad está formada por dos: *men*, que significa *piedra*; *hir*, que quiere decir *levantada*. Al igual que *dol-men* viene a significar *pasillo de piedra*.

El día entero lo pasamos pateando los campos de alrededor. De verdad que vale la pena, porque estos alineamientos megalíticos desprenden un aura mágica y misteriosa. Como ejército silencioso, despliegan sus hileras tratando de transmitir algo que nosotros, los civilizados de ahora, somos incapaces de comprender, tal vez un mensaje grabado en tiempo y piedra que habla de permanencia. O quién sabe si también de fugacidad, como el menhir partido de Locmariaquer.

No sabemos si volver a dormir a Quiberon o quedarnos por la zona: hay fiestas en casi todos los pueblos. Finalmente, nos decidimos por la tranquilidad y optamos por continuar ruta: dejando de lado Lorient, que nos parece muy grande, vamos a pernoctar a Pont-Aven, el pueblo de los pintores. En él residió durante algunos años el inefable Paul Gauguin.

Etapa: 125 kilómetros
Total: 1.450 kilómetros

18 JULIO.
En Pont Aven descubrimos su puerto, que late al compás de las mareas, y eso que se encuentra 7 kilómetros tierra adentro. También sus rincones con encanto y comprendemos por qué Francia tiene un certamen permanente de *villes fleuries* destinado a hermosear y engalanar pueblos.

Por la tarde vamos hasta Concarneau, con su concurridísima área que es gratuita. Cuenta, además, con un poste de servicios básicos modelo por el que suspiramos en España.

Visitamos la fortaleza, y esa tarde nos vamos hasta el faro de Eckmühl. Para nuestra sorpresa y desagrado hemos debido de entrar en una zona hostil a las autocaravanas, ya que hay carteles de prohibido por todas partes, algunos enormes.

En Francia, cuando te prohíben pernoctar en una zona, por regla general indican el lugar autorizado para aparcar. Aquí hay indicaciones acerca de un área en el pueblo de al lado St-Guénolé, pero resultó ser un bulo: también allí el autocaravanismo está prohibido.

Intentando ser discretos, aparcamos en una calle en la que hay dos autos francesas. Nos vamos a dar un paseo, pero a la vuelta

–maldición- los franceses se han evaporado. Pese a todo, decidimos quedarnos en el sitio.

Todo en esta vida tiene su premio, seamos lo bastante perspicaces para darnos cuenta de ello o no. Como recompensa por nuestra incertidumbre y la sensación de no ser bienvenidos, somos testigos de la puesta de sol más hermosa que quizá hayamos visto nunca.

Etapa: 67 kilómetros
Total: 1.517 kilómetros

19 JULIO
Nadie nos ha molestado esta noche. Seguimos la costa hasta la playa de Tréguennec. Aquí vemos un montón de búnkeres que formaban parte de *El Muro del Atlántico*, la barrera construida por los alemanes durante la Segunda Guerra Mundial a lo largo de toda la costa francesa para prevenir una invasión. A algunos les ha empezado a fallar el suelo y yacen escorados como viejos barcos.

Habíamos pensado en acercarnos a Quimper, pero lo descartamos en pro de seguir la costa, lo cual no es fácil ya que la carretera se aleja hacia el interior. Finalmente conseguimos aproximarnos, y entendemos por qué en ese tramo no hay pueblos: el paisaje es tan desolado que recuerda a zonas de Noruega. Nos llaman la atención los tejados, por su gran inclinación y porque en su mayoría cubren por completo el primer piso de la vivienda. Está claro que aquí, cuando llueve, llueve.

Paramos a repostar en un hiper Champion en la localidad de Plouhinec. Allí encontramos un dispositivo para la limpieza de autocaravanas que es lo más práctico y sofisticado que hemos visto hasta la fecha. La cosa funciona como sigue: por el módico precio de un par de euros se abre la puerta. Dentro hay: desagüe para las negras y manguera con pistola pequeña para limpiar el químico. Una segunda manguera con pistola similar a la de los surtidores de gasolina para el depósito de limpias (presión adecuada para que no rebose, gatillo para no tener que estar apretando todo el tiempo). Cuando has terminado, cierras la puerta y...¡alehop! todo el armario se limpia y desinfecta automáticamente.

¿Hay quien dé más?

Pues sí, el hiper tenía también lavandería.

Siguiendo camino un poco más allá, en Audierne, encontramos una docena de autocaravanas estacionadas al lado del río. El sitio es tan bonito que decidimos quedarnos. Por cierto, en bretón Audierne se dice Gwaien.

Mientras hacemos la cena todas las ventanas se empañan. Como fuera llueve y hace frío...

Etapa: 47 kilómetros
Total: 1.564 kilómetros

20 JULIO

Hoy llegamos al Finisterre francés, esto es, a la Pointe du Raz. Entrar en el aparcamiento cuesta tres euros para los coches y seis a las autocaravanas, de modo que enfilamos más al Norte, hacia la Pointe du Van, que es gratis. El motivo no es económico, es que por una mezcla de propósitos simbólico-paisajísticos nos apetece llegar a la Pointe du Raz a pie, siguiendo la costa. De manera que dejamos la auto en el segundo aparcamiento, presidido por una bandera bretona, y nos vamos caminando por la cresta de los acantilados. Hay unas cuantas subidas y bajadas, la más pronunciada de todas la que baja a la Baie des Trepasses, donde caminamos entre bañistas que toman el sol. La sensación de espacio y atardecer es indescriptible. Nuestro propósito es acercarnos lo más posible a La Vieille, sin duda uno de los faros emblemáticos de Bretaña.

Confieso que hasta hace tres años no sabía nada de estos faros. Un día, paseando por el casco viejo de Pontevedra, en el escaparate de una tienda vi una foto que me impactó: el farero estaba a la puerta mientras una ola monstruosa rompía por detrás. No recuerdo si en ese momento me quedé con el nombre o tuve que investigarlo más tarde. El autor de la imagen era Jean Guichard.

Tienen en común estos faros hallarse sobre peñascos, islas diminutas en medio de un mar hostil y embravecido. Me quedé tan prendado del trabajo de este hombre que en cuanto pude adquirí la reproducción de una de sus fotos: 115 x 70, la más grande que pude encontrar. Se trata del *Phare du Four* (Faro del Horno), que visitaremos dentro de dos días, y que en casa preside mi mesa de trabajo como una ventana hacia la soledad del mar y el infinito.

Alcanzamos la Punta del Raz y descubrimos que no es posible llegar allí en automóvil (el aparcamiento cae a 2-3 kilómetros, y existe un autobús-lanzadera que va y viene a intervalos regulares). Esta práctica de restringir el acceso rodado a sitios emblemáticos, que ya hemos visto durante el viaje y que volveremos a ver, permite contemplar los sitios en su estado primigenio, sin molestos ruidos de cláxones, motores ni toda la contaminación visual que generan tan del gusto de la época que nos ha tocado vivir.

La Vieille, a contraluz, más que lejano parece diminuto, como de juguete. Al fondo se dibuja la Île-de-Sein. Y más allá, casi invisible, está el *Ar-Men* -(*la piedra*, en bretón), el más duro y valiente de todos.

Cae inmensa la tarde de otro atardecer en Bretaña. La ermita de St. They y el faro de Tévennec comienzan su juego de sombras y luces.

Llega por fin el crepúsculo a esta costa de faros del fin del mundo.

Etapa: 18 kilómetros
Total: 1.582 kilómetros

21 JULIO
Continuamos la costa, ahora hacia el Este. Tras pasar Douarnenez dejamos a la izquierda los acantilados de la península de Crozon. Nos gustaría mucho verlos, pero supondría demasiada vuelta. Hacemos en cambio un pequeño desvío hasta lo alto del Ménez-Hom. Desde la pelada cima de esta antigua montaña sagrada se divisa, pese a sus escasos 330 metros de altitud, una buena porción de la costa y casi la totalidad de Bretaña.

Justo en la salida de la colina a la carretera general está la iglesia Sainte-Marie du *Menez-Hom*. Llama tanto la atención que no podemos evitar parar y sacarle fotos. Son curiosos los templos bretones; con el granito tan desgastado y lleno de liquen parecen de la misma época que los monumentos megalíticos.

Más tarde cruzamos el río Aulne en Châteaulin, y quedamos prendados de sus impolutas orillas. A continuación nos vamos hacia el Este, en dirección Gouézec, buscando un dolmen llamado *La Roche du Feu* que se halla en lo alto de una colina, y al que se llega después de un corto paseo a pie. Al parecer, dicho sitio se utilizó como lugar de vigilancia para avisar de la llegada de enemigos mediante el procedimiento de encender una fogata, de ahí el nombre. Tras la visita, bajamos al aparcamiento para comer. Durante la sobremesa nos cae encima una señora tormenta.

Nos dirigimos a Brest. Nuestra intención era hacer escala técnica antes de cruzar el río, en el área de Plougastel Daoulas -teníamos referencias de que próxima a ella había una lavandería-, pero se revela misión imposible porque dicha área se halla *okupada* por roulottes, lavadoras, montones de chatarra... Y sus dueños. No sabemos si son gente en paro, emigrantes, minoría étnica o las tres cosas a la vez, el caso es que sin hacer ulteriores averiguaciones seguimos camino.

Mientras cruzamos Brest nos damos de narices precisamente con una lavandería. Pero resulta que no hay nadie al cargo, todo es automático, y por eso no tenemos a quién protestarle cuando la máquina se traga un billete de cinco euros, y ni lava ni devuelve la guita.

Acordándonos de la madre que parió a Ariel, probamos ahora con monedas y la cosa funciona, pero se trata de un lavado tan breve y etéreo que dudamos si habrá quitado algo de porquería a nuestra ropa.

La secadora también dejaba mucho que desear, de modo que al llegar a la auto hay que desplegar toda la colada. Para estos menesteres disponemos de una cuerda doble que abarca todo el largo del vehículo. La solución es práctica, pero restringe enormemente los movimientos.

Con semejante *estalache* montado salimos en dirección Oeste. Por el camino empieza a llover fuerte. Llegamos a Plougonvelin, donde hay un área de pago, pero todavía nos escuecen los cinco euros que nos tangó la lavadora, así que seguimos hacia adelante. Doblamos la Pointe de St. Mathieu y, justo a la entrada de Le Conquet, encontramos un aparcamiento frente al mar.

El sitio es tan perfecto que cuesta trabajo creer que no haya ningún cartel de prohibido. Intimida un poco la soledad, y especialmente la cercanía a la carretera, pero hay una auto francesa, y les preguntamos si piensan quedarse a dormir. Como la respuesta es afirmativa, nos tranquilizamos bastante.

Por si fuera poco para de llover y, cuando menos lo esperamos, somos obsequiados con otra puesta de sol apabullante.

Etapa: 180 kilómetros
Total: 1.762 kilómetros

22 JULIO

Nos adentramos en la zona menos turística e imagino que más inhóspita de la costa bretona. Vamos hasta la localidad de Porspoder, que es el lugar desde donde mejor se puede apreciar el Faro del Horno. Claro que ahora el tiempo está bastante más tranquilo que en las fotos de Guichard.

La excursión al faro sirve de pretexto para un interesante paseo por la costa. Ésta llama la atención sobre todo por el aspecto torturado de las rocas, signo de un combate millonario (por millones de años) contra la furia de los elementos.

Seguimos el contorno de la costa aunque tierra adentro, con la seguridad de dejar sin ver un montón de sitios interesantes (de todos modos, a estas alturas ya sabemos que a Bretaña habrá que volver.) Cruzamos entre otros los pueblos de Ploudalmézeau, Plouguerneau, Plouescat... ¿Qué significará en bretón el prefijo *plou-*? Sin embargo, nada comparable a la localidad que hemos pasado esta mañana antes de llegar a Porspoder, de nombre *Melon*. ¿Hay quien dé más?

Por la tarde llegamos a dormir al área –gratuita- de Saint-Pol-de-Leon, donde descubrimos las insólitas aplicaciones de la energía eólica en el sector autocaravanista, mediante un aerogenerador anclado en el techo.

Etapa: 150 kilómetros
Total: 1.867 kilómetros

23 JULIO

Visitamos St. Pol, hasta cuyo casco histórico somos guiados por la torre-misil de la Colegiale de Kreisker (78 m.), la más alta de toda Bretaña. Luego nos vamos para Roscoff, donde nos cae una manta de agua considerable.

En este puerto se puede comprobar la fuerza de las mareas; tanto es así que el transbordador que lleva a la isla de Batz atraca en un sitio u otro dependiendo de si es pleamar o bajamar. Lo cierto es que la imagen de los barcos clavados en el fango como escualos moribundos choca lo suyo. Es como si el puerto entero fuera una gran bañera, y alguien hubiera sacado el tapón.

La tarde la dedicamos a viajar. Los recortes de la costa y las exigencias de la carretera nos obligan a pasar por Morlaix y Lannion. Por el camino despeja y asistimos a un nuevo despliegue de colores *Made in Bretagne.* Buscando dónde quedarnos llegamos al área gratuita de Trébeurden (a pie de playa), donde pillamos el último puesto por un pelo.

Etapa: 70 kilómetros
Total: 1.937 kilómetros

24 JULIO

A partir de Trébeurden entramos en la *Costa del Granito Rosa* con sus veleros tradicionales, su agreste perfil y sus curiosas formas.

Trégastel, Ploumanach, Perros-Guirec... Los nombres siguen siendo curiosos donde los haya. En esta zona nos sentimos menos a gusto por lo masificada que está. Desde aquí es posible tomar barcos hasta las Siete Islas para contemplar las colonias de aves. Hay tantos miles y miles que desde la costa, a cinco kilómetros de distancia, se ve blanquear la cima de uno de los peñones.

Es increíble lo que da de sí una costa tan recortada. Nos alejamos hacia el interior buscando el área de Tréguier para lo cual montamos un pequeño lío, ya que no nos atrevíamos a cruzar por el casco viejo del pueblo. El área se halla en un precioso lugar al lado del río, y pese a estar de bote en bote encontramos un hueco. Aquí no sólo es gratis la pernocta, sino también el agua. Para celebrarlo, cenamos en un restaurante del pueblo.

Etapa: 40 kilómetros
Total: 1.977 kilómetros

25 JULIO
Tréguier tiene un casco antiguo bien conservado. Ya lo vimos ayer, pero nos damos otra vuelta. Visitamos también el mercadillo y la catedral. Dentro nos llaman la atención las vidrieras, seguramente destruidas durante la Primera Guerra Mundial y restauradas con motivos bélico-alegóricos: resulta curioso ver, en estos lucernarios de apariencia medieval, barcos de guerra y aviones biplanos.

Esta noche hay fiesta con actuaciones musicales incluidas, pero descartamos el plan en favor de otro destino del viaje: el bosque de Broceliande, asociado con las leyendas artúricas. Dicho bosque se encuentra hacia el interior, unos 40 kilómetros al Oeste de Rennes en las cercanías de Paimpont (no Paimpol, como he leído por ahí, que se encuentra en la costa y puede inducir a confusión). Lo cierto es que el viaje se convierte en una pequeña decepción, ya que aparte de la presunta tumba de Merlín no encontramos ninguno de los otros lugares, dado que la señalización es escasa, errática y confusa. Nos tenemos que conformar con un roble de cuatrocientos años, un castillo encantado y el gustazo de haber dormido en la calle de Merlín.

Etapa: 180 kilómetros
Total: 2.157 kilómetros

26 JULIO

Volvemos de nuevo hacia la costa. De camino paramos en Dinan, que presume (con razón) de un casco antiguo estupendo. La ciudad se encuentra atestada de tráfico; pensando que vamos a meternos de cabeza en la parte vieja nos desviamos por calles secundarias y es aún peor: bajando una cuesta me encuentro un francés que viene de frente. No nos podemos cruzar porque hay coches aparcados, y el buen hombre pretende que sea yo el que dé marcha atrás. Claro que me corresponde según el reglamento de tráfico, pero mi vehículo mide siete metros, señor (y le muestro siete dedos, a ver si lo comprende). Por fin, a regañadientes, se orilla lo mínimo para que podamos pasar.

Comprobamos que además hoy es día de mercado, aparcamiento imposible. Nos toca cruzar el puente y aparcar al otro lado, fuera ya del casco urbano.

En Dinan muchos turistas, muchas flores y mucha arquitectura popular. En la iglesia, también aquí vidrieras de la penúltima gran guerra.

La ría de Dinan, formada por el estuario del Rance, no experimenta el flujo de mareas debido a que existe un sistema de esclusas para hacerla navegable. No nos resistimos a un paseo río arriba en un precioso *bateau*.

Al parecer, en la época de Napoleón, y para evitar el bloqueo que los ingleses habían impuesto en el Canal de la Mancha, se construyó un sistema de canales que permitía comunicar esta zona con la costa atlántica, partiendo virtualmente a Bretaña en dos. El invento estaba montado a base de esclusas, y a lo largo del río-canal había un camino por donde circulaba la mula o el caballo que tiraba del barco. Si no había, quien tiraba era la mujer del barquero. Es verídico: nos enseñan una foto de época tan *remota* como 1950.

El capitán del barco resulta ser un escritor local. Tiene publicado un libro de poemas titulado *Dinan, la Perle Noire* que tiene a disposición de quien lo solicitara. Ya a la vuelta nos estuvo recitando versos, y cuando al desembarcar le decimos que también nos dedicamos al asunto de la pluma nos lee un texto que piensa incluir en su próximo libro. Habla de los olores y de la infancia, y de cómo aquéllos a menudo son la llave para recordar ésta.

Finalizado el paseo, nos dirigimos al centro en busca de un ciber. No es que experimentemos irrefrenables deseos de consultar el correo y navegar a troche y moche, es que necesitamos ya comprar el billete de ferry para Inglaterra. Si no lo hicimos antes fue debido a que no sabíamos cuánto tiempo nos llevaría ver Bretaña. Ahora que estamos cerca del punto final, nos sentimos mucho más seguros a la hora de elegir una fecha.

Preguntamos y nos envían a uno, pero por lo visto ha cerrado. Con el segundo pasa lo mismo. Finalmente el tercero está abierto. La atmósfera de antro y el aire viciado por tanto adolescente pegando tiros con el *joystick* no nos disuade para conectarnos a la página de las navieras y buscar una buena oferta.

Aunque nuestra idea original era cruzar el Canal por el eurotúnel, los abultados precios nos echaron para atrás. Ahora en cambio nos llevamos dos sorpresas: la primera, que haya plazas de sobra. La segunda, lo que se ha abaratado el precio: una autocaravana y dos adultos para dentro de dos días cuestan con Seafrance 158 euros (220 en Norfolkline, y en fechas que no nos interesaban). Atribuimos esta ganga a la psicosis creada por las inundaciones en Inglaterra, que sospechamos habrán hecho cancelar muchas reservas. Pago con la tarjeta de crédito y me sale un número localizador, que apunto cuidadosamente.

Solucionado el tema, volvemos a la auto y nos vamos para Saint-Malo, conocida por su pasado pirata y su ciudad amurallada. Desde la entrada somos dirigidos por las señales hasta el área, sita en el P+R (Park & Ride). Este sistema, del que debían ir tomando buena nota las congestionadas ciudades españolas, es común en Gran Bretaña y se está imponiendo también en Francia. Básicamente, se trata de un gran aparcamiento en superficie situado en el extrarradio de la ciudad. La gente deja allí su vehículo, y un autobús-lanzadera (*navette*, le dicen los franceses) te acerca al centro. En cuanto al precio, resulta irrisorio: cobran 2,5 euros tanto a coches como a autocaravanas, pero sólo hasta las cinco de la tarde. Si llegas después duermes gratis, y por la mañana vienen a preguntarte amablemente si te vas a quedar a pasar el día. En caso afirmativo, pagas. En cuanto al autobús para el centro, es gratuito. Así que aparcamos y nos vamos a conocer la ciudad.

Etapa: 90 kilómetros
Total: 2.247 kilómetros

27 JULIO
Saint-Malo tiene personalidad propia. A los marineros de aquí le deben su nombre las islas Malvinas (=malouines). Durante la Segunda Guerra Mundial fue objeto de una resistencia a ultranza por parte de los alemanes, y quedó arrasada casi en su totalidad. Lo que vemos hoy fue restaurado piedra a piedra.

En una de las islas próximas a la ciudad -Grand-Bé-, frente al mar, está enterrado el escritor francés René de Chateaubriand, ecologista *avant la lettre* cuando dijo aquello de «Los bosques preceden a las civilizaciones, los desiertos las siguen.»

Hoy dedicamos el día completo a este hermoso sitio. Lo bueno de Saint-Malo es que cuando te cansas de patear la ciudad puedes salir a la playa, o a la inversa. Otro recorrido posible es el de las murallas, desde las que se contemplan dilatadas perspectivas de la red de fuertes que construyeron para librarse de los ingleses, y del Cap Fréhel al fondo. Saint-Malo cuenta muchas historias de asaltos, de piratas, de batallas navales. Adornado todo, eso sí, por sus apoteósicos atardeceres.

28 JULIO

Y llega la meca de todo viaje por Bretaña, el Monte Saint-Michel, que es lo que uno se pueda imaginar y más. Llegamos de mañanita y tuvimos Saint-Michel por la mañana, por la tarde y por la noche. El que dejen pernoctar a la vista de la abadía (pagando, eso sí) es un lujo como pocos.

Recuerdo, cuando era pequeño, un álbum de cromos de los que coleccionábamos entonces titulado Maravillas del Mundo. En él venían dos imágenes de Saint-Michel, una con pleamar y otra con bajamar. Me quedó tan alucinado aquel sitio que podía ser isla o no, según subiera o bajara el mar, que supongo que en aquel instante nació el deseo de llegar hasta aquí. Muchas veces, los sueños de los niños los realizamos los adultos.

Etapa: 60 kilómetros
Total: 2.307 kilómetros

SEGUNDA PARTE

29 JULIO
Hoy es día de viaje. Del Monte Saint-Michel hasta Calais hay cerca de quinientos kilómetros, que hacemos con calma. Cortamos la península de Cherburgo y pasamos junto a Caen y Le Havre, dejando a un lado toda la, en mi opinión sobredimensionada, épica del desembarco de Normandía y el dichoso día D.

A mediodía paramos para comer. Buscamos un área donde poder vaciar y como no nos vamos a quedar los encargados, muy amables, se niegan a cobrarnos.

Nuestro barco zarpa a las 12:15 de la noche. Llegamos a Calais con tiempo, así que nos vamos a buscar una gasolinera. Aunque no sea de super, siempre será más barata que la inglesa.

A las 11:30 nos ponemos a la cola. Entregamos nuestro billete en la creencia de que después iremos directos al barco, pero no: en el mismo Calais tienen los ingleses instaladas unas garitas de aduana. Te piden el carnet al viejo estilo policial, escrutándote con fijeza (*¿Puedo ver el rostro del caballero?*). Luego, como si esto fuera el castillo encantado de un parque de atracciones, llegamos a la mujer que nos para y pregunta si llevamos mascotas. Por último están los tres individuos que se movilizan nada más ver llegar la autocaravana. Nos preguntan amablemente que si les dejamos echar un vistazo dentro. Respondemos que sí, claro (¿acaso podemos decir otra cosa?). Entra uno linterna en ristre e inspecciona el garaje, el baño, incluso el armario de la ropa. Por si podemos ayudar, le preguntamos que qué es exactamente lo que busca, a lo que responde con un lacónico: «*Inmigrantes*». Me entran ganas de preguntarle si no querría mirar también en el cajón de los cubiertos, pero me muerdo la lengua a tiempo.

Por fin nos dejan en paz y entramos en el ferry con la sensación de que el Reino Unido aún no pertenece a la Unión Europea.

En el trayecto, mientras contemplo la luna desde cubierta, entablo conversación (en realidad casi no deja meter baza: yo escucho y él cuenta) con un cubano que vive en Austria desde hace diecisiete años, y que viene a ver a la familia que tiene en Londres. Me habla de la sensación que siente, cuando va a su país natal, de casi no ser de allí.

Una hora y cuarto más tarde estamos desembarcando en Dover. Las prioridades en este momento son dos, a saber: encontrar un sitio para dormir y acordarse de conducir por la izquierda. Reconozco que acojona bastante más lo segundo que lo primero, aunque ambos factores van interrelacionados: resulta de lo más complicado buscar un lugar de acomodo y, al mismo tiempo, ir con mil ojos en la carretera. Además, es de noche, cosa que dificulta mucho ambas tareas. Al final, después de varias vueltas, vemos de refilón una auto aparcada. Giramos donde podemos y conseguimos entrar en el parking. Nos cercioramos de que no hay que pagar hasta las ocho (hora inglesa) y nos echamos a dormir. Son más de las dos de la madrugada, hora continental.

Etapa: 520 kilómetros (480 por tierra + 40 de barco)
Total: 2.827 kilómetros

Bretaña, Inglaterra y Escocia

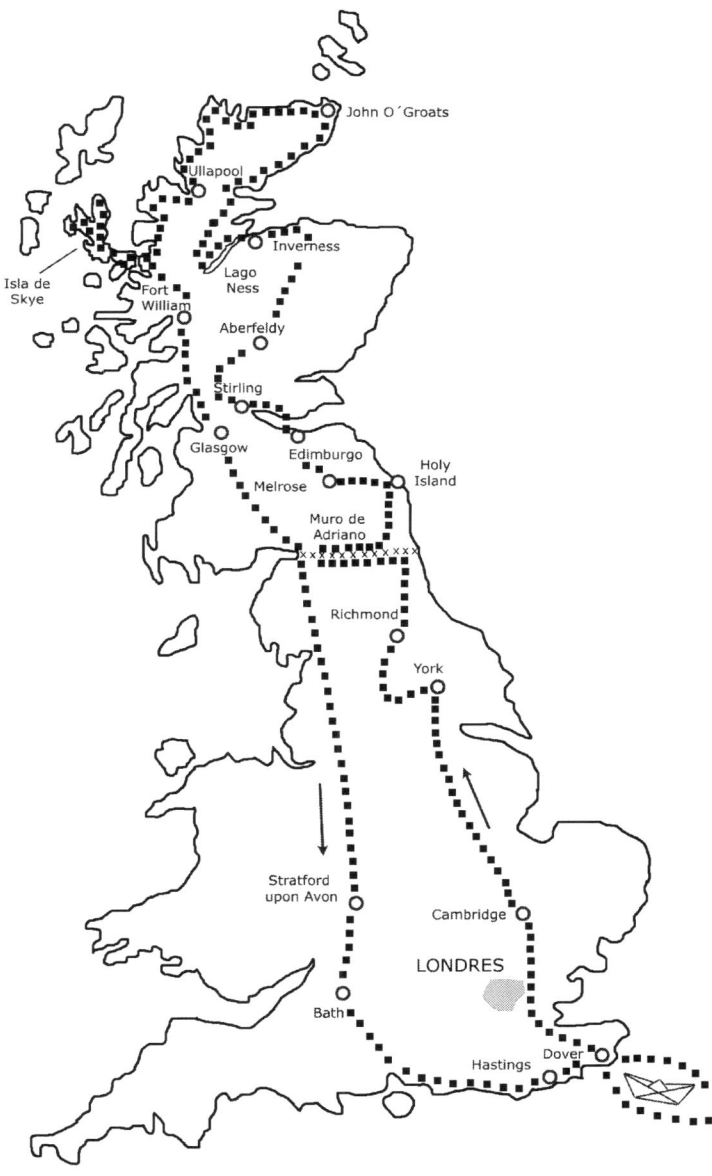

30 JULIO

El parking en el que hemos fondeado es un *Long Stay parking*, y se diferencia de los *Short Stay* en que puedes permanecer más horas y resultan más baratos. Como cae muy cerca del puerto, el ruido durante la noche ha sido atronador, pero con lo cansados que estábamos creo que ni nos hemos enterado.

Conforme voy despertando tomo conciencia gradual de las siguientes realidades:
 a) Que estoy en suelo inglés
 b) Que este parking es de pago y no tenemos ni un chelín en moneda inglesa
 c) Que esto es England, y durante veintiocho días voy a tener que conducir por la izquierda.

Salimos de la auto e investigamos la zona en busca de un cajero automático. Sacamos doscientas libras -el cálculo del cambio va a resultar fácil, porque 1 libra = 1,5 euros-. Después arrancamos rumbo a Canterbury.

Al principio el miedo es cerval; temo sobre todo que el impulso condicionado de veinticuatro años conduciendo por la derecha me juegue una mala pasada. Lo más complicado son las rotondas: no está uno acostumbrado a que vengan los coches por la derecha. En una de ellas me gano el primer bocinazo porque la estaba trazando cuidadosamente en lugar de cortar por mitad del medio. Tío, bastante hago con conducir un vehículo de siete metros por el mismo lado que vosotros.

En Canterbury vemos la señal del *Park and Ride* y no lo dudamos. Las tarifas son inmejorables: dos libras por día. Tiene zona específica para autocaravanas, grifo y vaciado de grises-negras. El autobús al centro es gratis (sólo hay que mostrar el ticket del parking). Todo esto lo cuento porque no encontraremos ninguno más así en todo el viaje por la Gran Bretaña, deben de haberlo instalado para que cuando lleguen los franceses no sufran un shock ante la penuria de áreas.

Tras la visita, volvemos a la auto. Comida y de nuevo en ruta. Nuestra idea inicial era dirigirnos hacia Stonehenge, pero como sabemos que las inundaciones han pegado fuerte por allí, hemos cambiado de planes. En lugar de ir hacia el Oeste, rodearemos Londres por el Este, siguiendo la M 20 hasta cruzarnos con la M 25. Luego, rumbo Norte hasta Cambridge.

La autopista es cómoda. Al principio me adelantan todos los camiones hasta que voy cogiendo soltura. Esto es como aprender a conducir de nuevo. De todos modos, la cosa no da para muchas alegrías: la velocidad máxima permitida en autopista es de 113 km/h, y el número de radares instalados en las carreteras de todo el país supera los siete mil. Aquí querría yo ver a quienes protestan en España porque han puesto demasiados.

Antes de salir de Canterbury, mirando el mapa, me di cuenta de que la intersección M 20-M 25 era primordial, pues si nos equivocábamos y seguíamos recto nos metíamos de cabeza en el Monstruo. Unos kilómetros antes del susodicho lugar entramos en zona de obras, a lo que se añade un atasco de varios kilómetros en dirección contraria. Conos, desvíos, señales provisionales... Lo cierto es que, cuando llegamos al cruce, ninguna señal y... NOS PASAMOS. Las maldiciones se tuvieron que oír en Calais.

Tratando de no perder la sangre fría, cosa harto difícil, abandono la autopista por la primera salida a la izquierda, a ver si el tomtom me recalcula la ruta. Y claro que lo hace, pero ¡enviándome de cabeza al atasco! Hago caso omiso y desando camino por una carretera secundaria hasta que encuentro un puente que me permita pasar al otro lado de la autopista. Bajo nosotros ruge, bestia inmunda, un laberinto de coches. Entramos en el pueblo de Swanley y así, pian pianito, vamos buscando una salida que nos conduzca hacia el Norte, un poco más arriba del Nudo de la Infamia.

Repuestos ya e incorporados a la bendita M 25, nos encontramos con que hay que cruzar el Támesis, y esto se hace de una forma harto curiosa: los que bajan hacia el Sur lo hacen por un puente, y quienes subimos mediante un túnel subacuático. Este paso es de peaje pero el precio, una libra, resulta simbólico.

En toda la zona del cinturón de Londres el tráfico es denso y agobiante, pero los conductores son al menos el doble de cívicos que por nuestra tierra. Cierto es que también los hay agresivos y gamberros, pero suponen algo anecdótico, no la generalidad.

Como ya veníamos avisados y comprobamos durante el viaje, resulta difícil encontrar en Inglaterra sitios libres en los que poder estacionar. De Cambridge traíamos en el navegador la referencia de un lugar a orillas del río Cam (de ahí viene el nombre de la ciudad: *Cam-bridge* = *puente sobre el río Cam*). El sitio es un poco justo y en una calle con relativo tráfico, pero resultó ser agradable y seguro. Nos gusta lo cuidadas que tienen las orillas, en las que se hallan amarrados barcos-vivienda que contribuyen a crear ese entorno idílico y agradable que algunos países, más amantes de lo muerto que de lo vivo, desprecian en favor del cemento.

Etapa: 205 kilómetros
Total: 3.032 kilómetros

31 JULIO

Como estamos a unos tres kilómetros del centro, dejamos la auto y sacamos las bicicletas, ya que al lado de donde hemos dormido pasa un carril bici que invita a pedalear. Y es que

Cambridge viene a ser un paraíso para este medio de transporte. Incluso los carteros reparten la correspondencia sobre pedales.

Tras la visita por un centro lleno de vida volvemos a por nuestra casa. Algo que nos ha llamado sobremodo la atención ha sido la pervivencia de los *common* –terrenos comunales- dentro de la propia ciudad, los cuales han quedado como zonas verdes para uso y disfrute de los ciudadanos... y las vacas. Cambridge la universitaria, la aristocrática, tiene vacas en sus parques.

Después de la comida nos ponemos en carretera dirección Norte, hacia York. Son 250 kilómetros que transcurren sin incidentes. Sabemos que esta ciudad tiene varios P & Ride, así que seguimos las señales hasta el primero de ellos. Cuál no será nuestra sorpresa cuando nos encontramos con que lo cierran a las seis –ya es más de esa hora- y además pone bien clarito que está prohibido pernoctar –un cartel que de aquí en adelante se nos hará tristemente familiar: *No overnight parking*.

Probamos en otro de los aparcamientos, éste más céntrico. No se halla cerrado, pero luce un gálibo puesto con tan mala leche que no queda otra que salir retrocediendo. El hiper de al lado, curándose en salud, prohíbe aparcar más de tres horas.

¿Qué hacer? Odiamos tener que pasar por el aro, así que le indico al tomtom que nos lleve hasta un super de barrio (en estos momentos bendigo la ocurrencia que tuve de suministrarle las localizaciones de todas las superficies comerciales). Aquí hay aparcamientos libres. Respiramos.

Pero resulta que junto al super hay un par de establecimientos de comida para llevar, y justamente allí es donde se congregan los chavales del barrio. Contrasta la tipología de las construcciones, casas individuales de aspecto acomodado, con el ambiente canalla que se respira ahí fuera. Apenas hemos empezado a hacer la cena cuando golpean la puerta. Abrimos. Naturalmente, no hay nadie. Bego se mosquea y sale. Con la práctica que da lidiar en clase con chavales conflictivos, elegantemente se los mete en el bolsillo, y hasta descubre a la autora –que no autor- de los golpes. Pero después aparecen otros algo mayores y sin posibilidad alguna de redención, así que en cuanto terminamos la cena plegamos los bártulos y nos vamos al aparcamiento de otro super a un par de kilómetros de distancia. Allí por fin conseguimos dormir tranquilos.

Etapa: 253 kilómetros
Total: 3.285 kilómetros

1 AGOSTO
Ayer nos quedó meridianamente claro que el ayuntamiento de York no es lo que se dice *very friendly* con las autocaravanas, pero ya que estamos aquí no nos vamos a ir sin ver la catedral. El lugar en el que hemos pernoctado no tiene restricciones de ningún tipo, así que coloco la auto de manera que ocupe sólo una plaza, sacamos las bicis y nos vamos para el centro.

Aunque existen carriles bici y los conductores son por lo general respetuosos, la utilización de las dos ruedas no es aquí tan masiva como en Cambridge. Cuando nos parece que estamos bastante céntricos amarramos nuestros vehículos y continuamos a pie. Pasamos ante una librería enorme y entramos a curiosear. No buscaba nada en concreto, pero me encuentro con la versión original, en inglés, de *El Curioso Incidente del Perro a Medianoche*, de Mark Haddon, que me habían recomendado, y lo compro, así voy practicando. Había leído que los libros eran baratos en Inglaterra, y aun así me sorprende que éste sólo cueste 7 libras; en España -lo veré a la vuelta- vale 15 euros.

Continuamos camino hasta la catedral, cuya gracia, equilibrio y monumentalidad veremos que hacen justicia a su fama.

De las catedrales inglesas llama la atención la enorme torre central y el que estén construidas sobre planta de cruz griega y no de cruz latina.

A la puerta hay una estatua de Constantino, y en la base se lee que fue aquí donde lo proclamaron emperador en el año 306. Resulta chocante, ya que cuando uno piensa en los romanos nunca se los suele asociar a la Gran Bretaña, pese a que permanecieron en la isla durante cuatro siglos.

Finalizada la visita catedralicia, nos vamos para la oficina de turismo a comprarnos el *Great British Heritage Pass*. Desde ayer hemos deliberado sobre la conveniencia de tener esa tarjeta o no. Aun admitiendo que nosotros somos más de turismo paisajístico que monumental, la certeza de hallarnos en un país en el que hay que pagar absolutamente por todo nos decide. Compramos la de 30 días. Vale 70 libras, algo más de cien euros, pero estamos más que seguros de que la amortizaremos. Previamente, además, nos hemos asegurado de que incluía los sitios que con seguridad visitaríamos. Para estrenarla nos vamos corriendo a ver la torre Clifford, un castillo de origen normando con vistas de toda la ciudad.

Volvemos al centro, y desamarramos las bicis. De camino a la auto nos equivocamos de calle; por suerte me he traído el tomtom y anoche marqué la posición de pernocta. Pedaleando por las calles me doy cuenta de que no hemos visto ni una sola autocaravana, ni local ni extranjera. ¿Dónde están, las esconden? ¿Se han ido todas para Escocia?

Por la tarde vamos hacia Fountains Abbey, y tenemos nuestra primera experiencia de circular por la red de carreteras secundarias inglesas. Más que estrechas son estrechísimas, sin arcén y frecuentemente con un tráfico muy denso. No atina uno a comprender cómo con semejantes infraestructuras consiguen en este país una tasa de siniestralidad varias veces inferior a la española.

La primera vez que tuve conocimiento de este lugar fue a través de una foto que puso Correkminos en El Juego del Acertijo. Me impactó de tal manera que enseguida supe que cuando fuera a Inglaterra me iría a verla de cabeza. La abadía fue fundada en 1132, y se halla en ruinas desde que fue abandonada en 1539 como consecuencia de la orden de disolución decretada por Enrique VIII, que se enrabietó porque el Papa no le concedía el divorcio.

De todas las abadías que visitaremos durante el viaje ésta es sin duda la que más nos impresiona. De dimensiones ciclópeas, trata uno de imaginarse cómo sería antes de la ruina. A alguien le he oído decir que así tiene más encanto, pero todo lo que nosotros atinamos a sentir fue desolación y tristeza al comprobar, una vez más, que la razón política es a menudo la mayor de las sinrazones.

En contraste con las ruinas está el entorno, convertido en parque exquisitamente diseñado. Nos conmueve la cantidad de árboles centenarios, que serán una constante en este viaje y que hay que poner en el lado positivo de la balanza de la idiosincrasia británica. Hasta nos encontramos con un rebaño de ciervos pastando tranquilamente.

El único inconveniente de los sitios visitables ingleses es que a las cinco o cinco y media ya te están echando. A falta de nada mejor, seguimos viaje hacia el Norte. Cuando llegábamos a la abadía se encendió el testigo de la reserva del combustible, de modo que hay que repostar urgentemente. Como llenamos al salir de Francia, es la primera vez que vamos a *disfrutar* de las tarifas inglesas. La estación de servicio de Ripon, el primer pueblo importante, está atestada de vehículos, de modo que sigo adelante.

Paramos en la pequeña gasolinera de North Stainley. 98 peniques el litro, no está mal, casi un euro y medio. Como también estamos sin agua le endilgo a la señora que me atiende la frase en inglés que más he practicado y que mejor pronuncio: CANAIGETSAMUOTAFORDEMOTORJOM, PLIIS? (*Can I get some water for the motorhome, please?*) Me indica las traseras de la estación, donde están los servicios y donde hay un grifo. Para acceder hasta allí tenemos que subir con la auto por una pequeña rampa. El que parece su marido sale de la tienda anexa a observar, muy interesado, nuestras maniobras. Damos las gracias. Con gasoil y agua nos vamos más contentos que unas pascuas.

Llegamos a Richmond y nos afincamos en el *Long Stay parking*, aunque cuesta un poco encontrar un sitio adecuado, porque no es muy llano. Salimos a dar una vuelta. Por primera vez desde que llegamos a Gran Bretaña hace realmente frío. Quizá a causa de eso o por idiosincrasia local, el número de *pubs* del pueblo en relación a sus habitantes nos parece anormalmente alto. Y ya se sabe, donde circula el alcohol… A punto ya de acostarnos oímos un gran estrépito: nos asomamos por la ventana y vemos una furgoneta de currela haciendo el cafre por el parking. Por suerte y tras unas cuantas vueltas y derrapes acaba marchándose sin que haya desgracias que lamentar, salvo el estropicio mental del susodicho.

Etapa: 102 kilómetros
Total: 3.387 kilómetros

2 AGOSTO

Lo primero que hacemos es visitar el castillo de Richmond. Subimos a lo alto de la torre por una angosta escalera

Desde aquí se divisa el pueblo y el resto del castillo. En ruinas, sí, pero extraordinariamente cuidado.

Este lugar, además, sirvió de prisión durante la Primera Guerra Mundial para un grupo de objetores de conciencia que se negaron a empuñar las armas. Fueron sometidos a consejo de guerra y condenados a muerte, aunque posteriormente dicha pena les fue conmutada por diez años de trabajos forzados (el que no se consuela es porque no quiere.)

Nuestro siguiente destino es el Muro de Adriano, pero de camino paramos en Durham para admirar su catedral, que no tiene nada que envidiar a la de York.

En cuanto al Muro de Adriano, es algo que nos ha fascinado desde siempre. Este emperador romano visitó la provincia de Britania en el 122 d. C. Como al parecer las incursiones de las tribus caledonias hacia el Sur suponían todo un problema, decidió cortar por lo sano y ordenar la construcción de una muralla entre las actuales Newcastle y Carlisle que partiera la isla por la mitad. Dicho muro estaba reforzado con torretas defensivas y una serie de fuertes (diecisiete) construidos a intervalos regulares. Lo más curioso de todo es que sobrevivan importantes vestigios de esta enorme construcción.

El primer hito visitable es *Corscopitum*, cerca de la actual Corbridge. Se trata de un fuerte que no se halla propiamente en el muro, sino algo retrasado, vigilando el paso del río Tyne. Se visita el yacimiento y tiene además un centro de interpretación, pero llegamos tarde, y en consecuencia la visita es breve.

Al cierre del recinto (17:30) nos encontramos como todas las tardes: bien temprano y sin nada que hacer. Así que buscamos la carretera B 6318, que sigue el recorrido del muro, y nos vamos hacia el Oeste. A ratos es perfectamente visible y otras veces lo perdemos de vista. En Chollerford nos equivocamos de camino y tardamos un rato en darnos cuenta del error.

El paisaje es de colinas onduladas, y en consonancia la carretera también, con subidas y bajadas de montaña rusa. Pasamos por delante del yacimiento de Housesteads, que visitaremos mañana, y seguimos adelante. Cuando por fin decidimos buscar sitio de pernocta constatamos que hay pocos, y los pocos que hay –museo del ejército romano, canteras...- están prohibidos. Pasamos Greenhead, nos metemos por una carretera estrechísima y llena de curvas, inmersos en vegetación por tres de los lados. Pasamos Gilsland (hemos salido de la región de Northumbeland y entrado en la de Cumbria, a este paso llegaremos al mar) y casi sin esperarlo nos damos de narices con el aparcamiento del fuerte romano de Birdoswald. Miramos y remiramos: en este sitio se les ha olvidado prohibir. Respiramos y aparcamos: mañana será otro día.

Aquí, pernoctando junto a este fruto del esfuerzo humano de hace mil novecientos años nos parece hallarnos apartadísimos del mundo y en mitad de ninguna parte, pero es pura ilusión: a las tres y media de la mañana me despierto sobresaltado: hay un coche haciendo trompos en el aparcamiento, que es de grava. Por suerte se aburre pronto y se marcha. Por la mañana compruebo las huellas de los neumáticos y me doy cuenta de que el muy gilipollas había estado derrapando mucho más cerca de nosotros de lo que había creído. En cuanto a Bego, ni se ha enterado.

Etapa: 155 kilómetros
Total: 3.542 kilómetros

3 AGOSTO
Tal como intuimos anoche, el muro está aquí mismo, pegadito al aparcamiento. Pero preferimos visitar Birdoswald o, por llamarlo con su nombre latino, *Banna*.

Las piedras nos dicen bien poco a los legos en arqueología, de manera que son muy útiles las reproducciones asociadas a los paneles interpretativos. Este reducto es parecido al de *Corscopitum* (en realidad, eran prácticamente idénticos unos a otros, para que les resultaran familiares a los legionarios cuando los mandasen al último rincón del Imperio.) Los fuertes del muro, además, cumplían una función de aduana entre los dominios de Roma y las tierras bárbaras de más allá. Parece ser que, durante varios siglos -tras la retirada de Roma de Britania en el año 409-, el fuerte siguió estando habitado por los descendientes de los legionarios, que posiblemente vivían de cobrar tributo a los pueblos colindantes a cambio de protección.

Tras la visita cultural, nos damos el prometido paseo junto al muro. Sólo un pequeño tramo, aunque hay una ruta a pie que lo recorre en su totalidad. Tras él se resguardan del viento las ovejitas. Cuando uno siente la humedad y contempla el cielo nublado, incluso en agosto, se hace cargo de lo tremendamente dura que debía de ser la vida aquí. No es extraño que un legionario –en el centro de interpretación se conserva la carta- pidiese a su mujer que le enviara calzoncillos de invierno.

Ya en la auto, desandamos el camino que trajimos ayer. La siguiente parada es el asentamiento de Housesteads, *Vercovicium* para los romanos. Es una fortaleza como las otras. La novedad es que ésta se halla en una posición mucho más elevada.

Algo que nos desagrada sobremanera son los parquímetros que hay a la puerta del centro de interpretación, y amenazadores carteles con multas de 60 libras si te pillan sin ticket. Me parece justo que cobren la entrada, pero que además tengan que pagar los coches, estando en mitad del campo... Ayer, viniendo para acá, nos encontramos otro parquímetro en mitad de la nada. Mientras estábamos allí llegaron los *rangers* del Parque Nacional y se llevaron la recaudación. En las catedrales que no son de pago te ponen la hucha bien visible pidiéndote una donación y sugiriéndote además el importe (5 libras). Por todo lo cual no hay que ser un lince para deducir que aquí hasta el más tonto pone el cazo.

Por contraste, nos sorprende mucho que en los yacimientos permitan a la gente pasearse por lo alto de los muros.

Mosqueos aparte, aquí también aprendemos cosas sobre los aspectos más íntimos de la vida en los campamentos romanos, es decir, el mundillo de los excusados.

El sistema es idéntico al que conocemos de Éfeso, en Turquía; la única diferencia es que aquéllas eran letrinas para potentados y comerciantes y, aunque igualmente hacían sus aguas menores y mayores todos juntos en alegre camaradería, la diferencia de status la marcaba el estrado situado en el centro y destinado a los músicos, cuya función imaginamos que sería la de camuflar otros sonidos más humanos y prosaicos.

En el dibujo explicativo se ve a uno de los usuarios del lugar sosteniendo en la mano el artilugio que, a buen seguro, empleaban para limpiarse: era como un bastoncillo para los oídos, pero en gordo. En cuanto a las piletas del centro, inducen a sospechar que el uso de dichas esponjas era, asimismo, compartido.

Proseguimos hacia el Este, y por la tarde hacemos la última visita de este día monotemático: el fuerte Chester (esta palabra, tan inglesa ella, proviene del latín *castra castrorum*), que de nuevo se halla custodiando el paso de un río. El muro corta a éste perpendicularmente, y es por eso por lo que el puente sirve asimismo de muralla.

Cuando nos echan de Chester, y como viene siendo habitual, aprovechamos la tarde para viajar. Vamos hacia Holy Island, que se halla en la costa y hacia el Norte. Como queremos evitar meternos en el mogollón de Newcastle-Upon-Tyne, por cuyo extrarradio pasamos ayer, nos dirigimos por carreteras secundarias hacia Morpeth. Teniendo en cuenta la hora nos cae un poco lejos, pero es que por esta zona, extrañamente, no hay pueblos de tamaño medio. Necesitamos entrar en un super, y vamos todo lo deprisa que podemos por miedo a que nos cierren. Ir deprisa es un decir, porque la carreterita se las trae: a veces hay curvas de 90 grados, como rodeando las fincas. Tenemos la sensación de que son los antiguos caminos de tierra a los que les han echado encima una capa de asfalto y andando. Como además los ingleses instalan en la divisoria de carriles unos ojos de gato con recubrimiento metálico prominente, tengo dos opciones: o ir podando la vegetación del lateral o ir bo-tan-do todo el rato.

Por fin llegamos a Morpeth y al super. No hay problema con la hora, ya que por lo visto aquí las tiendas de alimentación cierran tardísimo –a las diez- o no cierran: nos hemos encontrado algunas grandes superficies que permanecen abiertas las veinticuatro horas. Un contraste más en este país de contrastes. Por cierto, el aparcamiento del super es de pago, aunque por fortuna sólo hasta las cinco de la tarde.

Junto a la tienda hay una gasolinera. Como nos hace falta ya agua, entramos a echar veinte libras de gasoil. Cuando le pregunto a la dependienta, otra señora mayor, que si puedo echar agua, me envía a un aparato que sirve para inflar las ruedas y limpiar el parabrisas previo pago de cincuenta peniques. Mucho me temo que el caudal que proporcione dicho chisme sea irrisorio, de manera que le pido a Bego que indague si no podemos coger el agua de un grifo estándar que vimos antes. El marido gasolinero se percata de nuestras cuitas, y antes de que le preguntemos nos dice que sí. Pero como el grifo cae en un sitio estrecho que además es donde tienen la aspiradora de vehículos... justo cuando voy a moverme llega otro coche y se coloca allí. Oh desesperación. Aunque para un curtido autocaravanista todo tiene remedio: salgo de la gasolinera, vuelvo al parking del super y desde allí, con la manguera en rollo que llevamos, procedo a la carga de agua. El hombre se nos acerca, en su cara se lee asombro por todo el circo que hemos montado. Pero al fin y al cabo no deja de ser inglés; el mercantilismo se impone y le explica a Bego que él vende *containers* de agua de veinte litros, que si queremos... Declinamos amablemente el ofrecimiento, y por el agua del grifo no nos cobran nada.

Terminadas todas las operaciones, en marcha hacia el Norte por la A 1, que a estas alturas ha dejado de ser autopista para convertirse en carretera monda y lironda. Pasado Fenwick nos desviamos a la derecha en dirección a Holy Island. Salvando las distancias, es un lugar parecido a Noirmoutier, pues la calzada queda sumergida durante la marea alta... Y ahora lo está. Consultamos los horarios y vemos que se puede cruzar a las once de la noche o si no ya por la mañana. Hay allí un aparcamiento algo cutre -por primera vez vemos basura tirada desde que estamos en Gran Bretaña-, pero decidimos quedarnos a dormir. Nos aproximamos hasta la orilla, a ver cómo baja el agua.

Entonces empieza a oírse una gaita. Junto a una caravana desvencijada que vimos antes, enganchada a una furgoneta, está la persona que toca. Una mujer: cincuenta años, morena, rellenita, pelo corto. El momento es realmente mágico: hete aquí cómo, un día antes de entrar en Escocia, fue la propia Escocia la que vino a visitarnos.

Etapa: 153 kilómetros
Total: 3.695 kilómetros

4 AGOSTO
Por la mañana, justo al lado de donde dormimos, descubrimos un cartel donde pone *Riesgo de explosión, arenas movedizas localizadas. PELIGRO ANTIGUO CAMPO DE TIRO. No tocar ni recoger objetos metálicos. Pueden explotar y matarte.* Así que arenas movedizas y minas. ¡Qué pernocta más emocionante!

La marea está baja. Cruzamos a la isla y vamos de cabeza al único y enorme parking público. Tres horas cuestan 2,40 libras, y todo el día 4,20. Echamos para tres horas y nos vamos.

Holy Island significa Isla Sagrada, y durante siglos fue lugar de peregrinación. No sabemos si a causa de eso, o por ser sábado o qué, pero hay mogollón de gente. En la isla se pueden visitar dos monumentos: el primero es el castillo, que resulta ser de lo más fotogénico y cinematográfico. Por dentro, en cambio, no nos pareció tan interesante, a no ser que a uno le gusten los muebles antiguos, la porcelana fina y esas cosas. A los ingleses por lo visto les pirran.

El otro lugar interesante de la isla es el Priorato de Lindisfarne, que como todos los de su condición se conserva en ruinas por obra y gracia de Enrique VIII. Este día tuvimos suerte porque celebraban lo que ellos llaman un *event* de ambientación medieval.

Cuando volvemos a la auto ya es mediodía. Justo se acaban de cumplir las tres horas del ticket, pero tenemos hambre y decidimos comer. Estamos haciendo ya el café cuando de repente aparece uno que debe de ser el revisor y que le pregunta a Bego, que ha salido fuera, que si el vehículo es suyo, que nos hemos pasado casi una hora (lo increíble es que lo haya descubierto, debe de haber por lo menos quinientos vehículos en el parking), y que tenemos tres opciones, a saber: a) Sacar otro ticket b) Largarnos c) Multa al canto. Le decimos que sí, que vale, que ahora nos vamos, pero el tío pejiguera no se mueve. Un minuto después ya está haciendo amago de sacar la libreta, así que pongo la cafetera en el fregadero y salimos de allí bastante cabreados. Una vez fuera del pueblo encontramos un lugar que la bajamar ha dejado al descubierto, y concluimos de este modo nuestra interrumpida sobremesa.

Abandonamos la costa y nos vamos hacia el interior. Paramos en unos servicios públicos de la carretera para vaciar las negras, y vemos allí aparcada una auto matrícula de Sevilla, con todo el aspecto de que sus ocupantes se hallen dentro, durmiendo.

Al llegar al río Tweed un cartel nos da la bienvenida a Escocia, y enseguida entramos en Kelso. Aunque estamos a poca distancia de la frontera, de inmediato sabemos que hemos cambiado de país, porque en el centro del pueblo hay un aparcamiento ¡que es gratis! El comportamiento del paisanaje nos parece también muy distinto, percibimos menos frialdad incluso en los gestos: se dibujan caras de asombro al ver una auto con el volante cambiado de sitio. Casi no hemos terminado de aparcar cuando se nos acercan dos hombres con ganas de hablar. A uno le parece una hazaña que hayamos venido conduciendo desde España. El otro se arranca con un *Buenos días, señorita* suponemos que aprendido en la Costa del Sol.

A la puerta de un hotel hay gente vestida como de boda. Allí veo mi primer *kilt*, la falda escocesa que visten los hombres. Lo cierto es que acompañada de chaqueta, faltriquera y polainas queda pero que muy elegante.

En lo alto del ayuntamiento ondea una bandera. Hasta hace dos días nunca la había visto antes: es la Cruz de San Andrés, la enseña de Escocia.

Existe un malentendido en el asunto de las banderas, porque lo que llamamos vulgarmente bandera inglesa no es tal, sino la del Reino Unido, formada por superposición de enseñas (Cruz de San Jorge inglesa, Cruz de San Patricio irlandesa y la escocesa). Reino Unido es el nombre oficial del país (Inglaterra + Escocia + Irlanda del Norte + Gales), aunque la generalización del término Inglaterra como equivalente es muy similar a lo que ocurre cuando decimos América en vez de decir Estados Unidos. Por algo será.

INGLATERRA + **ESCOCIA**

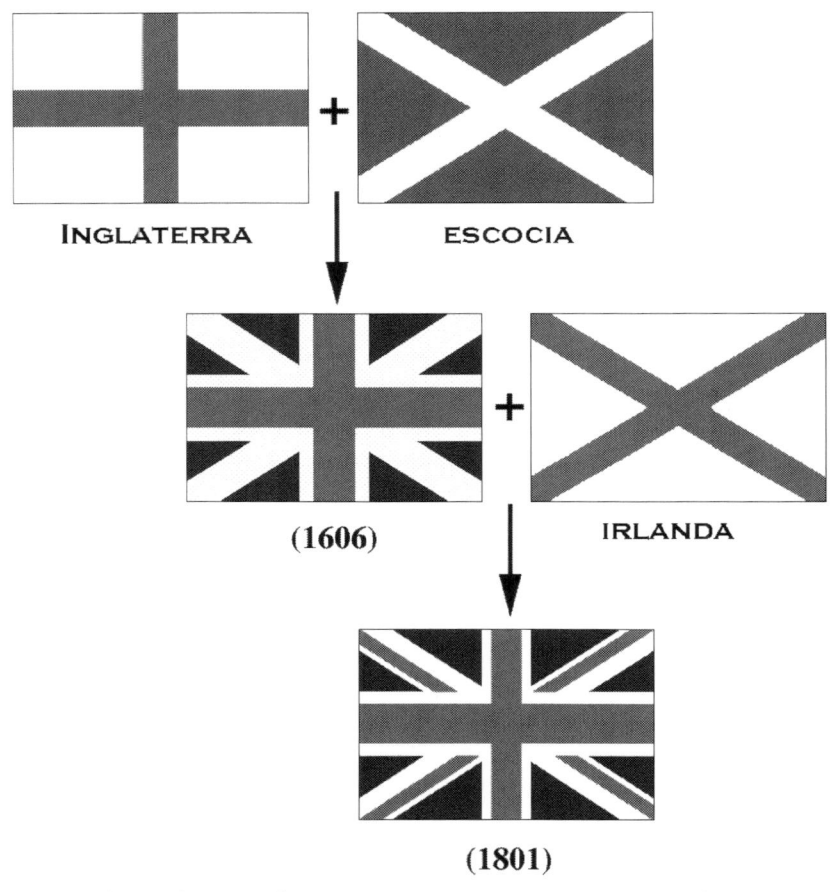

(1606) + **IRLANDA**

(1801)

Por cierto, la enseña de Gales y su pobrecito dragón quedaron excluidos de la fusión banderil. La verdad es que hubiera quedado chula así:

Seguimos camino hacia St. Boswells, el pueblo más cercano a la abadía de Dryburgh. Nuestra intención era pernoctar aquí, pero es tanta la expectación que despertamos –parece que la región ésta de los *Borders* no es demasiado turística– que mejor buscamos otro sitio. Inexplicablemente, la señalización hacia Dryburgh no aparece por ningún lado, así que nos vamos hasta Melrose, en donde encontramos un parking justo al lado de la abadía. El lugar se halla semivacío pero de repente, y pese a la hora, empiezan a llegar más y más coches y aquello se pone hasta la bandera. No comprendemos qué pasa, hasta que se empieza a oír lo que parece un concierto. Nuestra primera noche en Escocia se ve amenizada por música. Tradicional una, otra no tanto.

Etapa: 74 kilómetros
Total: 3.769 kilómetros

5 DE AGOSTO

Ha llovido por la noche y continúa aún esta mañana. Visitamos la abadía de Melrose, o mejor dicho sus ruinas.

Aquí se halla enterrado el corazón de Robert The Bruce. Este señor, del que jamás había oído hablar antes, es contemporáneo de William Wallace, y también luchador por la libertad de Escocia. A su muerte, le extrajeron el corazón –al parecer era costumbre entre los nobles de la época– para llevarlo a Tierra Santa, pero el caballero encargado de la tarea murió en la guerra de Granada, y la susodicha víscera retornó a Escocia sin visitar los Santos Lugares. En la inscripción se lee *A noble hart may have nae ease, gif freedom failye* (un corazón noble no puede descansar si falta la libertad).

En la recepción de la abadía preguntamos cómo llegar a Dryburgh, y comprendemos que se accede por un lugar distinto de donde buscábamos ayer (el río está por medio). Con ayuda del tomtom encontramos un atajo, pero resulta ser carretera con *passing-places*. Es nuestro bautizo de fuego en las vías escocesas de un solo carril. Por suerte no pasan demasiados coches.

Un poco antes de llegar a la abadía paramos a ver el monumento dedicado a William Wallace, héroe escocés popularizado por la película *Braveheart*. Una vez aparcado el vehículo hay que caminar unos diez minutos por un bosque que quita el hipo: árboles centenarios y muchísima vegetación. Nos llueve a chuzos y hay muy poca luz, pero no importa. Llegamos a la estatua, erigida durante el auge romántico del siglo XIX. Imperturbable, vigila las aguas del río Tweed, límite histórico entre Inglaterra y Escocia.

Llegamos por fin a Dryburgh. Habíamos leído que lo más impresionante de la abadía eran los alrededores, y no comprendíamos por qué, hasta que recalamos en esta atmósfera que irradia sosiego. Hay algo especial aquí, como si se tratara de un lugar mágico. Contribuyen sin duda los antiquísimos árboles que la rodean. Pero decir árbol centenario es una forma de no hacer justicia a esos robles ciclópeos que, por sí solos, parecen un bosque cada uno.

Por si fuera poco teatral el sitio, las ruinas de la abadía fueron reutilizadas como cementerio. Aquí está enterrado Walter Scott, cuyas novelas pueblan el horizonte mítico de mi infancia.

Reconozco que estamos un poco obsesionados con el tema del agua: detrás de los servicios del aparcamiento descubrimos una manguera. De estrangis hacemos un empalme y reponemos la que llevamos gastada.

Tras la comida nos vamos para Edimburgo. Tenemos claro que ésta es una ciudad muy grande para dormir en la calle. En cuanto a los campings... Bueno, mientras podamos seguiremos evitándolos. Al aproximarnos a la urbe nos parece haber encontrado la solución cuando vemos las señales del Park & Ride. Aunque un poco escamados por la experiencia de York, decidimos seguirlas, y hoy en cambio la sorpresa es agradable: ni gálibos, ni carteles de prohibición, ni nada de nada. Para colmo es gratis; sólo se paga el bus, que vale una libra la ida y otra la vuelta.

Entusiasmados por nuestro descubrimiento, estacionamos y cogemos el primer autobús, que como casi todos es de dos pisos. El parking se halla en el extrarradio, cercano al aeropuerto, tardamos veinticinco minutos en llegar al centro. Nos apeamos en la esquina de Princes Street y caminamos. La primera impresión es un tanto desangelada: está oscureciendo, a punto de llover y hay muy poca gente por la calle. ¿No empezaba ahora el Festival Internacional? Subimos hasta la Royal Mile y aquí sí que encontramos animación.

Primero vemos tocar-actuar a unos escoceses con una pinta tan fiera que parecen primos de Wallace.

Luego a un grupo coreano llamado Dulsori, que tienen un espectáculo que podría traducirse como *El Espíritu del Mamporro,* y que arrastraba multitudes.

Por último tuvimos una bella vista del castillo de Edimburgo. Sin embargo, la vuelta se nos complicó más de la cuenta. Como recién llegados, y por tanto despistados, no sabíamos que la línea que llevaba al parking recorría toda la calle Princes, y desanduvimos todo el camino hasta donde nos habíamos apeado. Para entonces se había puesto a llover a mares. A punto estamos de llegar a la parada y, oh catástrofe, vemos irse el autobús. Al ser domingo no había otro hasta media hora más tarde, que para colmo se retrasó quince minutos. De este modo, cuando conseguimos llegar a la auto íbamos cansados, empapados y hambrientos. Pero al fin y al cabo estamos en el hogar, dulce hogar.

Etapa: 85 kilómetros
Total: 3.854 kilómetros
6 AGOSTO

Anoche, en el aparcamiento, había ya pocos coches y ninguna auto. Esta madrugada me levanté al servicio, y aproveché para mirar a ver cómo estaba el panorama. Y menudo panorama: nos hallábamos solos, SOLOS en el inmenso aparcamiento. Intenté tranquilizarme diciéndome que hay un montón de cámaras de videovigilancia y que el lugar está iluminado como si fuese de día. Lo que pasa es que aquí, sin un alma a la vista, en los aledaños de una ciudad enorme, experimenté de golpe toda la sensación de nuestra pequeñez y vulnerabilidad.

Pese a todo, la mañana llega sin incidentes que reseñar. Poco a poco el parking se va de nuevo poblando de quienes dejan aquí su coche para ir al centro. Nosotros también. La lluvia de anoche ha amainado y hace sol, pero seremos importunados a lo largo del día por continuos chubascos.

Ya resabiados de la tarde anterior, nos apeamos al final de la calle Princes y subimos de nuevo hacia la Royal Mile y el castillo. Si no fuera por el *Heritage Pass* que llevamos no hubiéramos entrado, ya que primero está el precio prohibitivo -11,5 libras-. Y luego además había que aguantar una cola de por lo menos media hora. Nosotros, por nuestra cara bonita, tenemos taquilla exclusiva y en un momento estamos dentro.

He de decir, por otro lado, que el susodicho castillo está bien, pero que al fin y al cabo quizá tampoco sea para tanto. Habíamos calculado la hora para asistir al cañonazo de la una, y lo conseguimos. Tengo fotos del momento previo pero no del disparo propiamente dicho, ya que andaba demasiado ocupado tapándome los oídos.

Cientos de personas nos arracimamos en las barandillas para ver y oír la ceremonia. Como siempre en estos casos, tengo la nítida sensación de que los humanos somos animales tan rituales que nos aferramos a lo que sea, y que en esta época nuestra tan descreída es el turismo y las sencillas ceremonias como ésta las que sustituyen a las peregrinaciones y el culto a reliquias varias.

Un poco más arriba exhiben el enorme cañón de asalto bautizado como Mons Meg, que data del siglo XV, y que podía disparar balas de hasta 180 kilogramos. El inconveniente era que sólo podía abrir fuego entre ocho y diez veces al día, tanto era el calor que generaba la carga de pólvora utilizada.

Otro lugar curioso son las mazmorras, que han sido adecentadas, ambientadas e interpretadas. Aquí hubo gente presa de todas las naciones con que Gran Bretaña estuvo en guerra: franceses, españoles, norteamericanos... Los últimos inquilinos fueron la tripulación de un bombardero alemán que se estrelló por aquí cerca durante la Segunda Guerra Mundial.

Sin duda, lo más interesante de todo el recinto es la exposición de las Joyas de la Corona escocesa y la Piedra del Destino. Han montado un centro de interpretación que, a lo largo de varias salas, te va contando la historia de unas y de otra. De aquí no tengo fotos porque estaba prohibido hacerlas.

En cuanto a la Piedra, se trata de un bloque de arenisca que fue utilizado en las ceremonias de coronación de los monarcas escoceses durante al menos cuatro siglos. Hasta 1296, fecha en que Eduardo I de Inglaterra la robó para llevársela a la abadía de Westminster en Londres. Una vez allí la colocaron bajo el trono en el que eran coronados los reyes de Inglaterra (el simbolismo es tan claro que obvian las interpretaciones). En 1996 fue devuelta oficialmente a los escoceses, sólo 700 años más tarde. Cabe reseñar que un poco antes, en 1950, cuatro estudiantes nacionalistas sustrajeron la Piedra de Wesminster y la sustituyeron por una copia. La escapada fue efímera, ya que unos meses más tarde la habían recuperado. Quienes no entendíamos que los ingleses se obstinen tanto en no devolver Gibraltar debemos comprender primero el *modus operandi* de los anglos: si una piedrecita de nada costó siete siglos, puede calcularse lo que llevará el Peñón.

La historia de las Joyas de la Corona es igualmente peliculera. En 1652, a punto de caer en manos inglesas, fueron llevadas al castillo de Dunnottar. Las tropas de Cromwell sitiaron la fortaleza y exigieron su entrega. Dos mujeres consiguieron sacarlas en secreto atravesando las líneas enemigas. Durante ocho años permanecieron escondidas bajo un colchón y en 1660, tras la muerte de Cromwell, fueron restituidas al castillo de Edimburgo. En 1707, con la firma del Acta de Unión entre Inglaterra y Escocia, fueron guardadas en secreto en la Sala de la Corona, y la puerta tapiada. 111 años más tarde, en 1818, el escritor Walter Scott consiguió autorización para abrir dicha sala, y allí estaban. Las Joyas sufrieron un escamoteo más: durante la Segunda Guerra Mundial, ante el temor de que los nazis invadieran la isla, fueron ocultadas, esta vez en las cloacas del castillo. Hoy día, después de tantos avatares, se exponen, junto a la recién recuperada Piedra del Destino, en una sala con puertas blindadas. A ver cuánto duran.

Quedan algunas cosas más que visitar, pero estamos tan reventados y muertos de hambre que nos vamos a buscar algo de comer. En la Royal Mile encontramos un *Fish and Chips*. Pedimos dos raciones y salimos a la puerta a compartir la animación del Festival, pero no bien empezamos a comer cuando el disfrute culinario se ve aderezado por otro inesperado chaparrón.

Tras la sobremesa, decidimos acercarnos hasta la zona del puerto en busca de un lugar en el que, según el navegador, es posible pernoctar. Cogemos un autobús que nos lleva a través de Leith, que era un municipio independiente antes de ser absorbido por Edimburgo. Cuando creemos que hemos llegado nos apeamos, pero ha sido antes de tiempo. Hay que tomar otro bus, pero no importa gran cosa porque hemos sacado un ticket para todo el día que costaba sólo 2,5 libras. Al final, caminando, rodeamos un campo de Golf y llegamos a *Marine Drive*, que es el paseo que bordea la ría de Forth, punteada de islas.

El paseo es liberador, pues aparte de que no esperábamos ver campo en la populosa Edimburgo escapamos por unas horas de las multitudes del centro. Al final, navegador en mano, damos con el lugar exacto. Se trata del aparcamiento de un albergue de juventud. Puesto que vamos a dormir en la ciudad tres noches, pensamos que hoy mejor nos quedamos en el Park & Ride y mañana por la tarde nos venimos para acá.

Unos cientos de metros más allá está uno de los campings de Edimburgo. Por curiosidad, vamos hasta la puerta, y por curiosidad también preguntamos las tarifas. Nos dicen que está lleno, que están funcionando mediante reservas, y que el precio de una autocaravana más dos personas es de 25 libras diarias, o sea, 37 euros. Pensándolo bien, qué suerte que esté lleno.

Volvemos al centro con trasbordo de autobús. Nos apeamos en la ya célebre Princes Street y vamos paseando hasta Calton Hill, una colina-parque con despejadas vistas de la ciudad y de la ría donde se hacen fotos jóvenes turistas orientales, inmunes al gélido viento que sopla aquí arriba.

En las inmediaciones también se halla el inacabado monumento conocido popularmente como *Edinburgh's Shame* (la vergüenza de Edimburgo). Resulta que a alguien se le metió entre ceja y ceja construir una réplica del Partenón de Atenas y que los gastos debían sufragarse por suscripción popular. El dinero recaudado dio solamente para doce columnas, y así se quedó.

Edimburgo está poblado de bancos de los de sentarse. Todos han sido donados por particulares, y todos llevan una placa que cuenta una historia personal. Muchos son en memoria de un familiar muerto: *A mi querido esposo John (1933-2001), que amaba este lugar. A nuestra añorada hija Mary, que murió en 2005 con veintitrés años.* No todas las inscripciones son mortuorias: dos turistas norteamericanos han regalado un banco a la ciudad que les ha encantado y a la que, según dice la placa, han regresado una y otra vez.

Cae la tarde y la temperatura sigue bajando. Estamos cansados y no queremos que nos pase lo que ayer, así que vamos a la parada del autobús y nos retiramos a nuestros aposentos. Como medida de precaución, movemos la auto a otro lugar del parking para que, al menos, no parezca abandonada.

7 AGOSTO

Otra vez hemos dormido más solos que la una. Todavía no sé si es que hemos encontrado un sitio de a peseta o si estamos cometiendo una temeridad. El caso es que no ha ocurrido nada. De nuevo para el centro. Esta vez vamos hacia la parte baja de la Royal Mile para visitar el Palacio de Holyrood. Un poco más arriba, en la misma calle, está la sede del Parlamento Escocés, institución que fue reinstaurada mediante referéndum en 1999, tras un silencio de casi trescientos años. El edificio, curiosamente, fue construido por el arquitecto catalán Enric Miralles, y su diseño tiene muy mala fama entre los escoceses.

Holyrood fue residencia de los reyes de Escocia y más tarde de los monarcas británicos. De hecho, Isabel II viene a darse una vuelta por aquí todos los veranos. No soy muy amigo de visitar palacios, pero de éste me llaman la atención dos lugares: el aposento donde el Rey recibía las visitas, en el que había una cama con baldaquino. Por lo visto el Rey ni dormía allí ni usaba dicha cama, pero supongo que en la época se consideraría un detalle muy fino el que los aceptados en su presencia sintieran que los recibían en la *intimité*. El otro sitio es la gran sala de audiencias, en la que Sean Connery, a sus setenta años, recibió de la Reina el título de *Sir*. Dicho nombramiento se había pospuesto en diversas ocasiones debido al apoyo que el actor brinda al Partido Nacionalista Escocés.

En Holyrood, además, flota la presencia de María Estuardo, conocida popularmente como *Queen of Scots*, y que a causa de su agitada vida y trágica muerte seguramente sea la más famosa de todos los monarcas escoceses.

Tras la visita, volvemos al siglo XX y a la Royal Mile arriba para meternos de nuevo en la vorágine del festival, que poco a poco va ganando pulso.

Nos damos cuenta de que lo que vemos por la calle son en su mayoría grupos de teatro *amateur* que están aquí a la caza de espectadores para sus representaciones. Los consagrados, claro está, no tienen necesidad de ello.

Por otro lado, resulta sorprendente la cantidad de veces que hemos oído hablar en español en estos tres días. Pensamos que es una buena cosa que nuestros paisanos viajen y conozcan mundo, porque eso a la larga siempre beneficia al propio país.

Habíamos pensado ir a la Galería Nacional, pero nos enredamos viendo pequeñas representaciones, y cuando nos queremos dar cuenta sólo tenemos el tiempo justo para visitar el museo de los escritores

No olvidemos que Edimburgo fue la ciudad natal de autores de la talla de Scott, Robert Louis Stevenson, o del menos conocido Robert Burns. Por cierto que ha sido aquí donde me he enterado de que Stevenson era un viajero empedernido. Claro que tratándose del autor de *La Isla del Tesoro*...

Del museo nos echan a las cinco menos cinco. Como todo lo que nos interesaría ver está ya cerrado, decidimos regresar. Esta vez bajamos por Victoria Street para rodear el castillo por la otra parte. Cuando ya estábamos casi en la parada del autobús nos asalta un grupo de jovencitas ataviadas con kimonos.

Nos cuentan que forman parte de un coro, y que van a actuar en una iglesia cercana. Piden que vayamos a verlas con una gracia tan dulcemente encantadora que no somos capaces de decirles que no. Pero falta una hora para el susodicho concierto, y no podemos más. Con harto dolor de nuestro corazón, autobús y *pa* casa.

Al llegar a *nuestro* aparcamiento comprobamos, oh sorpresa, que han llegado tres autocaravanas. Menos mal. Una es francesa y otra italiana, y parecen cerradas, pero la tercera, que es inglesa, tiene la puerta abierta. Ni cortos ni perezosos nos vamos a preguntarles si piensan quedarse allí a dormir. Los dueños, un matrimonio mayor, son de lo más amable. Nos cuentan que vienen del Norte, y que están un poco asustados del ruido que reina aquí. Que han estado por Skye, donde no han tenido problemas para pernoctar, y que casi todos los pueblos cuentan con aseos públicos en los que coger agua.

Tras despedirnos, repetimos la maniobra de ayer, esto es, desplazarnos a otro sector del parking. Pero entonces sale un chaval con uniforme de empleado y nos dice que allí no, que nos vayamos junto a la valla, al lugar en el que están aparcadas la auto francesa y la italiana. Expresamos nuestra sorpresa, porque aquella zona es justamente la reservada a los minusválidos. Responde que no importa. Esta forma de gestionar el aparcamiento nos parece un tanto *sui generis*, pero obedecemos. Al rato llegan también nuestros amigos ingleses.

Espero al menos que por la mañana no ocurra como en *La Vida de Brian*, cuando el episodio de las pintadas en la pared del Templo, que aparezca un empleado distinto y nos abronque por invadir los aparcamientos reservados, hay que ver estos extranjeros que no respetan nada.

8 AGOSTO

Hoy toca despedirse de Edimburgo. Lo cierto es que tres días nos han sabido a poco, y sentimos cierta tristeza por lo que dejamos sin ver. Otra vez será.

Nuestro propósito era salir hacia el Norte, pero al abandonar el aparcamiento escojo mal la salida y nos vemos en una carretera secundaria que lleva en dirección a Glasgow. El navegador recalcula la ruta, quiere que nos metamos por una vía demasiado estrecha. Encontramos una secundaria aceptable que nos redirige hacia el Norte, hasta que súbitamente la encontramos cortada por obras. Acabamos en un polígono industrial. Camiones y más obras. Llegamos a un punto en el que han cerrado uno de los carriles, y el libre es regulado alternativamente por un semáforo. Desafortunadamente lo han colocado excesivamente cerca de la entrada a la vía única, y no hay nadie allí para prevenirte. Cuando me doy cuenta y me detengo, descubro que queda el espacio justo para que los que vienen de frente se reincorporen a su carril. Resulta impactante el hallarse parado y ver no uno, sino varios camiones enormes acercarse a ti toda velocidad para, en los últimos metros, hacer un quiebro y esquivarte.

Por fin salimos de todo este follón y llegamos al pueblo de South. El motivo de parar aquí es entrar en un hiper de la cadena Tesco, la más asequible de todas. El establecimiento dispone de gasolinera, de modo que tras comprar la comida me acerco a pie, para averiguar si hay algún grifo a la vista. Los tres días de Edimburgo nos han dejado secos, y necesitamos imperiosamente repostar.

Doy con el poste de aire y agua, pero de esta última nanay de la china. Desistimos.

Un poco antes de entrar en el hiper recuerdo haber pasado junto a una gasolinera Shell con aspecto de ser frecuentada por camioneros. Nos vamos para allá. Echo las veinte libras de gasoil protocolarias y, al pagar, pregunto si puedo coger agua. Me responden afirmativamente y me indican no ya uno, sino dos lugares donde lo puedo hacer. Felicidad suprema.

Con gasoil, comida, agua y sin atascos la vida sonríe de nuevo. Cruzamos la ría del Forth. Subimos por la M90. Nuestro destino es Kinross, o mejor dicho el Loch Leven, que está al lado. En el lago hay una isla, y en la isla el castillo del mismo nombre. En 1567 la inevitable María, Reina de los Escoceses, fue enchironada aquí y forzada a abdicar.

Llegamos al aparcamiento del lago y comemos rápidamente. Después nos vamos para el embarcadero. En perfecta consonancia con la Ley de Murphy, vemos cómo el bote que lleva a la isla parte ante nuestras narices. Esperamos por lo menos veinte minutos a que vuelva, y aquí empieza lo kafkiano: cuando ya hemos zarpado el *capitán*, en un inglés incomprensible, nos informa de que a las cinco menos cinco debemos estar en el muelle para la vuelta. El detalle no sería digno de mencionar si no fuera porque ahora mismo son las cuatro y media (en los horarios que manejábamos decía que el último regreso era a las cinco y media). Descontando los diez minutos de trayecto disponemos de quince minutos para ver la isla. Y ni siquiera, ya que al desembarcar tenemos que ir corriendo a comprar el ticket, sin el cual no te traen de vuelta. Una guirada, vaya, y la visita turística más rápida de toda la Gran Bretaña. A nosotros no nos costó nada gracias a la tarjeta del Heritage, pero cuando pienso en el resto de infelices que tuvieron que apoquinar cuatro libras y media...

La tomadura de pelo fue más llevadera gracias a que en el trayecto conocimos a una pareja de franceses de mediana edad. La mujer inició la conversación señalando la bandera finlandesa que luce mi *Karhu* en la manga: «Are you Finnish?» «No, Spanish». «Ah, pues mi hija vive en Madrid. Está casada con un español», me espeta. Su marido no habla nuestro idioma, así que la conversación deriva al francés. Congeniamos tan estupendamente que a la vuelta de nuestra breve y acuática visita les enseñamos la autocaravana. Nos resulta sorprendente que, siendo franceses, apenas supieran nada de este mundillo. Ellos habían viajado en avión hasta Londres y allí alquilado un coche. Se movían un poco a la aventura, y por la tarde buscaban un *Bed & Breakfast*. Habían estado en Skye, y nos confirman la belleza de la isla.

Despedidos de nuestros fugaces amigos, desandamos camino por la M90, pero antes de cruzar de nuevo la ría nos desviamos a la derecha, en dirección a Culross, pueblo recomendado en todas las guías. A la entrada encontramos un parking, y nos instalamos. Antes que nosotros han llegado un *camper* francés, una auto de la misma nacionalidad y otra belga, de esas enormes que parecen autobuses disfrazados y que ocupa medio aparcamiento.

Desde la orilla Norte de la ría se contempla una vista poco edificante de la zona industrial edimburguesa.

Por fortuna el pueblo sí que hace honor a su fama, con varias calles muy bien conservadas.

Subimos hasta la abadía que, tal como esperábamos, se halla en ruinas.

Un poco más arriba está la iglesia, y junto a ella uno de esos cementerios con tumbas de doscientos años y lápidas de piedra, igualitos que en las películas de terror.

Volvemos a la auto para descansar y disfrutar de la paz. Es un decir, porque entran en escena algunos *apatrulladores* que vienen a exhibirse con sus automóviles. Todos se dan una vueltecita por el parking y se van, pero a eso de las doce aparece uno resuelto a dar la barrila de forma persistente. Son una pareja joven, al parecer borrachos. Suben, bajan del coche, gritan, dan vueltas y derrapan en torno a nosotros una y otra vez... Incluso sacan un spray con bocina como los del fútbol para amenizar la noche. Entendemos que él debe de estar loco por tirársela, y que mientras la moza no se deje hay que aguantar sus mamarrachadas. Al cabo de un buen rato se van. Llevan muchas papeletas para amanecer empotrados contra un árbol.

Echamos de menos las cámaras de videovigilancia del que fue nuestro hogar las tres noches anteriores. En Edimburgo estas cosas no pasaban.

Etapa: 92 kilómetros
Total: 3.946 kilómetros

9 AGOSTO
Salimos de Culross remontando la ría por un paisaje de lo más industrial. Hoy va a ser un día bélico. Nuestro destino es Stirling. Buscamos huellas del célebre combate que se libró en las cercanías de esta ciudad el 11 de septiembre de 1296. En lugar de eso, donde llegamos es al centro de interpretación de Bannockburn. La batalla del mismo nombre, de la que no habíamos oído hablar nunca, tuvo lugar dieciocho años después de la del puente de Stirling, y parece un calco de aquélla en el sentido de que fuerzas escocesas en acusada inferioridad numérica derrotaron a los ingleses, muchos y bien pertrechados. El bueno de la película era ahora Robert The Bruce (el que tiene su corazón en Melrose).

El centro de interpretación está muy bien; aparte de la recreación histórica, un monitor te instruye sobre cómo se maneja el arco, la espada simple, el escudo, el hacha, la lanza, la espada de dos manos... Y nos recuerda la infinita habilidad que tradicionalmente ha puesto el ser humano en el arte de escabechinar a sus semejantes. Incluso te dejan probar el material de guerra (por cierto, la cota de malla pesaba de narices).

También nos quedó meridianamente claro que la guerra es y ha sido siempre un gran negocio: se estima que el botín conseguido por los escoceses tras la susodicha batalla ascendería, al cambio de hoy, a unos cien millones de libras.

Tras la visita continuamos hasta el castillo de Stirling. Hemos debido pasar de largo el acceso principal, porque lo que encontramos es una cuesta arriba con un cartel que dice *Itinerario no aconsejado para autobuses y camiones.* Como no pone nada de autocaravanas y la calzada parece lo suficientemente ancha, tiramos. Y lo que había de suceder sucede: un coche mal aparcado, justo en el sitio más estrecho. No puedo pasar y encima vienen coches de frente.

Me arrimo lo que puedo al muro de mi derecha, pero el paso es justísimo. Los conductores no dicen nada o incluso agradecen mis esfuerzos. Hasta que llega un vehículo de matrícula local pero con españolito dentro que, ignorando nuestros apuros, espeta con cierta prepotencia *que no la dejemos ahí.* Vaya por Dios, los modales de siempre. El colega me deja deprimido y furioso. Seguro que él sí que se plantearía el dejarla en este sitio.

Pese a todo –será ya la práctica– no perdemos la sangre fría. Se baja Bego con el *walkie* y, aprovechando un rato en que no viene nadie, desandamos marcha atrás y cuesta abajo unos doscientos metros, curva incluida. Como no nos quedan ganas de intentar otra vez luego la salida por arriba, damos allí mismo la vuelta.

El castillo de Stirling, como un barco varado sobre la colina, recuerda mucho al de Edimburgo, si bien se halla considerablemente más retrasado en los aspectos de restauración y reconstrucción. Desde las murallas divisamos el monumento a Wallace, a donde ya hemos decidido no ir, por lo que desprende de tufillo a parque temático (al parecer han colocado recientemente una estatua del héroe con el rostro... de Mel Gibson)

En el castillo de Edimburgo había un museo militar que no visitamos. En el de Stirling hay otro, que pertenece al *Argyll and Sutherland Highlanders Regiment.* A lo largo de muchas salas se muestran imágenes, documentos y vívidos testimonios del valor, arrojo y valentía de esta unidad al servicio de Su Majestad en lugares tan distintos como los campos de Louisiana durante la guerra con Estados Unidos en 1815, o en la Guerra de los *Boers*, o en las inmundas trincheras de la Primera Guerra Mundial. También durante la Segunda, batiéndose el cobre contra los japoneses por las selvas de Birmania. O haciendo contrainsurgencia y reprimiendo a un pueblo hermano en las calles y carreteras de Irlanda del Norte.

Al final sentí una inmensa tristeza al comprobar cómo esta gente animosa y leal se había dejado la vida en las guerras de un Imperio que al fin y al cabo no era el suyo, y fui consciente como nunca del enorme talento inglés para utilizar a otros pueblos como carne de cañón. Existe aquí un dicho según el cual en las colonias los escoceses pusieron los médicos, los legisladores y los soldados. Los ingleses, por su parte, pusieron los señoritos.

Volvemos a la auto y nos vamos en busca de un sitio llano para comer. Después ponemos rumbo al Oeste en dirección a Aberfoyle, que es donde empieza la región de los Trossachs. La carretera resulta estrechísima y el tráfico muy intenso. Como de alguna manera intuyo que Aberfoyle será un sitio muy turístico y no permitirán la pernocta, un poco antes, al llegar a Port of Menteith, nos desviamos a la izquierda, bordeando el lago del mismo nombre. Resulta, además, que dicho lago cuenta con una isla con abadía incorporada, y tenemos interés en visitarla. El embarcadero dispone de un aparcamiento en el que no es posible quedarse por hallarse cerrado, pero unos cientos de metros más adelante, semiescondido por la vegetación, encontramos otro más pequeño, que en su día contó con un gálibo en la actualidad destruido y oxidado.

No hay nadie cuando llegamos. Aparco, y como al bajarme compruebo que hay otro lugar más llano, le digo a Bego: V*amos a movernos ahora, no sea que venga una auto italiana y nos lo quite.* Dicho y hecho. Después cruzamos la carretera, pero por la orilla del lago no es posible caminar. Siguiendo el asfalto, desandamos camino hasta el embarcadero para enterarnos de los horarios. Para ello hay que saltar la valla. En estas estamos cuando pasa... una auto italiana. Que no me digan que esto no es presciencia, y lo demás cuento.

Intentamos continuar hasta el pueblo, pero la absoluta ausencia de terreno público, el barro de las cunetas y el peligro del tráfico, ahora que está oscureciendo, nos incitan a regresar. Resulta obvio precisar que en el primer hueco en el que aparcamos está la auto italiana. El hombre saluda, pero como no hace ademán de iniciar conversación nos metemos en casa. Hace un poco de frío.

Etapa: 56 kilómetros
Total: 4.002 kilómetros

10 AGOSTO

Vamos, esta vez con la auto, hasta el muelle y esperamos a que venga la barca que nos lleve a la isla. Ésta se llama Inchmahome, el mismo nombre que la abadía. Se va despejando la niebla.

Cuando, en compañía de otros tres turistas, abordamos la barca, el capitán nos da unas breves instrucciones de seguridad. Me pongo muy contento al comprobar lo bien que comprendo ya el inglés. La alegría me dura hasta que descubro la placa de identificación del barquero, donde se lee Víctor Rodríguez. Así que era por eso. Al desembarcar le pregunto si habla español, y me responde que es de Canarias, y que lleva once años viviendo en Escocia. Charlamos un rato, y hablamos de los incendios que este verano han asolado las islas.

En la que estamos ahora es tan pequeña que caminando se rodea en poco rato. Salvo las ruinas de la abadía y la recepción, no hay más edificios. Todo muy verde; vegetación en estado puro y árboles enormes.

Desde la orilla vemos que la barca que nos ha traído no cesa de ir y venir. Parece que se va a celebrar una boda. El lugar es la mar de original y vistoso, pero me pregunto qué harán si al final caen los chubascos pronosticados para hoy.

Tras una hora o así decidimos regresar. Intento reanudar la conversación con el barquero pero éste debe de haber pensado que ya basta de licencias patrias: ahora se dirige a nosotros en inglés, y sólo para pedirnos los tickets. Durante el trayecto nos ignora, y se dedica a charlar y bromear con una pareja de turistas del país, como para dejarnos claro lo muy integrado que se halla. Al bajarnos ni una palabra de despedida, así que nos vamos de allí pensando que el sujeto es de lo más *biodesagradable*.

En fin, que le den. Llegamos a Aberfoyle. Hay un gran aparcamiento, pero tal como supusimos luce un enorme cartel que prohíbe expresamente *cualquier actividad de camping*. El pueblo en sí tampoco tiene nada, salvo los alrededores. Habíamos pensado dar una vuelta en bici, pero amenazando lluvia como está no nos atrevemos. Desde aquí sale un itinerario que bordea el Loch Ard, el Loch Chon y llega hasta Stronachlachar, a orillas del Loch Katrine. Como siempre en estos casos, la carretera promete hasta que se va estrechando y se vuelve de un solo carril con *passing-places*. La perspectiva de hacer 18 kilómetros ida y otros tantos de vuelta por este recorrido de infarto nos quita las ganas, y a la primera oportunidad damos la vuelta.

De regreso a Aberfoyle, subimos el Duke´s Pass, un puerto con algunas rampas buenas. Ya arriba, me detengo junto a un arroyo bastante caudaloso. La idea es coger agua para rellenar el depósito, pero cuando lleno el cubo... descubro que es del color de la cerveza. En días sucesivos comprobaremos que ésta es la tonalidad de la mayor parte de los ríos de Escocia, y se debe a la turba en descomposición que, dicho sea de paso, es lo que le da al whisky su dorado característico.

Los Trossachs puede que sean bonitos, pero cuando has oído alabar mucho una zona es fácil que el descubrirla suponga una desilusión. Además, aunque no tenemos propósito de quedarnos a dormir porque nuestro destino hoy está más al Norte, la cantidad de carteles prohibiendo la pernocta empieza a agobiar. Sin embargo, a orillas del Loch Venachar y del Lubnaig vemos muchísima gente con tiendas de campaña. ¿Qué pasa, que hacen ésos menos daño machacando la orilla del lago con sus piquetas que nosotros estacionados en un aparcamiento?

Paramos en Callander, un pueblo bastante turístico, para visitar el super. Después seguimos hacia el Norte por la A 84. Cuando llegamos a Lochearnhead vemos en un desvío un cartel de servicios públicos; ni corto ni perezoso me voy tras él. Están en un aparcamiento a orillas del lago, y por suerte hay poca gente a la vista. Vacío las negras y consigo conectar la manguera al grifo del servicio de minusválidos. Es de los de pulsar, y además hay que hacerlo con tiento: si aprieto mucho, se sale la manguera de la presión; si aprieto poco, apenas sale agua.

Nos vamos contentos, como siempre que conseguimos culminar con éxito nuestras maniobras de llenado/vaciado. Un poco más arriba nos desviamos a la derecha hacia Killin. La carretera es ahora muy estrecha, y por fortuna disminuye el tráfico. Bordeamos el Loch Tay, que tiene unos 30 kilómetros de largo; esto sí que va siendo ya un lago. Por fin, tras muchas curvas, entramos en Aberfeldy.

El motivo de venir hasta este pueblo perdido de la mano de Dios es porque mañana, día 11, se celebran aquí los *Highland Games*. Siguiendo los consejos de alguien del foro, en la oficina de turismo de Edimburgo solicitamos el calendario de los juegos para el mes de agosto. Conjugando nuestro recorrido con las fechas en que se celebraban llegamos a la conclusión de que los que mejor nos caían eran los de Aberfeldy. Y aquí estamos.

Cruzamos el pueblo en busca de un sitio adecuado para pernoctar. Al tratarse de un lugar poco turístico, suponemos que será fácil. Lo que no esperábamos era encontrar, ya casi a la salida, un aparcamiento enorme para nosotros solos. El lugar supera ventajosamente todos los tests: está en llano, se halla iluminado, no hay prohibiciones, es tranquilo, no se ve gente rara por los alrededores...

Antes de cenar nos vamos de descubierta. Hoy es viernes, y se percibe ambientillo en torno a los pubs. Por lo visto tiene aquí su sede la célebre destilería Deward´s, y eso a la fuerza se tiene que notar.

La poca gente de fuera que se deja caer por aquí tiene su reflejo en las miradas de expectación y sorpresa. La verdad es que en este tipo de situaciones se siente uno un poco raro, pero en el fondo estamos la mar de contentos de haber recalado en este rincón de la Escocia Profunda, que en esto al menos no se diferencia tanto de la lejana Extremadura.

Etapa: 122 kilómetros
Total: 4.124 kilómetros

11 AGOSTO

De madrugada ha empezado a llover, y esta mañana sigue haciéndolo. Desilusión: nuestros juegos pasados por agua. Nos preguntamos si se celebrarán o si por el contrario los habrán suspendido.

Según el programa, había diversos actos a partir de las nueve de la mañana, pero los juegos propiamente dichos empezaban a la una y media. Nos parece una tontería salir tan temprano a mojarnos y nos quedamos en la auto. Como no hay mucho que hacer, enciendo el portátil para pasar las fotos de la cámara... ¡y descubro que tenemos wifi! No es una conexión rácana que vaya y venga, sino que permanece estable, y con buen caudal de datos. Aprovecho para actualizar todo lo actualizable, bajo el correo, leo los periódicos y consulto el pronóstico del tiempo. Sorpresa desagradable: el servicio meteorológico pronostica lluvias bastante fuertes en la mitad Oeste del país y Norte de Escocia. Nos asustamos un poco.

A la una y pico salimos del submarino y nos vamos para el recinto de los juegos. Si pensábamos que los habrían suspendido o que habría poca gente eso es que no conocemos bien a los escoceses (de hecho, si aquí cancelaran algo cada vez que llueve, entonces nunca harían nada). Hay mucha, muchísima gente que se protege del agua de mil y una maneras. La que más me llamó la atención fue un tipo de silla que supongo utilizarán para pescar. La susodicha llevaba incorporado un paraguas con faldones, al estilo de una improvisada tienda de campaña. Incluso los gaiteros aguantan estoicamente la lluvia.

Lo primero que vimos fue el lanzamiento de tronco. El palito en cuestión mide seis metros, y para que caiga bien hay que voltearlo, y tiene que caer en la posición de las doce en punto. Todo un alarde de fuerza y equilibrio.

También estuvimos en el lanzamiento de martillo. Y en el paseo de la piedra (¿dónde la pongo?). Para hacerse una idea del peso, hay que decir que algún concursante ni siquiera fue capaz de levantarla del suelo. El récord, que permaneció imbatido, estaba en algo más de sesenta metros.

Luego vino la tirada de la cuerda. Participaron tres equipos, y fue muy emocionante. Nos quedó claro que no ganaban quienes más fuerza tenían sino los que mejor se coordinaban. Cada equipo tenía un director, al estilo de las regatas.

Después hubo algunos lanzamientos de peso más peligrosos que ortodoxos.

Lo cierto es que ha sido un buen día, nos lo hemos pasado muy bien y hemos aguantado como valientes cuatro horas bajo una buena lluvia. Volvemos a la auto cansados pero felices, y con muy poca gana de movernos. Además, nos hemos enamorado del sitio de pernocta. Hacemos merienda cena al estilo de por aquí. Luego me vuelvo a conectar a Internet. Entro en AC Pasión, y consigo subir un par de fotos de las que he hecho esta tarde. También lejos de casa es posible estar con los amigos.

12 AGOSTO

Nos despedimos de Aberfeldy, pero antes repostamos en la gasolinera que hay junto al aparcamiento. Cuando voy a pagar le pregunto al dueño si podemos echar agua, aunque lo hago con poco convencimiento, ya que cada vez que hemos pasado junto a los surtidores hemos mirado y remirado a ver si había grifo. Para mi sorpresa me pide que le siga, y me indica la toma de agua, que se halla en el lugar más insospechado y escondido. Tiene incluso una larga manguera, de forma que no es necesario que despleguemos nuestro arsenal.

Después salimos a la A 9 y, a través del Glen Garry encaramos, una vez más, la ruta del Norte. Nos internamos en el Parque Nacional de las montañas Cairngorms, de aspecto agreste, cuyo núcleo principal dejamos a la derecha. Unos 40 kilómetros antes de Inverness nos desviamos también a la derecha, rumbo a Forres.

Nuestro destino es la pequeña localidad de Findhorn, donde se halla la ecoaldea del mismo nombre. Dicha comunidad representa, quizá a nivel mundial, el ejemplo más acabado y exitoso de un modo más equilibrado de relación del ser humano con el mundo y consigo mismo. El proyecto se inició en 1962, curiosamente a bordo de una caravana. Y no es un ghetto cerrado, sino que puede recorrerse libremente. Sólo que si uno quiere enterarse de más cosas y entrar en determinados lugares lo mejor es apuntarse a la visita guiada, que fue lo que hicimos nosotros.

En Findhorn residen de forma habitual unas quinientas personas, pero son más de dieciséis mil las que vienen todos los años a convivir y participar de la experiencia.

Las viviendas son bioclimáticas, construidas en gran parte con materiales reaprovechados. La energía que consumen la producen ellos mismos de forma limpia, y la generación de residuos, agua incluida, es cero. En fin, una envidiable apuesta por un futuro y un marco de relaciones humanas muy distinto del que estamos habituados.

Volvemos a Forres en busca de un lugar cerca de la costa y designado en el mapa con un enigmático nombre: *Sueno´s Stone*. Esta curiosa mezcla de idiomas designa un objeto asimismo singular: una piedra de siete metros de altura que presenta por ambas caras inscripciones e imágenes grabadas por uno de los pueblos que habitaban la zona, los *pictos*, quienes tallaron el monolito allá por el siglo nueve.

Saciada nuestra curiosidad megalítica, se nos plantea una disyuntiva: traíamos el propósito de visitar esta tarde o mañana una destilería de whisky que hay en las inmediaciones, pero también queremos ver el Lago Ness en las mejores condiciones atmosféricas posibles, y para mañana el tiempo da lluvia otra vez. Nos decantamos por la segunda opción. Cruzamos Inverness sin parar pues según Bego, que ya estuvo una vez aquí, no hay nada interesante, y llegamos al lago por la orilla derecha. Habíamos pensado en darle la vuelta pero la carretera de la izquierda, que es de *passing-places*, nos disuade. Llegamos con luz suficiente como para captar el lago más famoso del mundo.

Justo donde paramos hay una placa conmemorativa que explica lo siguiente: enfrente, cerca de la orilla opuesta, se encontró sumergido un bombardero inglés que se estrelló durante la Segunda Guerra Mundial. El avión lo encontraron cuando rastreaban con sonar... en busca de Nessie. Está claro que no hay mal que por bien no venga.

Vamos bajando y realizando algunas paradas. El agua no es siempre visible, ya que muchas veces la oculta la vegetación. Llegamos así al Urquhart Castle, cerrado ya a esas horas.

Empezamos a pensar en el dormir. No nos hacíamos ilusiones con las orillas del lago, como así fue: prohibida la pernocta en todo el recorrido, prohibida también en los aparcamientos de las oficinas de turismo. Llegamos al final del lago, a Fort Augustus, sin haber solucionado nada. Por último, yendo ya a por todas, enfilamos hacia Glendoebeg, en la otra orilla, y vamos evaluando los pros y contras de cada apartadero. Cuando llegamos a donde se estrecha la carretera desistimos de ir más allá.

Mientras contemplamos los últimos rayos de sol despedirse de una manada de ciervos recapitulamos: no hemos encontrado ningún sitio que valga la pena. Finalmente nos decidimos por un claro en la cuneta con anchura suficiente para que quepa la autocaravana.

Aunque estamos muy pegados al asfalto, aparentemente se trata de una carretera tranquila, pero de repente empiezan a pasar coches y más coches y hasta camiones (¿cómo se las apañarán en los *passing places*?).

Seguramente éste es el lugar más expuesto en el que hemos dormido de todo el viaje. No hay ocasión para celebraciones; estamos tristes y meditabundos, y echamos de menos el hermoso aparcamiento de nuestro querido Aberfeldy.

Etapa: 288 kilómetros
Total: 4.412 kilómetros

13 AGOSTO

Amanecemos con la auto intacta: los raudos vehículos que han pasado anoche y esta mañana no se han llevado ningún cacho. Volvemos a Fort Augustus y repostamos gasoil. No soy amigo de dejar dinero en estos lugares que persiguen a los autocaravanistas, pero la reserva se encendió ayer a última hora. Después seguimos desandando camino hasta Invermoriston, donde paramos a ver el torrente que desemboca en el lago. Se lo ve lleno de espuma que no es contaminación, sino residuo de turba.

Estamos otra vez en Urquhart Castle, ahora abierto y hasta arriba de gente. Lo cierto es que del castillo quedan cuatro piedras, y sólo es interesante como atalaya para atisbar el lago y la improbable aparición del monstruo. En la torre se arraciman los turistas, soportando el frío viento. Y es que el Lago Ness está hoy de veras agitado.

Tienen por allí la reproducción a escala real de un *trabuquete*, que es una máquina de asedio. Nosotros la conocíamos porque durante una época fuimos fans de un juego de estrategia por ordenador llamado *La Edad de los Imperios*.

Para compensar lo anodino de las ruinas (y poder cobrar en condiciones) han montado un centro de interpretación por todo lo alto, en el que lo más destacado es sin duda el supermercado de recuerdos. Los hemos visto en casi todos los enclaves visitados durante el viaje pero éste, por su tamaño y diversidad, los aventaja a todos. Aquí la fusión de la liturgia del turismo y la exaltación consumista alcanzan su apoteosis.

Mientras esperamos turno para visionar una breve proyección sobre la historia del castillo, Bego se encuentra con Teresa, amiga y antigua compañera de trabajo a la que hace once años que no veía. Lo que son las cosas; en verdad que el Turistán se comporta como un diminuto pañuelo.

Tras la visita, comida; y tras ésta nos desviamos por una carretera hacia el Oeste que lleva al Glen Affric. Pasamos por Drumnadrochit, donde está el *Loch Ness Monster Visitor Centre*, prueba evidente de que sólo hace falta que mucha gente crea en algo para que se convierta en realidad. Durante los primeros kilómetros la carretera es el equivalente a una secundaria nuestra, pero a partir de Cannich empiezan los *passing-places*. Al principio voy cagado. Luego, cuando compruebo que la mayoría de los coches colaboran y que de un apartadero a otro hay –casi siempre– visibilidad, me voy tranquilizando, y eso que empieza a lloviznar.

La pareja francesa que conocimos en Loch Leven nos había hablado maravillas de este valle. Lo malo del elogio excesivo es que, si el sitio no es una auténtica maravilla, lo fácil es que te decepcione. Supongo que lo más llamativo es la total ausencia de construcciones humanas (y ellos eran parisinos). Con todo, el paisaje recuerda muchísimo al Norte de Finlandia.

Paramos en un aparcamiento entre árboles, y vemos allí una auto española. Desde este sitio sale un pequeño paseo hasta unas cascadas, y nos encontramos a los paisanos por el camino. Son de Collado-Villalba, matrimonio y tres hijas. Nos cuentan que llevan por aquí una semana, y dicen hallarse bastante decepcionados con Escocia, ya que pensaban *que iba a ser al estilo de Noruega*. Además, como están hartos de agua han pensado en bajarse para Francia, a disfrutar del solito. Se asombran de que vayamos por libre, ya que ellos entran siempre en camping. Nos cuentan que en determinados establecimientos te ponen pegas para quedarte si sólo tienes previsto pasar allí una noche. Vamos, lo que faltaba, no será porque tengan que lavar después las sábanas.

Nos despedimos. Continuamos valle arriba, bordeando el Loch Beinn a´ Mheadhoin (creo que lo he escrito bien) hasta el final de la carretera, y luego para atrás. Al llegar a Cairn, en vez de volver al Lago Ness nos desviamos a la izquierda en dirección a Struy. Según el mapa Michelín esta carretera no debía ser de un solo carril, pero mucho me temo que sí lo es, al menos durante algunos kilómetros. Cuando me alcanzan coches, y siguiendo el consejo de las autoridades de tráfico, me orillo para dejarles pasar, y soy recompensado con efusivos saludos y pitidos.

Resulta curioso, porque hace un rato, cuando estábamos en el Glen Affric, la costa Oeste y la isla de Skye se encontraban ahí, a tiro de piedra. Ahora, en Dingwall, estamos a orillas del Mar del Norte, o sea la costa Este.

Dingwall nos cae muy bien porque en ningún sitio vemos carteles de prohibido pernoctar; ni siquiera en el Tesco, adonde vamos en busca de provisiones. Por lo visto abre 24 horas, lo cual resulta curioso ya que no es que ésta sea una localidad muy grande. Pero lo más llamativo de todo es que hay cajas con dependienta y otras que son... automáticas; o sea, que es el cliente el encargado de pasar los productos por el lector de código de barras. Se puede pagar en monedas, en billetes o en tarjetas. Me pregunto si, dada nuestra particular idiosincrasia nacional, conoceremos algún día un invento semejante.

Queremos ir a dormir a las Cascadas de Rogie. Por ello tomamos la carretera en dirección a Strathpeffer. A diferencia de Dingwall, en este pueblo sí dejan a las claras que no quieren ver autos pernoctando. Ídem a lo largo de la carretera. Llegamos a Falls of Rogie y visitamos la cascada, bastante más impresionante que la de esta tarde.

Queda poca luz y es preciso tomar una determinación. En este aparcamiento no se ve cartel de prohibido, pero hemos visto tantos ya que no nos hacemos ilusiones de que aquí lo permitan. Además, hay un cartel de *Precaución, ladrones* nada tranquilizador. Podríamos volver hasta Dingwall -al fin y al cabo tenemos que pasar mañana-, pero nos ha gustado tanto la catarata que quisiéramos verla con luz de día. Al final miramos el mapa, y ocho kilómetros más allá localizamos un pueblo. Se llama Garve, y tiene estación de tren. Malo será.

La vía y la carretera bordean la diminuta localidad, que sólo tiene una entrada. A la hora a la que llegamos está ya todo el mundo en casa. Al final encontramos el sitio ideal: el aparcamiento que comparten la escuela y el cementerio, en medio de tres árboles enormes.

Fuera, el silencio es tan enorme que sorprende que el oscurecer no haga ruido.

Etapa: 167 kilómetros
Total: 4.579 kilómetros

14 AGOSTO

Antes de levantarnos ya se oye trasiego de coches en el aparcamiento; por lo visto en el cole hay guardería de verano. Volvemos a las cascadas de Rogie. A pesar de las agoreras predicciones, luce el sol. Por eso la imagen del lugar es muy distinta de la de ayer, aunque persiste la sensación de lugar majestuoso y salvaje.

Junto a la catarata han construido una escalera de salmones. Nos pasamos un buen rato mirando, pero apenas vemos saltar a dos o tres. No sabemos si es la *ratio* normal o es que hoy hay poca afluencia.

Por la zona hay varias rutas señalizadas. Seguimos una, y tras un paseo por lo más denso del bosque volvemos a la auto y desandamos el camino a Dingwall. Ayer nos percatamos de que la gasolinera del hiper tenía un precio bastante ventajoso (96 peniques/litro), así que por primera vez desde que estamos en Gran Bretaña llenamos el depósito. También aprovechamos para hacer lo mismo con el agua.

Cogemos la A 9, que discurre hacia el Norte pegada a la costa. Cruzamos la ría de Cromarty y la de Dornoch. A la hora de comer estamos en Helmsdale, donde estacionamos en un aparcamiento con vistas al pueblo, al río y al mar.

Después seguimos ruta. Cruzamos Wick y vamos bordeando la bahía de Sinclair, con la Punta de Noss y su faro.

Estamos ya muy cerca del extremo septentrional de Gran Bretaña, Duncansby Head, y ello nos produce la emoción del final de viaje. Un poco antes de entrar en John O´Groats nos desviamos a la derecha en dirección al cabo, por una carretera estrechísima con apartaderos. Súbitamente, nos vemos en la obligación de parar porque encontramos a tiro de foto a las vacas peludas que venimos buscando todo el viaje.

Estos animales, que parecen primos hermanos de los bisontes, los vimos por primera vez hace dos años en Dinamarca, pero fue un encuentro fugaz, sin una mísera foto. Esta vez nos explayamos.

Un poco más allá está la explanada del faro. Sorpresivamente no vemos cartel de prohibición, imaginamos que algún autocaravanista se ha tomado la justicia por su mano. Además, no vamos a estar solos: hay otras siete autocaravanas más, todas italianas.

Vamos dando un paseo hasta los acantilados. Como todo el páramo está empapado de agua, nos ponemos las zapatillas ídem. Desde aquí asistimos a una monumental puesta de sol, ignorantes de que será la última en varios días.

Aquí y allá hay pequeños grupos de ovejas escocesas. El borde del acantilado se halla protegido por una alambrada que algunas traspasan por donde pueden para comerse la hierba que crece al borde del abismo. Entrar es una cosa, pero salir... Cuando el rebaño se desplaza a otra parte un par de ellas, con pinta de jovencillas, caminan entre la valla y el precipicio balando como desesperadas. Las dejamos allí prácticamente oscurecido, esperando que la cosa no acabe en tragedia.

Estamos aparcados al lado del faro, que escoltará nuestros sueños con su haz luminoso en este otro *Finis Terrae*. Frente a nosotros, a tiro de piedra, las islas Orcadas nos preguntan si realmente éste es el final o el principio del viaje.

Etapa: 198 kilómetros
Total: 4.777 kilómetros

15 AGOSTO

Amanece y además hace sol, lo cual es ya la repanocha. Gracias a eso podemos divisar las islas Orcadas desde la ventana del salón. También nos permite disfrutar de la Punta de Duncansby en condiciones de luz óptimas.

La verdad es que estas dos moles gemelas, triangulares y ciclópeas, impresionan. Sólo por ellas ya merece la pena venir hasta aquí.

En los acantilados anidan infinidad de aves.

Justo antes de partir comprobamos que unas nubes negrísimas se aproximan por el Oeste; la fiesta del buen tiempo se va a acabar ya.

Para seguir camino no es necesario ir hasta John O´Groats, pero por curiosidad entramos. El pueblo en realidad consiste en cuatro casas y el embarcadero con destino a las Orcadas. Hay varias autocaravanas esperando, suponemos que con el propósito de pasar a las islas.

Arrancamos definitivamente hacia el Oeste. Nada más salir vemos un panel indicativo en el que se lee: *Ullapool 200 millas.* El cartel en cuestión parece de broma, porque si tenemos en cuenta que la citada urbe cuenta nada más y nada menos que con mil quinientos habitantes, nos podemos hacer cargo de la densidad de población que vamos a hallar por estos lares.

La carretera atraviesa primero una zona eminentemente agrícola que nos sorprende, pues pensábamos que el terreno sería del todo improductivo. Bordeamos la Bahía Dunnet y entramos en Thurso. Aquí todo parece escandinavo: desde el nombre de la localidad a la morfología de las casas pasando por el paisaje. Entramos en un Lidl a comprar algunas cosas. Desde la línea de cajas veo el mar, y en el mar el barco portacontenedores que pasó frente a nosotros en Duncansby hará como una hora.

Tal y como vaticinamos, empieza a llover. Según progresamos por la costa el paisaje se va volviendo inhóspito. Estamos en lo que aquí llaman *moors*, tierras pantanosas, estériles, sin árboles. Paramos a comer con este paisaje de fondo, y la verdad es que encoge el corazón.

La lluvia va y viene en oleadas. Comienzan los tramos de *passing-places*. Llegamos a Tongue y cruzamos el fiordo mediante un dique que evita tener que dar todo el rodeo. En mitad de la bahía han construido una explanada artificial. No hay nadie, salvo una solitaria autocaravana. El desierto de arena que deja la bajamar, de tan espectacular nos trae recuerdos del Monte Saint-Michel. Es un sitio de lo mejorcito para quedarse, pero aún es temprano y queda mucho camino por delante.

Cuando llegamos al Loch Eriboll comienza definitivamente el espectáculo. Resulta curioso que la palabra gaélica *loch* designe indistintamente lago y fiordo. La sensación es ahora de espacio sin límites. Una auto francesa se detiene, como nosotros, a echar fotos.

Es casi el único signo humano en un paisaje que nos trae inevitables recuerdos de Cabo Norte. Naturaleza sin ciudades, ni fábricas ni coches. Nos sentimos intrusos y, a la vez, absortos en la magia.

Contornear el Eriboll nos lleva bastante tiempo, sobre todo porque hay que detenerse muchas veces para ceder el paso. Aunque, todo hay que decirlo, ya le hemos perdido el miedo a las carreteras de un solo carril, ya que la inmensa mayoría de gente colabora.

Un poco antes de llegar a Durness decidimos que es hora de parar. Encontramos un apartadero al borde del acantilado sin señal de prohibición expresa (y mira que hemos visto durante el día). Entre chaparrón y chaparrón salgo a ver la playa, batida por el oleaje. Justo aquí desemboca un torrente cuyas aguas marrones se mezclan con las más claras del mar.

Como está muy nublado, no se sabe a ciencia cierta por dónde anda el sol, y tarda una eternidad en oscurecer. Mientras, pasan varias autos, casi todas italianas, aparentemente buscando también un lugar para dormir. Frente a nosotros, en una punta del acantilado, una cicloturista busca un lugar para plantar la tienda. No debe de convencerle ninguno, porque cambia de sitio media docena de veces. La verdad es que con este tiempo no le arriendo la ganancia. La frase que más hemos repetido durante el día ha sido: *Si así es en verano, cómo será el invierno.*

Etapa: 146 kilómetros
Total: 4.923 kilómetros

16 AGOSTO

Esta noche el viento y la lluvia han sacudido de lo lindo y en algún momento nuestra cicloturista ha tenido que mudar, una vez más, el emplazamiento. Por nuestra parte levamos anclas y seguimos hasta Durness. Aquí vemos quién se beneficia del cúmulo de prohibiciones en estas tierras semidesiertas: el camping, que se halla hasta la bandera de autocaravanas. Aun así, hay quien ha preferido desafiar el absurdo normativo, pues dos o tres han pernoctado en pleno pueblo, justo al lado de uno de los dichosos *No parking overnight.*

Seguimos camino y giramos al Suroeste. Hemos terminado de recorrer la fachada Norte de la isla. A nuestra derecha queda el *Cape Wrath* (Cabo de la Ira), sólo accesible mediante ferry, y que con su nombrecito indica cómo se las gastan los elementos en esta costa áspera y cruel.

Llegados a Rhiconich descubrimos unos servicios públicos. El grifo es de pulsador, tengo que mantener apretada la manguera, el agua está helada y luce, además, el ya familiar color marrón. La que cogemos para beber la potabilizamos, *por si aca*.

Continuamos rodando por estos paisajes brotados del mundo de los sueños. A nuestra izquierda queda, bien cubierto por la niebla, el *Foinaven*, de 908 metros, pero que en estas latitudes es como si tuviera tres mil.

Antes de Scourie subimos un puerto de montaña. Llueve tanto que los campos escupen agua, incapaces de absorber más.

Luego, el paisaje se dulcifica algo, y reaparecen los árboles.

De este modo llegamos al Loch Assynt y al Ardvreck Castle. Se halla éste sobre una isla y de él apenas si quedan unas ruinas.

Nos disponemos a tirar cuando por detrás de nosotros aparece, a velocidad increíble, una densa manta de agua. Me planteo si es conveniente arrancar o no, pero la duda poco dura porque en veinte segundos la tenemos encima.

El castillo empieza a desdibujarse con el aguacero hasta que desaparece, sumergido en la tempestad, que tan pronto como viene se va. Y es que existe un dicho escocés que dice algo así como: *Si no te gusta el tiempo que hace, sólo tienes que esperar cinco minutos*.

A la hora de comer entramos en Ullapool, la de las doscientas millas desde John O'Groats. Seguimos las indicaciones del parking para camiones y autobuses... y nos encontramos con inmensos carteles que vetan las autocaravanas por activa y por pasiva. Nos abastecemos en sus supermercados y compramos sus recuerdos; pagamos entrada en sus monumentos y repostamos su carísimo gasoil... para ser expulsados luego como gorrones sarnosos. Para mí es demasiado y, por primera vez en seis semanas de viaje, toco fondo. Se me cruzan los cables, despotrico y me despacho a gusto sobre los indígenas. Y encima dos días enteros sin parar de llover. Lo único que deseo en estos momentos es largarme, tomar las de Villadiego y bajar al Sur de Inglaterra, que allí seguro que hace sol.

Me convence Bego de que miremos al menos la previsión de tiempo antes de decidir nada. De modo que me acerco al super, compro algunas cosillas y también el periódico. Al parecer se anuncia una mejoría: quiere esto decir que además de lluvia habrá nubes y también claros. Parece que al final sí que iremos hasta la isla de Skye.

A medida que avanza la tarde las autocaravanas del parking, que son muchas, van desfilando para desvanecerse en la nada: con el toque de queda pasamos de ser apetecibles turistas a inmundos proscritos. Nos vendría bien echar gasoil, pero la estación de servicio se halla colapsada por varias autocaravanas, precisamente de ésas que luego no quieren en la ciudad ni en el campo.

Salimos hacia el Sur por la A 835, que bordea el Loch Broom. Nuestro destino es ahora la Corrieshalloch Gorge. Hemos pensado que si la garganta está en esta misma carretera seguiremos luego por ella en dirección a Garve, pero hay que desviarse unos kilómetros hacia la derecha, por la A 832. El sitio resulta ser una pasada, porque además del desfiladero hay aquí unas altísimas cataratas (Falls of Measach). Ni la poca visibilidad ni la persistente lluvia restan un ápice de belleza a este lugar fantasmal y encantado.

Un poco más relajados, seguimos en dirección a Dundonnell y Camusnagaul. Por el camino encontramos una gasolinera anunciada con un cartel de *Open 24 hours*. Allí no hay nadie, y sí en cambio una indicación para que preguntes en la recepción del hotel que hay enfrente. Pero antes de nada, miramos el precio del combustible: una libra... y ocho peniques (1,56 euros), lo cual significa 18 céntimos de euro más de lo que nos costó en Dingwall. Por si no fuera bastante, en un espacio que hay detrás de la gasolinera, con vistas a la bahía, el dueño del hotel ha colocado cartelito prohibiendo la pernocta. Que le den al sacasangre; en vez de repostar, nos vamos.

Bordeando la costa llegamos a la Bahía de Gruinard. Buscamos un sitio tranquilo donde poder quedarnos, un lugar resguardado del viento, un resquicio donde permitan... Y entonces aparece. Es un aparcamiento. Está al otro lado de la carretera, pero con vistas al mar. Hay en él dos autos alemanas... Y no está prohibido.

Ahorro al lector la descripción de nuestro júbilo, aunque podemos decir, como Jimena de Vivar, *sacada me avedes de muchas vergüenças malas.*

Por eso aparcamos. Paseamos. Disfrutamos del paisaje. Cenamos. El mar nos escucha. Y para colmo de la felicidad vemos cómo, hacia el Oeste, comienza a escampar.

Etapa: 174 kilómetros
Total: 5.097 kilómetros

17 AGOSTO

Como sucede siempre que dormimos en compañía, para cuando queremos salir hace ya un buen rato que se han marchado los demás. Nuestra primera urgencia hoy es echar gasolina, y lo tenemos fácil porque a los pocos kilómetros aparece una pequeña estación de servicio. No se ve un alma y hasta parece abandonada, pero pruebo el surtidor y resulta que funciona. El precio, una libra con dos peniques. Voy para la oficina, que sí que está abierta, y allí me cobra una chica muy simpática.

Hace sol y eso, después de dos días completos de submarino, es algo que se agradece. Nosotros tan del Sur, acostumbrados al derroche de luz, apreciamos en estas tierras en su justa medida lo que vale.

No llevamos recorridos muchos kilómetros cuando nos encontramos con los Inverewe Gardens. Aunque extensos, no es que sean nada del otro mundo, supongo que lo que vale es la proeza de aclimatar aquí arriba tantas especies exóticas, algunas con apariencia de lo más tropical.

Cuando visitamos un lugar nos gusta hacerlo tranquilamente y en el mayor silencio posible. Esto en determinados sitios se vuelve tarea difícil, ya que mucha gente entiende esta actividad como una juerga. En los primeros puestos de mi ranking personal de escandalosos cuento a los japoneses, a los españoles y a los italianos, no necesariamente en ese orden. Cuando nos va alcanzando un grupito que reúne dichas características nuestro primer impulso es detenernos y esperar a que nos adelanten. Pero claro, los humanos somos por naturaleza imitativos, y si hay alguien parado es que algo habrá que ver, y por supuesto también hay que parar. En estas situaciones resulta sumamente engorroso deshacerse de los que se te han adherido, que por supuesto y mientras tanto no dejan de gritar, reír y proferir chorradas como jamás harían en su vida cotidiana, secuestrando de esta manera tu vivencia y tu experiencia del lugar. Esto, que nos ha ocurrido en palacios, castillos, exposiciones y monumentos, no podía por menos que sucedernos aquí, en los jardines de Inverewe. Por suerte este lugar tiene disposición de laberinto, y cuenta con numerosos pasadizos y senderos ocultos donde es relativamente fácil librarse de los pesados. Así que astutamente les damos el esquinazo y tenemos la oportunidad de disfrutar de un retazo del *Loch Ewe* en completa soledad.

La visita nos lleva el resto de la mañana. Cerca ya del final tenemos nuestro primer encuentro con los *midgies*, los temibles mosquitos de las Tierras Altas. De tan pequeños son prácticamente invisibles, pero su picadura –o, mejor dicho, mordisco- supera con creces lo que podría esperarse de su tamaño. Como llevo el pelo corto se ceban también con mi cuero cabelludo, cosa que no me había ocurrido jamás, tratándose de mosquitos.

Comemos en el parking de los jardines y después reanudamos ruta. Observamos con alivio que la presión prohibitoria ha disminuido bastante en esta zona, sobre todo si la comparamos con el tramo de costa al Norte de Ullapool. Pasamos por Gairloch, lugar bastante turístico pero muy bonito. Más adelante, en un pueblo cuyo nombre no recuerdo, repostamos agua. Debido a la particular idiosincrasia del grifo, nos lleva bastante rato (hay que sacar el agua a cubos e introducirla en el depósito mediante la bomba de 12 voltios conectada a la toma de mechero). Para cuando terminamos descubro que los *midgies* me han breado los brazos. Las picaduras, muy dolorosas, tardarán varios días en curar, como si fueran de pulga.

A continuación pillamos algunos tramos de *passing-places*, aunque lo cierto es que ya estamos acostumbrados.

Bordeamos el *Loch Maree* (buscábamos las Victoria Falls, pero al parecer las pasamos de largo) hasta Kinlochewe, y de ahí hacia Achnasheen (descartamos seguir hacia la costa por Torridon pues habíamos leído que dicha carretera era altamente desaconsejable para autocaravanas). Por el camino contemplamos algunas de las más bellas estampas del viaje. Y es que no hay nada como tener sol para apreciar la grandiosidad del paisaje.

Aquí fue hacer las fotos y volver a entrar corriendo en la auto: nubes enteras de *midgies* nos atacaban sin piedad. Parece que el buen tiempo les favorece; hasta se echa de menos la lluvia.

Siguiendo el *Glen Carron* nos acercamos de nuevo a la costa. Un poco antes de Stromeferry encontramos un aparcamiento sobre el fiordo con bellas vistas y –lo más importante- sin prohibición de ningún tipo.

Me hace mucha gracia un cartel que hay un poco más adelante, en el cruce que baja al pueblo. En él se lee:

STROMEFERRY
(No ferry)

Para que nadie se llame a engaño. Y es que imagino que en su día contaría con un servicio de transbordador que cruzaba al otro lado, pero actualmente no existe.

Ya casi oscurecido llega un camper, y al rato otra autocaravana. Después, sólo silencio.

Etapa: 118 kilómetros
Total: 5.215 kilómetros

18 AGOSTO

Hoy es un día con poco que contar. Y hay poco que contar porque desde primera hora ha estado lloviendo, y la visibilidad es nula.

Hemos dormido como quien dice a las puertas de la isla de Skye, que se halla unida a tierra firme mediante un puente desde hace algo más de diez años.

Bajamos por la A 890, y nos incorporamos a la A 87. Delante de nosotros circula una camper española. Detrás llevo otra que se empeña en adelantar, pese al denso tráfico que viene de frente. Cuando nos sobrepasa espero que piten o saluden o algo, al fin y al cabo no se encuentra uno tantos compatriotas por estas tierras, pero los muy siesos no dicen nada. Como hay bastante caravana vamos los tres juntitos, y juntitos cruzamos el puente hacia Skye, que era de peaje hasta hace poco, pero al parecer han dejado de cobrar. Aparcada al lado de la carretera vemos una tercera camper española; suponemos que van todos al alimón porque a las otras dos se les olvidan las prisas y empiezan a ralentizar, hasta el punto de que bajan la velocidad a 50 kilómetros por hora. El denso tráfico ha desaparecido en uno y otro sentido, pero no me atrevo a adelantar a mi vez por no contar con visibilidad suficiente. Me resigno a la procesión hispánica hasta que, después de muchísimos kilómetros, se meten en una gasolinera. Vaya por Dios con los paisanos.

Para cuando llegamos a Portree, la capital de la isla (2.500 habitantes, no vaya nadie a creer), la lluvia ha arreciado cosa fina. Nos equivocamos en un cruce en el centro del pueblo y tengo que entrar en un aparcamiento para dar la vuelta. Decidimos esperar a ver si amaina. Mientras tanto, enciendo el portátil y felizmente encuentro una conexión wifi abierta.

Portree es el equivalente aproximado del gaélico *Port-an-Righ*, Puerto del Rey. Y es esta zona occidental de Escocia donde más viva se halla la lengua de los celtas.

Salimos del pueblo hacia el Norte por la A 855, que es de *passing-places*. Estamos bastante disgustados porque las nubes, bajísimas, nos impiden divisar siquiera el Old Man of Storr, un índice de piedra de cincuenta metros de alto que veníamos con ganas de ver desde casa. El paisaje, asimismo, debe de ser grandioso, pero como digo no vemos nada de nada.

Paramos en un enorme y vacío aparcamiento. Las rachas de viento hacen el lugar tan inhóspito que al poco rato seguimos adelante. Hasta que llegamos a Kilt Rock. No sabemos exactamente qué es lo que hay aquí, pero paran tantos vehículos -y la gente se baja pese a la lluvia y a las rachas atemporaladas- que nosotros a nuestra vez nos detenemos. Decidimos hacer tiempo, por si escampara.

Después de comer y la siesta de rigor asomamos la nariz. Parece que ha amainado un poco. La lluvia, quiero decir, porque el viento sigue soplando aunque con menos intensidad que en el otro aparcamiento. Lo que vemos desde el borde del acantilado quita el hipo:

Una cascada vierte directamente al mar. He visto en Internet fotos y en la mayoría lleva menos agua pero claro, con la que está cayendo...

El viento es tan fuerte que parte del agua es devuelta hacia arriba.

Observamos que entran algunos autobuses turísticos. Comoquiera que no hemos encontrado ninguno de frente en las dieciséis millas que hay desde Portree –y tampoco veremos mañana ninguno en las otras tantas que quedan hasta Uig- imaginamos que existe entre los conductores el pacto tácito de circular en un solo sentido. No me imagino lo que tiene que ser cruzarse dos de estos monstruos, pues en los apartaderos nosotros cabemos a duras penas. También aparecen por aquí nuestras tres queridas campers de esta mañana.

Seguimos camino, pero durante poquísimo tiempo, ya que nada más cruzar Staffin empezamos a bordear la bahía del mismo nombre. Pensamos que en esta ensenada nos será más fácil encontrar un sitio apropiado -y protegido- para la pernocta que en la cara Oeste de la isla, con pinta más bien acantilada. Vamos valorando las posibilidades cuando una anciana lugareña hace sonar el claxon para quejarse de mi lentitud. ¡Pero bueno...!

Justo cuando nos adelanta la fitipaldi del Inserso vemos a la derecha un pequeño cartel que dice *Beach*. La carretera se ve estrechísima, pero decidimos aventurarnos. Una bajada muy pronunciada, absolutamente oscura por los árboles, un par de curvas delicadas, un estrecho puente que cruzamos, y entonces nos topamos con un pequeño aparcamiento. Está bien, pero bastante inclinado. Dejo la auto a cargo de Bego y me voy carretera adelante a pie, a ver si hay algún otro lugar más interesante. Pensaba que el asfalto acabaría enseguida, pero no: la carretera sigue y sigue bordeando el acantilado por su parte baja. Cuando he caminado cerca de un kilómetro encuentro un lugar de estacionamiento mucho mejor. Desando el camino muy alegre. El paseo me ha sentado bien, el paisaje es agreste y precioso, y por si fuera poco casi ha cesado de llover.

El mar se ve tranquilo, pero en realidad zumba un oleaje de todos los demonios. En cuanto a la marea, está subiendo, y lo cierto es que acongoja un poco el ver las olas rompiendo tan sólo a unos metros por debajo de nosotros.

Si tuviera que quedarme con el lugar de pernocta más salvaje y auténtico de todo el viaje, sin duda sería éste. Absolutamente solos, fuera del circuito turístico, ¡y ni siquiera un triste cartel de prohibido que llevarse a los ojos!

Etapa: 105 kilómetros
Total: 5.320 kilómetros

19 AGOSTO

Perdidos en el laberinto de los días, apenas si somos conscientes de que se aproxima la fecha límite de regreso. Por un lado te alegras de volver a lo familiar, por otro...

Luce un sol espléndido. Resulta asombroso cómo cambia aquí la climatología: un tiempo como el de ayer por nuestros pagos equivaldría a una semana por lo menos de borrasca. Pero esto es Escocia, donde si no te gusta el tiempo sólo tienes que esperar un ratito.

La carretera a cuya vera hemos dormido concluye unos cientos de metros más allá, en un pequeño muelle. Llevamos hasta allí la auto, en parte por dar mejor la vuelta y en parte por aproximarnos a una zona accesible del acantilado: hemos visto gente bajar, y deducimos que tiene que haber un sendero. Con tan buen tiempo apetece una pequeña excursión.

Encontramos el camino y lo seguimos. El primer tramo se halla muy embarrado. Llega un momento en que, para subir a la cima, tenemos que abandonarlo y continuar campo a través, con trepada de riscos incluida. Al final compensan las estupendas vistas.

Las rocas presentan aquí una peculiar estructura de plisado que ha hecho que las denominen con el mismo término que a la falda escocesa (*kilt*)

Finalmente descendemos y, con harto dolor, abandonamos este paradisíaco lugar. Continuamos adelante hasta bordear la punta Norte de la isla. Desde aquí se puede apreciar, muy cerca, una de las Hébridas Exteriores, la isla de Lewis y Harris.

La carretera es muy estrecha, pero la mayoría de los coches se portan y, en vez de apurar, nos ceden el paso deteniéndose en los apartaderos.

Para la hora de comer estamos en Uig, la otra población importante de la isla y bastante más pequeña que Portree. Lo único reseñable es el puerto, de donde salen los barcos para Tarbert, en Lewis-Harris, y para Lochmaddy, en la isla de North Uist.

Lo primero es ir a la gasolinera, donde pagamos el combustible más caro de todos nuestros viajes. Para conmemorarlo saco una foto al tablón de los precios. Dice así: Diesel Litre 1,039. Nada que objetar si no fuera porque el precio está en libras, con lo que equivale a 1,56 euros. Hay que reseñar, además, que el precio del gasoil es idéntico al de la gasolina, como en la mayoría de las estaciones de servicio de Gran Bretaña.

Aquí deben de repostar bastantes autocaravanas, porque cuando le pregunto a la dependienta si puedo coger agua, ésta, que estaba tan simpática, arruga la cara y me dice *que tienen el grifo roto* (¿!) Es la primera y única vez en todo el viaje que nos niegan el líquido elemento. Por suerte, es ella misma quien me indica dónde se hallan los servicios públicos, en los que repostamos sin problemas.

Mantengo aún el recuerdo vívido de un sol luminoso y cálido que nos conforta antes, durante y después de la comida, y que contrasta sobremanera con el infierno borrascoso de ayer. El lugar, además, es muy silencioso, y por eso disfrutamos de una siesta estupenda.

Un par de horas más tarde abandonamos la bahía de Uig. Bajamos hasta Kensaleyre y, una vez allí, nos desviamos hacia la derecha en dirección a Dunvegan. Queríamos echar un vistazo al exterior de su famoso castillo pero, pese a lo enorme que es, lo tienen camuflado de tal manera que resulta misión imposible: si quieres mirar, tienes que pagar. Un posterior intento de aproximación desde el Norte desemboca en la contemplación de unas vacas.

Abandonado Dunvegan, bordeamos el *Loch Bracadale* atravesando un paisaje realmente hermoso. Nos hubiera gustado ir más hacia el Oeste, hasta la punta de Neist, pero en el mapa Michelín la carretera amarilla se transforma en blanca -en el navegador ni siquiera viene-, así que con la autocaravana no nos atrevemos.

Según descendemos hacia el Sur se van haciendo más patentes las siluetas de las montañas *Cuillins*. Ninguna supera los mil metros, pero eso no les resta un ápice de majestuosidad. Algunas tienen toda la pinta de haber sido volcanes.

A partir de Sligachan estamos ya en la carretera que trajimos hasta aquí, el círculo que hemos trazado en la isla se ha cerrado. Sin embargo, nos gustaría encontrar un sitio de pernocta pronto. En una parada que hacemos frente al *Loch Ainort* para contemplar una cascada descubro un vehículo que sale de una pequeña carretera que bordea el fiordo. Ni cortos ni perezosos, vamos hasta el cruce y nos metemos por ella. Es muy estrecha, lo cual no sería novedad; sí lo es, en cambio, que no cuenta con los correspondientes apartaderos. Por suerte no pasa ni un alma.

Llegamos hasta el puente que salva un riachuelo. En la orilla hay espacio libre para tres autocaravanas. Maniobramos hasta equilibrar el vehículo. Ni un solo árbol nos da idea del espacio y la distancia; sólo los coches que corren, diminutos, allá en la carretera principal. Tampoco llega hasta nosotros su sonido, que se funde y diluye en la inmensidad.

Mientras anochece, nos empapa la sensación de que estamos a punto de abandonar Escocia.

Etapa: 118 kilómetros
Total: 5.438 kilómetros

20 AGOSTO
Poco a poco abandonamos la isla de Skye y dejamos atrás sus limpios paisajes de aire escandinavo.

En el último o penúltimo pueblo paramos en un super. Compramos justo lo necesario, ya que todo es carísimo. En el aparcamiento hay una auto española, y me acerco a saludar. Los paisanos, catalanes, me preguntan si vale la pena entrar en Skye. Les respondo que es lo más bonito de toda Escocia, y les explico cómo se puede realizar una ruta rápida de un día. Parecen convencidos, porque al despedirse enfilan hacia el interior de la isla. Nosotros tomamos la A 87 en sentido contrario, cruzamos de nuevo el puente y vamos hasta Dornie, que es donde se halla el archirretratado Eilean Donan Castle, que aparece en películas como *Los Inmortales*. Y es que la localización se lo merece.

Como hay muchísimos vehículos nos vamos al *Overflow parking*, que es la zona que habilitan cuando todo está petado. No hemos acabado de aparcar cuando aparecen los catalanes. Prefiero no preguntar por qué han cambiado de idea, y nos limitamos a saludarnos desde lejos.

Al igual que en Dunvegan, pensamos que lo más interesante del castillo es el exterior, de manera que no entramos. Sí en cambio nos pasamos un buen rato esperando a que un rayo de sol errático incida sobre el edificio para obtener una foto decente. Al final lo conseguimos a medias.

Tras una larga contemplación que bien merece la pena, volvemos a la auto a comer. Entonces, tras dos días sin verlas, reaparecen en escena las camper españolas; por lo visto llevamos todos el mismo ritmo.

Una vez comidos y sesteados reanudamos camino. Pasamos junto a las *Cinco Hermanas*, grupo de montañas que rondan los mil metros. Enseguida nos adelantan las campers, que parecen tener mucha prisa, aunque se les acaba pronto porque bordeando el *Loch Garry* las encontramos paradas de nuevo. Esto empieza a parecerse a los autos locos.

En Invergarry cambiamos la A 87 por la A 82 y nos dirigimos hacia el Sur. Resulta curioso, porque apenas diez kilómetros separan esta localidad de Fort Augustus, que marca el límite Sur del Lago Ness, y por donde pasamos hace ocho días. Este viaje está hecho de círculos grandes y círculos pequeños que engarzan unos sobre otros.

La tarde finalmente ha despejado, y luce un sol que hermosea los colores.

Fordoneamos ahora el *Loch Lochy*. Dicho vocablo (fordonear) lo acuñamos hace dos años en Cabo Norte, y viene a designar la acción, interesante en ocasiones y a veces tediosa, de bordear un fiordo por uno de sus lados o por ambos.

Antes de entrar en Fort William disfrutamos de una serie de atascos en cadena como consecuencia de obras, aunque por fortuna no nos demoran mucho tiempo.

El nombre de Fort William, con sus reminiscencias del *Lejano Oeste*, me había seducido desde la preparación del viaje, pero realmente tiene poca cosa que ver. Lo más interesante es que resulta un mirador privilegiado situado en el recodo que forman el *Loch Linnhe* y el *Loch Eil*.

Y también por ser punto de partida para las excursiones a la montaña más alta de toda Gran Bretaña: el Ben Nevis, de 1.344 metros.

Veníamos con idea de escalarlo o al menos realizar una aproximación, pero la serie interminable (otra vez) de insidiosas prohibiciones de pernocta que infestan todos los aparcamientos del pueblo está a punto de hacernos desistir. Estamos planteándonos seriamente liar los bártulos y marcharnos cuando coincidimos con una auto española, y decidimos preguntarles. Nos explican que ellos llegaron esta mañana, y que tras analizar la situación piensan quedarse en el Centro de Visitantes del Ben Nevis, único sitio en el que, al parecer, no está prohibido.

Localizamos la carretera que lleva al susodicho lugar, pero en vez de entrar la seguimos hasta que se termina. Estamos en el valle del Nevis (*Glen Nevis*), y desde aquí se aprecia perfectamente la cima despejada de la montaña que pensamos acometer mañana.

Volvemos al Centro de Visitantes. Hay dos o tres autos, y un rato después llega la otra auto española. Nuestro exiguo número contrasta con las que pernoctan en el camping de un poco más allá, y que fácilmente superan el centenar.

La nota fea la dan los ocupantes de una furgoneta francesa, que han encendido una fogata. Bien es verdad que confinada en un recipiente metálico, pero no deja de ser fuego, y aquello un aparcamiento.

Etapa: 161 kilómetros
Total: 5.599 kilómetros

21 AGOSTO
Amanece nublado, lo cual es una pena, con lo soleado que estaba ayer. Además, eso significa que tendremos niebla en las alturas. La cima del Ben Nevis se pasa el 62 por ciento del tiempo cubierta, pero para nosotros saber eso no supone ningún consuelo.

El camino se inicia entre paredes de piedra, llaneando. El personal, como siempre, va con prisa, como si fueran a cerrar la cumbre.

Poco a poco la ruta se encrespa. Aparecen los escalones de piedra que tanto recuerdan al *Camino del Inca*, en Perú. Pero aquí hay más gente. Aunque en las fotos que saco no se aprecie, hay momentos de auténtica romería. El idioma que más oímos es inglés, aunque encontramos también a bastantes españoles y, como nota curiosa, ni un solo italiano, lo que no guarda proporción con la cantidad de ellos que visitan el país, con autocaravana y sin ella. Imaginamos que esto de la sierra no es lo suyo.

El paisaje se abre en amplias perspectivas de montaña, y la senda sube y sube en zetas colosales. 1.344 metros de altitud para la montaña más alta parecen poca cosa, pero no es tan poco cuando se empieza a ascender prácticamente desde el nivel del mar.

Abajo tenemos las vertiginosas vistas del *Loch Leven*. Y, en la cima, la previsible niebla que todo lo cubre. Nos apena mucho no disfrutar del espléndido panorama que debe haber desde aquí, pero a la vez estamos contentos por haber llegado a la cumbre.

Al bajar, salimos del sudario blanco y regresamos al mundo real, el de la luz y los colores.

Por debajo de nosotros, Fort William y sus fiordos. En primer plano vemos una laguna que se halla a unos setecientos metros de altitud sobre la costa, pero no se nota por aquello de la perspectiva.

Lo que cuesta de veras no es subir sino bajar, por eso siempre que me veo en estos trances sueño con unas alas que me permitieran saltar al fondo del valle sin despeinarme. Como no tenemos de eso, bajamos pian pianito, tan despacio que nos quedamos prácticamente los últimos. Para colmo, a medio camino nos atacan los *midgies*. Comprobamos que es por la tarde y en lugares concretos donde suelen hacer su aparición.

Cuando llegamos a la auto, han transcurrido nueve horas desde que salimos. Cualquier propósito de viajar esta tarde y buscar otro sitio de pernocta queda descartado, pues nos duele hasta el alma. Pero estamos contentos: ¡es que hemos coronado una montaña-símbolo, el Ben Nevis!

22 AGOSTO

Día de transición porque toca viaje, y porque de la paliza de ayer estamos baldados. Volvemos a Fort William. Pasamos por el hiper para comprar unas cosillas. Cuando entramos en el aparcamiento le digo a Bego: «*¿Te imaginas que aparecen por aquí las camper españolas?*» «*Dónde estarán ya*», me responde ella. Pues están aquí, justo a la entrada. Después de tantos reencuentros sus ocupantes deben de reconocernos porque nos miran intrigados. Pero como al principio ellos fueron los siesos ahora nos toca a nosotros, y no decimos ni mu.

Despedimos Fort William y bajamos por la A 82 bordeando el *Loch Linnhe*. Aquí se nos plantea una disyuntiva: yo quería seguir hacia el Sur para pasar por Oban, pero Bego se ha encaprichado con ver el *Glen Coe*. Al final triunfa su opción, y nos desviamos hacia el Este por Ballachulish.

El valle en sí no sé qué tiene de especial, ya que no parece tan distinto de los aledaños. En todo caso, por la historia y el patrimonio faunístico, del que te informan cumplidamente en el centro de interpretación levantado a tal fin.

Tras la visita, continuamos recorriendo la falla longitudinalmente y en sentido ascendente. La atmósfera está muy limpia, y eso confiere un encanto especial al paisaje.

No sé si es la falta de árboles, o su estado primigenio o qué, pero estos lugares transmiten una poderosa sensación de presencia.

Cuando salimos al otro lado encontramos vastas extensiones onduladas de terreno que, por primera vez, nos hacen reparar en todo el tiempo que llevamos andando entre montañas.

Al llegar a Crianlarich equivocamos la carretera y tenemos que dar la vuelta para buscar un cruce. A la salida del pueblo, y ya en la dirección correcta, encontramos unos servicios públicos. Repetimos la protocolaria operación, pero el caudal del grifo es tan mínimo que tardamos casi cuarenta minutos en llenar el depósito. Como además dispone de pulsador y no es cosa de quedarse apretando todo el rato, me busco una piedra enorme y se la coloco encima.

Durante el tiempo que pasamos allí llegan y se van unos cuantos coches. Sabemos quiénes vienen del Ben Nevis por las cojeras y dolorosas contracturas que exhiben. Un hombre joven, incapaz de andar, entra al servicio sostenido por otro, como en la puritita guerra.

Una vez finalizado nuestro acuático menester, proseguimos camino, ahora ya hacia el Sur. Pasamos pocos pueblos, y en ellos nos queda claro que *motorhomes are not welcome*. Pues bueno, hombre. Vosotros *sos* lo perdéis.

Alcanzamos la orilla del *Loch Lomond*. Desde aquí en línea recta estamos a 30 kilómetros escasos de Port of Menteith, donde dormimos el 9 de agosto. Esta isla es tan angosta que a la fuerza acaba uno pasando por los mismos sitios, y ello da al viaje una dimensión inusual.

La que también se estrecha lo suyo es la carretera. Como los árboles tapan la poca luz que queda y el tráfico se intensifica, la conducción se hace agotadora.

Llegamos a Tarbet y descubrimos que cuenta con embarcadero y amplio aparcamiento. Hay una auto italiana pero, escaldados como venimos de carteles prohibitorios, entramos con escasa convicción para descubrir asombrados que aquí no impiden la pernocta. El sitio es tan bonito, tan amplio, tan... que no nos lo creemos.

Damos una vuelta para reconocer el terreno y se nos acerca un joven que también se ha bajado de una auto. En inglés nos pregunta si sabemos de algún camping por los alrededores. Le decimos que no, y que nosotros practicamos el *wild camping* (no me gusta el término, pero así es como lo denominan por estos pagos) y que pensamos quedarnos a dormir allí. El chaval debe de ser muy pero que muy novato, porque pasa un rato boquiabierto, como a quien no se le ha ocurrido nunca, sopesando la cuestión... ¡Y al final se queda él también!

Y así, con las tres autocaravanas juntitas, aparcadas en hilera, dormimos bien dormida nuestra última noche en Escocia.

Etapa: 111 kilómetros
Total: 5.710 kilómetros

23 AGOSTO

Estamos bastante cerca de Glasgow, así que cuando nos ponemos en marcha y queremos darnos cuenta ya hemos recorrido todo el *Loch Lomond* y estamos en Dumbarton, a orillas del río Clyde y en los aledaños de la gran ciudad.

Teníamos cierta reserva pensando que no nos quedaba otra que cruzar esta urbe de seiscientos mil habitantes, pero a la hora de la verdad resulta bastante fácil. Una vez superado el río, se empalma con la M 8, que se orienta de Oeste a Este y que discurre prácticamente por el centro. Pasamos junto al aeropuerto y reconozco perfectamente la Terminal, que apareció en todos los medios de comunicación el pasado junio, cuando dos lunáticos intentaron entrar en el vestíbulo con un todo terreno para hacerlo estallar. Por suerte todo quedó en una chapuza incendiaria.

De nuevo se cruza el río y cambiamos la M 8 por la M 73 y M 74. Nuestro destino es Blantyre, al Sur y a las afueras de Glasgow, donde se encuentra la casa museo de un insigne viajero: David Livingstone. Está tan bien señalizada que damos con ella a la primera.

Lo cierto es que de Livingstone sabíamos bastante poco. Imaginaba que sería un aventurero miembro de alguna familia acomodada, pero no; resulta que su padre trabajaba como obrero de la industria textil –al igual que él mismo desde niño- en las extenuantes condiciones que imponía la Revolución Industrial. No sé cómo se las apañó para ir a la Universidad y más tarde a África, como explorador y misionero. Al recorrer la exposición que da testimonio de su vida uno tiene la sensación de hallarse ante alguien de un extraordinario temple y carisma.

Hay una estatua en el jardín del museo. Representa el momento en que nuestro hombre estuvo a punto de diñarlas en las fauces de un león.

Tras la larga y documentada visita es ya hora de comer. Como el parking del museo cierra a las cinco, estacionamos en una calle adyacente, muy cerca del río. Apreciamos la tranquilidad, el silencio y sobre todo lo bien conservado que se ve el entorno, cuesta creer que nos hallemos al ladito de la ciudad más populosa de Escocia.

Después de la siesta, otra vez a la carretera, 170 kilómetros que transcurren rápidamente. El tráfico se hace denso. Al volver a la autopista se reproduce la extraña sensación de conducir y ser conducido por la izquierda, así como la de adelantar -y ser adelantado- por la derecha. Luego está ese tipo altísimo de camión, similar a un autobús de dos pisos, que sólo se ve por estos lares, y en el que han tenido que pensar forzosamente a la hora de construir todos los pasos elevados que cruzan la autopista.

Un poco antes de Carlisle cruzamos la frontera entre Escocia e Inglaterra. A pesar de los pesares, de la lluvia y de las prohibiciones, al abandonar *Scotland* nos embarga una cierta melancolía. Y es por lo que hemos visto y vivido. Por su cultura y su paisaje, su música y su gente. Por esa personalidad tan peculiar que les define ante el mundo y de la que no todos los países pueden presumir.

Al llegar a Penrith nos desviamos a la derecha. Traemos ubicados en el navegador sitios donde pernoctar en el *Distrito de los Lagos*. Para ello bordeamos el de *Ullswater*. El paisaje es precioso, pero la carretera infame. Es una lástima porque la luna llena, el cielo rosado, las pequeñas colinas verdes...

Cuando llegamos al lugar en cuestión, un aparcamiento a la orilla, recuperamos la ancestral costumbre inglesa de los parquímetros en mitad de la nada. Además del parquímetro, hay un cartel que prohíbe terminantemente la pernocta. Bego sale a echar una foto al lago; por mi parte, no me molesto ni en bajar. Seguimos camino y llegamos a Patterdale. Hay un aparcamiento enorme, pero también está prohibido. Más carretera, que ahora se angosta hasta extremos inverosímiles. Subimos el *Kirkstone Pass*, con rampas del veinte por ciento y unas curvas como las de los cuentos infantiles. Cuando llegamos arriba ya es de noche y, por supuesto, no se puede pernoctar. Voy tan despacio que enseguida formo cola. Me orillo y hasta me detengo para dejar pasar a los vehículos, pero los conductores son muy siesos: te adelantan y si te he visto no me acuerdo. Echamos de menos a los escoceses, que te saludaban y agradecían tu deferencia para con ellos.

Seguimos hasta Windermere, a orillas del lago del mismo nombre. Las calles son tortuosas y empinadas, de modo que no me aventuro más allá de un parking-mirador en el que -¿lo adivináis?- pernoctar está prohibido.

La noche está oscura como sobaco de grillo. Astutamente deducimos que la región de los Lagos no ha sido una buena elección para dormir. Decidimos regresar hacia la autopista y elegimos Kendal. A lo mejor por hallarse un poco alejado de la zona turística encontramos algún recoveco donde descansar.

La idea es dar con el parking de algún super, pero aparecemos por la parte alta del pueblo y de noche es tremendamente difícil orientarse. El navegador me manda por infames callejas cuesta abajo, se tiene que apear Bego para ayudarme a dar la vuelta, apenas si quepo entre dos coches mal aparcados... Cuando por fin damos con un super éste luce a la puerta un hermoso gálibo. Dita sea.

Encontramos una manera de bajar hasta el centro. Tras varios y desorientados rodeos hallamos, junto al río, hueco en un parking de tierra oscurísimo y atestado de coches. El lugar no nos ofrece mucha confianza debido al *ambientillo* reinante –pandillas de jóvenes que se emborrachan y rompen botellas, vehículos atronando con el escape - pero es lo que hay. Son las once de la noche del día que más nos ha costado encontrar un sitio sobre el que posar las ruedas. Fin de la tragedia.

Etapa: 315 kilómetros
Total: 6.025 kilómetros

24 AGOSTO
Por la mañana el lugar nos parece menos siniestro que anoche. También está todo más silencioso -¿qué pasa, que le cambian el tubo de escape a los coches al hacerse de día?-. Sin embargo, y pese a todo, hemos de obrar rápido: el parking, semivacío a primera hora, comienza a llenarse por momentos. Ocurre lo de siempre: cuando ya está casi lleno viene uno y aparca en lugar ligeramente indebido. Llega el siguiente y medio bloquea una de las salidas; otro más y la tapona por completo, al menos para vehículos grandes como el nuestro. Vengo de vaciar las negras en el water público y me doy cuenta de la película. Salimos de allí *in extremis*.

Nuestro destino del día es Stratford upon Avon, 300 kilómetros hacia el Sur, donde vamos a visitar la casa natal de William Shakespeare. No se tarda mucho, ya que en pocos kilómetros nos incorporamos al maremágnum de la M 6. Hay mucho tráfico porque atravesamos lugares muy poblados que además son de lo más conocido: primero pasamos entre Manchester y Liverpool. Luego rodeamos Birmingham y enlazamos con la M 40 hasta el cruce de Stratford. Hemos hecho una sola parada técnica durante el camino, para echar gasoil. Apenas unos litros, ya que el precio en autopista es prohibitivo. Cuando llegamos a nuestro destino nos vamos derechos al Tesco, que tiene gasolinera y resulta más barata. Para mayor felicidad, disponen también de grifo.

Realizamos la compra, comemos en el mismo aparcamiento y luego acercamos el vehículo hacia el centro. No queremos arriesgarnos a entrar en el mogollón, así que estacionamos en una calle de polígono industrial a un kilómetro aproximadamente de la casa de Shakespeare. El contraste entre el sitio donde dejamos la auto y lo que esperamos ver es de lo más surrealista: a poco que caminamos estamos en una calle peatonal llena de turistas.

La casa del escritor queda a la izquierda, y por fuera se conserva más o menos como antiguamente.

Dentro se visita primero una exposición interpretativa sobre los orígenes del dramaturgo y sus progenitores. John Shakespeare, el padre, era de profesión guantero. Se sabe que antes de nacer su ilustre hijo ya era dueño de la vivienda, porque existe constancia de que fue multado por el Ayuntamiento por acumular basura en la puerta de su domicilio. Unos años más tarde sería nombrado alcalde de la ciudad. Después de todo, hay cosas que no han cambiado tanto.

En la exposición te enteras también de lo espabilado que era William: con dieciocho años se tuvo que casar con Anne Hathaway, ocho años mayor que él, porque la había dejado preñada. Murió el 23 de abril de 1616, el mismo día que Miguel de Cervantes. Bueno, eso en teoría, porque los calendarios utilizados por católicos y protestantes en esa época no eran los mismos. El paralelo entre la vida de ambos genios se acaba aquí, ya que mientras Cervantes las pasó canutas y hasta estuvo en prisión, Shakespeare fue actor, director y accionista del teatro *El Globo* de Londres, cuya maqueta se nos muestra en una de las salas.

Tras visitar la casa damos una vuelta por el pueblo. Hace sol, calor, hay mucha gente por la calle y en los parques. Hemos vuelto al verano, los fríos y las lluvias de Escocia quedan ya muy lejos.

Regresamos despacio a la auto. En cuanto te alejas de la zona turística vuelve a parecer que estás en un pueblo cualquiera. El polígono, en pleno horario laboral cuando llegamos, aparece ahora desierto. Aprovechamos la cercanía de una arqueta de pluviales para dejar allí las grises.

Mañana queremos ir a Bath, hacia el Sudoeste. Una opción es ir dando un rodeo por autopista, pero hay que atravesar ciudades grandes –Gloucester, Bristol-, de manera que nos decantamos por las secundarias, aunque es preciso decir que les hemos cogido un poco de respeto. Circunvalamos Stratford, y la carretera por la que pretendíamos salir está cortada por obras. Elegimos otra que igualmente nos lleva a la A 429. Pasamos por Moreton y por Bourton-on-the-Water. El sol está bajando, y para no andar otra vez vagando como almas proscritas hay que dar rápido con un sitio para dormir. Vemos el cartel que indica la villa romana de Chedworth, y decidimos seguirlo. Nunca lo hubiéramos hecho: durante interminables kilómetros las señales (o a veces su carencia) nos llevan por estrechísimas carreteras que surcan la campiña inglesa, sin ni siquiera los tradicionales apartaderos escoceses. Hay ya muy poca luz y se me ponen de corbata conduciendo nuestro trasto por semejantes vericuetos. Como aparezca un tractor... Por suerte no nos cruzamos con nadie.

Cuando ya nos parecía imposible, damos con la villa romana. Y también con el proverbial cartel que, a la entrada, deja bien clarito lo de *No overnight parking*. Pero tras la experiencia de la carretera *one way* estamos muy cansados y medio histéricos. Por eso, en vez de irnos hasta el aparcamiento a la puerta del recinto –donde, según comprobamos después, vive un guarda- nos dirigimos al *overflow parking*, algo más retirado. Y allí, por vez primera, desafiamos abiertamente la prohibición, aunque eso no hace que nos sintamos en absoluto felices. Ésa es la parte mala, además de la inclinación del terreno. Como aspectos positivos reseñaré lo increíblemente selvático del sitio –mucho verde, enormes robles -y la gran cantidad de pájaros –perdices, faisanes, y también urogallos- que generan con sus cantos una terrible cacofonía hasta que, por fin, todo queda en silencio.

Etapa: 355 kilómetros
Total: 6.380 kilómetros

25 AGOSTO
Amanece. Según todos los protocolos habidos y por haber, ahora deberíamos esperar a que abrieran el recinto arqueológico para visitarlo. Pues bien, no lo vamos a hacer por cuatro motivos. En primer lugar porque abren muy tarde. En segundo lugar, porque hemos pernoctado ilegalmente y lo mismo tenemos que responder a preguntas inconvenientes. En tercero, porque nos da pánico volver a recorrer la carretera de ayer tarde con turistas viniendo de frente. En cuarto lugar, porque estamos más interesados en el balneario de Bath que en una villa de tres al cuarto.

Así que nos despedimos del lugar y salimos. Un tractorista que siega la hierba de la cuneta nos mira, asombrado de ver *guiris* tan de mañana. 2 kilómetros más allá hay un coche parado esperando incorporarse por mi derecha. Como yo necesito meterme justo por donde él está parado, y además presupongo que él quiere tirar por donde yo vengo y ambos no cabemos, paso de largo y me paro, con la intención de dar marcha atrás cuando él salga. Cuál no será mi sorpresa cuando descubro que el buen señor lo que pretende es irse por su derecha. Me toca entonces retroceder hasta antes del cruce para así dejarle paso.

Tras un rato de intranquilidad y sofoco sin encontrarnos a nadie, nos vemos de nuevo en la A 429 que, sin ser nada del otro mundo, nos parece ahora una pista de aterrizaje. Cruzamos Cirencester, que en el mapa aparece como localidad grande pero cuyo núcleo no vemos ni en pintura, y por estrechísimas carreteras nos dirigimos a Bath. Unos kilómetros antes de llegar, en una rotonda, intuyo más que veo el cartel del *Park and Ride* y me voy tras él de cabeza. Nos hacen dar bastante vuelta, pero al final nuestro tesón se ve recompensado porque: a) El parking en cuestión es gratis b) No cuenta con gálibo autocaravanero ni está vedada la pernocta c) Dispone de autobús que te baja al centro –lo de bajar no es licencia poética; el desnivel entre uno y otro lugar es acongojante-. Como peculiaridad añadiremos que permanece abierto de lunes a sábado, y que cierra los domingos. Hoy es sexto día de la semana, así que esta noche veremos cómo se soluciona el asunto.

Bath en inglés significa baño, y se llama así porque los romanos montaron aquí todo un complejo termal. Ya los celtas habían dedicado este sitio a la diosa Sula, que los romanos fácilmente identificaron con Minerva (en la antigüedad todas las fuentes eran consideradas sagradas, y con más razón aun las termales, ya que curaban). Por eso, además del balneario se erigía aquí un templo, y a su alrededor creció una ciudad que prosperó gracias a la gente que acudía de toda Gran Bretaña y hasta del Continente. Cuando llegamos, encontramos el lugar muy animado. Y es que hace un día tan soleado y bueno como ayer.

También es muchísima gente la que visita las termas, aunque por suerte la cola es ágil. Te prestan un telefonillo que te explica detalladamente la historia del lugar. Como ya estamos acostumbrados por estos pagos, el centro de interpretación se halla instalado en el propio yacimiento, lo cual hace que termine impregnándose del ambiente.

Salimos a la piscina principal, que está toda verde. Dice la guía que en la antigüedad se hallaba techada, y por tanto la fotosíntesis no volvía el agua de este color.

Asistimos a una ambientación histórica. Me quedo con la imagen de un sacerdote romano recitando plegarias.

En una vitrina del centro se pueden apreciar las piedras de los anillos que perdió la gente y que fueron recuperadas en los desagües durante las excavaciones arqueológicas. Me fascina la finura y el detallismo del diseño.

Por último llega el ritual de todo turista que se precie: tirar una moneda al estanque. En éste había billetes, incluso uno con la efigie de Mao Zedong.

En la audioguía te prometen que al final del recorrido podrás saborear un vaso de agua del manantial, pero para cuando llegamos a la salida -y arguyendo confusas y nada convincentes razones- nos impidieron acceder a la habitación donde se dispensa el agua milagrosa. Este feo detalle enturbia una visita, por lo demás, encantadora.

Como venir a Bath y después irnos sólo con *vella* y no *catalla* no nos parece buena idea, nos dirigimos al *spa* que han montado a una manzana de distancia. La entrada cuesta 30 euros a cada uno, algo menos de lo que cobran los balnearios en Extremadura. Nuestra experiencia termal europea por Inglaterra, Alemania, Austria, Italia y Hungría nos demuestra que acudir a estos lugares se considera una actividad lúdica y abierta a todos los públicos más que un acto médico, y por tanto no se halla circunscrita a la tercera edad o a las personas con problemas de salud. En todos estos países que he mencionado los precios son, asimismo, más populares que en España.

El spa de Bath cuenta con una piscina interior, una en la terraza y un vaporario con cuatro salas-campana de lo más futurista. Nos encontramos allí con un montón de japoneses, otro pueblo asimismo fanático del termalismo.

Tras dos horas de agua calentita salimos muy relajados, en busca del autobús que nos suba al parking. Éste se ha vaciado casi por completo, pero hay una autocaravana inglesa con pinta de quedarse a pasar la noche. Vaya, que con un poco de suerte no nos echan.

Junto al parking hay un campo de fútbol y unas instalaciones deportivas. Damos un paseíllo mientras admiramos la puesta de sol sobre la campiña lejana.

Al poco de oscurecer entra la niebla. Y luego, de improviso, todas las luces del recinto se apagan. Protegidos por esta doble coraza de bruma y oscuridad, no creo que a nadie le sea fácil localizarnos, ni siquiera con mechero.

Etapa: 69 kilómetros
Total: 6.449 kilómetros

26 AGOSTO

No hemos oído entrar ni un solo vehículo en el parking durante la noche, y cuando amanece averiguamos la razón: la puerta de entrada se cierra. En cuanto a la de salida, tiene instalada unas piezas de acero basculante que llaman *dientes de cocodrilo.* Están dispuestas de tal forma que salir se sale, pero como quieras entrar te dejas las ruedas en el intento. Útil y a la vez curioso invento.

Nuestros vecinos ingleses ser marchan antes que nosotros, y al irse saludan. Por nuestra parte nos acercamos a los servicios de la zona deportiva para ver si es posible repostar agua pero las puertas, ayer por la tarde abiertas, se hallan misteriosamente cerradas con llave. Digo lo de misterioso porque nadie ha pasado por aquí. Una de las cámaras de seguridad del aparcamiento sigue muy interesada nuestras evoluciones. Hemos visto tantos miles que en verdad se puede decir que Inglaterra es el país del Gran Hermano.

Salimos del aparcamiento con cuidado de no dejarnos los neumáticos y enfilamos hacia nuestro penúltimo destino en la isla: Stonehenge. Lo cierto es que vamos a acabar por donde pensábamos empezar; fueron las inundaciones de principios de agosto las que nos obligaron a mudar de parecer.

El emblemático lugar se halla cerca de Bath, así que llegamos pronto. Como el aparcamiento parece ser de pago y además se halla saturado, estacionamos en una pista de tierra cercana. Desde aquí ya disfrutamos de una visión del conjunto que poco a poco, cuando te acercas, se va concretando.

Los terrenos sobre los que se asienta Stonehenge, y las seiscientas hectáreas que lo rodean son propiedad de la *British Heritage Foundation* pero al parecer los arriendan a ganaderos locales, de ahí el sincretismo ovino-arqueológico.

El acceso al recinto nos decepciona un poco en el sentido de que no existe un centro de interpretación como hemos visto en otros lugares menos importantes y famosos. Al parecer tienen previsto construir uno a tres kilómetros de distancia, soterrar la carretera que pasa al lado e impedir el acceso en coche para recuperar el ambiente sosegado y tranquilo que merece el monumento.

Por lo visto existió un primer Stonehenge hecho de madera allá por el año 3.100 antes de Cristo. Las piedras que vemos son más modernas, pues tienen *sólo* 4.200 años. Una curiosidad es que los bloques de arenisca que lo componen no son oriundos de la zona sino que los transportaron, Dios sabe cómo, desde el Suroeste de Gales.

La finalidad que tuvo este gran monumento se ignora –cuando llegaron los romanos a Britania ya se hallaba abandonado–, pero se supone que fue utilizado como templo religioso, monumento funerario, o quizá observatorio astronómico que servía para predecir estaciones: el primer día de verano, si uno se coloca en el centro del monumento y mira en dirección a una piedra denominada *Heel Stone* (piedra del Talón) cuya parte superior coincide con el horizonte, verá el sol salir justo por encima de ésta, lo cual hace suponer que los constructores poseían conocimientos de astronomía.

Aunque en el pasado alquilaban martillos en el pueblo de al lado para llevarse trozos de recuerdo, en la actualidad ni siquiera permiten acercarse a las piedras, y hay vigilantes que te echan la bronca si lo intentas. El recorrido se efectúa de forma circular. A la entrada te proporcionan una audioguía que te ilustra sobre la historia y significado de Stonehenge.

Cuando llegamos no hay demasiada gente, pero poco a poco aquello se satura. Tras rodear el círculo damos por finalizada la visita y volvemos a la auto. Decidimos continuar un poco por el camino de tierra con idea de buscar un sitio tranquilo para comer. Lo hallamos, y con excelentes vistas al complejo megalítico.

Tras la sobremesa y el relax, nos despedimos de esta meca del turismo de masas que, pese a todo, no consigue despojar al lugar de su encanto, su secreto y su misterio.

Para emplear lo que queda de tarde decidimos encaminarnos a Salisbury, también muy cerquita. Hace sol y una temperatura estupenda. Mucha gente por sus calles disfrutando del veranito inglés.

Nos acercamos a ver la catedral, que es lo que se dice bien peculiar. Dentro exhiben una maqueta que refleja cómo debió de ser la construcción. Fuera, una escultura de mármol que representa la Luna. Un globo sobrevuela el silencio, los prados de intenso verde y la puesta de sol. Ése es el recuerdo que me queda de Salisbury junto con la imagen de flores, muchas flores.

Aún resta luz de día, así que decidimos acortar todo el camino que podamos hacia Dover. Salimos de Salisbury y bordeamos Southampton, y luego Portsmouth. Justo a la entrada de Chichester dejamos la autovía y desandamos camino por una carretera local hasta Bosham, adonde llegamos oscureciendo. Traemos la referencia en el navegador de tres lugares de pernocta en esta pequeña localidad. El primero no nos convence mucho; el segundo es peor todavía. El tercero es a las afueras, en la salida Oeste del pueblo. Parece un tramo de la antigua carretera, pero se encuentra oculto y separado de ésta por un seto. Cenamos. Descansamos. Llamamos a casa para avisar de que mañana volvemos al Continente.

Etapa: 177 kilómetros
Total: 6.626 kilómetros

27 AGOSTO
La noche ha sido pródiga en tráfico, pero hay que tener en cuenta que la aglomeración de Portsmouth está ahí a tiro de piedra. Como hoy salimos de Inglaterra, es necesario tomar las disposiciones habituales; la primera es fundir hasta la última moneda local. Rebuscamos en los bolsillos y hallamos que sólo nos quedan once libras. De manera que cuando pasamos por Worthing entramos en la ciudad y nos vamos hasta el Tesco. Paramos en la gasolinera y echamos justamente once libras de gasoil. Aprovechamos para repostar agua. Dado que el grifo se

halla en un lugar no muy operativo que digamos, me veo obligado a subir la auto al bordillo interrumpiendo así parcialmente la salida de la gasolinera. Me pongo a echar agua esperando que en cualquier momento salga el empleado a decirme que me quite de ahí, pero el depósito se llena y nos vamos sin que nadie nos diga nada.

Continuamos camino circunvalando Brighton. Algo que ya sucedió ayer y que sigue ocurriendo hoy -y que considero irritante además de peligroso- es una peculiaridad que sólo hemos visto en esta zona. Consiste en que, cuando uno se dispone a entrar en una rotonda, ya aparece marcada en cada uno de los carriles la dirección a tomar. Esto, que en teoría sirve para facilitar el tráfico a los locales, se vuelve un infierno para el visitante, y más con un cacharro como el nuestro, ya que a priori nunca sabes en qué carril te tienes que colocar. Cuando no atinas, el que viene detrás se pone hecho una furia, y en varias ocasiones me ocurre que, pendiente de cambiar de carril, descuido lo más importante, es decir: los vehículos que circulan dentro de la rotonda.

Hoy es último lunes de agosto y por tanto *Bank Holiday*, o sea, festivo. Esto es perceptible en la cantidad de motos y descapotables del año de la tarara que se ven por la carretera. Por secundarias nos desviamos hasta Battle, significativo nombre para una localidad situada junto al lugar donde, en 1066, se libró la celebérrima batalla de Hastings (según los ingleses, la última vez que los derrotaron.)

Entramos en el pueblo y estacionamos junto a un supermercado. El parking está casi vacío, pero terribles carteles te amenazan con todos los males posibles si no sacas el ticket (*Pay and Display*). No es que sea muy caro, pero nosotros hemos gastado hasta el último penique, olvidando que aquí te cobran hasta por toser. Decidimos movernos hasta el aparcamiento del centro de interpretación. En Stonehenge vimos que, si mostrabas la entrada, el parking te salía gratis pero aquí dice que sólo te hacen un descuento. Maldita sea. Esto lo descubrimos a la entrada del propio parking, incrustada en un estrecho callejón. En ese momento debíamos haber entrado en el recinto y expuesto nuestro caso o, al menos, pedir que nos dejaran dar la vuelta. Debíamos haber hecho muchas cosas, pero en lugar de eso le digo a Bego que se baje para indicarme el giro. Aunque el terreno parece llano existe una pequeña inclinación, y me voy para atrás más deprisa de lo previsto. Luego me pongo nervioso y confundo las velocidades. Resultado: embisto con la parte de atrás una valla de madera. A todo esto se ha formado una cola de los que pretenden entrar en el parking en un lugar en el que sólo hay anchura para un vehículo... Es de esos momentos en que uno quisiera morirse. Por suerte no he tirado la valla; rehago como puedo la maniobra y los otros coches dan marcha atrás para permitirme salir. Cabreo mayúsculo y diatribas varias contra el peseterismo indígena.

Pero ya que estamos aquí no vamos a renunciar a ver el sitio de la batalla de marras, por eso nos vamos hacia otro aparcamiento que vimos antes al pasar. No es gratuito, por supuesto, pero nos quedamos en la zona del *Overflow parking,* que es la más retirada, y si nos quieren multar que les den. Estamos bastante enfadados aún cuando llegamos a la entrada, pero allí son tan amables que se nos olvidan las quejas. Exhibimos nuestro *Heritage Pass* por última vez y nos prestan la audioguía. Visitamos primero el centro de interpretación, realmente interesante, y luego el campo de batalla. La audioguía te va mostrando y narrando aquel infausto 14 de Octubre en el que Harold II, el rey sajón, perdió la corona y la vida a manos de Guillermo el Bastardo duque de Normandía, de allí en adelante Guillermo el Conquistador. La guía analiza las fortalezas y debilidades de cada uno y la serie de errores táctico-estratégicos que condujeron a la derrota del primero.

En el mismo lugar de la batalla se edificó una abadía que, como todas, se halla en ruinas, pero la vemos de pasada: se nos acaba el tiempo, y Dover nos espera.

Volvemos a la auto. No nos han multado, pero preferimos no esperar a verlo y nos vamos sin comer. Nos dirigimos de nuevo hacia la costa en medio de un denso tráfico. A la salida de uno de los pueblos nos encontramos con el accidente: un coche amarillo todo plastificado, como de circuito, ha embestido contra un motorista. El choque acaba de ocurrir, porque el herido yace aún en el suelo, si bien sus compañeros lo han retirado hacia la acera. Pasamos como podemos, y un momento después nos cruzamos con la policía.

Nuestra idea era parar a comer, pero al ser *Bank holiday* se halla todo tan petado que parece la Costa del Sol. Continuamos hacia Folkestone y, como ya hemos entrado en autopista, no queremos parar hasta llegar a Dover. Vamos derechitos hasta el aparcamiento en el que pernoctamos hace veintinueve días. El lugar que aquella noche nos pareció tan hostil y tenebroso nos recibe ahora como a un viejo amigo. Son las cinco de la tarde, y por fin podemos comer.

Después Bego opta por descansar un poco, y yo me voy a dar la vuelta de la despedida. Nos hubiera gustado entrar en el castillo, mayormente por las vistas y por visitar los túneles de la Segunda Guerra Mundial, pero el tiempo se ha acabado.

La bocana del puerto indica la vía de salida de este lugar y este paisaje. Esta noche dormiremos en Francia.

El paseo en soledad me sirve también para hacer las paces con el recuerdo terrible que guardo de este sitio. En el verano de 1987, siendo estudiante, me vine con cuatro amigos con idea de pasar unos meses aprendiendo inglés y sobrevivir con algún curro. Por aquel entonces los españoles teníamos prohibido trabajar en Inglaterra, y en la aduana fuimos sometidos a un exhaustivo interrogatorio. Por lo que fuera mis respuestas debieron sonar las menos convincentes, pues me llevaron a una sala aparte. Una vez allí registraron mi equipaje y encontraron la prueba de convicción: las señas de unas monjas católicas que ayudaban a jóvenes como yo a encontrar trabajo. Eso fue suficiente para que decidieran mi expulsión: me metieron en un furgón policial y me llevaron a los calabozos de la comisaría de Dover, los únicos que he pisado jamás. Quise hacer una llamada a una asociación que se ocupaba de estos casos, pero la respuesta fue que el teléfono estaba estropeado. Antes de encerrarme me cachearon, y se cercioraron de que no llevaba cordones en los zapatos, no sea que me fuera a suicidar.

Me tuvieron allí hasta el siguiente barco; de esas horas recuerdo más bien poco. Nuevo trayecto en el furgón hasta el ferry, donde el poli hizo entrega de mi persona y mi pasaporte. No me lo devolvieron hasta que pisé suelo francés. Allí el aduanero me dijo que *no era el único, que todos los días expulsaban a dos o tres.*

Solo, separado de mis amigos y con muy poco dinero, así me vi en Calais. Aquella noche dormí, arropado con mi saco, junto a una torre de elevación de agua. Al día siguiente bajé en autostop hasta París. Cierto es que durante el viaje conocí a personas interesantes y encantadoras, pero también lo es que así dio comienzo una de las semanas más negras y angustiosas de mi vida.

Se comprenderá ahora por qué este viaje tenía que servir para restañar viejas y dolorosísimas heridas.

A las nueve nos vamos para la zona de embarque. Nuestro barco no sale hasta las once y media, pero queremos probar suerte. En la taquilla nos dicen que por el módico precio de catorce euros podemos partir dos horas antes. No es que nos importe mucho esperar, pero teniendo en cuenta la hora a la que vamos a llegar a Francia aceptamos.

Si al entrar en el país nos miraron hasta los empastes, a la salida no hay ni un alma, ni siquiera un triste verificador de billetes. Qué alegría la de volver al Mundo Libre.

Muy poca gente en el barco y la mar bastante más calmada que al venir. Cuando nos damos cuenta estamos entrando en Calais. Queremos ir a dormir al *Cap Blanc-Nez,* pero al salir del puerto equivocamos la dirección y tenemos que circunvalar toda la ciudad. Luego, por una carretera estrecha llegamos a Escalles y ascendemos al cabo. Los aparcamientos se hallan limitados por gálibo, pero hay una zona libre en la que pernoctan una docena de autocaravanas. Después de tantos días en soledad, acosados, perseguidos por un país que en el mejor de los casos ignora a los autocaravanistas, este lugar significa para nosotros la más cordial de las bienvenidas.

Hace frío y hay estrellas. Aparcamos con el mayor sigilo posible, tratando de no molestar a los dormidos. Nos vamos caminando hasta la punta del cabo. Más allá de los aparcamientos existe una zona en la que ya no se permite estacionar coches, como vimos en la Pointe du Raz. A nuestros pies, a la derecha, luce Calais. Y al otro lado del mar refulgen las luminarias de Dover.

Hemos vuelto a casa.

Etapa: 270 kilómetros
Total: 6.896 kilómetros

Egipto *All In One*

Un viaje a las entrañas
del paquete turístico

2008

Foto: Luces y sombras en el templo de Amón (Karnak)

A las gentes de corazón limpio.
A quienes nos ofrecieron algo, aunque fuera una sonrisa, sin esperar nada a cambio.
A quienes por encima de las barreras de la cultura, el idioma y el dinero son capaces de ver a una persona y tratarla como tal.

Para todos ellos. Inshallah.

AGENCIA DE VIAJES: Dícese de aquella empresa que, a cambio de un precio razonable, se halla perfectamente capacitada para amargar la vida al turista.

Del *Diccionario Extraterreste*

Propina (Del b. lat. *propina*).

1. f. Agasajo que sobre el precio convenido y como muestra de satisfacción se da por algún servicio.

2. f. Gratificación pequeña con que se recompensa un servicio eventual.

Propinar (Del lat. *propinâre*).

1. tr. Administrar una medicina.

2. tr. Dar un golpe. Propinar una bofetada, una paliza, una patada.

R.A.E.

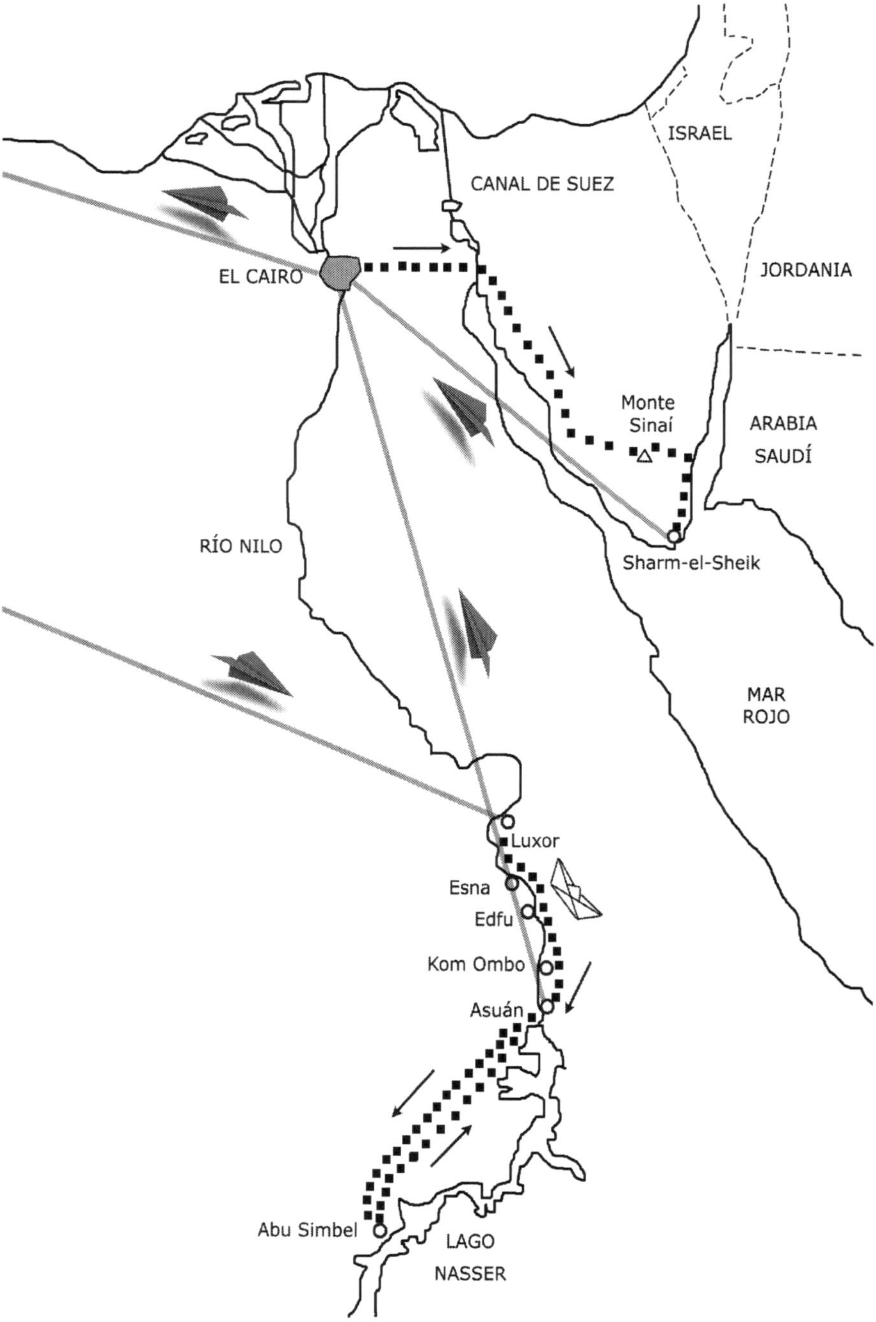
ISRAEL
CANAL DE SUEZ
JORDANIA
EL CAIRO
Monte
Sinaí
ARABIA
SAUDÍ
RÍO NILO
Sharm-el-Sheik
MAR
ROJO
Luxor
Esna
Edfu
Kom Ombo
Asuán
Abu Simbel
LAGO
NASSER

Como todos los viajes, éste comienza mucho antes de poner pie en el avión. Quizá cuando se perfila la idea de realizarlo, aunque tal vez uno deba ir más hacia atrás, hasta el momento en que por primera vez se concibió la posibilidad imposible de ir a un sitio lejano. Como dicho momento suele hundirse en los abismos de la historia personal, tratar de localizarlo es, probablemente, una tarea vana.

Pronto hará tres años que nos compramos la autocaravana, y desde entonces siempre que hemos cruzado las fronteras ha sido por tierra o mar. Volver a volar nos devuelve a un estadio anterior de nuestra vida, y hará patente para nosotros que un viaje encierra todos los viajes.

Día primero.

Nos levantamos a las 7 de la mañana. El avión despega a las 15 horas, y hay que estar tres antes en la T-4 de Barajas. Anoche descubrimos que el billete da como hora de salida las 15:45, pero no queremos arriesgarnos. *Mejor que zo zobre que no que zo farte*, que diría el chiste.

Cuando salimos de casa la temperatura es de 3 grados, mucho frío para esta época del año. Conduzco camino de Navalmoral, como todos los días, sólo que hoy no voy al trabajo, aunque sea lunes. Resulta curioso esto de irse de vacaciones cuando todo el mundo curra. Pasamos Talavera y paramos a echar un café en Santa Olalla. Desde que la N-V no cruza el pueblo éste se ha retrotraído a su carácter localista: en el bar todo el mundo nos mira con curiosidad. Continuamos.

A 60 kilómetros de Madrid los paneles luminosos informan de atascos entre Móstoles y Alcorcón, y aconsejan tomar el peaje. No hacemos caso y seguimos adelante. Cuando llegamos al tramo presuntamente conflictivo, ni rastro de retenciones. Está claro que las autovías de pago hay que amortizarlas.

Sí encontramos atasco, en cambio, en la M-40, hasta la carretera de Córdoba. Con ayuda del navegador damos con el parking de larga estancia sin dificultad.

Al no haber estado nunca en la T-4, tengo la duda de si el autobús que comunica el parking con el aeropuerto llevará hasta ella. Parece que no: nos apeamos en la T-1 y cogemos otro autobús, éste de Aena, el cual nos conduce hasta la T-4 que por cierto está lejísimos, en mitad del campo. Una vez allí hacemos tiempo hasta las 12, hora en que vamos en busca del mostrador de Egtyptair. Para nuestra sorpresa, la cola es ya de órdago. Tras un buen rato de espera por fin facturamos y nos vamos para el control de seguridad. Mientras la cinta mecánica se tragaba las maletas observo unos carteles que explicitan lo que se puede subir a bordo y lo que no. Pienso que es lo de siempre y no les presto atención, aunque algo relativo a líquidos me inquieta. Retazos de información acerca del miedo de las autoridades a una nueva forma de explosivo líquido afloran a mi conciencia. Llegamos al control y mis temores se materializan, pues allí obligan a la gente a desprenderse de todo envase con más de 100 mililitros de capacidad. La Font Vella de litro y medio que hemos adquirido hace un rato allí se queda. Lo peor es que Bego se ha traído en el equipaje de mano la crema solar, el *aftersun*, el champú y un largo etcétera. Alguien de personal nos sugiere facturar también ese bolso. Regresamos a la primera cola, que sigue siendo imponente. Por suerte tanto el público como la operaria son comprensivos y nos cuelan.

De nuevo al control de seguridad, que es la apoteosis: menos quitarte la ropa y meterte un dedo enguantado por salva sea la parte, te hacen de todo. Tanto los bolsos como la chaqueta, el reloj y todo lo que huela a metal va en unas bandejas que tú mismo llevas al escáner. Bego lleva la documentación del viaje en la mano y hasta eso revisan. Finalmente conseguimos pasar sin que pite nada y sin que nos confisquen el embutido que llevamos.

Una vez escrutados por el ojo del Gran Hermano descendemos a las profundidades de la Terminal, donde nos espera un metro con sólo una estación, la T-4 satélite. Parece un clon de la otra, con ese techo de láminas de madera ondulada que la vuelve tan atractiva y liviana.

Otra vez a subir escaleras. Control de pasaportes: «¿Dónde va usted?» Vaya pregunta, no recuerdo que me la hubieran hecho nunca antes. «A Egipto», respondo. Y a la policía nacional parece que le choca mi dicción extremeña.

Llegamos a la puerta de embarque sesenta minutos antes del mismo. Llevamos casi tres horas en la terminal, para que luego digan que viajar en avión es rápido. Estamos ya insertos en la irrealidad del aeropuerto, donde el tiempo y el espacio se fusionan y todos los caminos son posibles. Un panel informativo que parece más bien de estación de autobuses exhibe, en curiosa mescolanza, vuelos a Santiago, Munich, Nueva York o Dublín. Gente de los más variados confines del globo reunidos en este lugar que mediante invisibles vasos comunicantes se impregna de los demás aeropuertos del mundo.

A partir de este momento te embargan incertidumbres: ¿Nos estarán esperando al llegar? ¿Será majo nuestro guía? ¿Intentarán sablearnos mucho con las propinas? En segundo término quedan otras dudas formuladas por personas cercanas. La principal es: «¿No os da miedo?» La respuesta en este momento es no. Bien es cierto que la coyuntura internacional ha empeorado mucho desde la guerra de Irak, pero igualmente la seguridad de la rutina diaria mata también el alma (*They sentenced me to twenty years of boredom*, canta Leonard Cohen), aunque quizá no de forma tan instantánea y contundente como un coche bomba.

La sala de embarque está poblada íntegramente por españoles. Esperaba ver algún egipcio, pero no. Mucha gente en busca de asueto, ahora que tenemos euros y podemos mirar al dólar por encima del hombro.

El embarque lo fijan para las 15:30. Treinta minutos antes ya hay follón frente al mostrador. Por nuestra parte preferimos esperar, nos negamos a estar de pie por nada. A la hora fijada una azafata anuncia que se va a proceder al embarque empezando por las filas de la 30 a la 51. Nosotros tenemos la 50, de modo que estupendo. La cola pierde su sentido y nadie se pelea ya por la *pole position*. Entramos en el avión de los primeros.

La salida se demora casi media hora. Afortunadamente no tengo miedo a volar, pero eso no impide que la sensación del despegue, sobre todo cuando las ruedas del avión dejan de tocar suelo, resulte extraña e ingrávida. Las casas se hacen maquetas, las carreteras rayas y los coches, de juguete. Nuestro viaje ha empezado.

La primera vez que volé sobre España me sorprendió lo visible que resulta la huella de la actividad humana en el paisaje. Pistas, deforestación, canteras... La sensación desde el aire es que se contempla un territorio exhausto, que no da más de sí. Dicha impresión se mantiene.

Llegamos a la costa en un pis pas y salimos por Cullera. Esta zona me la conozco bien porque la recorrí en bici hace la eternidad de seis años.

Como vamos a viajar parte del recorrido con luz diurna, me preparo para hacer un repaso de geografía, pero enseguida pillamos un frente que cubre todo lo que tenemos debajo. También hay turbulencias, que hacen vibrar al avión como si fuera un flan.

Las pantallas informan de la posición de la aeronave y otros datos, como por ejemplo que volamos a 12.500 metros de altura y que la temperatura exterior es de 60 grados bajo cero. La cifra de la altitud me llama la atención, ya que de otros vuelos intercontinentales tenía el recuerdo de no haber sobrepasado los diez mil metros. Es posible que ahora vuelen más alto para ahorrar combustible.

El viaje dura cuatro horas. Como vamos a favor de la noche, entramos en zona de oscuridad muy pronto. Seguimos sobre el mar hasta que el avión alcanza tierra justo en la frontera libio-egipcia. Enfilamos hacia Luxor en medio de una total negrura, tanto arriba como abajo. Sólo se distinguen de cuando en cuando las llamas de una explotación de gas o de petróleo, hasta que avistamos por fin las luces del Nilo. Resulta curioso este país: el doble de la extensión de España y la mayor parte de sus habitantes (también el doble) viviendo apiñados en las orillas del río, que no representan ni el cinco por ciento de la superficie total. Superpoblación en mitad del desierto.

Finalmente tomamos tierra. Es Luxor, y son las 20:30. Como ayer se adelantó la hora en toda la UE, hoy es la misma en España que en Egipto, aunque lógicamente el horario solar vaya descabalado: aquí se ha puesto el sol a las 18:30, mientras que en España lo hace un par de horas después. Fuera hay 22 grados de temperatura. Está bien eso.

Cuando salimos a la terminal, el primer representante que vemos es el de *Viamed*. Le dejamos los pasaportes y nos vamos a la salida de los equipajes, donde coincidimos con otro vuelo procedente de Barcelona.

Esto de las cintas transportadoras de maletas es algo así como un purgatorio. Uno espera aquí, con el alma en vilo, sin saber si tu equipaje va a aparecer o no. Mosqueado, mira a la cinta continua, donde una maleta solitaria da vueltas sin cesar. Siempre que veo uno de estos equipajes huérfanos me pregunto dónde estará su dueño. Probablemente a miles de kilómetros, al otro extremo del vaso comunicante.

El primero en salir es el bolso pequeño de Bego que facturamos a última hora. Menos mal, pensé que se quedaría por el camino. Después viene mi maleta. La he comprado hace unos días, y es naranja rabioso, para que se distinga bien. Cuando por fin uno divisa su equipaje siente una alegría en el alma, es como recuperar a un viejo amigo al que uno dudaba si volvería a ver. Por fin aparece la tercera maleta.

Somos en total ocho personas divididas en cuatro parejas. Nos conducen al autobús y de allí al barco. Entramos en uno que nos parece muy lujoso. Como sabemos que amarran unos al costado de los otros, pensamos *éste no será*. Pero resulta que sí. Nos conducen al *Lounge bar*, donde nos invitan a una infusión de hibisco.

Como ya había leído bastante sobre Egipto en los foros de Internet, lo cierto es que lo que viene a continuación no me coge de sorpresa: el representante de *Cleopatra*, la agencia corresponsal, nos pide 34 euros en concepto de visado (el precio real lo pone bien clarito en el sello-pegatina: 15 dólares, o sea, 10 euros.). Esta primera tangada, nada más pisar suelo egipcio, es consentida y aceptada por los mayoristas en España, que recogen dicha cifra en sus folletos. En segundo lugar, nos proporciona una lista de excursiones opcionales para realizar durante los días de El Cairo. Nosotros contratamos sólo la visita a la ciudad –que por cierto es bastante cara: 60 euros por persona. El representante trata de convencernos para que le compremos alguna más, pero nos mantenemos firmes. Por pura casualidad descubrimos que a ellos no les consta que nosotros hayamos pagado el suplemento de la media pensión en El Cairo. Quedamos en que durante estos días se informarán y tratarán de solucionarlo.

Después aparece el que va a ser nuestro guía durante el crucero. Se llama Mohamed El Khattabi, y nos lo presentan como *egiptólogo*. Saluda diciendo que durante los días que vamos a estar juntos tenemos que ser como una familia. Ya veremos que, como todo en esta vida, dicha afirmación va a resultar de lo más relativa.

A la pareja más joven, que son de Tarrassa, se los llevan pues al parecer están en otro barco. Los otros cuatro, que sí van a compartir el crucero con nosotros, vienen a celebrar las bodas de plata y son de Talavera de la Reina, que es como decir al ladito de casa.

Nos damos las buenas noches y vamos para nuestro camarote, donde nos tienen preparado un *lunch* frío. Me asomo por el amplio ventanal, pero no se ve nada porque tenemos de este lado un barco amarrado. Mientras cenamos, vemos un rato la tele y nos acostamos.

Como Moisés, flotando sobre el Nilo.

Día segundo.
Resulta curioso este río. Con más de 6.600 kilómetros, es el primer o segundo río más largo de la Tierra. Tiene dos fuentes, el Nilo Azul, que nace en Etiopía, y el Nilo Blanco, proveniente del Lago Victoria. Ambas se unen en Jartum, la capital de Sudán. Cuando hace diez mil años cambió el clima y se desecó la zona, la población se refugió en sus orillas, y hasta hoy. Heródoto, que viajó hasta Asuán hace veinticinco siglos, dijo acertadamente aquello de que *Egipto es un don del Nilo*.

Todo esto sonaría a refrito de enciclopedia si no fuera porque en estos momentos reposamos sobre sus nada virtuales aguas, y eso nos colma de emoción. Tiene aquí unos quinientos metros de anchura, y por su enorme caudal quién diría que una gran presa retiene su curso aguas arriba.

Nos despiertan a las 6:30. Al abrir las cortinas descubrimos que el barco que había a nuestra vera ha desaparecido, y que gozamos de una vista deslumbrante. Hace ya una hora que ha amanecido.

A las 7:30 estamos desayunados, preparados y en el muelle. Abordamos un barquito que nos lleva al otro lado del río, donde una furgoneta-taxi nos conduce hasta el Valle de los Reyes. A la puerta pasamos un control de policía, el primero de los muchos que franquearemos a lo largo del viaje.

No puedo hablar de decepción, pero lo cierto es que no me lo esperaba así. Para los viajes procuro documentarme lo justo, y dejar una parte al descubrimiento. El Valle de los Reyes es tan nombrado que yo me esperaba templos y sepulcros sobre el suelo. En lugar de eso lo que hay es tumbas, muchas tumbas, pero todas subterráneas. El primer faraón que se enterró aquí fue un señor con nombre de enfermedad grave (Thutmosis) hace tan sólo tres mil quinientos años. Por esa época Luxor no se llamaba así, sino Tebas, y fue la capital política y religiosa de Egipto durante más de diez siglos.

El guía nos da una pequeña explicación y luego nos deja a nuestro aire. La entrada te da derecho a visitar tres tumbas, aunque es un poco agobio porque hay muchísima gente. Algunas de las más famosas están cerradas. La tercera que visitamos se halla un poco más alejada y allí no hay nadie, salvo el vigilante. Amador lleva la cámara en la mano. El vigilante se la quita (dentro está prohibido hacer fotos), aunque realmente lo que quiere es que le suelte dinero a cambio de permitírselo. Amador se niega a una cosa y a otra. Mosqueados por el intento de extorsión, nosotros sacamos una a escondidas (sin flash, claro, para no dañar las pinturas.)

Y es que en las breves horas que llevamos aquí ya nos hemos dado cuenta de que todo el mundo está a la caza de la maldita propina sin exceptuar a los policías que, metralleta en mano, vigilan los emplazamientos. Una sonrisa, una foto y hala, a pedir.

Muy cerca del Valle de los Reyes, al otro lado de la montaña, se ubica el templo de la Reina Hatshepsut. En 1997 fue allí ametrallado un autobús de ciudadanos alemanes. El propósito: intentar asfixiar al país privándole de los ingresos del turismo. La cosa se saldó con setenta muertos y casi cien heridos. Estremece la memoria de las víctimas.

Pero antes de llegar allí sufrimos la primera experiencia desagradable del viaje: Mohamed, el guía, nos propone visitar el templo de Ramsés III en Medinet Habu, que es interesantísimo y está por aquí cerca. Claro que no está incluido en el programa, y la entrada cuesta 15 euros. Nos quedamos un poco de aquella manera, y aunque nos parece caro finalmente vamos. El templo está bien, pero desde luego no es la repanocha, sobre todo teniendo en cuenta lo que el otro nos ha prometido y lo que hemos pagado. Además, cuando nos entregan los tickets de la entrada comprobamos que les han arrancado (a todos) la cifra de la decena, y sólo es visible un cinco. El mosqueo del grupo va en aumento.

La incógnita sobre cuánto cuesta la dichosa entrada se despeja definitivamente en la visita al templo de la Reina Hatshepsut. En ésta (ya en el programa y con los números sin cortar) se lee claramente que el precio es de 25 libras egipcias. Esto es, 3 euros. Por lo tanto el mozo se nos ha embolsado 12 euros por barba, a descontar el soborno del taquillero. Mal empezamos.

Disgustos aparte, el templo es una pasada. Hatshepsut fue una de las poquísimas mujeres faraón, y en su obra se puede apreciar un estilo y una delicadeza que no vemos en las construcciones de sus colegas masculinos. Por desgracia el interior se halla cerrado, y sólo se pueden visitar las galerías porticadas. Son las 10:45 de la mañana, y en este circo rocoso y tórrido el sol empieza a calentar que no veas.

Finalizada esta visita, nuestro presunto guía y estafador cierto nos lleva a lo que, según él, es una casa del pueblo en la que trabajan la piedra de forma tradicional. El lugar de marras es, ya me lo esperaba, una tienda. Tras una breve demostración de la técnica artesanal entramos propiamente en materia, esto es, a comprar. Amador y Alicia adquieren algo de alabastro, y a Bego le gusta un gato de basalto por el que le piden 15 euros. Consigue dejarlo en 10. Le damos un billete de 20 y le pido al vendedor que nos devuelva el cambio en libras egipcias. En vez de las 85 equivalentes sólo nos da 80. Bueno está. Al salir, tenemos que esperar un rato hasta que el guía cobre su comisión.

Breve parada ante los colosos de Memnón, que son todo lo que queda del impresionante templo mortuorio levantado aquí por Amenofis III hace treinta y cuatro siglos. El guía mete prisa; resulta evidente que le entusiasman menos las piedras que las tiendas.

Cruzamos de nuevo el Nilo. Al llegar a la otra orilla, Mohamed nos pide un euro por pareja como propina para el del ferry. Por la cara de éste al recibir el dinero queda claro que no se trata en absoluto de una propina, sino que en realidad estás pagando el pasaje. ¿No quedamos en que los traslados estaban incluidos?

Vamos primero al templo de Luxor. En su construcción intervinieron varios faraones, y hasta Alejandro Magno le dio algunos retoques. A la entrada hay un obelisco, gemelo del que los franceses se llevaron a la Plaza de la Concordia en 1833. Hay muchísima gente, el calor aprieta y para colmo Mohamed nos lleva a la carrera: mira con cara asesina a quien se para a hacer fotos, aunque a estas alturas de la película estamos empezando a pasar de él.

Al salir vemos, casi de casualidad, la avenida de las Esfinges que antiguamente unía este templo con el de Karnak, y de la que se conserva una pequeña parte. El guía la ha ignorado y nos espera en la puerta. Cuando se lo decimos, ni siquiera intenta disculparse. Éste pasa de todo, y el malestar en nuestro pequeño grupo empieza a ser evidente.

El templo de Luxor no me admiró gran cosa, pero sí el de Karnak. Aunque más que de un templo podemos hablar de un conjunto de ellos; unos treinta faraones contribuyeron con sus edificios, y por eso ocupa una superficie de trescientos mil metros cuadrados. Es, además, el conjunto de culto religioso conocido más antiguo del mundo.

Hora de comer. En el barco nos han dado picnic, de modo que nos sentamos en el bar y encargamos bebidas. Después montamos de nuevo en la furgoneta y nos vamos para Esna, adonde se ha ido el barco mientras nosotros trotábamos de templo en templo. Para ello acudimos al lugar convenido de donde parte la caravana de autobuses que viaja con escolta policial. Es obligatorio integrarse en ella, y no está permitido moverse por la zona de ninguna otra forma.

Al llegar tenemos que darle un euro por cabeza al conductor, de nuevo en concepto de *propina*.

Todos los barcos están amarrados en un muelle aguas abajo del pueblo y de la esclusa. Vamos a esperar aquí hasta que nos toque el turno de la compuerta, que puede ser esta noche o mañana. Y es que hay barcos para parar un tren; una auténtica ciudad flotante que va y viene por el Nilo. Tenemos que caminar bastante para llegar al nuestro, que es el último de todos.

Según nos aproximamos se oye un griterío. Al principio pienso que puede ser un grupo de turistas gamberros, pero no: desde unas barcas a remo varios lugareños gritan a los pasajeros de cubierta ¡regateando! El procedimiento es como sigue: el vendedor lanza, como si de una pelota se tratase, una o más chilabas (lo cual tiene su mérito, pues son cinco pisos de altura). El pasajero comprueba si la mercancía es de su agrado y entonces comienza el regateo. El objetivo del barquero-vendedor es ante todo impedir que la chilaba venga de vuelta para abajo. Nuestros compañeros talaveranos regatearon una para cada uno: de 100 euros que les pedían las bajaron a 25. Por lo visto son para una fiesta de disfraces de la que no sabíamos nada.

En el barco nos reciben muy bien, con limonada y toallas húmedas para las manos. Después nos vamos a pasar la tarde a la habitación, pues estamos muertos. A las 19:30 hay recepción en el *Lounge bar.* Como aparte de cansados estamos mosqueados con el guía, nos negamos a asistir. A las 19:45 éste llama por teléfono para rogarnos que subamos, pero le decimos que nanay. Después de robarnos viene con éstas. Que le den.

Cenamos a las 20:30. El comedor se halla en penumbra, iluminado con velas. El ambiente es exquisito. Descubrimos que tenemos asignado un camarero de forma exclusiva o casi. Se llama Alí, y es clavadito a Eddie Murphy, aunque en joven. De inmediato me conquista la elegancia de su porte y sus modales.

Mohamed está sentado en una mesa al lado, solo. Pese al funesto día, le invitamos a unirse a nosotros, y de paso aprovechamos para soltarle algunas pullas. Hablamos de muchas cosas, y también de otros viajes. Parece de veras impresionado de que nos puliéramos catorce mil kilómetros en autocaravana cuando el viaje a Cabo Norte siendo además, como éramos, novatos totales.

Antes de dormir subo un rato a cubierta. Estamos fuera del casco urbano, y en la oscuridad puedo sentir el latir poderoso del río.

Es nuestra segunda noche a bordo y todavía no he visto moverse el barco. Yo, que estoy deseando navegar.

Día tercero.

Durante la noche el barco se ha estado quietecito, al parecer aún no nos ha llegado el turno para cruzar la esclusa. Seguimos atracados en la orilla, con la pasarela que nos une a tierra levantada, como si de un castillo se tratara. A las 6:30 me asomo a cubierta, y ya están en sus puestos los barqueros regateadores. Esto es afición.

Para no perder tiempo en la espera, subimos a bordo de un taxi-furgoneta que nos llevará hasta Edfu. Hemos salido temprano, pero nos demoramos bastante porque toca esperar a la caravana policialmente escoltada que hace el trayecto Luxor-Asuán que además efectúa una parada a mitad de camino. Cuando de nuevo nos ponemos en marcha, vamos tan distanciados unos de otros que no me queda claro si estas medidas supondrían protección frente a un ataque, pero al menos resulta evidente que las autoridades egipcias se curan en salud. Además, cortan todas las intersecciones y nos dan preferencia, como a los VIP.

Llegamos a Edfu y cruzamos la ciudad, comercial y muy animada. Nos llaman la atención las fotocopiadoras que muchas tiendas tienen instaladas en la acera, como si fueran cajas de pepinos.

En el aparcamiento, entre furgonetas, calesas y autobuses descubrimos asombrados un grupo de autocaravanas. Son holandesas, aunque esto último cuesta verlo porque sobre la matrícula original les han adosado la matrícula egipcia de importación temporal. Admiro el valor de venir hasta aquí desde tan lejos con la casa a cuestas.

Por fin llegamos al templo de Horus, construido por un sucesor de Ptolomeo, el general de Alejandro que heredó el reino de Egipto. Llaman la atención las colosales dimensiones del pilono exterior y también que, pese a haber sido edificado en el siglo III antes de Cristo, parezca una réplica perfecta de los edificios faraónicos más antiguos. El templo estuvo bastante tiempo cubierto por la arena, y eso salvó una parte de los bajorrelieves de ser machacados por manos fanáticas. Yo pensé que habrían sido los primeros musulmanes, pero parece ser que no: fueron cristianos coptos, ansiosos por aniquilar cualquier símbolo de paganismo, o al menos eso es lo que nos cuentan.

Hoy parece que Mohamed está más relajado y nos permite ir y venir y fotografiar a nuestro gusto. Tenemos que darnos de codazos para poder echar un vistazo a la barca solar (una réplica). Luego vamos a ver el *nilómetro*, escala que existe en la mayoría de los templos egipcios y que servía como base para calcular el IRPF: en función del agua que llevara la crecida del Nilo ese año, se exigían mayores o menores impuestos. Amador se pregunta, sardónicamente, si no habría también un *Nilo en negro*.

A propósito del río, al salir decido comprarme un mapa-guía del estilo al que tengo en casa del Danubio. Vale 20 libras (sin discusión). Cuando le doy al vendedor un billete de 25 me lo devuelve alegando que esto que le estoy dando no son libras, sino piastras. Que cuatro billetes como aquel hacen 1 libra. Al tipo le sale una media sonrisa, imaginando lo que ha ocurrido. Yo, por mi parte, no salgo de mi estupor al constatar que he caído en el timo por antonomasia, y que lo que tengo en las manos no vale 3 euros, sino 3 céntimos de euro. Mis juramentos tienen que oírse en El Cairo. Compro el mapa con un billete de 20 libras (auténtico) y me voy de allí echando lumbre; tanta que por poco tengo una agarrada con un chaval que quiere encasquetarme una camiseta.

De vuelta a la furgoneta le contamos al guía lo que nos ha pasado. Le digo que posiblemente nos colaron el billete de 25 piastras en la tienda de alabastro. Él lo niega categóricamente, alegando que estaba delante cuando nos cambiaron los diez euros. Queda ahí la cosa. Para rematar la faena, Amador y Alicia han sido víctimas del mismo engaño. Cómo íbamos a pensar que la moneda fraccionaria de la libra era otro billete; monedas lo que se dice monedas no hemos visto hasta la fecha ninguna. Para ver libras redondas y en metálico habrá que esperar a El Cairo, y eso porque nos las dan en un banco.

Volvemos a Esna con la misma tediosa parada a mitad de camino. Al llegar, Mohamed nos pide para el conductor diez libras por pareja. Nosotros, con el cabreo, le damos sólo un euro.

Cuando llegamos a donde estaba atracado el barco éste no está. Bueno, sí está, pero navegando hacia la esclusa. Por lo visto tenía hora para cruzar a las 14:30 y por una vez, en lugar de atrasar, se la han adelantado. Sin bajarnos de la furgoneta, vamos hasta un muelle más arriba de la esclusa y esperamos allí al barco.

Mientras tanto, yo no he dejado de darle vueltas a la estafa de las libras y las piastras. Las cuentas son fáciles, porque no hemos gastado apenas nada: en el templo de Karnak compramos dos Coca-colas, que costaron 30 libras. Yo puse el billete de 50 que teníamos y recogí uno de 20 libras que había puesto José Luis, y que es con el que al final pagué el mapa. Dado que en la tienda del alabastro nos dieron 80 libras por los diez euros, quedan 30. Tenemos un billete de 5 libras y luego el fatídico de 25 rupias. No aguanto más y le espeto a Mohamed que fue en la dichosa tienda donde nos engañaron. Él jura y perjura que no es posible, pero yo me reafirmo. Le digo que no es por la cantidad, una minucia, sino por el cuerpo que te deja el que te estafen en un sitio en el que te confías porque viene avalado por el guía. Entonces Mohamed abre su billetera y saca las 25 libras de marras. Yo me niego a cogerlas; si se lo digo es para que esté prevenido y no le pase más veces, que es muy desagradable para el turista. Él insiste y yo acabo aceptando el dinero. Más tarde nos dirá que ha telefoneado a la tienda, y que allí le han dicho que nos dieron un billete de 50 y tres de 10. Bego y yo sabemos que ambas cosas son mentira. Hemos recuperado nuestro dinero pero el mal, una vez más, está hecho.

Por fin entramos en el barco y nos vamos derechos al comedor. Allí somos atendidos por Alí, nuestro camarero, con quien empieza a haber muy buen rollito.

Tras la comida subimos a la terraza. Como ahora sí estamos amarrados frente al pueblo, somos testigos privilegiados de la vida cotidiana de sus habitantes, que me interesa tanto o más como visitar antiguas ruinas. Un grupo de mujeres, todas de negro, se apiña frente a un edificio. No sabemos a ciencia cierta qué hacen, pero más adelante averiguaremos que se trata de la cola del pan subvencionado, especie de beneficencia con que el gobierno egipcio trata de amortiguar el galopante empobrecimiento de amplios sectores de la población. Al parecer durante las últimas semanas ha habido hasta muertos a la puerta de las panaderías. Y es que el desorbitado aumento del precio de los productos básicos se está convirtiendo en una bomba de relojería para el país. Al lado de esta lucha terrible por la subsistencia, nuestras trifulcas por los pequeños hurtos lucen como insignificancias.

En éstas estamos cuando se percibe un sordo temblor. Las máquinas se han puesto en marcha y comienzan a despegarnos de la orilla. Aleluya, ya tenía ganas de ver este barco navegando con nosotros dentro.

Bego se baja al camarote a descansar, y yo me quedo a ver pasar las orillas. En una hamaca cercana se tumba una chica bastante atractiva. Lleva una guía de Egipto en castellano. Recuerdo haber oído algo de que estaba al llegar un grupo de argentinos. Me gustaría saludarla y charlar con ella, pero no lo hago porque temo que piense que quiero ligar, y en este tipo de situaciones yo soy muy pundonoroso.

La tarde discurre plácida. El sol está bajando, pero aún pega de lo lindo. Nuestra estela se dibuja en las aguas del generoso Nilo, y la sensación de espacio es abrumadora. Lentamente, el astro de fuego se oculta entre los palmerales. Es uno de los momentos mágicos del viaje.

Nuestro capitán le pisa bastante, porque pian pianito adelantamos a varios barcos hotel que, como nosotros, remontan el río. Mientras sobrepasamos a uno veo a dos cocineros enfundados en sus trajes orando al unísono. También en la proa de nuestro barco un marinero joven ha tendido su alfombra y reza. Me conmueve constatar lo viva que está la fe islámica en los países árabes. Tengo además la sensación de que Egipto es un país más religioso que Marruecos y también, por supuesto, que Túnez.

Después de la cena, el capitán ofrece una fiesta, para la que previamente hay que disfrazarse. Bego y yo somos de los pocos que no llevamos chilaba, pañuelo o algún otro elemento que nos caracterice. El espectáculo comienza con una exhibición bailada de los camareros ataviados con chilabas (aquí gastan poco en *vedettes*, y parece que el contrato de servir mesas incluye hacer el ridículo delante de los guiris.). En el corro distinguimos a Alí, nuestro camarero, y nos da la impresión de que está pasando un poco de vergüenza. Pero como prueba de que Egipto es un país democrático, a continuación nos sacan a nosotros al escenario para que nos marquemos un baile tribal. Me sorprende el desenfado y la alegría de la mayoría del pasaje, gente casi toda jubilada y del Norte de Europa. Será que al crucero se viene ya mentalizado.

Los actores-camareros más aventajados hacen de todo: danza del vientre, chistes visuales... Miman burlescamente cómo se saludan los médicos, los italianos, los israelíes... Se les olvida el saludo egipcio, que consiste en extender el brazo, doblar la muñeca, agitar la mano como se hace en todos sitios y luego, en un hábil quiebro, extenderla en actitud pedigüeña, en busca de la antonomástica propina.

Luego viene un juego parecido al de las sillas musicales, pero con una botella que hay que pasarse. El que se queda con ella en la mano tiene que salir del juego. Cuando soy eliminado, los que observan me explican que el capitán hace un discreto gesto al que pincha la música para ir dejando fuera a los hombres. Al final se queda en la pista con dos señoras mayores y la argentinita de esta tarde.

Decepcionado por el *tongo*, me voy a cubierta a sentarme y a tomar una cerveza, que aquí en el barco es de la marca *Sakkara* y hace medio litro. Lo cierto es que sabe muy bien, y me recuerda a los cervezones que ponían en India y Nepal, y que costaban lo que un menú de restaurante.

Desde Esna a Edfu, donde hemos estado esta mañana, debe de haber unos 50 kilómetros, pero como la velocidad del barco es de 12 por hora (vamos río arriba) hemos tardado unas cuatro horas en llegar. Proseguimos hacia Kom Ombo, 70 kilómetros más, adonde llegaremos ya de madrugada. Bajan bastantes buques por el río. Al cruzarse con el nuestro se saludan con ráfagas de un gran proyector que llevan instalado en la proa.

Nos acercamos y alejamos alternativamente de la orilla, en función de los bajíos e imagino que buscando siempre la mayor profundidad. Ahora vamos muy cerca de la ribera, quizá unos veinticinco metros. Las luces del barco permiten distinguir las palmeras y los campos de cultivo, sumidos en total oscuridad. Medito sobre la seguridad real o ficticia del país, y llego a la conclusión de que un tirador apostado en la orilla podría fácilmente hacer blanco sobre mí. Pienso que en el fondo Egipto debe de ser un país de lo más seguro pero no por la masiva presencia policial sino más bien a pesar de ella, porque las oportunidades de atentar contra la vida de los turistas son prácticamente infinitas.

Un rato después llega Bego. La fiesta ha terminado. Me cuenta que el capitán ha sacado al escenario a Amador, y que se han reído mucho con un juego en el que aparecía una patata. El humor me reconcilia con la vida, y sólo de fondo queda el río, su soledad y su llamada hechicera, electrizante y profunda.

Día cuarto.

Recuerdo que, durante la preparación del viaje, hojeando los numerosos catálogos de las incontables agencias turísticas siempre saltaba un lugar: Kom Ombo. Este nombre me llamaba mucho la atención por sus resonancias tan africanas. Pero no del África árabe sino africanas negras, de Burundi para abajo. Durante la madrugada hemos llegado a Kom Ombo, y el atraque ha sido tan suave que ni nos hemos enterado.

Después de desayunar visitamos el templo dedicado a Horus y a Sobek. El primero ya lo conocemos; el segundo es un dios cocodrilo. Está muy bien situado, a pie de muelle, y por eso podemos ir andando. Data del siglo II antes de Cristo, y por tanto *moderno* para los estándares egipcios. Incluso los emperadores romanos contribuyeron a su embellecimiento. Como curiosidad, aquí se encuentran grabados en piedra los primeros instrumentos quirúrgicos de la historia, y además tienen expuestas al público un par de momias de cocodrilo.

De vuelta al barco, ya en el muelle, nos asalta un vendedor camiseta en ristre. Pide 8 euros. Yo he venido con ganas de llevarme algunas, de manera que le ofrezco cuatro. Baja a 5, pero en casos como éste la prisa juega a favor del comprador, y me mantengo firme. La baja a 4 y, al pagar, me pide que le regale 1 euro, dándome a entender que qué es un euro para mí. No se lo doy ni le digo lo que pienso, que ese euro es el angosto margen que resta entre ser un turista con algo de dignidad y una vaca ordeñable y paridera. Además, tenemos que apresurarnos, porque al ver que compramos los de las otras tiendas salen a la uña a ver si también nos enganchan. Se monta tal gentío que hasta temo un secuestro.

Una vez todos en el barco, éste zarpa para recorrer los 40 kilómetros que quedan hasta Asuán. Ayer por la tarde Mohamed nos ofreció dos excursiones opcionales en esta ciudad: el poblado nubio y el templo de Filae. Sólo Amador y Alicia se muestran interesados en la segunda excursión; los demás, con el mosqueo del primer día, no estamos por la labor de darle más dinero, a fin de cuentas va a perder más que si hubiera hecho las cosas legalmente. Además, como para esta tarde tenemos programa, una de dos: o lo hacíamos todo a la carrera y con la lengua fuera, o bien nos adelantamos al barco en furgoneta, y nosotros lo que queremos es navegar, no usar el barco exclusivamente para dormir. Pensé que, ante nuestra negativa, Mohamed se enfadaría, pero pareció tomárselo bastante bien. En contrapartida, apareció con un estuche de joyería y consiguió que le encargáramos unos colgantes de plata con nuestro nombre en jeroglífico y que recogeremos hoy en Asuán.

Nos llaman por teléfono a la habitación: estamos invitados por el capitán a visitar el puente de mando. Tardamos un poco, y para cuando vamos nos encontramos con que dejan a la gente gobernar un ratito el timón. A mí no me llama gran cosa, pero los demás se aferran a él con pasión. Cuando terminan todos el capitán anuncia que no puede entregar los títulos de navegación prometidos porque el barco no se maneja con el timón clásico, que está ya de adorno, sino con un discreto *joystick* que el piloto mueve disimuladamente. Pero qué gracioso el niño.

Después viene la visita a la sala de máquinas. En caso de que el infierno existiera, sería un lugar como éste: ruido ensordecedor, temperatura altísima y un olor a grasa en el aire que de tan fuerte se palpa y se masca. Pienso con aprecio en estos hombres, que con su trabajo silencioso –y seguro que fatalmente remunerado– hacen que el barco remonte las aguas del Nilo.

Ya las hemos visto antes durante el crucero, pero a medida que nos acercamos a Asuán aumenta el número de esas embarcaciones cuya vela triangular me seduce tanto. Muchas son para llevar turistas, pero también las hay que se dedican a la pesca. Me sorprende ver un par de ellas con bandera australiana, pero luego también las veo con la bandera española, la alemana y hasta una del Barça.

Echamos la mañana en el barco, relajaditos y viendo pasar el río. Intimamos con el grupo de argentinos, que en realidad no son tales. Bueno, quiero decir que sólo son argentinos dos chicas que vienen juntas y un hombre cuya mujer es ucraniana. Luego está un matrimonio mayor, chilenos, que llevan cuatro meses dando la vuelta al mundo. A él lo vi anoche, ataviado con un pañuelo palestino, bailando con notable salero en la fiesta.

Ahora no recuerdo si comimos antes de atracar, si atracamos antes de comer o si comíamos mientras atracábamos. El caso es que después de comer tiramos de furgoneta y nos vamos para la presa. Aunque en vez de una hay que hablar de dos: la Presa Baja, que construyeron los ingleses en 1902, y la Presa Alta, que se hizo con ayuda soviética entre 1960 y 1970. Es la segunda mayor del mundo, la tabla de agua mide unos 500 kilómetros de largo, de los cuales casi 200 se adentran en Sudán. Abarca una superficie similar a la provincia de Gerona, y es capaz de almacenar 150.000 hectómetros cúbicos de agua. Si pensamos que el mayor embalse de España, que es el de La Serena en Badajoz, cuenta con una capacidad máxima de 3.219 entenderemos que estamos ante una escala diferente de dimensiones. Además, el de La Serena, como la mayoría de los embalses en España, se llena raramente, mientras que la presa de Asuán no sólo se la ve colmada, sino que no da en absoluto sensación de quitarle agua al río.

Los beneficios de la presa han sido indudables: regulación de sequías e inundaciones, extensión de los regadíos, producción de la mitad de la electricidad que consume Egipto. Pero los perjuicios son también evidentes: sedimentación excesiva aguas arriba, erosión aguas abajo, desaparición de hipopótamos y cocodrilos, destrucción y salinización del Delta del Nilo, desplazamiento del pueblo nubio (unas cien mil personas), que vivía en sus orillas...

Del muro de la presa sorprende que no sea la estructura de hormigón a la que uno está acostumbrado, sino que más bien parece una montaña o una pirámide que hubieran plantado en medio del río. Esto es así porque el terreno sobre el que la construyeron es inestable, y la única solución era una presa por gravedad: de hecho, en la base tiene una anchura de casi un kilómetro.

Por lo que respecta a la cúspide, la seguridad es extrema: la custodia el ejército, y a los visitantes no nos permiten movernos fuera de un reducido perímetro. Está considerada tan sensible que en los alrededores hay cuarteles de tropas, y hasta un aeropuerto militar. Y no es para menos: un hipotético ataque a gran escala contra la presa supondría la ruina del país, y la riada subsiguiente llegaría hasta El Cairo, 900 kilómetros aguas abajo.

Tras la presa, visita reglamentaria a una hiper-joyería. La excusa es recoger los colgantes de plata, pero se espera que realicemos una inspección más a fondo. Nosotros compramos tres camisetas y una pulsera de ámbar para Bego, que regateó admirablemente junto con Dalia. Ayer no conseguí que el pillo de Mohamed nos bajara ni un euro los colgantes, pero le saqué una Cruz de la Vida diminuta, de plata labrada, con un ligerísimo baño de oro.

Tras la pausa comercial, visita al Obelisco Inacabado. Se trata de una cantera de granito (por toda la zona de Asuán aflora este tipo de roca) donde tallaban los obeliscos. Como no conocían el metal, picaban la piedra con otra más dura, diorita verde. El obelisco yace aquí, a medio hacer. Fue un encargo de la reina Hatshepsut, y dicen que se partió a causa de un terremoto, aunque yo más bien creo que fue el excesivo tamaño (40 metros de altura); de haberlo conseguido, habría entrado en el Guinness egipcio de los récords.

Al inicio de esta visita sobreviene mi propia catástrofe: la Nikon 8800 de la que tan orgulloso estoy se bloquea y dice que no tira más fotos. Puedo ver las que tengo hechas, pero si la pongo en posición de disparo en la pantalla aparece un mensajito que dice: «Error en la óptica». Y hasta ahí. Alguna vez he tenido problemas de este tipo, pero se han solucionado sacando la pila. Hoy, en cambio, no hay tu tía. Me viene a la memoria aquel postulado murphyano: *Cuanto más caro es el coche, más lejos se estropea de casa.* Por lo visto también es aplicable a las cámaras, al menos a las electrónicas: la anterior que tuve, casualmente otra Nikon, decidió dejar de tirar fotos nada menos que en Finlandia. Menos mal que Bego descubrió que lo que no iba en realidad era el zoom, y gracias a eso pudimos traernos imágenes de recuerdo del Cabo Norte.

Paradójicamente, va a ser esa pequeña cámara la que nos saque del aprieto: todas las fotos hechas a partir de este momento están sacadas con ella. Un tirón de orejas para una marca tan prestigiosa, que se permite fabricar aparatos que fallan en cuanto se aproxima el fin de los dos años de garantía. El día de Asuán pensé que era pura mala suerte, pero bastó volver a casa y hacer un barrido por Internet para darme cuenta que el problema es más común de lo que creía.

Volvemos a bordo, aunque Bego y yo nos quedamos fuera para buscar un banco. En dos ocasiones Mohamed se ha ofrecido a cambiarnos dinero, pero en el último momento se echa para atrás; yo creo que le cuesta realizar una transacción sin llevarse nada a cambio. Un empleado de lo más solícito introduce nuestros arrugados euros por la boca de una máquina, que a cambio escupe 847 libras egipcias. No está mal: cuatro días en el país y hasta este momento no hemos tenido un respiro para cambiar.

Nos sentamos a la puerta del banco a recapitular, y de paso para ver si la Nikon quisiera volver a la vida. Se acercan dos chavales intentando vendernos botellas de agua. Les decimos que no (por principio no se la compramos a vendedores callejeros, ya que existe un alto porcentaje de probabilidades de que sea de grifo). Entonces uno de ellos me pide que le cambie monedas de euro por libras egipcias. Debe de haber cientos de miles de euros en monedas circulando por Egipto; como en ningún banco las aceptan, recurren a los turistas para que se las cambien por billetes. Luego el turista vuelve a dejar esas monedas de propina, con lo cual el ciclo se retroalimenta y jamás vuelven a casa. Qué lejos queda ya la época en que si querías ser alguien en estos países tenías que ir con dólares por delante. Pero a lo que íbamos: el chico propone darme él 10 euros a cambio de 50 libras egipcias mías. A nosotros por esa cantidad nos acaban de dar en el banco 84,7. Como todavía no he visto a un egipcio proponer un trato desventajoso para sí mismo, recelo. Bien es verdad que estamos a cinco metros del policía que custodia el banco, pero no me fío. A lo mejor quiere ver dónde guardamos el dinero. O a lo mejor me estoy perdiendo el negocio del siglo. Le digo que no.

Ya casi en la puerta del barco nos aborda un hombre proponiéndonos un paseo en faluca. Por curiosidad le pregunto el precio y responde que 10 euros una hora (qué manía con los 10 euros). Como le vemos además de esperar, le advertimos que busque otro cliente, ya que aún no hemos decidido si daremos el paseo o no.

En la recepción está Mohamed. Le pregunto cuánto puede costar el dichoso paseo. Me responde que unas 30 libras. Que si queremos él nos lo puede buscar. Tira del móvil y en un momento ya la tiene. Quiero confirmar lo de las 30 libras y me dice que sí, *más diez de propina para el barquero*, añade. Nos vamos un rato a la habitación y a las 17 horas salimos. Mohamed nos acompaña al muelle, donde aún está el señor de los 10 euros. Si esto fuera

Marruecos habría bronca seguro, pero el otro parece resignarse. La faluca está amarrada entre los grandes barcos. A bordo un hombre de corta estatura, muy moreno de piel: nubio, sin duda. De los desplazados por la inundación y que se exhiben en un poblado al otro lado del río, para solaz de los turistas.

Zarpamos. Al alejarnos de nuestro barco me parece distinguir en la cubierta superior a los compas talaveranos. «¡¡FOTOOOOO, FOTOOOOOOO!!», grito. Y parece que Amador me oye, pues le veo apuntar con la cámara.

El trayecto es aguas arriba, entre Asuán y la isla Elefantina. Yo venía desde casa con la ilusión de montar en uno de estos barcos y deslizarme por el Nilo. Entonces el barquero saca una esterilla. Pensé que se iba a poner a rezar, pero la desenrolla al grito de *¡Nubia, nubia!* Y nos muestra las mercaderías: collares multicolores, la talla de un camello… Situación incómoda y mezcla de sentimientos. Al buen hombre, que no habla ni papa de inglés, Bego le explica como buenamente puede que hemos venido a disfrutar del paseo, no a regatear. Parece desistir.

Llega un punto en que la orilla y la isla Elefantina se acercan tanto que apenas hay 100 metros entre una y otra. Es aquí donde se encuentra el famoso nilómetro descrito por Estrabón. Después pensé en que teníamos que haber pedido al hombre, o mejor a Mohamed, que diéramos la vuelta a la isla. Pero con la emoción del viaje no se me ocurrió. El caso es que aquí el barquero decide virar, me alcanza un cabo para que lo sujete y enseguida me da una orden en su chamullo particular. No le entiendo, no sé si quiere que aguante o que tire; al final acude corriendo porque lo que quería era que lo soltara. Hijo, haber hablado claro. El resultado de la maniobra a destiempo es que por poco nos empotramos contra otra faluca. Maldiciones y juramentos en arameo desde ambos barcos.

Como la brisa sopla del río abajo, hacemos la vuelta en zigzag. Le explico a Bego que esta capacidad de navegar contra el viento en ángulos de hasta 45 grados sólo se consiguió tras la invención de la vela triangular, de la cual las falucas del Nilo, con su largo mástil, son digno exponente.

Conforme nos acercamos al final del paseo -que no ha llegado a la hora y me ha sabido a poco- pienso en las 30 libras que le he dado a Mohamed y que evidentemente son para él mientras que el barquero, que hace todo el trabajo con una embarcación que quizá ni siquiera sea suya sólo se lleva 10. Por si fuera poco, con la premura de la maniobra nuestro hombre ha pisado y roto un abrecartas de hueso que nos quería vender, aunque creo que él aún no se ha dado cuenta. Opto por darle 20 libras. En estos momentos obtengo la medida exacta del viaje, compuesto de tres partes aproximadamente iguales. La primera es agobio por la intensa presión mercantil-pesetera. La segunda es fascinación y placer. La tercera, compasión y pena terribles por la dura vida de esta gente a la que no puedes redimir.

Desembarcamos. Desconozco si Mohamed ha pactado claramente la tarifa, y temo problemas. El hombre mira el billete pensativo y me dice algo. Deduzco que quiere saber si es todo para él o si tiene que buscar la vuelta. Cuando le hago el gesto de que todo para él (esto lo entiende claramente), sonríe de oreja a oreja.

En la cena sólo estamos José Luis, Dalia, Bego y yo; Alicia y Amador han ido a ver el espectáculo de luz y sonido de Filae. Intercambiamos teléfonos, ya que posiblemente no nos veamos más (ellos salen para Abu Simbel a las 3 de la mañana; a nosotros nos lo han propuesto, pero hemos dicho que nanay.)

Tras la cena huimos de otro de los peculiares shows del capitán y salimos a dar una vuelta por Asuán. Seguimos la *Corniche*, que así llaman aquí al paseo fluvial donde están atracados los barcos turísticos, que por cierto son un montón. Lo peor del paseo es que te aborda todo tipo de gente: el que te ofrece el paseo en calesa, o cambiar monedas, o agua, o incluso hierba. Normalmente no insisten mucho, pero uno –precisamente el mejor vestido de todos– se empeña en seguirnos y me tengo que plantar.

Llegamos hasta la catedral copta que vimos esta tarde desde el río. A quien se le diga (nosotros tampoco lo sabíamos) que el diez por ciento de la población egipcia es cristiana le costará creerlo. Precisamente es en esta zona donde nos cruzamos con varias mujeres coptas. Lo sabemos porque no llevan pañuelo en la cabeza y visten falda en vez de chilaba. Como además son bastante blancas, se las podría confundir con señoras de nuestros pueblos de España.

El regreso lo hacemos por las calles comerciales del centro, concurridísimas a esta hora. Parece que, debido al calor, los habitantes de Asuán han desarrollado el hábito de salir a comprar de noche, y aunque el sol no apriete continúan practicando dicha costumbre.

Resultan mucho más interesantes las zonas en las que el comercio es local y nadie se preocupa de ti, sobre todo si las comparas con aquellas otras enfocadas al turista donde por cada diez metros hay apostado un acosador, algunos un pelín bordes. Entre una y otra hacemos parada en un bar de los que a mí me gustan, es decir, sin un solo extranjero. Somos recibidos amablemente, tratados cordialmente y sableados canónicamente, pero pagamos con gusto. Al salir y pararnos a ver la mezquita mayor cambiamos impresiones con un grupo de críos que no son precisamente angelitos, encantados de tener a su entera disposición a dos *gauris*.

Ya en nuestro camarote nos damos cuenta de lo afortunados que somos esta noche: en primer lugar, porque somos el tercer barco amarrado desde la orilla (hay que pasar por los otros dos para llegar a él) y eso nos evita el considerable estrépito de la calle. En segundo lugar porque nuestro camarote cae del lado de estribor, y como no tenemos ningún otro barco de este lado por la ventana vemos la colina con las tumbas de los nobles elefantinos, que se refleja en el río, y que de tan iluminada parece una tarta.

Día quinto.
Estamos en Asuán, en la cubierta del barco, esperando a la persona que nos va a acompañar hasta Abu Simbel. Asombrosamente se ha nublado, sopla una ligera brisa y el sol de justicia que nos ha cascado estos días brilla por su ausencia. Por el Nilo pasean falucas, y es fácil saber la nacionalidad de los pasajeros: parejas de chavales, en rudimentarios botes, se agarran a su costado y cantan *Guantanamera*, *Porrompompero* y *Macarena* con resonancias africanas. Todo para intentar hacer reír, y ablandar el corazón de los turistas y lograr que tiren del monedero. No salgo de mi asombro al descubrir la cantidad de españoles que hay ahora mismo en Egipto. Tantos que cualquier vendedor, comisionista o guía se arranca con la mayor naturalidad en la lengua de Cervantes. Antes salías al extranjero y estabas rodeado de eso, de extranjeros. Ahora da lo mismo que sea Praga, Edimburgo o cualquier otro sitio, el caso es que te encuentras con paisanos. Dos factores, a mi entender, han contribuido a esta diáspora vacacional; uno es económico: desde que llegó el euro los precios han subido mucho en España, pero en contrapartida otros destinos se han vuelto mucho más asequibles. El segundo factor es más bien mental y cultural: se sale al extranjero cuando se sabe idiomas y/o se tiene curiosidad suficiente por el vecino. Desde que tengo noticia, los catalanes han viajado mucho; para el resto de España, al menos de forma masiva y generalizada, este fenómeno es bastante más nuevo.

Ya se han marchado Mohamed y nuestros compas talaveranos. Después de tres días sin despegarnos ni a sol ni a sombra resulta extraño. Más extraño aun es comprobar que salimos de casa un lunes, que hoy es viernes y que hace sólo cuatro días que andamos por aquí, aunque parezcan meses.

Tras las movidas del primer día, parece que Mohamed recogió velas y no hubo ninguna historia más, aunque estuvimos todo el tiempo con la mosca detrás de la oreja. Por algún motivo que no acierto a descifrar (quizá porque le dejamos las cosas claritas) Bego y yo le hemos caído en gracia: nos dio su correo electrónico, su número de móvil e incluso ofreció su casa y hasta su coche para la próxima vez que volviéramos. Siempre que visito un país procuro entablar relación con la gente del lugar, pero me temo que en este caso concreto no procede.

Antes de marcharse, el guía nos aseguró que hoy en el barco nos darían picnic. Hemos preguntado esta mañana en recepción, y nos han contestado que sí, que media hora antes de que nos marchemos. Obedecemos la indicación religiosamente, y ahora nos dicen que dentro de quince minutos. Como ya conocemos el percal, nos parece que están intentando descaradamente ahorrárselo. Menos mal que no hemos soltado aún la propina (obligatoria) de 2 euros por persona y día. Pues nada, a esperar: aparece nuestro acompañante. El recepcionista debe de decirle algo, porque nos comunica que están esperando la pasta. Bastante cabreado, le respondo que también nosotros estamos esperando un picnic, y que si una cosa no llega que no esperen la otra. Las bolsas del catering se materializan como por ensalmo, y sólo entonces soltamos el dinero. Orgullosos de haber sabido manejar la situación, pero hasta los mismísimos de andar con tanto trapicheo. Con Alí, nuestro camarero, ha sido distinto: de él sólo hemos tenido detalles y sonrisas; en ningún momento he sentido que nos presionara, y esta mañana nos hemos despedido de él con un apretón de manos y un dinero que le hemos dado de lo más a gusto, como una forma de corresponder. Éste sería el sentido inicial de la costumbre, pero el turismo masivo ha terminado pervirtiéndolo. Y si no que se lo digan al que nos arreglaba la habitación, que solía estar rondando por allí cuando volvíamos, que saboteó la tele del camarote el segundo día y que la arregló el último porque venía a juego con la figura de un hombre tumbado, fabricado con toallas, que simulaba ver la caja tonta con el mando a distancia en la mano. Orgulloso de su ocurrencia, el tipo se coló en la habitación detrás de nosotros sin pedir siquiera permiso, a ver si caía algo. Enseguida lo pusimos de patitas en el pasillo, por pelmazo.

Somos los primeros en subir a la furgoneta, pero vamos parando a lo largo de la *corniche* para recoger a más españoles hasta juntarnos quince personas. La mayoría, de Cataluña y alrededores. Entre ellos están Christian y Yolanda, la pareja de Tarrassa del primer día. Ella tiene mala cara, anda un poco descompuesta víctima del *Mal de Tut*, también conocido por el malsonante nombre de cagarrinas. Como somos bastante gente y el vehículo pequeño, parte del equipaje lo colocan en el asiento trasero y parte en la baca, como se hacía por nuestra tierra *in illo tempore*.

El trayecto de Asuán a Abu Simbel consiste en 300 kilómetros de carretera que atraviesa un paisaje lunar. Como ya es costumbre, formamos un convoy escoltado por la policía, aunque pienso que eso es mucho decir: nuestro conductor es un hombre prudente –no sé si el equipaje en la baca influirá- al que adelantan todos. Al final nos quedamos solos en la árida estepa de arena.

300 kilómetros equivalen a tres horas en la carretera en las que no paramos ni para hacer pis. De todos modos apenas hay lugares para ello: tan sólo de tarde en tarde una gasolinera y –esto con más frecuencia- algún cuartel.

Cuando llevamos una tercera parte del camino recorrido aparece, lejos y a nuestra derecha, un edificio enorme. Tiene toda la pinta de ser una central atómica en construcción, y recuerdo que Egipto tenía un programa nuclear no sé si en proyecto o en ejecución. Claro, como aquí no tienen sol para instalar placas...

A medida que sube el día y aumenta la temperatura surgen los espejismos. Es curioso, porque aun sabiendo que lo son ciertamente nos parece estar viendo grandes extensiones de agua. Pienso en la gente que ha cruzado durante milenios el desierto, y en la crueldad implícita del mismo: no le basta con achicharrarte sino que tiene que recordarte continuamente el ansiado y líquido elemento.

Finalmente llegamos a Abu Simbel, que no es más que un pequeño poblado a orillas del lago Nasser, parte sobre una isla y parte en tierra firme. Nos llevan al Hotel Seti, cuyas habitaciones son hileras de bungalows desparramados por la ladera que termina en el agua. El establecimiento está bien, pero resulta evidente que ha conocido tiempos mejores. Lo peor es el pestazo a disolvente que lo inunda todo, pues han estado pintando en el baño. Aunque eso no nos preocupa tanto como los mosquitos: las paredes aparecen llenas de insectos aplastados con su correspondiente manchurrón de sangre; seguro que un genetista encontraría aquí ADN de todos los países del mundo.

Desde la ventana de nuestra habitación se ve el agua, la otra orilla y, más allá, el desierto. En línea recta estamos a sólo 19 kilómetros de la frontera sudanesa. Mucha gente se pega el madrugón en Asuán, llegan, ven el monumento y otros 300 kilómetros para atrás. Nosotros hemos hecho todo lo posible para que, al menos en nuestro caso, esto suceda diferente; no en vano hemos llegado al confín meridional de nuestro viaje, y lo más al Sur que hemos estado jamás en África.

Hemos quedado en la puerta del hotel a las 16:00 para que nos trasladen a los templos, que por cierto están a 3 minutos en automóvil. Para quien no lo sepa, Abu Simbel iba a quedar bajo las aguas del lago Nasser. En una operación coordinada por la UNESCO, arqueólogos de diferentes países estuvieron trabajando para salvar los principales monumentos. Los países que más contribuyeron fueron Holanda, Italia, Estados Unidos y España. Egipto, en agradecimiento, les regaló un templo a cada uno, y por eso se puede admirar en Madrid el Templo de Debod.

En cuanto a los templos de Ramsés II y Nefertari, fueron elevados 65 metros, y se construyó una montaña artificial para albergarlos. Al recinto arqueológico se accede por la parte de atrás y se nota perfectamente eso, que es de pega. Pero cuando le damos la vuelta comprobamos que el efecto está bastante conseguido. Yo quiero contemplar tranquilamente el monumento y sacarle fotos, pero lo primero es lo primero: el guía que traemos se empeña en que un fotógrafo que anda por allí saque una instantánea del grupo, cosa que podría parecer razonable si no fuera porque nos han juntado esta misma mañana con el único fin venir a Abu Simbel. Después toca pasar lista para ver quién quiere adquirir la dichosa foto. Nuevamente como en la faluca, como en Luxor, como en tantos sitios en este viaje alguien se apropia de nuestro precioso tiempo de disfrute, pagado tan caro, para su beneficio personal.

Por fin el guía nos deja en paz y podemos entrar en el primer templo. La prisa no es baladí, que son las 17 horas pasadas y la luz para las fotos desmerece mucho. Como pensábamos que lo único que habían salvado los arqueólogos era la fachada del templo, nos asombra descubrir que existen cámaras interiores, y que las pinturas y los relieves son de lo más interesante, sobre todo con la iluminación que les han puesto. Por desgracia no permiten tirar fotografías.

Después visitamos el segundo templo, el de la reina Nefertari, más pequeño que el otro. Aquí nos vimos envueltos en la bronca más fenomenal de todo el viaje y tuvo de ser, mira por dónde, con españoles. Resulta que sobre una cornisa, justo encima del santuario interior, unas golondrinas han construido el nido, y están alimentando a las crías. Los adultos son de color pardo, y más pequeños que las golondrinas conocidas en Europa. Estamos embobados mirándolas a apenas metro y medio de distancia cuando se oye un *PLIIIIIIISSS* de familiar y avinagrado acento. No hago mucho caso, porque no me parece que estemos estorbando la visión a nadie. Entonces estalla el relumbrón de un flash, que hace salir huyendo a una de las golondrinas, y a continuación se oye en nítido castellano: *Estarán mirando los huevos.* El tono es tan insolente que me vuelvo. Son dos parejas jóvenes, y uno de los mozos, rapado como una bola de billar, está empeñado en sacarles una foto a las chicas dentro del templo. Les digo que allí dentro no se puede tirar con flash (ya que ése es el motivo, y no otro, por el que han prohibido hacer fotos), a lo que el calvo alega *que la va a sacar desde la puerta*, como si el fogonazo fuera a detenerse en el umbral. Comienza entonces una agarrada verbal de lo más violenta, pero ellos no se marchan. Cuando salimos el calvo se aleja de la puerta; creo que si en ese momento nos cruzamos habríamos acabado a guantazos. Lo último que les grito es que si a ellos no les importa que aquello se conserve a mí sí, pero responden con risas burlonas. Siguen disparando el flash dentro del templo; el guarda no dice nada, le habrán sacudido una buena propina. A mí me hierve la sangre. Venir a donde Cristo perdió el mechero para ver cómo hacen el cafre unos niñatos malcriados en tu propio país es algo muy fuerte. Con embajadores así, para qué quiere España enemigos.

Volvemos a la puerta del recinto para recoger las entradas del espectáculo. El representante se retrasa, y hay en el grupo momentos de nerviosismo. Aparecen los billetes en el último minuto y otra vez para dentro, a la carrera.

Las luces y sonido de Abu Simbel tienen fama de ser las mejores de todo Egipto. Y están bien, pero se me hace muy corto. El idioma de hoy es castellano, y a quienes no lo entienden les dejan unos cascos. Me alegra que la lengua de Cervantes sirva aquí para algo más que para discutir con miserables.

La Nikon pequeña no tiene la sensibilidad de la grande ni tampoco mecanismo antivibraciones, pero trato de sacar alguna cosa.

Más tarde volvemos al hotel. Cena y luego tertulia. Esta tarde he conocido a José Antonio, un hombre de lo más peculiar. Vive en Mallorca, es dueño de una empresa de máquina-herramienta, y posee conocimientos de los más variados campos, desde filosofía y religión a la capacidad de combate de los MIG 21 que custodian la presa de Asuán. Va a todos sitios cargado con una bolsa fotográfica inmensa en la que lleva, entre otras cosas, una Nikon D200. No le digo nada, pero según en qué lugares hay gente dispuesta a matar por lo que hay en esa bolsa.

Nos vamos Bego y yo a dar un paseo por el complejo hotelero. No hay nada salvo la negrura del agua y del cielo, y sí en cambio mucho silencio. Encontramos un montón de arena para obra. Como estando donde estamos no creo que hayan ido muy lejos a buscarla, y como mañana dudo de que quieran pararnos en mitad del desierto, me llevo una poca de recuerdo.

La habitación sigue oliendo a disolvente que tira, y además descubrimos mosquitos vivos. Como no queremos que se den un festín a nuestra costa ponemos en marcha una serie de medidas, a saber: a) matamos los que podemos, b) nos untamos con loción repelente, c) enchufamos un antimosquitos eléctrico traído desde España para la ocasión, y d) conectamos el extractor del baño, pues posiblemente sea éste el conducto por el que entren.

Día sexto.

Me despierto temprano y decido ir a dar una vuelta. Paso por delante del policía del vestíbulo y del que vigila la puerta exterior. Ninguno dice nada, pero me miran con asombro, quizá un poco alucinados de que el guiri se atreva a asomar fuera del ghetto.

La verdad es que llevo mal lo de estar confinado, así que sólo salir afuera ya es un alivio. A priori no hay gran cosa que ver: una calle desangelada, escombros y algo de basura. Al llegar al primer cruce me paro. Se me acerca un taxi para ver si voy a algún sitio. Al final me decido a caminar hasta la entrada de Abu Simbel, que estará a 1 kilómetro de aquí.

La poca gente con la que me cruzo no parece sorprendida de verme y algunos, sobre todo la gente mayor, saludan afablemente. Paso el control policial de los templos sin dificultad, aunque percibo un silencio expectante. Justo ahora están llegando los autobuses que salen de Asuán a las 3 de la mañana. Una española pregunta a su guía, con un leve toque de aprensión: «¿Siempre ha habido tanta policía como ahora?»

El paseo está hecho: compro una botella de agua y me vuelvo para el hotel. Cuando llego encuentro a Bego, Yolanda y Christian desayunando. Luego nos vamos a hacer la maleta.

Mientras esperamos a la furgoneta, José Antonio nos dice que el guía acompañante ha pedido 3 euros por persona para él y el conductor. Como somos quince, eso hace 45 euros, y más que propina parece propinón. Cuando se corre la voz nuestros compañeros, que ya llevan encima la costra que da una semana circulando por Egipto, muestran signos claros de amotinamiento. Así, le comunicamos al transferista que nos lo pensaremos. Al llegar pasaremos la gorra y reuniremos 16 euros. Supongo que debe de ser aquello de que si cuela, cuela, porque parecen conformarse y se despiden muy simpáticos.

Nos despedimos de Abu Simbel. A la salida, junto a la orilla del embalse, vemos aparcadas las autocaravanas holandesas. Qué impresionante debe de ser llegar hasta aquí conduciendo por ti mismo.

Las tres horas de viaje pasan rápido, y yo las empleo en escribir estas notas. Como es más temprano hoy no vemos espejismos, pero para cuando llegamos a Asuán el sol ya pega de lo lindo. Nada más poner pie en tierra somos asaltados por una nube de maleteros. Primero solicitan el trueque clásico de euros moneda por euros billetes. Luego, ya menos amablemente, exigen un euro por persona por llevar las maletas, y hasta se permiten interrogarnos uno por uno como si fuéramos colegiales. Yo estoy tan quemado ya que no pienso darles nada, y si me piden pienso decirles en la cara que no. Cuando los maleteros han acabado sus negocios, el representante de la agencia abre la comitiva seguido de nosotros y los porteadores. Caminamos unos 70 metros, hasta la entrada del aeropuerto, y allí depositan el equipaje. Acabáramos. Aunque no he soltado ni un chavo, siento la vejación y la rabia ante la evidente extorsión como si me lo hubieran hecho a mí.

Estamos ya en el aeropuerto prometiéndonoslas muy felices cuando surge el problema: el representante de la agencia sólo ha conseguido tarjetas de embarque para la mitad del grupo. Los demás tienen que esperar al siguiente avión. Las tarjetas van con nombres y apellidos, de modo que no hay que echarlas a suerte. Nosotros entramos en el lote, y quienes se quedan en tierra se ponen tan nerviosos que el de la agencia, esforzándose por tranquilizarles, se olvida de los embarcables y tenemos que correr. Cuando pasamos el escáner, nuevo y viejo problema: la bolsa de aseo de Bego en el equipaje de mano. A mí podrían haberme parado igualmente, ya que llevo una botella de agua, la crema solar y hasta una navaja de Don Benito, pero asombrosamente no me dicen nada. Por lo visto lo que les pone nerviosos es una tijera diminuta y un spray. Finalmente, y también como en Barajas, deciden facturarlo. A todo esto, el chófer del autobús que nos lleva al avión se impacienta. Cuando por fin dejan marchar a Bego tengo que increparle, porque ha cerrado la puerta haciendo amago de irse.

En contraste con el accidentado embarque, el vuelo hasta El Cairo es agradable y sin novedad. Se desciende por el curso del Nilo durante más o menos una hora. Al despegar vemos Asuán, la isla Elefantina e incluso el lugar donde estuvo nuestro barco atracado. Luego, los palmerales ribereños se reducen a su mínima expresión hasta llegar al meandro de Kom Ombo, donde se ensancha en una fértil vega. Luxor ni lo vemos, porque aquí la curva del río es muy pronunciada, y atajamos por el desierto. Desde el avión contrasta de forma increíble el verde de las orillas con el desierto de alrededor. Don del Nilo, que decía Estrabón. Sin embargo, estos campos cultivados son enteramente obra del ser humano; disponer de agua abundante en un país en el que casi nunca llueve es otra de las grandes paradojas de Egipto.

Antes de llegar a El Cairo sobrevolamos la necrópolis de Sakkara, con su pirámide escalonada en el límite de la arena. Luego caemos a plomo sobre una urbe inmensa, enormísima: miles y miles de casas se apiñan unas junto a otras, sin parques ni zona verde alguna. Sólo que observando más de cerca descubrimos que no se trata de casas, sino de bloques de diez o más pisos que configuran una auténtica colmena humana. Y es que meter 18 millones de personas en un rectángulo de treinta por diez kilómetros no debe de ser tarea fácil. En los barrios de la periferia sí que se ven árboles y más espacio entre los edificios.

Tomamos tierra y nuestras maletas llegan enseguida, incluido el bolso de Bego. Contactamos con el encargado de llevarnos al hotel. Por lo visto no han solucionado el problema de la media pensión que ya pagamos en España. Nos proponen que la abonemos nosotros, que pidamos factura y que reclamemos al llegar a casa. Contrapropongo a mi vez que nosotros cenemos donde nos salga de las narices, y que ellos nos den un justificante de que sólo hemos tenido alojamiento y desayuno, y ahí queda la cosa.

Cuando nos llevan al hotel descubrimos la segunda parte de la empanada: en la información del circuito que nos proporcionó *Viamed* se especificaba que nuestro alojamiento en El Cairo era el Sheraton Towers, en el centro de la ciudad. Estábamos muy contentos por ello, ya que un hotel tan bien situado nos permitiría patear El Cairo a nuestro gusto por las tardes, que las hemos dejado libres con ese propósito. Pero el sitio al que nos han traído es el Hotel Fairmont, en Heliópolis (antiguo Sheraton), al lado del aeropuerto y a treinta minutos del centro en coche. Nuestro cabreo es indescriptible. Al chico que nos ha traído se le ve agobiadísimo. Como él es un *mandao* nos pone al teléfono con el responsable, un tal Hamad, el mismo que nos notificó antes que para cenar nos dieran morcilla. Argumentamos y reargumentamos, pero se niega a trasladarnos a otro hotel más cercano, aunque sea de inferior categoría. Al final llegamos a un acuerdo: nosotros nos resignamos a quedarnos en este hotel, y a cambio el representante de Cleopatra tendrá el detalle de abonarnos los taxis que tomemos. No es una solución, sino un detalle por su parte, aunque con lo que llevamos visto de este país que el tipo cumpla su palabra habrá que verlo.

Estamos en mitad de la trifulca cuando aparecen por la puerta Alicia, Amador, Dalia y José Luis. A éstos sí que no los esperaba, mayormente porque su hotel también era otro, pero el Fairmont parece el purgatorio en el que recalan todos los turistas maltratados por su agencia.

José Luis y Dalia no tienen buena cara: han caído víctimas del *Mal de Tut,* y lo cierto es que andar de visita con la barriga descompuesta sienta fatal. Se van enseguida para la habitación. Nosotros también, bastante disgustados. Si en estos momentos anunciaran que hay un vuelo con destino a España, lo cogería. Para más inri, en la recepción nos han pedido la tarjeta de crédito o, en su defecto 100 euros de fianza para los gastos que ocasionemos. Nos negamos a una cosa y a otra. *Entonces lo que consuman tendrán que pagarlo,* replican. No os preocupéis, criaturas, que fuera de lo contratado no vamos a gastar ni el aire. Nuestra secreta esperanza es que nos pongan de patitas en la calle por chicos malos, pero tragan y no ocurre nada.

Hemos recorrido hoy Egipto de punta a punta y discutido todo lo discutible, pero queremos ver El Cairo como sea. Salimos del hotel a buscar un taxi. Hemos preguntado a dos personas que cuánto cuesta un taxi al centro, y nos han aconsejado una horquilla entre 20 y 30 libras (el portero del hotel estaba dispuesto a buscarnos uno por 40). Enseguida para uno e intentamos el regateo, pero el conductor no tiene ni papa de inglés. Tenemos que escribirle las cifras en un papel. Se resiste un poco, pero al final acepta llevarnos por 25 libras.

Como el centro es muy grande, le hemos pedido que nos deje en la puerta del Museo Egipcio. No sabemos cómo se dirá en árabe, porque el buen hombre no se entera. Hasta que para a la altura de un joven con pinta de saber la lengua de Shakespeare, y se lo aclara.

A partir de ahí todo va bien. Bueno, es un decir, porque la densidad del tráfico en esta ciudad es espeluznante: desde el 1 de abril se ha restringido el tránsito de camiones y furgonetas por el centro entre las 6 de la mañana y las 12 del mediodía. Lo que se ven son sobre todo turismos y algún autobús que se acercan entre sí hasta casi rozar. Donde las líneas marcan dos carriles ellos sacan tres, donde hay tres los convierten en cinco, y todo esto sin sulfurarse lo más mínimo. Los pitidos, breves, más que imposiciones o insultos son simples advertencias. *Eh, que estoy aquí.*

Nuestro taxista no sabrá idiomas, pero intenta hacerse entender por señas. Pregunta nuestros nombres y nos dice el suyo. Cuando declaramos nuestra nacionalidad parece complacido: conoce al rey Juan Carlos. Tan atareado está con sus explicaciones que toma una salida equivocada. Ni corto ni perezoso, comienza a dar marcha atrás muy despacio. Menos mal que hay dos carriles. La cosa se pone fea de veras cuando alcanzamos la curva sin visibilidad que hay al inicio de la salida del *scalextric*. Los coches que la toman se encuentran de manos a boca con el nuestro, que retrocede, y ahora sí que pitan protestando. Instintivamente nos encogemos, porque vamos a recibir una embestida por detrás de padre y muy señor mío. Me invade un frío sudor cuando mi cuerpo revive nítidamente el día en que, yendo al trabajo, se me empotró un vehículo por detrás, y el esguince cervical subsiguiente, y los meses de dolorosa baja. Entonces, casi sin darnos cuenta, llegamos a la vía principal y nos incorporamos a ella como si tal cosa. Nos sale un suspiro del centro del alma. El taxista, por su parte, sonríe muy ufano.

Finalmente nos deposita sanos y salvos frente al Museo Egipcio. Me despido estrechándole la mano. Cuando Bego va a hacer lo mismo él, delicadamente, se la besa.

No sabemos cómo atravesar la calle, porque es anchísima y no hay semáforos, ni pasos de cebra ni nada que se le parezca. La gente cruza las avenidas a la brava e incluso por mitad de las plazas. Nosotros nos metemos por una boca de metro, y salimos al otro lado. Está oscureciendo.

Con la ayuda de un plano que viene en la guía nos orientamos precariamente. Vamos por Qasr al –Nil, una calle comercial llena de escaparates y de gente comprando. Intentamos localizar el *Felfela*, un restaurante que traemos recomendado; para ello nos internamos por calles oscuras y cochambrosas que imponen un tanto. Por casualidad nos topamos con una oficina de cambio, aunque a juzgar por la pinta bien podría ser un almacén de cualquier cosa. Entregamos 50 euros y nos devuelven 425 libras egipcias.

El restaurante resulta estar en la misma calle, pero en el extremo opuesto. Una vez localizado, seguimos caminando hasta llegar a Midan Al-Ataba (la plaza de Al-Ataba), una glorieta enorme atestada de un no mucho menor atasco. Todos los vehículos pitan a la vez, y la algarabía es infernal. Cruzamos aprovechando los coches parados y seguimos por un dédalo de calles atestadas de tiendas de electrónica. Mucha gente paseando y comprando: como Asuán, esta ciudad parece revivir por la noche. Supongo que la concurrencia de dos factores (el calor y el mes de Ramadán) es lo que ha forjado esta costumbre.

Nuestra intención era llegar al barrio de Khan-el-Jalili, pero unas travesías tenebrosas y polvorientas nos disuaden y damos media vuelta. A estas alturas ya nos hemos dado cuenta de lo que cuesta recorrer grandes distancias en El Cairo: no sólo por el tráfico y la cantidad de gente, sino porque las aceras son irregulares y a distintos niveles, y sirven para todo menos para caminar por ellas. Hacemos entonces lo que el cairota común, esto es, ir por el asfalto.

En el camino de vuelta reparamos en algo insólito: cientos de personas se apiñan en una zona concreta de la calle con un móvil en la mano. No están llamando, ni siguiendo ningún concurso: simplemente compran y venden, es algo así como un zoco especializado. Cambia la mercancía, pero no las costumbres del milenario Cairo. Por aquí pulula un vendedor con un artefacto colgado que parece una gaita pero de cristal. El color es oscuro, así que lo que vende debe de ser té de hibisco.

Como aún nos parece pronto para la cena, buscamos un bar. Nos cuesta encontrarlo, ya que no los hay en las avenidas principales, y toca internarse en las vías secundarias. Finalmente damos con él. Es una terraza de verano, situada en una plazoleta entre dos torres de pisos. La clientela, sólo hombres, toma té y ve el fútbol. Aparentemente está todo lleno, pero rápidamente el camarero nos agencia dos sillas y una mesa. Pedimos Pepsicola, y nos trae dos botellas enormes y un vaso de agua que no osamos tocar. Precio total: 5 libras, la mitad que en Asuán. Me encanta conocer de primera mano los precios locales.

Cenamos en el *Felfela*. El ambiente es agradable, la comida exquisita y los comensales de lo más selecto: de la pared cuelgan dedicatorias autógrafas de personalidades (junto a nuestra mesa, una de Bill Clinton alabando lo bien que se manduca aquí).

El maître se porta de lo más amable. Al final Bego le pide que le explique la numeración, cómo se pronuncia y cómo se escribe, ya que nos hemos dado cuenta de que los precios de las tiendas están en cifras árabes. Las nuestras también lo son, claro, pero ellos usan la numeración arábigo-índica. La equivalencia es ésta:

٠ ١ ٢ ٣ ٤ ٥ ٦ ٧ ٨ ٩
0 1 2 3 4 5 6 7 8 9

De hecho, se puede ver que sólo coinciden el uno y el nueve. Como particularidad, para decir o escribir una cantidad de dos cifras primero ponen la unidad, y luego la decena (por ejemplo, veinticinco sería cinco veinte). Como resulta que el árabe se escribe de derecha a izquierda, leer los números es muy fácil porque van al revés del revés. Ejemplo: **67** se escribe ٦٧, lo cual constituye una enorme ventaja para nosotros.

Al salir del restaurante entramos en el comercio de al lado y compramos una botella de agua de litro y medio por 3 libras. No está mal: en nuestro barco valía 9, y en el de Christian y Yolanda 14. De nuevo en la calle, nos asalta un hombre preguntando que si taxi. Respondemos que al Sheraton de Heliópolis por 25 libras. El otro dice que no, que 40 (se pensará que hemos venido volando). Empieza a hablar a voces con uno que está al otro lado de la calle, y entonces nos damos cuenta de que no es el taxista, sino un busca-taxis a comisión en el país de las comisiones: así no hay manera de bajar la tarifa, Nos vamos caminando en la dirección del hotel. Las calles siguen atestadas de gente. ¿Es que nunca duerme esta ciudad? Seguro que la respuesta es no.

Al cabo de un rato otro taxi para a nuestro lado. Bego le da la dirección y le ofrece *aislin* (veinte) libras. El hombre replica que *hamsa uaislin* (veinticinco). Yo no estoy seguro de haber oído bien, lo mismo ha querido decir cincuenta, pero Bego se sube muy contenta.

Nuestro actual conductor viste chilaba, tiene aspecto de haber dejado hace un rato la huerta y las vacas, y es bastante más callado que el de la ida. El coche, por su lado, cruje siniestramente; ya nos hemos dado cuenta de que los vehículos más roñosos de El Cairo son precisamente los taxis. En cuanto al tráfico, es ahora tan denso que el buen hombre decide salirse de la avenida central y circular por calles paralelas en un barrio de lo más sórdido haciendo toda clase de piruetas y malabares respecto a los vehículos que vienen de frente y salen de los lados. A lo mejor de día tiene otro aire, pero ahora mismo si no estuviera dentro del taxi me cagaría de miedo. Nos metemos por dirección prohibida, y justo entonces aparece otro coche de frente que nos da con las luces. Como la calle es muy estrecha y no cabemos los dos, el nuestro se orilla inverosímilmente en un hueco hasta que suena a chapa. Acude gente, pero nuestro chófer les dice algo así como *no ha sío na* y seguimos adelante.

Tras varios rompecabezas automovilísticos que pondrían los pelos de punta al más curtido piloto de competición, nos incorporamos a la vía principal y al cabo de un rato estamos ante el control de seguridad de la puerta exterior del hotel. El guarda mira con recelo al ver un vehículo tan cutre, pero nos deja pasar. Y es que no es para menos: al lado de las flamantes limusinas y los superbrillantes vehículos nuestro taxi da un cante terrible, el mismo que nosotros con nuestro atrezzo turístico frente a la impoluta vestimenta de la docena larga de guardias de paisano, de los altivos porteros y de los siesos recepcionistas. Pero todo lo damos por bueno porque hemos estado por El Cairo a nuestro aire, libres por fin de papá-agencia.

Pasamos el arco de seguridad y el control de equipaje, que ya se han convertido en una rutina, y nos vamos para la habitación. Estamos tan agotados que al contacto con las sábanas nos desvanecemos.

Día séptimo.
Tempranito bajamos a desayunar y luego a la recepción, donde ya nos espera Saladino, un avispado muchacho que parece bastante buena gente. Vamos los de Talavera y nosotros en una furgoneta hasta el centro para el tour de El Cairo que habíamos contratado y que ayer, con el cabreo, estuvimos valorando la posibilidad de no hacer.

Pasamos primero por el Conrad para recoger a Yolanda y a Christian, y luego nos vamos a la puerta del Museo Egipcio. Allí nos espera Mohamed, nuestro eterno Mohamed. Pensábamos que le habíamos perdido de vista ya, y por eso nuestra reacción no es precisamente de alegría.

Entramos en el museo. Aquí la seguridad y el número de policías es acongojante, parece que estuviéramos en estado de sitio. Antes era posible sacar fotografías en el interior del edificio a cambio de no utilizar el flash, pero la lerditud de una parte del personal y su incapacidad manifiesta a la hora de disparar la cámara sin que se active dicha función ha conseguido que prohíban por completo los aparatos fotográficos, y ahora obligan a dejarlos fuera, en una consigna.

El Museo Egipcio engaña, porque al principio parece más pequeño de lo que es realmente. Con su aire decimonónico y envejecido recuerda mucho al Museo Británico de Londres, aunque quizá la reminiscencia venga de la cantidad de obras de arte egipcio que vimos allí.

La joya de la corona es, sin duda, el ajuar hallado en la tumba de Tutankamon, con sus fastuosos tesoros y la celebérrima máscara funeraria que parece mirarte desde el otro lado de la eternidad.

Haría falta mucho más tiempo del que disponemos para ver todo con detalle, de manera que cuando el guía nos suelta optamos por una visita panorámica. Nos fijamos mucho en los carros de guerra encontrados en las tumbas -auténticas armas de destrucción masiva de la época-, en los sarcófagos de piedra y de madera, y en las momias de los animales destinados a acompañar al Faraón en el Más Allá; unos como mascotas (perros, babuinos), y otros para que no le faltara comida.

Salimos del museo y nos desplazamos hasta el barrio copto. Yo tenía auténtica curiosidad acerca de este lugar, porque había leído:

En el barrio podrá visitar innumerables iglesias de aquellos tiempos, la sinagoga y, sobre todo, caminar por callejuelas increíbles. La más famosa es la iglesia de Santa María, levantada en el siglo IV, se la conoce también como iglesia colgante. La iglesia de San Pedro data del siglo V y fue erigida sobre una pequeña cueva donde se refugió la Sagrada Familia cuando huía de Herodes. También, la capilla de Santa Bárbara, la iglesia de San Jorge y la sinagoga Ben-Ezra que fue levantada en el 600. Algunos aseguran que fue allí, entre los juncos, que la hija del faraón encontró a Moisés...

En el mundo real, toda la visita se reduce a la iglesia colgante, que despachamos en poco rato. Se sigue constatando una numerosísima presencia policial, antidisturbios incluidos. Preguntamos a Mohamed y nos dice que hay una manifestación en protesta por la muerte de un joven egipcio a causa de los disparos efectuados desde un barco estadounidense en el Canal de Suez. Pero *The Egyptian Gazette*, que nos han pasado esta mañana por debajo de la puerta, explica que el motivo es el descontento generalizado en el país a causa del coste de la vida -que está subiendo muchísimo-, y de los salarios -que no suben nada-. Por la noche, la CNN y TVE Internacional ni siquiera mencionan la movilización, pero *Al Jazeera* en inglés habla de 500 detenidos.

Tras visitar la iglesia, el guía nos lleva derechitos a una tienda de perfumes. Aquí ya no hay prisas, podemos estar todo el tiempo que nos parezca. Bego y yo nos sentamos fuera a esperar. Mohamed, siempre al quite, viene a ver qué pasa. Le decimos que no queremos entrar, y entonces pide a los de la tienda que nos sirvan un té.

Cuando los demás salen, nos vamos a comer a un buffet en la misma calle, que por cierto también está cerrada con vallas y protegida por la policía. Dalia y José Luis siguen a base de *Sueroral* y no prueban bocado. Estamos casi solos cuando de repente entra un numerosísimo grupo de japoneses que, como plaga de langostas, se abalanzan sobre la comida. Hay algo obsceno en su avidez. Como algunos han empezado por los pasteles del postre, nuestro temor es que no dejen nada. Por suerte, se sientan a devorar antes de arramblar con todo.

Al término de la comida vamos para la Mezquita de Alabastro. Dejamos los zapatos en la puerta, nos sentamos en las alfombras y recibimos una charla introductoria sobre la religión musulmana. Hablamos de los cinco preceptos, de los suníes –el 90 por ciento de los musulmanes- y de los chiíes, más *carcas*, y que sólo son mayoría en Irán, Irak y El Líbano. Charlamos sobre el papel de la mujer en el Islam y de cómo esta religión, al igual que el hinduismo, es sumamente descentralizada sin nada parecido a Iglesia o Papa. Realmente es el primer momento plácido de todo el circuito. La mezquita es de estilo turco, es decir, una réplica de Santa Sofía de Estambul, y pertenece por tanto a la tipología que más me gusta, con su enorme cúpula central y su amplio espacio interior que transmite la sensación de estar fuera aunque en realidad estés dentro.

Desde la hora de comer hemos visto cómo aumentaba considerablemente el nivel de polvo en la atmósfera, y al salir afuera descubrimos que se ha transformado en una tormenta de arena con todas las de la ley. En teoría, desde donde estamos se deberían divisar las pirámides, pero lo cierto es que la visibilidad no alcanza más allá de 300 metros. La suerte es que este circuito estaba previsto para mañana, y hoy teníamos que estar en Giza. De haberse realizado, ahora mismo andaríamos mascando tierra.

Sandstorm hits Cairo

Egyptians driving their cars on a bridge over the River Nile in Cairo during a sandstorm yesterday. A yellow mist covered the Egyptian capital as the 'Khamasin' season of sandstorms started with spring.

Seguimos hacia Khan El Jalili. La furgoneta nos deja frente a la mezquita de El-Hussein, que es donde empieza y acaba el barrio. En las tiendas del bazar Mohamed no debe de llevar ninguna comisión, porque nos concede ¡45 minutos! Teniendo en cuenta que se trata de la última visita, y como estamos ya hartos de que nos anden tarifando el tiempo anunciamos que no nos esperen, que nos quedamos. Seguimos al resto del grupo, que van flechados a *Jordi*, una tienda que pese a su nombre pertenece a un egipcio que ha montado una especie de todo a 100 para turistas. Aunque no tenemos especial interés, les seguimos hasta que los perdemos en el laberinto de estrechas y abarrotadas callejas. De todos modos tenemos ahora mismo una urgencia urgente: en la comida me he tomado un café fortísimo que está ejerciendo, y cómo, sus propiedades diuréticas. Que me meo, vaya, como hace tiempo que no recordaba. En España encontraría con facilidad cualquier rincón apartado para aliviar mi terrible necesidad. Pero estoy en un país extranjero y en una ciudad superpoblada, siempre hay ojos vigilándote y uno tiene que mantener su estatus de turista. Además, como hay tantas mezquitas siempre se corre el riesgo de orinar en la pared de una, a ver si vamos a liar un incidente interreligioso.

Cuando estoy que reviento aparece, como por arte de magia, un baño público pero no turístico, sino por y para egipcios, lo cual supone un plus de mierda añadido. A mí eso me da igual, porque consigo dar rienda suelta a mi vejiga.

El servicio de mujeres no está mejor. Bego se tiene que esperar porque dentro hay una señora ¡duchándose! El vigilante me hace señas para que me aleje de la puerta de las damas, con elocuentes gestos de que no mire. Cuando entramos me pidió un dólar –éste no está al tanto de que lo que aquí circulan ya son euros-; cuando salimos lo que le doy es una libra, y eso porque hoy tenemos cambio. Otras veces hemos tenido que soltar medio euro por cabeza. Realmente, el primer recurso económico del país no son los restos arqueológicos ni los establecimientos turísticos del Mar Rojo; la primera industria de Egipto, si tenemos en cuenta el volumen de trabajadores que emplea, son los wáteres públicos.

Volvemos hacia la zona del bazar, pero resulta incómodo pasearlo por el acoso de los vendedores. De pura chiripa damos con el mítico *Café Fishawi*, diminuto y mágico. Pedimos té y nos aposentamos en dos sillas en la calle, más estrecha aun que el propio café. Los vendedores de las tiendas tienen una regla de oro, que es no molestar al turista cuando se halla en el local de otro. Sentado aquí sólo te importunan los vendedores ambulantes de Rolex (?), pero no insisten mucho y se marchan enseguida.

Como persiste la tormenta de arena, no se ve el sol por ningún lado y la tarde se alarga como si se hubiera atascado en el tiempo. Ha transcurrido ya una hora desde que Mohamed nos soltó, y pensamos que ya es seguro volver a la plaza de la mezquita de El-Hussein, pero descubrimos que el guía sigue allí pinchado, esperando a los demás (je, je, donde las dan las toman). Damos media vuelta y caminamos por Gohar Al-Qaid, una calle fuera del bazar que está en obras. Bego tiene ganas de comprar unos pañuelos, pero pasamos de largo por delante de todos los vendedores que te ofrecen su mercancía al grito de *más barato que en Andorra* y *Catalanes tacaños*. Ya en el límite donde empiezan las tiendas para egipcios un chaval tiene un puesto diminuto en el que vende, precisamente, pañuelos. El chico los ofrece a un euro y medio, pero en el momento en que Bego se interesa los sube automáticamente a dos. Le decimos que nada de euros, que libras egipcias, y empieza el regateo. Y entonces se da una situación curiosa: Bego podría apretar más o también marcharse pero, al igual que el chico, mantiene la situación en un divertido *impasse*; en el fondo sospecho que se lo están pasando pipa: ella porque le recuerda a alguno de sus educandos de la ESO; él porque, aunque sabe que ya ha vendido, tiene la espinita de sacar tres o cuatro libras más. Al final cierran el trato: tres pañuelos por 36 libras, que es más o menos el euro y medio ofertado al principio. Animado por su éxito, nuestro joven vendedor nos sigue y pretende que le compremos más, pero nosotros nos marchamos.

La calle comercial desemboca en una avenida repleta de tráfico. Nos encontramos a los omnipresentes policías a bordo de sus camiones. Volvemos sobre nuestros pasos. Nueva parada técnica en un lavabo junto al *Café Fishawi* (vaya tarde) y seguimos callejeando. El bazar parece menos animado al hallarse cerrada una parte de las tiendas, particularmente el gremio de los joyeros; no sé si por solidaridad con la huelga o por miedo a los disturbios. La calle Al-Muezz el-Din Allah (que nadie piense que me aprendí el nombrecito) y su continuación, Bab Al-Futuh, son una interminable e interesante sucesión de edificios islámicos, entre los que destaca la mezquita de Al Hakim. Como ya es un poco tarde imaginé que estaría cerrada al público o que no se podría visitar; luego he visto fotos y es verdad que me arrepiento de no haber entrado. Pero lo cierto es que veníamos un pelín nerviosos, porque acabamos de recorrer un tramo tan destrozado que parece que le hubieran caído bombas. Por aquí no se ven turistas, y la gente con la que nos cruzamos nos mira con sorpresa, extrañada de vernos. Por fin ganamos las murallas que son el límite de El Cairo medieval, a través de la puerta de Al-Futuh, que se abre a una calle enorme con muchísimo tráfico. Respiramos. El nombre del sitio da lugar a bromas, ya que en un imposible patois arábigo-catalán significaría *La Puerta del Jodido*.

No sabemos qué hacer. Estimamos que mejor volver al barrio del hotel y buscar el restaurante italiano que, según el de la agencia, hay por allí cerca. Paramos un taxi. Es de color negro, como todos, pero según se detiene constatamos que es con mucho el más averiado y cochambroso de los que hemos cogido. Para compensarlo, el conductor derrocha simpatía y acepta enseguida 20 libras por la carrera. Por fin un taxista que chapurrea inglés, aunque con una pronunciación que hace buena la mía. Al igual que el de ayer se presenta, nos pregunta nombre, nacionalidad, y si estamos en El Cairo por trabajo o por placer (no tiene ni qué decir que el hecho de que se plantee la disyuntiva ya nos emociona). Nos cuenta que tiene cinco hijos, que acaba de ser abuelo y que compatibiliza dos trabajos para llegar a fin de mes: por la mañana en una factoría de la Coca-Cola, y por las tardes con el taxi. Hablamos de música (le gusta Julio Iglesias porque es *very romantic*), de historia (Al-Ándalus, nuestro pasado común) y de religión. Nos explica que dos vecinos de su bloque son coptos, que él tiene varios amigos que también lo son y que no comprende que la gente pueda llegar a matar por diferencias religiosas. El hombre es sincero, y hay fuego en su voz y sus ojos cuando nos habla (yo procuro desviar la vista del retrovisor, que él utiliza para charlar en lugar de para conducir).

Ya amigos, nos deja a la puerta del hotel. Le pedimos que pare en la entrada exterior, para no herir así la susceptibilidad del portero.

En vez de entrar en el Fairmont nos vamos en busca del italiano. El barrio que hay a la vuelta del hotel nos sorprende por lo que recuerda a cualquier ciudad dormitorio española. En el centro, una amplísima avenida con muchas zonas verdes, y a los lados altos bloques de pisos. La vestimenta de la gente y los coches confirman también que estamos en un barrio de clase acomodada. Pero por más vueltas que damos no conseguimos encontrar el dichoso restaurante. Entramos en una frutería algo mugrienta. Cojo seis naranjas y se las doy al dueño, un viejecito con pinta simpática. Al parecer no cuadra el peso, porque quita una y la cambia por otra. Cuando ya estamos lejos, descubro que nos ha colado una podrida.

Vemos varios establecimientos de comida, pero los menús están todos en árabe, y no nos arriesgamos. Al final, hartos de dar vueltas, nos decidimos por un establecimiento de comida rápida con menú y precios en inglés. Compramos unos bocatas, unos refrescos y nos vamos para el hotel. A la puerta de éste se percibe más animación, léase seguridad, de la habitual; quizá se deba a un vehículo que hay a la entrada y que luce bandera diplomática yo diría que francesa. A lo mejor es Sarkozy, que se ha escapado unos días con Carla. Cuando pasamos el arco de seguridad nos piden la mochila para registrarla. Siento por anticipado la vergüenza de ver nuestros plebeyos bocatas expuestos a la vindicta pública en tan refinadísimo ambiente, pero alguien de la recepción debe de habernos reconocido, porque hacen un gesto al guardia y nos dejan pasar.

Día octavo.
Me despierto temprano, tan temprano que tengo tiempo de leerme la *Egyptian Gazette* del día y la de ayer. En la de hoy nada interesante, salvo lo de la tormenta de arena. En la del 6 de abril dos noticias que me hacen meditar. La primera es una imagen. El pie de foto dice:

Contra el bloqueo. *Niños palestinos participando en una manifestación contra el bloqueo de Israel sobre la Franja de Gaza y contra el cierre ayer del paso fronterizo con Egipto en Rafah, al sur de Gaza. Un palestino murió y otro fue herido por un tanque israelí cerca de la frontera entre el territorio de Gaza, controlado por Hamas, e Israel.*

Me atraparon esos ojos. No sé si fue su profundidad, su tristeza, o por ese pelo negro y brillante que uno siente impulsos de acariciar, diminuto remedio ante tanta injusticia. Luego la vista baja a las manitas, y después a la cadena que las fija a los barrotes. Ya sé que es una cadena de mentirijillas, que se trata sólo de un simulacro en el que participan ella y sus amigas, pero entonces uno vuelve a los ojos tristes y profundos y piensas que la cárcel que los oprime no se aprecia en la foto pero está ahí, invisible y letal. Que puede terminar con su vida en forma de malnutrición, enfermedad o disparo de soldado israelí. De golpe me alcanza toda la intensidad que emana esa foto muda, y me entran ganas de llorar, y siento una complicidad miserable por habitar un mundo que consiente que esto ocurra. No en el telediario de las tres sino aquí al lado, a trescientos kilómetros de esta confortable habitación de hotel.

Against the siege

Palestinian children taking part in a demonstration against Israel's siege on the Gaza Strip and against the closure of the Rafah border crossing with Egypt yesterday in Rafah, southern Gaza. A Palestinian was killed and another wounded by an Israeli tank shell near the border between the Hamas-ruled Gaza Strip and Israel, Palestinian medics said.

La otra noticia es ésta:

Hunt on for terror suspects

EGYPTIAN security forces were searching yesterday for two Sudanese men suspected of planning to attack tourist targets in the Sinai Peninsula, and who might be carrying explosives in their truck, security sources said.

They said the police, who already run security checkpoints on Sinai's main roads, had set up additional roadblocks on tracks and back roads to search for the men, thought to have entered Egypt across its southern border with Sudan, **Reuters** reported.

"The police distributed notices to security departments in Sinai and Suez Canal provinces describing a small truck suspected of carrying quantities of explosives," one security source said, speaking on condition of anonymity.

Police believed the two men were in the truck and were "resolved to carry out terror attacks against tourist establishments in Sinai," the source said.

Egyptian police were also searching all private cars in the border area between North and South Sinai, security sources said.

A la caza de sospechosos de terrorismo*. Las fuerzas de seguridad egipcias estuvieron buscando ayer a dos hombres de nacionalidad sudanesa sospechosos de planear ataques contra objetivos turísticos en el Sinaí, y que podrían transportar explosivos en un camión, afirman fuentes de seguridad.*

Según estas mismas fuentes la policía, que ya realiza controles en las principales carreteras del Sinaí, ha organizado bloqueos adicionales en pistas y carreteras secundarias para buscar a los dos hombres, de quienes se piensa que han entrado en Egipto a través de la frontera Sur con Sudán, informa la agencia Reuters.

«La policía ha enviado informes a los departamentos de seguridad en las provincias de Sinaí y Suez describiendo un pequeño camión blanco sospechoso de transportar gran cantidad de explosivos», declaró una fuente de seguridad que pidió mantener el anonimato. [...]

La policía egipcia está asimismo controlando todos los vehículos particulares en el área fronteriza entre el Norte y el Sur del Sinaí.

Por si fuera poco lo de la niña palestina, la posibilidad ahora de un atentado, antes nebulosa y remota, cobra forma. Como en la historia de *Chacal*, dos hombres cargados hasta las cejas de dinamita se abren paso sigilosamente justo hacia donde vamos a ir nosotros mañana. Antes de venir, supongo que por instinto de conservación, no se me ocurrió hacer un barrido por Internet sobre los ataques terroristas de los últimos años en Egipto. De haberlo hecho, me habría enterado de los tres atentados que hubo en El Cairo en 2005 –uno en Khan-el-Jalili- y otros tres más en el Sinaí, el más mortífero de todos en Sharm-el-Sheik, también en 2005, con 90 muertos y 150 heridos. Por fortuna en esos momentos ignoro todo eso, y en mi imaginación sólo está el camión blanco transportando su blanda carga de muerte. Las escenas de horror con que diariamente nos obsequian los noticiarios cobran súbitamente realidad y sentido, y se ve uno más cerca de lo que quisiera del vórtice de la tormenta.

Pero hay que vivir. Casi nada de lo que yo haga ahora me pondrá o me sacará de la trayectoria asesina, si ésta llega a darse. Hemos quedado en que a las 9 –hora tardísima para estos lares- pasaría Saladino a recogernos. Hoy estamos solos, pues nuestros compañeros de Talavera deben de estar ya volando para las Españas. Vamos de nuevo hasta el Conrad a por Christian y Yolanda y después al barrio de Giza, donde nos espera el inevitable Mohamed.

La sensación que nos suscita Giza es de bastante pobreza. Hay mucha suciedad, canales flanqueados de escombros... Quién diría que éste es el mismo Cairo del hotel Fairmont. Las pirámides son tan enormes que se ven mucho antes de llegar. La furgoneta nos deja en la entrada cerca de la de Keops. Una breve explicación y, como nadie tiene intención de visitar la cámara funeraria (hay que sacar entrada aparte), nos deja tiempo libre.

A la vuelta del viaje una de las preguntas más formuladas es: *¿Y cómo son las pirámides?* Pues exactamente tal y como uno se las imagina, de tan vistas y repetidas en fotos, películas y documentales. Te alegras de estar aquí, cumples con un rito largamente esperado, pero en el fondo es como si las conocieras de toda la vida. Eso sí, cuanto te pones a su lado impresionan sus moles, y el ángulo de 51 grados con que se encaraman al cielo. Contorneamos el monumento con tranquilidad. Hay muchas excursiones de escolares. Algunos quieren que les saquemos fotos. Un policía me muestra el ángulo ideal para fotografiar una arista de la pirámide. Le doy las gracias, pero no hago la instantánea con tal de no pasar por caja.

Llama la atención el que los reyes de Egipto dedicaran tanto tiempo y esfuerzo a levantar estos edificios que, al fin y al cabo, sólo son tumbas. Sin embargo, es posible que esta excentricidad a nosotros no nos caiga tan lejos: al fenómeno en virtud del cual 15 de cada 100 trabajadores en España son albañiles, y por el que se invierten los más preciados recursos del país en furor ladrillesco, en obra muerta e improductiva, en mi fuero interno lo denomino *El Síndrome del Faraón*.

Admiramos también la pirámide de Kefrén. Lo interesante de ésta es que conserva en su vértice un resto de lo que era el recubrimiento original, que fue saqueado a partir del siglo XIII para la construcción de monumentos islámicos. Si ya resulta asombroso imaginarse las pirámides recubiertas de mármol, lo es aun más si pensamos que estaban pintadas, se cree que de color ocre amarillento para emular el sol, y además cubiertas de inscripciones jeroglíficas y figuras diversas, al estilo de los muros y columnas de todos los templos que hemos visto estos días. Realmente los antiguos egipcios padecían su propio *horror vacui*.

Al lado de las dos grandes pasa, casi desapercibida, la pirámide de Micerinos. Nos cuentan que es posterior a las otras, y que su tamaño se debe a que se construyó en tiempos de penuria económica. Tal vez el banco del Faraón se vio salpicado por una crisis de hipotecas *subprime*.

La furgoneta-taxi nos lleva ahora hasta un mirador desde el que se contemplan las tres pirámides principales, con El Cairo de fondo. Resulta curioso verlas así, porque las fotografías habituales las muestran desde el otro lado, y parece que se encontraran en mitad del desierto, y no a las afueras de la ciudad más grande de África.

Nos movemos ahora hasta la Esfinge. Nueva sorpresa: no por el tamaño, que ya sabíamos mucho más pequeño en proporción, sino porque se halla oculta en una especie de quebrada. Y la cosa tiene su lógica ya que, como en el caso de los obeliscos, esta gente se limitaba a ir retirando material hasta conseguir la figura deseada. De hecho, la Esfinge se halla tan próxima al nivel de la capa freática que sufre problemas de humedad en su base, y han tenido que restaurarla.

Siempre que veo la Esfinge desnarigada no puedo evitar recordar -por lo visto a mucha gente le pasa - la teoría del genial Goscinny, según la cual fue Obélix quien se la cargó al caerse desde arriba.

Nos hallamos en estado de contemplación cuando se nos acerca un adolescente que, entre otras cosas, vende marcapáginas de papiro. Ya compré unos cuantos en Asuán, pero como tengo pensado regalarles uno a cada uno de mis alumnos de 2º de ESO me dejo convencer para el regateo. Lo que pasa es que el muchacho es durísimo de roer, y me cuesta Dios y ayuda bajarlos a una libra cada uno. Al final se hace al precio que yo digo, y le compro veinte. Yo pensaba que aquí acabaría la cosa, pero el jovenzuelo empezó a insolentarse tratando de vendernos más cosas y gorroneándole tabaco a Christian. De repente el sujeto deja todos sus negocios y sale corriendo hacia el fondo del recinto; nos giramos y vemos a dos policías que vienen desde la puerta de entrada haciendo *limpia*. Los vendedores escapan hasta un lugar inaccesible para los de uniforme. Son todos niños pequeños, y para mi pesar descubro que he ido a comprarle al más mayor y sinvergüenza de todos.

En ese momento veo a una cría de no más de cinco años que, desde el otro lado de la verja, me ofrece más marcapáginas. Es lindísima. Me acerco y le pregunto que cuánto valen, y me responde que diez libras por un paquete de diez, el mismo precio que tanto me costó acordar con el otro cenutrio. Le ofrezco quince libras por dos paquetes; el cielo de la niña me dice que sí y me los pasa a través de los barrotes. Es evidente que no está sola: nada más iniciarse la conversación pecuniaria se ha acercado por su lado de la reja un hombre joven, que alega ser su padre. Yo tengo mis dudas al respecto, pero ninguna de que ambos son pobres de solemnidad. En Giza, como dije antes, se percibe bastante miseria, y el contraste con el va-y-viene de turistas y su carga de euros o dólares supone una discordancia de lo más explosiva. Soy consciente de que utiliza a la niña como cebo para ablandar el corazón de los turistas, como las mendigas rumanas en España con críos que ni siquiera son suyos. Sé todo eso, pero ¿quién le dice que no a una cría que te ofrece estampas de papiro junto a la Esfinge de Giza? ¿Quién se resiste, por segunda vez en pocas horas, a la imagen de una niña tras los barrotes? Cuando me marcho de allí mi corazón es, más que nunca, un lacrimógeno revoltijo de emociones.

Hoy Mohamed no tiene prisa, es que hay poco que ver y además él vive aquí al lado. Vamos a comer a un buffet y a continuación la visita comercial de rigor, el centro de elaboración de papiros. Primero recibimos una clase teórico-práctica sobre cómo de una simple planta se obtiene una superficie apta para escribir y pintar. Luego, visita libre a la exposición. Aunque lo de libre es un decir: una señorita que habla perfectamente castellano se nos pega como una lapa dispuesta a resolver la más ínfima de nuestras dudas. A priori yo no pienso comprar nada, porque las imágenes de dioses, jeroglíficos y faraones nos tienen más que saturados. Bego pregunta si es posible adquirir papiro sin pintar, y la respuesta es que sí. Yo estoy recorriendo el último sector de la tienda cuando descubro una imagen que me seduce: se trata de una representación de la Barca Solar. En casa no tenemos sitio para colgar un papiro pero, pensándolo bien, en el dormitorio de invitados... Total, que le notifico a nuestra asesora-dependienta que me lo llevo. Como pasamos de una determinada cantidad, nos dice que como regalo podemos llevarnos uno de los pequeñajos. Elijo una Sagrada Familia pensando en mi señora madre, que es muy piadosa.

Pagados y empaquetados los papiros, salimos de la tienda. Mohamed se despide, ahora sí definitivamente. Hasta el último momento temo que nos pida su propina, y por eso me comporto de lo más frío. Entonces no sé, porque me lo explicarán más tarde, que los guías se llevan en las tiendas comisiones del 60 por ciento, y en los papiros hasta el 80 por ciento. Aunque no fuera más que la mitad me parecen porcentajes increíbles. Según eso, un guía sin muchos escrúpulos vive comparativamente mejor que nosotros en España. Quiero pensar que, al menos en nuestro caso y a pesar de los pesares, Mohamed era sincero cuando se declaraba amigo nuestro. Bien es verdad que después de la estafa del primer día no hubo más movidas, y que en general se portó bien con nosotros. Pienso también que llegamos a su encallecido corazón porque defendimos a capa y espada nuestros derechos y porque nos interesamos por él como ser humano. Pero no es menos cierto el proverbio árabe según el cual la primera vez que te engañan el culpable es el otro, y la segunda vez el responsable eres tú. En el momento de la despedida estaba triste –otra vez- por la mezcla de emociones. En otros viajes no ha habido término medio: o hemos hecho buenas migas con el guía o nos ha caído como el culo; nunca nos habían sucedido, como ahora, las medias tintas. Y es que Egipto entero parece un país muy proclive a eso, a las medias tintas.

Bego y yo hemos decidido aprovechar la tarde viendo algo de arquitectura islámica. Yolanda y Christian, por su parte, deciden irse porque tienen cena en un barco o algo así, de modo que los dejamos en su hotel. El tráfico se halla absolutamente colapsado esta tarde: tardamos hora y media en cruzar desde Giza hasta la mezquita de Ibn Tulún. La hemos elegido porque es la más antigua de El Cairo (data del año 879). La puerta, como siempre, supervigilada. Como novedad, no cobran entrada pero cuando embuten nuestros zapatos en fundas de tela nos piden que echemos algo en un cajón, para la mezquita. Dejo dos libras.

Quizá por la mañana vengan excursiones más numerosas, pero a las cuatro de la tarde estamos prácticamente solos. El templo consiste en un patio central con una fuente para las abluciones, cubierta con cúpula, y todo el perímetro rodeado de galerías abiertas porticadas. Como en esta tierra apenas hace frío, y tampoco llueve... Llama la atención el minarete, al que se sube por una escalera exterior helicoidal.

A la salida, el que nos quita las fundas de los pies es otro distinto. Nos pide algo para el cajón, que naturalmente luce vacío. Cuando le expreso por gestos que ya hemos echado antes, pide algo para él.

Caminamos calle arriba, desandando el camino por el que nos trajo antes nuestra furgo-taxi. Estamos en las inmediaciones de la ciudadela de Saladino, que visitamos ayer en plena tormenta de arena. Vamos con idea de echar un vistazo a la medersa del Sultán Hasán, del siglo XIV, dicen que la mayor del mundo islámico, y a fe que lo parece. A su lado se levanta la mezquita de El Rifai, no menos mastodóntica. Aquí sí que cobran: 20 libras por cada edificio. Como imaginamos que no dispondremos de tiempo para ver las dos escogemos la medersa, que es la que viene recomendada en nuestra guía de papel.

A la puerta nos hacen descalzar. Existe una consigna de zapatos, pero como estamos ya hartos de propinear a todo el mundo entramos con las botas en las manos. De camino al interior nos cruzamos con una gente muy bien vestida y que no son egipcios. Van acompañados de intérpretes, personal de protocolo y los inconfundibles guardaespaldas. Llega a mis oídos un idioma con resonancias eslavas, y entonces me viene a la memoria que anoche en la cadena *Nile TV* estaban entrevistando al Primer Ministro checo, de visita en Egipto. Como en la puerta, más acá del cordón policial, había dos Mercedes enormes aunque sin distintivos diplomáticos, seguramente nos acabamos de cruzar con la primera autoridad de la República Checa y algún ministro egipcio. Qué nivel.

Parece que los cuidadores estuvieran esperando a que salieran los jerifaltes, pues enseguida empiezan a echarnos. Una lástima, porque este lugar es uno de los más bonitos que he visto en todo el viaje.

Salimos de la medersa y caminamos con idea de llegar a Bab Zweila. Lo que pasa es que resulta complicado por la ausencia de señalización, de letreros con los nombres de las calles y por lo que cuesta moverse en esta ciudad tan atiborrada de gente. No estamos perdidos aunque sí un poco extraviados. En este barrio los edificios son más bajos, y la gente de lo más acogedora: entramos en un super a comprar agua y chocolate. Uno de los clientes se ofrece a traducirnos *lo que haga falta, que él sabe inglés*. Y el dependiente, un señor mayor, le regala a Bego unas chocolatinas sólo porque le ha dicho el precio en árabe. Un poco más adelante encontramos una panadería. El pan típico de aquí son unas tortas aplastadas, sin levadura. Las venden en bolsas de seis. Yo sólo quiero una, de manera que la cojo y le doy al dependiente un billete de una libra. Éste, que también es un hombre mayor, se niega a cogerlo. Yo no comprendo nada, hasta que veo que sonríe y dice algo de *Allah*. Entonces le doy las gracias y me marcho de allí estupefacto: en una ciudad superpoblada de un país lleno de pobres me han regalado a mí, al turista rico, una hogaza de pan.

Unos cientos de metros más allá del panadero benefactor hay una zapatería de señoras. Bego tiene una afición irreprimible, y es que le encanta mirar y comprar zapatos en los países a los que vamos. Decidimos entrar. El vendedor (también es un hombre mayor, aunque menos que el tendero y el panadero), que estaba sentado a la puerta, se acerca a nosotros, como no dando crédito a que dos *guiris* pretendan hacer gasto en su tienda. Bego le señala en el escaparate el modelo elegido y el hombre se va a la trastienda a buscar la pareja, aunque más que trastienda habría que hablar de sobretienda, pues el local es tan diminuto que el almacén se encuentra justo sobre nuestras cabezas. Un rato trasteando y el zapato que no aparece. Sale el vendedor de la tienda y vuelve acompañado de un chico joven, chilaba, gorro blanco y barba. Automáticamente pienso que a lo peor se trata de un musulmán rigorista y que nos va a tratar con recelo y desprecio, pero se porta de lo más amable, incluso sabe un poco de inglés. Juntos revuelven todo el estalache y el zapato de marras que no aparece. Transcurre un buen rato, tanto que una clienta local que llega después se aburre y se marcha. Nosotros en cambio no tenemos ninguna prisa: con lo cansados que estamos, la zapatería y sus asientos nos parecen un estupendo refugio frente al tráfico terrible de esta hipercondensada ciudad sin parques ni bancos donde relajarse y descansar nuestros baqueteados huesos.

Harto de buscar, el buen hombre aparece con otro par de zapatos que Bego se prueba pero que no consiguen su visto bueno. Entonces se vuelve hacia mí, implorándome por gestos que convenza a Bego para que se los lleve. Por gestos también le hago ver que lo siento mucho, pero que los zapatos son para ella, no para mí. Apurado, nos ofrece té o café, que nosotros rechazamos. Sale de nuevo, parece que a llamar por teléfono, y al cabo de un rato aparece otro joven, vestido al estilo del anterior, y también de una amabilidad exquisita. Por lo visto tienen otra tienda, porque viene cargado con ocho o diez cajas, y en una de ellas aparece, por fin, el zapato perdido. El precio es de 28 libras, o lo que es lo mismo, tres euros y medio. Pagamos con 30 libras y, sin esperar la vuelta, nos vamos muy felices. De alguna manera hemos tomado contacto con El Cairo, la fabulosa ciudad que te escamotean y de la que te sustraen las agencias de viaje, los circuitos varios y toda la fanfarria que medra en torno al turista.

Hemos preguntado de nuevo por Bab Zuweila, pero como empieza a oscurecer desistimos, y a la altura del Museo de Arte Islámico enfilamos hacia el centro. Aquí estoy a punto de ser atropellado, por primera y única vez en todo el viaje, por un chuletilla al que no oí ¡porque no tocaba el claxon!

Cruzamos –lo que son las cosas- la calle de Al-Qala, y por Gheit al-Umda y Hassan Al-Akbar llegamos a la estación de metro de Naguib. Tratamos de ver si podemos utilizarlo, pero los mapas no son nada detallados y no nos atrevemos a acabar en un lugar ignoto. En éstas estamos cuando se nos acerca un chico joven y occidental preguntando si sabemos indicarle por dónde cae la estación de tren. Se muestra escamado, y eso hace que nosotros, a nuestra vez, nos escamemos, porque maneja un mapa mil veces mejor que el de nuestra guía. Por fortuna, su acento inglés le delata impepinablemente como guiri, y nos relajamos. Nos cuenta que es australiano, y que esta tarde un taxista y su compinche han intentado robarle. Imagino que en ello habrá influido el verle solo y que tiene una *pluma* olfateable a kilómetros. Siento compasión por él, pero sus razones tendrá para haberse metido en este *fregao*.

Nosotros también estamos a punto de meternos en nuestra movida particular. Teniendo en cuenta la tarde tan estupenda que habíamos disfrutado, se trata de un indigno colofón. Pero, por otro lado, no ocurrió nada para lo que pudo haber pasado.

Y la cosa es como sigue: ya es noche cerrada. Hemos pensado en cenar antes de irnos al hotel. Dudamos entre varios establecimientos de comida rápida y al final nos decantamos por un restaurante para egipcios modesto según nuestros cánones, pero tirando a caro para los suyos. Tiene una sección de freiduría y otra con mesas. Nos sentamos y yo voy con el *maître* a escoger el pescado y los mariscos. No venden cerveza, y nos conformamos con agua.

Mediada la cena, se me ocurre comprobar cuánto dinero tengo. Y llegados a este punto es preciso explicar algo importante: en Egipto supongo que existen monedas fraccionarias pero lo cierto es que casi ni las vimos: prácticamente todo el dinero circulante está constituido por billetes. De libras o de rupias, pero billetes. Para quienes vivimos en economías en las que las piezas de menos valor son monedas y las de más billetes, resulta desconcertante descubrir que puedes tener un fajo imponente y en realidad no tienes nada. Justo eso fue lo que nos acababa de ocurrir. Contando y contando constato desolado que sólo tengo sesenta y tantas libras, y que posiblemente con eso no haya para pagar la cena. Con el billete de cincuenta euros compramos esta mañana el papiro. Luego fueron las entradas, los zapatos. Pienso que la solución es buscar un cajero y tirar de la tarjeta de crédito... Y palidezco al recordar que la he dejado, junto con el pasaporte, en la caja fuerte de la habitación del hotel. Le comunico a Bego nuestra situación y se nos quita el hambre de repente. Imagínese el lector en un país lejano, sentado a la mesa de un restaurante, terminando de cenar, sin dinero para pagar, y comprenderá nuestra angustia.

Alá aprieta pero no ahoga. Rebuscando en la cartera me encuentro un billete de diez euros que eché esta mañana en el último momento por si Mohamed se ponía pesado con el tema de la propina. Bendigo mi previsión, y bendigo también el haber conservado este dinero.

Pedimos la cuenta. Son 84 libras. Decidimos hablar con el *maître* para que nos acepte el billete de los euros. La reacción de éste nos deja helados: la anterior actitud cortés se troca en hostilidad. Se niega en redondo a aceptar los euros, tal vez pensando que deben de valer menos de lo que decimos nosotros, o bien que son falsos. Tiene miedo de que le engañemos, qué gracia, precisamente en este país donde tanto nos han engañado a nosotros. Da la impresión, además, de pertenecer a esa clase de personas que se ensañan en cuanto perciben un resquicio de vulnerabilidad. Pero no le permito disfrutar de la recién ganada ventaja sobre los extranjeros: me aferro a mi billetito, que marca el exiguo margen entre la honorabilidad social y el escarnio, y respondo que si no acepta los euros que me indique donde hay una oficina de cambio. Entonces, con gesto de sultán, ordena a un camarero que me guíe, y a Bego que se siente. La sensación de irrealidad que experimento mientras sigo al mozo por las calles oscuras no sé si la he sentido alguna vez en mi vida, a lo sumo en la infancia: es aquello de *no puede estar pasando y tal*.

El camarero me indica el lugar en cuestión y se marcha para el restaurante. Yo me acerco a la puerta y pienso en lo que son las casualidades: en una ciudad de dieciocho millones de habitantes he ido a parar a la misma oficina de cambio en la que estuvimos hace dos noches. Esta vez me tienen que ver cara de desesperado, o quizá es porque sólo llevo diez tristes euros, el caso es que no me dan el obligatorio recibo y me sueltan un montón de chatarra en rupias, mientras que el otro día tuve que pedir que no me lo dieran todo en billetes de cien. Lo que es la vida.

Al volver al restaurante experimento de nuevo angustia, ya que el chico no me ha llevado por el camino más corto. ¿Y si me pierdo y no encuentro el restaurante en el que mantienen a Bego de rehén? Tengo que luchar para dominar mis nervios.

Pero sí que lo encuentro. Saco todo el dinero y contamos el importe exacto de la cuenta. Ahora me toca a mí vengarme: aprovecho para largar toda la chatarra que me han dado más la que tenía. Me acerco a la caja, espero a que el camarero cuente aquel billeterío infame y me largo sin despedirme y sin dejar una rupia de propina. Si ha sido así teniendo para pagar, me pregunto cómo nos habrían tratado de habernos visto sin dinero.

Caminamos un rato para que se nos pase el sofoco. La noche cairota sigue, como siempre, llena de luces, de tiendas, de gente. No he dicho aún lo que me llaman la atención muchas chicas jóvenes y la interpretación *sui generis* que hacen de la indumentaria islámica: cubren la cabeza con el *hiyab*, sí, pero luego llevan el resto de la ropa tan ajustada que marca lúbricamente todas sus formas. Muchas de ellas, además, gastan vaqueros.

Cuando ya hemos avanzado un trecho suficiente hacia el hotel paramos un taxi; menos mal que también nos ha sobrado dinero para esto. A diferencia de nuestros otros taxistas, éste es mudo como una piedra. El viaje transcurre sin incidentes. Bueno, sí: será por el soponcio pasado, o por el alivio presente, el caso es que al bajarme del taxi, quizá como una despedida cargada de simbolismo, me dejo sobre el asiento la Guía Total de Egipto.

En el interior de nuestro hotel hay una sucursal bancaria que no sé si cerrará a alguna hora del día o de la noche. Lo primero que hago al llegar a la habitación es coger cincuenta euros y bajar a cambiarlos. Pese a mi pinta sucia y sudada, indigna en un hotel de tanto relumbrón, el cajero se porta de lo más amable.

Experiencia del día (no por menos obvia menos padecida en carne propia): sin money no eres nadie. Poderoso caballero es don Dinero.

Día noveno.

Nos levantamos a las cuatro y media de la mañana, y a las cinco ya estamos en la recepción del hotel. Allí nos espera Rami, que será el encargado de llevarnos hasta Sharm-el-Sheik. Es un chico joven, muy risueño, de risa fácil. Sólo que a esas horas yo no estoy para muchas risas. Enseguida nos explica, no sé a cuento de qué, que él es copto. Vaya, por fin conocemos a uno. A primera vista es como el resto de los egipcios pero después tiene, no sé, un aire diferente. ¿Es la religión una cultura? ¿Configuran las creencias códigos sociales específicos? Interesante cuestión ésta, pero quizá en otro momento: como ayer pasé algo de frío y esta mañana estaba un poco constipado, me he tomado un Frenadol y voy medio *grogui*.

Abandonamos El Cairo por calles secundarias, sin un solo coche, lo que no deja de llamar la atención después del guirigay de anoche, y cuando nos damos cuenta estamos en carretera hacia el sol naciente.

Confieso que para mí esta última parte del viaje tiene profundas implicaciones simbólicas. Podíamos haber contratado un paquete que incluyera la ida y la vuelta a Sharm en avión (como Yolanda y Christian, que salieron esta madrugada), pero la posibilidad de realizar la ida o la vuelta por tierra nos seducía enormemente. Y eso que la distancia a cubrir, unos setecientos kilómetros, vuelve la empresa ardua.

Rami se duerme enseguida y ronca en la parte de atrás a pierna suelta. Con nosotros vienen dos conductores, pues en cuanto nos dejen en Sharm harán el viaje de regreso hasta El Cairo. En total, tres personas y un vehículo para nosotros solos. Aun así, estoy seguro de que a la agencia le sale más barato esto que pagarnos el avión.

Llevamos poco más de una hora de viaje cuando toca desayuno. Paramos en un bar de carretera que es un auténtico hervidero:

el aparcamiento se halla atestado por docenas de autobuses, y el local con rusos a centenares. Tras el recorrido por la autopista semidesierta cuesta aclimatarse a esta multitud que devora los picnics con nombres de hoteles del Sinaí. A nosotros también nos han dado en el hotel, pero a juzgar por el aspecto del embalaje es el más cutre de todos. Mucho postín el Fairmont y mira luego. Desconozco, por otro lado, qué hace esta multitud de eslavos perdidos en tierra de faraones. Después me enteraré de que: a) El Sinaí es destino de vacaciones preferente para ciudadanos rusos. b) Desde Sharm-el-Sheik organizan excursiones a El Cairo que salen a las dos de la madrugada, pasan el día en la ciudad y están de vuelta a las doce de la noche. Total veintidós horas, de las cuales al menos doce se pasan metidos en el autobús. Casi *na*.

Abandonamos a los paisanos de Tolstoi y seguimos camino hasta el Canal de Suez, el cual ni siquiera vemos pues lo cruzamos ¡por debajo! Realmente es algo visto y no visto: entras en un túnel, recorres cuatrocientos metros y cuando sales al otro lado has dejado atrás África: de golpe y porrazo, estás en Asia.

El Canal de Suez es el primer hito en el viaje arquetípico de hoy. Desde pequeño me sedujo este lugar y este nombre, y en cuanto crecí un poco comprendí que estaba asociado a un punto sensible del planeta. Había leído que en los años cincuenta hubo una movida en la que se vieron involucradas Gran Bretaña y Francia, pero desconocía su alcance. Ahora ya sé que en 1956 estos dos países, accionistas mayoritarios del Canal, enviaron una expedición militar en respuesta a la decisión del presidente Nasser de nacionalizarlo, pero se vieron obligados a retirarse ante las presiones de Estados Unidos y la URSS. Suez volvió a estar bloqueado entre 1967 y 1975, desde el inicio de la Guerra de los Seis días hasta la finalización de la del Yom Kippur, en la que los tanques israelíes estuvieron a 80 kilómetros de El Cairo y cuyo alto el fuego se firmó, precisamente, en el kilómetro 101 de la carretera por la que ahora mismo circulamos. Esta última guerra acarreó consecuencias para los países occidentales, ya que la OPEP decretó el embargo de petróleo tanto para quienes habían apoyado a Israel como para los aliados de éste, originando así la primera gran alza de precios que tanta conmoción causó en su día y a la que tanto empieza a parecerse la situación actual.

De los encarnizados combates librados en esta zona deben de quedar sin duda restos, pero nada es visible desde nuestra furgoneta, que ahora ha girado hacia el Sur, siguiendo la costa del Golfo de Suez. Algo en lo que me he fijado es que el chófer de refuerzo lleva una hoja de papel en la que tiene escritos una serie de nombres y horarios. Esta hoja la muestran en todos y cada uno de los controles policiales con los que nos topamos, al menos una docena, por lo que deduzco que se trata de una hoja de ruta que les permite saber por dónde andamos en cada momento (y dónde buscarnos, en caso de que desaparezcamos). Tal como leí en la prensa, las medidas de seguridad son extremas: en todos los puestos un policía se asoma al interior del vehículo para cerciorarse de que, efectivamente, son dos los turistas transportados. En uno de los controles, además, están haciendo vaciar la carga de un camión para registrarlo (aunque, en honor a la verdad, las señas que daban del vehículo que transportaba explosivos como *un pequeño camión blanco* son de lo más vagas, ya que pick-ups por aquí los hay a patadas, y por añadidura son todos blancos.)

La carretera baja por la costa durante más de doscientos kilómetros, y luego gira hacia el Este rumbo al segundo hito del viaje: el Monasterio de Santa Catalina y el Monte Sinaí. Nos encajonamos en una especie de rambla flanqueada por montañas pedregosas. No se ve ni un matorral, ni un árbol. Si es verdad, como cuentan, que los judíos anduvieron cuarenta años por estos andurriales, desde luego que no les arriendo la ganancia. En ocasiones cruzamos pequeños oasis con sus pueblos diminutos que recuerdan muchísimo a los bereberes del Atlas. Rami nos explica que los habitantes de esta zona son todos beduinos.

Llegamos a un puesto de control que, como novedad, no está vigilado por la policía sino por el ejército. Mientras piden la documentación observo que sobre el techo de la casita que sirve de alojamiento a la tropa tienen instalada una ametralladora que relumbra bajo el sol, negra e imponente, con su cinta de munición lista para ser usada. Comienza uno a sentirse indefenso y frágil, y a preguntarse quién narices nos ha obligado a meternos en semejante historia.

A las 11.30, con quinientos kilómetros a nuestras espaldas, llegamos a Santa Catalina. En el control policial hasta nosotros tenemos que enseñar los pasaportes, y también aquí tienen una ametralladora pesada, ahora montada sobre un vehículo.

El Monasterio de Santa Catalina es poco conocido, pero ¿quién en todo el mundo mundial no ha oído hablar del Monte Sinaí o J bel Musa, que es como lo llaman por aquí? Aunque según los autores no queda nada claro que éste sea el monte del que habla la Biblia, lo que sí es cierto es que hacia el año 300 d. C. unos monjes aseguraron haber encontrado aquí -casualidades de la vida-, la Zarza Ardiente desde la que Dios habló a Moisés, y que se fundó un monasterio que ha perdurado hasta la actualidad. Se trata pues de un lugar sagrado para las tres religiones, y está regido por monjes griegos ortodoxos. En la época fatimí se le añadió una mezquita que nunca fue utilizada por no hallarse orientada hacia La Meca.

Con perdón de los creyentes, dispongo de una versión apócrifa:

Hartos de que los egipcios no sólo les retuvieran como esclavos sino que además les asasen a propinas, los hebreos toman la determinación de largarse del país del Nilo con viento fresco, y para ello contratan un paquete turístico con una agencia minoris-

ta llamada *Moisés Travel*. *Desde el principio el circuito resulta un desastre, tanto por el transporte (hay que ir a pata) como por problemas legales de todo tipo (especialmente cuando el Faraón se mosquea, envía a las tropas y escapan de milagro). También menudean las críticas a Moisés por su empeño en ahorrarse tanto los pasajes de ferry del Mar Rojo como la pensión completa, ingeniándoselas para conseguir el agua y la comida por conductos inverosímiles. Cuando llegan a los pies del monte Sinaí los judíos están que arden (de ahí lo de la zarza), y exigen la hoja de reclamaciones o la devolución íntegra de lo que han pagado. Moisés intenta calmar los ánimos diciendo que no puede tomar ninguna decisión sin consultar con la central en El Cairo y, alegando que allí no hay cobertura, se sube ladera arriba. Su intención, por descontado, es escaquearse, pero comprueba que no hay ninguna otra salida y baja cuando le puede el hambre. No obstante, finge haber negociado con sus socios y les propone unas condiciones irresistibles: en virtud de un contrato con diez cláusulas y, en compensación por los imprevistos y molestias sufridas, les ofrece en propiedad, sin cargo alguno, unos terrenitos urbanizables un poco más arriba, en Palestina, a pie de playa. A los judíos el trato les parece de lo más ventajoso, se olvidan del cabreo y firman sin rechistar. Con las Escrituras (de propiedad) en la mano, prosiguen su viaje conducidos de nuevo por Moisés, quien tuvo la sensatez de morirse antes de que se descubriera la pifia. Y de aquellos polvos vienen estos lodos.*

Yo pensaba que nos habían asignado a Rami porque, al ser copto, sabría explicarnos mejor el monasterio, pero lo cierto es que no tiene ni pajolera idea (confiesa que sólo vino una vez, de adolescente, y para colmo se quedó durmiendo en el autobús). De manera que tomamos nosotros el mando y le traemos y le llevamos por el lugar. El monasterio en sí resulta incómodo de visitar, ya que es muy pequeño, y está lleno de rusos (al parecer, Santa Catalina es muy venerada por la iglesia ortodoxa). También hay cola para ver la biblioteca. Además, hace tanto calor que preferimos irnos fuera, a contemplar el recinto desde la ladera de enfrente.

Volvemos a nuestro vehículo. Yo pensaba que habría que desandar camino, pero en lugar de eso vamos hacia el Este buscando la carretera que baja por la costa oriental del Sinaí, en dirección a Dahab. A estas alturas el conductor debe de estar hasta las narices, porque vamos a 140 por una zona cuesta abajo y con curvas que toma sin problemas por el otro carril. Son tres horas más de carretera que se nos hacen pesadas, pues no hemos comido nada desde el desayuno. Finalmente, a lo lejos, aparece la línea del mar.

Todavía tardamos un poco más ya que nos llevan al hotel equivocado. Tras muchos trámites y papeleos, nos despedimos de Rami y los conductores y entramos en nuestra habitación del *Maritim Golf & Resort*. Exhaustos, muertos de hambre y yo con un dolor de cabeza para morirme. Todavía tenemos que llamar a recepción para preguntar por nuestras maletas, por ese empeño que tienen los hoteles de impedirte cargar con tu equipaje.

Apenas tenemos tiempo de ducharnos cuando nos llama el representante de *Cleopatra* desde el hall. Hacemos un esfuerzo ímprobo ya que venimos al Sinaí con el propósito de contratar una excursión a pie por el *Cañón Coloreado*, pero recibimos un jarro de agua fría cuando el representante nos anuncia que dichas excursiones ahora no se realizan por: a) Tormentas de arena que tapan los dibujos de las rocas. b) Problemas con los beduinos de la zona (cuando se realiza dicha excursión es preciso contar con protección policial). Acabáramos. En lugar de eso nos ofrece para el día siguiente una excursión en barco a la reserva de Ras Mohamed para bucear y ver los corales. Nos dice que la otra pareja de españoles -Christian y Yolanda, a quienes hemos visto nada más llegar- también se han apuntado. Como tenemos otro día más entero libre estoy esperando a que intente colarnos otra actividad, pero el chaval no insiste, y eso hace que me caiga bien.

No tenemos nada más que hacer esta tarde salvo descansar y explorar el hotel, que por cierto es una pasada. No somos precisamente lo que se dice amantes del lujo, pero en este sitio hay que descubrirse. El tamaño de la habitación nos parece excesivo, debe de medir unos cuarenta metros cuadrados, sin contar el baño ni la terraza, y tiene tres camas, dos de ellas enormes, de matrimonio. En cuanto al edificio, su estructura tiene forma semicircular, la entrada cae en un saliente ubicado en la parte de la derecha; el comedor y las zonas de ocio caen también a ese extremo, y toda el ala de la izquierda son las habitaciones, dispuestas en dos niveles y en dos hileras separadas por patios interiores. El hotel, de alguna manera, es como si abrazase el recinto interior, de césped y palmeritas. La piscina forma un circuito y es de agua dulce aunque la parte del centro, que cuenta con *jacuzzis*, es de agua salada, que bombean directamente del Mar Rojo, muy fresquita. Con semejante disposición se lo pasa uno muy entretenido en el trayecto desde la habitación a las zonas comunes: probamos primero por el pasillo de fuera, luego por el interior (más corto), y finalmente por el exterior ajardinado, el camino más agradable y que parece fue la idea que concibió el arquitecto.

Para rematar están los chalets de lujo que pertenecen al hotel, y que se encuentran situados entre éste y el mar. Alguien nos explica que es aquí donde viene el presidente Mubarak de vacaciones. Como fanfarronería nos parece ya excesiva.

A las 6 pm abren el comedor para la cena. Bajamos a las 6.30 y nos lo encontramos, como no podía ser de otra manera, hasta arriba de rusos. Y de rusas, claro: ayer, durante el viaje, Rami nos contó que el mito erótico de los egipcios son precisamente las mujeres eslavas. Reflexiono sobre la relación, tan evidente por otra parte, entre exotismo y erotismo, y elaboro la hipótesis de que se trata de un mecanismo destinado a favorecer la recombinación genética y huir de la endogamia. Y es que, para sabia, mamá Naturaleza.

Si el refectorio parece sacado de las mil y una noches, tendríais que haber probado la comida. La del Fairmont era excelente, la del barco soberbia, y ésta... Bueno, se sale de la tabla de calificativos. Durante los tres días que vamos a estar aquí me pondré hasta las botas de todo lo habido y por haber. Si hubiera que ilustrar la palabra *gula* en una enciclopedia, yo pondría una foto del buffet del Maritim. Curiosamente, y pese a mis temores, no llegaré a casa pasado de kilos, más bien al contrario. Lo atribuyo a lo asendereada que es la vida del turista, porque si tenemos en cuenta sólo los excesos...

Día décimo.
A una hora respetable nos juntamos en la recepción con los de Tarrassa para la excursión a Ras Mohamed. Tardan un poco en venir a buscarnos. Somos los primeros en la furgoneta, así que nos toca hacer la ronda de hoteles para recoger al resto del personal, de nacionalidad variada. Entran un hombre y tres mujeres hablando castellano. Nos saludamos; él nos dice que es de Sevilla, y a su novia la presenta como *sudaca*. Un poco molesto replico que algún país tendrá, y después de un rato consigo sacarle que es argentina. Curiosamente, a ella no parece molestarle el apelativo, pero el caso es que no hacemos buenas migas con los paisanos, será nuestro sino.

Vamos hasta el local donde alquilan el material de buceo, que se paga aparte. Como para hacer inmersión con bombonas exigen una mínima titulación, nosotros nos contentaremos con hacer *snorkel*, así que gafas, tubo y aletas.

Después de tanto prolegómeno nos llevan hasta el puerto, donde tardamos otro buen ratito en embarcar. Nos ordenan formar en fila de a dos (un español protesta diciendo que la mili ya la pasó hace mucho). Sube con nosotros una chica de Mataró que trabaja en esto de las inmersiones. En un rato libre nos contará que está aquí por amor: durante unas vacaciones conoció a un egipcio, y fue tan fuerte la cosa que se vino a vivir aquí. De ella tendremos noticias mucho después de nuestro viaje y en tristes circunstancias, como más adelante se verá.

Por fin zarpamos. Antes de alejarnos del puerto somos abordados por una lancha policial, cuyos tripulantes suben a inspeccionar nuestro barco. Ya sólo nos queda encontrarnos policías con escafandras agazapados entre el coral.

Mientras ponemos rumbo Sur bordeando la costa, la monitora nos explica que los de las bombonas tienen previstas tres inmersiones, y que en la primera de ellas nosotros sólo nos echaremos al agua si el capitán lo autoriza. Nadie pregunta en qué criterio se basa el cretino del capitán para permitir bajar o no a los snorkelistas, pero enseguida lo averiguaremos.

Estamos tranquilamente sentados en cubierta cuando alguien de la tripulación nos pregunta que si queremos bucear. Los cuatro, claro está, decimos que sí y bajamos. De entrada no me gusta la premura con que obligan a la gente a tirarse al agua: parece que aquello fuera el desembarco de Normandía, y no una excursión de placer. Yo tengo un problema con la máscara, y para cuando consigo que me la arreglen el grupo con nuestro monitor (la de Mataró ha debido irse con los submarinistas) se ha alejado ya un buen trecho. Me tiro al agua. Como la altura desde la cubierta es de por lo menos metro y medio, con el impacto me entra agua en las gafas. Está mucho más salada de lo que esperaba, y los ojos empiezan a escocerme de modo insoportable.

Comienzo a nadar hacia el grupo, y para mi sorpresa por el camino me encuentro a Bego y a Yolanda que vienen de vuelta: el oleaje es tal que se sienten inseguras y deciden abandonar la excursión. Yo me esfuerzo por acercarme al grupo, pero no es en absoluto fácil por el meneo de las olas y por la dichosa sal que me hace arder los ojos y me impide tenerlos abiertos más de tres segundos seguidos. La verdad es que paso un rato angustioso: descartado volver al barco, que cae ya lejos y además, según parece, está cambiando de posición. La única posibilidad sensata consiste en no perder los nervios ni despegarse del monitor hasta que nos lleve de vuelta. Ninguna de las dos tareas resulta fácil, ya que con tanto oleaje la sensación de desamparo es total.

Cuando consigo contactar con los demás, nuestro guía se da cuenta de que tengo un problema con las gafas. Se me pone detrás y las ajusta mejor, al menos deja de entrar agua. En cuanto al respirador, también me lo colocaron mal en el barco y me hace daño en la boca, pero no me atrevo a tocarlo, no sea que se me inunden las gafas de nuevo y otra vez vuelta a empezar.

Tras tanto percance, por fin puedo dedicarme a examinar el fondo en la medida que me lo permiten mis irritados ojos: al principio el agua está muy turbia, pero luego nos acercamos al arrecife y, sí, es exactamente como se ve en los documentales de la tele, aunque un poquillo deslucido porque unas nubes tapan el sol. A pesar de la poco agradable experiencia que estoy viviendo, soy consciente del contraste entre la tierra seca, que de tan árida parece marciana, y este vergel submarino habitado por infinidad de especies, a apenas unos metros bajo el agua. Lo malo es que tampoco me puedo quedar mucho tiempo extasiado, porque nuestro monitor se mueve continuamente y corro el riesgo de quedar otra vez rezagado. Para acabar de empeorar las cosas, en el grupo hay dos críos rusos que nadan como auténticos patanes y a los que no les importa en absoluto pasar a tu lado, por encima o por debajo y sacudirte un sopapo con las aletas.

Por fin acaba el calvario y subimos al barco, que ha aparecido no se sabe cómo a nuestro lado. Yo tengo los ojos en carne viva, y maldigo por activa y por pasiva a quien haya tenido la feliz idea de arrojarnos al mar en semejantes condiciones, y así se lo hacemos saber a la de Mataró. Para remate de faena, con el cabeceo de la nave Yolanda y yo empezamos a marearnos.

El barco nos lleva a una ensenada, adonde atraca junto a otros. Aquí el agua parece aceite, y se ve infinidad de gente buceando sobre el arrecife (donde nos largaron antes estábamos solos, o casi). La matoronesa viene, un poco compungida, a invitarnos a otra inmersión, pero nosotros estamos muy enfadados y no queremos saber nada de tirarnos otra vez el agua. Ella insiste en que, si no ahora, al menos participemos en la tercera inmersión, porque de lo contrario nos vamos a ir con un mal sabor de boca.

Tras la comida nos dirigimos al tercer lugar, al que llaman el Templo por tratarse de una roca solitaria que se levanta veinte metros sobre el lecho marino. Nos calzamos las aletas, coloco bien esta vez el respirador y las gafas... Y cuando me voy a tirar descubro que el agua está poblada por centenares de medusas. La argentina nos dice que no pican pero claro, ella lleva traje de neopreno. Me siento en la popa, indeciso: la verdad es que impone tirarse a un agua en la que lo difícil es no toparse con uno de esos bichos. Entonces... me empujan y caigo al agua. Las gafas aguantan esta vez, pero como ha sido por sorpresa ingiero un buen trago. Me doy la vuelta indignado y veo que ha sido uno de la tripulación, que se ríe muy orgulloso de su bromita. Por mi parte, me acuerdo de toda su parentela desde Mahoma hasta nuestros días.

Yolanda siente pavor por los bichos en cuestión, y se abstiene de bucear. Bego y Christian saltan al agua, pero lo cierto es que ninguno de los tres las tiene consigo: independientemente de si son urticantes o no, los miles de medusas que nos cercan imponen sólo por su aspecto; parece que nos halláramos en mitad de uno de esos videojuegos en los que te rodean los enemigos y tienes que escapar por donde puedas. Observo que una de las medusas le hace una pasada rasante por la espalda a Christian: como no le veo saltar ni retorcerse en el agua, pienso que a lo mejor es verdad, que no pican ni nada. De todos modos, procuro que ninguna aproxime su tacto viscoso a mi cara.

De repente me quedo solo. Estoy en el borde de la roca, cuya cúspide se sumerge medio metro bajo el agua. Por debajo de mí, en apariencia lejísimos, diviso algunos buceadores, y en una ocasión me envuelven y hacen cosquillas las burbujas de salen de sus equipos de inmersión. Rodeo la roca muy lentamente. Se han despejado las nubes, y el sol de la tarde ilumina el arrecife en todo su esplendor. Llaman la atención las formas de los corales, tan extrañas y variadas que parecen de otro planeta, y los peces, también de colores y variedad infinitos, que se cobijan entre ellos. Parecen sorprenderse de mi presencia, se mantienen a prudente distancia y, cuando alargo la mano, huyen.

Paso por encima de la roca, como si sobrevolara el irreal paisaje. Pienso en la riqueza infinita que encierran estos fondos, y en si les afectará el cambio climático, como parece que está ocurriendo ya. Es como los glaciares: no es lo mismo verlos encerrados entre las cuatro paredes de la tele que apreciar al natural su increíble majestuosidad. Sucede que cuando conoces algo, duele muchísimo más que se pierda.

Uno de los holandeses que viene en nuestro barco traía una costosísima cámara con carcasa submarina. Con ella debe de haber hecho fotos excelentes; yo, por mi parte, me tengo que conformar con el recuerdo y con las imágenes que captaron otros.

Vuelvo al barco. Christian y Bego ya volvieron hace rato. Estoy contento de haber buceado, pero siento disgusto porque la experiencia, en principio tan hermosa, ha venido adobada con falta de información, chapucería y –quizá esto sea lo peor- con esa sensación que te dejan los lugares muy masificados de no ser más que ganado-cosa, turista-objeto que sólo vale los euros que se le puedan sacar.

La demostración palmaria de cómo la negligencia puede fácilmente derivar en tragedia se comprobó casi veinte meses después de nuestra visita: en la madrugada del 19 de Noviembre de 2009 el buque *Coral Princess* se fue a pique en estas mismas aguas. Por lo visto el capitán no lanzó ningún SOS ni tampoco dio la voz de alarma; en cambio sí que fue el primero en saltar del barco, y con él el resto de la tripulación, dejando a los pasajeros dormidos en sus camarotes. Éstos eran 13 españoles (12 buceadores más una monitora residente en la zona, sospechamos que la chica de Mataró). Estaban federados, y supongo que fue esa experiencia en el agua la que les salvó la vida, aunque no a todos: una pareja valenciana, Israel Pérez y María Lourdes González, no consiguió salir a tiempo y el barco les arrastró al fondo.

Al principio las autoridades aventuraron que el naufragio había sido debido al mal tiempo. Sin embargo, después tuvieron que rectificar tras las declaraciones de los supervivientes ante el juez, pues quedó clara la impericia de la tripulación al hacer caso omiso a los buceadores, quienes se quejaron de que el barco navegaba escorado –al parecer lo tuvieron que remolcar tras el choque con un banco de coral unas semanas antes-, o cuando, la misma noche de la tragedia avisaron de que entraba agua por el desagüe del lavabo. Los medios de salvamento resultaron asimismo insuficientes, y los náufragos tuvieron que permanecer durante dos horas y media en el agua antes de ser rescatados, algunos con hipotermia.

Finalmente fueron condenados a un año de cárcel el capitán, el armador y el jefe de máquinas. Que yo sepa sólo enchironaron al primero, pues los otros dos se dieron a la fuga. Aunque el mejor veredicto del caso probablemente sea el que dio uno de los supervivientes, Alberto Alcalá, al declarar ante los medios que *Son unos incompetentes hijos de puta*.

En resumidas cuentas, que podemos darnos por satisfechos de regresar a puerto con sólo unos buches de agua salada dentro del cuerpo.

Viaje de vuelta al hotel. Por fortuna, esta vez vamos a ser los primeros en salir de la furgo. Cuando aún falta más de un kilómetro para llegar nos vemos obligados a parar ante un control de policía que no estaba esta mañana. Esta vez no se trata de un control rutinario: aparte de los uniformes hay agentes de paisano que interrogan al conductor con cara de pocos amigos. Éste responde a las preguntas bastante nervioso, y le obligan a dejar su carnet de identidad en prenda. Arrancamos, y el egipcio que lo acompaña nos aclara: *Es que ha venido el Presidente*.

El trayecto restante se halla jalonado de individuos de paisano que aparentemente están tomando el fresco, pero que salen de entre los árboles a mirar mientras pasamos. Son todos policías. Hasta el hotel no nos permiten llegar: está la verja exterior cerrada, y nos piden que bajemos allí. Más tarde comentaremos divertidos que, cuando nos apeamos, se hizo en la furgoneta un silencio ominoso: durante todo el trayecto venían los sevillanos ufanándose, muy en su papel de buceadores veteranos y haciéndonos el vacío porque éramos nosotros simples domingueros de gafas y respirador. Ahora que vamos a dormir en el mismo hotel que Mubarak parece que las tornas se invierten. Eso les pasa por presumidos.

Al presidente, por supuesto, ni le vemos. Probablemente esté alojado en uno de los fastuosos chalets que dan al mar, pero la seguridad que nos rodea no deja lugar a dudas: desde la ventana de nuestra habitación se divisa un parking a cuya entrada, día y noche, suele haber un vigilante. Pues bien, ahora me asomo, y no hay uno sino diez o doce. Todos de paisano, sentados en un banco, parece que estén esperando el autobús, o que son el equipo de fútbol local antes del partido.

De madrugada se oye un helicóptero y, por la mañana, todo el dispositivo ha desaparecido.

Amanece usted temprano, señor Presidente.

Día undécimo.

Hoy toca asueto. Hemos decidido reservar el escaso tiempo restante a descansar, y por eso no hemos querido oír hablar de excursiones opcionales. Por no ir ni siquiera iremos al centro del pueblo en el autobús gratuito del hotel.

De todos modos, como ya dije antes, este lugar está concebido como una burbuja autosuficiente con todo (o casi todo) para tenerte entretenido. Por ejemplo, dispone de una sala con tres ordenadores con conexión a Internet. Como para el cliente el servicio es gratuito, me los he encontrado permanentemente ocupados, casi siempre por críos. Ahora que es por la mañana temprano pienso que es el mejor momento, y acierto: tras una breve espera tengo ordenador para mí solo y aprovecho para mirar el correo, limpiar el *spam*, ponerme al día con lo sucedido en la madre patria y dejar un saludo en Ac Pasión. Luego me voy para la piscina, donde me esperan.

Tumbonas, sombrillas, camareros solícitos y elegantes... Esto es como las películas. La única nota discordante son dos chicas muy jóvenes, muy monas y muy tontas que después de beberse una botella de champán andan haciendo el gil (aunque no es excusa: antes de trincársela ya hacían tonterías). Puedo cerrar los ojos pero no los oídos: como han conectado su mp3 a unos altavoces y nos hostigan con música tecno-hortera le propongo a Bego que nos demos una vuelta por el circuito acuático. Nadando y caminando llegamos a la zona donde están los críos, que remeda una playa poco profunda. Imitándolos, nos tiramos sin empacho ninguno por el tobogán circular (creo que hay adultos a los que les gustaría, pero no se atreven). Luego continuamos el periplo hasta llegar de nuevo a nuestras hamacas. Las petimetres champañeras han ahuecado el ala, y podemos disfrutar de un rato de calma.

Cuando el calor aprieta probamos suerte con la piscina de agua salada y su *jacuzzi*. El agua debe de venir directamente del mar porque está a 23 grados, cuatro más fría que la de agua dulce. En cuanto al masaje de chorros no es que sea una virguería, pero menos da una piedra.

Mientras estoy allí observo a una pareja de musulmanes. Son ya mayores. Mientras él, en bañador, se remoja ella, con su chilaba y su pañuelo, se aguanta en la sombra. Pienso que los pudores religiosos son disculpables, pero no con esta calor. Trato por un momento de ver con los ojos de la buena señora a las chicas y mujeres que toman el sol en bikini: imagino que la expresión *indecente desnudo* debe de quedarse corta, y que tiene que haber en árabe algún otro vocablo que designe el plus ultra de la impudicia.

Pero si me chocan la buena señora y su marido, qué decir de las tres chicas (porque son chicas: altas, jóvenes y delgadas) que se pasean por el recinto cubiertas con tela negra de pies a cabeza, bajo el sol de justicia. Imagino que vendrán de Dubai o de Arabia Saudí, y que serán las hijas o esposas de algún jeque. Curiosamente, y aunque son invisibles para los demás -o quizá precisamente por eso-, ellas miran todo y a todos con el mayor descaro.

A mediodía, en el comedor, nos encontramos con Christian y Yolanda, que esta tarde se van a hacer una excursión en *quad*. A nosotros nos gustaría salir un poco del ghetto a dar un paseo por el desierto pero a pie y en silencio, sin necesidad de vehículos atronadores que erosionan el suelo sin piedad. Durante la siesta, desde la habitación, observamos las nubes de polvo que levanta una manada de ellos.

Cuando empieza a caer el sol nos acercamos a la línea de la costa; a ella se accede por un pasadizo de madera que discurre entre los chalets donde suponemos que anoche se alojó el señor Mubarak. En este lugar la terminación de la tierra es abrupta: playa no la hay o, en todo caso, la hubo hace muchísimo tiempo: las rocas de la orilla parecen de arena fósil. Desde aquí se goza de una buena vista del Mar Rojo y de la isla de Tirán, que vigila la entrada del Golfo de Aqaba.

Justo donde empieza la línea de agua comienza también el coral, que forma una especie de cornisa. Para superarla, y que la gente pueda nadar o realizar inmersiones, han construido unas pasarelas que llegan hasta donde la formación coralina cae a plomo. Resulta maravilloso verla, aunque sea desde fuera y con el agua tan agitada. Esperamos a que oscurezca y nos vamos con pena, porque éste sí que es el inicio del adiós.

Hemos quedado con los de Tarrassa para cenar. Como falta un rato y estamos pensando en qué gastar las libras sobrantes, nos damos una vuelta por la tienda del hotel. Curioseamos por aquí y por allá, hasta que Bego se para delante de unas camisas y me las enseña. El dependiente se acerca y mete las narices entre los dos. ¿Distancia apropiada según los códigos egipcios? No lo sé, pero sí absolutamente meticona según los nuestros. Para hacérselo ver, señalo la camisa en cuestión y le digo: *Do you like?* Por cómo se le demuda la cara deduzco que no ha entendido la broma. La cosa hubiera quedado ahí si no fuera porque un rato después le oigo quejarse al otro que trabaja en la tienda. Lo sé porque en medio del requilorio en árabe me parece oír una y otra vez *doyoulike*. Y, por si no me hubiera quedado claro, el segundo dependiente pasa a la trastienda y, ahora sí que no me cabe duda, repite inconfundible el *doyoulike*. No entiendo qué es lo que les escandaliza tanto, hasta que una hipótesis se impone: no piensan que le estaba preguntando por la camisa sino... por Bego. Que se la estaba ofreciendo, vaya: cree el ladrón que todos son de su condición. Cuando el tipo sale de nuevo en sus ojos puede leerse toda la burla y el desprecio del mundo, pero frena en seco cuando se encuentra con mi mirada fría y descubre que, de alguna manera, he comprendido sus comentarios. Así que pasamos por caja sin sonrisitas ni zarandajas, pagamos y nos marchamos. Del incidente extraigo dos conclusiones importantes: a) que con la masificación turística muchos se piensan que es el turista quien está al servicio del empleado y no a la inversa; y b) que mucha modernidad y todo lo que quieras, pero en cuanto rascas un poco salta el atavismo, el beduino, el dromedario y las cabras.

Dicho sea de paso, las camisetas que tenían eran las más sosas que he visto en todo el viaje. A mí me hubiera gustado comprar alguna así:

Un rato después bajamos a cenar. La historia anterior se nos habría olvidado enseguida, pero es porque en ese momento ignorábamos que hoy, 10 de abril, se celebra el Día del Camarero Imbécil. Instituido por la OIT en 1975, tiene como finalidad el que los empleados de la hostelería (más tarde se amplió al resto de las ramas) desahoguen el estrés originado por las impertinencias y exigencias que continuamente tienen que soportar por parte de los turistas. Pero estamos en Egipto y en un hotel de postín, y por eso la celebración queda limitada desde la caída del sol hasta que el cuerpo aguante. Y el argumento continúa así: ya en el comedor, buscamos la mesa de nuestros paisanos. Aquí es costumbre que antes de sentarte le digas a un camarero cuántos vais a ser a la mesa para que ponga los cubiertos correspondientes. Se lo indico a uno, pero que si quieres arroz. Aparece otro para preguntarnos qué queremos de beber. Pedimos agua y, otra vez, cubiertos. No aparece una cosa ni otra, y sí en cambio nos trae el recibo para que se lo firmemos. Debo de estar ya un poco cargado por las docenas de incidentes del viaje, el caso es que me enfado bastante. Como ya hemos ido a por la cena y el cabrito del camarero nos ignora, tenemos que utilizar los cubiertos que no han usado nuestros compañeros, e incluso levantarnos a por los que faltan. Por si no nos hubiera castigado lo bastante, se lleva la copia del recibo, se la tenemos que pedir a otro y éste tarda por lo menos un cuarto de hora en traerlo.

No se vayan, amigos, que aún hay más: los cuatro decidimos tomarnos una cerveza en un local decorado a lo *pub* irlandés, donde ayer vimos que había música en directo. Ahora les toca el turno a Christian y a Yolanda: se acerca el camarero y les dice que no pueden entrar porque llevan chanclas (para entrar al comedor también hay normas relativas a la indumentaria pero todo quisque se las salta, especialmente los rusos). Ellos hablan de subir a la habitación a cambiarse, pero a nosotros nos parece excesivo. Preguntamos al empleado si podemos sentarnos en la terraza de fuera y responde que sí. Como no terminamos de decidirnos y nos atosiga para que pidamos le digo que por favor espere. De alguna forma he debido herir su delicado pundonor camareril, porque una vez instalados se hace el *longui* y pasa de salir a atendernos, pese a que le llamamos con gestos y no tiene clientes en ese momento. Que le den por el mismísimo. Nos vamos.

Hay otro bar en la zona de las piscinas en el que ya estuvimos ayer tomando cerveza y *shisha*. Después de las recientes experiencias nos acercamos recelosos, pero o bien los camareros al cargo no festejan, como sus colegas, el DCI o bien las horas destinadas a ello han concluido. La situación del local, además, resulta estratégica, ya que cae al lado de unos lavabos, y Christian anda desde esta mañana descompuesto (se les han terminado los *Fortasec*, y ha tenido que tirar de los nuestros). Más que a la comida, yo lo atribuyo a los contrastes de temperatura cuando nos tiramos (o nos tiraron) ayer desde el barco. Aunque quien más quien menos anda un poquito averiado: esta mañana vine aquí mismo a orinar. Me precedía un hombre mayor. Entró en uno de los wáteres y apenas había echado el pestillo cuando se pudo oír una potente detonación que no sé cómo no arrancó la puerta de sus goznes. Como tras el relámpago indefectiblemente llega el trueno, no esperé a más averiguaciones y, abreviando mis menesteres, salí de allí escopeteado.

A Bego y a Christian parece haberles molado la *shisha*, supongo que porque son fumadores habituales. Por mi parte yo me conformo con una Sakkara que va a ser la última del viaje. Hoy tenemos muchas ganas de reírnos, y todas las bromas toman un rumbo decididamente escatológico. Se nos ocurre patentar un videojuego en el que, para pasar de nivel, tienes que llegar al servicio a través de un laberinto. Una barra de potencia descendente te indica el tiempo de que dispones antes de irte de vareta. Toparte con un egipcio en demanda de propina equivale a perder una porción de tu valioso tiempo. Si, por el contrario, encuentras una tableta de *Fortasec*, el tiempo disponible aumenta.

Nos estamos despidiendo.

Día duodécimo (y último).

Hemos madrugado a la par que el sol, lo que es bastante decir. Bajamos con el equipaje con un poquito de adelanto, ya que hay que saldar una cuenta en recepción. Yolanda y Christian tienen un problema añadido, y es que aunque ellos venían en régimen de pensión completa todos los hoteles parecen ignorarlo; en El Cairo tuvieron que adelantar ellos el dinero, y aquí van camino de lo mismo si el representante de la agencia no trae la pasta. Por fortuna, éste viene avisado y liquida la cuenta. Es el mismo que apareció el primer día en Sharm para ofrecernos las excursiones y, como dije, tiene toda la apariencia de ser un tío legal. Es joven y por tanto impetuoso: habla sin tapujos de la situación del país, y de cómo la privatización de las empresas estatales sólo ha servido para enriquecer a unos pocos. Nos cuenta que, tras participar en un foro en francés criticando este tema y otros, se presentó la policía en su casa para advertirle muy seriamente que cuidadito con lo que largaba por ahí. Ya en el aeropuerto nos despedimos de él afectuosamente, con miedo de lo que le pueda suceder en un estado donde parecen triunfar la corrupción, el engaño y la mentira.

Pasamos más tiempo esperando que lo que tarda el vuelo hasta El Cairo. Mientras sobrevolamos el Sinaí saco una foto, la última del viaje. Cuando ya en casa miro en Google Earth para georreferenciarla descubro, casualidades de la vida, que la elevación que aparece justo sobre la parte delantera del reactor es el Monte de Moisés.

En El Cairo nos espera otro representante de la Agencia. Resulta que no existe conexión por el interior del aeropuerto entre los vuelos domésticos y los internacionales, de manera que tenemos que salir a la calle y volver a entrar. Por fortuna, las maletas se facturaron en Sharm y se recogen en Madrid. Si es que llegan, claro.

En los vuelos internacionales el caos es total. Como las colas son inmensas, nuestro representante nos cuela por la taquilla del vuelo de Kuwait (¿!) A Christian y a Yolanda les entrega el importe de las comidas que tuvieron que abonar de más en El Cairo. Le pregunto si no tiene nada para nosotros, y él piensa que estoy de broma. Le respondo que de broma nada, que Hamad, su jefe, se comprometió a abonarnos los taxis que tuvimos que pagar para ir al centro, que costaron 100 libras, y que ya le mandamos recado con Rami. El otro se azora, no sabe nada y entonces estallo: suelto toda la mierda acumulada estos días, la rabia por los engaños, las estafas, las exacciones varias de que hemos sido objeto. Estoy fuera de mí: casi gritando le espeto que le diga a su jefe de mi parte que no tiene honor ni palabra ninguna, y que por lo que a mí respecta tanto él como su querida agencia Cleopatra pueden irse a la mierda. El otro alega lo de siempre, que si él es un mandado, que si... Nos pasa un cuestionario para evaluar nuestro grado de satisfacción (¿i) y ahí acabo de desquitarme y de desquiciarme.

Debe haber quedado bastante amoscado con mi filípica, porque nos deja ante el control de pasaportes, sin esperar siquiera a que pasemos. Tanto mejor. Una vez dentro busco dónde gastarme las pocas libras que me quedan, no quiero llevarme ni uno solo de estos roñosos billetes. Justo enfrente de la zona de fumadores -que se halla aislada por una mampara transparente, aunque casi todo el mundo fuma en la puerta- hay una diminuta tienda de recuerdos. Un mechero atrae mi atención. Pregunto cuánto vale, 40 libras, algo menos de 5 euros. Lo compro para Bego.

Me sobran 33 libras. No sé qué hacer con ellas hasta que veo una Llave de la Vida para colgar al cuello. Pregunto cuánto vale, y se lo hago repetir porque creo no haber oído bien. Tres libras, repite el dependiente (0,36 euros). Ni corto ni perezoso, cojo once Llaves y se las paso al vendedor, para que se cerciore. Éste las cuenta, tira de calculadora y sí, en efecto, 11 x 3 = 33 libras, justo lo que le doy. Mira por dónde, el último dinero gastado en Egipto es, creo yo, el más rentabilizado.

Llega el momento de separarse: les regalamos a Christian y a Yolanda una cruz a cada uno, para que tengan un recuerdo nuestro (él dice que de mayor quiere ser como nosotros; en cierta manera, les hemos apadrinado en su primer viaje) y entramos en salas contiguas y acristaladas, ya que a Madrid va un avión, y a Barcelona otro. Somos los primeros en salir.

A bordo, todos españoles. Quien más quien menos cuenta sus penas del viaje. Una chica joven nos explica que a ella le cobraron 34 euros para entrar en el país y otro tanto para salir. La remonda.

Si para acá vinimos en un avión grande y moderno, éste es pequeñito y antiguo, pareciera el mismo que hemos traído desde Sharm. Los asientos están hechos polvo, y se van para atrás sin que el usuario toque ninguna palanca. Al ser alto, siempre ando con el temor de que mi vecino delantero abata su sillón y me deje como anchoa en conserva.

Precisamente es a raíz de una bajada involuntaria de respaldo como conozco a un vecino singular. Tiene unos diez años más que yo, con barba blanca y recortada. Me cuenta que él viene a Egipto con mucha frecuencia, y que si tuviera que ponerse a contar historias como la del visado de pega de la compañera aburriría. En lugar de eso charlamos de lo humano y de lo divino, hasta que me confiesa que en el fondo su vocación es ser escritor. Escritor sin éxito, aclara (toma, ya somos dos). Pregunta que qué escribo y respondo que cuentos y sobre todo relatos de viaje. Lo suyo, me espeta, es la poesía, que a su juicio está perdida en España. La lírica sí, pero también la épica: sus seguidores son quienes ahora leen *El Marca*. Yo no sé muy bien cómo seguirle la conversación y entonces, entre los asientos, me pasa el libro que se ve en la página siguiente. Está compuesto en sextetos alejandrinos -precisa en un susurro, como si me pasara droga- y lo ha editado con sus propios recursos, en un intento de resucitar la poesía clásica española. Me pide que lo acepte, que es un regalo. Respondo que lamento no poder corresponderle con un ejemplar mío, y ahí queda la cosa.

A la venida, de Madrid a Luxor tardamos cuatro horas. Como El Cairo está más al Norte pensé que emplearíamos tres, y en lugar de eso echamos cinco. Claro, como ya no tenemos encima nada que gastar... Llevamos sesenta minutos de viaje y compruebo asombrado que ni siquiera hemos salido del Delta. Pero uno pierde la fe, al menos después de un viaje como éste.

Federico Martín Soler

LA GRÚA QUE NO CESA

Un panegírico al ladrillo español

Tras un lapso indefinidamente largo nos vemos en la ya para nosotros olvidada T-4. Sorprende todo tan limpio, tan ordenado, tan sin vida. Mientras hago pis en el ultrahigienizado servicio del aeropuerto, sorprendido de que no me aceche nadie en busca de propina, reflexiono sobre el hecho de que lo que le falta a unos países les sobra a otros, y a la inversa. Hace treinta años España era en muchos aspectos como es Egipto ahora. A punto de concluir la primera década del siglo nos vamos pareciendo más a Europa, pero quizá hemos perdido algo por el camino.

Cuando sale el equipaje por la cinta sucede lo más temido: la maleta de mi pareja no aparece. Cierto es que llegará una semana más tarde a casa -no diré que intacta: candado reventado y un fuerte golpe, aunque con todo su contenido dentro, *souvenir* sin duda de la policía egipcia-, pero no puedo evitar la imagen de Bego sentada en aquella sala inmensa y vacía, tan vacía como sólo debe de estar el purgatorio. De Bego a punto de llorar porque la cinta gira y gira, y su zumbido clama impotente por la ropa y los recuerdos que se han quedado allí, prendidos de no se sabe dónde.

Todos los hechos aquí relatados nos acontecieron de forma verídica entre el 31 de marzo y el 11 de abril de 2008.

El largo camino a casa

Por Polonia y las repúblicas bálticas

2008

Foto: En la península de Neringa (Lituania)

Fins que un dia […] es va decidir a emprendre un viatge tan llarg com calgués per veure si aconseguia que algú li enseyés…

Miquel Desclot, *La Cançó més Bonica del Món*

Périgueux
Besançon
Lyon
Friburgo
Nürnberg

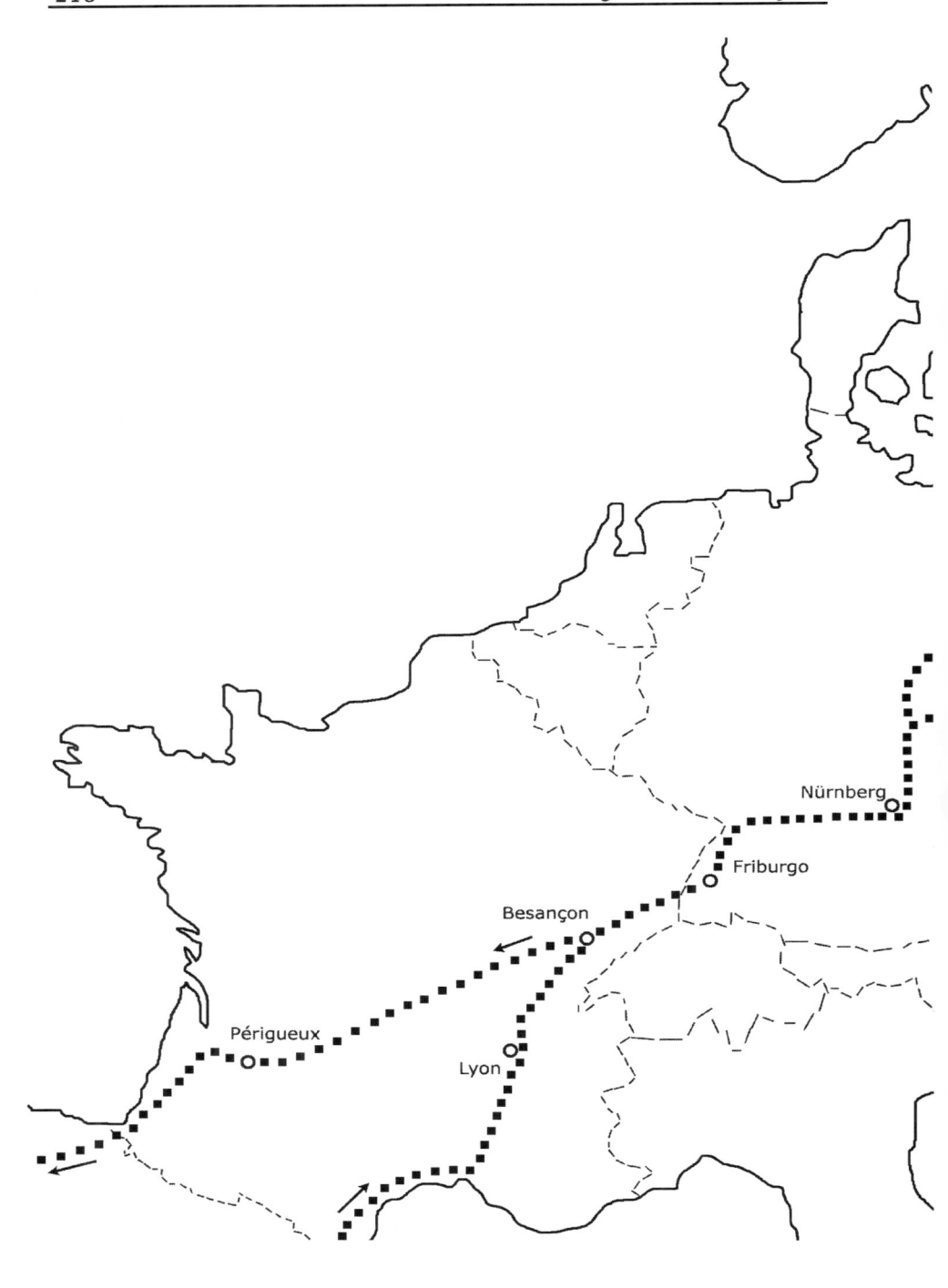

El largo camino a casa

Hola, me llamo *Chandra*, que es como se dice a la Luna en sánscrito, y soy de pelo blanco, liso, largo. Mi peso actual: 7,1 kilos. Antes tenía otro nombre, pero ya no recuerdo cuál. Ha pasado tanto tiempo, y sobre todo han pasado tantas cosas que mi vida es como si fuera ahora otra distinta.

De mi primer amo sólo recuerdo que era hombre, que me tenía siempre encerrada en un diminuto espacio en el que no podía ejercitar mis movimientos y que me pegaba. Me sacudía con todo: con los pies, con las manos, con cuerdas, con palos, con las puertas... A todo eso le cogí miedo, y también al sexo masculino, del que siempre pensaba que sólo podían provenir males.

Al final, harto de mí, me abandonó. Anduve vagando no sé cuánto tiempo, comiendo porquerías y pasando mucho miedo. Pesaba entonces 4,4 kilos, y creía que la vida era un lugar de veras triste.

Al poco tiempo alguien me recogió y me llevó a ese sitio que los humanos llaman Perrera Municipal. Al día siguiente de mi llegada (26 de septiembre de 2007) vino una pareja de humanos. Los más de ochenta perros que allí estaban formaron una algarabía de mil demonios (y digo formaron porque yo soy de natural callada, apenas ladro). La chica ignoró a otros más zalameros y alborotadores y se fijó en mí. Yo la vi y ella me vio. Algo tuvo que ocurrir en ese instante, porque le dijo al cuidador que quería llevarme. Éste respondió que no era posible, que acaba de llegar y que era preciso esperar dos semanas por si mi dueño (?¡) me reclamaba. Además, tenían que adecentarme, porque yo venía toda sucia y llena de pinchos.

El 11 de octubre, a las dos semanas justas, la chica se presentó de nuevo. Yo no lo sabía, claro, pero siete días antes ella había llamado por teléfono para preguntar por mí, no fuera a ser que me regalaran a cualquier otro. Me pareció buena persona y me dejé poner el arnés por ella, mientras que al cuidador sólo lo dejaba acercarse si traía el guante reforzado.

Me llevó a una casa muy bonita con jardín. Yo estaba contenta, porque me daba comida, me acariciaba y decía palabras bonitas, pero a las dos horas o así apareció Él. Ya he contado antes el miedo que en esa época me daban los hombres, así que durante mucho tiempo tuve claro que Ella era mi ama, mientras que el Otro sólo un *arrimao*. Esto fue así durante más de medio año, y aunque Él me trataba bien yo nunca acababa de fiarme; de alguna manera esperaba que, tras las caricias y las zalemas, empezarían los sopapos.

A los dos días de vivir con Ellos ocurrió algo realmente extraño: me llevaron a una casa que tenía ruedas, y tras un trayecto interminable llegamos a un lugar en el que no había estado nunca. Lo llamaban *playa*. Desde esa primera vez hemos vuelto muchas otras, pero jamás olvidaré aquellos momentos de locura en que corría y corría y el espacio nunca se acababa. Desde entonces, cada vez que subimos a la casa con ruedas ansío que sea para un viaje a la *playa*.

Bien es cierto que por entonces yo estaba acostumbrada a comer toda la basurilla que me encontraba por ahí, y que despreciaba la comida que Ellos me ofrecían, pero poco a poco fui entendiendo que ésta era mejor, y que lo hacían por mi bien. También aprendí a no mear ni cagar dentro de casa; cada vez que me lo hacía dentro me echaban unas broncas gordísimas, pero es que tienen que comprender que donde yo vivía al principio no había dentro ni fuera, y que me costó entender que si hacía mis necesidades en el jardín era mejor para todos. Ahora todos esos tiempos me parecen muy pero que muy lejanos.

Y sin embargo aún me quedaba la última prueba: a finales de julio, estando en Gerona, Ella se marchó y me dejó con el *arrimao*. Como los humanos hablan un lenguaje muy complicado yo no entendía que era por poco tiempo, y deduje que Ella se había ido para siempre, que me habían vuelto a regalar. La primera noche me dio una crisis de histeria, y cagué y vomité dentro de la autocaravana. Por la mañana pensé que Él me molería a palos, pero en lugar de eso sólo me dijo palabras amables, me acarició, me lavó y me quitó toda la mierda. A veces se ponía un pequeño objeto en la oreja y hablaba como cuando Ella estaba presente. Lo más curioso es que cuando me aproximaba el aparato la oía como de lejos. Eso para mí era un misterio sin solución: ¿cómo podía oírla si no podía olerla?

Al cabo de tres interminables días Ella reapareció y yo fui de nuevo feliz, pero mi relación con Él cambió para siempre: ya nunca más le llamé arrimao porque durante ese tiempo me mimó y cuidó, y no me pegó ni abandonó aprovechándose de que estuviéramos solos.

A partir de ese momento sucedieron muchísimas cosas: conocí a White, el perro del Capitán Tan. Muy buena gente, la verdad, pero con su libidinosa insistencia me traía por la calle de la amargura.

Luego estuvimos en los volcanes de la Garrotxa, pasando un calor de mil demonios. Y más tarde en sitios lejanos lejanísimos (yo no sospechaba ni por asomo que el mundo fuera tan grande).

En el río Vístula monté por primera vez en barca, en los bosques de Estonia corrí como una liebre, y en la Península de Neringa descubrí que la arena también puede hacer montañas.

Pero sobre todo descubrí algo prodigioso: que se puede tener unos amos que te cuiden y quieran, que te proporcionen mucha más felicidad de la que yo, la pequeña Chandra-Luna, creí que fuera posible.

1 DE AGOSTO: DE BESCANÓ A OUVEILLAN

A las nueve de la mañana hace ya un calor de espanto y tengo que conectar el enfriador pese a que no me fío mucho del estado de las baterías, a estas alturas bastante descargadas. Me acerco al super próximo y compro algunas de las cosas que necesitaremos para el viaje. Bego ha salido de Plasencia a las ocho de la mañana. Entre trasbordos y demoras echará doce horas en el viaje, y eso que va a coger el AVE Madrid-Barcelona. Doce horas era exactamente el tiempo que empleaba el rápido *Sierra de Gredos* entre Barcelona y Cáceres, sólo que a menos de la mitad de precio. Lo que son las cosas.

A la una el calor es insoportable. Echo gasoil y me voy para Gerona, donde encuentro sombra junto a un polideportivo municipal. Cuando voy a pasar el frigo de batería a gas compruebo que la chispa de encendido no salta: horror y pavor. Reviso los fusibles como un poseído hasta que descubro que la centralita está desconectada. Caso resuelto: el enfriador ha tumbado definitivamente las baterías. Abro todo lo abrible y a sudar a mares.

Chandra sigue sin comer gran cosa. Le doy parte de mi arroz con mariscos y al rato lo vomita. Menos mal que su ama está al caer.

Como el sitio parece relativamente seguro, cierro la auto y nos vamos al centro a sacar dinero. Cruzamos el Ter a través de una pasarela peatonal y de un parque en el que sólo hay plátanos, eso sí, gigantescos. Los riegan mediante pequeñas acequias por las que corre un agua cristalina. Intento sin éxito que Chandra beba en una: ella elige la charca de los patos, la del agua más verde, putrefacta y hedionda. En casa hace lo mismo, desprecia el agua de grifo que le ponemos en un cuenco y bebe siempre del pequeño estanque que tenemos en el jardín. De tan verde, más que agua aquello parece una infusión; por eso desde que tenemos a la perrita lo hemos bautizado como *la ciénaga*, en alusión a la película de *Shrek*.

Una vez localizado el banco y provistos de efectivo, volvemos a la auto y conduzco hasta Carrefour a hacer el resto de la compra y a sellar la garantía de la cámara que adquirí hace un par de días (una Canon compacta) con la que estoy muy contento. Yendo para allá estoy a punto de meterme por un túnel que pasa bajo la antigua N-II con limitación de 2,1 metros. Tengo que dar un rodeo y llegar al hiper por otra calle; creo que un par de días más aquí y conocería Gerona como mi propia casa.

Más calor y más espera a la sombra de los árboles. A las 19:30 arranco y voy para Renfe. El TT hace de las suyas y me mete por una calle estrechísima donde casi quito las pegatinas a los coches. Dejo la auto en el parking de pago y nos vamos a la entrada de la estación.

El tren de Barcelona llega con puntualidad británica. La misma puerta que se tragó a Bego hace tres días la devuelve a mi realidad y a la de Chandra. En cierto modo pienso que ésta creía factible dicha posibilidad, por reconocer el sitio y porque yo le nombré varias veces a su querida amita. Sin embargo, su primera reacción es fría: cuentan los psicólogos que el síndrome del abandono conlleva un mecanismo de defensa que es la negación, y sólo poco a poco se permite aceptar que lo que está ocurriendo es real, que la felicidad perruna es posible. Cuando volvimos de Egipto le pasó lo mismo: se la llevamos a mis padres para que la cuidaran. Como llevaba con nosotros sólo seis meses estaba convencida de que otra vez había cambiado de amo, y por eso al vernos les pedía incluso permiso para acercarse a nosotros. Sólo a la mañana siguiente, cuando descubrió que no nos habíamos ido, fue cuando realmente se convenció de que habíamos vuelto para quedarnos.

Me pregunta Bego si dormiremos en Gerona, a lo que respondo tararí que te vi: no permaneceremos aquí ni un minuto más de lo necesario, pues estoy harto de esperar tres días y de este terrible calor húmedo; le comunico que a partir de este momento queda oficialmente secuestrada para ser conducida hacia el Norte, en busca de tierras más frescas.

El camino a la frontera francesa lo vivo como una liberación. Sopla el viento con bastante fuerza. Hay una tormenta agarrada a los Pirineos que parece que va a descargar, pero se aguanta. Pasamos la Junquera oscureciendo. No se ve mucho tráfico, sobre todo si lo comparamos con el que habrá mañana, pues está prohibida la circulación de camiones durante todo el día.

Pasado Perpiñán el viento arrecia de lo lindo. En la oscuridad se recorta la línea de luces que marca la costa. Este trayecto lo hicimos a la inversa hace un par de años, de vuelta del viaje que nos llevó a Viena y a los Dolomitas, a Praga y a Budapest. También nos recuerda que nos hallamos en *territorio comanche*. Aún recuerdo la impresión que nos causó Sète, con las autocaravanas estacionadas en las ruinas de un antiguo edificio portuario, tan pegadas entre sí que no cabía entre ellas un papel de fumar. Con los relatos de robos tanto en la costa francesa como en la autopista adyacente se podría llenar una enciclopedia. Por eso el lugar de pernocta para hoy lo he escogido con cuidado infinito. En realidad he escogido varios -todos hacia el interior y a por lo menos 10 kilómetros de la autopista-, para dirigirnos a uno cuando ya estemos lo suficientemente cansados. Esto ocurre a la altura de Narbonne, cuyo perímetro circunvalamos. Desde aquí nos dirigimos por una estrecha e irregular carretera hasta Ouveillan, donde estacionamos a la puerta de la cooperativa vinícola (N 43°17' 31" E 2° 58' 14"). En el lugar aparece señalizada un área, pero la entrada es tan estrecha y oscura que no damos con ella hasta después de haber nivelado la auto, y entonces ya no nos movemos.

Justo a la entrada del área, en el jardín de una casa, hay varias parejas mayores haciendo una barbacoa. A medida que aumenta la ingesta de vino va subiendo el nivel de las risas, pero por suerte a eso de la una y media recogen el chiringo y después, como dice Cervantes, *no hubo nada*.

Kilómetros etapa: 190
Kilómetros viaje: 1.775

2 DE AGOSTO: DE OUVEILLAN A POLIGNY

Tras las labores higiénico-domésticas de rigor, reemprendemos camino hacia el Este, primero por la D5 y luego por la D11. Pasamos junto a Enserune, lugar excepcional que ya visitamos hace dos años y en el que se combinan tres maravillas: la primera es el *oppidum* del siglo VI antes de Cristo. La segunda, el *Étang de Montady*, una laguna de 2, 5 kilómetros de diámetro que fue desecada en el siglo XIII y dotada de un curiosísimo sistema de drenaje (es como una bañera, el agua tiene salida por el centro). La tercera es el *Canal du Midi*, que en el siglo XVII unió el Atlántico con el Mediterráneo. Al topar con la montaña de Enserune no tuvieron otra opción que pasar por debajo. Obra, en fin, tan faraónica como la de la laguna.

Llegamos a Béziers y nos incorporamos a la A 9. Nos habíamos prometido medias muy felices, pero la densidad del tráfico es tal que nuestras expectativas quedan reducidas a nada: tardamos una hora en recorrer los primeros 20 kilómetros. La radio habla de colapso generalizado de toda la costa mediterránea. Cuando desesperados buscamos una vía de escape por carreteras secundarias –mejor eso que aquí, atascados y encima pagando- descubrimos que dos de cada tres vehículos se pelean por acceder a la próxima salida y eso es, paradójicamente, lo que está generando el atasco. De modo que saltamos de la cola y empezamos, por fin, a tirar millas. Adelantamos a tres autocaravanas, dos de ellas con una mini-pegatina de AC Pasión. Como las cabinas de peaje nivelan la velocidad de todo cristo, nos pasan y después de Montpellier les vuelvo a adelantar.

Tenemos ahora otro problema, y es el combustible. En las gasolineras francesas el litro de gasoil se está pagando a 1,50-1,54. En los super la venden hasta 15 céntimos más barata, pero nuestras tarjetas de crédito no valen para el pago automático en esos surtidores. Como hoy es sábado, si no llenamos antes del cierre estamos *foutus*.

Al filo de la hora de comer nos salimos de la autopista en Orange. En el Carrefour de esta ciudad fue donde nos ocurrió el episodio tarjetero que cuento más arriba, un domingo por la tarde. Hoy pasamos primero por el Intermarché, y para nuestra felicidad la caja está funcionando. Llenamos, y después toca compra y comidita, que hacemos en el mismo aparcamiento.

Tras la siesta reglamentaria, 200 kilómetros hasta Lyon que se hacen enseguida por el peaje, bordeando el Rhône y con el tráfico muy descongestionado ya. En el tomtom tengo los pdi de los super franceses, así que en la circunvalación salimos en busca de otro Intermarché, pero éste sí que tiene el pagadero cerrado. El navegador me dirige entonces a un Carrefour, pero cuando llegamos al lugar señalado descubrimos que, sencillamente, no existe. Resignados, vamos de nuevo hacia la autopista y entonces nos topamos con una gasolinera abierta que vende su producto a 1,39. Voy a pagar con tarjeta, pero tras varios intentos el encargado confiesa que *no sabe utilizar el aparato muy bien* (¿!), así que abono en metálico.

Nos dirigimos hacia el Nordeste por la A 42, que más adelante se transforma en la A 40 y por último en la A 39. Como ayer, he utilizado la táctica de localizar varias áreas escalonadas en la ruta. Hasta Poligny quedan 170 kilómetros, distancia que consideramos factible. Llegamos al pueblo a la oscurecida. Tras un breve despiste damos con el área, que en realidad es un punto de llenado y vaciado (gratuito) a la puerta del camping municipal. Aprovechamos para efectuar estas operaciones y luego entramos en el pueblo en busca de aparcamiento. Localizamos un amplio espacio de tierra (N 46º 50' 03" E 5º 42' 15") donde hay otra auto. Nos quedamos.

Tras la cena nos vamos a dar una vuelta por el pueblo, que parece desierto. Tiene una calle central muy bonita, y sin sus habitantes parece un lugar encantado. Realmente éste es uno de esos momentos mágicos e impagables que compensan de todos los tráfagos y sinsabores del quehacer autocaravanista.

Kilómetros etapa: 565
Kilómetros viaje: 2.340

3 DE AGOSTO: DE POLIGNY A HERRIEDEN

Por la mañana descubrimos que estamos aparcados frente a la *École Nationale d'Industrie Laitière*. Poligny tiene fama por sus quesos, y donde nos hallamos es precisamente donde se celebra la feria del ídem; por eso los pdi –mal ubicados- decían *Champ de la Foire*. Descubrimos in situ otra fuente y un WC, de manera que volvemos a llenar limpias y vaciamos negras. La fuente, como la de ayer, es antigua, de hierro forjado y no permite acoplar grifos. Al igual que ayer, utilizamos la bomba de inmersión de 12 voltios que tanto juego nos va a dar este verano.

Por la N83 camino de Besançon. Cuando planificaba la ruta en casa no me di cuenta de que fue por aquí por donde llegamos de Alemania en el ya comentado viaje de 2006. Como discurre por un paisaje muy bonito y no cruza demasiados pueblos, es frecuentada por numerosas autocaravanas, a las que saludamos y por las que somos correspondidos. Fue precisamente en un pueblo de la zona -de cuyo nombre no consigo acordarme-, donde conocimos a la veteranísima pareja de autocaravanistas valencianos que venían del Báltico y que se habían quedado pinchados por rotura de la junta de culata. Llevaban dos días negociando por teléfono con la compañía aseguradora, que se negaba a repatriar el vehículo porque, les decían, era muy viejo. Al final parece que lo consiguieron.

En Besançon nos metemos de nuevo en la autopista. Pasamos dos taquillas pagaderas hasta Mulhouse; luego cruzamos el Rhin y entramos en Alemania, donde te puedes olvidar de los onerosos peajes franceses, así como de la obsesión por los super y su gasoil barato.

Nuestro plan inicial era haber dormido en Friburgo, pero cae demasiado cerca, así que enfilamos por la A 5 en dirección Norte. Al principio hay poco tráfico, luego se va adensando. Qué suerte al menos que hoy sea domingo y no circulen camiones. Comemos y descansamos en un aparcamiento a pie de carretera. Bego me releva al volante, y seguimos el curso del Rhin hasta Karlsruhe, y un poco más arriba nos desviamos por la A 6. Dejamos Heilbronn a un lado. A poco de pasar esta ciudad estamos a punto de equivocarnos por las obras que hay en el enlace de nuestra autopista con la A 81.

Atravesamos mucho bosque y tierras de cultivo. La conducción es más bien relajada, pero no deja de tener su punto de tensión, ya que bien mirado el nuestro es un vehículo raro: más rápido que los camiones, sí, pero más lento que los coches, y eso somete al conductor a la tesitura continua de si salir al carril izquierdo o no. Uno procura no entorpecer el tránsito, pero si no sales en el momento oportuno te arriesgas a quedarte atrapado tras un TIR por los siglos de los siglos.

Unos 35 kilómetros antes de Nürnberg está el pequeño pueblo de Herrieden. Aquí hay un área sin servicios (N 49º 13' 55'' E 10º 29' 46'') en la que durmieron hace tres veranos una familia gallega amiga nuestra, y describían el pueblo como *muy bonito,* de modo que nos animamos a pernoctar. En el casco urbano nos cruzamos con otra autocaravana con todas las trazas de venir de adonde nosotros vamos. La cara avinagrada del conductor no nos da buena espina. Cuando llegamos al parking encontramos la respuesta: es enorme, está asfaltado y rodeado de grandes árboles, pero tres cuartas partes de los presentes no son autocaravanistas, sino gente que reside allí de modo permanente. Parecen gitanos que viven del negocio de la chatarra, la cual por suerte no está esparcida sino cargada en pequeños camiones. Se alojan en unas *roulottes* enormes, distribuidas estratégicamente, y deben de contar con algún tipo de anuencia del ayuntamiento, porque tienen enganchada el agua y la luz. Para no ponernos a su lado, no nos queda otra que pegarnos a la carretera.

Mientras aparcamos, oscurece, pero aun así nos vamos a visitar el pueblo. Antes, al cruzarlo, constatamos que estaba muy cuidado y que era muy bonito, pero ahora además descubrimos que si el parking es de los gitanos, el pueblo se halla tomado por la variante local del *chundasvinto*: coches que corren, derrapan, aceleran y toman las curvas como poseídos. Alguno incluso nos sigue en nuestro paseo, en plan controlador. Volvemos muy tristes para casa reflexionando sobre cómo un sitio que debe de haber costado tantísimo conservar y restaurar -y que podría resultar idílico- puede echarse a perder por una turba de indeseables. Creemos que el estropicio va más allá de lo estético: al establecer los *chundas* su ley, el sitio pierde su valor emblemático, y en su lugar lo que se respira es un ambiente de vileza difusa y barbarismo evidente. Más aun, nos sorprende que el Ayuntamiento no haya instalado ningún medio que limite la velocidad (por no haber, no hay ni pasos de cebra) y les ponga las cosas un poco más difíciles a este hatajo de *buenos al volante*.

Kilómetros etapa: 556
Kilómetros viaje: 2.896

4 DE AGOSTO: DE HERRIEDEN A DRESDE

Amanece el tiempo revuelto. Sin problemas esta noche, nuestros *vecinos* se han portado bien. Eso sí, como estamos al lado de la carretera, a partir de las 6 nos despiertan los coches y camionetas de quienes van a trabajar.

Volvemos de visita al pueblo, pero antes hemos de esperar a que amaine un fuerte chubasco que se nos echa encima en cuestión de minutos. Después de todo Herrieden vale la pena, sobre todo ahora con los vampiros recogidos. El pueblo tiene un puente medieval precioso y una torre-arco que lo custodia. No existe ningún tipo de variante, de modo que todo el tráfico pasa por aquí, degradando inevitablemente el patrimonio. Vuelve a sorprendernos esta dejadez, que creíamos más propia de otros lares, en la civilizadísima Alemania. Durante el paseo hacemos escala en la farmacia en busca de una venda elástica, pues de tanto conducir se me ha resentido la torcedura de tobillo que me hice en la Garrotxa, y que creía curada.

El arco-torre de marras me hizo evocar la película *Die Brücke* (1959), en mi opinión una obra maestra.

Volvemos a la auto y nos disponemos a arrancar. Antes he descubierto una toma de agua, no sé si puesta por el Ayuntamiento o por los *instalados*. Como hay un grifo libre, nos acercamos a llenar el depósito. Nadie nos dice nada.

Debido a mi lesión, hoy conduce Bego gran parte del tiempo. Rodeamos Nürnberg y enfilamos hacia el Norte por la A 9. Campos de cereales recién cosechados y bosquecillos de robles y abetos. Dejamos la carretera de Berlín y nos vamos hacia Chemnitz por la A 72. No hay muchas obras en la autopista, al menos si las comparamos con otras veces, y el tráfico sigue siendo fluido. Sin embargo, nos ocurren un par de incidentes que nos hacen pensar.

Incidente 1: bajando una pendiente del 6 por ciento, por el carril derecho circula un Mercedes con una furgoneta pegada detrás. Justo cuando vamos a adelantar, la furgoneta se nos pone delante, a la altura del otro coche, sin sobrepasarlo. Le damos con las luces y como quien oye llover. Después de un rato, cuando le parece oportuno, el furgonetero pisa el acelerador y se larga, lo mismo el Mercedes.

Incidente 2: en una fuerte subida con tres carriles, vamos por el central adelantando camiones. De repente, en el momento crítico, un turismo salta, se nos pone delante y se queda allí plantado. Como va más despacio que nosotros pasamos al tercer carril y, cuando estamos a punto de sobrepasarlo, el tío cafre acelera y nos quedamos allí compuestos y sin novia.

Ante estos comportamientos abiertamente provocadores, se formulan diversas hipótesis. Bego cree que ya estamos en territorio de la antigua Alemania del Este, y que sus habitantes aún no han superado el trauma por triplicado de la descomunistización, la reunificación y la entrada a saco del capitalismo. Yo opino más bien que es la resaca de la Eurocopa, no nos perdonan el que se la birláramos en sus narices, y por eso el ver una matrícula española es suficiente para sacar a algunos de sus casillas. Una tercera hipótesis, no enunciada aunque sí sugerida, es que gilipollas los hay en todas partes, y que en tantos kilómetros forzoso es toparse con alguno.

En el día de hoy habíamos pensado ir hasta Görlitz, en la frontera polaca, pero cambiamos de idea: decidimos hacer 100 kilómetros menos y pasar la noche en Dresde. Una vez en la ciudad, busco un aparcamiento que según el TT hay junto al río Elba, pero lo pasamos de largo. Pongo entonces en funcionamiento el plan B, esto es, localizar el área que hay en el centro de la ciudad. Lo hacemos así y no resulta muy difícil, pese a que conducir, ir pendiente del navegador, de los semáforos y especialmente de los tranvías –que nos producen un terror insuperable- requiere la plena colaboración de piloto y copiloto. Finalmente encontramos el área (N 51º 02' 40'' E 13º 44' 36''), que está dividida en dos partes y prácticamente llena. Debe de haber unas treinta autocaravanas. Aparcamos en el penúltimo sitio.

El coste de la pernocta es de 14 aurelios –un pelín caro, a mi entender- que se pagan en el albergue municipal, no lejos de allí. La luz va aparte y además piden fianza, de modo que la descartamos. Tras ultimar todos los trámites, a las cuatro de la tarde por fin podemos comer.

Después nos vamos de visita a la ciudad. Para mí el nombre de Dresde siempre ha sido sinónimo de destrucción, ya que entre el 13 y el 15 de febrero de 1945 aviones ingleses y estadounidenses bombardearon la ciudad y originaron una tormenta de fuego que redujo a la nada un área de 15 kilómetros cuadrados. El cómputo de víctimas varía según las fuentes, ya que unas hablan de 35.000 muertos, y otras en cambio lo elevan a 350.000. Sea como fuere, el nombre de Dresde ha quedado tristemente asociado a una de las peores matanzas de civiles de la historia.

Sin embargo, nada en la ciudad recuerda ahora aquellos fatídicos días. Sorprende encontrar edificios históricos en pie. Yo imagino que restaurarían lo más valioso y descartarían todo lo demás, aunque según Wikipedia el gobierno de la RDA dejó que se cayeran bastantes monumentos importantes. Sin embargo, el paseo por la orilla del Elba con el sol poniente hace por sí solo que valga la pena haber parado en la ciudad. Además, la *Altstadt* (parte vieja) está cerrada a cal y canto para los coches, lo cual viene a ser un alivio después del soponcio de ayer.

Ya está oscuro cuando volvemos a la auto. Como el área se halla apartada de las vías principales, en una zona arbolada, pasamos una noche y un amanecer muy tranquilos, lo cual no deja de tener su guasa ya que el Herrieden de mis amores no llega a los ocho mil habitantes, mientras que Dresde supera holgadamente el medio millón.

Kilómetros etapa: 362
Kilómetros viaje: 3.258

5 DE AGOSTO: DE DRESDE A WROCLAW

Al lado del área hay una maquinita de las que si echas euros te suministra agua y permite vaciar las negras, pero desde ayer no he visto ni una sola auto utilizándola, de manera que no nos arriesgamos. Y sin embargo nos vendría estupendamente rellenar, ya que no sabemos cómo andará el tema en Polonia. Camino de la autopista nos detenemos en una gasolinera, pero ni asomo de grifos. Pensamos que tal vez se han cansado de proporcionar agua a los autocaravanistas, de manera que decidimos seguir y buscar alguna otra menos concurrida. Probamos en la que hay cerca de la salida 83 de la autopista, junto a un pueblo llamado Ottendorf-Okrilla. Es la Total Hermsdorf, y está en Dresdner Strasse, 53 (N 51° 10' 29" E 13° 49' 30"). Mientras yo echo gasoil, Bego se acerca a preguntar si podemos coger agua. El dependiente, un chico joven, le dice que grifos en la gasolinera no hay (¿!), pero que a la vuelta tienen un servicio. Después de repostar nos vamos para allá. El grifo del lavabo resulta del todo inapropiado para acoplar una manguera, pero ya es prurito profesional el conseguir que no se resista ninguno, de manera que se me ocurre que, colocando un recipiente de plástico en el lavabo, con la bomba de 12v podría trasegar el agua. Para ello tengo que aparcar la auto justo a la puerta del baño. Estoy en plena maniobra cuando, alertada por el ruido, por la puerta de atrás de la gasolinera sale una mujer con cara de pocos amigos. Cuando se entera de lo que pretendemos pone peor cara aun y se niega tajantemente, como si le fuéramos a robar los muebles. Bego le explica que hemos pedido permiso al dependiente, y que además acabamos de repostar 95 euros de gasoil. La tipa se larga refunfuñando. Pero los seis litros por minuto de la bomba son incapaces de competir con la impaciencia y la mezquindad de la otra: debe de creer que dentro de la auto hay un agujero negro que va a absorber hasta la última gota de agua de su gasolinera, porque al cabo de un rato reaparece para conminarnos a que lo dejemos. Ganas me dan de arrancarle el lavabo de cuajo y por añadidura soltarle la mierda, pero tampoco es cuestión de rebajarse a su nivel, así que nos vamos pero acordándonos hasta del penúltimo de sus bisabuelos, el que limpiaba las cagarrinas a las cucarachas de Hitler.

Regresamos a la autopista bastante calientes. Con el cabreo, paramos en un área de descanso un poco más adelante y vacío el Thetford en los servicios, pese al perentorio cartel de *Chemisch verboten*. Que les den. Y si no, que pongan un desagüe.

Tras el acuático disgusto, avanzamos sin más novedad y, a poco de rebasar Görlitz, entramos, por primera vez en nuestra vidas, en

POLONIA

Para saber por dónde nos andamos, he aquí unos datos orientativos:
- La superficie del país es de **312.685 km²**.
- Su población, **38,6** millones de habitantes.
- La moneda oficial es el **zloty** (1 euro = 3,20 zlotys).
- El precio del gasoil en agosto de 2008 era de **4,66 zlotys** (1,46 euros). Casi lo mismo que en Alemania.
- Su puesto mundial en el ránking de la renta per capita, corregido a la Paridad de Poder Adquisitivo (PPA) es el número **51**.
- Luz de cruce en los vehículos: encendida las **24 horas.**

Polonia, al igual que las repúblicas bálticas, entró en el Espacio Schengen el año pasado, y se lo han tomado tan a pecho que en la aduana no hay ni un alma. Pero hasta aquí las buenas noticias: la autopista se acaba (la están construyendo) y entramos en un rosario de carreteras deformadas, baches, semáforos y atascos que te transportan de repente al Portugal de hace treinta años, si no a un remoto lugar de la Cachemira india. No tengo ni idea de cuánto tardamos en cubrir 60 kilómetros, tal vez hora y media. Por el camino tenemos ocasión de imbricarnos íntimamente en los afanes cotidianos de los polacos y, de paso, aprendemos nuestras dos primeras palabras en el idioma local: *Kantor* (cambio de moneda) y *Uwaga* (precaución). La primera aparece sobre todo en las fronteras; en cuanto a la segunda, nos hará compañía por todo el país.

Después de un tiempo que se nos antoja siglos, llegamos a la autopista A 4, que cuando esté terminada unirá Berlín con Cracovia.

Comparada con lo que hemos atravesado, es el paraíso. Hay, además, poquísimo tráfico, fundamentalmente camiones. Me llaman muchísimo la atención unos paneles luminosos que marcan dos temperaturas: la primera es la del aire. La segunda es... ¡la del asfalto! Antes de pensar en venir a Polonia ya me habían contado que la mayor parte de las carreteras del país lucen una especie de rieles originados por los camiones. Ignoro cuáles son las propiedades elásticas que hacen que el asfalto polaco se deforme hasta ese punto con el calor, pero me imagino cuál sería el resultado si se utilizara en países cálidos como por ejemplo España.

Por la autopista se vuela, y llegamos a Wroclaw sin novedad. Nada más entrar, paramos en una zona comercial. El principal propósito es comer y descansar antes de irnos a buscar el aparcamiento que traemos de referencia (hay que cruzar la ciudad de Sur a Norte, 13 kilómetros). El propósito secundario es buscar un cajero automático y sacar zlotys. Me he fijado que las oficinas de cambio te dan 3,14 zlotys por cada euro, por lo que resulta práctico calcular una equivalencia de 0,30 euros, o 50 de las antiguas pesetas. El cajero lo encuentro en un *Tesco*, de forma que ya aprovecho para hacer algunas compras. Esta conocida marca británica me retrotrae al verano pasado, por la de veces que fuimos a comprar en sus establecimientos cuando viajamos por la Gran Bretaña. Por cierto, éste es enormísimo: creo que el hiper más grande en el que he entrado nunca. Se difumina así la imagen tercermundista que nos dio el país al principio.

Ya comidos y repuestos, acometemos la tarea de la pernocta. Cruzar Wroclaw no resulta difícil, pero las deformidades y boquetes del adoquinado me hacen bendecir el día que se me ocurrió instalar la suspensión neumática. Finalmente llegamos al parking, que no es otra cosa que un terreno ligeramente vallado. Yo traía la reseña de otros autocaravanistas que han dormido aquí, pero el vigilante nos deriva a otro aparcamiento situado a 300 metros. (N

51° 7' 45" E 16° 59' 30") La impresión es desoladora: el lugar es un poco almacén de construcción, otro poco chatarrería y otro poco muchas cosas, aunque por fortuna vemos que también guardan allí los coches de una autoescuela. El vigilante es de lo más amable: no tiene ni papa de inglés, alemán ni de cualquier otro idioma que no sea polaco. Por escrito nos da a entender que pasar la noche allí nos cuesta 30 zlotys (9,5 euros). No nos parece el mejor de los sitios, pero la aventura es la aventura.

Una vez puestos en confianza, nuestro hospedador se esmera y ofrece ducha y/o toilette, nos indica dónde está el super y dónde se puede coger un autobús para el centro. Le preguntamos si pondrán pegas a que suba Chandra, y responde que no. Llegados a la parada, descubrimos que los tickets se sacan en un expendedor automático que sólo funciona con monedas, que por supuesto no tenemos. Subimos al bus por la cara, esperemos que por esta vez no se cumpla la Ley de Murphy.

La línea 127, que es la que hemos tomado, pasa por el centro (más o menos, me ha dado a entender el conductor). Enciendo el gps y voy siguiendo el trayecto. Cuando constato que empieza a desviarse, nos apeamos. Estamos en la plaza de Jana Pawla II, señor que supongo no necesita presentación.

Como ya estamos muy hacia el Este, el sol cae a plomo mucho antes de lo calculado y deja la ciudad a oscuras. Paseamos primero por el Rynek y luego vamos hacia la catedral. Wroclaw se llamó en su día Breslau, y fue una ciudad alemana que pasó a pertenecer a Polonia a partir de 1945, en concepto de botín de guerra y en contraprestación por los territorios polacos del Este que se apropió la URSS. La ciudad quedó bastante machacadita tras las hostilidades (se rindió después de Berlín), pero lo cierto es que la han dejado impecable: el casco viejo parece hallarse en mejores condiciones que el de Dresde. Aquí el río que custodia la ciudad es el Oder, que se divide en varios brazos y dibuja un dédalo de islas.

Nuestra primera noche en Polonia. No percibimos nada que produzca sensación de inseguridad. Desde casa uno puede pensar que un país como éste, recién salido, como quien dice, del comunismo salvaje y abocado al no menos salvaje capitalismo sería una guarida de delincuentes, pero no es así. La gente pasea tranquila, se ven algunos mendigos y el personal es aficionado, como en Alemania, a tomarse las cervecitas en los parques. Eso sí, entre los jóvenes se lleva mucho el rapado al cero, lo que les da un inquietante aire *skin*.

Nos ha gustado tanto la ciudad que nos resistimos a marcharnos sin verla con luz de día. Por eso determinamos buscar mañana un aparcamiento más céntrico y dedicarle, al menos, un par de horas.

Para la vuelta queremos comprar los billetes del autobús, se manera que cambiamos un billete de diez zlotys. Una vez en la parada, me enfrasco con la máquina expendedora y sus sencillísimas instrucciones en polaco. No llevo ni veinte segundos cuando el 127 dobla la esquina. Acuciante dilema: ser honrados, sacar los billetes y esperar al siguiente o subirse a éste a la brava. Nos subimos. Reconozco que ya es tentar a la suerte pero son poco más de tres kilómetros, cuatro o cinco paradas; total, que ya hemos llegado y no nos hemos tenido que ver las caras con ningún revisor.

Para ir desde la parada al parking es preciso cruzar un descampado que de noche me imaginé terrorífico, pero lo cierto es que el barrio inspira total confianza. Y, sin embargo, en los días sucesivos observaremos una auténtica psicosis de inseguridad: aparcamientos custodiados las 24 horas, proliferación de empresas privadas de vigilancia, sobrepoblación de seguratas... A la vuelta recurro a la desapasionada estadística, y así descubro para mi asombro que en 2005 el índice de delincuencia en Polonia fue de 3.500 casos por cada 100.000 ciudadanos, mientras que la vecina

Alemania, por ejemplo, alcanzó la mucho menos tranquilizadora cifra de 8.000. Está claro, como siempre, que una cosa es la realidad y otra muy distinta la histeria social, espontánea u orquestada. ¿Tienen que ver en ello los ultraderechistas gemelos Kaczynski, presidente de la república y primer ministro respectivamente? Seguro que sí.

Cuando llegamos al parking-garaje-almacén nuestro vigilante nos recibe de lo más amable. Consigue hacernos entender que entre medianoche y 6 de la mañana deja suelto por el recinto un pastor alemán de aspecto bastante fiero, y que si por un casual necesitamos salir de la auto, que previamente toquemos el claxon. Preguntamos por la cuestión del pago y responde que no nos preocupemos, que el dinero se lo demos por la mañana a su compañero.

Cerramos todo lo cerrable y nos disponemos a disfrutar de un vigiladísimo sueño.

Kilómetros etapa: 272
Kilómetros viaje: 3.530

6 DE AGOSTO: DE WROCLAW A CRACOVIA

Amanece temprano por estos lares, y más en nuestro recinto pernoctil, porque aquí tiene también su sede una empresa relacionada con la construcción. Aparca una furgoneta a nuestro mismo lado y empiezan a cargar material con la radio a todo trapo. Tras un buen rato de jaleo se va. Menos mal, porque se habían puesto justo delante del grifo en el que nos proponemos recargar. Voy a realizar esta maniobra, y no bien me pongo al volante cuando se nos acerca el vigilante diurno, rapadete, más joven y desabrido que nuestro anfitrión de anoche. Éste tampoco sabe ni una palabra de otro idioma que no sea el mundialmente conocido polaco.

Aunque lo peor no es que no se le entienda, sino que tampoco hace ningún esfuerzo para que se le entienda. Por suerte, en medio del galimatías creo reconocer la palabra *trzydziesci* (treinta), y deduzco que lo que quiere es cobrar. Por mímica le hago ver que no nos marchamos aún, que vamos a coger agua, pero parece que no se fiara. Por fin nos devuelve la llave del grifo (su colega anoche, amablemente, la había dejado en el alféizar de una ventana) y se soluciona el asunto a satisfacción de todos.

Vamos para el centro. Ayer marqué con el TT un aparcamiento de lo más estratégico, pero no somos capaces de llegar hasta él al topar con una calle en obras. Encontramos otro, éste con caseta y vigilante, pero sus elocuentes gestos dicen que no nos acepta. Finalmente dejamos la auto en un descampado de aspecto ligeramente terrorífico, ya que los bloques de viviendas de los alrededores están que se caen a cachos. Sólo nos consuela ver que allí aparcan coches de lo más normalito, y que al otro lado de la calle están las traseras de una comisaría.

Visitamos ahora de día lo que ayer vimos de noche. Realmente, la Plaza del Mercado (Rynek) es fabulosa. En ella se expone una retrospectiva fotográfica que evoca el desolado paisaje que era este lugar al término de la guerra. Al lado está el *Mercado de las Flores*. Deben de ser aquí muy amantes de las mismas, porque me ha sorprendido descubrir la cantidad de gente que va por la calle con un ramo en la mano. También me llama la atención el aprecio que le profesan a una flor que en nuestra tierra no se considera ornamental: el girasol.

Paseando paseando damos con la Galería Dominikanska. Entramos en pos de una librería para adquirir un diccionario castellano-polaco que ponga fin a tanta incomprensión. Apenas lo usaremos durante estos días, pero –lo que son las cosas- nos rendirá un impagable servicio cuando volvamos de Lituania.

Cerrando el itinerario circular que nos hemos trazado llegamos de nuevo a la catedral. Según la guía, fue reconstruida por completo después de que volara por los aires, ya que los alemanes habían instalado en ella un polvorín, aunque si desconoces el hecho da perfectamente el pego y parece de lo más antiguo.

Con mucho calor, y saltando de isla en isla a través de pasarelas, volvemos muy contentos a la auto: contentos de no haber cedido a la tentación de marchar nada más levantarnos. Nos damos cuenta ahora de que la zona en la que hemos estacionado es la que en peores condiciones se halla, en vivo contraste con el limpio, arreglado, resplandeciente centro histórico. Es como si, por algún motivo, el tiempo y la desidia se hubieran estancado en este lugar.

Nos vamos para Cracovia. Otra vez tenemos que recorrer los 13 kilómetros de trazado urbano lidiando con los baches, los atascos y las obras. En una ocasión en que me equivoco de carril, al cambiar el semáforo Bego baja la ventanilla y avisa al resto de conductores: *Uwaga! Uwaga!* Parece que nuestro exiguo polaco rinde sus frutos.

De nuevo en ruta. Hasta Katowice la autopista está estupenda, construida o arreglada con fondos de la UE, y unas áreas de descanso asimismo estupendas, con arbolitos recién plantados. Sin embargo, a partir del conglomerado industrial de Gliwice-Katowice la carretera empeora. No es que desaparezca la autopista, sino que se halla salpicada de continuas obras y reducciones a un solo carril que ralentizan la marcha. Como curiosidad diré que los dos únicos peajes que hemos visto en todo el país, 6,5 zlotys cada uno (unos 2 euros), los pasamos precisamente aquí.

Una vez en Cracovia, tenemos dos opciones de pernocta: la primera es un parking en pleno centro, en la calle Karmelicka. La segunda es el camping, unos 8 kilómetros hacia el Sur. Aunque es tentadora la idea de circunvalar la ciudad por la autopista, preferimos probar primero el parking, por aquello de la comodidad. Nunca lo hubiéramos hecho: el tráfico es de por sí bastante denso y, para colmo de males, justo antes de doblar hacia Karmelicka el navegador pierde todos los satélites y nos quedamos a oscuras. Con seguridad mis maldiciones tuvieron que oírse en Varsovia. Orientándome por intuición efectúo varios giros y recupero la calle de marras por su extremo Sur. Damos con un parking, pero la entrada es muy estrecha, y el instinto autocaravanista me dice que nones.

Mañana descubriremos que el dichoso parking no existe, al menos ahora mismo, ya que lo han puesto patas arriba, no sé si por obras o catas arqueológicas. Pero eso, claro, será mañana: en estos momentos nos sentimos bastante mosqueados, que es la forma fina de llamar a la desesperación y al cabreo. Nos quedamos prácticamente a ciegas, ya que el TT ha decidido que las casas de Cracovia son impenetrables a las señales del satélite. Vamos hacia el Sur, llevando como referencia el Sol y el mapilla de la guía. Ponemos en práctica el plan B, es decir, buscar el camping. De camino hacemos un intento en otro aparcamiento. Preguntamos al vigilante si nos podemos quedar a dormir. Éste, de lo más amable –incluso chapurrea algo de inglés- llama por el móvil a su jefe, pero le dicen que nanay. El buen hombre nos dirige hacia otro parking cercano, lo que pasa es que ya no tenemos ánimo. Y el poco que nos pudiera quedar se evapora en el monstruoso atasco que nos tragamos a la salida de Cracovia. Por fin aterrizamos en el camping (N 50º 00' 56" E 19º 55' 30") agotados y al borde de un ataque de nervios.

Tan hechos polvo estamos que decidimos dedicar lo que queda de tarde al relax. Nos han dado una parcela individual, así que hacemos lo que no acostumbramos, esto es, sacar sillas y mesa. De paso despliego el toldo, para que le dé el sol y se airee. Me parece que es la tercera vez que lo abro desde que tenemos la auto, y va para cuatro años. Al verse sorprendida, una araña enorme sale corriendo.

El camping está bien, por lo menos para nosotros que no buscamos sitios muy sofisticados. Nos cuesta 46 zlotys (15 euros) por día. El agua para la auto se paga aparte y cuesta 5 zlotys. Para no fastidiar el negocio, está prohibido cogerla de los fregaderos. Lo mejor –aparte de que la recepcionista habla inglés- es que admiten perros y no cobran por ello. Lo peor, las duchas: tras mucho buscarlas, descubro que sólo hay dos o tres por cada sexo, y eso para todo el camping. De modo que opto por mi baño privado, que para eso lo he traído de casa.

Casi todos los que se alojan en el camping, curiosamente, son franceses. Los hay caravanistas, autocaravanistas y también tiendistas. Confieso que le tengo cogido tirria a los campings entre otros motivos por el hacinamiento y el escándalo, pero eso es en España. Aquí, a las diez de la noche todo el mundo está recogido, y no se oye más que el distante chirrido del tranvía.

Kilómetros etapa: 284
Kilómetros viaje: 3.814

7 DE AGOSTO: CRACOVIA

Tras las tareas matutinas de rigor, nos vamos para el centro. La terminal del tranvía está a tiro de piedra del camping. Cogemos el número 8 ya que, al parecer, es el que nos deja más cerca de la *Stare Miasto*, que es como se dice en polaco ciudad antigua. Tampoco aquí tenemos problema para viajar con Chandra.

Nos apeamos en la esquina del Wawel, al inicio de la calle Santa Gertrudis, y la recorremos por su parque adyacente hasta entrar en el casco antiguo por Dominikanska. Por cierto que la denominación de algunas calles es un punto: ayer, mientras buscábamos el parking, pasamos junto a Josepha Conrada, que más que un homenaje al autor de *El Corazón de las Tinieblas* parece que se la hubieran dedicado a su mujer. Ídem las denominadas Karola Darwina o Generala Leopolda Okulickiego. Por no hablar de la palabra *Droga*, que la veíamos en muchos carteles y que, para nuestro alivio, el diccionario nos tradujo por un inocente *camino*.

También sorprende la cantidad de monjas que se ven por la calle (pero no frailes, ni tampoco curas), la mayoría muy jóvenes. Por contraste, muchas otras mujeres –supongo que para vengarse del invierno- visten ligeros trajes que dejan al descubierto brazos, hombros y escote (casi todas, además, llevan falda). Paso el día anonadado, porque no recuerdo haber estado en ninguna ciudad con tal cantidad de mujeres bellas. Rubias y de tipo eslavo, pero también morenas y de ojos rasgados, tal vez un recuerdo de la sangre tártara.

Ya en la Plaza del Mercado constatamos que Cracovia es considerablemente más turística que Wroclaw. Quizá ello se deba en parte a que, a diferencia de la segunda, apenas si sufrió daños durante la guerra, y su patrimonio se conserva intacto.

Hace calor. Nos arrimamos a la sombra que proyecta la estatua del poeta Adam Mickiewicz, mientras observamos el pulular de la gente. De la torre de la catedral llegan los acordes de la *melodía interrumpida*, la que tocó aquel soldado para avisar de la llegada de los tártaros y que, como en las películas, murió atravesado por una flecha de éstos.

Después visitamos el antiguo Mercado de los Paños, que es como el Gran Bazar de Estambul pero en chiquitito. Las tiendas son todas de recuerdos y se escoran con frecuencia hacia el souvenir religioso. Sin embargo, me quedo sorprendido por lo hermoso de la artesanía local y, sobre todo, por sus precios. Tan baratos me parecen los juegos de ajedrez y las cajas decoradas que temo que lo que indican las etiquetas sean meras referencias, de modo que primero pregunto para asegurarme, y después me llevo dos cigüeñas blancas talladas en madera, de un palmo de altura, por 15 zlotys (4,8 euros) cada una. En Polonia hay más cigüeñas que en España, y lo cierto es que deben de apreciarlas más que nosotros, a juzgar por el número de representaciones que veremos de ellas durante el viaje. Resulta extraño y a la vez conmovedor encontrarse un pájaro tan ligado a nuestra infancia en un país tan alejado.

Decidimos acercarnos hasta Karmelicka para averiguar qué fue del dichoso parking y, como referí ayer, lo encontramos pero cerrado por obras. De todos modos pensamos quedarnos una noche más en el camping, así que ya nos da igual.

En la misma Karmelicka descubro un ciber a 3 zlotys la hora. Bego y Chandra se van a dar una vuelta y yo me sumerjo en el mundo que hemos dejado atrás: los correos electrónicos -deseados unos, aborrecidos otros-, las cuentas del banco, la página de la Consejería de Educación, la prensa nacional y regional con los últimos crímenes y sucesos luctuosos acaecidos en tu ciudad y en el mundo y, cómo no, el foro de AC Pasión. Recuerdo de ese universo cotidiano puesto entre paréntesis, suspendido en el limbo hasta que llega el agridulce momento de la vuelta y de retomar entre las manos las riendas de todo eso.

Ya es mediodía, así que a la salida del ciber compramos un par de *kebabs* y nos los comemos a la sombra de un parque. Toda la parte vieja de la ciudad se halla rodeada de un anillo de jardines arbolados, lo que hace muy agradable la sobremesa teniendo en cuenta la calorina que está cayendo. Nos movemos en sentido de las agujas del reloj hasta llegar a la *Brama Florianska* (Puerta de San Florián), y allí enfilamos la calle del mismo nombre que baja otra vez hasta la Plaza del Mercado. Hay muchísimos turistas a esta hora, aunque a mí lo que me sorprenden son los vehículos eléctricos en los que los guías transportan hasta seis personas para enseñarles la ciudad. Limpios. Silenciosos, destinados a volver nuestro mundo más tranquilo y habitable cuando sustituyan por fin a los escandalosos y hediondos motores diesel.

Una vez enfrente de la catedral seguimos hacia el Sur por la calle Mayor (Ulica Grodzka), muy animada. Llegamos así a las faldas del Wawel, la colina sobre la que se asentó la primitiva ciudad, tan cansados y asfixiados que nos sentamos en el césped. Como no estamos al tanto de los usos y costumbres polacos, no sabemos si esto está permitido. Al principio la gente que pasa nos mira, pero luego se nos suman algunos más. Una señora y su hija, que nos parecen norteamericanas, intentan (y lo consiguen) hacerse amigas de Chandra. El cómo hay gente capaz de granjearse sus simpatías -y otra en cambio no- resulta para mí un misterio. Aunque si eres mujer y estás acostumbrada a tratar con mascotas resulta todo mucho más fácil.

Intentamos entrar en el recinto del castillo, pero al ir con perro nos lo impiden, así que rodeamos la colina por su parte baja hasta llegar a la entrada de la *Cueva del Dragón* -o más bien su salida, ya que debe de accederse desde el castillo-. Buscamos de nuevo la sombra y casi acabamos con una botella de dos litros de refresco que hemos comprado. Jamás pensé que por estos lares pudiera hacer semejante calda.

Estamos a orillas del Vístula. Hace un rato, una chica con vestido blanco de Marilyn y gorra de capitán intentó convencernos para que demos un paseo en lancha por el río. Luego nos entra un chaval con idénticas intenciones. Y a la tercera va la vencida: una chica muy joven que habla un inglés estupendo consigue meternos en la barca por 15 zlotys cada uno (perro gratis). Chandra al principio se asusta del agua, pero luego le coge el gustillo al jugueteo de la brisa. Somos siete en la lancha. Primero vamos río arriba, luego descendemos hasta pasar frente al embarcadero y otra vez para arriba. A mí, como siempre en estos casos, el paseo se me hace cortísimo.

Ya en tierra, asistimos al bautizo de un barco con ruedas de palas, al más puro estilo Mississippi. Hay fotos, discurso y botellazo de champán incluido. Suben los pasajeros para el viaje inaugural y Chandra, que al parecer ha perdido el miedo, se quiere ir detrás de ellos.

Poco a poco afloja el calor. Bordeamos el río en dirección al barrio de Kazimierz, que es donde se encontraba el ghetto judío (algunos exteriores de *La Lista de Schindler* fueron rodados aquí: por lo visto, lo que se narra en la película sucedió realmente en Cracovia). El barrio conserva un indefinible aspecto de los años 40, sólo alterado por los bares de copas y restaurantes abiertos recientemente. Vamos hasta la Plaza Wolnica y desde allí seguimos una ruta (señalizada) que te lleva por seis sinagogas y el cementerio. Será la hora, pero está todo cerrado.

A punto de oscurecer, salimos a la Ulica Krakowska, que es por donde pasa el tranvía 8. Antes de dar con la parada vemos pasar uno, así que toca esperar veinte minutos. Los tickets los compramos en una pequeña tienda de la calle.

Mientras esperamos, observo a unas mujeres jóvenes que lucen pantalón corto y zapatos de tacón. Tengo casi la seguridad de que son chicas normales y corrientes, y sin embargo en España pensaríamos de inmediato que son, ejem, prostitutas. Junto a ellas, también esperando el tranvía, está la inevitable monja, y eso me arrastra de nuevo a la reflexión de que en ninguna otra parte he visto tan íntimamente ligadas religión y concupiscencia.

Chandra debe de estar tan cansada como nosotros, y además casi no ha comido nada en todo el día. A cada parada mira con envidia a la gente que se baja, como preguntándose que por qué no nosotros. Cuando llegamos a la autocaravana invariablemente se pone muy contenta, y hay que corresponder con caricias. No sé si es simplemente la alegría de volver a casa o también el alivio de que hayamos dado con ella, porque para un perrillo una ciudad desconocida no deja de ser un laberinto, y debe parecerle de lo más meritorio el que en todas y cada una de las ocasiones seamos capaces de dar con el camino de regreso.

8 DE AGOSTO: DE CRACOVIA A SUCHEDCNIÓW
Amanece gris. Empleamos parte de la mañana en preparar la partida, vaciar grises, negras, llenar limpias e ir al Carrefour que hay enfrente del camping, al otro lado de la carretera. Como el Tesco de Wroclaw, es enorme. Sin embargo, tanto los precios como la diversidad de oferta me parecieron más interesantes en el hiper de la cadena británica.

Se me está terminando el papel para escribir las notas del viaje, de modo que me propongo comprar aquí un cuaderno. Por extraño que parezca, me cuesta muchísimo encontrar lo que quiero: hay una vasta zona destinada a material escolar, pero todas las libretas que veo son de diseño, molonas y carísimas. Parece que Polonia también se ha apuntado a la vuelta al cole como excusa para el consumismo sin ambages.

Tras la compra entramos a repostar en una gasolinera. Nuestra sorpresa es mayúscula cuando nos acercamos al surtidor y vemos que el gasoil no lo venden por litros sino... ¡por decímetros cúbicos! Tenemos que recurrir a nuestros remotos recuerdos de las unidades de medida para convencernos de que, efectivamente, viene a ser lo mismo una cosa que otra.

Terminadas todas las formalidades, nos vamos para Wieliczka en busca de la *kopalnia soli*, esto es, la mina de sal. La encontramos sin problemas –o más bien nos encuentra ella, ya que 200 metros antes de la entrada nos asalta una legión de aparcadores que nos dirige a un lugar (N 49° 59' 11" E 20° 3' 05") en el que nos piden 15 zlotys por dejar la auto. Al principio recelamos un poco por no ser el aparcamiento oficial, pero después comprobaremos que allí las autocaravanas sólo pagan 1 zloty menos, y tampoco está permitido dormir. Por lo que llevamos visto, queda claro que en Polonia los aparcamientos son el gran activo de la industria turística nacional, como en Egipto lo eran los wateres.

Chandra se queda vigilando la auto y nosotros nos vamos para la taquilla. Los tickets para el tour guiado en inglés cuestan 64 zlotys (20 euros) por persona. Existe una tarifa de 46 zlotys para turistas individuales, pero la casuística es tan compleja que no parece sino una argucia para que los nacionales paguen menos. En fin.

Nos hacen esperar media hora hasta que se completa el grupo y luego vamos de cabeza a la mina. Nuestra guía dice llamarse algo así como *Cartagena* (¿!) y es joven, competente y agradable. Primero bajamos trescientos y pico escalones (64 metros) y vamos pasando por diferentes galerías, separadas unas de otras por pesadas puertas que evitan las corrientes de aire que, de formarse aquí, serían huracanadas. Nos detenemos en salas en las que está representada la historia de la mina, los métodos de extracción tradicionales, y también frente a esculturas de visitantes ilustres de Wieliczka: Copérnico, Goethe, Chopin y, cómo no Juan Pablo II. Por lo visto también estuvo Bill Clinton, pero a éste no le han puesto efigie. Las estatuas se hallan esculpidas, como todo aquí, en sal: si uno mira al suelo y a las paredes parecen hechas de negra roca, pero si humedeces un dedo y te lo llevas a la boca compruebas que también es sal.

Así hasta que llegamos a la sala principal de la mina, que es la capilla de Santa Cunegunda, equipada con su retablo, su altar, sus imágenes... Personalmente la parafernalia religiosa me trae al pairo, pero reconozco que los bajorrelieves salinos son de una maestría y un realismo extraordinarios, al igual que las arañas que cuelgan del techo. También de sal gema, como no podía ser menos.

La verdad es que el sitio impresiona. Cuando accedemos a la sala por lo que sería el equivalente al coro de una iglesia o al gallinero de un cine, no puedo evitar tener un recuerdo para un compañero de afición que responde al nick de *Correkminos*, pues fue a través de una foto suya, sacada precisamente desde este ángulo, como tuve por primera vez conocimiento de este lugar. A él y a sus certeras imágenes debo también el haber visitado hace dos años la Cueva del Hielo de Eisriesenwelt, en Austria, y la Abadía de Fountains, cerca de York, en el Reino Unido, el pasado verano.

A mí, desafortunadamente, las fotos no me están saliendo tan buenas debido a que estoy en fase de aprendizaje con la Canon y a que en ocasiones no consigo suprimir el ruido. Por cierto, que para usar cámara era obligatorio pagar un suplemento de 10 zlotys, pero el personal hace caso omiso y dispara a tutiplén, lanzando unos flashazos que te dejan cegato.

El punto más bajo al que llegamos está a 135 metros bajo el suelo. Hemos venido con botas de montaña y bien abrigados, pero la temperatura es bastante soportable. Ya al final del recorrido nos hacen pasar por las tiendas de recuerdos y el restaurante. En las tiendas no compramos nada, y sin embargo es posible que sin saberlo tengamos un trozo de esta mina en casa: se trata de las lámparas de sal que le regalé a Bego hace unos años y que alumbran nuestro dormitorio. Están huecas por dentro, y llevan una bombilla que al encenderse tiñe la sal de color rosa salmón. Ya sé que hay más minas de sal gema en el mundo, pero es que las lámparas que venden aquí son idénticas.

Lo realmente diminuto son los ascensores para salir a la superficie, y encima hay bastante cola. Sentados en un banco, a la luz mortecina de las bombillas, tiene uno tiempo de pensar en los refugios antiaéreos, en las diversas guerras mundiales, inciviles y otras.

Al ascensor se entra por riguroso turno, excepción hecha de tres italianos maestros del cuele que iban detrás y de pronto, sin saber cómo, se han puesto delante. Estamos tan apretados que accidentalmente con la mano doy un ligero golpe en la cara a una cría; ella, en revancha, se aprovecha de la aglomeración para arrearme patadas. Por fin nos enlatan, y unos segundos después salimos al aire libre. Sigue nublado, pero qué bien y qué alto se ve el cielo.

La visita ha durado tres horas, y llegamos derrengados a la auto, que continúa en el mismo sitio gracias a la atenta vigilancia de Chandra. Comida, siesta y a eso de las 18:15 nos ponemos en marcha. Vamos hacia Varsovia por carretera general y presumiblemente mala, así que vamos a aprovechar lo que queda de tarde para hacer todos los kilómetros posibles.

Yo temía el intenso tráfico que nos íbamos a encontrar al cruzar Cracovia, y se me había ocurrido dar toda la vuelta a la ciudad por la autopista. Parecía un poco exagerado, pero es justamente por donde nos llevan los indicadores de carretera, y eso que se trata de un buen rodeo: si en la esfera de un reloj imaginario Wieliczka está a las cuatro, entonces damos la vuelta hasta las doce, y pasamos por el mismo lugar por donde entramos a la ciudad hace dos días. El trayecto no tiene dificultad más que en un punto, que es el enlace con la nacional 7. El navegador me pide que gire a la derecha, cuando sabemos perfectamente que nuestra ruta va en dirección contraria. La paradoja se resuelve cuando descubrimos que efectivamente hay que salirse a la derecha, pero que a continuación es preciso colocarse a la izquierda de la derecha y pasar luego bajo un puente para enfilar definitivamente la carretera de Varsovia.

Pueblos y urbanizaciones se suceden sin tregua y ralentizan nuestra marcha. Llevamos una hora de camino cuando salimos por fin a campo abierto. La carretera cambia de humor continuamente, pero predomina el mal estado. Aprendemos una palabra nueva: *koleiny*. La veremos siempre justo antes de que aparezcan esos raíles que los camiones grapan en el asfalto, y que en ocasiones hacen patinar al vehículo como si estuvieras sobre hielo. El *koleiny* es ya toda una institución en Polonia; tanto que hasta tiene su propia entrada en Wikipedia.

Nuestra intención era conducir hasta la puesta de sol y quedarnos en algún pueblo de la carretera. Esto es más fácil decirlo que hacerlo, porque como hay bastante tráfico no se puede ir a la velocidad que uno quisiera para investigar, y cuando descubres un buen sitio ya te lo has pasado. Gradualmente nos vamos quedando sin luz. Y por si fuera poco comienza a llover. Hacemos intento en el parking de lo que parece un polideportivo, pero la expectación suscitada entre la población adolescente del lugar nos hace desistir.

Hay algo peor que conducir de noche por un país extranjero y diluviando, y es que además la carretera se halle en pesimísimo estado. Los desvíos por obras son continuos, y a veces no tengo claro por dónde nos mandan exactamente. Pasamos dos situaciones especialmente delicadas que parecen un calco una de la otra: como llueve a mares y la calzada no drena, se forman sobre ella enormes charcos. Entonces nos cruzamos con un camión que arroja sobre nuestro parabrisas tal manta de agua que durante breves pero angustiosos segundos pierdo por completo la visión de lo que tengo delante: la primera de las veces era un turismo que aguardó a ese preciso instante para frenar y girar. La segunda andanada sobrevino justo cuando un impresentable venía de frente con una rueda por este lado de la línea continua. En fin, un poema. Al haber abandonado las autopistas -o, mejor dicho, la autopista- esta tarde hemos recibido toda una clase magistral de conducción a la polaca: los coches adelantan vengan o no otros vehículos de frente: se espera que éstos se echen al arcén para facilitar el adelantamiento (o para dificultar el paso a la otra vida). Adelantan asimismo en continua y en doble continua, haciendo gala de una temeridad sin parangón. No en vano, en 2006 tuvieron 137 muertos en carretera por millón de habitantes, mientras que por esas fechas España andaba por los 94 -que de todas formas siguen siendo muchísimos, comparados con los 49 de Suecia o los 45 de Holanda.

Pasado Kielce los pueblos desaparecen por completo, y sólo se divisan luces aisladas de casas lejos de la vía por la que transitamos. No hemos parado desde Wieliczka, y estoy tan agotado y desesperado que cometo el error de meterme por una carreteruela con la esperanza de acercarme a lugar poblado. Nunca lo hubiera hecho: tan estrecha es que a duras penas nos podemos cruzar con un coche que sale. Para colmo, quinientos metros más adelante se adivinan unas obras. Desisto de seguir. ¿Quién sabe lo que nos puede deparar más adelante?

Hay momentos en que uno se dice a sí mismo que esto es tan malo que no puede estar pasando. Por ejemplo como ahora, que es de noche, llueve a mares y no queda otra que incorporarse marcha atrás a una carretera con muchísimo tráfico. ¿Hay quien dé más?

Por suerte conseguimos salir del atolladero sin desgracias que lamentar. Al llegar al siguiente pueblo no me ando con chiquitas, y entro por la primera desviación. Pero no estamos en un casco urbano propiamente dicho, sino que recorremos largas calles de casas con jardín. Desiertas y oscuras, sin un triste coche y sin ningún parking a la vista. Hasta que localizo un hueco suficiente a la puerta de un bar (N 51º 02' 32'' E 20º 50' 11''), y allí me voy.

Al parecer, el pueblo en cuestión se llama Suchedcniów, nombre significativo ya que no *suchedcnió* nada para lo que pudo *suchedcner*: puesto que nuestro aterrizaje ha provocado la lógica expectación, y como al ser viernes el local de copas no augura un buen descanso, una vez me recupero del soponcio decido salir de descubierta para ver si encuentro un sitio más tranquilo. Habitualmente me oriento bastante bien, pero como es de noche tengo especial cuidado en recordar las calles por las que voy pasando y los sucesivos cambios de dirección. Ha dejado de llover y empiezan a verse algunas estrellas. Está claro que no puedes prever cuándo va a parar una tormenta, pero el recuerdo del reciente infierno que hemos pasado hace que me invada una indefinible y profunda sensación de gilipollez. Tras caminar un rato doy con lo que buscaba: un amplio aparcamiento en las proximidades de bloques de viviendas. Vuelvo hacia la auto para decírselo a Bego. Como el trazado en retícula del pueblo es tan sencillo me atrevo a regresar por un itinerario distinto. Cuando salgo a una calle por la que no he pasado antes constato, con desolación, que me he perdido.

Por fortuna encuentro enseguida la carretera Cracovia-Varsovia, pero no debo de andar muy ubicado, ya que caminando hacia la derecha me encuentro con las luces de un super que hay cerca del aparcamiento en el que pretendía dormir. Como a estas alturas ya he perdido toda referencia de la trama interna del pueblo, decido caminar hacia la izquierda en dirección Cracovia hasta dar con la calle por la que entramos. Lo que ocurre es que como llovía tanto, la noche estaba tenebrosa y nosotros histéricos, tengo miedo de no reconocer el sitio y salirme del pueblo. Para colmo, y como iba ahí al lado, no me he traído el móvil, ni el gps ni na de na; por no tener no tengo encima ni la documentación. En esos momentos estaba tan ocupado que no se me ocurrió, pero pensándolo ahora, ¿qué habría ocurrido si pasa un coche de la policía y me para? Extranjero, sin papeles y además perdido. La noche en el cuartelillo no me la quita ni Dios. Las grandes tragedias tienen su origen en pequeños errores, mejor no meneallo.

Caminé durante un tiempo que me pareció infinito. La escasa iluminación de la carretera no ayudaba precisamente a reconocer nada. Pasé por un aparcamiento de camiones y una gasolinera que no recordaba. Me aferraba como un desesperado a dos carteles que había visto al llegar al pueblo: una indicación de camping y otra de una iglesia, pero a estas alturas ¿cómo fiarse ya? Después de otro aterrador lapso de tiempo di con la calle por la que nos habíamos desviado con la auto, pero como fue la primerísima de todas, me toca caminar otro tenebroso kilómetro antes de llegar a mi bienamada auto. Jamás me he alegrado tanto de verla. Desde que salí de exploración hasta ahora han transcurrido dos horas largas, Bego y Chandra estaban preocupadas. Lo más divertido de todo –por etiquetarlo de alguna manera- es que cuando me reintegré por fin a la auto el bar de marras ya había cerrado.

De todo este cúmulo de barbaridades y despropósitos espero sacar enseñanzas que me sean de utilidad algún día. Aunque a lo mejor lo digo para consolarme de haberlas pasado canutas de un modo tan absurdo.

Kilómetros etapa: 195
Kilómetros viaje: 4.009

9 DE AGOSTO: DE SUCHEDCNIÓW A VARSOVIA

A las siete de la mañana nos despiertan unos cánticos. Al principio pienso que es el dueño del bar, que quiere que ahuequemos pronto. Pero no: abro el oscurecedor de la ventana trasera y lo que veo son nutridos grupos de gente, algunos de hasta doscientas personas, que caminan separada y ordenadamente por la calle-carretera por donde entramos anoche. La mayoría son jóvenes, pero también van familias enteras. Todos los grupos llevan su respectivo comisario-animador que empuña un palo a modo de estandarte sobre el que van fijados varios megáfonos. Cada uno utiliza tan peculiar dispositivo según su personal criterio: los hay que sermonean incansablemente en un tono solemne y sosegado; otros, en cambio, enardecen a sus acólitos con consignas que son coreadas-repetidas-respondidas por éstos. Los hay que amenizan el camino con música mística y otros, sin embargo, hacen sonar melodías más cañeras. La organización es asimismo de un rigor militar, pues cada siete u ocho grupos se integran a su vez en un bloque mayor. Cada uno de estos pequeños cuerpos de ejército va precedido por un coche de la policía, y cierra toda la formación un hombre con chaqueta reflectante y bandera roja.

No entendemos en absoluto de qué va la cosa hasta que caemos en la cuenta de que hemos dormido al lado de un *peregrinódromo*, y que todo ese mogollón se dirige al santuario mariano de Czestochowa (ya anoche, durante mi incursión nocturna, vi uno de estos grupos acampado en un solar del pueblo, y quioscos expendedores de artículos religiosos y estampitas, estratégicamente situados a lo largo de la ruta para satisfacer las urgencias peregriniles). Aun para los que somos agnósticos redomados, esta exhibición colectiva de fe impresiona: durante la hora que tardamos en arrancar desfilan frente a nosotros no menos de tres mil personas. Como colofón, pasa un camioncillo cargado con cabinas de wateres químicos, imprescindibles para las humildes necesidades de semejante muchedumbre.

Dejamos atrás el sugerente espectáculo y reanudamos nuestra propia peregrinación. Durante los 150 kilómetros que restan hasta Varsovia la carretera mejora a veces, pero sólo lo justo para que te hagas ilusiones; después, vuelta a empezar con los desvíos, las obras y los koleinys. Los trabajos de la futura autopista contribuyen a complicar aun más la situación. Finalmente entramos en Varsovia. Aquí el tráfico es fluido, y el gps nos lleva directamente hasta el aparcamiento que tenemos marcado a orillas del Vístula – es el mismo río que pasa por Cracovia, y que aquí es mucho más ancho. Empieza a llover.

En la garita de entrada al parking (N 52° 15' 06" E 21° 0' 53") nos enteramos de que por veinticuatro horas nos cobran 70 zlotys, casi 22 euros. Como atraco a mano armada no está mal, pero no tenemos ganas de callejear en busca de otro sitio, así que entramos. Con semejantes tarifas no es de extrañar que en todo el recinto sólo haya una autocaravana española y otra alemana, además de unos italianos que entran y se marchan al rato. Por suerte, la ciudad vieja está aquí al lado, y como es pequeña nos bastará esta tarde para verla.

Bego aprovecha el resto de la mañana para descansar, y yo para escribir. Luego salimos a ver Varsovia. Tal como imaginaba, al casco histórico se llega simplemente subiendo unas escaleras. Lo de histórico es un decir, ya que se halla totalmente reconstruido, aunque de no saberlo parecería por completo original. La lluvia ha parado, y sale el sol.

Durante el paseo percibimos enseguida dos datos de interés para el turista: a) Los precios son más altos que en Cracovia. b) Encontramos una comisaría móvil instalada al principio de la calle Freta, lo que nos trae inevitables recuerdos de la psicosis robaticia de Praga y provoca un instintivo movimiento que pone a buen recaudo cámaras, pelas y restantes objetos de valor. También constatamos que, al ser sábado por la tarde, todas las iglesias del centro trabajan a destajo boda va, boda viene. Parece que aquí esto de casarse por el rito católico es algo que no ha caído en desuso en absoluto.

Como la parte antigua se nos acaba enseguida, nos desplazamos en dirección al ghetto judío. Bueno, quiero decir adonde estaba el ghetto, porque allí sí que no quedó nada de nada, sólo un parque y bloques nuevos de viviendas.

Conozco dos películas que relatan la odisea que se vivió aquí entre enero y mayo de 1943. La más famosa es sin duda *El Pianista* (2002), de Roman Polanski.

La otra posiblemente es menos conocida: se llama *Uprising* (2001), y al castellano se ha traducido, bastante desafortunadamente, como *Rebelión en Polonia.*

Se trata de una tierna e inspiradora historia, más colectiva y menos personal que la primera, en la que se narra la desesperada respuesta de los habitantes del ghetto ante el exterminio sistemático al que fueron sometidos. Que yo sepa, es el único caso de resistencia armada por parte de los judíos en toda la Europa ocupada por los nazis; si se hubiera dado en otros sitios, otro gallo les habría cantado a los de la esvástica, y quizá tampoco el estado de Israel habría podido utilizar hoy día el Holocausto como argumento para justificar su propio genocidio contra el pueblo palestino.

Sea como fuere, ésta sólo fue la primera insurrección de Varsovia; la segunda tuvo lugar entre agosto y octubre de 1944: el Ejército Rojo, que estaba al caer, en lugar de apoyar a la Resistencia acampó tranquilamente en la otra orilla del Vístula, esperando a que los alemanes aniquilaran a los polacos insurgentes. Una vez conseguido esto, los nazis se dedicaron a dinamitar lo que quedaba de la ciudad; para enero del 45, cuando por fin entran los rusos, el 85 por ciento de la misma se halla destruido. Es por eso por lo que las palabras *Varsorvia* y *martirio* pueden considerarse sinónimas.

Hasta el Memorial del ghetto llegan pocos turistas. Hay un grupo cuyo guía, que habla español, tiene acento centro o sudamericano. El otro grupo está compuesto de estudiantes. Suponemos que israelíes, porque llevan un guardaespaldas con pinganillo incorporado que no nos quita ojo cuando nos cruzamos con ellos por tercera vez.

Queríamos ver el lugar donde se ubicaba el búnker desde el que Mordechai Anielewicz dirigió la resistencia, pero la guía que traemos no es nada precisa al respecto, y las indicaciones sobre el terreno tampoco, así que desistimos. Nos vamos hacia el Palacio de la Cultura, el edificio más alto de toda Polonia, regalo de Pepe Stalin y construido en la década de los 50. Su fisonomía recuerda mucho a los rascacielos de *Metrópolis*, de Fritz Lang. También se da un aire a la Giralda de Sevilla. Dicen las malas lenguas que desde su última planta se disfruta de la mejor vista de todo Varsovia... precisamente porque no se ve el rascacielos. Sí que se aprecian en cambio los construidos durante los últimos años, en el desmesurado afán de los países del antiguo bloque socialista por parecerse a ese otro Gran Hermano no menos autoritario, pero sí más ladino y sutil que atiende al nombre de Estados Unidos de América.

Desde el ghetto hasta el Palacio de la Cultura hay 2 kilómetros en línea recta que se hacen eternos, porque al divisarse el edificio desde tan lejos parece que nunca se va a llegar. Nos proponemos subir para ver la puesta de sol. Imaginamos que no dejarán entrar con perro, pero como va a ser poco rato recurrimos a la estratagema, ensayada previamente, de meter a Chandra en la mochila. Son unos cuantos kilos que la verdad se notan sobre todo en los pies, hinchados de tanto caminar. Los de seguridad se aperciben del *paquete* justo cuando hemos sacado los tickets (20 zlotys cada uno) y parecen a punto de decirnos algo, pero les puede el divertido asombro. De todas formas, hoy hemos asistido al insólito espectáculo de personas que se acercaban a Chandra para acariciarla o hacerle fotos, diciéndole –y diciéndonos- frases y palabras amables en polaco. Este cariñoso reconocimiento, inusual por nuestra tierra, lo veremos desde aquí hasta Tallinn y nos lleva de nuevo a la conocida reflexión sobre la ternura, la cultura, los animales. Y sobre España.

El ascensor nos sube hasta el piso 30, desde donde disfrutamos del crepúsculo de Varsovia con vistas a los cuatro puntos cardinales. Dentro de su marsupio, Chandra se porta muy bien; no sabe que por unos minutos ha sido el perro más alto de toda Polonia.

Cuando llegamos a ras de suelo ya es de noche. Iniciamos el lento camino de regreso, pero antes no nos queda otra que asistir al inicuo espectáculo de un grupo de moteros circulando a más de cien kilómetros la hora por la avenida Marszalkowska, con coches en la calzada y gente paseando las aceras o cruzando en los semáforos. Pasan un par de veces, por si no los hemos visto bien. Algunos hacen el caballito, y hay hasta quien en plan suicida se pone de pie sobre el sillín. Luego se preguntarán los del gremio que de dónde les viene la mala fama.

Tras cinco horas de caminata, el cuerpo pide reposo y nos lleva de cabeza a la auto. Antes nos sentamos un rato en la siempre animada Plaza Zamkowy para cerrar el círculo que iniciamos esta tarde y despedirnos de esta ciudad que, a pesar de los pesares, tiene un duende escondido entre los adoquines que acumularon sobre sí tantísimo sufrimiento. Un hombre joven de aspecto algo andrajoso me aborda hablando en inglés. Como intuyo que viene a pedir dinero, finjo no comprenderlo. En lugar de ponerse pesado, saluda amablemente y se marcha.

Kilómetros etapa: 155
Kilómetros viaje: 4.164

10 DE AGOSTO: DE VARSOVIA A BIALOWIEZA

Es domingo, y esto nos favorece a la hora de salir de la ciudad. Cuando voy a la garita para pagar le pregunto al guarda que si tienen agua (*woda*). Considero dicha posibilidad altamente improbable, pero no me voy a quedar con las ganas. Además, por 22 euros tendrían que regalar no ya agua, sino vino. Me responde que no, que eso *out*.

Salimos por la nacional 8, pues hoy vamos al Parque Nacional de Bialowieza, a ver bisontes. Según atravesamos el extrarradio de Varsovia asistimos a una imagen que nos retrotrae a los domingos de nuestra infancia, en los que todo giraba en torno a la Misa Mayor. A ella es precisamente adonde se dirige esa multitud engalanada que abarrota aceras, iglesias y atrios. Verdaderamente es curiosa esta Polonia.

Cuando llevamos recorridos 40 kilómetros decido probar suerte en una estación de servicio. Para que no nos pase lo mismo que en la pequeña gasolinera de Dresde escojo una BP grande, de carretera, en la que veo aparcados muchos camiones y en la que, a decir de los carteles, ofrecen hasta ducha. Lleno de gasoil. Cuando voy a pagar, pregunto por el agua. El dependiente llama a un chaval. Cuando le digo a éste que es para la auto hay un momento de confusión, un breve cruce de frases entre ellos y al final me dicen que no, que no tienen agua. Me voy de allí maldiciendo. Desde Cracovia no llenamos, y los 115 litros del depósito tocan ya a su fin. Menos mal que tenemos el secundario de 50 litros que instalé yo mismo y que, tal como pinta la cosa, nos va a venir de maravilla en estas desérticas regiones en las que nunca llueve y por eso tanto escasea el líquido elemento.

Seguimos en dirección Nordeste. El firme, como siempre, imprevisible: sigue habiendo koleinys, aunque menos que entre Cracovia y Varsovia. En cuanto a la conducción, no sé si es por acumulación de incidentes o es que en realidad conducen por aquí peor que en el Sur, el caso es que la tensión es continua. La Virgen de Czestochowa debe de tener mogollón de trabajo.

En Zambrów dejamos la carretera general y nos vamos por la 66. Los primeros 20 kilómetros están en obras y debemos aguantar interminables semáforos de los que regulan el paso alterno de vehículos. Luego la cosa mejora un poco, aunque tampoco da para muchas alegrías. 67 kilómetros después de Zambrów llegamos a Bielsk Podlaski, y estacionamos para comer detrás de lo que parecía una iglesia y resultó ser el ayuntamiento. No hubiera sido raro, ya que este pueblo cuenta con varias, cuatro de ellas ortodoxas y de madera. Por cierto, hemos averiguado que iglesia católica en polaco se dice *Kosciól*, mientras que a las iglesias ortodoxas las llaman *Cerkiew*.

Es una pena no contar en estas situaciones con Google Earth, porque como no hay carteles indicativos y tampoco sirve de nada preguntar, de las iglesias buscadas sólo localizamos una, la de San Miguel. A diferencia de las noruegas, que son negras y embreadas, aquí las pintan, esta en concreto de azul celeste. Además, se halla en funcionamiento: puerta abierta, luces encendidas, las mujeres que se cubren la cabeza con un pañuelo antes de entrar. Es así como descubrimos que en esta esquina del país la católica Polonia se vuelve ortodoxa.

Salvo por estas joyas arquitectónicas, el pueblo no parece ofrecer gran cosa, como no sea los cuatro paletos que exhiben calle arriba calle abajo sus ruidosos coches. Estamos por irnos cuando escuchamos una música interesante. Proviene de un parque que hay detrás de la iglesia. Al aproximarnos descubrimos un anfiteatro al aire libre lleno de gente que asiste a un festival de música tradicional. Hay grupos polacos, pero también bielorrusos y alguno de Ucrania. Tienen todos en común un gran protagonismo de la voz, con unos registros en ocasiones que recuerdan al *Misterio de las Voces Búlgaras*.

No se me escapa que la pancarta que preside el certamen está escrita en cirílico, y que a la entrada de un instituto de secundaria cercano hay una placa redactada también en dicho alfabeto a la vez que en polaco. Estos indicios hacen pensar que esta región tiene más vínculos con Bielorrusia de los que a priori uno pudiera suponer.

Aunque nos hubiera gustado, no nos quedamos hasta el final, pero sí tenemos tiempo de escuchar los tres cuartos de hora que dura la actuación del grupo *Malanka*, que por cierto es el nombre que en Ucrania recibe la festividad del 13 de enero, el día de Año Nuevo según el calendario Juliano.

De vuelta a la auto reflexiono sobre cuánta sabiduría hay imbuida en esta música, y lo mucho que nos importa que se transmita para hacer de contrapeso a la homogeneización, el adocenamiento y la pérdida generalizada de Norte en esta nuestra sociedad moderna.

Como siempre, se nos está haciendo tarde y queremos llegar al Parque Nacional antes de que oscurezca. Pese a todo, hacemos una nueva parada en Hajnówka. Según el mapa Michelín hay aquí una iglesia grande, pero no pensábamos que tanto. Se trata de un templo ortodoxo que parece diseñado a medias entre Gaudí y Le Corbusier y cuyas altas cúpulas de cebolla nos deslumbran desde lejos.

22 kilómetros más por un pasillo entre árboles y llegamos por fin a Bialowieza. La primera impresión no es buena: me lo imaginaba todo más selvático, más recóndito, más... En este confín apartado del mundo, casi incrustado en la frontera, donde subsiste el último bosque primario de Europa, donde pastan los bisontes, francamente no me esperaba encontrar una oferta hotelera apabullante, celebraciones de boda, cajeros automáticos, mucho asfalto y, sobre todo, una fiebre del ladrillo que recuerda a los lares patrios.

Posiblemente les falte, como a los españoles, la comprensión suficiente para entender que todo esto es incompatible con un lugar que precisamente es mágico por lo salvaje. Posiblemente no han aprehendido, como muchos de nuestros paisanos, la sutil distinción entre parque natural y parque temático, y que éste no es el camino que va hacia el desarrollo sino el que viene de él.

Buscamos el parking del centro de interpretación, y a las primeras no damos con él. Un camping nos tienta con su cartelería, pero decidimos pasar. Paro la auto cerca del museo del parque. Estamos calibrando nuestras posibilidades cuando se nos acerca un señor mayor: pelo cano, bigote y una niña pequeña a la espalda en una sillita-mochila. Escarmentados por la penuria lingüística de los polacos, bajamos el cristal con desgana, y entonces nos suelta: *Sois la primera autocaravana española que vemos en el viaje.* Sorpresa mayúscula: tardamos un segundo en procesar que nos están hablando en español. Al parecer no son indígenas, sino de Gerona. Están haciendo el tour polaco, pero al revés que nosotros. Y en su autoca viajan tres generaciones: Marcos (el presunto polaco) y Marina, que son los abuelos-padres; Maribel y Pere, los padres-hijos; por último Mariona y Claudia, las hijas-nietas. Nos explican que ellos sí que han dado con el parking del centro de interpretación (N 52° 41' 59" E 23° 50' 41"). Para no extraviarnos, Maribel, Pere y Mariona suben a la auto y nos guían. Al final resulta que sí que habíamos pasado por la entrada, pero nos pareció el aparcamiento de un restaurante. Allí sólo hay una auto italiana y las nuestras. Bueno, y el coche de la policía que hace continuas rondas: estamos a sólo 4 kilómetros de Bielorrusia, y las zonas boscosas de la frontera polaca se han convertido en un coladero de inmigrantes ilegales en busca del Sueño Europeo.

Tras acomodarnos, salimos a charlar un rato y celebrar lo insólito del encuentro, pero nos recogemos enseguida, que hay que cenar y además asaltan los mosquitos. Fuera quedan algunos invitados a una boda, que nos amenizarán un par de horas con sus cantos ebrios y desaforados.

Kilómetros etapa: 248
Kilómetros viaje: 4.412

11 DE AGOSTO: DE BIALOWIEZA A KORYCIN

Ayer Maribel nos explicó que aquí es posible visitar dos sitios, a saber: la zona de reserva del parque (visita guiada) y una especie de zoo donde se pueden ver los bisontes (hay unos 400 en libertad en la parte polaca del Parque, pero imaginamos que no estarán posando para los turistas). Maribel ejerce de relaciones públicas para su familia: ayer nos dijo que iban a intentar sumarse a una visita guiada en inglés, y esta mañana en cambio ha localizado a alguien que habla en italiano. El precio total es de 165 zlotys, a dividir entre los que vamos, o sea siete.

Nuestra guía se llama Ágata, es de la zona de Mazuria, muy simpática, y pasamos con ella una mañana de lo más entretenida. De paso nos enteramos de más cosas de nuestra encontrada familia. Marcos es de Murcia, pero emigró muy joven a Cataluña. Ya se ha jubilado, y cuando estaba en activo era propietario de un taller mecánico y un servicio de asistencia en carretera. Por lo que cuenta ha viajado muchísimo por todo el mundo, con autocaravana y sin ella. Comentamos el problema del abastecimiento de agua, y nos confirma que desde que entraron en Polonia les está pasando lo mismo.

Bialowieza es el último vestigio del bosque primario europeo no porque fueran por aquí más ecologistas que la media, sino porque durante mucho tiempo fue reserva de caza de los zares rusos. En cuanto a los bisontes, éstos fueron perseguidos hasta la extinción por los soldados alemanes acantonados en la zona durante la Primera Guerra Mundial, y sólo se reintrodujo con posterioridad a partir de ejemplares que sobrevivían en los zoos. Otras especies que han vuelto a la zona son el lobo y el lince.

La parte polaca del Parque es mucho más reducida en extensión que la bielorrusa, pero esta última recibe muchos menos visitantes debido a las restricciones impuestas por el Ministerio del Interior de ese país. Cabe decir, además, que ambas están separadas por una valla que impide el libre tránsito de los grandes animales. Por cierto, el 8 de diciembre de 1991 en el sector bielorruso se reunieron Boris Yeltsin y los líderes de Ucrania y Bielorrusia para acordar la disolución de la antigua URSS y la creación de la Comunidad de Estados Independientes.

La excursión por el Parque nos lleva tres agradables horas. Luego nos despedimos de Ágata y nos vamos para los autos. El vigilante del aparcamiento, que no pudo engancharnos ayer, nos pide 10 zlotys. Después de los 70 pagados en Varsovia, nos parece una ganga.

Marcos nos regala una botella de vino, y yo a ellos un ejemplar de *El Centro del Mundo*. Tras estos preliminares, nos invitan a compartir su comida. Instalados en una mesa de madera, disfrutamos de uno de los momentos realmente especiales del viaje.

Tras la sobremesa vamos todos a ver los animales. El sitio en cuestión está a 5 kilómetros, y hay que mover las autos. En una especie de parque tienen, juntos pero no revueltos, bisontes, jabalíes, alces, linces... Incluso lobos. Hemos venido única y exclusivamente por los bisontes, porque lo cierto es que no nos gusta ver animales en cautividad aunque sea en espacios grandes, como es el caso. A los bisontes se los ve muy a gusto, sin depredadores y con infinidad de pasto a su disposición. No puedo decir lo mismo de los lobos: hay seis, y sus ojos transmiten una tristeza que hiela el corazón. Y es que, claro, a más inteligencia, más conciencia de tu destino entre rejas.

Llega el momento de despedirse. Marcos y familia van para Varsovia. Nosotros hacia el Norte, buscando la frontera lituana. Cuando su auto arranca nos queda el poso de tristeza que sigue a los dulces momentos compartidos.

Desandamos primero carretera hasta Hajnówka, y luego seguimos hacia la gran urbe de Bialystok. Por el camino atravesamos pueblecitos de madera que, al decir de Maribel, son más rusos que otra cosa.

Una vez pasado Bialystok, tomamos de nuevo la estatal 8, la misma por la que subimos desde Cracovia sólo que más al Norte. La luz cae muy aprisa. Aún pervive en nuestro recuerdo la tarde infame de hace tres días, y por eso buscamos como desesperados un sitio para dormir. Hasta que al llegar al pueblecito de Korycin, tras los campanarios gemelos de una iglesia, a la derecha, distingo un lago. Le pido a la conductora que gire por la primera entrada, y es así como encontramos aparcamiento junto a un merendero que también es zona de playa (N 53º 26' 37" E 23º 05' 55"). Se oye bastante el tránsito de la carretera, pero es un sitio realmente encantador. Unos chavales pasan varias veces con la moto para examinar la novedad, pero su actitud no parece hostil.

El lago se halla rodeado de una inmensa zona verde recién segada. Chandra disfruta de lo lindo dándose carreras. Nos acercamos paseando hasta la iglesia, y luego regresamos por otro camino. Entonces sucede el milagro: a semejanza de un espejismo, en mitad de la nada, solitario e inesperado, se yergue un grifo.

Incrédulo, me acerco para ver si tiene agua. Como resulta que sí y la ocasión la pintan calva, diez minutos después ya estamos llenando nuestros sedientos depósitos. Algo tan anodino en nuestras casas se puede volver tesoro inapreciable donde te niegan el agua. Nos vamos a cenar y a dormir más contentos que unas pascuas.

Kilómetros etapa: 120
Kilómetros viaje: 4.532

12 DE AGOSTO: DE KORYCIN A TRAKAI
Hoy vamos a cruzar frontera nueva. A partir de Augustow tendremos dos opciones: seguir hasta Suwalki o, por el contrario, irnos por la carretera 16 y atravesar por el paso secundario de Ogrodniki. Escogemos esta opción porque la otra la haremos al regreso. Además, así podremos visitar la iglesia de madera de Giby.

Aprovechamos la mañana para hacer limpieza general, rellenar de nuevo el depósito en nuestro providencial grifo y, ya de paso, limpiar el parabrisas y el frontal de la auto. Para la hora de comer estamos en Sejny. Estacionamos en un parking al lado de la antigua sinagoga. En un edificio contiguo ensaya un coro cuyos acordes me impresionan muchísimo. Luego, tras el descanso reglamentario, acometemos la nada desdeñable tarea de estrenar estado, en este caso

LITUANIA

- La superficie del país es de **65.303 km²**
- Su población, **3,6 millones** de habitantes.
- La moneda oficial es la **Lita** (1 euro = 3,40 litas). Una suerte, a la hora de calcular, que valga casi igual que el zloty.
- El precio del gasoil en agosto de 2008 era de **4 litas** (1,18 euros).
- Su puesto mundial en el ránking de la renta per capita, corregido a la Paridad de Poder Adquisitivo (PPA) es el **número 47.**
- Luz de cruce en los vehículos: encendida las **24 horas.**
- Hora oficial: **una más** que en España.

Siempre que podemos procuramos franquear las fronteras por pasos secundarios, que son como la puerta de atrás, porque creemos que es precisamente en estos lugares donde mejor se percibe la imagen del país. Por de pronto nos encontramos con un montón de oficinas de cambio, todas en el lado polaco. En lo que se refiere a personal aduanero o policía, ni un alma.

Un límite internacional es como una membrana: cuando te aproximas sientes algo de nerviosismo: no sabes si pasarás enseguida, si por el contrario te pondrán pegas... Cuando se está al otro lado experimenta uno algo así como un alivio, y hasta el vehículo parece ir más deprisa.

La primera impresión es alentadora. Hay mucho menos tráfico que en Polonia, el firme es aceptable y la señalización en carretera muy buena. Esto es muy importante, porque aquí se nos acaban los mapas del navegador, y por tanto dependeremos de los indicadores y del plano de papel, como en los viejos tiempos.

Nuestro primer cometido consiste en localizar a una familia que vive en Vilnius. Realmente no los conocemos, porque son amigos de amigos, pero venimos recomendados. Desde Polonia Bego ha estado enviando mensajes a través del móvil, sin resultado. Por eso nos dirigimos a la primera ciudad importante camino de la capital, que es Alytus. Nada más entrar nos percatamos de que, si bien en carretera señalizan que es un primor, en el casco urbano no ponen un cartel así los maten. La situación se complica porque el acceso al centro se halla cortado por obras. Tras varias vueltas estacionamos por fin y le preguntamos a un poli que dónde hay un cajero automático. Nuestro propósito es: a) Sacar dinero. b) Cambiar en moneda fraccionaria. C) Llamar a Vilnius desde una cabina. La primera fase del proceso la llevamos a cabo satisfactoriamente. No así la segunda: los teléfonos públicos funcionan sólo con tarjeta, y los kioscos donde las venden se encuentran ya cerrados. Por lo visto, aquí chapa todo a las 18 horas, excepción hecha de los bares y algunos super.

Al final no queda otra que tirar de móvil y hacer una llamada internacional. Nuestro contacto es mujer, se llama Laima, y trabaja como profesora de inglés, pero el teléfono de casa no lo coge ella sino Vladas, su marido, que apenas chapurrea la *lingua franca*. Como puede, le explica a Bego que Laima está en Tallinn, en casa de su hijo mayor, pero que de todos modos cuando lleguemos mañana a Vilnius nos pasemos por su domicilio, que él estará a partir de las dos.

Aunque Alytus es ciudad nueva y no tiene apenas nada que ver, habíamos pensado en quedarnos a dormir (el aparcamiento enfrente de la comisaría es un sitio envidiable). Pero al ver a los cuatro desgraciados exhibiendo sus *cochones*, derrapando y dando por el ano todo lo posible en el centro del pueblo, se nos quitan las ganas. Recorrer miles de kilómetros y encontrarse los mismos vicios y la misma *merde*: resulta exasperante. Desde la costa portuguesa hasta el confín oriental de la Unión Europea, por encima de lenguas, fronteras y creencias, triunfan los chundas. *Retumba et impera*.

Aún queda luz de día, así que decidimos seguir hasta Trakai. Pero salir de Alytus es más fácil decirlo que hacerlo: al no haber absolutamente ninguna indicación, ni siquiera un triste cartel que mande a Vilnius o a Kaunas, damos otras cuantas vueltas por el pueblo, y nos convertimos a nuestra vez en apatrulladores. A ver si va a resultar que toda esa gente que revolotea sin cesar no va a ser otra cosa que desgraciados que buscan durante semanas la salida del pueblo, al estilo de *La autopista del Sur*, de Cortázar.

Finalmente conseguimos cruzar el río Nemunas (sólo hay un puente) y por la carretera 220, después por la 129 y más tarde por la A 16 enfilamos hacia nuestro destino. Al ser ésta una vía general pensé que llevaría más tráfico, pero lo cierto es que sigue habiendo muy poco. Como además el firme es muy bueno, llegamos a Trakai en un santiamén. Este pueblo, que fue en su día capital de Lituania, se levanta en una península, al final de la cual hay un hermoso castillo. Seguimos las indicaciones del lugar de pernocta hasta que vemos varias autocaravanas en un parking, y allí nos quedamos (N 54° 38' 36" E 24° 55' 59", coordenadas aproximadas). Hay media docena de italianas, una francesa y una alemana. Vemos carteles que prohíben a las autos permanecer allí de 22 a 8 horas, aunque evidentemente eso nadie lo respeta. El resto del día funciona un parquímetro con monedas.

Los italianos tienen montado un poco de folklore a la puerta de las autos, de modo que huimos. Paseamos por la orilla hasta el castillo y después regreso. Necesitamos perentoriamente conseguir monedas para el parquímetro de mañana, pero no encontramos ningún sitio que nos incite a cambiar.

Pasamos por delante de las autos y vamos para el centro en busca de algún establecimiento de comida rápida. Lo único que encontramos son varios super, y están todos cerrados. Desconocemos cómo funciona aquí el tema de la seguridad, y como la calle está medio a oscuras vamos un pelín acongojados, aunque la policía pasa de cuando en cuando. Nos cruzamos, eso sí, con gente joven que lleva su botella de cerveza en la mano, y deducimos que forzosamente en algún lado tienen que venderlas, y ya de paso cambiarán dinero. Llevamos caminados casi dos kilómetros, y cuando la desesperación ya hace mella descubrimos que en la parada de autobuses, del otro lado, una diminuta ventanilla expende bebidas y golosinas. Así que compramos nuestra cerveza reglamentaria de medio litro (1,80 litas), para lo cual cambiamos un billete de diez y desandamos -aliviados pero hechos polvo- el camino a casa. Nos cruzamos por enésima vez con el coche de la policía, que a estas alturas nos debe de considerar ya como de la familia.

Kilómetros etapa: 245
Kilómetros viaje: 4.777

13 DE AGOSTO: DE TRAKAI A VILNIUS

A las siete en punto (ocho hora lituana) salgo de la auto y echo cinco litas en el parquímetro. Eso nos da para 2,5 horas. Cuando Bego se levanta nos vamos para el castillo, que encontramos cerrado. Chandra se ha quedado en la auto, lo cual es una lástima, ya que para cuando quieren abrir se ha formado una cola respetable. Nos conformamos con ver el recinto por fuera, pues se nos está acabando la bula aparcaticia.

De vuelta a la auto nos encontramos con un tipo de aspecto gorilesco que increpa a uno de los italianos por no haber sacado ticket. Éste le muestra el de la noche anterior y trata de explicarle que se ha quedado sin monedas, pero el otro replica que *o ticket o police*. No sé cómo lo arreglan, es posible que el tiparraco les diera cambio. Como están aparcados a nuestro lado, les comento en mi rudimentario italiano que para andar por aquí hace falta *un sacco di monete*. Por lo visto el cobro ha sido a cuenta de las dos horas transcurridas desde las 8, porque se marchan.

Nosotros queríamos comprar algo (y de nuevo cambiar) en un super, pero la imposibilidad de aparcar en las inmediaciones nos disuade. Estaciono como puedo sobre una acera para que Bego acuda a la oficina de turismo a pedir un mapa de Vilnius. El que le dan es sólo del centro, pero como viene el barrio (Zverynas) y la calle en la que viven Vladas y Laima (Traidenio), creemos que nos servirá.

La entrada a Vilnius la realizamos acertadamente. Acertadamente seguimos por la vía principal buscando la gran rotonda tras el río Neris, donde debemos desviarnos. Y acertadamente también nos damos cuenta de que nos hemos perdido cuando vemos las indicaciones de la carretera de Riga. Entramos en un gran centro comercial para dar la vuelta, sólo que en algún punto nos volvemos a equivocar y acabamos en un barrio enorme jalonado de no menos enormes y soviéticos bloques donde no se ve absolutamente ni un solo nombre de calle. Cuando recorremos por segunda vez la misma avenida (esos kioscos y esa gasolinera ya los he visto antes), creo que ha llegado el momento de parar.

Por suerte descubro que en la guía Lonely que traemos viene un mapa de la ciudad. No con mucho detalle, es cierto, pero abarca una zona bastante más amplia que el mapa de la oficina de turismo. Localizo entonces –en el mapa y en el mundo real- la omnipresente Torre de la Televisión. Como desde nuestra posición comprobamos que el sol se encuentra justo detrás de ella, llego a la conclusión de que debemos hallarnos en algún barrio del Noroeste de la ciudad. Por lo tanto así a ojo calculo en qué dirección hay que moverse para llegar al dichoso Zverynas. Este barrio, como dije, es muy céntrico, pero se halla incrustado en un meandro del río, y su acceso es difícil. Si a ello unimos las diferentes obras que salpican las vías de la ciudad (incluido precisamente el puente por el que tendríamos que cruzar) se comprenderá nuestra desazón. Después de muchas vueltas y revueltas, cada vez en un radio más cercano, conseguimos forzar la entrada y dar con Traidenio Gatve de mis amores. En total hemos empleado más de dos horas si sumamos la entrada a la ciudad, el perdimiento y la posterior reubicación.

Aparcamos y hacemos tiempo paseando hasta que llegue la hora convenida. Enseguida nos damos cuenta de que es éste un lugar privilegiado: a sólo 900 metros del Seimas (Parlamento) y por tanto casi en el centro, el barrio tiene forma de triángulo invertido, y en él se ubican cuatro embajadas, una de ellas la de Rusia. Explicado así uno se podría imaginar calles imponentes y lujosísimas residencias, pero la verdad es que es todo lo contrario: salvo algún bloque de pisos esporádico, lo que hay son casas de planta baja, muchas de ellas de madera. El río Neris y el Parque Vingis lo vuelven escasamente permeable al tráfico, y por eso uno tiene la sensación de hallarse en un pueblo más que en la capital de Lituania.

A las 14:30 llamamos al timbre. Nos abre Vladas. Es un hombre ya mayor, sorprendentemente alto. Su mirada es tan limpia y bondadosa que desarma. Nos invita a pasar. Se le ve azorado por su poco manejo del inglés, y también porque no sabe cómo agasajarnos. Propone que metamos la autocaravana en el jardín, pero como el espacio es un tanto reducido y obstaculizaríamos la salida de su coche, declinamos la propuesta y le explicamos que dormiremos en la calle.

Nos vamos a la auto a comer y echar la siesta. De esta última nos sacan unos golpecitos en la puerta. Es Sharunas, el hijo de Vladas y Laima. Tiene unos treinta años y, a diferencia de su padre, habla fluidamente el inglés. Nos cuenta que trabaja como responsable en Lituania de una conocida marca de material deportivo. Por lo visto esta tarde tiene cosas que hacer, pero propone que nos veamos esta noche.

Antes de salir a explorar, esperamos a que termine de caer una soberana tormenta. Luego seguimos la calle Traidenio hasta el final, cruzamos el río y ya estamos ante el Parlamento, en cuyos alrededores unos hitos conmemorativos recuerdan las barricadas que se levantaron en 1991 para defenderlo de las tropas soviéticas.

En una especie de gran vitrina acristalada conservan restos de dichas barricadas –nada de adoquines: gruesos bloques de hormigón– junto al póstumo homenaje a las catorce personas que murieron a manos de los asaltantes rusos cuando éstos tomaron la Torre de la Televisión. En países como el nuestro la guerra, y especialmente la ocupación a cargo de una potencia extranjera, son sucesos muy lejanos en el tiempo, pero aquí y ahora son historia bien reciente.

Recorremos la larguísima Gedimino Prospectas hasta el centro. Hoy la cosa va de política, porque nos encontramos de manos a boca con una multitudinaria manifestación en la que participa gente de todas las edades. No entendemos los lemas de las pancartas hasta que vemos una que reza: *Russia hands off Georgia*. No sabemos de qué va la movida hasta que esta noche Sharunas nos cuente que hace una semana Moscú lanzó un potente ataque contra Georgia a causa del contencioso por Abjasia y Osetia. Y, claro está, debido a su pasado reciente los lituanos son extremadamente proclives a movilizarse contra los manejos del ex-padrastro soviético.

Un poco más allá de este recordatorio de hasta qué punto sigue viva aquí la política, nos encontramos con un enorme edificio que, por parecerse a algo, recuerda al de la Puerta del Sol en Madrid. Fue sede de la Gestapo durante la ocupación nazi, y del KGB después de 1945 (prueba más que fehaciente de que Dios los cría y ellos se juntan). La fachada se halla cubierta de nombres y fechas. Corresponden a lituanos ejecutados aquí por los servicios secretos soviéticos, algunos de ellos chavales de apenas 18 ó 20 años. Sólo aparecen las *promociones* de 1945 y 1946, supongo que no les quedó espacio para conmemorar los que siguieron. El edificio alberga el Museo del Genocidio el cual, por supuesto, no visitamos.

Llegamos a la Plaza de la Catedral, y desde aquí callejeamos un poco. El casco viejo de Vilnius ofrece una imagen bien cuidada, moderna y respetuosa con su patrimonio (de hecho, va a ser Capital Europea de la Cultura durante 2009). Nos sorprende la cantidad de embajadas que encontramos en cualquier calle. En principio es algo normal, tratándose de la capital del país, pero no es eso lo que nos llama la atención, sino el que los edificios en los que se ubican son como muy de andar por casa, nada pretenciosos. Nunca imaginarías que aquello es una legación diplomática si no fuera por la placa de la puerta.

Se ha hecho de noche y es hora de volver. De camino paramos a reponer fuerzas en una hamburguesería, para regocijo de Chandra. Luego toca caminar casi 3 kilómetros hasta la auto. Habíamos quedado en dar un toque a nuestros anfitriones cuando llegáramos, pero como es un poco tarde y en la casa no se ve luz, decidimos dejarlo. No han pasado diez minutos cuando llaman a la puerta. Es de nuevo Sharunas, que llega ahora. Nos quiere invitar a su casa, pero en lugar de eso le invitamos a pasar, y se queda con nosotros una hora. Le pregunto que qué edad tenía cuando los acontecimientos de 1991, y si los recuerda. Sí, perfectamente: desde su casa se oían los disparos cuando el asalto a la televisión. Nos cuenta además que su hermano mayor, Andrius –el que vive en Tallinn- trabajaba como becario en la tele, que cuando los rusos tomaron la emisora ésta empezó a emitir desde otra parte en modo pirata. Que alguna de las secuencias que emitía las había grabado precisamente Andrius y que Laima, su madre, estaba muerta de miedo por lo que pudiera sucederle.

Nos damos las buenas noches. Él se marcha por la mañana, pero antes nos espera a desayunar en su casa.

Kilómetros etapa: 57
Kilómetros viaje: 4.834

14 DE AGOSTO: VILNIUS

En el jardín trasero de la casa, Vladas y Laima han construido un apartamento en el que vive Sharunas. Compartimos con éste desayuno y sobremesa. Si bien ayer cuando se presentó quedaba claro que se trataba de un encargo de su madre y que lo hacía exclusivamente por cortesía, hoy en cambio se le nota más a gusto con nosotros, y que es porque le apetece. Con Bego se comunica a las mil maravillas; yo por mi parte, sigo la conversación a cachos, y como mi inglés no llega ni a la suela de los zapatos del de ellos soy más tímido a la hora de intervenir. Por suerte aparece su padre, que chapurrea la lengua de Shakespeare a mi estilo, y con él hablo más a gusto. Viene a invitarnos a dar una vuelta en coche por la ciudad a eso del mediodía. Como a esa hora nos viene fatal porque nos rompería el programa de hoy, quedamos para esta tarde.

De manera que nos despedimos de ellos y vamos otra vez para el centro por el itinerario consabido: Traidenio, río Neris, Parlamento, Gedimino, catedral. Frente a ésta buscamos –y encontramos- la baldosa conmemorativa que marca el lugar en el que finalizaba la *Cadena Báltica*: en agosto de 1989, dos millones de personas enlazaron sus manos para cubrir los seiscientos kilómetros que median entre Tallin, Riga y Vilnius para protestar contra la ocupación soviética. Por lo visto, se han inventado un rito de la buena suerte con la baldosa de marras. Nosotros no lo llevamos a cabo porque opinamos que estas apócrifas ceremonias a medida del turista son una completa memez.

Después tratamos de subir a la Colina de Gedimino, desde la que se divisa toda la ciudad, pero una de las entradas se halla cerrada por obras, y la otra es a través del Museo Nacional, de manera que desistimos. Rodeando la colina descubrimos por casualidad el lugar en el que estacionan las autos: se trata de un parking de pago junto al río Vilnele. Céntrico, estupendo y rodeado de árboles (N 54° 41' 17.42" E 25° 17' 37.91").

De aquí nos vamos rumbo a la república libre de Uzupis, que es el barrio bohemio de la ciudad, hermanado con Montmartre. Lo más llamativo de todo es que tiene su propia constitución, expuesta en un muro, traducida a varios idiomas y enunciada en 41 artículos. De entre ellos extraigo los siguientes:

3. Todo el mundo tiene derecho a morir, pero no es una obligación.
6. Todo el mundo tiene derecho a amar.
7. Todo el mundo tiene derecho a no ser amado, pero no necesariamente.
12. Un perro tiene derecho a ser un perro.
13. Un gato no está obligado a querer a su dueño, pero debe apoyarle en tiempos de necesidad.
25. Todo el mundo tiene derecho a ser de cualquier nacionalidad.
28. Todo el mundo debería compartir lo que posee.
29. Nadie debe compartir lo que no posee.
32. Todo el mundo es responsable de su libertad.
33. Todo el mundo tiene derecho a llorar.
34. Todo el mundo tiene derecho a no ser comprendido.

Y por último
38. Todo el mundo tiene derecho a no sentir miedo.
39. No conquistéis.
40. No defendáis.
41. No os rindáis.

Tanto para entrar como para salir del barrio hay que cruzar un puente. En sus barrotes pueden verse numerosos candados; aquí es tradición entre las parejas colocar uno como prueba de su amor y arrojar las llaves al río (seguro que más de una vez se habrá visto a alguien, de patas en el agua, buscando la llave que nunca debió tirar).También nos encontramos una pancarta que pende de lado a lado de la calle reivindicando libertad para el Tibet. No es la primera que vemos una, e indica hasta qué punto son aquí sensibles respecto a las pequeñas nacionalidades oprimidas que por el mundo son.

Compramos comida en un super del mismo barrio y, a falta de bancos, nos sentamos a comer a los pies de la catedral ortodoxa de Theotokos. Luego, por Boksto gatvë y Subaciaus gatvë llegamos a la Plaza del Ayuntamiento, donde ya estuvimos ayer, y nos aposentamos en un banco. Aquí nos ocurre un desagradable episodio. Desde donde estamos sentados vemos una calle muy estrecha al fondo de la cual se divisa un arco. A la entrada hay un cartel que dice *Sea cortés con los peatones,* pero aunque está en perfecto lituano algunos no deben de saber leer, porque apenas nos internamos unos metros por el pasadizo cuando aparece un tiparraco a lomos de su buga. Pertenece a esa clase de gente que espera que tú te pegues a la pared como un sello de correos para que ellos puedan ejercer su sacrosanto derecho sobre la calzada, pero los perros no entienden esos matices: Bego tiene unas palabras con el colega, y yo me sumo a la bulla entusiásticamente. El otro, sin bajarse y sin pararse, chamulla lo que deben de ser insultos. Yo voy subiendo el tono y la intensidad de los míos hasta acabar en el previsible y antonomásico *h i j o p u t a.* El otro ya ha desaparecido, y todo el mundo que pasa por la calle principal se queda mirando porque aquí, como buena ciudad nórdica, no es frecuente escuchar gritos. Carlos V decía que el castellano era la mejor lengua para hablar con Dios, pero eso es una mentira bien gorda: para ultrajar y decir tacos y blasfemias, para echar fuera toda la rabia que le brota a uno de dentro seguro que no hay en todo el planeta lengua tan contundente como el castellano.

Continuamos paseo hasta las *Puertas del Amanecer*, que son las únicas que quedan en pie de la antigua muralla. Escarmentados por el automovilístico incidente, cruzamos las calles ojo avizor, porque –aún no lo he dicho- aquí, al igual que en Polonia, apenas una cuarta parte de los conductores respeta los pasos de cebra, justo como era España hace veinte o treinta años: habrá quien recuerde cómo hubo una época en nuestro país en que los pasos peatonales tenían un valor simbólico-decorativo: si cuando cruzabas aparecía un coche, se esperaba que corrieras. La primera vez que viajé a Francia tenía dieciséis años. Antes de ir, alguien me comentó que allí los automóviles se paraban, y recuerdo que la mera idea me pareció metafísicamente imposible. Pude comprobar que, en efecto, era así, y poco a poco los conductores españoles fueron adquiriendo la suficiente madurez colectiva para actuar igual. Esos grados de civismo, que no se consiguen a golpe de leyes, son a mi juicio más representativos del índice de desarrollo de un país que los tan traídos y llevados factores macroeconómicos.

En cambio aquí sí tienen lo que se echa tanto de menos en España: lavabos públicos (señalizados en la calle y en los mapas turísticos). Entramos en uno subterráneo, casi idéntico, por homologación socialista, al que utilizamos en Cracovia pero con una ligera diferencia: mientras que aquél era nuevo, recién remodelado, éste es todo un poema. La señora que lo cuida da todo el aire de *madame* muy envejecida o actriz de cine mudo venida a menos. El water está -digámoslo así- limpio, si es que se puede calificar de este modo a un sitio donde, cual arqueólogos, los servicios de limpieza han tenido que raspar capas de roña hasta llegar al azulejo original: por ello impresiona no la suciedad del presente, sino la protohistórica mierda incrustada allí, de la que subsisten restos imposibles de eliminar, habría que picar suelo y paredes y renovar al completo para que esto volviera a lucir.

Tras semejante experiencia religiosa nos vamos para el ghetto judío. De camino pasamos junto al edificio del mercado, con mucha animación a esa hora. Mucha gente de aspecto pobre vende menudencias a la puerta, por lo visto no a todo el mundo en Lituania le va tan bien como debiera.

El guetto de Vilnius en realidad está constituido por dos: el Ghetto Pequeño y el Ghetto Grande. El primero duró sólo 46 días, ya que sus once mil habitantes fueron llevados al bosque de Paneriai y masacrados, la misma suerte que corrieron los del segundo en los años siguientes. Entramos aquí en otro negro episodio de la historia reciente y en el lado oscuro de los lituanos, ya que fueron civiles voluntarios quienes ayudaron a las SS a liquidar a las cerca de cien mil personas que fueron asesinadas y enterradas en dicho bosque, a 10 kilómetros del centro de la ciudad. Setenta mil eran judíos; el resto, polacos, prisioneros de guerra, intelectuales o miembros de la Resistencia. Una sima de horror a la que difícilmente sabemos asomarnos. Por eso no entramos en el Museo del Holocausto, que está por aquí. También, curiosamente –no sabemos si es por lavar la mala conciencia- en el barrio se encuentra la embajada de Austria, en un edificio que antes de 1941 fue centro de oración judío.

Se acerca la hora a la que hemos quedado con Vladas, e iniciamos el largo regreso hasta Traidenio. Llegamos tarde, pero él nos está esperando con buen semblante. Chandra se queda en la auto y nosotros nos vamos de visita panorámica. Después de los apuros de ayer con la auto, supone todo un placer moverse por Vilnius con chófer propio que conoce el terreno.

El paseo termina a las afueras de la ciudad en Belmontas, un antiguo molino reconvertido en restaurante y lugar de esparcimiento y copeteo, al parecer bastante de moda. Hay gente de bodorrio con su limusina reglamentaria (ya he perdido la cuenta de las que hemos visto desde que entramos en Polonia, es evidente y al parecer inevitable la tendencia a copiar los rasgos más superficiales y cutres del capitalismo). Aunque no estaba previsto, Vladas nos invita a cenar. Durante esta comida compartida nos enteramos de algo más de su vida: lleva jubilado dos años. Primero trabajó de ingeniero pero, asqueado por la corrupción que le rodeaba, se metió en la enseñanza, y durante muchos años fue director de un instituto y profesor de ruso. Le pregunto por los libros en este idioma que he visto en el escaparate de una librería, y me explica que el nueve por ciento de la población de Lituania es de origen ruso. No me dice, pero después me enteraré por Wikipedia, que de los 574.000 habitantes de la capital sólo son lituanos el 53 por ciento; del resto son polacos un 20 por ciento, rusos un 19 por ciento, bielorrusos el 5 por ciento, y de otras nacionalidades el 3 por ciento. El traslado de grandes contingentes de población a las distintas repúblicas de la URSS fue una forma de descafeinar los nacionalismos, homogeneizar el Imperio y asegurar problemas para el futuro (la actual guerra por Osetia y Abjasia, regiones georgianas pero pobladas mayoritariamente por rusos, es sólo uno de ellos.)

La conversación deriva hacia temas religiosos. Lituania, como Polonia, es país católico. Nos cuenta Vladas que su familia fue siempre muy creyente, y que él tuvo que dejar de ir a la iglesia cuando empezó a trabajar en la enseñanza. Que durante el régimen comunista fiestas como la Navidad y la Semana Santa estaban prohibidas, pero quien más quien menos –incluidos los adeptos al régimen- las celebraban en la intimidad. Por descontado que vivió con alivio el fin de la ocupación rusa, pero compruebo desolado que la sola mención del nombre de Stalin le produce convulsiones interiores.

Volvemos a casa casi oscurecido. Yo estaba preocupado respecto a esta circunstancia, ya que vamos a cargar agua en casa de Vladas, y la entrada al jardín es realmente justa. Había pensado en entrar marcha atrás, pero Bego me convence que mejor hacia delante debido a la cuesta y a las ramas del árbol de la esquina. Total, que empiezo a girar... Y oigo un roce. He tocado con el lateral derecho en la puerta de entrada. Menos mal que uno va cogiendo hábito en estos menesteres y, en lugar de intentar salir a la brava, no muevo ni un milímetro el volante y la dejo caer hacia atrás. Vuelvo a intentarlo, pero esta vez me atravieso en la calle para entrar totalmente recto. Me bajo a examinar el estropicio: un rasguño negro en el marco de la ventana de la cocina, afortunadamente sin más consecuencias.

Una vez dentro, nuestro anfitrión aprovecha para insistir en que durmamos allí y saquemos el vehículo por la mañana, pero con el disgusto del roce y sabiendo que queda por rematar la faena le respondo que no dormiría tranquilo, de manera que tras repostar agua volvemos de nuevo a la calle y estacionamos enfrente de su puerta.

15 DE AGOSTO: DE VILNIUS A SAULKRASTI

Nos había parecido entender a Vladas que tenía asuntos que resolver. O quizá él creyó que pensábamos marcharnos muy temprano. El caso es que desde primera hora anda por allí, pendiente de nosotros. No sé si tendrá prisa, pero lo primero es lo primero: ir con Chandra a su paseo matutino, durante el cual estamos a punto de provocar un incidente diplomático cuando decide cagar en la misma puerta de la embajada de Kazajistán. Nos marchamos de allí, disimulando, y llegamos a la orilla del río. Descubrimos una playita de arena en la que Chandra echa sus buenas carreras, seguro que recordando las infinitas riberas de Huelva.

Cuando por fin estamos preparados, bajamos a decirle adiós a Valdas. Éste insiste en guiarnos con su coche hasta la carretera de Riga. Nos negamos a que se moleste, pero finalmente nos dejamos convencer. Le seguimos fuera del meollo de Zverynas y nos deja cuando ya estamos bien enfilados. Me despido conmovido de este hombre limpio y bondadoso porque pienso que ha sido una suerte haberle conocido, y porque no sé si nos volveremos a ver.

En la primera gasolinera repostamos gasoil y después seguimos por la A 2 hacia el Norte. Los primeros 120 kilómetros son de autopista en muy buen estado y sin apenas tráfico. Los recorremos como en un sueño. A la altura de Panevezys la cosa se complica porque volvemos a los dos carriles en el preciso momento en que nuestra carretera se une con la *Vía Báltica*, que viene del Sur trayendo todos los camiones que suben desde Polonia. Cuando queremos darnos cuenta estamos cambiando de país y entrando en la siguiente república báltica, que es

LETONIA

- La superficie del país es de **64.589 km2**
- Su población, **2,4 millones** de habitantes.
- La moneda oficial es el Lats (1 euro = 0,70 lats). Carísima si la comparamos con el zloty y la lita, y no digamos nada con la corona estonia.
- El precio del gasoil en agosto de 2008 era de **0,80 lats** (1,14 euros).
- Su puesto mundial en el ránking de la renta per capita, corregido a la Paridad de Poder Adquisitivo (PPA) es el **número 48.**
- Luz de cruce en los vehículos: encendida las **24 horas.**
- Hora oficial: **una más** que en España.

Nada más entrar en Letonia nos damos de narices con una de las señas de identidad del país, que son las penosas carreteras, similares en todo a las de Polonia. Pero si malas son las vías de comunicación, infinitamente peor es la forma de conducir de los letones, algo así como *maricón el último*: adelantan con coches viniendo de frente, con coches adelantando de frente, te rebasan para detenerse cien metros más allá... Al parecer, la esperanza de vida de los varones por estos lares es nueve años inferior a la media de la UE y las causas son, no necesariamente por este orden, la violencia, los suicidios y los accidentes de tráfico. De esto último doy fe respecto a la veracidad estadística. Asistimos al do de pecho de todo este guirigay en la variante de Riga: no sólo porque las múltiples obras nos hacen emplear más de una hora en circunvalarla, sino porque el caos automovilístico alcanza cotas de desmadre: es tal el descontrol y el desprecio absoluto del riesgo que esperamos un accidente en cualquier momento. Ni en Marruecos he visto conducir así. La guinda a este fregao la pone un trailer que comienza a sobrepasarnos a escasísimo medio metro de distancia. No venía nadie de frente en ese momento, y no actuó igual con la destartalada camioneta que nos precedía, de manera que resultó evidente el afán intimidatorio del colega: no sabemos si por autocaravanistas, por extranjeros o por ambas cosas. Tampoco es que tuviera excesiva prisa, pues en vez de alejarse mantuvo la distancia doscientos metros más adelante y se quedó allí hasta desviarse por la A 2 en dirección a Sigulda, llevándose en las orejas todo género de cariñosos apelativos, dirigidos tanto a él como a su amada esposa, que seguro que en esos momentos se estaba follando a los camioneros más puercos de toda Letonia.

Tras dejar atrás la acongojante Riga (con rodearla hemos tenido bastante, ya entraremos a la vuelta, si es que podemos) nos acercamos a la costa buscando un sitio en el que descansar y comer. No lo encontramos en el pueblo de Saulkrasti, donde los aparcamientos parecen pesados y medidos, y estacionamos en el arcén, a las afueras. Tras reposar bajamos a la playa. Es nuestro reencuentro con el Báltico, que no vemos desde hace cuatro veranos. Pero aquí nos decepciona un poco: no por las aguas, tranquilas como un lago al hallarse encajonadas en el Golfo de Riga, sino por las algas de aspecto sospechoso de jalonan la línea de costa y que nos hacen dudar seriamente de si los 760.000 habitantes de la capital cuentan con sistema de depuración o no. Un crío se baña bajo la supervisión de su padre. Hay que tener valor.

Pensábamos reanudar camino, pero durante el paseo por la playa hemos descubierto un aparcamiento asfaltado (N 57º 17' 37" E 24º 24' 31"): una señal y una barrera indican que es de pago, pero no se ve a nadie en ademán de cobrar, y la sensación es de que hace mucho que no lo practican. Además, en el lugar estacionan sus coches numerosos pescadores, de manera que salimos a la carretera para localizar la entrada y volvemos a por la auto para quedarnos a dormir. A nuestro lado aparca una familia letona con una furgoneta Volkswagen. Llegan, se bajan, pasean, regresan, vuelven a pasear, se marchan con el vehículo y retornan al cabo de un rato para ponerse esta vez bien cerquita. Pese a que buscan el arrimo y nos cruzamos varias veces en el aparcamiento, ni ahora ni por la mañana hacen intento alguno de saludar. Verdaderamente son fríos estos letones.

Kilómetros etapa: 337
Kilómetros viaje: 5.171

16 DE AGOSTO: DE SAULKRASTI A TALLINN

Existe una película, creo que de los hermanos Marx, en la que los protagonistas cruzan Europa en tren. Entra en el departamento un oficial de aduanas y les pide los pasaportes para estamparles el sello de entrada. Sale y un segundo después vuelve a entrar para ponerles el sello de salida. Los protagonistas se sorprenden de lo rápido que han cruzado el país. El aduanero, flemático, responde: «Y hemos tardado más porque había inundaciones».

Ésta es justamente la sensación que nos asalta al salir de Letonia. Lo hacemos como entramos, de puntillas, sin cambiar dinero ni tampoco gastarlo (en una gasolinera de Salacgriva aparcamos junto al surtidor, en un gesto consumidor bien evidente. Se baja Bego a preguntar si tienen agua. *No water for motorhomes*, es la lacónica respuesta. Pues si no hay agua tampoco gasoil. Nos vamos.)

Seguimos costa arriba, y enseguida cruzamos la frontera. Entramos en Eesti Vabariik, esto es, la República de Estonia, la tercera de las bálticas. Unos datos de interés:

ESTONIA

- La superficie del país es de **45.226 km²**.
- Su población, **1,3 millones** de habitantes.
- La moneda oficial es la Corona estonia (1 euro =15,5 EEK).
- El precio del gasoil en agosto de 2008 era de **19,3 EEK** (1,24 euros).
- Su puesto mundial en el ránking de la renta per capita, corregido a la Paridad de Poder Adquisitivo (PPA) es el **número 41.**
- Luz de cruce en los vehículos: encendida las **24 horas.**
- Hora oficial: **una más** que en España.

En resumen, la más pequeña de las tres, la menos poblada y también la más rica. Enseguida percibimos un cambio evidente, debido al fuerte vínculo que mantiene este país con Finlandia. No sólo por el aspecto organizativo, sino también en el lingüístico:

mientras que el letón y el lituano son supervivientes de la familia báltica, el estonio se halla emparentado con el finés y, más lejanamente, con el húngaro (estas tres últimas lenguas, junto con el vasco, son las únicas actualmente habladas en Europa que no provienen del indoeuropeo.) Dicen los entendidos que el finés y el estonio no son mutuamente inteligibles, pero aquí hallamos algunas de las palabras aprendidas en Finlandia, como *järv* (lago) o *jogi* (río).

También nos parece muy finlandesa la ciudad de Pärnu cuando nos detenemos en ella para abastecernos de comida: todo muy limpio y ordenado (también más caro), y los automovilistas considerablemente más respetuosos que en los países que dejamos atrás.

Primer contacto con la moneda estonia: no deja de ser curioso que el país donde mayor es el coste de la vida sea precisamente el que posee la divisa de menor valor. Apenas existen monedas, y los billetes que manejamos irán de las 500 coronas (30 euros) a las 2 coronas (0,12 euros). Pensamos que quizá esto tenga que ver con la fallida entrada de Estonia en el euro, ya que si pensaban -o piensan- que la corona tiene los días contados, resulta más barato acuñar billetes que moneda sonante.

También aprovecho la escala alimenticia para acercarme a una especie de Leroy Merlin en busca de una punta de estrella para destornillador. Resulta que anteanoche, cuando cargábamos agua en casa de Vladas, me di cuenta de que se había fundido la luz de cruce izquierda (en estos países, con vehículos iluminados las 24 horas, el consumo de lámparas debe de ser apabullante). En las Fiat Ducato el acto de cambiar una simple bombilla supone una auténtica labor de ingeniería: hay que desmontar el embellecedor frontal, sujeto con cuatro tornillos, y a continuación desatornillar el faro, que además va fijado con un perno. Cuando a la mañana siguiente me puse manos a la obra descubrí que no encontraba la punta de estrella adecuada -una T-30-. La había tenido, sin duda, pues hace dos veranos en Italia me tocó cambiar la homóloga derecha, pero debe de haberse perdido o ido para casa. El caso es que compro un juego de 31 piezas, no sea que me vaya a equivocar, y en el mismo aparcamiento realizo el cambio.

A mediodía nos faltan 50 kilómetros para llegar a Tallinn. Comemos en el aparcadero de una gasolinera automática en la que no se ve un alma (hay un grifo, pero tampoco tiene agua), y luego seguimos camino. Se ha puesto a llover. Escarmentados por la experiencia de Vilnius, hemos comprado un mapa enorme de la ciudad. Como las calles aquí sí que están indicadas, cruzamos raudos el casco urbano y damos con *Mere Puiestee* a la primera. En esta calle se encuentra el aparcamiento recomendado por una página autocaravanista italiana (y por Sharunas), pero por desconocimiento nos metemos en el primero que vemos, vigilado, en el que cobran 6 EEK cada quince minutos. Echando cuentas, 24 horas aquí nos saldría por 30 euros. Muchas gracias, pero va a ser que no.

Dejamos la auto el tiempo justo para encontrar a pie el aparcamiento (N 59° 26' 35" E 24° 45' 15"), que no es otra cosa que un mega-descampado a la entrada del puerto, y que cuesta 50 EEK (3 euros) el día entero. Ha dejado de llover, pero una persistente neblina opaca la última luz del día.

Hay aquí numerosas autocaravanas, unas esperando el ferry para Helsinki, y otras visitando la ciudad. Estamos preguntando a unos alemanes por la mejor forma de entrar cuando veo una auto italiana que llega en ese momento. Miro al conductor y lo reconozco: es el mismo que tuvo el incidente en Trakai con el cobrador-extorsionador del parquímetro. Ellos sonríen, también nos reconocen. *Il mondo è piccolo*, le digo a modo de salutación, y le explico que aquí no va a necesitar *il sacco di monete*, ya que afortunadamente la máquina acepta billetes. Nuestro reencontrado italiano nos pregunta si vamos a visitar la ciudad, y nos mira con un poco de envidia cuando le respondemos que sí, que hemos quedado con unos *amici*. Es un decir: esta mañana Bego ha intentado enviarle mensajes a Laima, pero por algún motivo nuestros móviles no funcionan en Estonia (como al parecer pagan los parquímetros a través de SMS, sus *paratos* tendrán algún tipo de tarjeta especial). Por fortuna traemos las señas y localizar la calle Viru, en pleno centro, resulta sencillo, aunque cuando llamamos al timbre del apartamento no contesta nadie. Un poco hartos de tanta dificultad, nos vamos a la Plaza del Ayuntamiento (*Raekoja-Plats*), que está a dos pasos, compramos una tarjeta telefónica y por fin conseguimos hablar con Andrius y después con Laima. Quedamos con ella en el mismo lugar en donde estamos, y aparece al poco rato.

Sabiendo que las parejas están formadas frecuentemente por individuos de lo más dispar, no debería sorprenderme lo diferente que es Laima de la imagen que me había formado de ella, pero lo cierto es que sí, que me asombro. Una vez conocido Vladas, la verdad es que no me imaginaba que su mujer fuera esa señora vestida de blanco, de aire tan elegante, que aparece por el otro extremo de la plaza. Nos saludamos. Como ninguno de nosotros sabe qué hacer, tras algún titubeo elegimos sentarnos en la terraza de una cervecería, en mitad de la calle. Desde aquí vemos anochecer y pasar la gente. Hoy es sábado, y hay ambiente de fiesta en Tallinn.

Laima tiene 67 años, y se nota que fue muy bella de joven (le hago este comentario más tarde, cuando ya en su casa nos enseña una foto de ella con Vladas y sus hijos de pequeños; en lugar de aceptarlo como un elogio me replica vivamente que *aún* es guapa). Trabaja como profesora de inglés, y sigue ejerciendo la docencia. Dice que en parte lo hace a causa de los bajísimos salarios que cobran los trabajadores públicos en el país; por mi parte pienso que seguro que sus alumnos no son como los españoles, porque entonces se habría jubilado años ha. También nos dice que ella considera que empezó a vivir a los cincuenta años, esto es, cuando Lituania alcanzó la independencia (la cosa no deja de tener su chiste: ser profesora de inglés, y a causa de la Guerra Fría tener prohibido viajar a cualquiera de los países en los que, precisamente, se habla dicho idioma.)

Pero sus pesares con la ocupación soviética van más allá de los profesionales: su padre tenía tierras, y como se negó a la colectivización decretada por Stalin fue deportado a Siberia con ochenta años. Sobrevivió cinco en los campos de trabajo, y jamás regresó a casa ni volvió a ver a su familia.

Después de las cervezas subimos un rato al apartamento de Andrius, y luego nos acompaña a la autocaravana. Está con nosotros un rato más y luego se marcha. Yo se lo agradezco, porque estoy derrengado y me caigo de sueño. Para nuestra desgracia, una discoteca próxima deja oír su *chunda-chunda* hasta altas horas. Por lo visto, Tallinn está de moda, y desde Helsinki y desde Estocolmo llegan barcos cargados de gente con ganas de marcha y de pasarse de juerga el fin de semana completo.

Kilómetros etapa: 258
Kilómetros viaje: 5.429

17 DE AGOSTO: TALLINN

El puerto de esta ciudad es inicio y fin de algo. Fin para los que hemos llegado al ecuador del viaje, y ahora nos toca bajar. Inicio para quienes cruzan los ochenta kilómetros de mar hasta Helsinki, que continuará siendo para nosotros una desconocida, y eso que recorrimos la zona septentrional del país cuando fuimos a Cabo Norte. También a nosotros nos hubiera gustado coger el ferry y visitar lo que nos falta de Finlandia, pero no tenemos más días. Bien es cierto que este viaje se podría haber pospuesto para el verano que viene, pero un año es mucho tiempo, en un año se puede haber acabado el mundo, y ésta era la ocasión perfecta para venir a Tallinn, nos lo decía el corazón.

Bego ha quedado con Laima esta mañana, pero yo no me encuentro bien: las horas de sueño no me han liberado de la fatiga, así que decido quedarme con Chandra en la auto. Ella no puede estar más de acuerdo ya que ayer, con el mogollón que había, lo pasó muy mal. En el fondo es como nosotros: detesta las multitudes, y le gusta la naturaleza, la soledad y la tranquilidad. No en vano *Chandra* –ya os lo ha explicado ella- designa en sánscrito a la Luna, ella sola en el firmamento.

De manera que paso la mañana descansando, leyendo, escribiendo y preguntándome preocupado si cederá el bajón físico o si, por el contrario, me tendré que arrastrar hasta casa como un gusano.

A mediodía vuelve Bego. Ya se ha despedido de Laima y cancelado el paseo en coche por Tallinn (parece que aquí es la costumbre) que nos había prometido Andrius. Comemos algo ligero y nos vamos para la parte vieja. Yo estoy un poco más recuperado, pero procuro dosificar mis fuerzas. Hubiera sido una pena perderse la ciudad, ya que es realmente bonita. Mucho más pequeña que Vilnius, pero por lo mismo más coqueta. Bego la ha estado recorriendo con Laima, y ahora es ella quien me guía hasta la catedral ortodoxa de Alexander Nevski, las murallas con sus torres –igualitas a las del juego de estrategia *La Edad de los Imperios*- y la iglesia de San Olaf en cuya torre, un auténtico rascacielos, se ve que gastaron todo el presupuesto, pues apenas si les quedó para hacer a su lado una iglesuela minúscula.

El paseo cobra factura, y me siento derrengado. En la calle Pikk nos sentamos en el alféizar de una ventana baja, y de inmediato se nos acerca un tipo mal encarado, -musculitos y camiseta negra, ajustada-, para decirnos por señas que nos quitemos, que podemos romper el cristal. Le hubiéramos obedecido de buen grado, pero son tal la chulería y los malos modos que estamos a punto de tener algo más que palabras. Como el vigilante del aparcamiento de Trakai, como otros que encontraremos más adelante, estas gentes parecen vestigios del anterior régimen, parásitos sin oficio ni beneficio, chivatos o tal vez policías en paro, habituados a un poder omnímodo que se derramaba hacia abajo por la pirámide social, en la que cualquiera que arañase una brizna del mismo se veía con derecho a pisotear al prójimo. En cierto modo recuerdan a aquellos funcionarios que te encontrabas en las ventanillas los primeros años del post-franquismo y que parecían hacerte un favor atendiéndote (mal). El individuo se aleja unos metros, pero no nos quita ojo. Se agarra con ambas manos del cinturón y tira para arriba, en actitud que pretende ser intimidatoria y que resulta ridícula.

Volvemos a la plaza del Ayuntamiento para ver si podemos visitar su famosa farmacia, que lleva abierta desde 1422, pero que hoy, por ser domingo, se encuentra cerrada. Me hubiera gustado una visita más pormenorizada y empaparme con tranquilidad de las esencias del sitio, pero las fuerzas no dan para más. Regresamos al puerto y a la auto, y damos un rodeo para no pasar por la calle Pikk, no sea que el monstruo ronde aún por allí.

Habíamos pensado salir esta tarde de Tallinn para no asistir como espectadores involuntarios de otra macrofiesta, pero Laima le ha dicho a Bego que al terminar hoy el fin de semana probablemente los juerguistas ultramarinos se hayan marchado a su casa, y efectivamente así es.

18 DE AGOSTO: DE TALLINN A MUSTVEE

Otra vez estamos casi sin agua. A primera hora he tenido que abrir la llave del depósito de reserva para poder ducharnos y fregar los cacharros. Frente al aparcamiento hay una gasolinera de la cadena Statoil. La he estado espiando, y he descubierto que cuenta con un armarito donde guardan las tomas del aire y del agua. Bego opina que con tantas autocaravanas por los alrededores estarán hartos de que les pidan de beber, pero yo decido intentarlo. Echo gasoil, y nada más pagar suelto la frase mágica acuñada en Escandinavia y perfeccionada el verano pasado en el Reino Unido: *Canaiget-samuota...* La cajera, hasta ese momento sonriente, me mira como si hubiera visto una serpiente, y en lugar de responderme lanza un sonoro *¡Cristinaaaaa!* Llega Cristina, que es la que sabe inglés, tan azorada que traduzco ahora mi petición al inglés comanche: *water, camping car*. Se miran entre ellas como si estuvieran ante un examen muy difícil y al final me indican el armario de fuera. Les doy mis más efusivas gracias, y allí que nos vamos para llenar. A la fuerza ahorcan: creo que en mi vida he valorado tanto el agua como en este viaje.

Nos despedimos de esta hermosa ciudad y salimos hacia el Este por la carretera general 1, en busca del Parque Nacional de Lahemaa. Si la llegada a la capital estonia fue impecable, no es así la salida: la mala colocación de las señales o directamente la ausencia de éstas nos hacen dar alguna que otra vuelta hasta que recuperamos la ruta correcta. No llevamos mapa GPS, pero a estas alturas llevamos uno implantado en el coco que funciona a las mil maravillas.

La carretera es autopista, aunque un tanto sui generis: cuando llevamos recorridos 50 kilómetros, en el cruce de Loksa, nos desviamos a la izquierda. Y lo de desviarse es literal: se cruza a pelo, arrimándose a la mediana, haciendo stop, girando 180 grados y yendo después un trecho en sentido contrario. Menos mal que no hay mucho tráfico.

Venimos buscando una piedra errante llamada Majakivi, pero lo que nos encontramos enseguida es un aparcamiento muy concurrido junto a un cartel en el que se lee Viru raba. No sabemos lo que es, pero bajamos de la auto y nos asomamos a verlo: se trata de una especie de turbera pantanosa, y es posible realizar por ella un recorrido circular de 2,5 kilómetros sobre tablas. El lugar es muy bonito, recuerda a los bosques de Finlandia, pero algunos tramos de la ruta se hallan semisumergidos, las botas se han quedado en la auto, y yo aún no me he recuperado del todo del soponcio de ayer, así que animamos a Chandra a que se pegue unas carreras y luego regresamos.

A la entrada de Loksa rodeamos su enorme cementerio de tumbas en el suelo y giramos hacia la izquierda, dirección Virve. Pronto la estrecha carretera se acaba y se convierte en pista de tierra. Por aquí cerca está la isla de Hara, que fue en su día base de submarinos soviética. Era tan secreta esta isla que ni siquiera aparecía en los mapas. De vuelta a casa comprobaré que pasamos sólo a un kilómetro de ella, pero el bosque se espesa tanto que no nos deja ver la línea de costa.

Sabemos que nos hemos pasado la piedra errante cuando vemos que la pista nos encamina irremisiblemente hacia la Península de Juminda. Pero no nos importa: así al menos podremos echar un vistazo al mar.

Atravesamos Juminda pueblo por una estrecha pista pavimentada que de nuevo se transforma en camino, aun más estrecho. Como no las tengo todas conmigo, aparco en cuanto veo un sitio para dar la vuelta y recorremos el resto del camino a pie. No se ve un alma, deben de venir pocos turistas por aquí. Lo primero que nos encontramos es una base de misiles antiaéreos soviética ¡pero de pega! Quiero decir que no eran de verdad, sino señuelos para confundir al enemigo; de hecho, todavía quedan por el lugar algunas reproducciones de los susodichos.

Llegamos a la orilla, que de tan calmada parece un lago. En este lugar salvaje e idílico, a menos de 50 kilómetros de Tallinn, se levanta un monumento en memoria del desastre acaecido el 28 de agosto de 1941. Resulta que, en plena invasión nazi, para evacuar Tallinn, los soviéticos organizaron una flota de 160 barcos. En ella viajaban miembros del Partido Comunista estonio y sus familias, marineros, soldados y ciudadanos estonios condenados a campos de trabajo. El convoy se dirigía a Leningrado, acosado por la marina de guerra y la aviación alemanas, y a la altura de Juminda topó con varios campos de minas. Se hundieron 65 barcos, y murieron 16.000 de los 28.000 evacuados. Como testimonio de ello varias minas –éstas sí de verdad, aunque suponemos que desactivadas- rodean el monumento.

Volvemos a la auto para comer. Orvalla un poco, pero eso aquí forma parte de lo habitual. Después damos la vuelta y desandamos camino hasta el aparcamiento donde se deja el coche para ir a ver la piedra Majakivi, término que en estonio significa *roca casa*. Se trata de un canto rodado de siete metros de altura y 930 metros cúbicos de volumen que llegó aquí desde la actual Finlandia arrastrado por la última glaciación, hace once mil años. O sea, que cruzó el Báltico a lomos del hielo. La piedra en sí, aparte de su historia y su tamaño, no parece especialmente interesante. Sí lo es, en cambio, por su belleza el recorrido de tres kilómetros y medio ida y vuelta a través del bosque. Por fortuna la ruta se halla escrupulosamente señalizada, pues perderse aquí debe de ser de lo más fácil (y peligroso). Atravesamos algunas zonas inundadas mediante pasarelas de madera, como las que hemos visto esta mañana. Faltan sólo unos cientos de metros para llegar a la auto cuando estamos a punto de extraviarnos en el laberinto verde; por suerte Chandra, con sus superpoderes caninos, nos pone rápidamente sobre el camino correcto.

En este punto, por primera vez durante el viaje, la realidad se divorcia de nuestros anhelos. Nos hubiera gustado ir hasta Narva, la frontera rusa, para ir luego a dormir al monasterio ortodoxo de Kuremäe y tocar el lago Peipus donde se inicia, en la pequeña localidad de Vasknarva. Habría hablado de la cara de espanto que puso Laima cuando le comunicamos nuestros propósitos, de la devastación que sufre Narva a causa de las industrias derivadas del procesamiento de uranio y de que casi toda su población, rusoparlante, ni siquiera ha obtenido la nacionalidad estonia, con lo que ello supone de falta de oportunidades y discriminación (los rusos, que son el 26 por ciento de los habitantes del país, constituyen sin embargo el 58 por ciento de la población carcelaria).

Pero el tiempo, ese bien tan precioso, comienza a escasear. Por eso nuestra idea es seguir por la autopista hasta Rakvere y allí coger la carretera 88 para salir al lago a la altura de Rannapungerja. La defectuosa señalización nos lleva a la carretera 21, que va a Mustvee, que empieza siendo estupenda y se va degradando poco a poco. Sorprende el que casi no nos crucemos con vehículos, y confirma la impresión experimentada en las tres repúblicas bálticas: con lo pequeñas que son, el campo da la sensación de hallarse vacío, sin apenas localidades de tamaño medio. Vamos todo lo deprisa que podemos porque comienza a faltar la luz, porque está lloviznando, y sobre todo por nuestro recién adquirido terror a viajar a oscuras.

Los últimos kilómetros se hacen interminables. Menos mal que la sucesión de nombres de los pueblos próximos a la carretera nos anima y hace reír: *Allküla, Mariküla, Metsaküla, Ristiküla, Rajaküla* y, ya para rematar, *Kulina.*

Por fin llegamos a Mustvee. Cruzamos el pueblo buscando la orilla del lago, y al pasar frente a la parada de autobuses y el super –que son el mismo edificio- divisamos una auto. Estacionamos enfrente (N 58° 50′ 51″ E 26° 56′ 40″), y entonces descubrimos que son nuestros amigos italianos. Los de Trakai y Tallinn. La coincidencia, aun siendo asombrosa, es explicable porque Mustvee aparece como lugar de pernocta en la página italiana que yo manejo (y deduzco que ellos también). Nos acercamos a saludarles. Ellos se muestran también muy contentos y nos invitan a subir. *Il mondo è piccolino*, le digo a Francesco, que así se llama el cabeza de familia. Viaja con su mujer, con su cría de once meses y con su suegro. Son de Calabria, y están haciendo un recorrido similar al nuestro. Nos ofrecen un refresco con sabor a café típico de su tierra y tratamos de desempolvar nuestro rudimentario italiano. Les digo que sorprende ver a unos italianos viajando solos, con lo amigos que son de ir en tribu (como los españoles). Responde Francesco que a ellos les gusta la soledad, la tranquilidad y el subir al Norte en verano para huir del calor. Al oírle tengo la sensación de que somos nosotros los retratados.

Nos despedimos deseándonos otro reencuentro. Acostumbrados a estas bromas del azar autocaravanista, en este momento no sabemos que por esta vez ya no jugará a favor nuestro.

Kilómetros etapa: 249
Kilómetros viaje: 5.678

19 DE AGOSTO: DE MUSTVEE A VALGA

Peipus, junto con Ladoga y Onega, son nombres que arrastran reminiscencias de mis clases de Geografía en la EGB. En aquel remoto año 77 del siglo pasado, quién me iba a decir que lo iba a conocer *in person*, y no sólo como mancha azul en el atlas.

El término en cuestión parece provenir del alemán, ya que los estonios lo llaman *Lago Peipsi*, nombre que automáticamente se asocia a la celebérrima marca de refrescos, y que le hace a uno preguntarse si será pura coincidencia o si tomarían el nombre de aquí. No es la única: Estonia se halla dividida en provincias denominadas genéricamente *Maakond*, igualito que el pueblo de *Cien años de Soledad*. ¿De nuevo casualidad? Pienso que no: me imagino a Gabo rastreando un mapa de Europa en busca de nombres mágicos y sugerentes.

Para cuando nos levantamos, nuestros compas italianos se han ido. Nos acercamos a la orilla. Por uno de estos azares de la vida, hoy luce el sol. El lago Peipus o Peipsi es como un mar, pues enfrente no se divisa ninguna orilla. Al otro lado, Rusia. En invierno, la superficie del lago se congela, y sobre ese hielo tuvo lugar la famosa batalla que enfrentó en 1242 a los caballeros teutones, que a la sazón andaban por aquí, con los rusos liderados por Alejandro Nevski. Cuentan las crónicas que cuando las cosas se pusieron feas y aquéllos se dieron a la fuga, la retirada se transformó en auténtica hecatombe porque el hielo se quebró bajo el pesado equipo de los alemanes, que se precipitaron en masa a las heladas aguas. El célebre Eisenstein inmortalizó esta historia en una película que lleva el nombre del caudillo ruso y que se estrenó en 1938.

Mustvee no llega a los dos mil habitantes, y sin embargo cuenta con cuatro iglesias (la ortodoxa, la baptista, la luterana y la de los Antiguos Creyentes). Tratamos de dar con alguna de ellas, pero las indicaciones son tan difusas que desistimos. Antes de marcharnos voy al super a por unas cosas, y de paso llevo dos botellas de cerveza que compré ayer (en la etiqueta pone bien clarito que si las retornas te devuelven el importe del envase). Se las enseño a la chica de la caja, quien no sólo no resuelve la cuestión, sino que al percatarse de que soy extranjero desiste también de comunicarse conmigo. Le dejo los cascos vacíos en la puerta. Está claro que con cuatro religiones y tres lenguas (estonio, ruso y voroseto, una lengua minoritaria), bastante tienen con entenderse entre ellos para encima tener que comprender al guiri. La sensación que uno tiene es la de hallarse en un mundo muy distinto al de la capital, y que la distancia que va de aquí hasta Tallinn es mucha más que la meramente kilométrica.

Necesitamos gasoil. A la orilla del lago hay una estación de servicio antediluviana; los surtidores ni siquiera marcan el importe, sólo los litros. Para colmo, hay dos tipos de diesel. Entra Bego a informarse y la chica al mando le dice que *cree* que el que nos viene mejor es aquel de allí. De reojo ha conseguido ver los precios, escondidos: cobran el combustible media corona más caro de lo que hemos visto por ahí. Acabáramos. Anoche, al llegar, vimos una Statoil a la entrada del pueblo. Yendo para allá pasamos por delante de la iglesia ortodoxa y de la luterana.

Una vez en la otra gasolinera, nuevo asombro: ésta es nueva, moderna, dispone de cuatro surtidores... y en los cuatro sólo venden gasolina de 95 octanos. Por suerte, algo apartado, descubrimos el lugar donde repostan los camiones, y allí llenamos. Pago con la tarjeta de crédito y, por primera y última vez durante el viaje –fuera de España, claro-, me piden como verificación el documento de identidad. La dependienta chamulla un poquito de inglés; lo que son las cosas, quién me iba a decir que un día me haría tanta ilusión escuchar la anglosajona lengua.

Como estamos fuera del pueblo, para no cruzarlo otra vez lo circunvalamos y accedemos por la parte Sur. Ahora sí que damos con la estatua de la *Dama de Luto,* monumento conmemorativo de la Segunda Guerra Mundial, y con la iglesia de los Antiguos Creyentes. Eran éstos unos rusos que no aceptaron -por considerarlas excesivamente progres (¿!)- las reformas de la iglesia ortodoxa, y se establecieron a este lado del lago. En el fondo es una historia parecida a la de los puritanos ingleses que, por ultraortodoxos, tuvieron que marchar a América del Norte a bordo del *Mayflower*, expedición en la que está el germen de los Estados Unidos como nación y también el origen de la acongojante beatería político-religiosa de un importante sector de su población.

Seguimos hacia el Sur. La idea era ir bordeando el lago pero para decepción nuestra apenas divisamos la orilla, ya que la carretera nueva rodea los pueblos, y no es cuestión de aventurarse a investigar con la autocaravana. Por cierto que nos cruzamos con varias, más que en ningún otro sitio de Estonia.

A la altura de Kallaste decimos adiós al *Peipsi Järv* y enfilamos por la carretera 43 hacia Tartu atravesando un paisaje de granjas y prados. De aquí traíamos localizado un estacionamiento justo antes de cruzar el río, pero cuando pasamos por la puerta lo encontramos atestado de coches. La verdad es que no esperaba semejante mogollón para una ciudad de sólo cien mil habitantes: hay por la calle tanta gente y tanto tráfico que no atinamos a encontrar un lugar donde quedarnos y acabamos a 2,5 kilómetros del centro, en la puerta de un cementerio. Yo me siento tan agotado que comemos, descansamos y por la tarde lo intentamos de nuevo.

Lo bueno de que esta gente sea tan tempranera es que apenas baja un poco el sol se recogen todos, y ahora sí que encontramos fácilmente un lugar más céntrico donde dejar la auto. Nos vamos andando para el casco histórico, que está bien pero menos: comprendo que la ciudad tenga renombre universitario y que haya sido la cuna del nacionalismo estonio y todo eso, pero nos la habían ensalzado tanto que sabe a poco. Así que bajamos hasta el río Emajõgi y vuelta para la auto.

Para cuando queremos arrancar son las seis de la tarde, lo que significa dos horas de luz para conducir. Hay un pueblo en la frontera con Letonia llamado Valga, y nos parece un objetivo factible.

Tiramos millas por la estatal 3, y por el camino fundimos en gasoil las últimas coronas estonias.

Nos vamos con una sensación agradable del país. Parece más organizado y preparado que su vecino del Sur, sus habitantes algo más abiertos que los letones, con mejores carreteras y, sobre todo, con conductores más prudentes.

Valga es una ciudad partida a la mitad por la frontera (del lado letón se llama Valka), lo que con los años ha dado lugar a infinidad de situaciones surrealistas: fundada a finales del siglo XIII por templarios alemanes con el nombre de Walk, en los siguientes seis siglos y medio pasó por manos polacas, suecas y rusas. En la Primera Guerra Mundial fue de nuevo ocupada por el ejército alemán. Al término de ésta, en 1920, con la proclamación de los Estados de Letonia y Estonia, la ciudad fue dividida, quedando en su mayor parte del lado estonio. Con la anexión de ambas repúblicas a la URSS, en 1945, los controles fronterizos fueron demolidos sólo para ser levantados de nuevo en 1990, cuando Estonia y Letonia re-proclamaron su independencia. Y de nuevo volvieron a darse las situaciones delirantes: calles que empiezan en un país y terminan en otro, visados especiales para visitar el cementerio o salir a la puerta de tu casa, violación de la frontera por aparcar en el arcén...

El ingreso de las dos naciones bálticas en la Unión Europea en 2004 suavizó mucho la situación, y el ingreso de ambos países en el espacio Schengen conlleva la desaparición definitiva de las fronteras al menos en teoría, como mañana tendremos ocasión de comprobar.

Al entrar en Valga nos topamos con un enorme cementerio, con las tumbas literalmente a pie de carretera. Hemos visto muchos camposantos a lo largo del viaje, todos en tierra. Separados de la calle por muros bajos, pero hay tramos de éste que no tiene ni eso. Me sorprenden los pequeños bancos que hay junto a las tumbas, para que la gente se aposente cómodamente cuando visite a sus deudos.

Un poco más adelante, a la izquierda, avisto un lago rodeado de verde. Nos metemos por la primera entrada y damos con el parking de tierra de unos bloques de viviendas (N 57° 46' 42" E 26° 01' 46"). Justo a tiempo, porque ya oscurece.

Aparcamos y nos vamos a dar una vuelta con Chandra. El parque es magnífico, con árboles, grandes praderas y el lago –que en realidad es el ensanchamiento de un río- en el centro, cruzado por varios puentes. Despertamos la lógica expectación, pero nadie nos dice nada, y al cabo de un rato no se ve un alma por la calle.

Kilómetros etapa: 169
Kilómetros viaje: 5.847

20 DE AGOSTO: DE VALGA A LA COLINA DE LAS CRUCES

Noche de lo más tranquila. Desandamos camino para pasar por la frontera oficial, ya que mucho tememos que las calles que comunican/separan Valga-Valka seguirán cortadas. En la antigua aduana nos paran tres policías mujeres que nos piden el carnet. Parece que lo de Schengen no ha llegado todavía por estos lares.

Franqueado el burocrático obstáculo, nos adentramos en el proceloso mundo de las carreteras letonas. Lo primero que llama la atención de ellas es su inconsecuencia: el itinerario principal parece en ocasiones secundario, y a la inversa: puedes ir tranquilamente por una calzada a la que de repente le sale un desvío a la derecha, y es por ahí por donde hay que seguir, mientras que de frente se va a cualquier sitio. El segundo problema es el penoso estado del firme, y eso en la red principal, no quiero ni pensar qué será en la secundaria. Para colmo de males se pone a llover de forma insistente, machacona, oscura.

Habíamos pensado en parar en Sigulda, pero está claro que esa excursión habría que hacerla con mejor tiempo. Así que nos incorporamos a la A 2, muy cerca de donde tuvimos el encontronazo con el camionero letón, y donde cerramos la vuelta que hemos dado a Estonia y Letonia. Esta autopista conduce al centro de Riga, aunque aquí lo de *conducir* habría que sustituirlo por *navegar*: llueve a mares, el piso no drena en absoluto, y trailers enloquecidos arrojan sobre nuestro parabrisas agua en tales cantidades que durante mortales segundos te quedas ciego. Si hubiera un mínimo de qué, esta gente reduciría para no desplazar semejantes muros de agua, pero aquí cada uno va a lo suyo, y el que venga detrás que arree.

La entrada a Riga se nos hace inmensa, porque inmensa es la ciudad. No tenemos ningún callejero grande, como en Tallinn, sólo los mapitas de la Lonely. Por Brîvîbas Gatve, que más adelante se transforma en Brîvîbas Ielâ, vamos cubriendo los diez kilómetros que hay desde la entrada de la ciudad hasta el río. Sigue diluviando, avanzamos muy lentamente por el tráfico, y ponemos especial empeño en no dejarnos atrapar en alguno de los carriles que giran a izquierda o a derecha.

Los nombres de las calles son diminutos, y harían falta unos prismáticos para leerlos. A pesar de todo, torcemos oportunamente a la izquierda en busca del Mercado Central. Nos topamos con las vías del tren, y pasamos bajo ellas por un túnel en el que no las tenemos todas consigo. Dando un pequeño rodeo pasamos por delante de la Academia de Ciencia de Letonia; el edificio parece una versión reducida del Palacio de la Cultura de Varsovia, imaginamos que construido por la misma mano. Finalmente, casi por intuición, encontramos el estacionamiento frente al río Daugava (N 56° 56' 34" E 24° 06' 48")

Los parquímetros dicen que el precio es 1 Lats por hora (1,40 euros), por eso no hay aquí ninguna autocaravana, aparte de nosotros. Como no disponemos de moneda local, Bego se va en busca de un cajero y ya de paso a cambiar, mientras yo me quedo de guardia por si viene el vigilante. Llega en coche y es una chica, pero no nos hace maldito caso.

Solucionado el trámite, nos vamos a ver los cinco edificios del mercado, que fueron en su día hangares para zeppelines. Son idénticos, y sólo varían porque cada uno está especializado en un tipo de producto. Salimos de uno y entramos en el siguiente, hasta que descubrimos que también están comunicados interiormente.

Después nos vamos para el centro, que cae bastante cerca. Comparado con el tamaño que ha alcanzado la ciudad nueva, el casco viejo de Riga es muy pequeño. Encajonado entre el río y un canal que tuvo finalidad defensiva, se recorre en poco tiempo. Por fortuna ha dejado de llover pero aun así, tras haber visitado Vilnius y Tallinn, Riga nos parece una ciudad gris y triste, sin magia. Gran parte del centro es peatonal, pero en contraste destacan los lujosos y carísimos coches estacionados allí dentro, un alarde de ostentación que la verdad no me esperaba.

A falta de nada mejor que hacer, entramos en una tienda de discos y nos gastamos casi todo nuestro dinero letón en dos CD de música tradicional, a ver si conseguimos calar un poquito en el alma de este pueblo tan hermético. Me llaman la atención la cantidad de anaqueles dedicados a la música rusa, lo que no es de extrañar, ya que un 42 por ciento de los habitantes de Riga hablan esta lengua. Si unimos esto a que más de cuatrocientas mil personas viven en el país con pasaporte extranjero, tal vez ayude a explicar el frío ambiente que hemos percibido aquí (cuando compras algo, el dependiente lo mantiene lejos de tu alcance hasta que coge el dinero, y sólo entonces te lo entrega). Letonia cuenta además en su haber con otro record poco agradecido, el de la tasa de crecimiento más baja del mundo: el -1,5 por ciento. O, lo que es lo mismo, 20 nacimientos por cada 32 defunciones. El paraíso, vaya.

Aunque he de confesar que yo venía ya predispuesto, pues en la visión que traía de la ciudad influyó no poco la novela de Henning Mankell *Los Perros de Riga*. La imagen de un Wallander deambulando solo por las frías calles, sin documentación ni dinero, mientras la policía del agonizante régimen le sigue la pista, se ha buscado durante mucho tiempo un hueco en mi imaginación.

Ya de regreso, cerca de la Plaza del Ayuntamiento vemos estratégicamente aparcada una integral con matrícula española. Muy viejecita, eso sí, seguramente importada de Alemania. Qué suerte, éstos sí que han encontrado un sitio céntrico. Vemos salir de ella a una pareja mayor, pero no nos animamos a ir detrás para saludarlos.

De nuevo en la auto, seguimos alimentando la voraz maquinita del parquímetro y comemos. Los últimos lats me los gasto en cuatro garrafas de cinco litros de agua mineral.

Hemos decidido no dormir en Riga y seguir camino. El tráfico está por fortuna más fluido que por la mañana, pero cuesta un poco cruzar el río, ya que ha habido un accidente por alcance. Las indicaciones de salida son penosas, aunque nada comparable al semáforo de desvío para coger la A 8.

Resulta que por aquí arriba se estila mucho un tipo de semáforo que apenas he visto en España: primero esperas a que se ponga verde, dejas pasar a los que vienen de frente y sólo entonces giras tú. Eso está genial en lugares con poco tráfico, pero no en el maremágnum de Riga: vienen tantos coches de frente que el semáforo vuelve a rojo antes de que haya podido girar nadie. Entonces la única solución posible para salir del atolladero consiste en aprovechar los escasísimos segundos que median entre el rojo del semáforo de frente y el verde de la calle perpendicular. En ese interludio se cuelan tres o cuatro coches, no más; nos tiramos en el semaforillo de marras más de diez minutos. Un todoterreno con matrícula personalizada JP-11 –toda una declaración de intenciones- se cuela de la larga fila y pasa el primero, sin que nadie, excepto yo, proteste. Por fin, después de mucho sudar y con el alma en vilo, nos arriesgamos a cruzar. Me pregunto si alguien alguna vez le habrá explicado a esta gente el significado de la palabra *rotonda*.

Creo que es la primera vez, al menos viajando por tierra, que entro en un país por la mañana y salgo por la tarde. Disfrutamos de las inefables carreteras letonas hasta la frontera, que no cae muy lejos: una vez rodeado Jelgava, enfilamos la recta de 30 kilómetros que nos pone en Lituania. Aquí ya es otro mundo: los conductores de este país no son tan cautos como los estonios, pero desde luego bastante menos bordes que los letones. Hace horas que no llueve, y el cielo empieza a despejar. La A 8 en Lituania se transforma en la A 12, y por ella bajamos hacia el Sur, camino de Siauliai. A punto está de oscurecer cuando llegamos a la Colina de las Cruces.

Si uno llegara sin previo aviso y de repente viera en mitad de la llanura una modesta ondulación orlada de decenas de miles de estos símbolos religiosos, creería estar soñando. Y eso que todas las que se ven son posteriores a 1985, cuando el régimen se cansó de enviar las máquinas excavadoras para destruir por el día lo que los lituanos plantaban por la noche.

El sitio es espectacular, pero para dormir me parece horrendo. Por fortuna han construido un nuevo centro de recepción al otro lado de la carretera, fuera de la vista del monumento (N 56° 0' 47" E 23° 24' 27"), y allí nos quedamos. El lugar está desierto, y un cartel avisa que los coches aparcan gratis, y que autocaravanas cinco euros. Ya empezamos con las discriminaciones.

Kilómetros etapa: 282
Kilómetros viaje: 6.129

21 DE AGOSTO: DE LA COLINA DE LAS CRUCES A PALANGA

Pensábamos levantarnos temprano con tal de no pagar, pero más temprano aun nos levantan las vendedoras de cruces. Resulta que nos hemos puesto a dormir cerca de donde ellas instalan los puestos, y al parecer les molesta que hayamos dormido allí sin que ello redunde en beneficio de su *industria*, porque otra explicación no tienen los berridos que pegan al lado mismo de la auto.

Nos vamos del aparcamiento antes de que aparezca el cobrador y desayunamos cerca de una granja colectiva abandonada. Luego retomamos la carretera en dirección a Siauliai, pero en contra de lo que esperábamos no se atraviesa el pueblo, sino que lo circunvalamos. Enlazamos con la A 11, y durante 20 kilómetros disfrutamos de autopista hasta *Kursenai*, donde inopinadamente se acaba. Aquí sí que tenemos que cruzar la localidad.

Necesitamos imperiosamente agua. No hemos repostado desde Tallinn, esto es, hace ya tres días, y no será porque no he buscado grifos en cada sitio donde hemos parado. Durante esos tres días nos hemos apañado con los 115 litros del primer depósito, es increíble cómo es posible estirar un bien cuando éste se vuelve tan escaso.

Decidimos probar suerte en una gasolinera. Seguimos el protocolo habitual: yo paro en el surtidor y Bego entra a preguntar. Le dicen que sí, que hay agua, así que pongo 30 litros de gasoil. El grifo cae a un lateral del edificio, de manera que realizo la maniobra, abro el garaje, saco la manguera y los adaptadores, los coloco... Y no sale agua. Asombro mayúsculo, ya que previamente he comprobado que sí había. Junto a la auto aparece un tipo que apesta a alcohol y que pretende comunicarse con nosotros en ruso. Por señas le pido que entre a ver si nos puede dar agua; igualmente, Bego vuelve a la tienda, y ni por ésas: si había agua, bien el borracho o bien la tiparraca de la dependienta nos la han cortado. Nuestro gozo en un pozo. Nos vamos de allí maldiciendo a la madre que los engendró.

Este tipo de incidentes te dejan muy mal cuerpo, porque te hablan de la malicia, la grosería y la ineptitud de algunas personas. Por el camino nos caen chubascos, algunos bastante fuertes, lo que acentúa lo surrealista de la situación: no hay agua para nosotros en la tierra, pero toda la que queramos en el cielo.

Pasado Telšiai y un poco antes de llegar a Plungë nos desviamos a la derecha por la carretera 164, y 5 kilómetros después torcemos a la izquierda, en dirección Berzoras (que en mi cabreo traduzco a propósito como *berzotas*, como hace un rato al cercano Kretinga lo bauticé como *cretina*. Malditos cretinos y berzotas todos aquellos que te sacan el dinero y encima te engañan.)

Luchamos por apaciguar el cabreo, porque estamos a punto de hacer una visita de lo más atípica: otros pocos kilómetros por la carretera terciaria y nos topamos con una pista de tierra con un escueto cartel de madera que dice *Militarizmo Ekspozicija*. Estamos rodeados por los frondosos bosques del Parque Nacional de *Zemaitija*, pero no es naturaleza lo que hemos venido a ver aquí, sino la antigua base soviética de misiles nucleares de Plokstine. En 1960, diez mil soldados fueron enviados aquí para construirla en secreto. Prácticamente a mano, cavaron los cuatro silos de 27 metros de profundidad e instalaron la sala de control, una estación de radio y un generador diesel que proporcionaba electricidad a todo el complejo. La plataforma de lanzamiento albergó el 79º regimiento de misiles R 12, con un alcance de 2.000 kilómetros (desde tan estratégico emplazamiento llegaban a casi cualquier punto de los países occidentales).

Por la pista de tierra avanzamos despacio debido al firme ondulado. Llegamos al aparcamiento con tiempo para la visita guiada de las 12. Sacamos las entradas y aguardamos refugiados a que cese el chaparrón. En estos momentos desearía como nunca tener un colector de agua en el techo de la auto.

Somos un grupo de siete u ocho personas, la mayoría lituanos. Seguimos a la guía más allá del recinto de alambre de púas y nos metemos bajo tierra. Nada más traspasar la entrada, retrocedemos en el tiempo. El óxido, la desconchada pintura que sigue recubriendo algunas paredes, las goteras, el ruido de las puertas metálicas al ser abiertas... todo lo percibido obliga a imaginar lo que este sitio fue. De los cuatro silos tan sólo uno es visitable. Subimos y bajamos por estrechas escaleras, pasamos por escotillas estancas, como las de los submarinos, recorremos las dependencias de los soldados... Todo transpira tristeza y miedo, y una especie de fatalidad ante la destrucción y la muerte.

Procuramos no separarnos de la guía, pues da la impresión de que sin ella sería imposible salir de esta topera. Para terminar, y prácticamente a rastras, accedemos a la parte superior de una de las lanzaderas. Se halla cubierta por una tapa de acero y hormigón que se apartaba para dejar salir el *supositorio*. La Guerra Fría nos parece ya lejos, y sin embargo no es posible olvidar que durante décadas una espada de Damocles nuclear pendió sobre las cabezas de los europeos. De este sitio –o de otro cualquiera similar- pudo perfectamente partir el ataque inicial que hubiera supuesto la aniquilación de la Humanidad. Por decisión política, por error técnico, -como en *Fail Safe*- o por cruzamiento de cables, como en la genial película de Kubrik *¿Teléfono Rojo? Volamos hacia Moscú*.

La conclusión que uno extrae de todo esto: que estamos vivos de milagro.

Finalmente, en 1978 la base fue desmantelada. Un buen día los misiles se marcharon para nunca más volver. Pese a ello, el sitio da *yuyu* de narices. Por eso cuando salimos al exterior decimos, con don Juan, que *se respira mejor*.

No sé si por cubrir el expediente o por canalizar nuestro malestar, el caso es que le preguntamos a la guía que si sabe de algún grifo en el que coger agua. Como era de esperar, nos dice que no (¿no habrán inventado aún la tubería?), pero que podemos probar en el lago. Le hacemos caso pero el agua de éste contiene demasiada materia orgánica en suspensión y no estoy dispuesto a emporcar la bomba presostática con guarrerías.

Volvemos a la carretera y bordeamos el lago hasta Plateliai. Aquí, tras un pequeño extravío, enfilamos hacia el Oeste por carreteras rurales que, la verdad sea dicha, esperaba encontrar en bastante peor estado. Vienen ahora idílicos kilómetros por la Lituania profunda: pueblos pequeños, campos y granjas en las que te cuesta suponer que tengan luz eléctrica o agua corriente (y dale con los grifos, empieza a ser patológico). Aunque podríamos estar en cualquier sitio, porque lo más parecido de un país a otro es el mundo rural.

Alcanzamos Salantai, que nos sorprende por su monumental iglesia, y giramos hacia el Sur por la carretera 226, camino de la segunda visita del día, muy distinta de la primera. A poco más de 2 kilómetros del cruce está el Jardín-Museo de Orvydas. Se trata del lugar que alberga las creaciones del escultor Kazys Orvydas (1905-1989) y de su hijo Vilius, monje franciscano. Como recuerdo de lo mal que se llevaba esta familia con el régimen (los soviéticos llegaron a bloquear el acceso al lugar), un tanque ruso auténtico da la bienvenida a los recién llegados.

Entre chaparrón y chaparrón aprovechamos para realizar el recorrido. El ímpetu con el que, junto con la entrada, intentan vendernos una guía nos hace suponer que la Fundación Orvydas recibe poca o ninguna subvención.

Todos los trabajos están hechos en piedra o madera. Nos gustan mucho más las obras del padre que las del hijo, excesivamente mediatizadas las del último por sus creencias religiosas. Las zonas más laberínticas e interesantes te transportan instantáneamente a lugares de la India o de Japón, y todo el conjunto transmite una atmósfera surreal y onírica, pero también una potente espiritualidad.

Al acabar la visita comemos en la auto y luego desandamos camino hasta Salantai. Aquí las carreteras trazan diagonales muy raras, y éste que llevamos es el rodeo menos costoso para llegar a Palanga. Esta ciudad es el centro de veraneo más famoso de Lituania, pero nosotros no venimos aquí por eso, claro, sino con idea de visitar mañana el *Museo del Ámbar.*

Tan desesperados estamos con el asunto acuático (otra vez hemos abierto ya el depósito de reserva) que estamos dispuestos a transigir y meternos en un camping. Callejeamos buscándolo sin éxito, pues acabamos en las afueras del Norte, en un *cul-de-sac*. Más tarde seguimos a una autocaravana estonia (las pocas que se ven por aquí son todas de alquiler), pero resulta que están más perdidos que nosotros. Finalmente aparcamos junto a un pinar y nos vamos para la playa.

No sé cuál será el concepto que tienen los lituanos de veraneo, porque en la costa hace viento y un frío que pela. No se baña nadie, por descontado, pero está todo lleno de paseantes. En el centro descubrimos ¡una fuente con grifo! Pero está en la zona peatonal, imposible por completo acercarse a él. Bien pensado, lo raro es que lo tengan en la calle, a la vista de todos. A lo mejor por la noche lo custodian en la caja fuerte del Ayuntamiento.

Regresamos a la auto. Habíamos pensado en quedarnos a pernoctar donde aparcamos pero esta calle, sin viviendas, es asimismo utilizada por nuestros amigos los *chundasvinto*, cuyo cuerpo debe estar siempre en contacto con su coche y su música si no quieren sufrir un severo síndrome de abstinencia. Como no hay espacio bastante en el vasto aparcamiento, uno de los susodichos ejemplares ha venido a aterrizar al lado justo de nosotros. Nos marchamos.

La utilísima página autocaravanista italiana trae como lugar de pernocta en Palanga los aparcamientos adyacentes al Museo del Ámbar, y para allá nos vamos. Es ya de noche y desconfiamos de encontrar el sitio, pero al final la ciudad es más pequeña de lo que creíamos, y enseguida damos con la calle. Se llama Vytauto gatvë, y sus coordenadas: N 55° 54' 21.25'' E 21° 3' 43.11''. Son aparcamientos en hilera, separados de la calle por árboles. Nos cuesta un poco entrar, ya que tenemos que hacer un giro de 180º respecto al sentido de la marcha, y el paso es un poco estrecho.

Aquí, algo alejados del centro parece todo muy tranquilo, pero me voy a dar una vuelta para cerciorarme. Entonces descubro, doscientos metros más allá, la autocaravana española que vimos en Riga. No se ve a nadie dentro, da la impresión de que sus dueños han salido.

Kilómetros etapa: 204
Kilómetros viaje: 6.333

22 DE AGOSTO: DE PALANGA A NIDA

El Museo del Ámbar (*Gintar, en lituano*) se encuentra en el interior de un palacio neoclásico que a su vez se alza en el centro de un enorme y frondoso parque. Se trata de un lugar bastante visitado por el turismo local. A mí me es relativamente indiferente, pero esta resina fosilizada se cuenta entre las aficiones de Bego, y fui yo quien le propuso venir hasta aquí. El museo cuenta con unas veinte mil piezas del *oro del báltico*, muchas de las cuales conservan atrapados en su interior insectos y plantas, algunos ya extinguidos. Es como hallarse en presencia de una máquina del tiempo.

Ya en época romana existía una Ruta del Ámbar que iba desde aquí hasta la capital del Imperio.

Un par de horas en el museo y luego nos vamos en busca de un super que vimos ayer al pasar. Como está en pleno centro decidimos no mover la auto pero claro, una cosa es ir en coche y otra a patita. Tardamos un buen rato entre ir y volver.

A la vuelta retomamos nuestro tema monográfico, esto es, el agua. Ayer al entrar pasamos junto a una gasolinera de Statoil. Hartos de desplantes y engaños, diseñamos con minuciosidad militar un plan infalible: a) Nos aproximamos sigilosamente a la gasolinera. b) Astutamente, Bego comprueba la existencia de grifo y que éste, en efecto, dispensa agua. c) Sigilosamente llevo la auto al surtidor y echo 100 litas de gasoil. d) Sin pedir permiso ni leches acerco la auto al armarito en el que se ubica el grifo. Esta última parte de la maniobra se revela como la más complicada, ya que la gasolinera está de bote en bote, y una cola de coches que espera a inflar las ruedas impide una mayor aproximación, de manera que aparco a la vuelta de la esquina, saco la manguera enrollable y aquí paz y después gloria. El grifo no tiene mucha presión, y tarda una eternidad en proveernos de los 150 litros que necesitamos. Esperamos que de un momento a otro salga algún empleado a preguntar que qué narices hacemos, pero nadie aparece, y terminamos de llenar sin problemas.

Es difícil expresar el contento que nos embarga cuando salimos del pueblo. Sé que el agua es lo más preciado del mundo, pero pensé que esa importancia se la reconocería en un país árido, y no en el Norte de Europa.

Vamos hacia el Sur dirección Klaipeda. No nos guía un especial interés en ver esta ciudad, pero es el punto de paso obligado para acceder a la Península de Neringa. A pesar de tener apenas doscientos mil habitantes, Klaipeda es enorme, mide de largo más de diez kilómetros. Y, como parece ser norma en Lituania, la cartelería indicadora brilla por su ausencia: por no haber, no hay ni una mísera señal que indique dónde está el puerto. Después de vagar un rato por las amplias avenidas, damos por fin con el lugar de donde salen los ferrys.

Mientras Bego prepara la comida me voy a dar una vuelta con Chandra. Observo los barcos que entran y salen. La verdad es que parecen muy pequeños, y sólo transportan pasajeros. Me acerco a una de las taquillas y pregunto. La chica, que por suerte entiende inglés, confirma mis suposiciones: allí no aceptan coches, si queremos pasar al otro lado es preciso ir al puerto nuevo, un par de kilómetros más al Sur. Acabáramos. Al final resulta que Klaipeda no tiene un puerto sino tres: el peatonal, el internacional y por el que pasan los coches a Neringa. Realmente lo han puesto difícil.

Voy camino de la auto cuando a la entrada del aparcamiento aparece la integral española con la que hemos estado coincidiendo estos días. Dentro viaja una pareja mayor. Les hago gestos para que bajen la ventanilla. La mujer, que es quien conduce, desconfía; pero el hombre le dice algo y al final accede. Me presento. Charlamos. Aparcan y seguimos charlando. Ellos son Jose y María Victoria, madrileños. Bajan de Cabo Norte, y, en vez de cruzar el Báltico, desde Finlandia han entrado en Rusia, visitado San Petersburgo y salido por Estonia. (¿Peligroso San Petersburgo? No: ellos durmieron en la calle y el mayor percance que les sucedió fue que les firmaron la auto con rotulador.)

Por mi parte les explico lo de los tres puertos en uno y se sorprenden: ellos pensaban que para ir a Neringa, por tratarse de una península ni siquiera hacía falta barco. Les explico que efectivamente península es, pero por la parte de Kaliningrado, no por Lituania. Deciden irse en busca de la oficina de turismo a ver si les dan un mapa que les aclare dónde narices se coge el dichoso ferry. Nosotros nos ponemos a comer.

Vuelven al cabo de un rato. Han conseguido también para nosotros un mapa de la ciudad. Mientras ellos se van de visita turística, tratamos de dar por nuestra cuenta con el puerto correcto, pero con mapa y todo nos despistamos. Acabamos en un callejón infecto donde nos vemos negros para dar la vuelta. Lo gracioso es que nos siguen unos chavales a bordo de un descapotable con matrícula lituana. Yo me mosqueo un poco al ver los dos vehículos en un descampado, como en las películas, pero al final resulta que andan tan perdidos como nosotros.

Rehacemos el camino hasta la terminal y por fin embarcamos. El ticket hay que conservarlo, ya que te cobran de una vez la ida y la vuelta. En pocos minutos pisas tierra bajando en esta península de kilómetro y medio de anchura y más de 100 de longitud, dividida a partes iguales entre Rusia y Lituania: es como la Manga del Mar Menor, pero a lo bestia.

Desde el punto de desembarco hasta el último pueblo antes de la frontera hay 50 kilómetros, casi todos rectos y llanos, rodeados siempre de espesos pinares. Cuesta pensar que todo lo que hay bajo nosotros sea pura y simplemente arena. Entramos en el Parque Nacional del Istmo de Curlandia (hay una caseta donde cobran la entrada). Luego cruzamos un pueblo tan bonito como impronunciable -Juodkrante-, y después ya es todo tieso hasta Nida. Desde la carretera principal, el pueblo tiene tres entradas: nos metemos por la primera y nos topamos con un pequeño aparcamiento del que tomamos buena nota porque nos puede hacer un servicio esta noche (N 55° 18′ 46.85″ E 21° 0′ 38.73″). No obstante, continuamos con la auto hacia el centro pues nos gustaría aprovechar lo que queda de luz para subir a la Duna Parnidis.

Cruzamos el pueblo buscando la mayor aproximación posible, pero como sigue sin haber indicaciones, tras varias vueltas que nos llevan hasta la frontera ruso-lituana, decidimos volver sobre nuestros pasos y dejar la auto en un aparcamiento que hay en la tercera salida (o entrada) del pueblo. Desde aquí, a pie, cruzamos los pinares hasta salir a la playa y al borde de la duna. Al parecer está prohibido escalarla, pero si queremos llegar arriba no queda otra. Trepamos por donde nos parece que vamos a desplazar menos arena. Los 52 metros de altura cuestan lo suyo. Además, es tan grande que en lo alto forma una especie de meseta que tenemos que cruzar. Esperamos ver desde allí la puesta de sol, pero nos la tapan los pinares. A cambio tenemos hacia el Sur, a tiro de piedra, esa anomalía histórica que es el territorio ruso de Kaliningrado.

Nos reintegramos a la auto, ya del todo oscurecido. En el aparcamiento donde la hemos dejado cobran mañana a partir de las ocho, así que volvemos al primero que vimos.

Kilómetros etapa: 103
Kilómetros viaje: 6.436

23 DE AGOSTO: DE NIDA A LA COSTA EXTERIOR DE KLAIPEDA

Durante la noche ha empezado a llover. A ratos arrea con tal fuerza que se pregunta uno cómo será esto en invierno, aunque bien que te lo puedes imaginar. Amanece gris y nublado. Como no está la cosa muy de salir, aprovechamos para descansar, escribir y telefonear a casa. Hay hozadas de jabalíes al lado mismo de la auto, por eso anoche Chandra gruñía y estaba tan intranquila.

En un rato que escampa me acerco al bloque de servicios públicos, cerrados ayer tarde (sin duda pertenecen a las tiendas de ámbar que hay un poco más allá) y descubro que el grifo del lavabo es giratorio y que de él se puede extraer agua. Con un poco de paciencia y dos garrafas de cinco litros me llevo para la auto 30 litros y los echo en el depósito con ayuda de un embudo. La obsesión por el líquido elemento le empuja a uno a no dejar pasar la más mínima oportunidad.

A eso de la una estamos hartos y aburridos, así que nos vamos los tres caminando hacia el centro. Apenas llueve, pero se ha levantado un viento de mil pares de demonios y el agua de la laguna, ayer tranquila como una balsa, se menea ahora como si fuera mar abierto.

El lugar debe de ser idílico con buen tiempo, pero no hoy. Además, el cielo nublado da una luz horrible para según qué fotos, sobre todo los contrapicados que intento sacar de las veletas típicas del lugar (originalmente eran signos distintivos de los barcos, y acabaron siéndolo de las casas de los pescadores).

Decidimos dar por terminado el paseo, pero antes nos acercamos al único super del pueblo para una pequeña compra. Estamos cruzando la calle principal cuando vemos que llegan los madrileños. Se detienen a nuestro lado y preguntan que si sabemos dónde pueden aparcar. Les digo dónde cae el parking de pago, y les indico también dónde estamos nosotros, por si quieren pasarse luego.

No hemos acabado de preparar la comida cuando aparecen. El pueblo no les ha parecido interesante, pero quieren saber por dónde se sube en vehículo a la duna Parnidis. Les cuento que ayer lo intentamos infructuosamente, pero que investigando los mapas deduzco que la única forma de subir es siguiendo la carretera que pasa por detrás del camping (fiel a la tradición lituana, no hay ni un solo cartel).

Ellos se marchan en busca de Parnidis y nosotros subimos a pie a lo alto de la colina. A doscientos metros de donde hemos dormido está la casa de veraneo del escritor Thomas Mann, convertida en la actualidad en museo. El tiempo está mejorando mucho, y vemos pasar algunas bicis por el carril que lleva hasta Juodkrantë. Nos hubiera gustado recorrerlo acariciando pinos y dunas, pero nuestro tiempo se acaba. Volvemos a la auto, y antes de arrancar le echamos otros diez litros de agua.

Unos 18 kilómetros al Norte de Nida hay un aparcamiento con numerosos vehículos. Ya lo vimos ayer, y hoy que vamos con tiempo no nos resistimos a averiguar qué es lo que enseñan por aquí.

En cuanto salimos de entre los árboles entendemos por qué llaman a este sitio El Sáhara lituano. Salvando las distancias, claro está, pero es que la formación dunar es impresionante y, sobre todo, muy alta. Al estar atardeciendo, la mayoría de la gente va de recogida, y tenemos la inmensa suerte de disfrutar en soledad del paisaje, del tiempo y del silencio.

Por lo visto estas dunas se hallan en perpetuo movimiento, y a tenor de lo que dicen los paneles más de un pueblo yace sepultado bajo la arena.

Continuamos hacia el Norte. Antes de cruzar Juodkrante paramos junto al observatorio de aves que nos recomendó Sharunas. Teóricamente reside aquí una colonia de miles de cormoranes, pero deben de haber salido de visita, porque sólo divisamos unos cuantos encaramados a los árboles muertos (al parecer, se los cargan ellos mismos a base de excrementos).

Cruzamos el pueblo y seguimos, siempre hacia el Norte. Pasamos de nuevo el control de entrada al Parque Nacional. Tememos que se nos haga de noche, pero hoy el crepúsculo parece interminable. Menos mal, porque en la semioscuridad del bosque estamos a punto de llevarnos por delante un alce.

Esta tarde Victoria, la autocaravanista de Madrid, nos comentó la existencia de un buen sitio para dormir en la costa exterior, enfrente mismo de la salida del ferry. Lo encontramos sin dificultad (N 55° 40' 40.48" E 21° 6' 15.85"). En el lugar hay un chiringuito de verano y un vigilante dentro con aspecto de quedarse toda la noche, pero con la rasca que hace dudo mucho que venga nadie a dar la tabarra. Además, si hubiera puente hasta Klaipëda todavía, pero como hay que coger el barco...

En el aparcamiento hay también un coche que nos escama un tanto, pero la sospecha se desvanece cuando vemos que aparece otro y lo engancha con una correa para remolcarlo (en este país por lo visto no existen las grúas: todos los coches averiados que hemos visto se los llevaban remolcados así.)

Cae por fin la oscuridad de lo que será nuestra última noche lituana. Afuera sopla el viento y las nubes corren deprisa. Hacia el Este, las luces de la ciudad proyectan resplandores contra el cielo.

Flota en el ambiente un no sé qué de nostalgia. Estamos a punto de acostarnos cuando oigo un motor. Mosqueado, apago la luz y bajo dos dedos el oscurecedor. Falsa alarma: son nuestros compadres de Madrid.

Kilómetros etapa: 44
Kilómetros viaje: 6.480

24 DE AGOSTO: DE KLAIPEDA A SUWALKI

Si no existieran fronteras, o si éstas fueran más permeables, el camino de hoy sería distinto. Todo nuestro viaje se ha desarrollado dentro del *Espacio Schengen*, al que Polonia y las repúblicas bálticas se adhirieron hace apenas ocho meses, y eso nos ha evitado parar en un montón de aduanas y someternos al *ojo-que-todo-lo-ve* del perdonavidas de turno.

Pero hete aquí que debajo de nosotros está Kaliningrado -la antigua Königsberg alemana-, que con sus catorce mil kilómetros cuadrados hace de tapón, y viene a ser un recordatorio del pasado (fin de la Segunda Guerra Mundial, Guerra Fría) y de las tensiones presentes (anteayer, sin ir más lejos, el Presidente ruso amenazó con estacionar cohetes en este enclave en el caso de que Estados Unidos insistiera en desplegar su escudo antimisiles). Si, como dicen, las fronteras son las cicatrices de la historia, en el caso que nos ocupa estamos ante un señor costurón.

Desde Nida, por el módico precio de 150 kilómetros hubiéramos podido continuar península abajo, cruzar Kaliningrado ciudad para enseguida entrar en Polonia. En lugar de eso, nos vemos obligados a dar un rodeo de más de 500 kilómetros pasando por Kaunas. También está la opción del barco que te lleve a Alemania, pero andamos ahora en la fase de hacer todo por tierra, cueste lo que cueste. Cuando crucemos Polonia quitaremos las ganas.

Salgo con Chandra para su paseo matinal y saludo a los de Madrid. Ellos se van para Vilnius. Les explico cómo llegar al parking donde pernoctan las autos, y nos despedimos. No llevan GPS, su cartografía es de lo más elemental y apenas si saben cuatro palabras de inglés: me maravilla su arrojo y empeño a la hora de patearse el mundo.

Una vez desayunados nos vamos para el ferry, y ya en la otra orilla cruzamos Klaipeda sin dificultad. Como es el único puerto del país, está comunicado con Kaunas por una excelente autopista. Los 217 kilómetros hasta esta ciudad los recorremos alegremente. Sin embargo, algo en apariencia tan sencillo como circunvalar la urbe y enfilar hacia Marijampole y la frontera por la A 5 se convierte en poco menos que una odisea debido, en primer lugar, a la probada incapacidad de los lituanos para señalizar en condiciones: en los carteles, cuando los hay, aparece tal cantidad de nombres e indicaciones que resulta materialmente imposible leerlos como no te pares. Tal es el grado de confusión que estamos a punto de meternos en una vía de servicio cortada, y eso que lo que buscamos es la ya conocida Vía Báltica, puerta de entrada al país desde el Sur.

A continuación se nos pone a llover. El tiempo, que nos ha respetado en las primeras horas, cambia a temporal y tiene trazas de seguir así indefinidamente. Por último, aparecen carteles en la carretera avisando de que un poco más adelante está cerrada. Yo no termino de creérmelo: ¿cómo va a estar cortada una carretera nacional? Pues ya ves, por obras, aunque sólo el carril de bajada: Nos desvían por una vetusta carretera paralela que no debe haber sido renovada desde los tiempos de Kruschev. Queremos parar en una gasolinera lituana para gastar las últimas litas, pero esto lleva trazas de que nos van a echar de Lituania sin dejar que nos despidamos.

Por fin los desvíos nos devuelven a la carretera principal. Cruzamos Marijampole, desierta por ser hoy domingo. La proximidad de la frontera me obliga a entrar en una estación de servicio situada al otro lado de la calzada. Pongo el intermitente y estoy a punto de tragarme un camión enorme que no está dispuesto a reducir. Me adelanta a todo trapo envolviéndonos en una cortina de agua.

Como no nos quedan muchas litas, le digo a Bego que mejor compre unos kebab en un puesto de allí al lado, y que el resto se lo funda en la tienda de la gasolinera. Por mi parte, lleno el depósito y pago con tarjeta. Vuelvo a la auto para apartarla del surtidor y entonces compruebo, estupefacto, que no arranca.

El gesto de girar la llave del contacto es tan cotidiano, lo he realizado tantas miles de veces en los últimos veinticinco años que sencillamente mi cerebro no asimila la situación. Saco la llave y lo vuelvo a intentar. Ni siquiera se ilumina el cuadro de mandos. Anonadado, vuelvo a la tienda y comunico a Bego la mala nueva: domingo a mediodía, en una estación de servicio a las afueras de Lituania (sic), lloviendo a mares... y con avería.

Mientras ella termina con la compra, vuelvo a la auto. No se me ocurre otra cosa que intentarlo de nuevo... Y esta vez arranca.

Incrédulo con mi buena suerte, saco el vehículo de la línea de surtidores y estaciono cerca del puesto de kebab, pero sin osar detener el motor.

Vuelve Bego de la tienda. Como no había mucho donde elegir, viene cargada de botellas de medio litro de cervezorro lituano. Engullimos los kebab con el motor en marcha. ¿Qué hacer? El primer impulso es ir hasta la ciudad más próxima. Eso significa volver hacia atrás, a Marijampole, pero me doy cuenta de que 50 kilómetros hacia el Sur, ya en Polonia, tenemos Suwalki, donde precisamente hay un concesionario Fiat. Como tenemos la dirección de éste y una vez en Polonia ya podemos usar el tomtom, decidimos que lo mejor es seguir adelante.

Rezando para que la auto no se cale ni nos hagan parar en ningún sitio, cruzamos la frontera y recorremos los kilómetros que faltan hasta Suwalki. Después de tantos días, es un placer conectar de nuevo el navegador y tener al menos una mano amiga que te guíe.

El directorio de Fiat sitúa el concesionario en Wojska Polskiego 98. El mapa del TT viene algo incompleto y sólo trae los primeros números de la calle, pero seguimos adelante y lo encontramos ya casi en las afueras (N 54° ' 27.86'' E 22° 55' 57.27'').

En el resto del tránsito por Polonia, cuando pasemos por la puerta de otros concesionarios de la marca veremos los recintos cerrados a cal y canto, con unas vallas y unas rejas imponentes. Por eso no sabemos la suerte que tenemos hoy cuando comprobamos que en éste se puede entrar. Además, fuera de las naves exponen coches de segunda mano, lo que indica que hay vigilante por aquí.

Estacionamos a la entrada, en un hueco libre, y nos acercamos al edificio para ver los horarios. El guarda, que nos ha visto, se nos queda mirando pero pasa de salir a preguntar si necesitamos algo. Por lo que vemos en el horario aquí madrugan de lo lindo, porque el taller abre a las siete de la mañana.

Nuestra intención hoy era hacer unos 100 kilómetros más para pernoctar en Gizycko, pero eso ya no importa: en el fondo no acabamos de creernos nuestra buena suerte, y lo bien que nos ha ido para lo que podía haber pasado (por ejemplo, quedarnos tirados en uno de los diminutos apartaderos de la autopista Klaipeda-Kaunas, cuando cambiamos de conductor). Hay que esperarse hasta mañana lunes, pero eso es lo de menos.

Hace rato que dejó de llover, así que nos vamos de paseo. El vigilante está todo el rato al loro, de modo que pongo una hoja de papel bien visible en el salpicadero con la siguiente leyenda: AWARIA, por si se acerca a curiosear.

El camino hasta el centro son casi 3 kilómetros desandando la larga calle que hemos recorrido para llegar. En ella hay un museo de la guerra y numerosas viviendas de militares. Algunas siguen en activo, otras están abandonadas y otras parecen cedidas a civiles. A la izquierda vemos un bonito y sugerente lago, y decidimos rodearlo. El lugar es idílico y la luz magnífica, pero las miradas inquisitivas de algunas personas nos indican que, pese a sus treinta y cinco mil habitantes, en esta ciudad no están demasiado habituados a ver forasteros. También nos llama la atención la extraordinaria agresividad de algunos pastores alemanes que custodian los jardines de decrépitas casas.

La ciudad no tiene nada antiguo, imagino que quedaría bastante tocada durante la última guerra. Ir a un cajero y sacar otra vez zlotys es un poco como volver a casa. Llegamos a la auto ya de noche. A pocos metros de donde hemos aparcado está la valla de un almacén de materiales de construcción, y detrás un par de perráncanos que se pasan ladrando toda la noche. Nos gustaría cambiarnos de sitio, pero no tenemos opción: no sabemos si arrancaremos y, en todo caso, no conviene mosquear aun más a nuestro colega el vigilante.

Kilómetros etapa: 331
Kilómetros viaje: 6.811

25 DE AGOSTO: DE SUWALKI A DOBLE MIASMA
A las ocho pruebo a arrancar la auto, y esta vez funciona. Estaciono en las proximidades de la puerta del taller y nos vamos para la oficina. El diccionario que compramos en Wroclaw hace milenios nos va a ser hoy de una ayuda inestimable. Hemos buscado (y apuntado en un papel) las siguientes palabras: *awaria* (avería), *samochód* (automóvil), *akumulator* (batería), *nie startowac* (no arranca) y *czasem* (a veces).

El hombre que nos atiende es de mediana edad y luce un bigotón que recuerda a Lech Walesa. Al principio es correcto y más bien frío. Cuando le enseñamos nuestra chuleta de estudiante sonríe y llama a un mecánico. Es éste un chico joven, bien plantado y un poco guaperillas. Mantienen una conversación de la que sólo captamos el tono tenso. Por un momento temo que nos digan que la avería no es asunto suyo y que nos larguemos con viento fresco pero el problema es otro: el de la oficina quiere quedar bien con los extranjeros y ha llamado a su mejor mecánico, probablemente el jefe de taller. A éste debe parecerle una indignidad que le encarguen arreglar algo tan básico como una batería, y nos acompaña con un humor de mil diablos. Por señas, me pide que arranque la auto y la meta en la nave. Lo intento, pero otra vez está muerta y me toca regresar a buscarlo. Sale conmigo, abro el capó y hago varios intentos de arranque mientras él manipula. Vuelve para adentro. Yo pensaba que vendría pertrechado con algún sofisticado aparato de medición de voltaje, pero no: trae simplemente un juego de llaves y una lija. Saca la abrazadera de contacto de uno de los polos y raspa el borne. Vuelve a probar y, alehop, el motor arranca sin problemas. Sorpresa por mi parte: yo que creía que la batería se había muerto y resulta que era un problema de contacto. Nuestro mecánico, más contento ahora, sustituye la abrazadera del borne por otra nueva, me entrega la vieja y se despide sonriendo.

Toda la operación no ha durado ni quince minutos. Vuelvo a la oficina. Lech Walesa se sorprende de mi rápida vuelta, al parecer el mecánico no ha dado parte del arreglo (por eso deduzco lo del pique entre ellos). Me pide la documentación de la auto para rellenar ficha y factura. Yo, por mi parte, espero que no se aproveche de la necesidad y la clavada sea soportable. Me fijo en que además del ordenador utiliza para su trabajo pequeñas notas que invaden la mesa entera. Con una de ellas en la mano se acerca al mostrador y me la enseña para ver si estoy de acuerdo con el importe: 30 zlotys. Rápidamente le digo que sí, que no podría estar más de acuerdo. Pago y salgo a la calle más contento que unas pascuas: dudo mucho de que en España haya algún taller que cobre sólo 8 euros por algo, como no sea por entrar a saludar.

Contentos por lo bien que nos ha salido todo, circulamos ligeros camino de Gizycko por la secundaria 653 y después por la 655. Dos cosas me llaman la atención de esta parte del camino: las infinitas arboledas que jalonan la carretera y los tremendos *koleinys* con que nos topamos en ocasiones. Realmente hay que ir con mucho cuidado, ya que a veces te hacen perder el control de la dirección, y en una ocasión estoy a punto de irme al carril contrario. Menos mal que hoy luce el sol y no tengo que vérmelas con los charcos.

Gizycko recuerda mucho al Interlaken suizo, pues se encuentra en una estrecha franja de tierra que separa dos lagos; es por ello una localidad sumamente turística. Pasamos de largo y seguimos por la 592, ya que nuestro destino es otro: en polaco se llama *Wilczy Szaniec*, en alemán *Wolfschanze*, y en castellano *Guarida del Lobo*; es uno de los mayores cuarteles generales que construyó Hitler (no hay que olvidar que esta región era por aquel entonces Prusia Oriental). El acceso está a la entrada de Ketrzyn, sin señalizar desde donde nosotros venimos. Aquí se coge una carreterita que pasa por Karolewo y lleva a la pequeña localidad de Gierloz y que nos deja a la puerta del sitio de marras (N 54° 4' 46.82" E 21° 29' 4.00"). Allí nos espera un comité de bienvenida: primero un chaval joven que habla inglés y nos cobra la entrada. No recuerdo cuánto, pero sé que no nos pareció cara. Luego un señor más mayor que da por supuesto que nosotros, españoles, sabemos también alemán, se presenta como guía e insiste en que cuando aparquemos nos encontremos con él. A mí el recibimiento no me ha disgustado, pero a Bego le han parecido bastante fascistas. Y a la hora de las intuiciones está claro: conviene fiarse de las mujeres.

Una vez dentro otro tipo, éste con chaleco reflectante, nos dirige hacia una zona con árboles destinada a autocaravanas. Nuestra sorpresa es mayúscula al descubrir que está dividida en parcelas con grifos individuales e incluso con toma de electricidad. Es decir, un área de autocaravanas en toda regla y además, curiosamente, en el último sitio donde esperábamos encontrarla.

Es aún temprano para comer, así que nos vamos a hacer la visita. La señalización es escasa (para que contrates guía), pero lo que nosotros hacemos es adquirir un mapa en una tienda de recuerdos que encuentras una vez empiezas el recorrido.

El complejo fue construido para dirigir desde aquí la ofensiva alemana sobre Rusia en 1941. Constaba de unos ochenta edificios camuflados, de los que por lo menos cincuenta eran búnkeres. Se hallaba rodeado de alambres de púas y campos minados, y contaba con guarnición militar, aeródromo y estación de ferrocarril. Aquí tuvo lugar, el 20 de julio de 1944, el famoso atentado fallido contra Hitler relatado en la película Operación Walkiria, y que de haber salido bien le habría ahorrado a Europa casi diez meses de guerra y varios cientos de miles de muertos.

Cuando el ejército soviético se aproximaba al enclave los alemanes lo abandonaron, no sin antes dinamitar los edificios desde dentro. Lo que pasa es que éstos eran tan mastodónticos que la mayoría de las veces tan sólo abrieron grietas.

Un silencio ominoso flota en el lugar, sólo interrumpido por la explicación de los guías. La vegetación lo invade todo, y estas estructuras trapezoidales envueltas en musgo guardan un sorprendente parecido con las pirámides mayas que duermen en las selvas del Yucatán. *Sic transit gloria mundi.*

Lo que nos hace gracia es que cada uno de los jefazos tuviera vivienda y búnker propio: el de Hitler, sobra decirlo, era el más gordo, pero también disponían de búnker privado Goering, Jodl, Keitel... Reflexiona Bego sobre qué poco se aguantarían unos a otros cuando ni siquiera estaban dispuestos a compartir casa durante los bombardeos.

Visitamos lo esencial del complejo, ya que recorrerlo al completo nos llevaría demasiado tiempo. Mientras Bego cocina, yo ando por fuera cargando agua de nuestro providencial grifo. A unos diez metros ha aparcado una autocaravana alemana bastante viejecita, con sus dueños también mayores. Sueltan a un perro que se viene como una flecha para Chandra, con intenciones más bien agresivas. Por suerte es pequeño, pero aun así tengo que coger a mi perrilla y meterla en la auto. Lo que más me molesta es que los otros dos no sólo no hacen ademán de disculparse, sino que ni siquiera llaman a su chucho. En lugar de eso se ponen delante de su auto en un extraño plan atento-vigilante. Si quieren pegar la hebra, por nuestra parte lo llevan claro. Un poco aburridos sí que se les ve porque enchufan la toma de corriente, y apenas media hora después recogen y se marchan. Es que hay gente *pa tó.*

Este incidente en apariencia irrelevante marca el cambio de tendencia que transformará el resto del viaje por Polonia en una pequeña pesadilla. Pero eso por fortuna nosotros aún no lo sabemos: luce el sol, la temperatura es agradable y la carretera se desliza bajo nuestras ruedas con toda la placidez que permite la malformación de la calzada. Vamos por la 592 hasta Bartoszyce, donde hacemos escala técnica en un Lidl. Estamos a 58 kilómetros de Kaliningrado capital y a sólo 17 de la frontera rusa; ya hemos completado la gran, absurda y estúpida vuelta que iniciamos en Nida.

Tras la compra giramos por la carretera 51 hacia el Sur. El firme es mejor, y avanzamos rápido. Tal vez por eso no nos quedamos a dormir en Lidzbark Warminski, donde al pasar vemos un castillo de los que quitan el hipo. Tampoco sabemos si el resultado hubiera sido distinto o no, pero es lo que tiene el elegir: el deseo de adelantar trayecto nos lleva hasta Dobre Miasto (en adelante, *Doble Miasma*), donde según la guía se levanta una enorme iglesia gótica de ladrillo. Llegamos y cruzamos el pueblo sin hallar donde estacionar y lo hacemos a las afueras, junto a unos bloques de pisos. La localidad no es pequeña (11.000 habitantes), pero enseguida queda claro que despertamos sensación: a cierta hora se irán todos los turistas y no queda nadie que sea de fuera. En la plaza dedicada a Jana Pawla hay carteles avisando de ladrones por la zona.

Volvemos a pie hasta el centro para ver la iglesia y de paso buscar un sitio donde dormir. El terreno donde hemos dejado la auto está bastante inclinado, y además aquí parecen tener un sentido de la propiedad de lo más acentuado en lo referente a aparcamientos. Recorremos el pueblo de cabo a rabo, y al final llegamos a la conclusión de que el sitio más tranquilo y resguardado de la carretera es un parking detrás de la iglesia. Durante el paseo hemos encontrado lo que nosotros llamamos *piquetes*: grupos de personas, en este caso jóvenes, estratégicamente situados en bancos, escalinatas, bordillos. Ninguno dice nada, pero no nos quitan ojo.

Regresamos a por la auto y la traemos al susodicho lugar. Antes hemos estado elaborando infinidad de cábalas sobre la mejor forma de colocarla, de equilibrarla, de que por la mañana no nos cierren la salida... Estamos preparando la cena cuando oímos acercarse a un grupo de vociferantes. Estamos esperando a que pasen de largo cuando de repente dan un golpe en el lateral. Abro el oscurecedor y diviso a un grupo de bestias pardas saltando sobre las chapas de una pasarela metálica cercana. No se van: están a la expectativa, a ver qué hacemos. Antes de que empiecen con las piedras, decidimos levantar el campamento.

Con un disgusto fenomenal y maldiciendo de la juventud *doblemiasmense*, desandamos el camino que trajimos esta tarde. Siempre es bueno contar con un plan B, y por suerte hoy lo tenemos: unos 5 kilómetros antes de llegar a destino vimos a la derecha un área de descanso bastante grande. Cruzamos la zona más pegada a la carretera y nos ponemos al fondo, en un lugar arbolado, fuera de la vista y sobre todo del oído: esto es importante, ya que estamos en la carretera de Kaliningrado y por aquí circulan camiones toda la noche.

Un automóvil entra al área, da media vuelta y se marcha. Mosqueo.

Cenamos la cena más triste de todo el viaje.

Kilómetros etapa: 235
Kilómetros viaje: 7.046

26 DE AGOSTO: DE DOBLE MIASMA A LEBA

En 1983 se publicó un libro escrito por Julio Cortázar y su mujer, Carol Dunlop, titulado Los autonautas de la cosmopista o Un viaje atemporal París-Marsella.

Los autores se propusieron hacer un viaje de lo más curioso: se trataba de realizar el trayecto indicado en el título con un camper, empleando para ello un mes, sin salir de la autopista y deteniéndose en todas y cada una de las sesenta y cuatro áreas de descanso, a razón de dos por día. De la experiencia surgió este libro que combina reflexiones, diario de ruta y fotografías. Durante ese tiempo tuvieron que vérselas con la desconfianza de la policía y el personal de la autopista, situación absurda e incómoda donde las haya y que todo el que sea autocaravanista comprenderá perfectamente por haberlo padecido alguna vez en sus carnes.

El libro lo descubrí por casualidad en la biblioteca pública de Cáceres, siendo estudiante. Buscaba relatos de Cortázar y me sorprendió su, valga la redundancia, informal formato. Lo hojeé por encima, y durante más de veinte años he recordado el pie de foto de la página 148, que dice: *So pretexto de vagos trabajos, el cerco se va cerrando y hay que huir.* En la imagen lo único que se ve es a un par de inocentes operarios limpiando y vaciando papeleras, y por ello lo interpreté como una paranoia del escritor, hasta que hoy he podido comprobar que en verdad esas cosas pasan.

Si no, cómo interpretar que, cuando saco a pasear a Chandra y paso por la parte superior del aparcamiento, los ocupantes de un coche de matrícula rusa que están fuera charlando dejen de hacerlo y me miren indisimuladamente, como si en vez de un perrillo llevara de la mano un *kalashnikov*. Lo mismo la mujer con chaleco reflectante que limpia el área, y que ha venido del pueblo en vespino: me sigue los pasos hasta la auto de una forma tan evidente que incluso pienso que me quiere decir algo. Durante el tiempo que tardamos en desayunar y preparar la partida la tipa no se despega: parece que estamos en la zona del parking más guarra de todas, a juzgar por cómo barre alrededor nuestro. Incluso hace ademán de tirar de móvil fingiendo que llama a alguien sin quitarnos ojo. Harto de la película, me siento en el asiento del conductor y empiezo yo a controlarla a ella. Parece que su propia medicina no le gusta, pues sale escopeteada. Al cabo de un rato, recoge sus cosas en el vespino y se larga con viento fresco.

Desandamos camino hasta Doble Miasma y allí cogemos la comarcal 507. De aquí a Orneta todo va bien, pero una vez pasado este pueblo nos encontramos con que la carretera se halla cortada. Como alternativa te proponen un desvío cuaternario que supera mis peores pesadillas. Delante llevamos un trailer que, al cabo de un rato, se detiene: un puente cruza ante nosotros, y según parece no hay altura suficiente para que pase. Al lado de allá del puente hay otro camión con el mismo problema. Mientras los dos conductores deliberan por radio, nosotros nos colamos.

Los carteles de desvío desaparecen, y también las indicaciones de cualquier tipo, incluidos los nombres de los pueblos. Por supuesto que esta carreteruela no aparece en el TT ni por asomo, y el firme llega a ser tan estrecho que no caben dos vehículos y uno se tiene que echar fuera, igualito que en el Sur de Marruecos. Increíblemente, el camión que dejamos atascado ha logrado pasar. Viene tan lanzado que en cuanto puedo me orillo y le dejo que tire millas.

Tras un largo peregrinar a la alucinante velocidad de 20-30 kilómetros por hora damos con un pueblo que sí tiene cartel. Se llama Mylnary. A partir de aquí buscamos la carretera 22 que nos lleva a Elblag. En esta zona parece que están construyendo una autopista en dirección a Kaliningrado. Cuando nos incorporamos a ésta, entre barreras y conos, los obreros dejan de trabajar y nos miran con muchísima insistencia, tanta que por un momento tememos no estar haciendo bien la maniobra. Se diría que por estos lares nadie ha visto nunca una autocaravana.

Desde Elblag a Gdansk hay 61 kilómetros con un firme tan bueno que los recorremos como flotando, porque venimos de un mundo en el que no existen las carreteras decentes. Cruzamos de nuevo el Vístula y nos disponemos a entrar en la gran urbe. La única referencia que traemos para aparcar-pernoctar es un camping, y eso da un poco de mala espina. Entrando en los suburbios vemos una señal que indica aparcamiento para camiones. Nos cuesta un poco encontrar el sitio, y cuando damos con él parece encontrarse en un recinto junto a chatarrerías y desguaces de aspecto tan miserable que el parking de Wroclaw en comparación nos parece ahora un hotel de lujo. Damos media vuelta.

Un poco más hacia el centro vemos de nuevo carteles de parking. Los seguimos y acabamos en la puerta de un solar bastante cochambroso donde recibe un tipo rapado, de unos cincuenta años. Baja Bego a preguntar los precios: 5 zlotys la hora y 50 las 24 horas. Entramos. Otro empleado, éste más mayor, nos guía y pretende que nos coloquemos junto a otra autocaravana, pegados a la pared y metidos de morros en un barrizal. Por gestos le digo que no, y parece que se enfada. Doy la vuelta y hago la maniobra marcha atrás. He quedado a un metro de la otra auto, y como la distancia debe de parecerle excesiva me obliga a rehacer la maniobra hasta quedar pegados como sellos. A mí todo este baile me está empezando a cansar. Por eso cuando llega el rapado y me enseña un papelito en el que ha escrito 50 zlotys por gestos le digo que no, que sólo nos vamos a quedar cuatro horas, y le muestro un billete de 20 zlotys. El tipo, groserísimo, empieza a gritarme con los ojos inyectados en sangre. Con la trifulca el billete se me cae al suelo, el otro lo recoge, me lo tira dentro de la auto y se va. En mi vida me han tratado así; este espécimen, durante el régimen comunista, debe de haber sido policía, chivato, torturador o las tres cosas a la vez. Arranco haciendo todo el ruido posible. Es tal mi ira que tengo que hacer esfuerzos para no plancharle la calva con las ruedas.

Recorremos la ciudad sin encontrar sitio libre. No es que en Gdansk no existan aparcamientos, sino que los huecos libres, o bien pertenecen a bloques de viviendas, o bien son sitios cerrados y vigilados como el del macarra alopécico. Los que encontramos están pensados sólo para coches: intentamos entrar en uno, pero desistimos por lo estrecho del acceso.

Traíamos un plan alternativo consistente en ir hasta el *Carrefour* y dejar allí la auto. Habíamos visto que estaba a 4 kilómetros del centro, pero si no había otra cosa... A la entrada del centro comercial encontramos lo que no hemos visto en todo el viaje: un limitador de altura. Aviados estamos.

Hartos de dar vueltas y muy calientes aún por el follón anterior, conseguimos parar la auto en una especie de tierra-de-nadie. Comemos y deliberamos. Estamos hartos de movidas, y empezamos a estar hartos de Polonia. Si no quieren que veamos Gdansk, pues no lo veremos. Decidimos irnos a dormir a Leba, que está en la costa, al lado del Parque Nacional Slowinski. Nos parece un sitio adecuado para desintoxicarnos de tan nefastas experiencias.

El trayecto hasta allí son poco más de 100 kilómetros y pensamos que no nos llevará mucho más de una hora. Pero una hora es lo que tardamos en cruzar la conurbación Gdansk-Gdynia: lo que en el mapa aparece como circunvalación es en realidad una vía urbana con semáforos cada doscientos metros. La desesperación hace mella en nosotros, y también en otros: nada más dejar atrás los 30 kilómetros de continuo urbano nos encontramos, aún calentita, la torta que un impaciente se ha pegado contra otro en una curva.

Seguimos por la nacional 6, sorprendentemente despejada de coches, hasta Lebork, y desde aquí a la derecha 29 kilómetros más hasta Leba. La carretera no es la peor que hemos tomado hoy, pero se nos hace eterna porque estamos hechos polvo. Finalmente llegamos.

El pueblo resulta ser un concurrido destino de vacaciones. Hay un par de campings que decidimos ignorar. Encontramos el parking del Parque Nacional (N 54º 45' 13" E 17º 31' 03"), y esta vez me toca preguntar a mí. En la garita hay un chico joven que parece la viva imagen de Légolas. Es muy amable y encima habla inglés. Me explica que la pernocta cuesta 8 euros hasta las 11 de la mañana, hora en que empiezan a cobrar la tarifa ordinaria. Me pide que pague por adelantado y así lo hago.

El tiempo se ha vuelto desapacible, con viento y muchas nubes. Queda poco para que oscurezca, pero aun así entramos en el Parque (en el que, según los carteles, está prohibido permanecer después de las nueve) y buscamos la playa entre los árboles, orientándonos por el rumor de las olas.

El viento y las corrientes han formado aquí una barra de arena y una laguna interior. A estas horas la playa, de una arena blanca y finísima, está desierta. Nos parece un sitio estupendo para descubrir y descansar, pero no nos queda tiempo.

Cuando volvemos, ya de noche, el parking está casi vacío. Doy mi preceptiva vuelta para ver si encuentro un grifo, pero tararí que te vi. Hay dos cabinas de water químico, pero deben ser para uso del personal, ya que están candadas, de modo que vacío el nuestro donde puedo. Tomo precauciones para que no me vean desde la garita de entrada, pero un poco más tarde comprobaré que no hacía falta: un quad ha entrado a hacer prácticas de conducción en el parking, y entonces me doy cuenta de que las barreras están subidas, que no hay nadie vigilando, y que hemos pagado por nada.

Kilómetros etapa: 270
Kilómetros viaje: 7.316

27 DE AGOSTO: DE LEBA A EBERSWALDE

En mi paseo matinal con Chandra topo con un nuevo personaje: es un trasunto del energúmeno de Gdansk, sólo que éste tiene pelo. Gasta pantalón de campaña y jersey con charreteras, imagino que para darse un aire policial. En cuanto me descubre soy sometido al minucioso examen visual a que empiezo a acostumbrarme en estas tierras.

Habíamos pensado en coger el trenecito que conduce a las dunas y marcharnos de aquí a media mañana, pero nuestro deseo es llegar a Alemania cuanto antes y salir del laberinto. A las diez y media arrancamos. La barrera está levantada y no hay nadie fuera de la garita. El parking se encuentra en un caminillo sin salida que desemboca en la carretera, doscientos metros más allá. Justo en el cruce está el para-poli hablando por un *walkie*. Conforme nos aproximamos se planta en el medio y hace gestos para que me orille. Como la autoridad que emana de aparcar coches no da para tanto, paso de obedecerle y me detengo en medio de la calzada. Viene hacia mi ventanilla y por gestos le digo que a la otra, que la de los idiomas es Bego. Eso parece molestarle. A la pregunta de que si hay algún problema responde que sí, con cara de que hubiéramos asesinado a alguien. Yo estoy harto de pamplinas e intento marcharme, pero el tipo, increíblemente rápido para su corpulencia, se coloca delante (es el segundo que tienta la suerte en menos de veinticuatro horas, al final voy a acabar cometiendo *polaquicidio*). Le preguntamos por las buenas y después por las malas, pero el colega como quien oye llover. Empieza a formarse una cola de coches que quieren entrar al parking. Al cabo de varios minutos de esta situación estrambótica aparece Légolas en bicicleta. En cuanto nos reconoce, le dice al otro que nos deje marchar. Por toda disculpa suelta que *nos hemos marchado sin parar a la salida*. Pero bueno, entonces ¿para qué demonios nos cobraron por adelantado? ¿Por qué la barrera subida y nadie al tanto? ¿Acaso todos los turistas somos ladrones y delincuentes? ¿Nos han visto cara de gilipollas? La suma de atropellos y humillaciones ha desbordado el vaso de mi paciencia, clavo el claxon y lanzo al pseudo-madero todo mi repertorio de insultos. Éste ya se ha desentendido de nosotros, que nos vamos de allí echando lumbre, aunque tentados de volver atrás y bloquear la entrada a estos infelices patanes sodomizados por su patológica desconfianza.

Tan alterado voy que acelero como un poseso (60 km/h) y estoy a punto de descarrilar por obra y gracia de unos enormes bultos que le han salido a la calzada. Tengo que serenarme: a este paso no llegamos de una pieza a la frontera.

De Leba retrocedemos hasta Wicko y luego a la derecha por la comarcal 213 hasta la onomatopéyica Slupsk. Aquí nos detenemos junto a un super. Mientras Bego compra algunas cosas yo me voy hasta una gasolinera cercana, a ver si hubiera grifo. Lo encuentro, pero ni gota de agua. De todos modos decidimos echar los últimos zlotys en gasoil. En ello ando cuando aparece un chico joven, amable y que sabe inglés. Acabo de repostar, le pregunto si puedo conseguir agua, y él pregunta a su vez si es para mí o para el vehículo. Respondo que para el vehículo, pero no para el radiador, ni para el limpia, ni para lavarlo: necesito agua para *dentro*. Pido a Bego que venga en mi auxilio, a ver si con su anglofonía más precisa lo explica mejor. Ni por ésas: un currante de gasolinera en una ciudad de cien mil habitantes, a 230 kilómetros de la frontera alemana, se muestra incapaz de entender que las autocaravanas usan agua *por dentro*. Pero al menos ha sido simpático y nos ha tratado bien lo cual, visto lo visto, es imprescindible reseñar.

A partir de aquí entroncamos con la nacional 6, que no abandonaremos hasta salir de Polonia. El firme mejora bastante, pero hay mucho tráfico y de lo más temerario, por cierto. Incluso nos adelanta un trailer de los que llevan remolque (viniendo vehículos de frente, claro; si no, no tendría gracia). A propósito de los adelantamientos, conviene señalar algo importante que aún no he explicado: la línea blanca que delimita el arcén puede ser continua o discontinua. La continua significa que no puedes orillarte de ningún modo (bueno, en teoría). La discontinua, por el contrario, implica automáticamente que te *arrejagas* a un lado para dejar paso a los que vienen detrás. La contemplación de las variadas acrobacias que los polacos realizan a bordo de sus autos locos entretiene el camino hasta Koszalin. Cruzamos la ciudad, más o menos del tamaño de Slupsk, y nos detenemos un poco más allá para comer, a la entrada de un pueblecito de carretera, creo recordar que Karlino.

Los siguientes 100 kilómetros se transforman en una inesperada agonía: resulta que las autoridades polacas, con muy buen sentido, han dictaminado que los puentes de la nacional no están preparados para soportar el volumen/tonelaje que transita por ellos en estos tiempos modernos, y se han puesto manos a la obra para solucionarlo. La idea en sí parece estupenda, si no fuera por dos pequeños detalles: han habilitado un solo carril para las dos direcciones con semáforo alterno y eterno (como estamos en la carretera principal que bordea la costa, las colas que se forman son de espanto). La segunda pega es que han decidido arreglar diez o doce puentes a la vez. Habida cuenta que cada semáforo permanece en rojo o verde una media de cinco minutos, el amable lector podrá deducir las infinitas demoras y la desesperación que va royendo el ánimo de los autocaravanistas. Al final, una hora de viaje se transforma en tres.

Por fin (por fin) llegamos a la autopista que rodea Szczecin, pronúnciese este nombre como se pronuncie. Dicha ciudad - 420.000 habitantes- en alemán se llama Stettin, y era el puerto de Berlín hasta el fin de la Segunda Guerra Mundial. Al igual que Danzig (Gdansk), fue botín de guerra tras las hostilidades y repoblada con polacos de las regiones del Este, a su vez anexionadas por la Unión Soviética. Tal vez en este trasiego masivo de habitantes –al fin y al cabo una deportación, y de eso hace apenas sesenta años- esté la raíz de ese malestar, *mal-à-l´aise, unrest*, que hemos percibido -y sufrido en propias carnes- en nuestro peregrinar por estas apartadas regiones.

Por fortuna, la salida de Polonia nos depara una grata sorpresa: paramos a descansar en un área de la autopista. Como el gasoil en Alemania es algo más caro, aprovecho para llenar. Esta vez ni me atrevo a preguntar si tienen agua, pero en mi protocolaria visita alrededor de la estación de servicio descubro un grifo. Vuelvo corriendo a contarle a Bego la buenísima nueva. Llenamos a saco, y de este modo la amarguísima amargura de estos últimos días se atempera un poco.

Entramos en Alemania. Un tramo de 6 kilómetros de firme infame nos recuerda que hasta hace poco esto era RDA (¿o lo habrán dejado adrede, para que los conductores polacos levanten el pie del acelerador?)

Berlín cae a tiro de piedra de la frontera. No queremos meternos en su anillo, así que en la salida 10 tomamos dirección Eberswalde. Traemos en el TT la referencia de un área de autocaravanas (N 52º 50' 19" E 13º 46' 01"). Se trata de un aparcamiento sin servicios cerca del *Familiengarten*. En las inmediaciones hay unos operarios levantando una inmensa carpa. Montan el lógico ruido. Como la cosa promete porque han encendido focos, se acerca Bego a preguntarles si piensan trabajar toda la noche y ya de paso a practicar alemán. Respuesta: toda la noche no, pero se irán cuando terminen.

La zona reservada para autocaravanas está recubierta de rejillas de hormigón, de éstas que permiten que brote la hierba, y dan al terreno una apariencia más *blanda*. Ha sido una suerte, porque en el enorme aparcamiento de al lado, que es de asfalto, aparece un ceporro a hacer trompos. Se va y vuelve, vuelve y se vuelve a ir. Los montadores de la carpa desaparecen a eso de las doce. Y se hace el silencio. Un silencio especial y diferente, porque por primera vez en muchos días descansamos tranquilos, y porque llegar a Alemania ha sido un mucho como llegar a casa.

Kilómetros etapa: 375
Kilómetros viaje: 7.691

28 DE AGOSTO: DE EBERSWALDE A NÜRNBERG

Cuando planificamos el viaje habíamos pensado en dedicar dos días a Berlín, que no conosemos, pero a las alturas que estamos mucho me temo que habrá que dejarlo para otra ocasión. Salimos a la A 11 y al poco desembocamos en la A 10, que rodea la ciudad por su parte sudoriental. Encontramos menos tráfico del que esperábamos. Empieza a llover. Tomamos la A 9 y enfilamos hacia Leipzig, buscando el Sur.

Mañana sin historia en las autopistas alemanas. Ésta por la que circulamos dispone en casi todo su trazado de tres carriles, pero a nosotros no es que nos hagan un gran servicio que se diga, ya que el de la derecha está reservado para los camiones, y los otros dos son propiedad exclusiva de los velocísimos coches. Si permaneces un rato en la vía central no tarda en llegar el que protesta porque no te arrimas a la derecha. Uno lo haría de buena gana si cuando te topas con un camión los que circulan por el carril intermedio te facilitaran el adelantamiento, pero en la práctica eso no ocurre casi nunca: el fardar de vehículos potentes y el *apartaisus que voy* son a mi juicio las dos principales similitudes entre los conductores alemanes y los españoles; en ese sentido Francia, por ejemplo, es otro cantar.

A mediodía hemos dejado Chemnitz a un lado y Erfurt al otro. Se impone comer, pero nos gustaría hacerlo en algún sitio más tranquilo que las atestadísimas áreas de la autopista. Localizo en el TT lo que parece un área de autocaravanas a pocos kilómetros de la vía principal, así que nos vamos para allá. Lo encontramos: es un sitio precioso rodeado de bosque pero, oh sorpresa, resulta que se trata de un particular que te proporciona área si comes en su restaurante. Le decimos que la comida no nos interesa, que vamos en ruta y sólo queremos parar un rato, pero muy amablemente nos responde que no. En cambio insiste en que nos llevemos un folleto publicitario. Lo lleva claro, así van a hacer clientes por las narices.

Volvemos a la autopista y comemos en un área cualquiera. Como suele ocurrir, tampoco aquí hay un espacio específico para nosotros: las plazas destinadas a coches son demasiado pequeñas, y tenemos que aparcar donde los vehículos pesados. Eso, claro está, no agrada a todos los camioneros (menudas miraditas) pero en algún sitio habrá que ponerse.

De nuevo en camino. Ahora toca echar gasoil. Nos llama la atención las enormes distancias a las que se encuentran aquí las gasolineras: 60 y hasta 70 kilómetros. Entramos en reserva y nos vemos obligados a salir en busca de una que está a tope de coches y además tiene el acceso algo dificultoso, pero cualquiera se arriesga a quedarse tirado.

Seguimos rectos como una flecha hacia el Sur. Parece mentira que Alemania sea un país de 83 millones de habitantes y bastante más pequeño que España, porque cuando lo cruzas apenas ves ciudades, sólo campo. A partir de Hof entroncamos con la ruta que trajimos al venir, y ya no la abandonaremos hasta bien entrada Francia.

Poco a poco nos acercamos a Nürnberg. De esta ciudad traemos como referencia un lugar de pernocta junto al parque de

Marienberg (N 49° 28' 27.47" E 11° 5' 37.83"), en la zona Norte de la ciudad y descrito por el compañero Arsenio en el relato de su viaje por estas tierras. Guiados por el navegador, damos con el sitio sin dificultad, sólo que la entrada despista por resultar un poco estrecha. Como es habitual en Alemania, al ser el área gratuita no dispone de instalaciones de carga y descarga, pero un water público permite vaciar las negras y, en caso de apuro, coger algo de agua.

Estamos contentos porque hemos llegado, pero sobre todo porque hemos llegado de día. Nos vamos de paseo por el parque, muy bonito y de considerables dimensiones (un kilómetro de ancho por otro de largo). Imita tan bien una pradera natural que por momentos te olvidas de que te hallas en una ciudad de medio millón de habitantes. Incluso dispone de zonas autorizadas en donde soltar a los perros para que corran libremente. Precisamente en una de ellas nos sucede el incidente que narro a continuación:

Taimado y astuto, se nos acerca por detrás un perro de tamaño regular. Como no lo hemos visto venir nos sobresaltamos, especialmente Chandra, a la que hay que coger en brazos. Los dueños se encuentran a unos cien metros y no hacen ademán alguno de llamarlo, pese a resultar evidente que nos está molestando. Les gritamos en tres ocasiones que lo llamen, y ni por ésas. Yo me pongo frente al animal para evitar que se acerque a la perra, y éste empieza a mostrarse agresivo. Sólo entonces lo llaman.

Pensábamos que la cosa quedaría ahí y seguimos caminando, pero ellos nos siguen. Tan evidente resulta el gesto que nos detenemos. El tipo se crece al descubrir que somos extranjeros y me espeta algo (en alemán); yo le replico (en español). No nos entendemos, pero con las miradas es suficiente. Según Bego, el tipo arguye *que su perro tiene derecho a blablabla*. La mujer de él se une a la filípica en plan sonco. Yo ya no digo nada, sólo los miro asesinamente hasta que se marchan con el perrito de los huevos.

Nos quedamos Bego, Chandra y yo retadores, manteniendo el campo. Es una pena que en ocasiones personas así puedan representar a un país entero.

Aún con el disgusto, volvemos al parking. Al llegar comprobamos que nos han rodeado: coche a un lado, furgoneta al otro, y enfrente una caravana. No son turistas, sino lituanos emigrantes en busca de trabajo, y en torno a nuestra auto han montado su patio de recreo. No tenemos ánimo para nada, así que nos mudamos al otro extremo del aparcamiento. A cambio recibimos miradas ofendidas, pero así es la vida: ya sólo faltaría tener que dar explicaciones.

Kilómetros etapa: 521
Kilómetros viaje: 8.212

29 DE AGOSTO: DE NÜRNBERG A FRIBURGO

La noche ha sido tranquila, mucho más de lo que esperaba. Las dos familias lituanas siguen allí, pero faltan los cabezas de familia: habrán ido al trabajo o a buscarlo. Como en el área de Herrieden, se codean aquí la opulencia con la necesidad. Reflexiono sobre los miles de diminutos dramas humanos que pueblan y salpican este club de ricos denominado Unión Europea.

Hoy nuestro destino es Friburgo, a 387 kilómetros. En cualquiera de los países que dejamos atrás sería una locura planteárselo siquiera, pero aquí pretendemos hacerlos en la mañana, y así reservar la tarde para visitar la ciudad.

Salimos de Nürnberg por donde entramos y, como Berlín, rodeamos la ciudad por el Este. Luego nos incorporamos a la A 6 desandando el camino que hicimos el 3 y el 4 de agosto, tan lejanos ya. Encontramos algunos atascos por obras, pero ninguno excesivamente largo, como ya nos pasó otras veces por Alemania.

El largo camino a casa

Esta vez vamos prevenidos, de modo que las obras del enlace con la A 81 las afrontamos sin mayor problema. No así los camiones, que tienen prohibido durante casi todo el día salirse del carril derecho y se adensan en kilométricas colas.

Esta mañana, al salir, había una especie de neblina. A medida que avanzamos hacia el Oeste se despeja y empieza a brillar el sol con una intensidad que no recordábamos.

Durante una parada técnica se nos acerca una chica rusa. Señala su furgoneta, aparcada detrás de nosotros, y en un inglés muy bueno nos explica que se han quedado sin gasolina, que si les podemos ayudar. Trato de explicarle que nuestro vehículo es de gasoil, pero me parece que no lo entiende porque, según parece, en Rusia muy pocos vehículos gastan este tipo de combustible. Cuando nos marchamos, la dejamos preguntando a otro conductor.

Siguiendo el consabido itinerario, giramos hacia el Sur por la A 5, la autopista que remonta el Rhin. No sé si es la hora o la fecha, pero hay bastante menos tráfico que cuando subimos. Discurren las horas paralelas al asfalto y llega la de comer, pero preferimos realizar un último esfuerzo hasta Friburgo. Notamos algo realmente extraño, y nos damos cuenta de que se trata de calor.

Por Friburgo hemos pasado varias veces, pero nunca entramos porque siempre caía demasiado lejos o demasiado cerca. Y sin embargo teníamos un gran interés en conocer la ciudad: no sólo por su estupenda área, sino por ser la capital de la ecología: varias instituciones medioambientales europeas y relacionadas con la energía solar tienen aquí su sede, más de la tercera parte de su término municipal es bosque, y además cuenta con una red de 400 kilómetros de carriles bici. Es hora de sacar las nuestras, que a estas altura deben de andar ya algo oxidadas.

El área de Friburgo (N 47º 59' 59" E 7º 49' 31") es para los autocaravanistas españoles la puerta de Alemania. Sin embargo, hoy sólo encontramos alemanes y franceses. No hay muchos sitios libres, pero hay. Por primera vez en mucho tiempo buscamos la sombra.

Después de comer sacamos las bicis, tarea que no resulta fácil por la cantidad de trastos que almacenamos en el garaje. Luego toca ajustar y poner a punto las ruedas, desinfladas tras la prolongada inactividad. Como va a ser visita corta, en bicicleta y de recorrido urbano, dejamos a Chandra vigilando.

Los responsables del área nos proporcionan un plano fotocopiado de la ciudad que sirve para arreglárselas. El centro urbano dista menos de 2 kilómetros. Vamos por Bissiestrasse y Engelbergerstrasse hasta que topamos con Eschholzsstrasse, donde se gira a la izquierda y después a la derecha para pasar sobre las vías del tren. Sorprende que en el puente que las atraviesa hayan construido una estación de tranvía. Y es que en el centro de la ciudad sólo es posible circular por este medio, o en bicicleta o andando: en alguna cosa se tiene que notar que Friburgo lleva décadas trabajando en un proyecto de desarrollo social y ecológicamente respetuoso.

Amarramos las bicicletas en un aparcamiento junto a la Plaza del Rathaus y nos vamos de paseo. De inmediato se percibe que falta algo a lo que, por desgracia, uno está más que acostumbrado: no hay humos, ni ruido, ni esa violencia latente asociada a las calles con intenso tráfico rodado. Y también resulta impresionante caminar por la avenida principal, la Kaiser Joseph Strasse, y percibir que aquí se ha recuperado la ciudad para las personas, que dedican su tiempo a las cosas importantes de la vida en lugar de rendir culto a ese Moloch moderno conocido también como Don Automóvil.

Vamos hasta la Martinstor, y entonces recordamos que Bego quería llevarse para casa alguna novela. La hora es mala, y muchas tiendas estarán a punto de cerrar, pero lo intentamos. Damos con una librería especializada en comics. Le explicamos lo que buscamos, precisando que no queremos una traducción al alemán, sino una obra escrita originalmente en esta lengua. El dependiente, un tío estupendo, quiere indicarnos dónde están las grandes librerías de la ciudad. Se lo agradecemos, pero al mismo tiempo le hacemos ver la hora. Entonces busca por las estanterías y viene con dos títulos. No se limita a mostrarlos, sino que nos los explica con todo lujo de detalles. Uno de ellos versa sobre temática local. Según parece, hasta el siglo XIX la Selva Negra era Selva a secas, formada por robles, castaños y demás, pero quedó por completo arrasada al ordenar Napoleón que se talasen todos los árboles para construir barcos. Cuando décadas más tarde se iniciaron las tareas de repoblación, el árbol elegido fue el pino negro, y de ahí viene el sobrenombre. Trato de imaginar cuán sobrecogedora sería la visión de los mil y un matices del bosque caducifolio en otoño, allá por el siglo XVIII, antes de que la ambición y la estulticia humanas se lo llevaran por delante.

Nos despedimos del amable librero, con la novela recomendada bajo el brazo.

Volvemos sobre nuestros pasos y cruzamos de nuevo la calle del Kaiser Joseph. Nos internamos en un dédalo de callejuelas que invitan a la paz y al sosiego. Pequeñas terracitas de bares, un inesperado y precioso canal... Y ni un solo prepotente, pretencioso, humeante y maldito coche diciéndonos a los peatones que la calle es suya. Realmente, un aura mágica se respira en Friburgo.

Así llegamos a la Schwabentor, la Puerta de Suavia. Desde aquí vamos a la Plaza de la Catedral. Una pena, porque ya se ha ido la luz casi por completo y apenas podemos sacar fotos, así que pian pianito volvemos en busca de las bicis. Todavía tenemos tiempo de sentarnos en una plazuela a saborear el intenso silencio que nos rodea, y a plantearnos que el futuro de la raza humana será éste, o no será.

Kilómetros etapa: 387
Kilómetros viaje: 8.599

30 DE AGOSTO: DE FRIBURGO A DIGOIN

Nos vamos para Francia, pero antes toca hacer la *toilette* a la auto: llenamos y vaciamos en las instalaciones creadas al efecto, la primera vez ni se sabe en cuánto tiempo.

Despedidos de nuestra amada Friburgo, recorremos hacia el Sur el tramo de autopista que resta hasta cruzar el Rhin a la altura de Mulhouse y, alehop, esto es Francia. Nos vamos derechos al primer híper para repostar gasoil *barato*. Al entrar pasamos un poco de apuro, ya que hay un gálibo de 3 metros. Nosotros medimos 2,85 aproximadamente pero ¿y si la cadena de la que cuelga la barra se ha dado de sí? Baja Bego para cerciorarse de que no nos la llevamos con el enfriador.

Ventilado este trámite, continuamos hacia Belfort. Hoy le hemos dicho al navegador que no queremos pagar peajes, así que nos saca de la autopista y nos lleva por carreteras más o menos secundarias. El problema de las autopistas de pago francesas no es ya sólo el importe de las mismas (cuando llegas a casa y sacas números, te das cuenta de que no es tanto), sino lo reiterativo y entorpecedor de parar en tantas taquillas y sacar la bolsa con los euriscos, por no hablar del peligro que entrañan las llegadas y las salidas -con coches a toda pastilla rebasándote por ambos lados- o el miedo a equivocarte y meterte en una fila de las que tienen gálibo. Además, la región que vamos a atravesar–El Franco Condado- es una de las que más nos gusta de Francia, y sería una pena perdérsela, con el día tan bueno que ha salido.

Pasamos Belfort y llegamos a Montbéliard, cruzando idílicos paisajes y densos bosques. Seguimos el curso del río Doubs, imponente y magnífico, lo que garantiza una ración extra de curvas.

Ésta que traemos parece ser la ruta oficial de las autocaravanas, pues nos cruzamos con mogollón de ellas. Casi duele la mano de tanto saludar.

Llegamos a un meandro del río en el que se enclava un pueblo de lo más pintoresco: L'Isle-sur-le-Doubs. Como su nombre indica, parte de la localidad se enclava sobre una isla, pero choca el nombre, ya que *isla* en francés se dice *île*. ¿Acaso se trata de una variedad lingüística local? Que yo sepa, la Occitania cae lejos de aquí.

Elucubraciones lingüísticas aparte, nada más ver el sitio recordamos haber pasado por aquí hace dos años, viniendo de Centroeuropa. Sólo que aquel era un día de lo más gris y caían chuzos; hoy en cambio lucen y reverberan los colores. Nos gustaría tanto parar, pero por desgracia no es tiempo ni ocasión.

Seguimos por la N 83, y cruzando Baume-les-Dames llegamos a Besançon. Es ésta una localidad grande pero, aunque se atraviesa por todo el centro, no encontramos demasiado tráfico, imaginamos que por ser sábado.

Las mansas aguas del río nos conducen hasta Dole, adonde llegamos a la hora de comer. Debe de ser día de mercado, porque está el pueblo de bote en bote. Hay un inmenso aparcamiento en la orilla opuesta –después descubriremos que en realidad se trata de una isla-, y para allá nos vamos (N 47° 5' 25.34" E 5° 29' 49.48"). Hace más calor que en Friburgo, y de nuevo toca buscar la sombra. Como siempre que volvemos de regiones nórdicas, impresiona la pureza y verticalidad de la luz, la nitidez mediterránea y casi dolorosa con que se perciben las aristas y las formas. Es como si, en vez de reflejarse, brotara de los objetos.

Tras la comida viene el paseo por la parte vieja. Dole tiene la misma disposición que Salamanca, que Coria y que otras tantas ciudades que conocemos: sobre una colina, en posición ventajosa, con el río a modo de parapeto y la enorme catedral rompiendo la línea del horizonte. Por cierto, nos enteramos de que aquí nació Louis Pasteur, y que su casa natal está abierta al público.

Visita terminada, toca seguir cruzando Francia. Continuamos hasta Chalon-sur-Saône y después Montceau-les-Mines, empalmando una tras otra carreteras nacionales y departamentales. Por aquí, aunque quisiéramos, ya no es posible utilizar la autopista porque en Francia ocurre exactamente como en España, que las principales rutas son radiales (hacia la capi) y cuesta muchísimo encontrar recorridos transversales. Nuestro destino es Digoin, donde tenemos una indicación de área y donde llegamos, como nos suele acontecer, a la puesta de sol (N 46° 28' 57.96" E 3° 59' 19.45"). El lugar en cuestión es el aparcamiento del *port de plaisance,* y viene a ser un tanto pequeño. Hay ya cinco autocaravanas y no nos queda claro si cabremos, pero un compañero hace gestos de que sí, y otro cuyo remolque ocupa una plaza se ofrece gentilmente a apartarlo, pese a que ya íbamos a maniobrar para colocarnos en otro sitio.

Son todos franceses. Bajamos y saludamos. Preguntan de dónde venimos, y cuando se lo contamos no ocultan su asombro. Ellos, por su parte, nos explican que este sitio en realidad no es el área, pero que ésta se encuentra tan cerca de la carretera que debido al ruido la gente se viene a dormir aquí.

Nuestros vecinos son gente tranquila, y tras un rato de charla a pie de auto dan las buenas noches y se recogen. No así los borrachos del pueblo, que pasan horas después alborotando y pegando berridos, por si no nos acordamos de que hoy es *sábado la noche.*

Kilómetros etapa: 393
Kilómetros viaje: 8.992

31 DE AGOSTO: DE DIGOIN A PÉRIGUEUX

Amanece, y a nuestro barquito le toca seguir surcando el denso océano de las carreteras francesas. Es el antepenúltimo día del viaje, y para salir pasamos algún apuro ya que han llegado coches que han aparcado sin miramientos.

Nos despedimos con la mano de nuestros vecinos y reemprendemos ruta por la N 79. Hoy es domingo, se nota porque la carretera está saturada de tráfico y por los numerosísimos radares móviles que tiene instalados la Gendarmerie. Hay gente que ha salido realmente de paseo, pues vamos prácticamente en caravana hasta Montmarault. Aquí todo el mundo se va por la autopista de peaje. Nosotros, que no conocemos el truco, seguimos hacia Montluçon, y nos cuesta Dios y ayuda atravesar el continuo urbano que se nos viene encima, y eso que el centro de la ciudad se evita. Cuando ya estamos casi fuera del meollo, el TT se equivoca y pretende que efectuemos un giro prohibido. Una autocaravana francesa que llevamos delante debe de tener un navegador con los mismos mapas, pues se les ve en el mismo brete. Así que no queda otra que seguir en dirección opuesta y buscar otro sitio para realizar el cambio de sentido.

El tiempo se tuerce camino de Guéret y comienza a llover. Aquí están construyendo una autopista que al parecer será gratis. También son gratuitos, y esto sí que nos parece insólito, los 37 kilómetros de la A 20 que recorreremos hacia el Sur, hasta la entrada de Limoges. De esta ciudad tampoco vemos nada, teleportados por sabias carreteras de circunvalación. Encontramos la N 21 y por ella seguimos bajando hacia nuestro destino del día, Périgueux. La hora de comer se nos echa encima, pero preferimos estirarnos y esto hace que lleguemos un poquito hechos polvo, sobre todo porque nos pasamos una carretera directa que han habilitado a partir de Sorges y, como en Montluçon, tenemos que tragarnos un rosario de pueblecitos y polígonos industriales. El área no la encontramos a la primera, ya que la indicación del navegador no está bien ubicada. Dudamos unos instantes, hasta que localizamos el amplio *quai* junto al río en el que estacionan las autocaravanas (N 45° 10' 56.93" E 0° 43' 24.98"). Encontramos un sitio libre. Comemos y descansamos, que falta nos hace.

Por la tarde cursamos la reglamentaria visita a la ciudad, que por ubicación y morfología guarda un extraño parecido con Dole, aunque la catedral se ve más moderna, al menos lo que es la torre. Da un cierto aire al *Sacré-Coeur* de Montmartre, y posteriormente un cartelito nos confirma que ambas son obra del mismo arquitecto.

El casco antiguo es bonito, pero se nos acaba enseguida y regresamos antes de que se haga de noche. Nos sentamos en un banco a la orilla del río, siempre me maravillará lo limpios y bien cuidados que los mantienen estos franceses. Lo mismo con el área: debe de haber unas cuarenta autocaravanas, pero la gente comparte el espacio como buenos compañeros sin molestar a nadie. Hay cosas que me gustaría que mi país tardase menos en aprender.

Kilómetros etapa: 378
Kilómetros viaje: 9.370

1 DE SEPTIEMBRE: DE PÉRIGUEUX A VITORIA

Antes de salir vivimos idéntica situación que ayer en Digoin, pero aumentada en consonancia con el tamaño de la ciudad: el aparcamiento de autocaravanas no se considera específico para nuestro tipo de vehículos (anoche, a eso de las doce, un hombre estacionó aquí su automóvil para que se lo *vigiláramos*). Esta mañana, a medida que transcurre el tiempo indispensable para asearse, desayunar y disponer lo necesario para la partida vemos cómo el espacio disponible se va colmatando progresivamente de coches a cuyos dueños parece importarles un bledo si puedes salir o no. La posibilidad de quedarnos atrapados en el crítico momento de la partida es tan evidente que arranco y desplazo el morro unos metros hacia adelante. Un autocaravanista jovencillo viene todo simpático a preguntar si podemos apartarnos para que salga él. Su cara refleja estupor elevado al cubo cuando Bego le responde que no, pero se vuelve a relajar cuando ésta añade que nosotros también nos vamos *dans un minute*.

Necesitamos echar gasoil y vamos para un Intermarché, pero debe de ser el único en toda Francia que no tenga surtidor. Buscamos entonces el Carrefour, que está algo más lejos, desandando el camino que nos trajo hasta aquí ayer.

Nuestra idea originaria era bajar por Bergerac y Mont-de-Marsan buscando la frontera, pero de carreteras secundarias esta vez hemos hecho ya el cupo, así que nos dirigimos hacia Burdeos por la autopista de peaje. Luce un sol maravilloso, y los kilómetros discurren plácidamente. Circunvalamos la ciudad sin ningún problema y enfilamos hacia las Landas. El tráfico, tanto de subida como de bajada, no recuerda nada a los grandes tráfagos del verano. Y es que estamos ya a uno de septiembre, las puertas del otoño.

Justo donde empieza el peaje dejamos la autopista, y por secundarias nos acercamos a la costa y a Ondres, que conocimos el año pasado. Como entonces, pretendemos parar a comer a la sombra de un pinar muy cerquita de la playa; hay una señal nueva de prohibido autocaravanas pero no le hacemos mucho caso, al fin y al cabo vamos a estar aquí un par de horas.

No han pasado ni diez minutos cuando aparece un coche de la Policía Municipal y se para. El agente, un tipo joven muy serio, baja y se acerca a nosotros. Le pregunto si hay algún problema, y me replica que si no he visto la señal. Respondo que sí, que claro, pero que vamos de paso, y que por eso no nos hemos acercado al área (de pago) que está un poco más allá. Replica que si vamos de paso no cuesta nada, porque sólo cobran la pernocta. Me gustaría decirle a este hombre que transija un poco, que tenemos la comida en el fogón, pero parece que no ha lugar para alegaciones, así que optamos por la postura dócil: conduciendo yo y sujetando Bego los cacharros, nos vamos detrás del poli hasta el susodicho aparcamiento. Aquí se han propuesto segregar definitivamente las autocaravanas de los turismos (no es posible invocar ignorancia: para acceder hay que pasar delante de un cartel donde lo pone clarito, y además bajarse del vehículo para retirar una valla de obras). Pese a todo, un coche se ha colado en el área, y nuestro ínclito policía le estampa una multa en todo el parabrisas.

Comemos, reposamos, y tras reposar, como hace calorcito, nos acercamos a la playa. Es conmovedor oír de nuevo el rugir del Atlántico.

Como la arena está bastante concurrida, no podemos entrar con Chandra, así que Bego y ella se quedan en la zona de dunas y yo, que soy el que tiene más ganas, bajo a darme un chapuzón. El mar está picadillo y rompen unas olas de espanto: al segundo revolcón se me quitan las ganas y, con el bañador repleto de grava, vuelvo donde mis chicas.

Fue en Ondres precisamente donde dio inicio nuestra aventura bretonaescocesa el año pasado, y es en Ondres donde termina la de este año. Obvio resulta que los viajes tienen un comienzo y un fin, lo que pasa es que llevamos tanto tiempo fuera de casa que cuesta pensar que mañana estaremos otra vez de vuelta.

Antes de salir decido vaciar el Thetford en los servicios del área. Al enjuagarlo, la trampilla de cierre se sale de los raíles. Como en la Garrotxa, como en Trento, como en Marruecos el día que cruzamos el Atlas, me veo ante esa extraña tesitura de desolación y rabia que produce el tener un problema serio que teóricamente debería tener una solución fácil. Durante un rato intento recomponer el infausto puzzle: los padres del invento, al parecer, no han previsto que se pueda dar esta circunstancia y han termosellado las dos mitades, de manera que toda manipulación ha de realizarse al tacto y a través de la exigua abertura circular. Al no visualizar el mecanismo, de una vez para otra se me olvida cómo encajan las piezas, y esta vez no lo consigo: lo dejo estar, pues nos quedan aún muchos kilómetros por recorrer esta tarde.

Volvemos a la autopista y acometemos el via crucis de las cabinas de peaje: resulta increíble que en tan poco tramo haya tantas concentradas. Luego, casi sin darnos cuenta, cruzamos la última frontera. Como viene siendo habitual al entrar en España, las obras nos dan la bienvenida.

Cruzar Guipúzcoa me produce siempre una sensación extraña: primero está la periferia de San Sebastián con sus túneles, sus *scalextric* y sus curvas. Después, la sucesión de pueblos y su apabullante densidad humana: realmente la sensación es de que no cabe absolutamente nadie más. Los caseríos de las laderas parecen asistir entre horrorizados e impotentes a la brutal transformación del territorio en los últimos cien años, y hablan de una realidad bien distinta de la que ahora transcurre bajo ellos.

La ascensión del Puerto de Etxegarate da un respiro y hace recordar a los atribulados viajeros que aún queda espacio verde en el mundo. A Juanma parece haberle sentado bien el baño, pues ha conducido de un tirón (y sin cansarse) desde la playa de Ondres hasta Vitoria capital. Una vez aquí localizan sin dificultad el área (N 42° 51' 55.71" O 2° 41' 8.30"), aunque dar con la entrada resulta otro cantar: hay que cruzar primero toda la zona de aparcamiento destinada a los coches. Al principio esta disposición desconcierta un poco, pero luego alaban el acierto y la previsión de los urbanistas gazteitarras, ya que al colocar el área al fondo se evita el trasiego continuo de todo tipo de vehículos junto a las autocaravanas.

Como esta clase de infraestructuras se hallan en ciernes en España, a los viajeros les parece de lo más curioso encontrar aquí una tan bien organizada y pertrechada, y eso les anima y pone de buen humor pensando que en esta vida todo se andará.

Aún les separan 500 kilómetros de casa pero, como ya dijo alguien, ese detalle carece de importancia cuando se lleva -repleta de ilusiones- la otra casa a cuestas.

Kilómetros etapa: 497
Kilómetros viaje: 9.867

LAS CIFRAS
Fechas del viaje: del 1 de agosto al 2 de septiembre de 2008.

Días empleados: 32

Países recorridos: 6

Kilómetros totales: 10.370

LOS GASTOS
Gasoil Euros: 1.513 Litros: 1.160

Peajes: 133 euros

Comida, camping y otros: 840 euros

TOTA L: 2.487 euros

BIBLIOGRAFÍA
Polonia Guía total. Editorial Anaya

Estonia, Letonia y Lituania. Editorial Lonely Planet

CARTOGRAFÍA
Atlas Europa 2007. Michelín

Polonia nº 720 escala 1:700.000. Michelín

Baltic States 1:600.000. Editorial Reise Know-How

Tomtom Western Europe Maps

Viaje al reino de Trapisonda

2009

Au dessus des vieux volcans,

glisse des ailes sous les tapis du vent,

voyage, voyage [...]

Desireless, 1986

Al partir

un beso y una flor,

un te quiero, una caricia y un adiós.

Es ligero equipaje

para tan largo viaje;

las penas pesan en el corazón.

Nino Bravo, 1972

Foto: El Ishak Pasha Sarayi en Dogubeyazit (Turquía)

A Bego que apoyó,

que compartió.

364 Juan María Hoyas

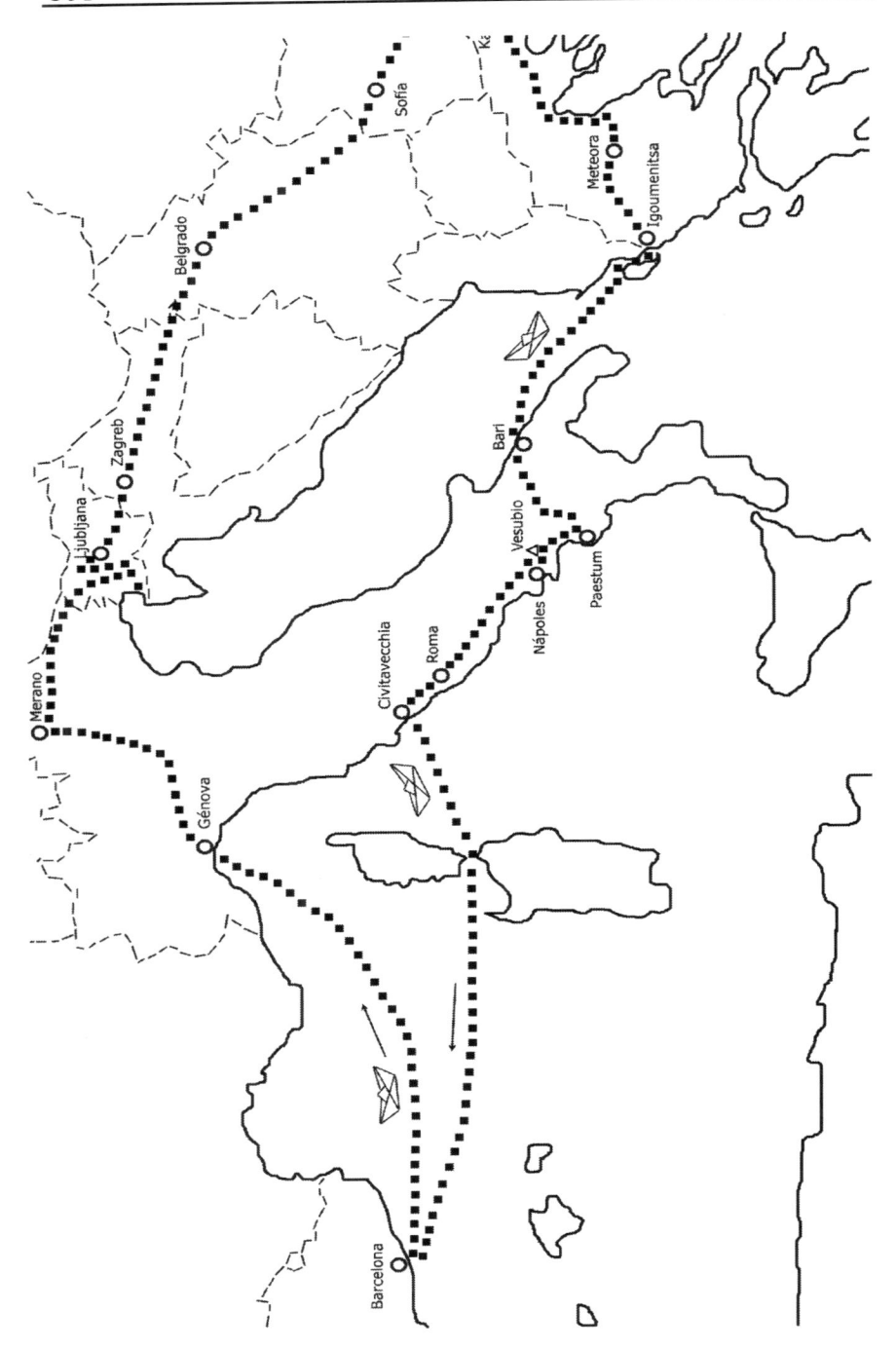

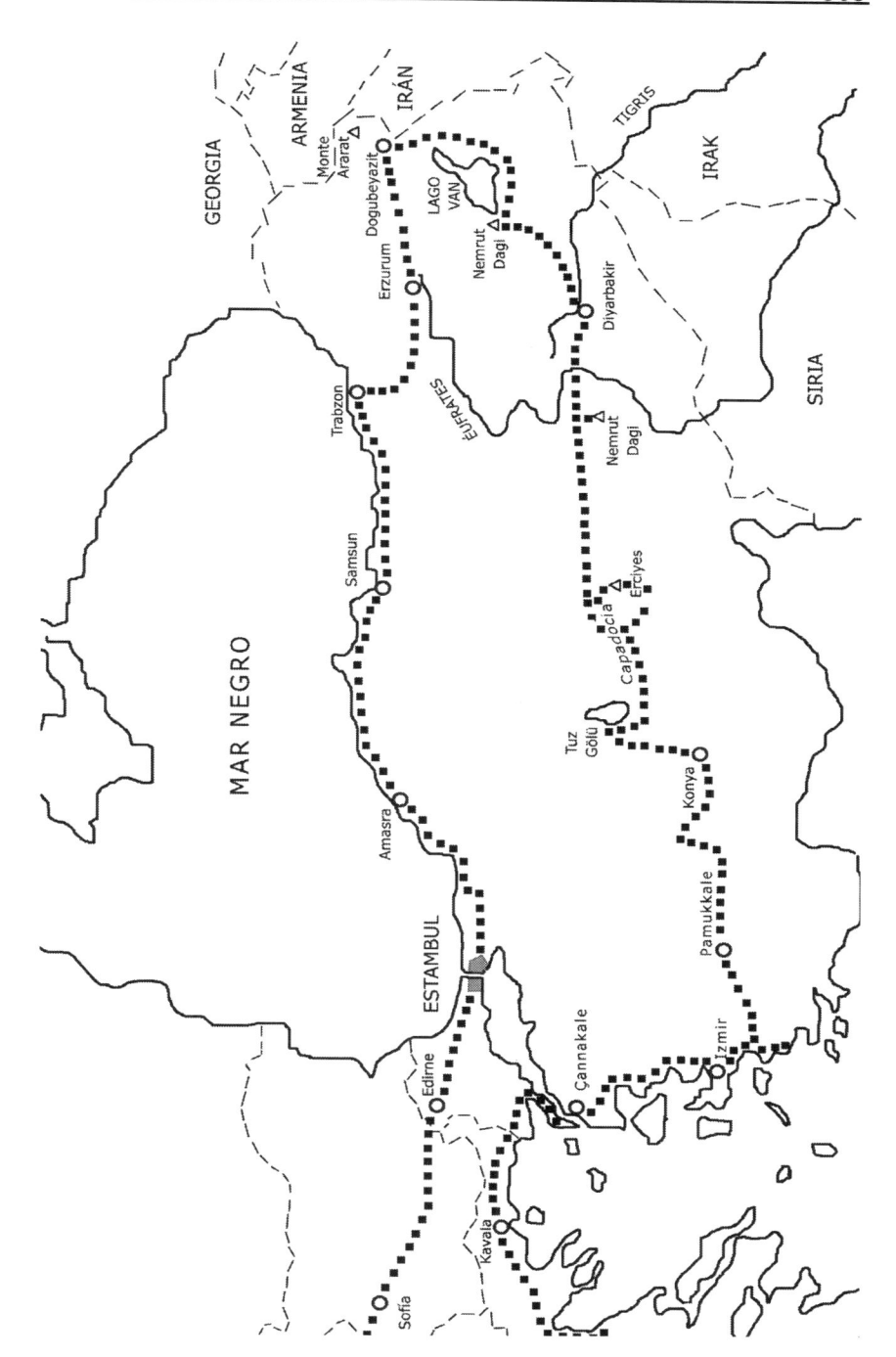

Viaje al reino de Trapisonda

La luz del puerto de Barcelona se muestra opaca y blanquecina. Yo imaginaba que el día de nuestra partida habría un sol radiante y un cielo azulísimo, pero las cosas vienen como vienen. Hace poco, viendo en un foro las imágenes de prueba de una cámara réflex, encontré una instantánea de la Ciudad Condal, sacada desde una terraza. Se quejaban algunos de los apagados colores y lo difuso de los contornos, pero alguien zanjó la polémica diciendo que no es que la cámara o el fotógrafo fueran malos, sino que *Barcelona es así.*

Aunque peor que la neblina es el calor: de la seca y contundente solajina extremeña pasamos a la mucho más moderada de Castilla hasta acabar en este sudario húmedo que se pega al cuerpo y que nos acompaña desde ayer tarde, cuando llegamos a dormir al monasterio de Poblet.

Hoy es 6 de julio, tres días desde que salimos de casa. Como veníamos con tiempo, en vez de cruzar Madrid decidimos subir por la N-110, la antigua vía de transhumancia Plasencia-Soria. La primera noche dormimos en Puerto Castilla. La segunda recalamos en la literaria San Esteban de Gormaz, donde tuvimos que cambiar de sitio debido a la pedorrez de unos niñatos que se empeñaron en dar golpecitos a nuestra puerta. La tercera, como he dicho, en Poblet, donde la temperatura en el interior de la auto no bajó de 25 grados en toda la noche, y eso que tenemos enfriador.

Llevamos 835 kilómetros entre pecho y espalda, casi los mismos que nos vamos a ahorrar gracias a la *Autostrada del mare*: el barco que en dieciocho horas nos pondrá en tierras italianas. Los preparativos de este trayecto fueron un poco azarosos, pues pese a haber comprado el billete con tres semanas de antelación, seis días antes de salir de casa me llega un SMS (en italiano) avisándome de que el barco adelantaba su salida tres horas, y remitiéndome a un número de teléfono (en Italia) para formalizar de nuevo los billetes. De nada sirvió contactar con Transmediterránea, que es quien en realidad me vendió los pasajes. Arguyen que ellos no pueden hacer nada, excepto reembolsarme el dinero. De modo que llamo a Grandi Navi Veloci a Palermo, y quien se pone es la chica-robot de Telefónica diciéndome que el número marcado *no se encuentra disponible desde la red privada desde la que llamo*. A tomar vientos. Espero un rato y vuelvo a probar. A la tercera lo consigo, me sale el contestador de GNV comunicándome que la oficina cerró a las siete, y son ya las siete y media. Gracias, Telefónica de España.

Al día siguiente, nuevo intento. Descuelga el teléfono una moza que no habla ni papa de español. Como puedo, le explico lo del cambio de hora del barco y procede a expedir de nuevo los billetes. El escollo se presenta cuando pretende que le deletree una dirección de correo electrónico. Ante la imposibilidad material, le explico que voy a colgar y a tratar de conseguir el número de fax de mi trabajo. Cuando lo tengo se pone otra chica, Michela. Esta vez no pregunto si habla mi idioma, sino que empiezo a chapurrear directamente mi *italiñol*. Para mi sorpresa, Michela me responde en perfecto castellano. Me cuenta que es de Lima, así que hablamos un rato de Perú, adonde dentro de quince días volverá de vacaciones. Por los billetes yo ya había pagado 284 euros, pero Michela me notifica amablemente que al de Transmediterránea se le había olvidado sacarme el de Chandra, que son 50 euros más. Para que no me resulte tan gravoso quita un seguro más o menos obligatorio y me lo deja en 29. Le paso el número de fax y mi correo electrónico (deletreado). Le deseo una feliz estancia en casa y cuelgo, contento de tener de nuevo pasaje a Génova.

Pero todos esos azares son ya historia mientras aguardamos el embarque, que es a las 15 horas, en un aparcamiento cubierto. Lo cierto es que me intranquiliza esto de meter y sacar la auto desde la chunga experiencia del ferry Tarifa-Tánger y la más catastrófica aun Tánger-Tarifa (terrible golpe con el sobrechasis en la rampa de salida del primero; rotura de un Fiamma y de la pared del garaje en el segundo). En cambio aquí el personal encargado exhibe una profesionalidad envidiable, y cuando nos queremos dar cuenta estamos ubicados en la bodega del *Majestic*.

Para nuestro asombro, la inmensa mayoría de la tripulación -incluidos azafatos y camareros- es de origen chino. Me acuerdo entonces de *Gomorra*, la novela que por insufrible he dejado en casa sin terminar, que comienza hablando de la gran cantidad de ciudadanos de este país que viven en la zona de Nápoles. Para encontrarlos en el barco se me ocurren dos motivos: menores salarios y mejor disposición que los locales a la hora de tratar con los pasajeros.

Vamos primero al camarote (conseguí uno en el que permiten mascotas, de manera que Chandra viajará con nosotros) a soltar el equipaje y a continuación subimos a cubierta. El calor sigue siendo intenso, pero aguantamos hasta que el barco suelta amarras. Resulta curioso ver desde aquí el Puerto Viejo, el teleférico, la estatua de Colón, la Sagrada Familia y el resto de señas de identidad de Barcelona. Y digo que resulta curioso porque esta ciudad para mí siempre ha sido un lugar de llegada, pero nunca de partida hacia otros mundos, por mucho que cuando en mis largos paseos bajaba hasta el final de las Ramblas sentía los efluvios del puerto y percibía su llamada de sirena. Poco a poco la masa urbana se va empequeñeciendo. Lo último que pierdo de vista tras la pertinaz calima es el promontorio del Montjuic y las tres chimeneas de la térmica de Sant Adrià.

Navegamos paralelos a la orilla, a la vista de las aglomeraciones de la costa catalana. La perderemos de vista cuando rebasemos el Cabo de Creus y nos internemos en el Golfo de León. Antes de eso, y como aún tengo cobertura en el móvil, realizo unas cuantas llamadas de despedida. Y es que esto de marcharse en barco es mucho más emotivo que cruzar las fronteras terrestres.

En cubierta no se siente apenas balanceo, pero nuestro camarote es interior y por tanto sin ventanas, y allí sí que me mareo un poco, de modo que biodramina al canto. Como algo, y después duermo una pesada siesta. Cuando despierto son más de las siete de la tarde. Subo a cubierta. Aún es de día, pero el cielo aparece cubierto por nubarrones. Tras unas cuantas vueltas ya me tengo dominado el barco, al menos las cubiertas que van de la 6 a la 9, las permitidas al pasaje. En la 7 están la mayoría de los camarotes; en la 6 el self-service, restaurante, piano bar y tienda. En la 9 se encuentran las salas de butacas y el cine (sesiones a las 17:30 y a las 22). En la 8 sólo es accesible el puente, que va escalonado con el de la 7 y la 9.

De los perros que viajan a bordo, sin duda Chandra es la privilegiada, pues nos pasamos buena parte del día con ella en cubierta. El resto de los animales o están en los camarotes o en el *canile*, especie de perrera con celdas individuales accesible desde el puente 9.

Esta mañana, nada más embarcar, conocimos a una familia autocaravanista de Reus. Tenían también una perrilla de tamaño mediano, muy ladradora, y se disponían a llevarla al *canile*. Se sorprendieron cuando les explicamos que el barco tenía camarotes en los que admitían mascotas. Les sugerí que indagaran si les podían cambiar el suyo por uno de este tipo. Más tarde los encontramos de nuevo y por lo visto el cambio sí que era posible, pero habían desistido, pues los camarotes para perros eran todos interiores, y ellos habían pagado por uno exterior, así que la perrita ladradora a la perrera. Cada cual tiene sus prioridades.

La verdad es que el barco está muy bien, la única decepción es que tenga vacía la piscina. ¡Y nosotros que veníamos pertrechados con el bañador!

Pasan rapidísimas las horas. A las once de la noche me doy una vuelta por la sala de cine, amplia y muy acogedora. Están echando *Vicky Cristina Barcelona*

Resulta divertido escuchar a Bardem doblándose a sí mismo en italiano. Me quedo un rato, pero al no haberla visto empezar prefiero marcharme. Salgo un momento a percibir la oscuridad, la brisa, las olas y el rumor del barco abriéndose paso a través de la noche y el Mediterráneo de todos los cuentos. Luego vuelvo al camarote, donde me esperan Chandra y Bego, y ceno de lo que hemos subido de la auto. A las doce, en la cama.

Velocidad: 22 nudos (39,5 km/h)
Distancia Barcelona-Génova: 700 kilómetros

7 DE JULIO: GÉNOVA-RIVA DEL GARDA

La misma chica que, en su mal inglés y peor castellano, estuvo toda la tarde de ayer dándonos la tabarra para que bajáramos a gastarnos los cuartos al self-service, es quien nos despierta a las siete de la mañana avisándonos de que dentro de dos horas arribaremos a Génova.

Desde cubierta ya se ve el puerto italiano / al pie de las montañas. Imposible no evocar el relato de Edmundo de Amicis que, por obra y gracia de la televisión japonesa, pobló nuestra infancia de lacrimógenos momentos. Los sábados por la tarde toda España se pegaba al televisor a ver si Marco encontraba de una vez por todas a su madre. Eran otros tiempos, no sé si mejores. Corría 1977.

En la popa nos congregamos los perros con sus amos. Los hay enormes (los perros) con pinta de buena gente, pero no quisiera encontrarme a solas con ninguno de ellos.

Por fin bajamos a la bodega. Resulta acogedor volver a entrar en la auto, y nos parece un poco mentira que haya venido hasta aquí con nosotros. Me siento al volante y comienzo a armarme de paciencia en espera de una maniobra de desembarco lenta y tediosa, cuando de repente el personal de a bordo ya me está indicando que gire para salir. Pisamos muelle antes que los de Reus, y ya no los volvemos a ver.

Como evidencia de los vientos xenófobo-berlusconianos que soplan en Italia, en la puerta del barco nos espera un comité de recepción de los Carabinieri. A nosotros nos dan paso, pero paran a la furgoneta matrícula de Soria cuyo conductor es un *rasta* que ha dormido en cubierta. Le están inspeccionando el contenido. Poco rato, la verdad, porque enseguida nos adelanta.

La salida del puerto es bastante caótica. De todos es sabido que en Italia las señales de stop, al igual que la línea continua, tienen mero valor orientativo, y sólo se respetan cuando el conductor lo estima conveniente. Hace tres años en la subida a los Dolomitas vimos lo nunca visto: radares ocultos que detectaban la invasión antirreglamentaria del carril opuesto. Cuando al cabo de varios kilómetros otra vez estuvo permitido nos pasó un Mercedes dando bocinazos, al parecer indignado porque habíamos estado bloqueando *su* carretera.

Entramos en autopista. Dice el dicho que mejor llevar que ser llevado, pero no parece aplicable a este caso: tras tantas horas de relax en alta mar, resulta un poco traumático vérselas con las cerradas curvas, las cuestas y los túneles de la salida de Génova. Luego alcanzamos la llanura-meseta del Po y todo se tranquiliza un poco, ya sólo resta estar pendiente de los precarios huecos en los que los veloces coches te permiten adelantar, y de los camiones que tardan una eternidad en adelantar a otros camiones.

Qué curioso aparecer de sopetón en Italia sin haber pasado por Francia; es como si faltara una pieza del puzzle, como si nos hubiéramos teleportado con autocaravana y todo.

Hacia el Norte por la A 7 y luego hacia el Este por la A 21. No hay mucho tráfico y se circula bien. Pasamos junto a Piacenza y continuamos hacia Cremona. Al salirnos de la autopista y cruzar la garita de peaje esperaba una clavada considerable, pero sólo nos piden 10.5 euros, que es comparativamente menos de lo que hemos pagado en la autopista Zaragoza-Barcelona. Tampoco nos parece demasiado caro el gasoil (1,12 euros), sobre todo teniendo en cuenta lo que costaba el verano pasado.

Hemos recorrido 180 kilómetros y estamos en Cremona buscando el *area di sosta* que hay junto a la Croce Rossa. En realidad, se trata de un aparcamiento para todo tipo de vehículos, muy grande y con espacio de sobra (45° 8'15.37"N 10° 2'7.01"E). Lo que nos vemos por ningún sitio es el punto de llenado y vaciado.

Estacionamos a la sombra de un árbol y nos vamos en busca del centro. Desde lejos es visible *Il Torrazzo*, esto es, el campanario de la catedral que nos indica el camino al centro, pero al meternos por las estrechas callejuelas cuesta encontrarlo un poco.

Cremona transmite la sensación de ciudad muy limpia, con carriles bici y muchas bicicletas. Los viandantes, de tan serios y envarados, no parecen italianos.

Descubrimos también que la ciudad es famosa por sus *luthiers*: no sabíamos en ese momento que aquí nació y vivió el más famoso de todos, Antonio Stradivarius. Hay numerosos establecimientos que se dedican a este oficio, y exhiben este instrumento en sus escaparates.

Tras unas cuantas vueltas damos por fin con la Piazza del Duomo. La fachada de la catedral y el baptisterio son de mármol, pero todo el resto del edificio, incluido el *campanile*, están construidos de ladrillo. Este último, con sus 112 metros, es el más alto de Italia y también la segunda torre de ladrillo más elevada del mundo.

El día está nublado y ello nos impide sacar fotos decentes de la catedral. Curiosamente no hay mucha gente por la calle, ni siquiera turistas. Debe de ser la hora del *pranzo*.

De vuelta a la auto, nos fijamos en una Hymer pegada a la pared lateral de la Croce Rossa: así que es ahí donde se puede llenar y vaciar. Tomamos nota y nos vamos a preparar la comida. La zona del aparcamiento que hemos elegido debe de ser muy buena, porque antes de sentarnos a la mesa llegan dos autos checas de alquiler, y más tarde se nos suma la Hymer (para ilustrar, que no comprender, este tipo de comportamientos y otros, véase el genial texto *La Ley del Barco Fondeado*, de Pérez Reverte).

Tras el almuerzo y pequeña siesta nos toca a nosotros coger agua. Un cartel avisa de que la zona está *videosorvegliata*, es decir, que una cámara sobre nuestras cabezas vela por que nadie se extralimite con el llenado o el vaciado (me pregunto en qué podrá consistir dicho exceso).

Antes de salir de Cremona tenemos que satisfacer otra necesidad urgente, a saber, encontrar un super donde abastecernos especialmente de fruta, verdura y congelados, pues durante la travesía hemos traído la nevera desconectada. Nuestra experiencia de hace tres años nos dice que en Italia no abundan precisamente los hiper con buen acceso para vehículos, así que nos damos con un canto en los dientes cuando encontramos uno con aparcamiento adosado. Tras la compra toca salir de Cremona, que eso sí que es otro cantar: pese a que llevamos GPS y mapa, los letreros consiguen extraviarnos (nota para el resto del viaje: al contrario que en España, los indicadores azules no anuncian autopista, sino carretera monda y lironda; la autopista está indicada por otros de color verde. Dicho color se mantendrá a lo largo de todos los países balcánicos, incluidos Turquía y Grecia. Verdaderamente, los iberos somos diferentes).

El resultado de este desconocimiento es que encontramos el camino de Brescia, sí, pero por una carretera muy estrecha por la que algunos coches nos hacen pasadas supersónicas. Los carabinieri esperan a la entrada de uno de los pueblos a la caza de conductores temerarios, pero aquí se las saben todas y ni por ésas.

Tras una conducción bastante tensa llegamos por fin a las afueras de Brescia y enfilamos hacia el Este dirección Verona, por la carretera nacional. Nuestra idea era bordear el Lago di Garda por su orilla Este, pero seguimos unos carteles que indican Trento y que acaban llevándonos por la otra. Son esos mismos carteles los que nos sacan de la orilla del lago para intentar guiarnos por una carretera de montaña que pasa por el lago d´Idro. Maldición y maldición: estos italianos necesitan urgentemente un curso de señalética. Toca dar la vuelta y desandar unos cuantos kilómetros. Vamos ya un poco amoscados por el doble extravío y porque pronto se nos hará de noche.

La presión urbanística sobre el lago es enorme: en los 45 kilómetros que hacemos por la orilla los pueblos empalman unos con otros, y ocupan el escasísimo espacio disponible. La gente aparca sus coches sobre los tejados de las viviendas, rasantes con la carretera. Ni soñar en quedarse por aquí. Buena parte del recorrido se hace a través de túneles. Unos son modernos, amplios y bien iluminados; otros, en cambio, se ven sórdidos, estrechos y sumidos en una oscuridad acongojante. Dentro de uno de éstos encontramos un aviso que dice *curva pericolosissima*. La advertencia no es en vano: se trata de un giro de noventa grados, como si fuera una calle, y tengo que frenar y pitar a un fitipaldi que venía a toda pastilla por el medio.

Es noche negra y absoluta cuando alcanzamos por fin Riva del Garda, situada en la cabecera del lago. Una vuelta por el pueblo nos permite constatar que todos los parking sin excepción cuentan con gálibo limitador. En el GPS traigo marcado uno para autos, pero las coordenadas no son muy precisas, pues embocamos una dirección prohibida... en la misma puerta de comisaría. Maniobramos como podemos para salir. Convencidos de que se trata de una dirección errónea, ya estamos dispuestos a marcharnos cuando al otro lado del cuartelillo –a oscuras y sin señalizar- divisamos una docena de autocaravanas (45°52'46.20"N   10°51'32.33"E). Dando gracias al Eterno, nos metemos de cabeza y encontramos un buen sitio pegado al muro trasero de la policía. Mejor custodiados, imposible.

Me voy a ver si localizo el parquímetro cosa que, desde luego, no resulta fácil. Cuando por fin lo encuentro, con ayuda del frontal averiguo que la tarifa es de 0,50 euros la hora, de modo que echo 6 euros para tener hasta las diez de la mañana. En teoría este parking está destinado exclusivamente a autocaravanas –ya vimos que no es posible aparcar en ningún otro-, pero como hay un pequeño campo de fútbol aledaño y están jugando un partido, los vehículos de los futboleros ocupan una parte, imagino que sin pagar (lo mío, mío; lo tuyo, a medias). Por fortuna, tras unos relámpagos preliminares, se nos echa encima una señora tormenta y comienza a diluviar con muchísimas ganas. El partido se va al garete y los coches se esfuman. A veces también hay justicia en este mundo.

Después de cenar, cuando amaina un poco, me voy a tirar la basura. El centro del parking se ha convertido en un lago de veinte centímetros de profundidad. Como llevo sandalias de plástico, cruzo por el medio levantando estelas, como un niño. Desde la ventana del salón, un autocaravanista observa la escena atentamente, no sé si reprobando mi proceder o calibrando el volumen de la inundación.

Kilómetros etapa: 321
Kilómetros viaje
Tierra: 1.156
Mar: 700

8 DE JULIO: RIVA DEL GARDA-MERANO

Amanece despejadísimo, como si el tormentón de anoche no hubiera tenido lugar. Antes de desayunar me voy con Chandra a dar una vuelta, pero lo que me encuentro decepciona un poco: los mástiles del puerto deportivo obstruyen la panorámica, todo aquí tiene un aire elitista y domesticado. Por si fuera poco, admonitorios carteles prohíben acercarse a la orilla con perros. Nosotros, olímpicamente, los ignoramos.

En el viaje de hace tres años aparcamos como pudimos en Desenzano, al Sur del lago, y fuimos en barco hasta la ciudad fortificada de Sirmione. Recuerdo que a la vuelta se divisaban las montañas cerrando el lago por el Norte y me parecieron algo extraordinario. Sería cosa de la luz, porque ahora lo único impresionante es la orilla Oeste cortada a pico y, en ella, la carretera semisubterránea por la que llegamos ayer.

Existe una ruta que desde aquí lleva a Trento a través de la montaña, pero escarmentados por la experiencia de ayer buscamos, a través de Torbole, la vía principal. Ascendemos una empinada cuesta que, ahora sí, ofrece hermosas vistas del lago.

Descendemos por el otro lado y enseguida estamos en la autopista. A partir de Trento ingresamos en terreno conocido: esta ciudad la visitamos a la fuerza cuando se nos estropeó el cierre del Thetford y hubo que localizar a toda prisa un concesionario de autocaravanas para comprar otro. Buscando un sitio donde dormir lo encontramos... en el aparcamiento de autocaravanas del Club Trentino, abierto y situado entre unos bloques de viviendas. El día siguiente amaneció terriblemente lluvioso. Nos costó un poema dar con la oficina de turismo –la habían cambiado dos veces de sitio-, para preguntar por el dichoso concesionario. Comparativamente dar con éste fue de lo más fácil, ya que habíamos pasado prácticamente por su puerta de camino al centro.

Hoy, en cambio, mientras remontamos el valle, luce un sol estupendo. Entramos en una provincia que tiene dos nombres, a elegir: en italiano se llama Alto Adige, y en alemán Südtirol, porque esta zona perteneció a Austria hasta 1919, fecha en que pasó a Italia en concepto de botín de guerra. Ese es el motivo por el que un 70 por ciento de sus habitantes es germanoparlante, y por el que la mayoría de los indicadores de calles y carreteras estén escritos en alemán e italiano. Su capital es Bolzano/Bozen; hasta aquí el clima es lo suficientemente cálido como para permitir los viñedos. Más al Norte éstos son sustituidos por plantaciones de frutales, lo que parece indicar que pese a las cimas de más de dos mil metros que dominan el contorno las temperaturas invernales no son en exceso rigurosas.

En Bolzano abandonamos la autopista de peaje (de nuevo sorprende que sólo nos cobren 5,6 euros por 90 kilómetros) y seguimos por carretera desdoblada hasta Merano. Venimos a esta ciudad con un propósito bien definido: visitar, o mejor dicho, re-visitar sus termas.

Viaje al reino de Trapisonda

De ellas guardamos un grato recuerdo, tanto que hemos pasado los últimos años soñando con volver. Fueron las primeras que visitamos en el extranjero, y también las mejores: después hemos estado en balnearios de Austria, de Hungría y de Inglaterra. Aunque todos participaban del mismo carácter comunitario y lúdico –y por tanto alejados de la medicalización y el enfoque a la tercera edad que aqueja a los establecimientos españoles–, ninguno como el de Merano. El edificio es nuevo, diáfano, y tiene tanto cristal que permite contemplar el cielo y las montañas vecinas. Cuenta con piscinas a diferentes temperaturas, las hay con chorros, con burbujas, de agua salada, y es posible acceder nadando al exterior. Aunque sin duda lo mejor de todo es el precio: tres horas de placer cuestan la irrisoria suma de 12 euros; en los dos balnearios que tenemos cerca de casa una hora sale por 30 euros, y además tienes que aguantar a tipas en plan castigador que, habituadas a los ancianos del IMSERSO, tratan a la clientela como si fueran niños. Por todo esto llevábamos tres años suspirando con volver a Merano.

Para colmo de felicidad, preparando el viaje descubrí que había un camping (46°39'50.75"N 11° 9'32.85"E) a 500 metros escasos de las termas, de manera que para allá que nos vamos. La auto, dos personas + perro cuestan 24,30 euros, con un 10 por ciento de recargo al ser una sola noche (¿será que tienen que lavar las sábanas?). Elegimos emplazamiento y nos vamos a dar una vuelta. El casco antiguo de esta ciudad no es tan extenso ni vistoso como el de Bolzano; sin embargo, cuenta con suficientes recursos como para ser una ciudad feliz: el parque de inspiración zen que rodea las termas, las zonas peatonales junto al río, los carriles bici (el Ayuntamiento incluso dispone de un servicio gratuito de préstamo de bicicletas), la presencia del arte en las calles, el jardín botánico... y también el *Sissiweg* o Paseo de Sissí, que por lo visto venía por aquí a tomar las aguas.

Hace bastante calor cuando volvemos al camping para comer. Tras la siesta reglamentaria, Chandra se queda en la auto y nosotros nos vamos para las termas. Como todos los lugares largamente mitificados, uno teme que el sitio no colme las expectativas, pero lo cierto es que disfrutamos como chinos. La nota disonante la ponen unos críos que se creen que el jacuzzi es la bañera de su casa, y se dedican a incordiar a los cuatro adultos que allí estamos ante la anuencia o impotencia de su madre. Optamos por cambiarnos a la piscina de agua salada, que es mucho más grande y donde no nos molesta nadie. Al cabo de un rato perdemos de vista a los dos energúmenos y a su progenitora; imaginamos que se los habrá llevado, por vergüenza.

Aquí dentro el tiempo corre que se las pela. Por las cristaleras vemos caer la tarde. Llevamos dos horas y media metidos en el agua. Arrugados como pasas salimos, nos secamos y vamos a tumbar a la insonorizada sala de relax, desde donde también se contemplan las piscinas. La gente se ha ido marchando, y eso contribuye a que el lugar se vuelva aun más agradable. Luego -¡ay!- nos toca salir a nosotros. Mientras cruzamos el parque y contemplamos el espléndido edificio iluminado por dentro, reconocemos que este sitio sólo tiene un fallo, aunque grave: que cae a dos mil kilómetros de casa.

Kilómetros etapa: 124
Kilómetros viaje
Tierra: 1.280
Mar: 700

9 DE JULIO: MERANO-MOOS

Llenado de limpias, vaciado de negras (las grises se salieron solas por un descuido) y nos vamos a pagar. En recepción no está la chica de ayer, sino un hombre mayor, de pelo blanco y coleta, muy simpático. Nos cobra la tarifa ordinaria, y nadie habla del diez por ciento de recargo. Así que, como la otra vez, nos vamos de Merano muy contentos.

En un principio habíamos pensado subir hasta el paso del Brennero, en la frontera con Austria, pero la previsible cantidad de curvas, sumadas a un puerto de 2.094 metros (Merano está sólo a 300 de altitud) nos disuade del intento. Además, por allí se va a Innsbruck, que suena muy bien, pero al margen por completo de nuestra ruta. De modo que bajamos a Bolzano y desde allí, por la SS12, de nuevo hacia el Norte. El estrecho valle hace que nos crucemos una y otra vez con la autopista de peaje, que serpentea sobre nuestras cabezas. A nosotros nos parece más divertida la carretera ordinaria, que va pegada al río Isarco.

Llegados a Bressanone/Brixen, abandonamos la citada carretera y torcemos en dirección a Brunico. El paisaje se vuelve definitivamente verde y el día, que empezó azul azul, comienza a torcerse y caen las primeras gotas.

A medida que nos acercamos a Austria el tráfico se va pacificando, y los coches empiezan a seguirnos respetuosamente y a distancia segura. Pero es imposible olvidar en qué país nos hallamos: en un momento dado miro por el retrovisor y veo un pequeño camión de reparto que pretende adelantarnos cuesta arriba y en continua. Yo le ignoro mientras que él, poco a poco, va poniéndose a mi altura. La curva se halla cada vez más cerca, parece que estuviéramos en una carrera, y el colega todavía tiene tiempo de bajar la ventanilla y empezar a gritarme. Finalmente, por no tener un disgusto, freno y le dejo ir, no sin antes darle una pitada al energúmeno que aún tiene que estarle retumbando en los oídos.

La carretera es buena, pero tiene sus vueltas y revueltas. Debemos de haber subido de forma insensible y gradual unos mil metros, porque durante una breve parada abrimos la botella de coca-cola y la espuma salta por todas partes, poniendo el habitáculo perdido -el bamboleo de las curvas sin duda ha contribuido a que la descompresión sea más apoteósica-. Pero esto no es nada comparado con lo que ocurre un minuto después, al abrir el Thetford: el aire encerrado dentro es expelido con tal furia que provoca un géiser de agua mezclada con orines (poca cantidad de ambos, por suerte) a más de un metro de altura. Obvia decir que quien esto escribe fue generosamente rociado por el mirífico líquido. El estupor y la sorpresa no son para menos: en cinco años de autocaravana nunca habíamos padecido una explosión semejante.

Repuestos de la doble deflagración, a partir de Dobbiaco enlazamos con la carretera por la que salimos de los Dolomitas y nos internamos en Austria la otra vez que vinimos por aquí. En aquella ocasión paramos a comer en San Cándido, donde cambié una de las bombillas de cruce que se había fundido. Aunque hoy la hora de comer está ya más que pasada y el estómago hace gorgoritos, en esta ocasión me gustaría encontrar un lugar más tranquilo, y por eso nos desviamos hacia Sesto/Sexten, que al parecer es también un animado centro de vacaciones. Traigo como referencia en el navegador un sitio de pernocta a la salida del pueblo. El lugar en cuestión se halla a pie de carretera, luce un cartel de *Riservato camper*, caben seis autos justas y entra una más, pero no me convence por el mucho bullicio, así que vuelvo a desviarme, ahora hacia Moos, donde encuentro un estacionamiento similar, sólo que la carretera es bastante más tranquila (46°40'57.51" N 12°21'48.37" E). Hay seis o siete autos, todas italianas, y también aquí queda espacio libre, con algo de barro. Maniobro para poder entrar marcha atrás y me coloco muy bien.

Aunque ha costado encontrarlo, lo cierto es que estamos encantados con el sitio: estupendas vistas de prados bien cuidados y casitas de postal suiza repartidas aquí y allá. Al otro lado de la carretera, dos hombres siegan un campo con una máquina que parece sacada del siglo diecinueve. Y si uno mira hacia atrás, se encuentra enormes moles de roca de tres mil metros. Aquí comienzan los Dolomitas.

Tras la comida y el descanso se nos plantea una disyuntiva: quedarnos a dormir aquí o seguir. A estas alturas parece ya evidente que no vamos a pasar a Eslovenia a través de Austria, como originalmente habíamos planeado, sino que lo haremos desde Italia, bordeando los Dolomitas por su cara Norte. Lo cierto es que el tiempo decide por nosotros: mientras doy un paseo con Chandra nos cae encima tal manta de agua que volvemos empapados. Mañana será otro día.

Personalmente consideraba que nuestro parking estaba al completo, pero durante la tarde ha llegado una Hymer y se ha puesto paralela a la carretera, sobre la hierba. Y mucho más tarde, a punto ya de oscurecer, se ha pegado a nosotros -cual sello de correos y metiendo las motrices en el barro- una furgo alemana de las de techo alto. Adiós a las vistas de la sierra.

De este modo, bien juntitos, pasamos la noche. Mientras, justo detrás de nosotros, luce vacío un inmenso parking al que no podemos acceder por obra y gracia del correspondiente gálibo.

Kilómetros etapa: 144
Kilómetros viaje
Tierra: 1.425
Mar: 700

10 DE JULIO: MOOS-LAGO DEL PREDIL

Ha llovido toda la noche, y de qué manera. Por la mañana, como ya es costumbre, luce el sol aunque la niebla cubre buena parte de las montañas. Luego, a eso de las ocho, empieza a despejar.

Cuando está todo preparado, arrancamos y continuamos por la carretera que remonta la Val Fiscalina. Son apenas 2 kilómetros, y por el camino nos detenemos a contemplar el río del mismo nombre y el hermoso paisaje. Menos mal, porque la citada carretera desemboca en un parking. Por variar, éste no tiene gálibo, pero luce en cambio un cartel con una autocaravana tachada (podían tachar a su padre). Hay que fastidiarse, aquí ni pagando. A lo largo de este viaje constataremos casi siempre que la actitud ante nuestros vehículos en los sitios muy turísticos oscila entre la prohibición y el abuso tarifario; raras veces se nos trata como lo que realmente somos, un turismo homologado con sus papeles en regla. ¿O acaso paga más el que conduce un Mercedes o un pick-up casi tan grande como nosotros?

Donde no nos quieren no nos quedamos: desandamos camino hasta Moos y San Giuseppe e iniciamos la ascensión del Passo Monte Croce di Comelico, de 1.636 metros, lo que no es gran cosa si tenemos en cuenta que hemos dormido a 1.350. Pasamos pueblos alpinos, suponemos que dedicados al turismo invernal. La carretera tuerce y se retuerce, paralela a la frontera austriaca. Estamos sacando la impresionante media de 25 kilómetros a la hora.

Voy un poco preocupado por el gasoil, ya que aunque no hemos entrado en reserva no sé cómo andará el abastecimiento por estos lares. Enseguida veremos que sin problema: en Comelico Superiore encontramos una gasolinera de Repsol. Es la primera que vemos de esta marca en Italia (abundan las Tamoil y las Agip). Tras repostar nos dirigimos hacia Sappada, pero 1 kilómetro antes de llegar un cartel de nombre sugestivo hace que nos detengamos: Cascada Acquatona.

Aquí el río Piave se encierra en un paso tan angosto que no se llega a divisar el fondo. Un puente peatonal cubierto vuela sobre el desfiladero. Lo cruzamos buscando una forma de bajar, aunque no es exactamente la que esperábamos: 190 peldaños divididos en varias escalas metálicas tan empinadas que es preciso echar mano de piernas y brazos. Por ahí no podemos pasar con Chandra, de forma que nos turnamos. Primero bajo yo. Cuando llego al fondo de la garganta, descubro que es posible seguir por un sendero pegado a la roca con la condición de que te agarres a un cable de acero. Así se llega a una gran oquedad desde que la –todavía– no se divisa la catarata propiamente dicha, solamente una secundaria. El cable de acero cruza el torrente en sentido perpendicular. Como, evidentemente, no he traído conmigo material para hacer tirolina, vuelvo sobre mis pasos, remonto los malditos escalones y me espero con Chandra a que baje Bego. De esta mini-aventura sacaré mañana unas soberanas agujetas.

Tras la excursión cruzamos Sappada, que según parece cuenta con área di sosta de pago (resto del pueblo, prohibido) y nos internamos en el tramo sin duda más bello del día: a lo largo de los 23 kilómetros que median hasta Comeglians la carretera baja y baja hasta el mismísimo centro de la tierra, te envuelve el verde intenso del bosque, el arbolado es tan denso que parece que pudiera acariciarse como un tapiz, y los pueblos cuelgan arriba en las laderas, a una altura infinita. Incluso sin bajarse del vehículo la sensación de belleza y soledad son abrumadoras.

Continuamos hacia el Sur y luego hacia el Este. El conductor, o sea yo, va ya hecho polvo de tantas horas trotando por carretera de montaña. A la entrada de Tolmezzo, una deficiente señalización nos hace equivocar camino. Gracias a ello, encontramos un Spar. Como la experiencia de Italia nos dice que no es cuestión de desaprovechar oportunidades, bajamos a comprar cosas que nos hacen falta, y ya de paso decidimos comer. Estaciono en la calle que hay por detrás del super, junto al parque de bomberos.

Luego de la sobremesa, encontramos con facilidad la carretera que conduce a Tarvisio. Nos hace gracia el nombre por cómo suena en español meridional (*Tenía tarvisio er mushasho que no era capá de dejalo*), aunque lo cierto es que en esta parte de Italia hemos encontrado topónimos de lo más divertido: Al lado de Merano existe un pueblo que se llama *Verano*. Ayer vimos el indicador de otro denominado *Lunes*. Aunque la palma se la llevan el *río Pis* y, en plenos Dolomitas, el *Paso Furcia*. ¿Hay quien dé más?

Al igual que hicimos ayer, ignoramos la autopista a favor de la SS 13, qué tiene un trazado estupendo y apenas atraviesa pueblos. El valle lo surca el río Fella, apenas un hilo de agua en medio de un pedregal inmenso. Cuando nos queremos dar cuenta, estamos ya en Tarvisio. Desde esta localidad es posible acceder a tres puestos fronterizos: uno con Austria y dos con Eslovenia. De estas dos opciones escogemos la situada más al Sur, el Passo del Predil. Por la SS 54, estrecha y con muchas curvas, ascendemos entre intenso verde y altas montañas. Tiene todo por aquí un aire tan de otra época que fácilmente evoca uno la Guerra Fría, la Yugoslavia de Tito y las historias de espionaje. Realmente no tuvo que ser una frontera fácil. Ahora, en cambio, con Eslovenia en la UE desde 2004 y en el euro desde 2007, las cosas pintan muy diferentes. En palabras de un esloveno: *Tenemos fronteras con quien nunca tuvimos (Croacia) y en cambio no las tenemos con quienes las tuvimos siempre (Italia y Austria)*.

Nuestra idea original es cruzar la antigua aduana, llegar a Bovec y pernoctar en su área, aunque ciertos rumores que sugieren una discoteca cercana nos disuaden un tanto. Por eso, cuando un par de kilómetros antes del límite internacional topamos con el Lago del Predil (46°25'35.55" N 13°34'10.19" E), la cosa cambia. Nos detenemos un rato a admirarlo, y descubrimos un aparcamiento entre los árboles, en la misma orilla. No hay cartel alguno de prohibición, de manera que decidimos quedarnos.

La verdad es que impone un poco la salvaje soledad del sitio, pero al cabo de un rato llega una auto italiana que se sitúa al otro extremo. Y, ya casi oscurecido, aparece un coche que irrumpe en el aparcamiento un poco a lo bruto. Por un instante nos tememos que sean gamberros de fin de semana, mas enseguida constatamos que sólo son dos jóvenes que vienen a hacer vivac.

Y así anochece sobre el lago, con bosques siempreverdes y montañas de más de dos mil metros como telón de fondo. Pensábamos que ésta sería la tarde en la que conoceríamos un nuevo país, pero el autocaravanismo tiene estas cosas.

Kilómetros etapa: 163
Kilómetros viaje
Tierra: 1.588
Mar: 700

11 DE JULIO: LAGO DEL PREDIL-POSTOJNSKA JAMA

A las siete de la mañana, cuando salgo de la auto, encuentro el aparcamiento animadísimo: a los tres vehículos que hemos pasado aquí la noche se le suma otro con las cinco puertas abiertas y nadie a la vista. También está la furgoneta de un hombre bien mayor que saca su kayak y rema durante una hora; además, una ranchera de oriundos que paran un rato, echan un vistazo y se marchan. Hay ocho grados centígrados, la temperatura más fría desde que iniciamos viaje.

Soy consciente de las dimensiones de las paredes de piedra que tengo delante por el cendal de nubes que flota a media altura, que poco a poco el sol va disipando. Como nos hemos hecho los remolones, para cuando queremos irnos se ha marchado todo el mundo y el aparcamiento luce tan silencioso como ayer.

Acometemos unas cuantas curvas de 180 grados y, de sopetón, aparecemos en la frontera. Los edificios aduaneros están desiertos, pero una señal admonitoria dice HALTE POLICE. Nosotros, obedientes, nos detenemos a la altura del furgón policial, y desde dentro hacen gestos de que sigamos. Estacionamos un poco más allá para hacernos la foto de rigor: no todos los días se estrena país nuevo.

ESLOVENIA

- Superficie: **20.253 km²** (diminuta, como la provincia de Cáceres)
- Población: **2,02** millones.
- Puesto renta per capita PPA: 31.
- Moneda oficial: **Euro.**
- El precio del gasoil en julio de 2009 era de **1,05 euros**.
- Luces 24 horas: **sí.**
- Viñeta en autopista: **sí.**

La entrada de Eslovenia es deslumbrante y accidentada a partes iguales: desde lo alto del puerto la vista de las montañas, en especial el Triglav, es para quitar el hipo. Este pico, de 2.864 metros y que vemos ahora por su cara noroeste, guarda especial simbolismo para los eslovenos y su identidad nacional (aparece en la bandera y en las monedas de cincuenta céntimos).

Por lo que respecta a la carretera, ése es otro cantar: destrozada y llena de obras, con paso alterno regulado por semáforos que tardan una eternidad. El descenso lo hacemos por unas pendientes descomunales. Mientras, el paisaje brilla arrebatadoramente hermoso.

Cruzamos pequeños y limpios pueblos. Vamos muy atentos a las señales, pues las cartas de navegación de nuestro GPS se acaban en Italia, y ninguno de los mapas que traemos de Eslovenia me convence; en cuanto tenga ocasión me haré con otro.

También ha desaparecido la cartelería verde y azul del país vecino. Aquí los paneles e indicadores son amarillos, lo que le infunde a la carretera un cierto aire de obra continua. Otra peculiaridad de Eslovenia es que, aunque está todo bastante bien indicado, apenas existe información con los kilómetros que faltan hasta la siguiente localidad, y eso hace que recorrer los angostos valles se haga eterno.

Entramos en Bovec y lo cruzamos sin apenas darnos cuenta. Lo cierto es que me esperaba una localidad más grande. A la salida damos sin problemas con el área en la que pensábamos dormir. Entramos para llenar y vaciar en una especie de poste verde y amarillo que veremos en más ocasiones, y cuyo diseño parece original esloveno.

Hace calor, sobre todo si lo comparamos con el fresquete de esta mañana. Estoy en pleno trasiego de depósitos cuando pasa un hombre mayor que, al ver la matrícula, saluda con estas tres palabras: *España, toros* y *Pamplona*. A su regreso, y como yo le he vuelto a saludar, se arrima a pegar la hebra. Pregunta si hablamos inglés. Yo le respondo que *anche italiano*, y acabamos parlamentando en esta lengua. Que de qué parte de España somos, que adónde vamos, que si nos parece caro Eslovenia... A esta última cuestión lamentamos no poder contestar, pues nuestra experiencia del país se reduce a menos de una hora. Se despide calurosamente, y concluye nuestro primer contacto con los eslovenos. Había leído en diversos relatos que se trataba de gente hospitalaria y amable, pero lo atribuí a licencia poética y al *qué-bien-me-lo-he pasado* que tanto prolifera en los relatos de viajes. Varios contactos más y el clima que parece respirarse en el país nos convencerán de que, efectivamente, los eslovenos son gente amable, simpática, hospitalaria y abierta. Es cierto que son un pueblo eslavo pero unos eslavos muy raros, del Sur.

Al salir de Bovec paramos enseguida, junto a la cascada Boka. Según dicen es la más alta de Eslovenia, y desde abajo luce impresionante. Pero aproximarse a ella es otro cantar: primero lo intentamos por el lado izquierdo, y al cabo de un rato de remontar el torrente por la orilla (grandes piedras), nos autoconvencemos de que el camino que más frecuenta la gente debe de ser el de la derecha, así que volvemos sobre nuestros pasos. Al principio se sube sin dificultad, pero luego se complica la cosa de tal forma que le preguntamos a un chaval que baja. En perfecto inglés nos explica que por aquí no se va a la cascada, sino a la parte superior de ésta, que hay que ascender 200 metros más y luego descender por unas cuerdas. Semejantes noticias enfrían nuestro ardor montañero, así que volvemos por donde vinimos. La ausencia de paneles informativos puede llevar a situaciones de riesgo a determinadas personas: al bajar nos encontramos con críos pequeños que suben e incluso a un padre que carga con uno en una mochila a la espalda. La madre, que nos escucha hablar castellano, se arranca en nuestra lengua. Tiene pinta de montañera curtida, pero aunque es eslovena nunca ha venido por aquí. Le explicamos lo que nos han dicho y les dejamos acometiendo con brío la subida, a cuatro patas sobre la roca.

De vuelta en la auto, seguimos serpenteando por nuestra carretera de montaña. En Kobarid, donde no paramos, se encuentra el museo dedicado a las batallas que libraron italianos y austro-húngaros a lo largo del río Soca entre 1915 y 1917. Los durísimos combates fueron relatados por Hemingway en *Adiós a las armas*. El autor, que se había enrolado como camillero, fue testigo de la lucha y herido durante la misma.

Siguiendo el curso del río Soca llegamos a Tolmin. Buscamos un sitio tranquilo para comer, lo más alejado posible de la carretera, y lo hallamos en un pequeño polígono industrial, al lado de un concesionario de SEAT. Nos hace cierta gracia encontrar tan carpetovetónico nombre en un pueblecito exyugoslavo.

En lo que llevamos recorrido ya hemos aprendido algunas palabras de esloveno. En primer lugar, una que nos perseguirá por todos los Balcanes: *Dobrodošli*, que significa *bienvenidos*. Porque resulta que esta misma palabra en croata se escribe *Dobro dosli*, en serbio *Dobrodoshli* y en búlgaro (trascrito del cirílico) *Dobre doshli*. Vistas las similitudes, uno se plantea si a la postre tendrían tantos motivos para liarse a tortas como efectivamente hicieron.

El segundo término, muy común al mundo eslavo, es la palabra *cerveza*: *Pivo* en esloveno, pero también en serbio, croata, en checo y en eslovaco. En Polonia, que fue donde la aprendimos el año pasado, se dice *Piwo*.

Pero lo que nos ha llamado mucho la atención es cómo llaman aquí al cementerio: *pokopalisce*, que en castellano suena algo así como *poco palique* lo cual, si lo pensamos detenidamente, aplicado a un cementerio viene a ser de una certeza abrumadora.

Durante la comida ha empezado a llover. Yo no sé qué tienen las calles de este país porque con lo que cae, si fuera en mi tierra, ya estaría todo chorreando. En cambio aquí parece como si el asfalto fuera esponjoso, pues no se ve sombra de charco por ningún lado.

Antes de arrancar ya le ha dado tiempo al sol a salir de nuevo. Al acercarnos a Most na Soci (puente sobre el Soca) bordeamos un lago de color turquesa en el que se remansan las aguas, y no podemos evitar detenernos para dar una vuelta. Por cierto, lago en esloveno se dice *jezero* (en ruso *ozero*, en polaco *jezioro*. De nuevo todo queda en familia). Se ha vuelto a nublar y caen algunas gotas, pero enseguida despeja y los tornasoles se exhiben en todo su esplendor. Es imposible no sentirse hipnotizado.

Caminamos hasta la confluencia del Soca con el Idrijca. La diferencia de coloración es bien patente. Sorpresivamente, son las aguas del Idrijca las que acaban predominando, y ello pese a que el cauce de este último apenas si tiene 4 ó 5 metros de anchura. Sin embargo, como dice el poema inglés, las aguas más tranquilas son las que esconden los vados más profundos; de hecho, cuando lo sigamos aguas arriba, este río en apariencia anodino mostrará su impetuoso caudal de torrente de montaña.

Pesado y monótono se hace el camino que lleva a Idrija, la antigua ciudad minera. De una parte, los eternos semáforos alternos por la multitud de obras (desprendimientos de ladera o mejoras en general); de otro, la estrechez de la carretera y la tensión producida por el veloz tráfico que viene de frente. Idrija fue famosa por sus yacimientos de mercurio, los segundos a nivel mundial después de Almadén. A la salida paramos en un super y luego continuamos hacia el Sur, en dirección a Postojna.

Llegamos a esta localidad casi a punto de oscurecer. Las indicaciones hacia las cuevas están bastante claras, pero una calle en obras nos hace perderlas y tardamos en recuperarlas. Por fin damos con el sitio en cuestión y con el área de autocaravanas aneja (45°46'50.34" N 14°12'10.90" E). Hay espacio para unos veinte vehículos, y a estas horas está casi llena. El acceso es con barrera automática. Con el ticket que sacas se paga por la mañana en el hotel Jama. El precio: 14 euros por vehículo + 1,01 euros (¿!) por persona. La verdad es que el área está muy bien, con un poste de llenado/vaciado (las grises a cubos) por cada cuatro autos. Dichos postes también disponen de tomas de electricidad, pero el enchufe es de los de tres clavijas y nosotros sólo tenemos el ordinario, de dos. Cuando pasamos por el hotel preguntamos por preguntar... Y resulta que ¡nos prestan un adaptador!

Kilómetros etapa: 145
Kilómetros viaje
Tierra: 1.733
Mar: 700

12 DE JULIO: POSTOJNSKA JAMA-SKOCJANSKE JAME

Ayer solo conduje 145 kilómetros y hoy, no me explico por qué, me siento terriblemente cansado. Imagino que será la acumulación de tantos días por carretera de montaña, la tensión nerviosa o algún otro condicionante fisiológico que se me escapa. Sea como sea, el cuerpo es el que manda.

Pese a ello, a las 7:30 estamos en pie, y una hora más tarde en la puerta de la taquilla, para poder entrar en las cuevas en el turno de las 9:00. La entrada es bastante cara (20 euros por cabeza) y hay un montón de gente. Según entramos nos van haciendo *arretrataduras* uno por uno, como si ingresáramos en prisión. ¿No viola esto algún derecho constitucional? Cuando me toca a mí les dejo bien claro lo que opino sobre su negocio inclinando la cabeza hacia abajo.

Tras la catalogación, somos eficazmente ubicados en un tren eléctrico que nos conduce por las entrañas de la tierra. Ayer nos enteramos de que la temperatura en el interior es de 8 grados, así es que venimos bien abrigados.

El rato del tren es lo más divertido: le da al sitio un cierto aire de parque de atracciones que te devuelve al espíritu del niño. Cuando llegamos a la zona visitable, nos agrupamos por idiomas. En principio habíamos pensado incorporarnos al inglés, pero al ver el grupo tan numeroso lo permutamos por el italiano (después nos arrepentiremos, porque había en él algunos elementos gritones que envilecían el ambiente).

En cuanto a la cámara, formalmente está prohibido sacarla pero el personal hace caso omiso y acribilla la cueva a flashazos. Paradójicamente yo, que tiro sin más luz que la que hay, tengo que oír a alguien del staff decirme *No photos*. Así de injusta es la vida.

Lo cierto es que las cuevas en Eslovenia merecen capítulo aparte: hay censadas más de 7.000. Se dice que el país está virtualmente hueco por debajo. Seguramente sea una exageración, pero lo que sí es cierto es que el término *kárstico* deriva de la región eslovena de Kras, con lo cual está casi todo dicho.

Por lo que respecta a la de Postojna, mide unos 20 kilómetros de longitud, de los cuales sólo se visita una parte. La verdad es que esta cueva es la más grande que he visto nunca; en realidad, creo que es mayor que todas las que he visto en mi vida juntas. En ciertos momentos tienes la sensación de hallarte en una catedral o un aeropuerto, o en una descomunal estación de metro. Y, desde luego, siempre le parece a uno que no se encuentra más allá de dos o tres metros bajo tierra.

La visita acaba en la sala de conciertos. El adjetivo *grande* se queda aquí pequeño para describir este último espacio. En él albergan el esqueleto de un dinosaurio traído de no sé dónde. Ignoro la relación que pueda haber entre el animal y la cueva, pero me pregunto qué tal aguantarán los huesos una humedad del 95 por ciento.

Junto a esta sala se ubica la parada del tren, que tras otro rato de locas curvas y galerías te deposita cerca de la salida, en un mirador con vistas al río subterráneo. Quizá es lo que más llama la atención de todo el complejo cavernícola, porque te da la auténtica dimensión del lugar en donde te encuentras.

Ya fuera, nos vamos para el hotel Jama a devolver el adaptador y pagar la cuenta. Curiosamente, nos solicitan el documento de identidad de todos y cada uno de los que han pernoctado en el área. Como si te hubieras quedado en el hotel, vaya.

Nos dan un ticket para levantar la barrera, pero como no es obligatoria la salida inmediata pasamos la mañana descansando. Especialmente yo, que como expliqué me siento sumamente tirado. A la una y pico salimos con destino al castillo de Predjama, con intención de comer allí. No queremos visitar la fortaleza sino sólo verla desde fuera, pues la localización es espectacular: literalmente, prendida de la roca. Y no menos llamativo que la ubicación es el fin que tuvo uno de sus propietarios, Erasmus Lueger, una especie de Robin Hood a la eslovena. Durante un año estuvo sitiado por las tropas del Señor de Trieste (sobrevivían metiendo víveres a escondidas a través de una cueva), y sólo pudo ser liquidado merced a la traición de un sirviente, que avisó al enemigo para que cañoneara las letrinas mientras Erasmus se aliviaba. Pensándolo bien, hay muertes que son la mar de sucias.

Como digo, lo más impresionante son los alrededores, en particular el río, también subterráneo, que desaparece a los mismos pies de la fortaleza. Si esto estuviera en Inglaterra, por descontado que los del British Heritage no permitirían que pululase nadie por aquí sin pagar un duro; la taquilla se ubicaría mucho antes de que pudieras siquiera echarle un ojo al edificio.

Tras la comida bajamos al angosto valle, y luego ascendemos por un estrecho sendero hasta las puertas del castillo. Hay allí una ambientación histórica: suenan gritos de guerra, entrechocar de espadas y, más tarde, música cortesana. En cuanto nos acercamos se viene para Chandra un *collie* escocés perteneciente a los actores. Al principio le dejo hacer, pero se pone tan pesado que tengo que echarme la perra al hombro y emplearme de veras para disuadir al animal. Algo después tendrá un enfrentamiento con otra hembra bastante menos medrosa que Chandra. Se monta tal follón que los actores se ven obligados a interrumpir el baile para acudir a sujetar al perrito de las narices. Y es que, al igual que hay niños maleducados, también hay perros maleducados, consecuencia evidente de padres y dueños permisivos hasta la náusea.

Antes de que se escape de nuevo el chucho volvemos a la auto. Nuestro siguiente destino son las cuevas de Skocjanska -Skocjanske jame- (45°39'42.85" N 13°59'18.98" E), no muy lejos de Predjama. Hay que cambiar de carretera varias veces, pero con el nuevo mapa que he adquirido en la tienda de recuerdos del castillo llegamos sin dificultad. Ahora se nos plantea un conflicto, a saber: testimonios de autocaravanistas avisan de que no está permitida la pernocta en el aparcamiento de la cueva. Por otro lado, no nos apetece en absoluto ir a regalarle dinero al camping que se anuncia más abajo. Barajamos incluso la opción de irnos a dormir a Trieste, a veintipocos kilómetros de distancia. Al final, lo que hacemos es ir a preguntar a la única auto que hay en el parking. Sorpresivamente no son italianos, sino una pareja de jubilados alemanes que no platican otro idioma que el suyo. Por suerte, Bego se defiende en la lengua de Schiller (no sé cómo se las apaña, pero en todos los viajes acaba hablando alemán). No sólo nos confirman su intención de quedarse, sino que nos animan e invitan. Pese a la sospechosa ausencia de autos italianas, que hace pensar en exhaustivos controles nocturnos, decidimos acompañarles.

Oscurece y aquí no viene nadie. Mientras escribo estas líneas, negra noche se cierne más allá de los contornos de la auto, inextricablemente mezclada con un silencio denso y palpable, con textura propia.

Kilómetros etapa: 42
Kilómetros viaje
Tierra: 1.775
Mar: 700

13 DE JULIO: SKOCJANSKE JAME-IZOLA

Noche de lo más tranquila, por aquí no ha aparecido ni el Tato. Tras asearnos y desayunar movemos la auto a los aparcamientos de la entrada. En parte por dejar libre la zona de buses, y en parte por disimular. A las nueve de la mañana nuestros co-pernoctadores no se han ido (nos dijeron que ya habían visitado la cueva) lo cual, tratándose de alemanes, supone una anomalía en toda regla.

Las taquillas abren a las nueve y media, y el primer turno de visita comienza a las diez. Saco los tickets, que cuestan 14 euros per capita. Mientras tanto, van llegando coches, entre ellos una furgoneta española. Los dos tíos que van dentro se percatan enseguida de nuestra matrícula, y sin embargo les arrancamos un saludo a duras penas. Evidentemente no tienen intención de charlar con sus compatriotas, y eso que en la trasera de su vehículo lucen la famosa pegatina del reno, que es algo así como la Compostela de Cabo Norte. Como iremos en el mismo grupo, la situación sin duda será bastante incómoda.

Hoy es lunes, y al haber poco público el grupo forzosamente será reducido. Caminamos hasta la entrada de la cueva, que no está como yo pensaba junto a recepción, sino al otro lado de la carretera. Nuestro guía es un joven corpulento, simpático y enérgico que habla inglés e italiano con una fluidez envidiable. Nosotros prestamos atención a las dos explicaciones, así lo que no coges en un idioma lo pillas en el otro. Insiste mucho en el tema de la prohibición fotográfica, y a tenor de cómo controla el grupo será difícil infringir dicho precepto: los primeros en intentarlo son los españolitos de la camper, que se quedan atrás para disparar *de estrangis*. Pero el guía, que está al quite, vuelve a por ellos y se los trae a la cabeza del grupo poco menos que de la oreja. Omito describir nuestro regodeo.

Al principio la cueva parece una de tantas, con sus estalactitas y estalagmitas reglamentarias, hasta que llegas a la *Sala del Silencio*; es tan grande que cuando miras las paredes que sostienen la bóveda no te parece estar contemplando el interior de una cueva, sino un paisaje exterior. Sin embargo, en este caso el tamaño no es lo que importa -para eso está Postojna-, sino la belleza de las formaciones calcáreas, los sorprendentes colores de la piedra y la impresión de conjunto que ello causa.

Claro que todo esto queda borrado cuando llegas a la *Sala de los Susurros*, que no se trata de una sala propiamente dicha sino de un cañón subterráneo excavado por el río Reka. Se accede por una abertura en la parte alta, y cuando descubres por debajo de ti la pasarela que salva el abismo comprendes que no has visto nada igual en toda tu vida. Estamos en la cámara de cuevas más grande de Europa: una garganta de 146 metros de alto, 123 metros de ancho y 300 metros de largo, atravesada por un pequeño puente iluminado con candilejas. Al fondo, ruge el Reka.

Antiguamente el camino iba por el fondo del barranco, pero ahora serpentea a 45 metros sobre el suelo. El guía nos explica que en dos riadas históricas (mil ochocientos veintitantos y mil novecientos sesenta y cinco) se obstruyó el cauce del río y el agua inundó por completo el vasto espacio de la gruta.

Para completar el decorado, la neblina que dimana el agua confiere un halo espectral a las luces que marcan nuestro camino. A la mente vienen todas las películas fantásticas que uno haya podido ver o imaginar, aunque la más socorrida es siempre *El Señor de los Anillos*. ¡Y pensar que estuvimos a punto de no venir aquí pensando que, tras Postojna, ésta sería más de lo mismo! Postojna debe su fama al marketing bien planificado y al turismo hecho industria. La cueva de Skocjanska en cambio es increíblemente más hermosa, sugerente y arrebatadora. No en vano fue declarada Patrimonio de la Humanidad en 1986, y en la lista de la UNESCO sólo hay dos: ésta y la de *Mammoth Cave* en Kentucky.

El clímax de la visita es el momento en que el guía apaga todas las luces y enciende una linterna y un mechero, para que seamos conscientes de cómo era la cueva para aquellos que la exploraron por primera vez, y la enorme dificultad de la tarea. Después, apaga también la linterna. La negrura multiplica el sonido del agua y éste a su vez la sensación de espacio. Estamos apoyados en una barandilla, al borde de un precipicio, pero curiosamente la sensación no es de miedo ni de desvalimiento. Más bien la de sentirse arropado y acogido.

A partir de aquí nuestro cuidador empieza a rebajar la vigilancia, extrema en las salas donde las formaciones calcáreas pueden ser dañadas, pero es tal la complejidad de los preparativos para hacer una foto en semioscuridad que renuncio a ello. Además, el muchacho me ha caído muy bien y no quiero hacerle el feo.

Llegamos por fin a la salida, que parece más bien el descomunal pórtico de una catedral. Salimos a la dolina Velika, esto es, el agujero causado por el hundimiento del techo de la cueva hace unos cientos de miles de años. Estamos a unos 150 metros por debajo del nivel de la superficie. Habitualmente, desde aquí se sube en un ascensor, pero están de reparaciones, así que el regreso lo hacemos a pata, por un sendero que atraviesa una vegetación cuasi tropical. El paseo bien vale la pena, porque a medida que vas ascendiendo encuentras miradores sobre el río Reka, origen de todo el invento, que desaparece aquí y no se le vuelve a ver el pelo hasta 34 kilómetros más allá, ya en Italia y cerca de la costa. Soy consciente de que toda la zona es lo más parecido a un queso de gruyère, aunque nada de esto se intuya desde la superficie.

Comparado con los doce grados de la cueva, la temperatura exterior, combinada con la larga ascensión, resulta asfixiante. Por el camino nos alcanza el guía. Especulamos con que quizá no sea esloveno, porque a nuestras indagaciones lingüísticas responde que además de los dos idiomas empleados en la visita también habla croata, serbocroata. Y esloveno, claro. Antes de despedirse, nos indica cómo llegar a un mirador privilegiado, y en efecto lo es: no sólo se contempla todo el exterior del complejo kárstico, sino también el pueblo de Matavun con su iglesia, justo en lo alto de la sima que acabamos de visitar. Da la sensación de que un día no muy lejano el campanario acabará allá abajo.

Regresamos a la auto donde Chandra, como siempre, nos recibe más contenta que nerviosa. La primera vez que la dejamos dentro sola, a los dos meses de tenerla, se hizo *pon*. Desde entonces ha desarrollado una fe ciega en que tarde o temprano volveremos.

Nos vamos a Trieste. En nuestra hoja de ruta no aparecía esta ciudad ni por asomo, pero ahora que la tenemos a tiro de piedra ¿cómo nos vamos a resistir a hacerle una visita? Antes pasamos por la gasolinera de Divaca. Lleno el depósito de gasoil, y al pagar le pido al dependiente una viñeta, sin la cual no está permitido circular por las autopistas eslovenas (las multas son de órdago). La verdad es que nos lo hemos pensado bastante, porque eso de apoquinar 35 euros para el escaso tiempo que vamos a estar en el país nos parece un robo a mano armada. Pese a ello, me resigno. Me pregunta el gasolinero muy amablemente que para cuánto la quiero, y me enseña la tabla de precios. Alegre sorpresa: ha desaparecido la viñeta de seis meses y han sacado una de una semana por 15 euros. Comparativamente es mucho más cara, pero a nosotros nos resulta más barata. Además, si hay que elegir entre el robín y el robón...

Más contentos que unas pascuas, enfilamos la autopista. Para entrar en Trieste escogemos el ramal Noroeste, que parece el más rápido pero que nos hace dar la vuelta a toda la ciudad. Hay, además, una larga y fuerte bajada que salva el considerable desnivel hasta la costa. Buscamos una posible área de pernocta perteneciente al Camper Club de Trieste y que se encuentra bajo la autopista *sopraelevata*, pero ni con navegador somos capaces de dar con ella, así que acabamos en el puerto deportivo, en un parking de pago. Hay algunas autocaravanas más, y el hecho de que sobresalgan del espacio marcado no parece importarle a nadie. Tan sólo han multado a una auto francesa por no tener ticket.

Me acerco al parquímetro. La tarifa es muy económica, 0,60 euros por hora hasta las 20. Echo toda la calderilla que tengo y me da hasta las 19:45. Comida y siesta.

Nos despertamos en medio de un intenso calor y un espeluznante bramar de motos, es que hemos ido a aparcar al ladito mismo de un semáforo. Nos vamos a dar una vuelta por el centro; para ello, bordeamos el puerto hasta llegar a la Piazza dell'Unità. Desde aquí, al teatro romano y luego remontando la colina hasta el castillo y la catedral de San Giusto. Sudamos la gota gorda a causa del intenso calor. Lo cierto es que se trata de un casco viejo bastante modesto, lo salvan las vistas y la catedral, que es de estilo bizantino con cinco naves.

Lo que sí ha tenido Trieste, en cambio, ha sido una historia de lo más movida, desde que los romanos en el siglo II a C. fundaran *Tergeste*. Después perteneció a los bizantinos, a los francos, luego fue ciudad libre, y entre 1382 y 1918 estuvo bajo el dominio de los Habsburgo (de hecho, era la única salida al mar del Imperio Austrohúngaro). Durante el periodo de entreguerras se la quedó Italia, y tras la Segunda Guerra Mundial se fundó el Estado Libre de Trieste, dividido en dos zonas: la del Norte (que incluía la capital), controlada por fuerzas británicas y estadounidenses y la del Sur (península de Istria), por el Ejército Nacional yugoslavo. En realidad nunca funcionó como un verdadero estado independiente, pero llegó a editar sus propias monedas y sellos de correos. En 1954 Italia y Yugoslavia obtuvieron la administración provisional de los respectivos territorios, y en fecha tan tardía como 1975 se produjo la división/anexión definitiva.

A la salida de la iglesia tropezamos con una familia que habla español con acento de Latinoamérica. La mujer le dice a su hijo pequeño: *Mira, en esta iglesia bautizaron a tu abuelito*. Otro testimonio de la emigración italiana al Nuevo Mundo. Filológicamente estoy convencido de que la musicalidad del habla argentina se debe al gran contingente de italianos que arribó a Buenos Aires durante los siglos XIX y XX, el segundo en importancia después de los españoles: el idioma lo perdieron; sin embargo, como suele ocurrir en estos casos, perduró el acento.

Bajamos de la ciudad vieja. En el camino de regreso nos acontece el episodio más emotivo del día: una mujer se acerca a acariciar a Chandra al tiempo que exclama *Che belli occhi!* Sin saberlo, la ha rebautizado: a partir ahora, *Belli Occhi* formará parte de sus cariñosos sobrenombres.

De nuevo en el puerto, las autocaravanas vecinas han sido sustituidas por otras, con la aparente intención de dormir. Valoramos la propuesta, pero ya nos ha parecido un sitio excesivamente ruidoso. Recuerdo entonces la recomendación que un autocaravanista hacía del área de Izola, y para allá nos vamos.

Cruzamos la frontera italo-eslovena por segunda vez en el día. Cuando la partición de Yugoslavia, en los años 90, Croacia acaparó la casi totalidad de la costa, y a Eslovenia le dejaron un pasillito -13 kilómetros de anchura en su parte más angosta- para acceder al mar. En el centro de ese corredor, a la orilla del mar, está Izola, adonde llegamos a punto ya de oscurecer.

No encontramos signo alguno del área, y acabamos en una zona vedada donde, como puedo, doy la vuelta. Por suerte, tengo las coordenadas del sitio en cuestión (45°32'16.99" N 13°39'50.78"E) y las he introducido en el GPS, de manera que aunque no tengamos mapa sabemos al menos si nos acercamos o alejamos. Así damos con el parking enseguida, que es gratuito y muy grande, pero lleno hasta la bandera. No hay señalización vertical, y localizamos el sitio exacto gracias a la columna verde de llenado y vaciado, idéntica a las de Postojna y Bovec.

Sin embargo, de las cinco plazas reservadas, tan sólo una está ocupada por autocaravana, las otras cuatro las han usurpado turismos. Aparcamos delante, valorando seriamente la posibilidad de quedarnos a pasar la noche allí, cuando una tipa sube a bordo del único coche que no bloqueo y se larga. Iniciamos la maniobra de estacionamiento, y todavía tengo que pararle los pies a una *fragoneta* italiana que llega flechada a quitarnos el sitio.

Esto de las plazas para ac está muy bien, especialmente si se respetara, pero la ubicación del aparcamiento a mi juicio es errónea, pues estaría mejor al fondo del parking en lugar de aquí, pegado a una ruidosa carretera.

Nos vamos a dar una vuelta por el centro del pueblo, que tiene un bien conservado casco antiguo y un sosegado ambiente de vacaciones. Compramos unos *döner kebab* y nos los llevamos a la auto para cenar. El resto de las plazas para autos siguen okupadas por intrusos, y del italiano oportunista ni rastro.

Kilómetros etapa: 78
Kilómetros viaje
Tierra: 1.853
Mar: 700

14 DE JULIO: IZOLA-LAGO BLED

Tal y como preveíamos, noche de ruido intenso. Primero fueron los *chundis* y sus amigos los moteros. Para cuando se quiso recoger el último, ya salían de casa los primeros currantes. Nos levantamos, llenamos limpias, y vaciamos negras y grises (estas últimas en un sumidero de pluviales, pues nuestro desagüe está colocado de tal manera que no permite el vaciado a cubos) y nos vamos.

Una paradita para el super y enseguida estamos en la autopista, rumbo al Norte. Siendo un paisito tan pequeño, cuesta muy poco cruzarlo por autopista. En poco rato rebobinamos el camino de estos días: Divaca, Postojna... Cuando nos queremos dar cuenta estamos en la circunvalación de Ljubljana. Una vez aquí, giramos al Noroeste, y en poco más de media hora llegamos al lago de Bled. Hemos desandado camino y subido hasta aquí porque no queríamos irnos de Eslovenia sin visitar un lugar tan renombrado. Lo que le hace diferente de otros lagos es la isla con su iglesia y su campanario, que parece un barco surcando las tranquilas aguas. Aquí el aparcamiento se halla del todo regulado, así que bordeamos la orilla hasta llegar al camping y, junto a él, el parking del que traíamos noticias por otros viajeros (46°21'44.52" N 14° 4'54.09" E). Entramos y preguntamos cómo se llama: 10 euros hasta las diez de la noche, y otros 10 por pernoctar. En ese momento nos parece bien, y pagamos hasta el día siguiente. Nos vamos a dar una vuelta para ubicarnos. Luego, comida y siesta.

Al despertar descubrimos algo que no entraba en nuestro cálculo: junto al aparcamiento hay instalada una especie de mini-parque de atracciones con camas elásticas y demás. Lo peor es que tienen música por megafonía. No muy alta ni estridente, es verdad, pero al cabo de una hora cansa sobre todo si, como nosotros, vienes en busca de paz y tranquilidad. Desde el camping apenas la oirán, pero nosotros tenemos los altavoces justo al lado. Para escabullirnos yo saco la bici y me voy a dar una vuelta mientras que Bego, con Chandra, se va paseando hasta la zona de baños.

Pedalear en torno al lago resulta agradable. Me encuentro con mucha gente paseando, patinando, montando en bici o corriendo. Por todas partes reina un silencio envidiable, excepto en el sitio donde vamos a dormir, lo cual es mala pata: tras completar la vuelta, constato desanimado que siguen erre que erre con su música de mercadillo. Para más inri, a eso de las siete el vigilante del parking se ha marchado, con lo cual los 10 euros de la noche los hemos pagado para nada. La sensación de timo de la estampita es como quieras.

Dejo la bici en la auto y nos vamos a dar otro paseo a un sitio que he descubierto durante la pedalada: ladera arriba se levanta una gran mansión cuyos terrenos a buen seguro llegaban hasta la orilla. Gracias a ello la carretera se alejó lo bastante del lago como para preservar esta paz y esta belleza que ahora, con la ribera expropiada, tenemos ocasión de disfrutar nosotros.

A las once de la noche volvemos a la auto. La música perrera ha cesado por fin, y están cerrando el chiringo. Nos hemos quedado solos, pero como el parking está abierto de par en par, de vez en cuando se nos cuelan mosqueantes coches que al poco se van. La sensación no es de seguridad en absoluto, más bien como si durmiéramos por nuestra cuenta y riesgo.

Está claro que a veces, aunque te esfuerces buscando la mejor opción, no salen las cosas como uno espera.

Kilómetros etapa: 162
Kilómetros viaje
Tierra: 2.015
Mar: 700

15 DE JULIO: LAGO BLED-LJUBLJANA

A las 8:30 en punto vuelven a poner la musiquita de las camas elásticas, esta vez a todo trapo. La verdad, cuando contemplé por primera vez las idílicas fotos del lago Bled y decidí venir no me imaginé que esto pudiera ser la versión eslovena de Torremolinos. Recogemos lo antes posible y marchamos para el lago Bohinj. A estas horas tempranas hay poca gente. Paramos a la orilla y nos deleitamos con el color turquesa de sus aguas, que de tan transparentes es como si no existieran. Los peces flotan ingrávidos, rodeados de aire.

Seguimos adelante. Al pasar frente al camp Ukanc constatamos, tal y como cuentan otros autocaravanistas, que más parece un campo de refugiados que un camping. 5 kilómetros más arriba se halla el punto de partida para la excursión a la cascada Savica. Sabemos que hay un parking, por supuesto de pago. Algo quemadillos por el abuso tarifario de ayer, cuando nos parece que estamos bastante cerca dejamos la auto en un apartadero de la carretera. Sin embargo, calculamos mal, y toca patear 2 kilómetros de asfalto hasta el inicio de la ruta. Allí pasamos por taquilla Alguien había dado a entender que para subir a la cascada era necesario pagar 7 euros. En realidad, son 2,40 por persona. También había leído que en el trayecto se tarda una hora, pero eso es entre subir y bajar pues el mirador, bastante reducido para la gran cantidad de gente, no te permite quedarte demasiado tiempo contemplando la cascada Savica.

Estamos en el curso alto del Sava Bohinjka, uno de los dos afluentes que conforman el río Sava, cuyo discurrir seguiremos en los próximos días a través de Ljubljana y Zagreb hasta su confluencia con el Danubio, a la altura de Belgrado.

Desandamos camino hasta el aparcamiento y luego a la auto. Al llegar descubro para mi estupor ¡que nos han multado! La receta, colocada en el parabrisas, dictamina 40 lereles por *prepovedano parkiranje*.

Llevábamos varios días de pitorreo con la palabra *prepovedano*. Aunque la veíamos por todas partes no habíamos conseguido averiguar lo que significaba, así que habíamos hecho una exégesis filológica (pre-povedano: anterior al habitante de Poveda). Ahora ya no nos hace maldita la gracia, y sí en cambio nos queda meridianamente clara la acepción del término. Aunque lo de prohibido es un decir, pues por ningún lado aparece señal alguna que lo diga, y ni siquiera a la entrada del Parque Nacional vimos carteles alusivos. Sin embargo, mientras regresamos por la carretera vemos orillados tres o cuatro coches sin multar, y sí en cambio una camper que había sido *recetada*. Vamos, que lo de que te discriminen en función del tipo de vehículo que lleves no es idiosincrático de España. También aquí se considera más nocivo un humilde vehículo vivienda que los estruendosísimos grupos de moteros que llegan hasta estos parajes a espantar la fauna y hacer añicos el silencio; en curioso mundo vivimos.

Bastante disgustados por esta arbitrariedad, el único borrón en un país que hasta ahora nos ha parecido admirable, salimos del Parque. Mi temor es que, al ser extranjeros, traten de cobrarnos la multa *manu militari*, pero los policías apostados a la entrada no hacen asunto.

Nuestra idea ahora era ir hacia la autovía y bajar a Ljubljana en busca del camping, pero a mí me da pena marcharme de la zona sin hacer una parada en Skofja Loka. Para ir a esta localidad existen dos itinerarios posibles: el más largo, volviendo por Bled y saliendo a la autopista; el más corto, desviándonos en Bohinjska Bistrica, por la secundaria 909. Escogemos este último ignorando (parece mentira, a estas alturas) que no hay atajo sin trabajo. Enfilamos una carretera estrecha y empinada, llevando delante un camión de doble remolque de los que transportan madera. Como va de vacío, el tipo sube que es un primor, tanto que cuando se cruza con alguien no frena, sino que se orilla y atropella las bandas verticales de plástico, blancas y negras, que marcan el borde de la carretera. Al ser éstas flexibles, se comban al paso del gigante. En los sitios más frecuentes donde este camión o sus colegas se orillan incluso han perdido la pieza reflectante.

El camión-fitipaldi se desvanece delante de nosotros. Enseguida llegamos a una bifurcación. Ambos ramales conducen a Skofja Loka; el de la derecha tiene menos kilómetros, pero el cartel indicador nos envía a la izquierda. Obedientes, elegimos esa opción, para descubrir al poco... que se trata de una pista de tierra. La seguimos un trecho para verificar si se trata de una obra parcial, pero no: es camino forestal puro y duro.

Desandamos hasta el cruce y elegimos la opción B. Cuando acometemos las rampas de subida comprendemos por qué el indicador enviaba por el otro lado: hay trechos en los que no me queda otra que meter segunda, y curvas tan cerradas que por ellas no pasaría un autobús.

Llegamos a lo alto, a un pueblo donde la gente alucina al vernos pasar. En cuanto al descenso, es considerablemente peor que la subida, tanto debido al mayor desnivel como porque el asfalto se deforma, se cuartea y se precipita al fondo del infierno. Se baja tanto en las curvas de 180 grados que más de una vez temo dar en el suelo con el voladizo trasero. Ahora ya pensamos seriamente si no hubiera sido mejor irse por la pista de tierra.

Nuestra esperanza era llegar al cruce con la 403, que sigue el curso del río Poljanska Sora. Según el mapa se trata de una carretera de rango superior, pero es todo ilusión; nada diferencia una de otra, salvo que en ésta hay obras: no sé si debido a una riada o qué, el caso es que está toda patas arriba con desvíos de tierra, semáforos alternos, estrechamientos de calzada. Precisamente en uno de éstos estamos a punto de tenerla: de frente viene -a toda pastilla y por el centro- una furgoneta grande de color naranja. Todo lo que puedo hacer es frenar. El otro también lo hace, pero como viene lanzado no puede evitar que los espejos golpeen. Nos paramos ambos. Yo bajo la ventanilla y le llamo hijo de puta con todas mis ganas. Desde mi posición no le veo la cara, pero tanto mejor.

Me cercioro primero de que el espejo no ha sufrido daño, y de que no hemos tocado con ninguna otra parte de la carrocería; entonces arranco y me largo, porque estoy tan enfadado que creo que si me bajo no podría responder de mí mismo. Además, en cualquier caso el resultado sería infausto porque, a la hora de la verdad, ¿qué diferencia hay de pegar a ser pegado?

A partir de Zelezniki la carretera se normaliza, pero un fantasma revolotea sobre nuestras cabezas: por primera vez en cinco años, la posibilidad real de un accidente con la autocaravana ha estado presente. Un accidente. Y tan lejos de casa. Nos encomendamos al Universo para que con su infinita protección salvaguarde a estos pobres viajeros.

Entramos por fin en Skofja Loka, y buscamos el gran aparcamiento descrito por quienes vinieron antes (46°10'1.45" N 14°18'30.48" E). Probamos primero en uno que resulta ser de un super, además de muy pequeño. Más adelante descubrimos otro en el que se distingue una autocaravana, y para él que nos vamos. Es ya hora de comer, y el calor asfixiante. Sería posible colocar la auto a la sombra de unos árboles, pero no tenemos muy claro si está permitido; con una multa por hoy es suficiente, así que aparcamos en toda la solajina.

Recorrer 60 kilómetros nos ha llevado tres horas. Estamos sudados, extenuados, hechos polvo.

Tras comer y recuperarnos un poco, visitamos lo que nos ha traído hasta aquí, es decir, el casco viejo de la ciudad, uno de los mejor conservados de Eslovenia. Lo cierto es que no es muy grande, pero cuenta con una interesante plaza del mercado que nos recuerda a las del Norte de Europa. En la puerta del Ayuntamiento puede verse una placa con una lista de nombres y una leyenda en esloveno. La única palabra comprensible para nosotros es *Gestapo*. Seguro que a todos éstos no los trajeron aquí para invitarles a una fiesta.

Subimos al castillo, en la actualidad museo. Desde aquí se disfruta de una bonita perspectiva de los Alpes Julianos, incluido el Triglav, aunque no se puede comparar con la espectacularidad de su cara Norte.

De Skofja Loka a Ljubljana. Sé que el camping, a orillas del Sava, no es fácil de encontrar, y que sólo se halla señalizado en el anillo de circunvalación. Nuestra mala pata, especialmente activa hoy, hace que el acceso a éste desde la carretera por la que venimos se halle cerrado por obras. Como he tenido la precaución de meter en el GPS las coordenadas del camping (46°5'50.84" N 14°31'2.00" E), damos inicio a una peculiar gimkana en la que, en un mapa vacío, sin nombres ni calles, se yergue solitario el punto de interés, del que unas veces te alejas y al que otras te acercas, dependiendo de la dirección que tomes. Así, por una calle-carretera absolutamente secundaria conseguimos situarnos a 500 metros del objetivo. Tengo la firme sospecha de que nos hallamos en una calle paralela y temo pasar de largo, de modo que paramos a preguntar a dos mujeres de edad. A la pregunta de si hablan alemán responden afirmativamente, pero eso es lo que ellas creen, porque ni siquiera recuerdan cómo se dice izquierda o derecha. Al menos nos queda claro que el Ljubljana Resort cae un poco más adelante, pero justo cuando se aproxima el momento de girar hacia la izquierda una señal de tráfico impide el paso a los vehículos. Maldición y remaldición: desvío a la derecha, rodeo de la zona peatonal, extravío hacia la derecha (nos vamos hacia el centro), giro de 180 grados y ya, por fin, enfilado de la dirección correcta. Una señal de camping, que se nos antoja milagrosa, nos indica que por fin hemos llegado.

En la recepción son encantadores. No nos piden DNI ni nada, tan sólo que rellenemos una ficha con nuestros datos y que nos instalemos donde nos parezca. Así lo hacemos. Preguntamos por las piscinas y nos dicen que están a punto de cerrar. Lástima. Me voy para las duchas a quitarme de encima todo el sudor, la mugre y el cansancio de un día excepcionalmente duro.

Por el camino tengo ocasión de estudiar el sitio: las instalaciones son amplias y bien cuidadas. Me llama la atención la cantidad de espacio dedicado al ocio; en vez de aprovechar cicateramente cada centímetro de terreno para hacinar más y más gente, la sensación de amplitud es aquí muy grande. La comparación con otras instalaciones del sector, asimismo denominadas camping es, sencillamente, odiosa.

Tras la ducha, me he recuperado tanto que aún me quedan ánimos para hacer la colada. Sacamos el toldo, y entre éste y un árbol improvisamos nuestro tendedero.

Cenamos fuera pero hablando bajito, porque a las 10 de la noche ya no se oye una mosca. Así da gusto.

Kilómetros etapa: 123
Kilómetros viaje
Tierra: 2.138
Mar: 700

16 DE JULIO: LJUBLJANA

Nada más levantarnos vamos corriendo a hacer lo que no pudimos ayer, esto es, meternos en las piscinas. De la taquilla nos mandan a recepción, pues aunque van incluidas en el precio del camping necesitamos un ticket. No sé por qué veníamos con el convencimiento de que el agua era termal. Para nuestra sorpresa, está fría pero aun así nos bañamos. No se trata de una piscina clásica, rectangular, sino más bien de un parque acuático con distintos tipos de chorros, cataratas y demás.

A eso de las 12 salimos del camping y nos vamos a esperar al autobús, que para justo en la puerta. Como ya hicimos el año pasado en Cracovia, ante las dudas de si nos dejarán subir con Chandra la metemos dentro de la mochila. El conductor se sonríe y no dice nada. Se trata, evidentemente, de un perro de bolsillo.

El sistema de pago del bus urbano es, sin embargo, novedoso: cuando le pido al conductor dos tickets él lo que hace es señalarme una hucha transparente tipo Domund. Introduzco allí mi *donativo* de dos euros y pasamos adentro, sin recibo ni nada.

Moverse del camping al centro es la mar de fácil: basta con recorrer durante algo más de 5 kilómetros la larga calle-carretera-avenida hasta el final. Nos apeamos en el cruce de Mirje con Barjanska Cesta. A esta hora ya aprieta considerablemente el calor.

Lo primero que hacemos es ir a ver el tramo de muralla romana que se conserva, de cuando la ciudad se llamaba Iulia Aemona. Luego cruzamos el río Ljubljanica y lo seguimos hasta la plaza del Ayuntamiento. Toda esta zona es peatonal, y no parece que nos hallemos en la capital de un país (por número de habitantes, Ljubljana es sólo algo mayor que Granada) sino en una urbe de provincias.

Tras descansar un rato a la sombra, llegamos a la plaza del mercado. Bajo un sol de justicia (pero con toldos) allí se venden todo tipo de frutas y hortalizas. También hay una báscula oficial, por si crees que te han tangado en el peso.

Hace ya hambre, así que miramos por allí y encontramos unos puestos de comida. Yo estoy a punto de pedir el típico perrito caliente cuando Bego pregunta que qué es eso del *burek*. El vendedor nos explica que lo hay de carne y de queso. Pedimos dos de carne, y resulta ser la sorpresa gastronómica del día: consiste en una especie de empanada de hojaldre de una textura y sabor exquisitos, y que con nombres y formas parecidas se consume en todos los países que formaron parte del Imperio Otomano.

Pagamos, y ya nos vamos a ir cuando, a la vuelta del puesto, descubrimos dos mesas a la sombra. No tenemos muy claro si pertenecen al chiringuito, así que por si acaso preguntamos. Nos dicen que sí, de modo que ya puestos compro también la bebida. Si tuviera que quedarme con un momento culmen de la experiencia eslovena, éste no sería la contemplación del Triglav ni la del lago Bled, sino esta calurosa mediodía, en la plaza del mercado de Ljubljana, degustando un delicioso plato del que jamás había oído hablar.

Tras la comida querríamos buscar un parque con sombra para tumbarnos. Como por aquí no lo hay subimos al castillo, que se halla rodeado de una amplia zona verde. Pero incluso bajo los árboles el calor es asfixiante, supongo que debido a la humedad: esta mañana, cuando nos hemos levantado, había tanto rocío en la hierba que es como si hubiera llovido.

Bajamos del castillo y hacemos tiempo cerca del río, a ver si baja un poco el calor. Nos hemos quedado sin agua. Por suerte en la Plaza del Mercado, donde ya están casi desmontados los puestos, encontramos una fuente pública con un agua tan fresca que cuesta trabajo creer que no la hayan refrigerado.

Empieza a haber más gente por la calle y en las terrazas de los bares. Llegamos al puente triple y a la plaza Preseren, que es algo así como la Puerta del Sol. Con esto creemos que el objetivo de tomarle el pulso a Ljubljana está conseguido. Pensamos en emprender el regreso al camping, pero antes queremos cumplir un auto-encargo: llevarnos algún libro del que fuera presidente de Eslovenia, Janez Drnovšek.

Este hombre, un perfecto desconocido si lo comparamos con otros políticos de anodina huella y raquítica calaña, publicó nada menos que tres libros sobre espiritualidad: *Misli o zivljenju in zavedanju* (Meditaciones sobre la vida y la conciencia), *Bistvo sveta*

(La esencia del mundo), y *Pogovori* (Conversaciones). Ninguno de ellos se halla traducido al inglés, pero Bego consigue la versión al alemán del segundo de ellos. A la dependienta le emociona mucho que alguien extranjero se interese por la obra del ex-presidente, a quien, dice, *lloraron mucho cuando su muerte*, acaecida en febrero de 2008. Una lástima, habida cuenta de lo necesitado que anda el mundo de personas así.

Mañana nos iremos de Eslovenia, el lugar donde posiblemente vive la gente más amable que he conocido nunca. Reflexiono sobre su historia reciente, atípica si la comparamos con el destino de las otras repúblicas yugoslavas: en 1991 logró independizarse de Serbia al cabo de una guerra de tan sólo diez días. En 2004 ingresó en la UE –el único país de la Europa del Este que ha entrado como contribuyente- y apenas tres años más tarde adoptó el euro. Cuando uno piensa en todo esto, se da cuenta de lo esencial que debe de ser el poder contar con personas como Janez Drnovšek de mandatarios, y con ciudadanos lo suficientemente conscientes como para elegirlos.

Kilómetros etapa: 0
Kilómetros viaje
Tierra: 2.138
Mar: 700

17 DE JULIO: LJUBLJANA-SLAVONSKI BROD

Hoy es el día en que salimos de Eslovenia. La verdad es que vamos un poco nerviosos, pues somos conscientes de que abandonamos el territorio seguro y homologado por parámetros comunitarios para adentrarnos en los Balcanes, un rosario de aduanas y peajes, receptáculo asimismo de antiguos nuevos odios y de una cruel guerra en los años noventa que estremeció nuestros corazones porque no se luchaba en África, ni en Asia ni en Latinoamérica sino aquí mismo, al lado de casa, y porque los que morían eran blancos y europeos, como nosotros.

La salida del camping es un poco accidentada. Ayer tarde vi llegar un coche del tipo *mira-el-peazo-buga-que-tengo*, con las antiniebla encendidas pese a ser aún de día. Esta mañana se hallaba estacionado en nuestra misma calle, en una parcela exclusiva para él (supongo que habiendo solicitado a la Dirección un podio para elevarlo y adorarlo, cual becerro de oro). Pues bien: cuando arrancamos al susodicho le habían enganchado una mastodóntica caravana, y ambos bloquean la salida. En el coche no hay nadie. Pito y aparece una mujer, muy apurada. Aunque el vehículo es de matrícula inglesa, nos habla en castellano pero con mucho acento, y nos explica que su marido está no sé dónde, que si no podemos salir hacia atrás. Como ya investigamos anteayer todo el camping, y por esa parte hay una zona de bungalows de paso bastante estrecho, le pido a Bego que vaya a mirar. En el ínterin aparece el marido y dueño del coche, un musculitos, en compañía de otro maromo. También habla castellano, aunque mejor hubiera sido que no, porque me argumenta con bastante chulería que *hay otras cuatro calles para salir*. Bego regresa y me dice que irse por el otro lado está dificilillo. Yo no pierdo la calma ni me pongo a discutir, como tal vez el otro quisiera: simplemente me siento tras el volante y espero a que el colegui mueva el burro.

Llevamos la auto al punto de llenado y vaciado, y aquí tenemos que aguantar a un francés cagaprisas, dueño de una camper, que al parecer tiene más urgencia que nadie por ponerse en carretera. Hemos llegado antes y no puede decir nada, pero se dedica a merodear y a meter presión cambiando de sitio dos o tres veces el vehículo y obligándome, por último, a una incómoda maniobra.

Estacionamos al pie de recepción y pagamos. 50,02 euros por los dos días; perro, piscina y electricidad incluidas. La verdad, si comparamos con el infausto parking de Bled...

Por contraste salir de Ljubljana es pan comido: bajamos hacia el centro, cogemos la circunvalación hacia el Este, luego la A 1 hacia el Sur y por último la A 2 de nuevo hacia el Este. Llevamos la viñeta, y por tanto no hay que preocuparse de peajes, inspectores de autopista ni demás zarandajas.

Llegado este punto el viaje se escinde en dos: por un lado la opción escogida, que nos llevará por Croacia, Serbia y Bulgaria; por otro la que decidimos desechar: costa adriática, Albania y Macedonia. Esta segunda ruta nos parecía muy atractiva porque nos brindaba la posibilidad de conocer Mostar y Dubrovnik. Pero lo superpoblado de la orilla croata en verano y, sobre todo, la paupérrima calidad de las carreteras albanesas nos disuadieron a última hora. Claro que eso es porque aún no sabíamos lo que nos aguardaba en Turquía. Los 120 kilómetros hasta la frontera se pasan en un suspiro. Empezamos a encontrarnos lo que durante los próximos días será una constante en el viaje: coches con matrícula alemana, suiza, austriaca que nos rebasan a toda pastilla. Todos de marcas caras, la mayoría nuevos o por lo menos relucientes. Son emigrantes, suponemos que turcos en su mayoría, que vuelven de la diáspora europea a pasar en su país las vacaciones. No sé si a éstos es que les va muy bien, o es que piden el coche prestado para fardar en casa o se trata simple y llanamente de trapicheo de vehículos; el caso es que, viéndolos, pareciera que en los sitios de donde vienen ataran los perros con longanizas.

CROACIA

- Superficie: **56.542 km²**.
- Población: **4,45** millones.
- Puesto renta per capita PPA: 49.
- Moneda oficial: **kuna** (1 euro = 7 kunas).
- El precio del gasoil en julio de 2009 era de **1.04 euros**.
- Luces 24 horas: **en teoría sí**, pero con luz diurna poca gente las llevaba.

Llegamos a la frontera. La aduana eslovena la pasamos sin trámites. La croata da un cierto gustirrinín, porque hay que enseñar el pasaporte y todo eso. Lo que más tememos es una inspección concienzuda de la auto, pero el aduanero estampa el sello y nos deja ir.

Nada más cruzar nos espera un peaje, que no deja de ser una viñeta encubierta, pues estamos a las afueras de Zagreb. Cobran indiferentemente en euros o en kunas (pagamos 7 euros), y comprobamos con alivio que la equivalencia en divisas es la correcta.

Cogemos la circunvalación y dejamos Zagreb a un lado. Nuestro propósito hoy es hacer el mayor número de kilómetros posible y dormir cerca de la frontera con Serbia. La A 3-E 70 discurre en dirección Sudeste. Nos gustaría disponer de moneda croata y paramos un par de veces en áreas de servicio de la autopista, pero no se ven cajeros automáticos por ningún lado. El contraste con Eslovenia es de lo más evidente: todo es más cutre, y está todo más hecho polvo. En una de las gasolineras hay un grupo de *limpiaores* de parabrisas. Uno lo intenta con nosotros, pese a que llevamos el cristal impoluto.

Carretera sin incidencias y escaso tráfico. Hemos recorrido 130 kilómetros desde la frontera y es casi la hora de comer. Dejamos la autopista en Novska (peaje: 6,88 euros) y cruzamos al otro lado, hacia Jasenovac. Se encuentra esta localidad a orillas del río Sava y justo en la frontera con Bosnia-Herzegovina.

Juro que hasta aquí nos trae la casualidad, y no el morbo. Ha sido al volver del viaje cuando averigüé que Jasenovac es tristemente famoso porque aquí se ubicó el más horrendo campo de concentración de toda Croacia: entre 1941 y 1945, el gobierno pronazi de Ante Pavelic encerró y ejecutó a decenas de miles de serbios, gitanos, judíos, comunistas y musulmanes. No se conocen cifras siquiera aproximadas, pero a tenor de los testimonios el horror debió de correr aquí a mares.

Como curiosidad, esto es lo que ocurrió después con sus verdugos:

* Andrija Artukovic: Huyó a EE.UU. y posteriormente fue extraditado a Croacia. Condenado a muerte y ejecutado el 14 de mayo de 1986.

* Dinko Sakic: Condenado por un tribunal croata a 20 años de prisión.

* Maks Luburic: Protegido del régimen del generalísimo Franco, fue liquidado por un agente yugoslavo el 20 de abril de 1969.

* Miroslav Filipovic Majstorovic (ex-sacerdote): Detenido en 1946 y condenado a muerte, se le ejecuta ese mismo año.

* Petar Brzica: Escapó hacia EE.UU. y no se sabe nada de él desde la década de los 70.

* Pero la historia más jugosa de todas es la del insigne Ante Palevic: su único mérito fue encabezar un gobierno títere cuando Hitler invadió los Balcanes. En mayo de 1945 huyó a Austria y luego a Roma, donde la Iglesia católica lo ocultó a pesar de su condición de criminal de guerra, como se prueba en documentos desclasificados de la inteligencia de los Estados Unidos, quien no tenía ningún interés en detener a anticomunistas del Este de Euro-

pa debido a la creciente tensión con los soviéticos. Seis meses después huyó a Argentina. Allí hizo de consejero de seguridad de Juan Domingo Perón (quien, por cierto, concedió más de 34.000 visados a croatas que huyeron del gobierno comunista yugoslavo). En abril de 1957, el gobierno del mariscal Tito intentó en dos oportunidades asesinarlo por medio de sus servicios de inteligencia. Pavelic fue forzado a huir de Argentina para evitar la detención y la extradición, y encontró refugio en España, por entonces bajo la dictadura de Francisco Franco, la cual protegía a otros muchos exiliados fascistas y nazis de diferentes países. Murió en Madrid, ironías de la vida, un 28 de Diciembre de 1959, día de los Santos Inocentes.

Buscando un sitio donde parar, cruzamos Jasenovac. La gente que encontramos nos mira con estupor, como preguntándose qué hacen éstos perdidos por aquí. A la salida del pueblo la carretera se estrecha lo suyo. Probamos suerte con una pista de tierra que sale a nuestra izquierda, hacia el Sava. Creemos estar viendo territorio bosnio al otro lado; luego comprobaremos en el mapa que a partir de este punto la frontera se desplaza hacia el Sur, siguiendo el curso del río Una.

Por el camino hemos visto secuelas de la guerra de independencia croata (1991-1995): muchas casas reconstruidas, otras abandonadas y comidas por la hierba, con huellas de disparos en sus fachadas. Pero lo que de veras nos impacta es darnos de narices con un tanque abandonado junto al río. Empiezan a darnos sudores fríos: no se ve un alma. ¿Será seguro este sitio? Catorce años van desde que terminó la guerra. Malo será.

Hace bastante calor, así que nos aposentamos bajo el puente de la vía férrea. Mientras Bego prepara la comida, me voy a sacar fotos al tanque, al puente y al río. Será paranoia, pero por si acaso procuro no pisar fuera de los sitios transitados, no vaya a ser que una mina...

Recuerdo entonces el poema de Miguel Hernández:

Tristes guerras
si no es amor la empresa.
Tristes, tristes.

Tristes armas
si no son las palabras.
Tristes, tristes.

Tristes hombres
si no mueren de amores.
Tristes, tristes.

Pasa la hora de comer y comienzan a circular camiones con destino a una planta de extracción de áridos que hay más allá. También pasa una furgoneta vendiendo sandías. Al fin y al cabo, no está el sitio tan solo.

Cruzamos de nuevo el pueblo y volvemos a la autopista, que continúa hacia el Este paralela a la frontera con Bosnia. Este tramo de la carretera estuvo interrumpido hasta fecha tan tardía como mayo de 1995, que fue cuando el ejército croata se hizo definitivamente con el control de la zona.

100 kilómetros después de Jasenovac nos desviamos hacia Slavonski Brod (peaje, 6,88 euros). Entramos en el casco urbano y, sin comerlo ni beberlo, nos metemos en lo que parece un atasco vulgar y corriente hasta que nos percatamos de que se trata de la cola del puesto fronterizo para cruzar a Bosanski Brod, en el lado bosnio. Miro a los ocupantes de los vehículos, la mayoría obreros, de aspecto rudo. Me pregunto si participarían en la guerra, o si matarían a alguien, y me estremezco. Nos hacemos un hueco como podemos y volvemos para atrás.

Aparcamos, ahora sí, en pleno centro, en un lugar donde no hay señales de prohibido (aunque, después de la experiencia eslovena, ya no nos fiamos un pelo) y bajamos a reconocer el terreno. No hay turistas. La gente te observa sabiendo perfectamente que eres extranjero, pero cuando devuelves la atención rápidamente esquivan el contacto. Y es que los rastros exteriores de la guerra se borran con facilidad –de hecho, si no fuera por los disparos que han conservado en la fachada del edificio de correos, o un memorial, se diría que aquí no ha pasado nada-, pero las cicatrices internas son otra cosa.

Sacamos kunas en un cajero y decidimos dar una vuelta más larga. La ciudad no tiene monumentos ni parte vieja (durante la Segunda Guerra Mundial, los bombardeos aliados destruyeron el 80 por ciento de los edificios) y la verdad es que no habíamos pensado pernoctar aquí, pero se va haciendo tarde y no es cosa de andar de noche por esas carreteras. Encontramos un lugar bastante céntrico que nos parece apropiado y regresamos a la auto para moverla, pero las direcciones prohibidas nos enredan y al final acabamos al otro extremo de la ciudad, en la zona peatonal que bordea el río. Encontramos entonces un pequeño aparcamiento discreto y arbolado (45° 9'5.96" N   18° 1'8.95" E). Estacionamos aquí la auto y salimos de nuevo. Un hombre de mediana edad nos observa insistentemente, e incluso nos sigue hasta el malecón. Optamos por ignorarle y nos vamos a ver la puesta de sol sobre el Sava. Cuando empiezan a atacarnos los mosquitos regresamos. El tipo ha desaparecido.

Es viernes por la noche. Como suele suceder en estos casos, a la hora de llegar está todo muy tranquilo, pero luego se desmadra la cosa: gritos de mastuerzos, coches y más coches, derrapando en las esquinas que da gusto. Debe de ser aprensión, pero juraría que percibo un grado extra de nihilismo y desesperación vital. Menos mal que nos pilla algo retirados de la calle.

Me encasqueto los tapones y me echo a dormir.

Kilómetros etapa: 356
Kilómetros viaje
Tierra: 2.494
Mar: 700

18 DE JULIO: SLAVONSKI BROD-MONASTERIO DE RAVANICA

Hay tres tipos con cara de perdonavidas que fuman, y mientras fuman escrutan atentamente la autocaravana. Son de mediana edad y visten de civil, pero están cortados por el mismo patrón que nuestro espía de ayer. Al volver del paseo con Chandra he descubierto que lo que parecía un bloque de viviendas era en realidad la sede de la policía fluvial, y nosotros hemos dormido en su parking oficial u oficioso. Pese a la estrecha vigilancia, no se acercan ni dicen nada.

Nuestro problema ahora es otro, a saber: ayer accedimos estupendamente al aparcamiento, pero esta mañana han ido llegando otros coches que han taponado la salida. Existe otra alternativa, pero no la podemos utilizar porque las ramas de los árboles son por esa parte muy bajas. La única posibilidad de escape consiste en franquear un pequeño parterre y salir a la calle, y eso deprisita si no queremos que aparque un coche justo delante y nos deje definitivamente encerrados con los parapolicías.

La única pega es el cajetín metálico que protege una boca de riego, y que sobresale del suelo unos diez centímetros. Intento subir a él la rueda derecha, pero ésta patina contra el metal. No insisto por miedo a reventarla, y a cambio se nos ocurre una idea luminosa: si colocamos ante el neumático uno de nuestros calzos, tal vez consigamos la elevación suficiente como para... Dicho y hecho: en menos que canta un gallo nos hallamos de nuevo libres en la calle. Debe de haber un santo patrón de los autocaravanistas que arrima el hombro cada vez que se presentan estos apuros, porque siempre acabamos saliendo con bien.

Aparcamos al lado del río a finiquitar las tareas domésticas que no nos dio tiempo antes. Luego, otra vez *on the road*.

El recorrido lógico sería ahora continuar por la autopista hasta entrar en Serbia, pero lo cierto es que no nos gustan los recorridos previsibles y, además, tenemos la excusa perfecta: el miedo a los peajes. Sabemos de autocaravanistas a los que el año pasado exigieron 60 y hasta 70 euros en las *putarinas* (se llaman así los peajes), y no estamos dispuestos a pasar por el aro. Si pudiéramos acceder al país por una frontera que no tuviese autopista, luego podríamos sacar de un cajero dinero nativo, y de este modo...

Al Norte del mapa se yergue una ciudad cuyo nombre se hizo tristemente famoso en 1991: Vukovar. Para llegar hasta allí hay que recorrer 60 kilómetros por la autopista y luego desviarse a la derecha en Zupanja (peaje 32 kunas-4,5 euros). Otros 50 kilómetros hacia el Norte y ya estamos a orillas del Danubio y de la ciudad.

Hoy luce un sol espléndido, imagino que similar al de aquel 25 de agosto de 1991, cuando la artillería serbia comenzó a machacar la ciudad. Fueron tres meses de asedio pues, arrasada casi por completo, Vukovar se rindió el 18 de noviembre. Siguieron violaciones y ejecuciones sumarias: en 2005, tres oficiales del ejército yugoslavo fueron juzgados por el Tribunal Penal Internacional y condenados por el asesinato probado de 264 personas, en su mayoría civiles y soldados heridos. Croacia no recuperó el control de la ciudad hasta 1998.

Hasta hoy no lo supe, pero el caso es que yo tenía una deuda pendiente con Vukovar precisamente desde 1991. Era mi segundo año en la enseñanza, y recuerdo cómo, a través de la televisión, fui testigo del martirio de aquella ciudad desconocida ante la indiferencia de la mal llamada comunidad internacional. No podía hacer nada, claro está, y el clamor de la impotencia me llevó a incluir su nombre en un dictado para clase, en el que caminaba por sus calles en ruinas. Recuerdo la primera frase, decía así: *Vukovar estaba deshabitado...* Justo en ese momento se me ocurrió preguntar a mis alumnos si habían oído hablar de aquel sitio, y me respondieron que no. Me llevé un chasco grande y comprendí, desde la candidez de mis veintiséis años, que el mundo de niños y adolescentes es sustancialmente distinto al de los adultos, y que sólo saben de la desgracia si les golpea directamente en el rostro.

Releo lo anterior y me asalta la sensación de que los serbios fueran los únicos malos de esta película. Sin embargo, y como sucede siempre, los paganinis fueron los civiles de ambos bandos: al principio de la guerra los croatas se erigieron en las principales víctimas, pero al final fueron casi 400.000 los serbios residentes en Croacia quienes tuvieron que abandonar el país.

A diferencia de Slavonski Brod, aquí las huellas de los combates sí que son visibles, al menos en la periferia. Porque el casco viejo, para nuestra sorpresa, se halla de lo más animado. Hay lo que parece un mercadillo, y en la calle principal no damos con sitio para aparcar. Cuando encontramos uno nos parece que estamos tan lejos del centro, que da palo volver hacia atrás. Es algo que lamento profundamente, porque me hubiera gustado muchísimo pasear por las calles ya restauradas de la ciudad, y asomarme a este balcón del Danubio. En lugar de eso, tengo que conformarme con sacar fotos a uno de los testigos mudos de la contienda: el depósito del agua, el primer objetivo de los obuses serbios y que permanece tal y como quedó entonces, hecho un queso de gruyère, tal vez como prueba irrefutable de que las guerras las hacen los ejércitos, pero inexorablemente las pierden los pueblos.

Tendremos todavía dos razones más para lamentar no haber parado en Vukovar: una, el gasoil: todas las estaciones de servicio, tanto las de entrada como la que hay a salida, caen a la izquierda de la calzada. No le damos importancia pues pensamos que ya encontraremos alguna más adelante, pero discurren los kilómetros y no aparece ningún surtidor. El segundo motivo es el Danubio: en teoría la carretera discurre paralela, pero debe de ir algo alejada, porque no lo vemos ni por el forro. Adelantamos a dos chicas cicloturistas que, presumiblemente, están haciendo el Corredor del Danubio. Las encontramos clavadas en una cuesta arriba, una de las muchas que hay en este tramo. Mira que si pensaban que al tratarse de la ribera de un río el recorrido sería llano...

En contraste con el bullicio de Vukovar, los pueblos que cruzamos parecen desiertos, como si aún no se hubieran recuperado del estropicio bélico. A los 27 kilómetros avistamos por fin el río en Sarengrad. Aparcamos la auto y nos acercamos a la orilla. El curso de agua tiene aquí una anchura de 600 metros. Al otro lado está Serbia, y desde esta diminuta localidad impone todavía más imaginarse el asalto enemigo que desde un sitio grande como Vukovar.

Hace un calor de espanto. Huele como a chamusquina: investigamos su origen y encontramos a un equipo de la televisión croata filmando las labores de calafateo de una barca. Aparte de ellos, no se ve a mucha más gente. Nos cruzamos con un hombre que conduce su tractor. Saluda ceremoniosamente, y entrevemos un deje de agradecimiento a estos turistas que, con su presencia, ayudan a normalizar las cosas.

Volvemos a la auto y reanudamos camino. Enseguida llegamos a Ilok, último pueblo de Croacia. Ya vamos pensando que la moneda local nos la vamos a tener que comer con patatas cuando, cerquita del puesto fronterizo, aparece providencialmente una gasolinera. Echamos hasta la última kuna y seguimos un poco más allá, hasta la aduana.

En el lado croata tienen dos carriles. El de la izquierda está indicado para turismos; el de la derecha, para camiones. Nosotros, lógicamente, vamos por el primero pero el tipo de la cabina, con cajas destempladas, nos echa para atrás señalando el otro carril. Para qué discutir: retrocedo y paro detrás del último camión. Esta cola no se mueve, los conductores deben de estar en la oficina, cumplimentando trámites. Estoy por bajarme a preguntar cuando del edificio sale otro agente de aduanas el cual, nada más vernos, hace dos cosas: 1) Señas para que pasemos por el carril de turismos. 2) Pegarle la bronca al colega que nos echó para atrás. Éste, amoscado, no nos para así que pasamos hasta la siguiente cabina, donde estampan en nuestros pasaportes el sello de salida.

Cruzamos el puente sobre el inmenso Danubio. La perspectiva del inminente escrutinio serbio nos hace percibir la situación como irreal. Esta aduana es más modesta. Aquí primero el pasaporte y la docu del vehículo. En especial miran mucho la carta verde, en la que tienen que aparecer las siglas SRB en vez de YU (las cartas verdes expedidas en España me parece que las traen todas; no así las de los vehículos ingleses, que tienen que darse la vuelta o pagar un seguro aparte para poder entrar en el país)

Luego nos hacen orillar, y un policía barrigón con pinta de sheriff del Medio Oeste sube a la auto a echar un vistazo. Baño, armario, garaje... Mira por aquí y por allá, con poco convencimiento. Parece extrañado de encontrarse a dos españoles por aquí. *WHERE DO YOU GO?*, nos espeta. *Istambul, Turkey*, respondo yo. El otro pone cara de póker, pero durante una décima de segundo su expresión parece delatar admiración y sorpresa. Sin mirar nada más, baja de la auto y nos hace gesto de que sigamos.

Qué subidón. No nos lo podemos creer: ¡Estamos en Serbia! Esto sí que es cruzar el Telón de Acero, el *limes* del recelo y la desconfianza. Ahora sí que entramos en Territorio Comanche, para remate viniendo de un país que ayudó a *los malos* a bombardear Belgrado.

(En abril de 1999, durante la guerra de Kosovo, cuando aviones estadounidenses atacaron *por error* un tren de pasajeros matando a 14 personas, escribí lo siguiente:

Tontos trenes yugoslavos
que se interponen entre ellos mismos
y las bombas justicieras de la OTAN.)

SERBIA

Superficie: **88.361 km²**.
Población: **11,2** millones.
Puesto renta per capita PPA: 76.
Moneda oficial: **dinar serbio** (1 euro = 92 dinares).
El precio del gasoil en julio de 2009 era de **1.02 euros**.
Luces 24 horas: **no**.

La primera localidad que encontramos tiene nombre curioso: se llama Backa Palanca. En ella vemos cómo cambia bruscamente el paisaje humano. No sólo porque todo parece más abandonado que en Croacia, sino porque por primera vez tiene uno la sensación de haber llegado a un país del Este: todo lo que vemos –casas, coches, calles- recuerda muchísimo a Polonia. Los letreros en alfabeto cirílico también impresionan lo suyo.

En el centro del pueblo giramos a la derecha por la carretera 7, que va directa a Novi Sad. Vamos de nuevo pegados al Danubio, ahora por la orilla izquierda. Hay muy poco tráfico, y 35 kilómetros más tarde estamos entrando en la ciudad.

Nos dirigimos hacia el centro, buscando la zona de los bancos. Encontramos uno y sacamos 7.000 dinares, cifra que parece enorme, pero que en realidad son sólo 75 euros. Luego tratamos de dar con la salida hacia Belgrado. Y digo tratamos, porque al preguntar a una mujer resulta imposible comunicarse con ella en cualquier idioma conocido. Lo único que nos queda claro es que *to p´alante*...

Es cierto que todos los caminos llevan a Roma. O, por lo menos, a Belgrado: si hubiéramos girado hacia el Norte en el momento oportuno habríamos dado con la E 75, que se transforma en autopista a la altura de Novi Sad. En lugar de eso, cruzamos de nuevo el Danubio, y tras unas cuantas vueltas y revueltas enfilamos una carretera de tercer orden. Ha pasado de sobra la hora de comer, y estamos agotados y muertos de calor. Cuando aparece un amplio apartadero al lado de la carretera con fuente incorporada, allí que nos metemos. Aunque queremos coger agua, dejamos libre la zona aneja a la fuente, y hacemos bien porque el sitio tiene un movimiento que no veas: gente y más gente que para a llenar botellas y garrafas.

Tras la comida y pequeño descanso decido imitarlos, así que saco los cubos y me pongo manos a la obra. Cuando de fuentes se trata, llevo preparada una bomba de inmersión de 12 voltios que conecto a una toma de mechero en el interior de la auto. La coloco dentro de un cubo, introduzco la goma por la boca del depósito y con el otro acarreo agua. La pega es que hacen falta dos personas, pues en ocasiones la bomba absorbe el agua más rápidamente de lo que tarda en llegar el cubo de refresco. Calculando que cada recipiente hace unos 8 litros, la media de viajes que me toca hacer suele ser de diez -a veces alguno más, pues con la calorina el enfriador chupa agua que no veas.

Sin embargo, esta tediosa tarea me sirve para tratar con la población local. En contra de lo esperado, las personas con las que me encuentro se muestran agradables y simpáticas, y eso que la conversación es limitada de narices. Alguno me pregunta que de dónde venimos. Recuerdo especialmente al conductor de un camión enorme que paró hace un rato para hacer la toilette a su vehículo. Tras intercambiar todo tipo de finezas y cortesías, y *te-cedo-el-grifo-porque-eres-turista* el hombre, se sube a la cabina pero no se marcha: al parecer, su mayor curiosidad era saber cuántos litros de agua era capaz de embuchar nuestra autoca.

Seguimos por nuestra carreterilla, que ahora se vuelve un poco de montaña hasta que llegamos a la localidad de Beska. Pasada ésta podemos por fin enlazar con la ansiada E 75. Sorpresivamente, no hay nadie en la garita de peaje ni posibilidad de sacar ticket.

Por la derecha se acerca –y en pocos minutos se nos echa encima- una señora tormenta. Claro, tantísimo calor tenía que terminar así. Es tal la oscuridad que parece que va a hacerse de noche, y eso que es sólo media tarde. Enseguida llegamos a la entrada de Belgrado y a la *putarina*. La chica de la taquilla, bastante desabrida, pretende que a estas alturas hayamos aprendido ya los números en serbio y me suelta la cifra de corrido. Por supuesto que no la entiendo, y tampoco hay por ninguna parte panel luminoso alguno que te dé una pista. Bego desbloquea la situación preguntándole que si en inglés. Vaya, ahora resulta que la putarinera sí conoce ese idioma. Entonces toca escandalizarse: 710 dinares (7,5 euros) por unos 40 kilómetros. Claro, por eso te dejan entrar libremente en Beska, para cobrarte el tramo completo (bien caro, anyway).

Cuando entramos en Belgrado ha escampado la tormenta. No despeja por completo, pero es como si volviera a hacerse de día. Por lo que respecta a la autopista, ésta efectúa, sin curva que lo suavice, un quiebro de 90 grados no apto para cardiacos y 2 kilómetros después se une a la E 70, que sería la que hubiéramos traído de haber venido directamente desde Slavonski Brod. Cruzamos primero los polígonos industriales y luego, a través del puente Gazela, volamos sobre nuestro querido río Sava, que nos ha acompañado desde las montañas de Eslovenia y que entrega aquí su caudal al Padre Danubio.

Belgrado. Si increíble me parecía esta mañana hallarme en Serbia, más aun lo es conducir por esta ciudad. Belgrado suena a Guerra Fría, a agentes secretos, a película de espionaje. Belgrado es o fue la cara oculta de la Luna, tan inalcanzable como el Cabo de Hornos o Vladivostok. Y ahora lo estamos cruzando sin salirnos, afortunadamente, de la autopista. Y digo lo de afortunados por la sensación de extrema dureza que nos transmite la ciudad y su millón y medio largo de gentes que la habitan. Pasamos al lado de barrios auténticamente chabolistas. Suciedad, humo y un tráfico salvaje de narices (aquí se estila hacer zigzag entre los distintos carriles, y en varias ocasiones incluso nos adelantan por el arcén).

Habíamos descartado casi desde el principio Belgrado para dormir. Al parecer existe una especie de camping o área gestionado por el caravaning club local pero, a tenor de lo relatado por Abueletes y sus encontronazos con la policía , tenemos claro que seguimos adelante. La ciudad es bastante extensa (25 kilómetros de longitud, sumando los suburbios), pero la *fluidez* del tráfico es tal que cuando queremos darnos cuenta estamos ya fuera.

Nueva sección de peaje, donde (esta vez sí) podemos coger ticket. La autopista está bastante bien. No hay mucho tráfico salvo los inevitables coches de emigrantes (¿dónde pararán? ¿Dormirán por la noche?). A lo largo de la carretera aparecen continuamente carteles anunciando monasterios ortodoxos. Si los Abueletes durmieron en uno ¿por qué no nosotros? A 140 kilómetros de

Belgrado está el de Ravanica. Aunque está cayendo la tarde, la distancia nos parece factible, y decidimos probar. Es ya casi de noche cuando, en Cuprija, abandonamos la autopista (1.370 dinares-14,7 euros) y cruzamos sobre ésta en dirección a Senje, a 7 kilómetros. Dos más allá, pasado este pueblo, encontramos el monasterio (43°58'20.10"N 21°29'42.55"E).

En un principio aparcamos al lado de la carretera, junto a una casa que debe de ser de los guardeses, pues no han pasado ni dos minutos cuando salen de ella un matrimonio joven con un crío. Aunque ya no se ve un pijo, procuramos al menos que se cercioren de que somos gente normal y corriente y no facinerosos. Salimos con Chandra a reconocer el terreno y ellos nos siguen, teóricamente dando un paseo. Les saludamos pero no corresponden. Luego regresan a la vivienda.

Bajamos hasta el monasterio y concluimos que el mejor lugar posible de pernocta es a la puerta de éste. Así que volvemos a la auto y la movemos al lugar en cuestión. En contraste con la ruidosísima noche anterior, ahora a siglos luz de distancia, hoy no se oye más que viento y el rumor de un arroyo.

Kilómetros etapa: 423
Kilómetros viaje
Tierra: 2.917
Mar: 700

19 DE JULIO: MONASTERIO DE RAVANICA-POPOVITSA

Ha llovido durante la noche y aún lo hace a ratos por la mañana, pero lluvia liviana al fin y al cabo.

Es domingo, y hay coches aparcados a la puerta del monasterio. Dejamos a Chandra en la auto y traspasamos la verja. De lo que fue antaño un grandioso cenobio tan sólo quedan ruinas; normal si pensamos que a lo largo de su historia fue saqueado y arrasado en al menos seis ocasiones. En medio de ellas se levanta un edificio nuevo, destinado a alojamiento. Lo que sí se conserva, en cambio, es la pequeña iglesia ortodoxa. Tiene la puerta abierta, y desde fuera se oye canturrear al sacerdote.

Nos acercamos a echar un vistazo. Nuestra intención no es la de inmiscuirnos en ritos religiosos ajenos pero, a poco que nos aproximamos a la puerta, se asoma una anciana vestida de negro y nos hace señas para que entremos. Va totalmente cubierta, y sólo es visible su rostro, rematado por un tocado cónico similar al de los popes.

Entramos en una especie de antesala y dejamos que nuestros ojos se acostumbren a la difusa luz. Arrimada a una pared distingo una figura. De tan inmóvil que está la tomo por un maniquí, hasta que me doy cuenta de que se trata de otra monja, aunque ésta mucho más joven.

La madre superiora –pues de ella se trata, aparentemente- indica a Bego que la siga, y le entrega un gran pañuelo. Bego se lo va a poner en la cabeza, pero la otra deniega. Se lo baja a los hombros y la monja, con el gesto de infinita paciencia de quien adiestra a una novicia, sigue meneando la cabeza. Hasta que por fin queda claro que es un lienzo para tapar... los pantalones (largos); para el pelo dispone de otro airoso pañuelo floreado.

A continuación pasamos a la zona de culto. Hay allí una docena de personas, de las que tres o cuatro son monjas. Hombres, a la derecha; mujeres, a la izquierda. No hay bancos ni nada que se le parezca, la ceremonia se aguanta a pie firme lo cual, teniendo en cuenta que dura al menos hora y media, tiene su mérito. El cura viste casulla dorada y una especie de corona, y oficia desde la puerta de un cubículo separado del resto, unas veces de cara al público y otras hacia la pared, salmodiando todo el rato. Sólo en ocasiones los fieles contribuyen al canto. Es todo tan medieval, tan deliciosamente anacrónico... La experiencia te extrapola bruscamente de tu espacio tiempo a otro también nítido y real, pero que se vive con los ritmos de un sueño.

Miro a las mujeres del otro lado. Lo cierto es que cuesta distinguir a Bego, pues de tan mimetizada parece una campesina moldava o ucraniana. La madre superiora la ha tomado bajo su tutela, y le explica cosas que, por supuesto, mi novicia no comprende. Luego viene a por mí y me lleva hasta una urna de cristal en la que conservan unas reliquias. La Madre señala alternativamente a la urna y a una figura del altar, de lo que deduzco que deben de ser los restos de algún santo varón. De vuelta a casa y consultada la Wikipedia me entero de que se trata del Príncipe Lázaro, rey y santo -por este orden-, canonizado por la iglesia ortodoxa serbia.

Bego aprovecha y se reúne conmigo junto a la urna. Hay allí una bandeja para donativos. Decidimos dejar algo. Sin ser gran cosa, es el billete más grande de todos (quizá recogen los de más valor, para evitar innecesarias tentaciones en la Casa de Dios.)

Por hoy creo que hemos colmado nuestro cupo de religiosidad. Salimos sin esperar a que el pope dé por concluida la faena. Afuera continúa el sirimiri. Sacamos unas cuantas fotos y regresamos a la auto.

Desandamos el camino que trajimos ayer hasta Cuprija. Otros 80 kilómetros de autopista y llegamos a Nis. Aquí pagamos el último peaje serbio, 810 dinares (8,7 euros). La verdad es que temía muchísimo este momento por si intentaban estafarnos, aunque sea más difícil al disponer de moneda local. Además, en las cabinas hay ahora carteles bien visibles con los diferentes importes y su equivalencia en euros, un intento de poner coto a los innumerables abusos.

En Nis toca desviarse a la izquierda por la E 80, la carretera que lleva a Bulgaria y que es sólo de dos carriles. Por suerte no hay que cruzar la ciudad, que se halla circunvalada. A continuación nos internamos en el cañón de Sicevo, agreste, estrecho y espectacular, con numerosos túneles. La lluvia cesó hace rato, y ha salido el sol.

Escarmentados por la experiencia de Vukovar, paro en la primera gasolinera que encuentro y fundo en gasoil los 4.010 dinares que nos quedan y que parece mucho, pero que son sólo 44 modestos euros. El *tráfico emigrante*, que pasa desapercibido en la autopista, presiona aquí con toda su fuerza, y somos víctimas de varios adelantamientos cuando menos equívocos (equívocos porque a lo peor el adelantador ha calculado mal la distancia, y nos tememos alguna).

Desde Nis hasta la frontera búlgara hay 108 kilómetros que mejor o peor hacemos. Una descomunal fila de camiones anuncia la proximidad del puesto fronterizo. Los serbios nos dejan salir sin problemas. En cuanto a la aduana búlgara, como nos pasará en alguna otra ocasión durante el viaje, se halla en mitad de una cuesta arriba, con lo que parar, esperar a que la cola avance, arrancar, sacar el freno de mano y jugar con embrague y acelerador para que un vehículo tan pesado como el nuestro no se vaya para atrás resulta todo un poema.

Finalmente nos aproximamos a la línea de garitas, y entonces vislumbramos el problema que se nos avecina, encarnado en un letrero que dice: WELCOME TO BULGARIA. Dicho cartel invade la zona de paso a una altura que no molesta a los turismos, pero sí a nosotros *que-no-somos-ni-coche-ni-camión*. Vamos, que si sigo por donde está indicado me lo llevo por delante con el subsiguiente estropicio propio y ajeno. Trato de alejarme, pero entonces corro el riesgo de colisionar con los coches que pasan por la garita opuesta. El funcionario que nos toca se percata de la situación, y antes de que nos aproximemos más sale del cubículo a pedirnos los pasaportes. Los sella y a continuación solicita que abramos la puerta del habitáculo. Sube, echa un somero vistazo y baja de nuevo. Es la mar de serio, pero resuelve la situación con eficacia: da una voz al todoterreno de la fila paralela para que no avance más y nos permita pasar. Y así entramos en Bulgaria como dos reyes, por el centro de la calzada.

BULGARIA

Superficie: **110.994 km².**
Población: **7,32** millones.
Puesto renta per capita PPA: 63.
Moneda oficial:**leva** (1 euro = 1,9 levas).
Precio del gasoil en julio de 2009: **0.95 euros.**
Luces 24 horas: **no.**
Viñeta en autopista: **sí.**
Hora oficial: Una más que en España.

Al otro lado de la aduana hay un batiburrillo descomunal de coches. Trato de estacionar para comprar la viñeta, pero un policía me pita para que siga. Un poco más adelante encontramos vendedores ambulantes de las susodichas pegatinas. Increíblemente, ninguno habla ni dos palabras en inglés. Por fin damos con uno que chamulla algo. Pregunta que para cuánto tiempo la queremos, responde Bego que para dos días. El otro replica que de ésas no tiene, que la compremos en la primera gasolinera.

Seguimos camino un tanto intranquilos, pues venimos de sobra advertidos de que la policía búlgara está a la caza del turista que cometa la más mínima infracción, como por ejemplo no llevar viñeta o rebasar los límites de velocidad: después de la frontera viene un tramo larguísimo con señales de prohibido ir a más de 50. La carretera es muy buena y no existe razón aparente para tal limitación, como no sea sanear las arcas públicas y el bolsillo particular de algunos agentes. Aquí multaron en junio a un compañero de Castelldefels que, por cierto, no acostumbra a conducir a más de 90 kilómetros a la hora. La gente parece que se lo sabe, porque vamos todos juntitos en caravana, salvo algún que otro impaciente que adelanta saltándose la continua.

Salimos de la zona peligrosa sin haber visto controles. Decidimos entrar en el primer pueblo para ver si podemos sacar moneda local.

El sitio en cuestión se llama Dragoman, y supera con creces todas nuestras expectativas, pero en sentido negativo: no hay centro comercial, ni tiendas, ni nada que se le parezca. Callejeando llegamos hasta unos bloques de viviendas que se supone son el centro, y quedamos impactados por la visión de suciedad y abandono: parece que la guerra la hubieran pasado éstos, y no sus vecinos serbios.

Como suele ocurrir en estos casos, acabamos en un callejón sin salida. Un barrio con esta pinta en España sería un lugar peligrosísimo, pero la gente que nos mira transmite una sensación tranquilizadora, y hasta nos ayudan a dar la vuelta y todo.

Deprimidos por lo visto, regresamos a la carretera. Como no hay señales de ningún tipo, efectuamos el recorrido inverso a por donde entramos. Me doy cuenta demasiado tarde de que estoy en la vía de salida de la carretera, y que por tanto ¡voy por dirección prohibida! Por suerte no viene nadie ahora pero, como el carril forma un ángulo cerradísimo con la carretera, me veo forzado a hacer una peligrosa incorporación invadiendo la calzada contraria al girar, y rezando a un tiempo para que no venga nadie demasiado lanzado y que tampoco haya ningún poli a la vista, pues se relamería de gusto.

Nos recuperamos antes del susto automovilístico que del de Dragoman. Menuda puerta de entrada al país. ¿Será todo así? Seguimos sin moneda y sin viñeta. Para solventar al menos lo segundo entramos en, como nos dijo el tipo, la primera gasolinera. Más problemas de comunicación: Bego pide una viñeta para dos días y le venden dos... de una semana. Me toca a mí ir a reclamar. Pienso que se trata de un timo vulgar y corriente y voy con escasa convicción. El chaval no pone muy buena cara, pero para mi sorpresa y pese a estar validada me devuelve los 6 euros que cuesta una de ellas.

Una vez viñeteados, nos hallamos en condiciones de entrar en Sofía, a menos de 30 kilómetros. Pero lo primero es lo primero, y lo que ahora toca es comer. En las afueras de la capital encontramos un hipermercado de la cadena METRO con un amplio parking estupendo para alimentarnos y descansar, y para allá enfilamos. Nos llama la atención que el recinto no sólo esté vallado, sino que la puerta disponga incluso de garita con su guardia dentro, como si fuera un cuartel.

Mientras Bego prepara la comida, me voy de descubierta. En el aparcamiento sopla un viento del carajo. Toca seguir el protocolo ya ensayado otras veces: a) Buscar un cajero. b) Comprar alguna cosilla de comer. La primera premisa se cumple satisfactoriamente. En cuanto a la segunda... Cuando entro en la kilométrica sala de ventas reparo en que se asemeja más a un almacén que a un hiper. Experimento un *déjà vu*, así que investigo en el baúl de la memoria cuándo he vivido una situación similar, y al final me acuerdo de que fue en 2006 el día que llegamos a Budapest: paramos en un hiper de esta misma cadena, sacamos dinero, llenamos nuestro carrito, y cuando fuimos a pagar nos pedían una tarjeta. Yo le mostraba a la cajera la mía de crédito, pero ella se reía y decía que no con la cabeza. Por suerte se apiadó de nosotros y autorizó nuestra compra pasando su propia tarjeta. De ello dedujimos que para ser cliente de los establecimientos de esta marca era necesario poseer una especie de cuenta de socio. Al encontrar el mismo sistema tanto en Hungría como en Bulgaria aventuro que debe ser una pervivencia de los antiguos economatos socialistas.

Por si aún no lo tuviera claro, encima de las cajas veo unos carteles de los que, pese a estar en cirílico, se puede deducir que sin la tarjetita no hay compra. Así que dejo lo que he cogido (realmente no necesitamos nada con urgencia) y vuelvo por donde he entrado. Pero también en esto difieren las costumbres de España: al intentar salir, una empleada me dice (en inglés) que no, que tengo que ir por la línea de cajas.

Vuelvo a la auto con mis levas intactas en el bolsillo y la chocante sensación de no haber podido consumar el fundamentalísimo *derecho* a consumir.

Hora y media más tarde estamos otra vez en camino. No queremos pasar de largo sin visitar Sofía, pero nos intimida la cantidad de rateros revientacoches que sabemos pululan por la ciudad -reconocido incluso por webs oficiales de turismo-. Para acabar de arreglar las cosas, pasamos junto a un poblado chabolista al lado mismo de la carretera: niños sucios y harapientos aprovechan el semáforo en rojo para adherirse a la auto y tratar de sacarte un euro.

Otro peligro de esta ciudad son los atracos perpetrados por los vigilantes de los parkings (que pregunten a los Abueletes). Al ser domingo por la tarde no parece que cobren, pero por el mismo motivo no queremos dejar la auto desamparada. Se nos ha ocurrido que podemos ir con ella hasta la plaza de la catedral Alejandro Nevski -donde he visto por Google Earth que hay mucho sitio para estacionar-, y dar una vuelta a pie.

Una vez en el centro surge un problema con el que no contábamos, y es que Sofía carece por completo de señalización turística, esos clásicos carteles marrones que hay en otras ciudades y que te orientan mínimamente. ¡Qué fáciles se ven las cosas desde el satélite y qué difíciles se vuelven cuando estás a ras de tierra! El tráfico, por añadidura, me hace ir con siete ojos. Damos vueltas y más vueltas, y no encontramos indicio ninguno de la plaza ni del dichoso monumento, y eso que sus cúpulas doradas deben de verse a kilómetros. Nos tenemos que conformar con una foto de la otra catedral, la de Sveta-Nedelya, y eso sin bajarnos del vehículo.

Circulamos por las avenidas principales, pues no me atrevo a callejear por sitios estrechos, hasta que empezamos a desanimarnos. La agria discusión con un energúmeno del volante acaba por decidirnos: nos vamos, ya volveremos a Sofía cuando se gasten algo en señales.

Salir de la ciudad, pese a nuestros temores, se hace bastante fácil. En el vial de enlace con la autopista, suficientemente escondido para que no lo veas pero estupendamente situado para comprobar si llevas la viñeta, aguarda un policía. Ve la nuestra en el parabrisas y no nos para, pero tenemos la guasa de detenernos nosotros para preguntarle si por allí se va a Plovdiv.

Desde las afueras de Sofía hasta esa ciudad hay 135 kilómetros que se recorren con facilidad. Cae la tarde y andamos meditando dónde podríamos quedarnos. Tenemos noticias de un camping-área cerca de la frontera turca, pero está claro que está fuera de nuestro alcance. Resolvemos tirar millas, y ya se verá.

Al llegar a Plovdiv la autopista se acaba. Mejor dicho: no está terminada, y las señales envían por la carretera nacional. A la luz de los faros (ya es noche cerrada) vemos los primeros indicadores anunciando Estambul, y nos parece de lo más increíble hallarnos tan cerca de alcanzar la mítica ciudad por tierra.

La carretera es estrecha, pobremente señalizada y con bastante tráfico pesado (cuesta creerlo, pero todos los camiones que van para Turquía circulan por aquí). Yo voy más o menos tranquilo pero Bego, recordando la tarde infausta del verano pasado en que salimos de Cracovia, no las tiene todas consigo. Lo que está claro es que a estas horas no podemos aspirar a otra cosa que no sea un aparcamiento TIR, o quizá alguna gasolinera. Pasamos varias cerradas o muy cutres hasta que, al cruzar el pueblo de Popovitsa, 30 kilómetros después de abandonar la autopista, divisamos una tan iluminada y limpia que es como si nos abrieran las puertas del paraíso (42° 8'5.56" N   25° 4'0.97" E). Entro. Echo gasoil, y pregunto al chico si podemos aparcar por allí. Responde que sí. Temo que no me haya entendido, e insisto en que es para dormir. No pone pegas, al contrario, y me sugiere el espacio que hay junto a la cafetería, que no cierra en toda la noche.

Más contentos que unas pascuas procedemos a la maniobra de aposentamiento. Estamos contentos, porque mientras fuera reina la negra noche nosotros vamos a poder descansar en un sitio concurrido y seguro (y por si fuera poco consigo vaciar las negras en un bloque de servicios próximo). Bien es cierto que molesta algo el ruido de la gente que entra y sale del local, y que huele a rayos cuando limpian la plancha del restaurante, pero todo sea para bien. Además, consigo pillar con el portátil la wifi del negocio, y eso significa mirar el correo, leer la prensa española, revisar la predicción del tiempo, ver desde el satélite dónde narices estamos y –lo más importante- entrar en *AC Pasión* para contar a los compañeros nuestras penúltimas aventuras.

Kilómetros etapa: 440
Kilómetros viaje
Tierra: 3.357
Mar: 700

20 DE JULIO: POPOVITSA-ESTAMBUL

Amanece en Bulgaria. El día aparece soleado, y promete calor. Antes de irnos doy una vuelta por los alrededores de la gasolinera y estudio las señales de tráfico. Me doy cuenta de que, si hacemos caso estricto a lo que éstas ordenan, sería del todo imposible salir en dirección adonde vamos, a no ser que efectuemos alguna *pirula*. La cartelería de tráfico búlgara merece un capítulo aparte por lo indefinido: por ejemplo, aparece un límite de 60 pero después no hay nada que indique que dicha restricción ha terminado, con lo que la extensión de la misma queda a criterio del conductor. Si acierta bien, y si se equivoca ahí están los radares con sus guardias esperando cazar al incauto, de modo que se conduce con mucha incertidumbre.

Retomamos la carretera 8 (E 80) en dirección a Haskovo. Los 85 kilómetros que median entre Popovitsa y Harmanli son, con diferencia, lo peor que hemos hecho hasta ahora: baches, bultos, grietas en la calzada... En una curva incluso me encuentro con que falta la rejilla de hierro de un sumidero de pluviales; sólo con que me hubiera arrimado un poco más sospecho que éste hubiera sido el fin del viaje. Además, se cruzan un montón de pueblos que ni siquiera vienen en el mapa pero que ralentizan la marcha. En todos ellos, incluso en las gasolineras, venden quesos, anunciados de tal manera que parecen neumáticos de coche (será por si pinchas y no llevas rueda de repuesto.) Aunque lo más surrealista de todo son los letreros que, de cuando en cuando, recuerdan la obligatoriedad de la viñeta (¿¡Viñeta aquí!? ¿En este camino de cabras?)

Ayer no pudimos comprar comida, y hoy nos gustaría aligerarnos de las levas sobrantes antes de pasar a Turquía. Al cruzar Harmanli albergamos la esperanza de pasar frente a algún super, pero nuestras expectativas se ven defraudadas. Uno de los indicadores que mejor mide el poder adquisitivo de un país es la presencia o ausencia de grandes o medianas superficies, y realmente aquí hay poquísimas.

Dejamos atrás Harmanli y cruzamos el río Maritsa. Vamos muy contentos porque según el mapa aquí se reanuda la inacabada autopista. Pero si el mapa lleva razón, la realidad no: existe autopista, sí, pero sólo a cachos. Y no porque haya obras en curso sino porque éstas se hallan, lisa y llanamente, abandonadas. Entonces me acuerdo del chiste que cuenta la visita del ministro español de Fomento a Alemania, donde al entrevistarse con su homólogo de este país se queda maravillado de la espléndida residencia en la que éste vive:

- ¿Cómo puedes ser dueño de esta casa con el sueldo que tienes? – le pregunta.

El alemán abre la ventana.

-¿Ves esa carretera? –dice, mientras señala una vía próxima a su casa.

- Sí, la veo – responde el ministro español.

- Pues... ¡toma comisión! –exclama el otro, haciendo con los dedos el signo universal del dinero.

Un año más tarde, el ministro alemán devuelve la visita. Para su sorpresa, la mansión de su colega español es aun más fastuosa que la suya.

- ¡Vaya pedazo casa que te has montado! ¿Cómo la has podido pagar?

- Muy sencillo -el español abre una ventana que da a un descampado lleno de hierbajos.- ¿Ves esa carretera?

- Pues no, no la veo. -responde el alemán, confuso.

- Claro que no la ves ¿Para qué voy a cobrar una comisión si me puedo llevar la carretera entera?

Algo así ha debido de ocurrir en Bulgaria, sólo que elevado a la enésima potencia (de hecho, la corrupción institucional era uno de los principales escollos para su ingreso en la UE). Imagino, además, que si el presupuesto anterior se ha *volatilizado* ahora toparán con serias dificultades para financiarla con fondos europeos.

A través de este monumento a la inepcia y el egoísmo humanos nos aproximamos a Kapikule, que así se llama el puesto fronterizo, buscando, como siempre, una estación de servicio donde llenar. No sólo por desprendernos de las levas, sino porque en Turquía el gasoil es considerablemente más caro. Por fin, a escasos metros de la divisoria, encontramos media docena de ellas. Al final pago el gasoil con tarjeta y me gasto las levas en agua mineral y botellas de cerveza de medio litro. No deben de tener buenas marcas por aquí, porque son todas alemanas, checas y austriacas.

Con la reserva de líquidos vitales a tope, seguimos hasta la aduana. En la búlgara no queda muy claro por dónde hay que tirar, así que seguimos a dos coches que deben ser de empleados, porque un policía nos grita desde una taquilla: nos hemos metido por la entrada a Bulgaria en lugar de por la salida. Toca marcha atrás.

Lo cierto es que a esta frontera, la última del rompecabezas balcánico, no las traemos todas consigo: en primer lugar, por las interminables colas que sabemos se forman; en segundo, por el miedo a quedarnos casi atorados entre las cabinas, como le pasó a Correkminos, o por incidentes bastante más desagradables (lo siento, Abueletes, pero las partes más difíciles de vuestra historia son las que mejor se me quedaron, será instinto de supervivencia). Aparte del miedo, venimos armados de paciencia y con toda la prevención del mundo a cuestas, y lo que ocurre es sencillamente que tenemos suerte: apenas hay nadie en el lado turco, y en veinte minutos despachamos todas las formalidades: Primero, los pasaportes. Una vez sellados, uno de nosotros tiene que ir a la cabina más lejana de todas a comprar el visado de entrada. Son 15 euros por cabeza, y huelo a chanchullo. ¿No valía 10 el año pasado? Sin embargo, en el sello que nos han puesto se ve bien clarita la nueva tarifa: los muy mirmidones la han subido un cincuenta por ciento de un año para otro, no está mal.

El segundo paso son los papeles del camión: pasaporte del conductor, carnet de conducir, ficha del vehículo y la famosa carta verde. No problema, para adelante. Lo que viene ahora demuestra que los turcos están a la última, y que además han visto muchas películas de agentes secretos: detienes tu vehículo ante una ventanilla en la que tienen instalada una cámara. Pero no de las corrientes sino una de infrarrojos que rastrea el vehículo para comprobar si en él viajan más personas de las que dicen ir. Seguramente detectan la emanación térmica de Chandra, pero les debe de parecer muy pequeña para que corresponda a un insurgente kurdo.

TURQUIA

Superficie: **780.580 km²** (una vez y media la de España)
Población: **75,51** millones.
Puesto renta per capita PPA: 63 (mejor situada que Serbia y Bulgaria).
Moneda oficial: **lira turca** (1 euro = 2,2 liras).
El precio del gasoil en julio de 2009 era de **1,25 euros**, el más caro de todo el viaje.
Hora oficial: Una más que en España.
Viñeta en autopista: **no**.
Luces 24 horas: **no.**

Un gigante, como se ve, en tamaño y habitantes, y plagado de increíbles contradicciones, pero de momento me quedo con la expresión que puede leerse a la entrada del país y que gratamente resonará en nuestros oídos a lo largo de las próximas semanas: *Hos geldiniz.* Bienvenidos.

Comparado con lo que acabamos de dejar atrás, la carretera de Edirne parece un camino de rosas. Apenas son 20 kilómetros desde la frontera, y cuando nos damos cuenta estamos a la vista de los cuatro minaretes de la Selimiye Camii, que con su magia te teleportan a las Mil y una Noches. Miden 70,9 metros cada uno, los más altos de todo el país.

Edirne, la antigua Adrianópolis, es puerta de entrada a Turquía y en cierto modo símbolo de la misma, con un pie en Europa y otro en Asia. Enseguida absorbemos el impacto de todo lo nuevo: edificios, costumbres, personas... Y, por encima de todo, su idioma, tan distinto a cualquier otro que conozcamos, y que se nos hará irremediablemente familiar en las semanas por venir. Por suerte para nosotros, hace ya casi un siglo que se escribe en alfabeto latino (antes era con caracteres árabes) y con una transcripción bastante fonética, de manera que cuando aprendes una palabra casi todo el mundo te entiende.

La lengua turca posee expresiones curiosas. Por ejemplo, ahora mismo circulamos por la Edirne-Kapikule karayolu. *Yolu* significa camino, y *kara* es negro. O sea, camino negro. O, lo que es lo mismo, carretera asfaltada.

No es nuestra primera vez en Turquía, estuvimos aquí en las Navidades de 1998. Fueron doce días repartidos entre Estambul, Capadocia y la costa mediterránea, con todas las limitaciones inherentes a un viaje organizado, pero en el que pudimos asimilar algunas de las claves que nos van a venir estupendamente ahora.

Desde entonces ha habido algunos cambios, por ejemplo la moneda. Se sigue llamando lira turca, pero su valor es completamente distinto: hace diez años estaba tan devaluada que los ceros se salían de los billetes. Recuerdo que nos aconsejaron no cambiar todo el dinero de golpe sino un poco cada día También me acuerdo de las largas colas de gente frente a las oficinas de cambio comprando dólares (el euro era aún una entelequia) para evitar que sus ahorros se convirtieran en papeles sin valor.

Yo interpreté esta feroz pérdida adquisitiva de la divisa como el augurio de una inminente catástrofe económica similar a la acaecida posteriormente en Argentina. Sin embargo, nada de eso ocurrió. Simplemente en 2005 adoptaron una nueva moneda y, para no amargarse la vida con complicados cálculos, establecieron que una lira de ahora equivaliera a un millón de las antiguas. En el transcurso del actual viaje y en un par de ocasiones, al preguntar algún precio, pretendieron embromarnos diciéndolo en millones, pero nosotros ni inmutarnos, que veníamos ya de vuelta.

Centro de Edirne. Como no localizamos espacio evidente para aparcar, nos alejamos un poco. Desconocemos los parámetros locales para evaluar la seguridad de un sitio, así que estacionamos delante de un pequeño bloque de viviendas de aspecto bastante decente. Observo a la gente que pasa por la calle; nadie parece prestarnos la más mínima atención, y eso es pero que muy bueno.

Desandamos los cientos de metros que nos hemos alejado de la calle principal. Asumimos que al venir con Chandra tendremos limitaciones para entrar en edificios, pero no es algo que nos preocupe especialmente. Además, lo que más nos gusta de las ciudades es patearlas y mezclarnos con la gente y sus peculiaridades, con sus historias grandes o mínimas. Se aprende mucho de un país simplemente caminando por el gran teatro urbano.

Llegamos a la puerta de la Selimiye Camii. Bego y Chandra se quedan fuera, yo voy para adentro. Lo primero que cruzo es una especie de mercado cubierto formado por dos calles que se cruzan perpendicularmente. Me entero por la guía de que este bazar tiene cuatrocientos años y que pertenece a la mezquita, la cual se mantiene con los beneficios derivados de la venta. Resulta curiosa esa mescolanza religioso-comercial que volveremos a encontrar en otros lugares de Turquía.

No sé muy bien por dónde meterme, así que sigo a la gente que sube por una escalera semiescondida. Salgo al patio principal, que me traslada instantáneamente a la mezquita de Saladino en El Cairo. Aquí está la fuente de las abluciones, qué fascinante eso de lavarse primero antes de rezar.

Me descalzo y entro en el edificio. Todavía no he hablado de lo que flipo con las mezquitas turcas. Primero, por ser todas copias de Santa Sofía. El hecho de que cuando los turcos tomaron Constantinopla no sólo no destruyeran el principal templo de los cristianos, sino que lo calcaran a la hora de construir los suyos dice mucho de este pueblo procedente de las estepas de Asia Central, teóricamente muy bárbaro. En segundo lugar, me gustan por lo diáfano de su arquitectura y la sobriedad de su decoración: cabe tanto espacio y tanta altura debajo de sus airosas cúpulas que es como si te encontraras dentro y a la vez fuera, en una amalgama sugerente y evocadora. La tercera cosa que me complace de las mezquitas en Turquía es que se permite el acceso a los *infieles*, algo que realmente sucede en poquísimos países musulmanes.

Me quedaría mucho más tiempo, pero me esperan. Al volver paro en una de las tiendas y compro un par de medallones con el nombre de Alá en caracteres árabes: siempre me ha gustado esa estilizada caligrafía que, más que escribir, parece que dibuja.

Salgo afuera y me encuentro a Bego muy indignada. Al parecer, un grupo de preadolescentes se ha estado metiendo con Chandra y arrojándole pequeños proyectiles. Ni corta ni perezosa, mi pareja ha tirado del diccionario turco-inglés y les ha puesto de vuelta y media, tanto que uno de ellos ha acabado pidiéndole disculpas. Cuando aparecí yo se asustaron un poco, imagino que temiendo que la cosa pasara a mayores, así que discretamente hicieron mutis por el foro. Esto de tener problemas, especialmente con chavales -no por ser turistas sino por llevar un perro-, nos sucederá con relativa frecuencia, y es sin duda la parte más negativa del viaje.

Y todo viene a cuenta de El Corán, que dictamina que el perro es animal impuro. Al igual que el cerdo, constituía un vector de enfermedades peligrosas para los humanos (como la ciencia ha avanzado una barbaridad, hoy hay pastillas y vacunas a mansalva, pero cambia tú una mentalidad religiosa de quince siglos). En el Mar de Mármara existe una isla llamada de los Perros, y es que en la época del sultanato deportaban allí a todos los canes que pillaban por las calles de Estambul. El Corán reconoce que los perros poseen almas inmortales y prohíbe hacerles daño, de modo que los soltaban allí sin preocuparse de la manutención, que eso ya era cosa de Alá.

En Turquía en la actualidad algunos perros sirven como guardianes de casas o ganado, el resto merodea libremente. Sin embargo, sueltos de pequeña talla no hay, y los de compañía constituyen una categoría prácticamente inexistente. De ahí la suprema excentricidad que para los locales supone el ver a dos guiris con chucho. En Edirne, que está bastante europeizada quizá no tanto, pero a lo largo de los días por venir, incluso en Estambul, seremos testigos de las reacciones más extremas: desde quienes se apartaban haciendo ostentación de asco (una minoría) hasta quienes miraban a Chandra maravillados (particularmente niños pequeños, a quienes sus padres les hacían notar la presencia del menudo ser blanco como algo auténticamente excepcional.) En cuanto a la mayoría silenciosa e impresionada –a quienes tengo que agradecer que no se metieran con nosotros- leías en su rostros tal conmoción que es como si lleváramos de paseo una boa o un caimán.

Hay otras cuantas magníficas mezquitas en la ciudad, pero no tenemos tiempo ni ganas de visitar más. Callejeamos y de paso nos acercamos a un cajero para sacar liras. Se ve bastante animación: al parecer, muchos griegos aprovechan la proximidad de la frontera y los bajos precios de los artículos para acercarse a comprar, un poco como nos ha pasado tradicionalmente a nosotros con Portugal.

Vamos buscando la sombra para escapar del intenso calor y valorando el tema de la comida. No podemos entrar en restaurantes, claro está, así que solicitamos permiso para sentarnos en una terraza bajo soportales: no sólo no nos ponen impedimentos por ir con Chandra, sino que nos tratan con suprema cortesía. Pedimos unos *döner* y unos refrescos, y hasta para Chandra hay algunos trocitos de carne, gentileza del dueño. Más palabras del turco: *Piliç*, que es pollo; *Su*, que es agua; *Kutu* es lata, y así una lata de Coca Cola es *Kutu Kola*, y una de Fanta es *Kutu Fanta*.

Nos despedimos de nuestros amables anfitriones y vamos en busca de la auto, que continúa intacta en el mismo sitio. Le han colocado en el parabrisas un ticket municipal de aparcamiento por valor de liras 3, pero no vemos por ninguna parte al cobrador, así que nos marchamos.

El periplo por los Balcanes nos ha dejado francamente hechos polvo, y nuestro propósito era quedarnos en el camping que está a 8 kilómetros del centro yendo por la D 100, la antigua carretera de Estambul. Yo tenía localizada la ubicación del *Fifi Camping*, pero al llegar descubrimos con desolación que está cerrado, y además con aspecto de llevar mucho tiempo así.

Orillo la auto para estudiar la situación. Contábamos con una tarde de relax y piscina, y hete aquí que nos encontramos en la cuneta, asados de calor y sin saber qué hacer. Finalmente decidimos intentar alargarnos hasta Estambul. Son 230 kilómetros, pero todos de autopista.

Apenas llevamos recorrido un kilómetro cuando pasamos por delante del *Ömür Camping*. Con esto no contábamos. Lo que pasa es que ya me he armado de determinación y tiro para adelante lo que quizá, después de todo, no es mala elección. Y si no, para quien lo quiera leer, en Internet está el relato de Margaret y Barry, la encantadora pareja de británicos que pernoctó aquí en junio de 2008 (www.magbaztravels.com) y que volverán a aparecer en esta historia más adelante.

Entroncar con la autopista resulta un poco complicado, pues nos hemos pasado la conexión de Edirne y toca chupar veintitantos kilómetros de estrecha carretera local. Finalmente nos incorporamos a la O-3/E-80 que es, como les gustan las cosas a los turcos, a lo grande: tres carriles en cada dirección aunque por ellos apenas circulen coches.

Tenemos urgente necesidad de agua, y nos es imperioso rellenar antes de internarnos en el dédalo de Estambul. A la entrada de un área de descanso vemos un cartel de grifo, y entramos a mirar. Elegimos la zona de camiones pero allí no hay nada, salvo una pequeña mezquita de carretera. Doy una vuelta y encuentro una manguera (abierta) con la que riegan el jardín, pero está por el lado de los turismos, hay que desandar por sentido prohibido y, la verdad, no apetece. Continuamos hasta la siguiente área. Aquí lo que hay es un bloque de servicios. Compruebo que es factible el trasvase y aproximo la auto. Aparece el cuidador de los baños y por señas le hago ver lo que pretendo. En un abrir y cerrar de ojos me monta una conexión y rápidamente llenamos el depósito. Una lira de propina por sus desvelos. Vuelve a la sombra, junto a un grupo de hombres que juegan a las damas. Hago un gesto de despedida y corresponden todos de la manera más ceremoniosa.

Estambul. Esta ciudad-monstruo de por lo menos doce millones de habitantes nos recibe de forma un tanto arisca. Pasamos la garita de peaje (sólo 5,5 liras) y nos enfrentamos a un tráfago impresionante de vehículos que circulan a toda pastilla. Para acabar de arreglar las cosas, sobre nuestras cabezas gravita un galimatías de letreros con todos y cada uno de los barrios de Estambul, pero ni una sola pista que nos oriente hacia lo que nos interesa. Hasta en lugares remotos del Kurdistán, en ciudades bien pequeñas donde no hacía falta, encontraremos el clarificador rótulo de CENTRUM. Pues bien: en la megalópolis de Estambul no se le ha ocurrido a nadie que los recién llegados necesiten dicha indicación para nada. Supongo que en alguno de entre la miríada de textos se podría leer el término mágico en turco (*Sehir Merkezi*). Pero, claro, nuestro dominio de la lengua local al día de hoy no da para tanto.

Sospechamos que nos estamos yendo de madre cuando empezamos a ver paneles que indican Ankara. Me desvío a la derecha tratando de dar con alguna arteria principal que nos aproxime al centro, pero resulta muy difícil orientarse con las manadas de coches que nos acosan por derecha e izquierda. Vueltas y más vueltas. Un polígono industrial desolado. Scalextrics y túneles... Al salir de una combinación de estos dos me encuentro de repente con las murallas bizantinas. Alegría infinita, esto lo conocemos, sólo hay que seguir de frente, paralelos a la línea de tranvía, para darse de narices con todo el meollo.

Y eso es lo que hacemos, sólo que al llegar a Eminönü, que es el cogollo de la cuestión, nos encontramos con que la calle está cortada, y el tránsito es exclusivamente peatonal.

Maldición y remaldición: toda dar la vuelta y desandar camino. Aquí no hay tanto tráfico como por el extrarradio, pero resulta difícil circular entre los *dolmuses*, que son los taxis-furgonetas colectivos, y sobre todo entre los peatones que, como te ven extranjero, se arrojan a la calzada a sabiendas de que no les vas a atropellar.

El motivo de entrar hasta aquí -algo que nunca haríamos en circunstancias habituales-, es que todos los campings de Estambul han cerrado sus puertas (el más próximo cae ahora a 45 kilómetros, en la orilla del Mar Negro) y por ello estamos buscando un parking al lado del Cuerno de Oro, pegadito al puente Gálata. Después de otros cuantos sinsabores damos con él, pero cuando Bego se baja a preguntar el precio resulta que desde el año pasado lo han cuadruplicado: ahora cuesta 60 liras las 24 horas. Casi 30 euros. Tienen bien visible una lista de tarifas, y la más cara, la de microbús, vale 15 liras, de lo que se deduce que a nosotros tratan de aplicarnos la PGG (Para Guiris Gilipollas). Como no nos sentimos en absoluto identificados con dicho colectivo sacamos de la guantera el plan B: en una página francesa obtuve la referencia de otro parking frente al Mar de Mármara así como sus coordenadas (41° 0'6.51" N   28°58'38.66" E). Llegar a él no resulta difícil: sólo hay que bordear la orilla por Kennedy Caddesi y aproximarse al punto marcado en el GPS. Cambiar de sentido en una calle de tanta anchura es un poema, y por si fuera poco nos equivocamos y acabamos cruzando por el Puente Gálata al otro lado del Cuerno de Oro. Media vuelta.

Encontramos el bendito parking al filo del anochecer, hechos requetepolvo. El vigilante nos informa de que cuesta 20 liras (pago por anticipado) y se empeña en arrimarnos a la única auto que hay, propiedad de unos franceses. La mujer, muy simpática, chapurrea español pero acabamos hablando en su idioma. Le pido disculpas por habernos puesto tan cerca de ellos con todo el espacio que hay, pero ella le quita importancia.

Un paseo antes de la cena. Entre el mar y la carretera que circunda las murallas hay un parque lineal pegado a la orilla de por lo menos un kilómetro. Muchos estambulenses vienen aquí a ver la puesta de sol, pasear y también a cenar. Descubrimos que el segundo vicio nacional, después del té, son las pipas de girasol: el suelo se halla alfombrado de cáscaras en cantidades industriales. Yo esto de comer pipas lo consideraba una peculiaridad hispana (los ingleses de ríen de ella y de nosotros, opinan que las pipas son para los loros), pero ahora compruebo que no. Me pregunto cuántas más conexiones invisibles nos unirán a pueblos mediterráneos que, paradójicamente y durante siglos, fueron archienemigos.

Mientras volvemos a la auto empieza la última o penúltima llamada a la oración. La inicia un almuédano, y se le van sumando los de las mil y una mezquitas de la ciudad hasta formar una inextricable algarabía que de alguna forma llega hondo y conmueve, porque te recuerda nada menos que cinco veces al día que la vida es trascendencia, elevación y búsqueda de algo mejor.

Estamos en Estambul, donde se abrazan los continentes, y hemos llegado por nuestros propios medios. Eso sí que es algo mejor.

Kilómetros etapa: 401
Kilómetros viaje
Tierra: 3.758
Mar: 700

21 DE JULIO: ESTAMBUL

Lorca comienza así su poema *Ciudad sin sueño*:

> *No duerme nadie por el cielo. Nadie, nadie.*
> *No duerme nadie.*

Está escrito en 1929 y habla de Nueva York. Desde entonces, son muchas las ciudades del mundo trasmutadas en Nueva York, entre ellas Estambul. El aparcamiento junto al Mar de Mármara es muy chulo, pero el ruido del tráfico atruena y retumba, y no cesa en toda la noche.

Amanece y me voy de paseo con Chandra. El parque está lleno de restos y de basura de la noche anterior. También de gente que vive en el parque, y que aún duerme a pierna suelta. Esto intranquiliza un poco, pues tengo la más que fundada sospecha de que a cierta hora el encargado de la garita ha abandonado su puesto y nos hemos quedado más solos que la una, pero en fin. Procuro alejar esos pensamientos mientras contemplo el montón de barcos fondeados que aguardan la entrada a puerto. Por encima de nosotros, la Mezquita Azul.

Tras el desayuno decidimos irnos a dar una vuelta por el centro. La auto francesa sigue en el mismo sitio, pero sus tripulantes se han marchado ya. No hemos dado ni diez pasos cuando se abalanzan sobre nosotros dos perros de tamaño respetable. Resulta que al lado del aparcamiento existe un pequeño muelle pesquero, y éstos deben ser los *vigilantes de la paya.* El objetivo, como de costumbre, es Chandra. Bego la coge en brazos y yo me dedico a espantar a los chuchos, que me torean como quieren mientras ladran como descosidos. Sin darse mucha prisa se acerca un tío joven llamándolos con escaso entusiasmo. Yo le afeo que no sepa o no quiera controlarlos, y comienza aquí una escalada verbal que por un pelo no pasa de las palabras a los hechos. Indignados y amoscados por este alentador comienzo del día, cruzamos Kennedy Caddesi y nos colamos en la ciudad antigua por un portillo de la muralla.

Tenía el recuerdo de Estambul en Navidades. Hacía un frío que pelaba, y casi no se veían turistas. Ahora, incluso tan de mañana, el calor es de órdago y visitantes hay a mogollón. Aparecemos por un lateral de Santa Sofía, y sólo con ver la cola de gente fosilizada a la puerta se nos quitan las ganas. De todas formas, para mí hallarme en Sultanahmet es gozo bastante, pues después de que estuvimos aquí he viajado hasta ella en innumerables ocasiones: unas veces de forma consciente; otras, transportado por el caleidoscopio de la ensoñación.

No todos los turistas son extranjeros, también los hay nacionales. Una pareja a la que supongo en viaje de novios se encapricha de Chandra. La chica pide hacerse una foto con Bego y la perrilla, y luego se muestra un tanto sorprendida cuando les saco otra con mi cámara.

De Santa Sofía impresiona sobre todo la edad: pronto cumplirá 1.500 años, que es mucho decir. Fue iglesia durante 916 años, mezquita otros 481, y en 1935 se transformó en museo. A lo largo de once siglos presidió en solitario Bizancio-Constantinopla-Estambul, hasta que en 1617 se concluyó la Mezquita Azul. Se supone que para rivalizar con ella, aunque lo que yo creo es que mantienen un silencioso diálogo cuyos únicos testigos son el Bósforo y el tiempo (nuestras vidas son profundamente breves para percibirlo). Ambas toman lo mejor de cada arte: del bizantino, esa estructura como de montaña, sólida en la base y delicadamente curvada en la cima. Del arte islámico les vienen a ambas los airosos minaretes que parecen misiles apuntando al cielo. Sinceramente, no soy capaz de imaginarme Santa Sofía sin sus cuatro torres. En cuando a la Mezquita Azul, si en Turquía la grandeza de sus templos se mide por el número de alminares ésta debe de ser la más importante de todas, pues cuenta con seis.

En la Mezquita Azul no hay prácticamente cola, así que repetimos la táctica de ayer en Edirne. Aquí lo tienen de lo más organizado, hasta te proporcionan un par de bolsas para que no tengas que quitarte los zapatos. Y entrada no cobran, supongo que les parecerá una irreverencia pedir dinero por visitar un lugar sagrado. La muy católica madre iglesia debería tomar buena nota.

La vez anterior me impresionó mucho esta mezquita, pero hoy no me conmueve tanto; creo que puestos a elegir me quedo con la de Edirne, quizá porque el ambiente era más tranquilo. Saco fotos, vuelvo afuera y asumo el puesto de papá-cuidador mientras entra

Bego. Como estamos sentados en el camino de acceso, nos convertimos en algo parecido a una atracción de feria. En verdad parece que Chandra fuera el único perro de todo Estambul (en todo el día no veremos ninguno, excepción hecha de los chuchomatones del parking).

La ventaja de haber estado ya en Estambul es que no vamos a emplear mucho tiempo, será una visita panorámica. A continuación orientamos nuestro rumbo hacia el Gran Bazar. Pasamos frente a la Cisterna y nos internamos en un dédalo de callejuelas repletas de restaurantes, cuyas terrazas desbordan sobre la acera e incluso la calzada. Luego salimos a Divan Yolu, y al llegar a la altura del *hammam* de Çemberlitas -donde me sometieron a un masaje-paliza del que todavía me acuerdo- giramos a la derecha y enseguida damos con la puerta del *Kapaliçarsi*, que así es como se dice Gran Bazar en turco. Se nos plantean dos problemas que en realidad son uno: a) a Chandra se le cruzan los cables cuando estamos entre mucha gente, y b) al ser un sitio techado no sabemos si nos permitirán entrar con ella. De manera que a la mochila de cabeza. En la puerta hay un guardia pertrechado de pistola y porra eléctrica que no nos dice nada, así que para adentro.

Con sus 58 calles y 4.000 tiendas, el Gran Bazar es todo un laberinto, una especie de ciudad interior (aunque, entre nosotros, yo me quedo con el bazar de El Cairo, Khan el Khalili porque es, digamos, más étnico.) De todos modos disfrutamos del lugar y su ambiente porque comprar, lo que se dice comprar, no nos llevamos nada: hace tiempo que hemos pasado lo que yo denomino *El Síndrome de Alí Baba* o, lo que es lo mismo, el irrefrenable impulso de llevarte para casa el contenido íntegro de absolutamente todos los bazares de Oriente.

Es interesante bucear en este mundo que comunica instantáneamente con el Imperio Otomano, la Ruta de la Seda y con cuantas maravillas en el mundo son. Trato de imaginarme lo que representaría siglos atrás un lugar así para los habitantes de Estambul y especialmente para los visitantes de la ciudad: la antesala del paraíso, por lo menos. También, como ya he comentado acerca de las mezquitas, está esa curiosa sensación de estar en la calle y a la vez dentro de algo.

Cuando nos consideramos suficientemente *ambientados* buscamos una puerta al exterior. Las calles aledañas constituyen una extensión del propio bazar, pero su oferta se halla más dirigida a la población local. En una de estas tiendas, Bego se encapricha de unas sábanas muy bonitas de raso o similar. Inquirimos el precio, y el vendedor pregunta a su vez que si en liras o en dólares (pues sí que hace tiempo que no vende a turistas. ¿Se habrá enterado de que existe el euro?). Nos dice que 25 liras. Cogemos dos juegos y tratamos de conseguir una rebaja, pero por lo visto aquí no se regatea. Metemos como podemos nuestra práctica adquisición en la mochila y, tras una parada técnica para tomarnos un zumo de naranja, seguimos camino de otro de los edificios más hermosos de Estambul: la *Suleymaniye* que, como su nombre indica, fue edificada por Solimán el Magnífico, y que luce muchísimo cuando se la contempla desde el Cuerno de Oro. Además de la mezquita propiamente dicha, el complejo albergaba un hospital, una escuela primaria, un hammam, un caravansaray, cuatro escuelas coránicas, una escuela especializada en el aprendizaje del *Hadith*, un colegio médico y una cocina pública que servía comida a los pobres. Una concepción que, evidentemente, dista mucho de la idea que nosotros tenemos de la palabra *templo*.

El calor aprieta que es un gusto. Nos sentamos a descansar y deliberar: entran ganas de poner aquí punto final al periplo y volver a la auto, pero ¿cómo vamos a marcharnos de Estambul sin haber bajado siquiera al Cuerno de Oro? A esta ciudad le pasa lo que a Barcelona: resulta fácil orientarse en ella porque el terreno siempre se inclina hacia el agua. Nos internamos por unas angostas calles casi desiertas, de aspecto destartalado. En ese momento se nos acercan por detrás dos chavales de entre doce y catorce años y actitud provocadora. Yo evito cruzar la mirada y la fijo en un punto indefinido a la altura del pecho, como me enseñaron cuando practicaba artes marciales. Bego, en cambio, sí se les encara. Pasan a nuestro lado y a continuación el mayor de los dos, sin volverse, saca una navaja abierta del bolsillo y nos la muestra ostensiblemente con la punta hacia arriba. Todo ocurre en unos instantes: cuando queremos reaccionar ambos han desaparecido por una puerta.

Es el segundo incidente en lo que va de día. ¿Qué pasa con Estambul, que tan mal trata a los turistas? Si dos críos se atreven a actuar como han hecho éstos, de alguna manera flota en la atmósfera social una creciente intolerancia, no sé si alentada por el ascenso de un partido islamista –dicen que moderado- al poder. Sobre esto he leído opiniones encontradas: desde quien dice que el auténtico peligro para Turquía no es el islamismo, sino el ultranacionalismo, hasta el testimonio del viajero que ha venido ocho veces a Turquía, y relata que nunca había visto tantos velos en Estambul como ahora.

Salimos a una calle principal, y por ella desembocamos en el Cuerno de Oro, justo enfrente del parking donde nos quisieron tangar ayer. De todas maneras, y viendo como apilan los coches, tengo la impresión de que, además de un alivio para nuestros bolsillos, fue una suerte no quedarse aquí. Caminamos por la orilla en dirección al Puente Gálata. Algunos tipos nos ofrecen cruzar al otro lado en barca con más énfasis de la cuenta. Entonces damos con un comedor al aire libre de lo más curioso: en unos barcos amarrados a la orilla cocinan pescado a la plancha, lo sirven en bocatas, y la gente se lo come sentada en taburetes bajo una carpa. El lugar se halla abarrotadísimo, y nos toca sentarnos al sol. Unos críos que venden no sé qué nos dan la tabarra con la excusa de acariciar a la perra. Menos mal que por lo menos el pescado sabe exquisito.

Cruzar el puente Gálata a esta hora de la tarde es como meterse de cabeza en un microondas. Cada metro está ocupado por un hombre con una caña, y es que pareciera que a esta gente no le afecta el calorón.

Llegamos al otro lado y salimos hacia la izquierda, buscando un pequeño parque que hemos oteado. Para ello no queda otra que atravesar una calle repleta de cajas, sacos, coches, gente, materiales de construcción y la más variada gama de productos de albañilería y ferretería jamás vista (media tienda está fuera y la otra dentro, me pregunto cómo harán por la noche para embutir la primera dentro de la segunda).

Alcanzamos por fin la sombra de un árbol. El suelo tiene un césped ralo que no invita precisamente a tumbarse, pero menos es nada. Desde aquí asistimos al impresionante ir y venir de barcos que llegan, paran, sueltan/cogen gente y zarpan de nuevo. Si hay un sitio en Estambul donde es posible percibir en toda su magnitud el frenético bullir de la ciudad, ese lugar es éste.

Se nos acerca una gatita joven y escuálida en busca de cariño. La pobre está, además, preñada. Se tumba a nuestro lado con la mochila por cabecera. Hasta Chandra parece comprender que se trata de un caso de misericordia, y la deja en paz, aunque en honor a la verdad he de decir que nuestra perra sólo ataca a los gatos en el jardín de casa (defensa del territorio), porque cuando estamos por ahí lo que intenta siempre es hacerse amiga.

El barrio que queda a nuestras espaldas, Taksim, es el más europeo de todo Estambul. Recuerdo que en la otra ocasión, paseando por Istiklal Caddesi, no daba crédito a mis ojos, pues parecía que nos halláramos en cualquier país de Europa. En cualquiera menos en Turquía. Me acuerdo también de que antes de salir de casa, cuando encargué los dólares para el viaje, pregunté si podría usar la tarjeta Maestro en Turquía. «¡NOOOOO!» fue la escandalizada respuesta de la cajera, como si hubiera preguntado por Uganda o la Luna. Y lo cierto es que el mismo día que llegamos a Estambul metí la tarjeta en un cajero y, alehop, allí estaban las liras contantes y sonantes.

En aquella ocasión subimos a la Torre Gálata y después tratamos de visitar la sinagoga de Neve Shalom. No nos permitieron la entrada, había mucho recelo: en 1986 el edificio sufrió un atentado por obra y gracia de Abu Nidal (22 muertos). Cinco años después de nuestra visita, en 2003, estallaron dos coches bomba, uno enfrente de Neve Shalom y el segundo en otra sinagoga de la ciudad: 23 muertos y 290 heridos. Esta vez el ataque fue atribuido a Al-Qaeda. Por cierto, Neve Shalom es una expresión hebrea que significa *Oasis de paz*.

Tras el intento de visitar la sinagoga, anduvimos callejeando en busca de judíos sefardíes; incluso preguntamos a un platero, quien nos dijo que en el barrio apenas quedaban. Sin embargo, dimos con uno de la forma más inesperada, en la farmacia adonde entramos en busca de un remedio para mi pertinaz resfriado. Como de costumbre, Bego fue la encargada de entenderse con el joven dependiente. Cuando éste puso sobre el mostrador la caja de un medicamento, yo aparté un instante el kleenex de mi nariz y le dije: «Pregúntale si es para los mocos.» «*Sí, mocos*», oigo detrás de mí. Me vuelvo y encuentro a un hombre mayor. Le pregunto si es sefardí, cosa por lo demás obvia, y él asiente. Charlamos un rato; él, en su curioso castellano del siglo XV. Debo reconocer que la experiencia me impactó sobremanera: como hispanohablante pero también como filólogo.

Aparco estos recuerdos, pues toca iniciar el camino de regreso. Esta vez, para evitar el sol, atravesamos por el piso inferior del puente Gálata, lleno de cafeterías y restaurantes. Ya en el otro lado hay tanta gente por las aceras que acabamos llevando a

Chandra a cuestas. Pasamos junto a la estación de Sirkeci, donde finalizaba el trayecto del mítico Orient Express. Parada en un par de tiendas para comprar alguna cosilla y colina arriba por Alemdar Caddesi, en el tramo que bordea las murallas del Topkapi. De vuelta a Sultanahmet, me esperan Bego y Chandra junto a una fuente mientras yo trato de localizar un parking que admite autocaravanas, y que suponemos más tranquilo que donde estamos. La búsqueda resulta infructuosa.

Bordeamos el antiguo hipódromo buscando una calle de bajada, y tengo que encararme con una cría que pretende atizar a Chandra con una vara, y su madre haciéndose la longui, hay que fastidiarse.

Por fin en la auto más que machacados, rotos. Queremos ducha y descanso, mucho descanso. En compensación, hoy vamos a dormir más acompañados: tenemos a nuestra vera varios vehículos, aunque ninguno es propiamente una autocaravana: hay un camión francés que está haciendo un tour de verano por quince países, incluidos Irán y Georgia. También una ambulancia inglesa adaptada, y una camper italiana, y... En fin, que parecemos los Autos Locos.

Doy un par de vueltas a la auto remirándolo todo: después de la agarrada de esta mañana con el tipo del puerto, temo que haya liado alguna, pero está todo en orden. Le veo al otro lado del parking, sirviendo sumisamente el té a una pareja de policías. Lo que son las cosas. No sé si en el apaciguamiento del conflicto habrá tenido algo que ver el vigilante del parking, que fue testigo de la trifulca y que acude puntualmente a cobrarnos las 20 liras de la próxima noche. Me gustaría pensar que así ha sido.

Hablo con los franceses del calor. Me preguntan que qué tal se dio el día. Respondo que no hemos podido entrar en Santa Sofía por la enorme cola. La mujer me responde riendo que otra vez será, *que Santa Sofía no se va a mover*.

Medito sobre estas palabras, y reconozco cuánta verdad encierran debajo de su elemental evidencia.

22 DE JULIO: ESTAMBUL-AKÇAKOCA

Al volver del paseo matutino descubro para mi asombro que los ocupantes de la furgoneta italiana están durmiendo fuera, en una especie de hamacas. Vigila su sueño un pastor alemán que, de cuando en cuando, increpa a los perros vagabundos (ya decía yo que había oído muchos ladridos esta noche). Increíble me parece que haya gente capaz de planchar la oreja así, en medio de tan enorme y ruidosísima ciudad.

Hoy sopla viento, y el Mar de Mármara está picado. Preparamos los trastos para arrancar lo antes posible. En principio la salida de Estambul no plantea problemas: tenemos que desandar Kennedy Caddesi, bordear el Cuerno de Oro hasta cruzarlo por el puente que está a continuación del Gálata y buscar después camino hacia el Bogaziçi Köprüsü, que es como se llama el más meridional de los dos grandes puentes que atraviesan el Bósforo.

La teoría es fácil, veamos la práctica. En el Puente Gálata volvemos a extraviarnos, como anteayer, al existir un complicado sistema scalextric que en lugar de llevarnos rectos nos planta al otro lado del Cuerno de Oro. Vaya con el puentecito: en dos días lo vamos a cruzar seis veces, cuatro en la auto y dos a pata.

Segundo imprevisto: al llegar al Atatürk Köprüsü descubrimos, para nuestra desolación, que se halla cerrado por obras. Seguimos por la orilla del Cuerno durante 2,5 kilómetros más y lo cruzamos por Haliç Köprüsü, un puente de seis carriles al que han añadido dos más por cada lado. A partir de aquí y sin mayores novedades nos plantamos en Bogaziçi Köprüsü.

Todo el mundo mundial conoce el puente colgante de San Francisco. Sin embargo, ¿quién sabe que Estambul posee no uno, sino dos, que unen Europa con Asia? Extraña sensación la de pasar como si volaras por encima de los grandes buques de carga. El mar mide apenas un kilómetro de ancho, pero eso no resta importancia al paso que estamos dando: ¡entramos en Asia! A partir de ahora, serán tres los continentes que habremos visitado a lomos de autoca.

Al otro lado del puente está el peaje, que es una trampa saducea: si sigues recto te encuentras con unas barreras infranqueables, ya que no es posible pagar ni con dinero ni con tarjeta. Tampoco existe un solo cartel, ni en turco ni en inglés, que asesore sobre el procedimiento a seguir. Menos mal que veníamos avisados: a la derecha de las marquesinas se levanta un edificio de una sola planta. Aparco, entro, me dirijo a una de las ventanillas y pregunto en inglés comanche que si es aquí donde venden las tarjetas para el peaje. El funcionario, muy secamente, me grita *TURKISH LIRA!!* Vale, eso sí lo he entendido. Empieza a rellenar un formulario y me pregunta mi nombre. Como no es plan quedarse aquí toda la mañana, le presto mi DNI.

Tras abonar 30 liras me convierto en el afortunado poseedor de una tarjeta *KGS* por obra y gracia de la cual se levanta la barrera automática. A la salida de la autopista se la vuelves a enseñar al lector electrónico y éste te descuenta la cantidad convenida. En contraste con el precio de la gasolina, en Turquía las autopistas son muy baratas: en todo el viaje consumimos sólo 12 liras, de manera que las otras 18 se vinieron para casa de recuerdo.

Poco a poco dejamos atrás los suburbios de Estambul. Tiramos millas por la autopista hasta que llegar la hora de echar gasoil. La experiencia en esta primera gasolinera turca bien merece ser contada: se trata de una instalación bastante grande, con buen número de surtidores, y grande es también la cantidad de empleados que la atienden; tantos que incluso cuentan con coordinadores-supervisores que asimismo ejercen de relaciones públicas con la clientela. Primero teclean en una maquinita la matrícula del vehículo, después sirven el gasoil -llamado aquí Motorin- y por último te entregan un ticket con el que acudes a pagar a la caja. Una vez satisfecho el importe te dan dos resguardos: uno es para ti; el otro, para el hombre que te ha llenado el depósito. Este sistema, que no había visto en ningún otro país, se halla universalmente implantado en Turquía.

Desde el paso del Bósforo hasta la localidad de Düzce hay algo más de 200 kilómetros, que cubrimos sin novedad. Sigue habiendo muy poco tráfico en la autopista, en comparación con lo congestionado de la zona urbana que hemos dejado atrás. Este sorprendente contraste se repetirá una y otra vez a lo largo del periplo turco.

Lo cierto es que ahora mismo vamos un poco nerviosos porque no sabemos cómo nos manejaremos por las carreteras del interior. Pero si de algo se pueden vanagloriar los turcos es de su excelente sistema de señalización: en los casi seis mil kilómetros que rodaremos por estas tierras se pueden contar con los dedos de una mano, y sobran, las veces que nos perdimos. Igualito que Italia.

De Düzce hacia el Norte con destino Akçakoca, en la orilla del Mar Negro, que en turco se dice *Kara Deniz*. Durante la fase de preparación del viaje no encontré el testimonio de ningún autocaravanista español que hubiera recorrido la zona, de manera que a partir de ahora nuestra biblia será el ya mencionado relato de Margaret y Barry, que dieron la vuelta a Turquía por toda la orilla, entre abril y junio de 2008. De ellos obtendremos valiosísima información, sobre todo en lo que a pernoctas se refiere.

En Akçakoca, por ejemplo, hablaban muy bien del Nejat Camping (41° 5'10.30" N   31° 6'12.80" E), así que para allá que nos vamos. Cuesta un poco encontrarlo, pues se halla a las afueras, hacia el Oeste, y toca cruzar toda la población y preguntar en una gasolinera. Cuando por fin damos con el sitio constatamos que el camping en cuestión es simplemente un terreno vallado y con césped: no hay tiendas, ni caravanas, ni nada de nada. El propietario a lo que realmente se dedica es a regentar una piscina privada de pago (y de lujo: 14 liras los adultos, 7 los niños). El hombre trabajó durante años en Alemania, y se le nota don de gentes. Nos recibe muy amablemente y enseña las instalaciones. También nos presenta a su hija pequeña y a una chica bellísima que es la encargada de la taquilla. Ésta responde a nuestro saludo entre sorprendida y azorada: realmente no deben de venir muchos extranjeros por aquí.

Cuenta la piscina con un acceso directo desde la playa. Nos asomamos pero no salimos: la encontramos sucia, llena de basura.

Las condiciones de pernocta son las siguientes: podemos utilizar los servicios, las duchas, enchufar la electricidad y bañarnos en la piscina *free of charge.* El precio, 35 liras. Marco la cifra en mi calculadora de bolsillo para cerciorarme de que le he entendido bien y se la enseño. Él asiente.

Me ayuda a pasar el cable de la electricidad a través de un ventanuco de los baños; lo cierto es que nos vendrá estupendamente para poder conectar el enfriador sin restricciones, porque hoy también casca lo suyo.

Comemos y sesteamos de lo lindo: cuando despertamos ya no queda mucho para que se ponga el sol (hemos viajado lo bastante hacia el Este como para que el desfase horario con España sea ya más que evidente). Se han marchado todos, incluido el dueño y mi bella y taquillera sílfide a la que esperaba echar un vistazo más pormenorizado. Ya no hace el calor del mediodía, pero aun así nos damos un regenerador baño en la piscina.

Aparece nuestro anfitrión. Charlamos con él un rato. Después dejamos a Chandra en la auto y subimos para el pueblo. Por el camino nos anochece.

Es Akçakoca lugar de veraneo, pero a diferencia de las ciudades de la costa Sur se trata de turismo exclusivamente local. Posiblemente seamos los únicos extranjeros en kilómetros a la redonda, y eso infunde una sensación extraña.

El pueblo no parece encerrar nada especial, pero llegamos al centro y descubrimos una mezquita de aspecto futurista. A semejanza de la de Edirne, cuenta en lo bajos con un supermercado. Tomamos nota para mañana, pues prácticamente no compramos comida desde Eslovenia y empezamos a necesitar cosas.

Luego entramos en un ciber. El precio es tan sin competencia -1 lira la hora- que alquilamos un ordenador para cada uno. El chaval que nos atiende luce ropa bastante *underground*. Se muestra de lo más simpático, yo diría hasta que se alegra de que dos guiris entren en su negocio. En momentos así me pregunto qué saldrá de esta mescolanza imposible entre tradición y modernidad que es la Turquía actual.

Lira y media por cabeza más tarde salimos a la calle e iniciamos el regreso, parando antes en una frutería (son las once de la noche) para comprar melocotones. La mayoría de la gente se ha recogido ya y el camino nos parece un tanto solitario, pero no hay nada que nos haga temer por nuestra seguridad. Por allí cerca, en algún sitio, suena música en directo. Canta un hombre, y la música suena melosa y un tanto melancólica.

La puerta del camping está cerrada, pero empujamos y se abre. Estamos solos. Antes nos dijo el propietario que él se quedaba a dormir, pero no se ve ninguna luz: mucho me temo que esta noche vamos a ser nosotros sus vigilantes involuntarios.

Kilómetros etapa: 267
Kilómetros viaje
Tierra: 4.025
Mar: 700

23 DE JULIO: AKÇAKOCA-AMASRA

Ayer nuestro hospedador trató de convencernos para que nos quedáramos *todo el tiempo que quisiéramos.* Esta mañana le comunicamos nuestra marcha, que nos queda mucho camino por recorrer.

Lo primero es tratar de comprar. Ya vimos anoche que en la puerta de los super (hay dos) no existe espacio suficiente para un vehículo como el nuestro, de modo que doy la vuelta a la manzana y aparco en una calle perpendicular. Se quedan Chandra y Bego y yo me acerco.

Lo que sufro en los siguientes minutos se podría calificar de *shock consumista-cultural:* en primer lugar, y para lo que prometía el establecimiento desde la puerta, no encuentro demasiada variedad de productos que digamos. En segundo lugar, lisa y llanamente es que no sé lo que tengo delante: las marcas no son conocidas, el idioma tampoco, así que el paquete que sostengo en la mano no sé si es mantequilla, queso o algún condimento desconocido. Lo mejor de todo es el yogurt: viene en botes que bien podrían ser de pintura de un kilo, y también de dos. En nuestra nevera no entra ni de guasa un artefacto similar. Opto por comprar varias garrafas de agua mineral y vuelvo para la auto.

Cuando aparqué me parecía haber dejado el vehículo más cerca de la calle principal pero ahora, cargado con veinte kilos, el regreso se me hace eterno. Al llegar me encuentro con tres tipos en la acera, pantalón y camisa, que se pasean frente a la auto, la miran y remiran por todos lados, como intentando intimidar. Al parecer han salido del edificio enfrente del cual hemos aparcado, que no sé si es dependencia pública u oficina privada. Yo me hago el sueco y le digo a uno de ellos *Merhaba* (hola). Meto el agua en el garaje, subo y me dispongo a arrancar. El tipo al que he saludado, un lechuguino rubio y de ojos claros, sigue sin quitarme ojo. Yo correspondo a su insistente y pretendidamente fría mirada. Ya nos vamos, hombre. ¿O pensabas que nos íbamos a quedar a vivir aquí?

Doy cuenta a Bego de mi infructuosa misión compraticia. Como al salir a la calle principal encuentro un sitio más próximo que el anterior, decido intentarlo de nuevo, esta vez en el super de la mezquita, que ayer me pareció el más grande. Pero el resultado es idéntico: no encuentro nada que llevarme a la cesta, empezando porque –ya lo iremos descubriendo- la sección de congelados, a la que sacamos tanto partido cuando viajamos, prácticamente no existe en las tiendas turcas (dirán que con la mujer trabajando en casa para qué van a comer platos precocinados). Te encuentras además productos medio fuera de los armarios refrigeradores, en espera de que se haga sitio. En cuanto a la sección de frutas y verduras, lo que hay no se puede calificar como tal: quería llevarme limones para conjurar el peligro de la diarrea. Los encuentro, sí, metidos en bolsas de tres en tres. En cada una de ellas uno al menos está podrido.

Resultado: que salgo de la tienda llevando un bote de mahonesa y otro de tomate frito (este último, por cierto, tan fuerte y concentrado que no hubo forma de echarlo a ninguna comida sin que matara por completo cualquier otro sabor, terminamos tirándolo). A este paso me parece que vamos a pasar hambre en Turquía.

Enfilamos por fin la carretera. Vamos por la D-010, que recorre la totalidad de la costa del Mar Negro, hasta la frontera con Georgia. Nosotros la vamos a seguir durante los próximos mil kilómetros hasta Trabzon. En un principio discurre apacible hasta Eregli. La entrada a esta ciudad la señala el astillero, donde los inacabados barcos casi meten sus proas en la carretera. Tras atravesar el caos urbano y las innumerables obras que la jalonan nos separamos de la costa e iniciamos un frenético sube y baja por las montañas. El firme empeora considerablemente, y las curvas son de alivio. Unos 100 kilómetros después de Akçakoca entramos en Zonguldak, el mayor centro de producción de carbón de toda Turquía. A estas alturas ya hemos aprendido otras dos palabras: a la entrada de todas las poblaciones, en el cartel que las anuncia, vienen siempre dos datos: *Nüfüs*, que es el número de habitantes, y *Rakim*, que quiere decir la altitud sobre el nivel del mar. Zonguldak tiene un nüfüs de 104.276 almas.

Nada más entrar divisamos un Carrefour Exprés al lado izquierdo de la calzada. Encuentro un cambio de sentido y entro en el aparcamiento. No hemos tenido tiempo de quitarnos el cinturón cuando viene el guarda, un chaval joven, a decirnos que no podemos aparcar allí, que el vehículo *is too big*. Le hago ver que vamos a comprar pero ni por ésas, y me indica otro lugar, situado en el exterior, del que en ese instante está saliendo una furgoneta.

Baja Bego para ayudarme. Empiezo a moverme cuando, de repente, aparece un coche a toda pastilla y ocupa justo el sitio que necesitaba yo para realizar el giro; no impide completamente la maniobra, pero sí que la dificulta bastante. Cuando el tipo se baja le hago gestos para expresar mi desagrado. Entonces él mira nuestra matrícula, como intentando deducir nuestra cuota de razón con arreglo a la procedencia, y nos enzarzamos en una disputa al final de la cual, y al percatarse de que me marcho, se crece y grita como un energúmeno. Supongo que en esto no somos tan distintos los turcos de los españoles.

Se va Bego para el super a ver si tiene más suerte y yo me quedo en la auto. El guarda, que se ha hecho el sueco durante la discusión, viene a preguntar *si está todo ok,* pero en realidad lo que busca es propina. O sea, que me hace cambiar de sitio, propicia con ello una discusión y todavía tengo que gratificarle, vaya cara. En estos momentos me planteo seriamente si realmente tuvimos una idea feliz cuando decidimos venir por estos lares.

Vuelve mi chica de la compra. Al parecer, aquí las marcas son más identificables que en las cadenas locales. También reparamos en que los pocos hiper que hay no son precisamente baratos: se llevó cien liras y ahora tiene que volver para llevar unas pocas que le ha dejado a deber a la cajera. A la vista de lo adquirido, lo cierto es que 50 euros en España dan bastante más de sí. Pero estamos contentos porque ha encontrado Dolmades: nosotros pensando que era un plato típico griego y ahora resulta que se halla extendido por todo el antiguo Imperio Otomano.

A partir de Zonguldak la ruta se interna hasta 25 kilómetros hacia el interior. El paisaje es todo montaña y muy boscoso, pero la carretera es tan mala que deja poco espacio para la contemplación. Encontramos varias obras en curso que dificultan aun más nuestro camino. A la entrada de Bartin paro a echar gasoil. Cuando voy a pagar, de primeras me dicen que la tarjeta no pasa. Por suerte al segundo intento funciona (nota: a medida que nos adentremos en el país no nos podemos fiar en absoluto de las telecomunicaciones, mejor llevar *cash* suficiente por si las moscas).

El hombre que nos ha servido gasoil también ha limpiado el parabrisas con esmero. Cuando vuelvo está atendiendo a otro cliente, de modo que me acerco a darle una propina. Como no lo hice antes creo que ya no se lo esperaba, porque me lo agradece efusivamente.

Al pasar Bartin hay dos opciones para llegar a Amasra, pero por desgracia la que parece mejor se halla cortada por obras. Nos envían por la carretera vieja, que tuerce y se retuerce primero subiendo, y luego en bajada. Me duele cada vez que el motor protesta cuando pongo segunda para no calentar demasiado los frenos.

Finalmente, tras casi cuatro horas de viaje -descontada la parada del super-, entramos en Amasra, la antigua Amastris y posiblemente la homérica Sesamus que sale en la Iliada. Aparte de lugar histórico tiene una ubicación curiosa, pues se reparte entre la tierra firme, una península y una isla.

Venimos buscando un aparcamiento que está a la orilla del mar. A punto estoy de rebasar lo que parece la estación de autobuses cuando al fondo veo un par de autocaravanas. Frenazo en seco y adentro (41°44'49.96" N 32°22'57.62" E).

El lugar es amplio, pero lo cierto es que casi todas las plazas se hallan ocupadas. En el único sitio libre a la sombra hay tres hombres comiendo. A mí me da apuro aparcar delante de sus narices, pero ellos terminan por darse cuenta y nos animan a ponernos allí. Visto lo visto, en esta Turquía parece no existir término medio entre la cruda grosería y la amabilidad más exquisita.

Mientras Bego prepara algo, salgo a echar un vistazo con Chandra. Primer encuentro con la legación canina de Amasra: los perros no ponen ninguna pega, al contrario. Quien sí parece tener un problema es la única hembra, supongo que por miedo a la competencia. Tengo que encararme a fondo con ella para que nos deje en paz.

Tras la comida y el descanso canónicos, yo quiero ir a dar una vuelta por el pueblo. Bego decide quedarse, y a Chandra no le pregunto.

Voy por el paseo marítimo buscando el centro, que está de lo más animado. Aquí sí que se ven algunos extranjeros. Me topo con un cajero y, acordándome de la gasolinera, saco otra vez dinero. Luego llego al sitio oficial desde donde se contemplan las puestas de sol, que –aunque suene a tópico- son espectaculares. Se erige aquí una estatua en memoria de Baris Akarsu, popular cantante y actor nacido en Amasra, que se mató en 2007 en un accidente de coche justo el día en que cumplía 28 añitos. Como dijo alguien, la vela que más brilla es la primera en apagarse.

La efigie de Baris en un principio se hallaba sola, pero enseguida, como los exvotos que acaban rodeando a los santos, la flanquearon con un par de Harley Davidsons y metieron todo en una urna de cristal. Ni qué decir tiene lo *kitsch* que resulta todo el conjunto.

Continúo paseo y cruzo el puente que lleva a la isla. Ésta sólo cuenta con una calle por el lado Este que se sobrepone a la muralla. Aguardo a que el sol se ponga completamente sobre la bahía y regreso. En el puente un chico joven me pide que les saque una foto a él y a su amigo. Después, como vamos andando en la misma dirección, hablamos un poco, pregunta que de dónde soy y esas cosas. También que si me gusta el fútbol (debe de haber algún partido). Empiezo a olerme algo raro, pero el chico sólo intenta ser amable con el extranjero. Me paro y los veo alejarse, tratando de imaginarme lo dura que debe de ser la existencia en Turquía para los hombres que aman a los hombres.

Entro por una calle que dejé antes a la derecha, repleta de tiendas de recuerdos. Aunque diga que ya estoy vacunado, no puedo sustraerme a entrar en una de ellas: tienen una artesanía original y bastante barata, así que me llevo un par de cucharas de madera, un azucarero del mismo material y un reloj de arena. A la hora de pagar, hablo en inglés y el dueño me responde en turco. Le hago ver que no entiendo y entonces me pregunta que de dónde soy. Cuando respondo que español se queda pensativo, creo que esperaba oír que de algún país de habla inglesa. Aun así me responde: *Yo, turco*, como dando a entender que él está en casa, y que si he venido hasta aquí ya puedo espabilarme y aprender su idioma. Al salir le suelto el protocolario *Allah ismarladik* (adiós) y entonces se ablanda y me despide. En inglés.

Al final va a tener razón el periodista que opinaba que el mayor peligro para Turquía era la prepotencia nacionalista. Desde luego, en ese plan van a entrar en la UE para cuando las ranas críen pelo.

Ya es noche completa, y como no se ve la costa ni tengo otros puntos de referencia estoy a punto de extraviarme porque sin darme cuenta he salido a la bahía que mira al Este. Me apercibo de mi error y, atajando por las calles del centro, consigo retomar el camino de ida y volver a la auto de mis amores.

En algún sitio de la ciudad hay música al aire libre, y el que canta se parece muchísimo al de ayer en Akçakoca. Parece mentira que sean tan brutitos y luego se pongan tan melosos cuando de asuntos de Amor se trata.

Kilómetros etapa: 193
Kilómetros viaje
Tierra: 4.218
Mar: 700

24 DE JULIO: AMASRA-DOGANYURT

Me cuenta Bego que ayer, mientras me fui de paseo, estuvo charlando con los italianos de las autocaravanas. Son gente mayor, llevan dos meses por Turquía y están ya de regreso. Aconsejan que las carreteras de aquí nos las tomemos con calma, que ellos ningún día han hecho más de 400 kilómetros. Por mi parte le cuento que me ha gustado tanto Amasra que no quiero irme sin enseñársela, así que para allá vamos los tres. La perrilla celosa, que está en la playa, nos mira con cara de pocos amigos pero al menos esta vez no pretende atacarnos.

Bien curioso es esto de ver un sitio por la tarde y después por la mañana: dos luces, dos impresiones diferentes. Ayer el agua parecía oro; hoy, en cambio, brilla transparente y cristalina. Pese a lo temprano de la hora, ya hay gente bañándose.

Regresamos al aparcamiento. Los italianos se han ido. Enfrente de nosotros hay una auto francesa con un ticket en el parabrisas. Nosotros no hemos visto ningún cobrador.

Nos ponemos en marcha. Amasra, como toda ciudad turca que se precie, dispone en el centro de un generoso guirigay montado fundamentalmente por conductores que aparcan donde quieren, circulan como quieren y hacen giros de 180 grados donde les sale del carburador. Sazónese este paisaje con motos y peatones que cruzan por cualquier parte, y también mercancías apiladas o descargadas en cualquier lado y tendremos una visión aproximada del pastel; algo así como España, pero elevado a la enésima potencia. En carretera, por el contrario, son temerarios e impacientes, adelantan en espacios inverosímiles para luego pararse cien metros más allá. Y esto lo hacen no sólo los turismos sino, increíblemente, también los autobuses. Muchos vehículos particulares llevan la placa de la matrícula borrada o directamente carecen de ella; con la Guardia Civil os las teníais que ver.

Toda esa tensión continua se suma a los más de cuatro mil kilómetros que llevamos ya encima, y por eso se comprenderá mi desesperación cuando, a la salida del pueblo, no me crea que el camino de cabras que tira para arriba sea la carretera y por ello acabemos en un polígono de reparación de coches donde, fieles al espíritu gremial, han puesto todos los talleres juntos. A la entrada hay un cuartel de la Jandarma. El centinela, pertrechado de jopo y casco de combate, al ver acercarse un vehículo tan sospechoso se viene para la puerta, y mientras pasamos no nos quita el ojo de encima, ni tampoco el dedo del gatillo.

Doy la vuelta donde los talleres y salimos de nuevo a la carretera. Lo que pasa es que ésta forma un ángulo tan cerrado y es tan estrecha que no puedo efectuar el giro. Tengo que entrar en nuevo en Amasra, al mogollón. En estos momentos deseo fervientemente poseer el poder de la teleportación y aparecer en otro lugar, preferiblemente cerca de casa.

Renqueamos por la estrecha, empinada y zizagueante carretera. Menudo comienzo del día. En las curvas te encuentras a veces coches que vienen a todo trapo y que te esquivan en el último milisegundo. Otras, en cambio, somos nosotros quienes alcanzamos camiones que gatean a una velocidad punta de 15 km/hora, y el paso es tan chungo que te las ves y te las deseas para adelantar. Luego están las obras, las eternas obras: en algunos sitios han echado una capa tan gruesa de grava que las ruedas patinan. En otros te obligan a pasar por el asfalto calentito, recién echado, que prefiero no saber cómo deja los bajos del vehículo. Gran parte del destrozo lo han causado las inundaciones de junio (aún se ven los sitios donde la ladera se ha venido abajo y las huellas de las máquinas que despejaron el paso).

Constatamos que, pese a su aparente anarquía, el trazado de la carretera sigue una pauta matemática: primero asciende hasta que ves el mar como si viajaras en avión. Luego empieza a bajar (y menuda bajada) sin transición alguna hasta que llega al fondo del barranco, donde indefectiblemente encuentras un pueblo más o menos pequeño. No bien acabas de pasar las últimas casas cuando ya estás otra vez para arriba. No existe conductor que no se raye con un recorrido así. Y el motor, siempre en segunda, todo un despilfarro de gasoil.

En varias ocasiones nos topamos con niños pequeñísimos jugando al borde de la carretera sin la supervisión de ningún adulto. Es como en la España de los sesenta, sólo que con muchísimo más tráfico.

Algo más de dos horas son necesarias para recorrer los 60 kilómetros que hay hasta una ensenada natural con nombre de resonancias griegas: Gideros. Se trata de un puerto tan protegido y abrigado que sorprende que no haya dado origen a una localidad importante. Nos parece tan bonito que no nos resistimos a bajar, descendiendo por una cuesta adoquinada que da pavor (¿seremos capaces de salir?).

Junto al aparcamiento hay un restaurante y otros cuantos edificios. Bloquean de tal manera el acceso a la orilla que no queda más remedio que preguntar si se puede pasar. Nos dicen que sí, y de paso indagan de dónde somos. La curiosidad que despertamos evidentemente es proporcional a los pocos extranjeros, con o sin autocaravana, que acostumbran a pasar por aquí.

El lugar es idílico donde los haya, pero lo temprano de la hora nos incita a seguir camino. Unas cuantas curvas más y, esta vez casi enseguida, llegamos a Cide, que se acurruca al final de una playa de 9 kilómetros. Es el tramo llano más largo que recorreremos hoy. Cruzamos la ciudad y otra vez comienza la endiablada subida.

Cuarenta y cinco minutos más tarde encontramos lo que parece un buen sitio para comer y descansar: se trata de un pequeño aparcamiento con fuente, mesa de merendero y dilatadas vistas. Procuro no arrimarme mucho por si viniera alguien a coger agua. Mientras Bego cocina, yo me dedico a llenar nuestro depósito con los cubos y la bomba.

En éstas estoy cuando aparecen un turismo y una furgoneta que aparcan junto a la carretera. De ellos baja –a lo mejor debería decir desembarca- la versión extensa de una familia. Se vienen hasta el borde del precipicio y empiezan a hacer fotos de sí mismos y del paisaje. Me ofrezco a sacarles alguna con el grupo completo, y de este modo comenzamos a hablar. Cuentan que son turcos, que viven en Suiza y que están de vacaciones (antes me chocó que, cuando llegaron, una de las mujeres me saludó, cosa que jamás hubiera hecho una oriunda). Les parece una proeza que hayamos llegado hasta aquí en autocaravana nada menos que desde España, y con esa mezcla de amor y desprecio por su tierra que a menudo sienten los emigrantes preguntan dubitativos si nos gusta el país, a lo que respondo efusivamente que sí. Como viajan en sentido contrario a nosotros, indago por el estado de la carretera. Explican que está tan mala que mejor desandemos camino y sigamos por una vía interior. Nos despedimos con parabienes.

Menos simpática es la siguiente visita: estamos ya comiendo cuando llega un coche que se encaja entre nosotros y la fuente con tal vehemencia que por poco se va barranco abajo. De él salen cuatro tíos que se instalan en la mesa y empiezan a comer. Bueno está. No han pasado cinco minutos cuando por el otro lado, entre nosotros y el barranco, se incrusta otro coche. Éste trae la música a todo volumen. Imaginando que se trata de un trasunto de los gamberrillos al uso que pululan por España, cuál no es mi sorpresa cuando, al asomarme por la ventana, descubro que son una pareja con niña de cinco o seis años. Contrasta la cuasi-histérica actitud de él -que va y viene como si algo le royera por dentro- con la de su mujer, que le deja hacer al otro y no se baja del coche en ningún momento. Algo huele a malos rollos, tal vez a historia de malos tratos (según una investigación del propio país, un 39 por ciento de las mujeres dice haber sido víctimas de violencia física, y un 15 por ciento haber sufrido abusos sexuales.)

El colega da la brasa a los cuatro de la mesa hasta que consigue que se larguen y se la dejen para él solito. Entonces extrae del maletero un cuchillo de considerables dimensiones y un paquete de carne, y se pone a cortarla y a encender un fuego... a tres metros de nosotros. A lo largo de toda la carretera hay carteles que lo prohíben taxativamente, pero a éste le da igual. En cuanto a la música, chunda que te chunda, no la apaga en ningún momento.

Hay instantes en la vida en que uno tiene que elegir entre enfrentarse a mamarrachos indeseables o levantar el campo y marcharse. Nosotros somos de la opinión de que si fuera por individuos de esta laya -egoístamente estúpidos e irrespetuosos- hace tiempo que el mundo se habría acabado. Adiós sobremesa y adiós siesta: acordándonos de la leche que mamó el penúltimo de sus tatarabuelos elegimos la opción que nos parece más sana, esto es, arrancar y desaparecer.

Vuelta al calvario carreteril. Nos encontramos un tramo de calzada levantado por completo y con socavones tan inmensos que ahora me hacen comprender por qué los turco-suizos aconsejaban que volviéramos para atrás. Después acometemos un largo tramo en el que los montones de grava ocupan un carril, y por tanto sólo es posible el paso de un vehículo, no sé lo qué haré si aparece alguno de frente; por fortuna, no se da la circunstancia.

Entre éstas y otras miserias transcurre la tarde. A eso de las cinco hora española llegamos a Doganyurt. Quedan dos horas de luz, y no queremos que nos oscurezca en mitad del monte, así que aprovechamos que la entrada hacia el puerto es fácil y aparcamos. Hemos empleado todo el día para recorrer 142 kilómetros, de modo que nos vamos a dar una vuelta para expandirnos y desestresarnos.

La gente con la que nos cruzamos mira con curiosidad, pero no dice nada. Ignoramos hasta qué punto somos extraños para los 1.500 habitante del lugar, aunque desde luego preferiríamos no averiguarlo.

Nos gustaría colocar la auto en un sitio más discreto que la calle de bajada al puerto, y lo encontramos (42° 0'24.99" N 33°27'36.10" E). Pero como al lado hay una zona de juegos infantiles y varios críos en ella esperamos a que se haga de noche y ellos se recojan. Luego, discretamente, nos mudamos. Cuando llaman a la última oración ya estamos del todo instalados.

Kilómetros etapa: 142
Kilómetros viaje
Tierra: 4.360
Mar: 700

25 DE JULIO: DOGANYURT-ALAÇAM

A pesar de todas nuestras prevenciones, noche tranquila donde las haya. Mientras paseo con Chandra descubro gente dormida bajo unas marquesinas de madera. Ayer, en Amasra, también vimos a los ocupantes de un taxi pernoctando al raso; esto sí que son vacaciones de bajo presupuesto, y lo demás cuento.

A las ocho hora española –todo un record para nosotros- estamos listos para reanudar nuestro peregrinaje por carreteras turcas. El paisaje no ha cambiado respecto a ayer: profundas gargantas, costa escarpada, mucho verde...

Özlüce, Inebolu, Abana. El litoral es aquí tan poco sinuoso que prácticamente todos los pueblos que cruzamos protegen su puerto con un espigón. En ocasiones, desde las alturas divisamos una estrecha franja de playa. La arena es muy oscura, tanto que me pregunto si el nombre de Mar Negro no procederá de ahí (al Mediterráneo, por contraposición, los turcos lo llaman *Ak Deniz*, o Mar Blanco).

A partir de Inebolu el relieve parece suavizarse, y la carretera sigue la línea de la costa. Las localidades parecen también más grandes y se ven de nuevo indicios de actividad industrial. La sensación que tenemos es la de haber atravesado una de las zonas más remotas e inaccesibles de Turquía.

Hacemos una paradita, paseo incluido, en la playa de Ginolu. No sopla ni pizca de viento, y el sol aprieta ya que es un gusto.

La conducción por fin nos cunde, pues a la hora de comer hemos conseguido recorrer 180 kilómetros –más que en todo el día de ayer- y estamos entrando en Sinop. Esta ciudad fue la colonia griega más importante del Mar Negro -otrora Ponto Euxino- durante el primer milenio antes de Cristo. Sus habitantes alegaban que fue fundada por Autólico, uno de los Argonautas. A mí en realidad lo que me sorprende es que los helénicos fueran capaces de llegar tan lejos.

Sinop se halla situada en una península a la que se accede a través de un estrecho istmo. Buscando una aparcamiento somos testigos de las *artes* de la conducción local: la calle principal se halla colapsada por la inveterada costumbre de aparcar en doble fila (en ambos sentidos) para hacer las compras. Un poco más allá nos vienen de frente un par de coches que intentan saltarse el atasco circulando por el carril contrario, pese a la línea continua. En los cruces, policías locales intentan ordenar semejante desbarajuste, pero los automovilistas se los pasan por el arco del triunfo. Está claro que aquí sólo impone respeto la Jandarma.

Encontramos un aparcamiento de pago junto al puerto. Nos sobra un rato antes de comer, así que vamos a dar una vuelta. Para decepción nuestra, y pese a su milenaria historia, Sinop no parece ofrecer nada interesante, salvo las murallas y una antigua cárcel reconvertida en museo en la actualidad, al que no entramos. Vuelta a la auto. Comida y sesteo.

Como ayer nos costó tanto avanzar, habíamos contado con llegar aquí a dormir. 10 kilómetros antes de Sinop hemos visto el cartel del camping Marti. Al parecer también es posible ir hasta él por una carretera que bordea el aeropuerto, pero... Un paso atrás ni para tomar impulso: tenemos algo de tarde por delante, y la carretera invita. A 90 kilómetros de aquí está Alaçam, donde tengo anotado que también existe camping. Antes de partir me doy un baño en la pequeña y atestada playa que hay junto al aparcamiento.

Al salir de Sinop la caravana se ha disuelto; no así el follón de la zona comercial. Acostumbrados a ser las víctimas de conductores desalmados, nos produce un malévolo placer verlos por una vez litigando entre ellos.

En las afueras paro a echar gasoil. Aquí ya no nos limpian el parabrisas, pero el gasolinero me pregunta *que a qué país pertenece la letra E*.

Nuestra querida D-010, denominada aquí *Sinop-Samsun Yolu*, enfila ahora hacia el Sur, bordeando una amplia bahía a través de un paisaje de bajas colinas que nos recuerdan a Extremadura. Cruzamos Gerze y Yakakent: en esta zona la carretera es ya una vía rápida que han conseguido hacer llana y sin curvas mediante el costoso procedimiento de ganar terreno al mar echando piedra y tierra.

Cuando nos damos cuenta estamos en Alaçam, aunque no tenemos claro cuándo se entra y cuándo se sale, pues con las obras de duplicación de calzada han arrancado los paneles anunciadores. Vamos mirando en busca de alguna indicación de camping, en vano. Ya queda poco para que oscurezca y no es cosa de aventurarse más allá, así que cuando terminan las casas paramos en una gasolinera a preguntar. Resulta conmovedora la cortesía y amabilidad con que llegan a tratarte los turcos: el buen hombre, por señas, nos explica que un par kilómetros hacia atrás, en el primer semáforo a la derecha. Aun con el depósito casi lleno, dan ganas de echar más gasoil para hacerle gasto

Seguimos las indicaciones de nuestro ángel de la guarda y damos con la calle-carretera que en 2 kilómetros más nos lleva hasta la costa. Aparcamos junto a una estatua que representa a un hombre que ara la tierra ¡con una yunta de ciervos! y vamos a averiguar. Efectivamente -aunque sin cartel de ninguna clase que lo indique-, hay allí un establecimiento hostelero consistente en bungalows (ya nos daremos cuenta de que a los turcos eso de las tiendas de campaña no les va mucho). Nos atacan ferozmente los mosquitos y salimos huyendo hacia la auto. Una vez dentro, deliberamos: podemos preguntar si nos aceptan, pero también podemos quedarnos aquí fuera. Para no dar tanto la nota, nos alejamos 150 metros de la puerta (41°37'56.29" N 35°36'33.01" E) y aparcamos junto a un autobús-restaurante: si este para aquí y no le roban, también lo podemos hacer nosotros. Además, si se pusieran las cosas feas están los vigilantes un poco más allá.

Pero, claro está, Alaçam no es Doganyurt, y encima es sábado por la noche: durante un buen rato pasan en vuelo rasante algunos coches que han hecho de esta calle su circuito particular. También gente andando, pero nadie nos dice nada, ni dan golpecitos ni nada por el estilo. Al final, aunque con la oreja puesta, nos dormimos.

Kilómetros etapa: 272
Kilómetros viaje
Tierra: 4.632
Mar: 700

26 DE JULIO: ALAÇAM-ORDU

Amanece mucho más tranquilo de lo que anocheció. A la luz del día se ve que hemos pernoctado junto a una especie de parque público. En él hay un puestecillo de comida y té, y dos o tres personas, los únicos seres vivos a la vista.

Aparco la auto a la sombra para que no se caliente antes de tiempo y nos vamos a pasear por la playa (a esta hora sin mosquitos). Antes de irnos toca acometer una delicada operación: nada menos que vaciado de negras. Como no es cuestión de echarlas ahí en la cuneta, ensayamos un método que no hemos probado antes, y que consiste en vaciar el Thetford en una de las grandes y recias bolsas de basura traídas desde casa a tal efecto. Llevamos a cabo la operación con bastante limpieza, y luego sólo queda acarrear el cuerpo del delito hasta un contenedor, cosa nada fácil, pues estamos hablando de casi veinte litros de agua y, ejem, diferentes materiales de derribo.

Libres de, parafraseando a Cervantes, la carga que tanta pesadumbre nos había dado, emprendemos camino y desandamos el trecho recorrido ayer desde la D-010. Al llegar a ésta, y mientras esperamos que el semáforo se ponga verde, el camarero de un restaurante nos invita por gestos a entrar en su local. ¿Querrá que dejemos la auto en mitad del medio y entremos a desayunar? Si fuéramos turcos a buen seguro que lo haríamos.

La carretera se halla a tramos duplicada y a tramos no, pero se circula considerablemente mejor que en los días pasados. Cruzamos Bafra sin novedad, y más adelante una ciudad llamada 19 Mayis, que debe su curioso nombre a que ese día del año 1919 Mustafá Kemal desembarcó en Samsun para dar inicio al movimiento de resistencia contra los Aliados, que habían ocupado gran parte del país tras la derrota de Turquía durante la Primera Guerra Mundial. Este hombre, popularmente conocido como *Atatürk* -el padre de los turcos- ocupa un lugar de excepción en el imaginario colectivo de sus paisanos, quienes lo consideran una especie de Mesías no sólo porque salvó al país de la desmembración, sino porque lo embarcó en una serie de reformas políticas, económicas y culturales que llevaron a Turquía desde el Sultanato hasta la moderna y laica república que conocemos hoy. Podemos encontrar imágenes suyas, tanto fotografías como estatuas, casi en cualquier sitio. Resulta divertido verle ataviado al estilo de los años 30, como si fuera un dandy o un actor de película muda. Pero, claro, nos cuidamos mucho de hacer estos comentarios delante de los de aquí.

Más que político, Atatürk fue sobre todo un militar de gran prestigio –en 1915 había vencido a franceses e ingleses en Gallípoli, y un año después a los rusos en el Cáucaso-, de ahí que los militares siempre hayan constituido un poder fáctico esencial en la república, de cuya naturaleza secular y unitaria se consideran garantes. A instancias de ellos, los partidos políticos juzgados como anti-seculares o separatistas pueden ser prohibidos; incluso llegó a plantearse dicha posibilidad con el islamista AKP, actualmente en el poder.

Llegamos así a Samsun, que fue fundada por colonos de Mileto en el 559 a. C. Nos sobrecoge esta ciudad con nombre de televisor, sobre todo por su tamaño: 430.000 habitantes; nada que ver con los villorrios que dejamos atrás. Se la ve, además, muy limpia y ordenada.

Sorprende que las urbes más pobladas del Mar Negro se ubiquen en la parte oriental de la costa, desde aquí hasta la frontera con Georgia. La carretera se hace eco de ello, y ya no tendremos ninguna queja en lo que se refiere a su trazado o firme: va, lo que se dice, como la seda. Pese a que cruzamos la ciudad por todo el medio no pillamos ni sombra de atasco, imaginamos que por ser domingo.

Con pan y vino se anda el camino, y con buena carretera ni te enteras: Çarsamba, Terme, Ünye, Fatsa... La única dificultad, que sería contornear la península de Vona, es posible evitarla ahora mediante una moderna y recién inaugurada carretera que la atraviesa por el interior ayudada por una serie de túneles, el más largo de los cuales mide casi cuatro kilómetros. De manos a boca nos topamos con Ordu (134.000 habitantes), otra colonia de Mileto por estos lares. Hasta el año 1800 su población estaba formada principalmente por griegos pónticos; en la actualidad quedan muy pocos debido al intercambio de población que tuvo lugar entre Grecia y Turquía en 1924.

Hace rato que es hora de comer, pero como la carretera tiene cuatro carriles cuando avistamos un buen sitio a la orilla del mar resulta del todo imposible cruzar –Margaret y Barry fueron más listos, al recorrer esta costa en sentido contrario al que nosotros llevamos–. Como esto ya no tiene arreglo, en cuanto atisbamos una oportunidad nos salimos hacia la derecha por un desvío con la esperanza de poder pasar por debajo de la autovía. Antes de hacerlo paramos en una fuente pública –desde que salimos de Estambul las hemos visto a patadas- a llenar el depósito. Justo al lado, a la sombra, una familia viajera come y descansa. Nos miran como si hubiera aterrizado un ovni delante de sus narices. Conmigo no cruzan palabra, pero con Bego se muestran más simpáticos.

Finalizada la operación de recarga, pasamos bajo la carretera en busca del sitio bonito, tranquilo y seguro. Vamos por un camino que sigue la orilla izquierda de un río hasta que, ya cerca de la desembocadura, se estrecha flanqueado por sendos taludes. Como vemos que hasta aquí vienen pescadores con sus vehículos valoramos la forma de no bloquear el paso. Bego se baja para dirigir la maniobra y poco a poco, con bastante dificultad, voy dando la vuelta a la autocaravana para dejarla con el morro hacia la salida, al tiempo que la arrimo al borde lo más que puedo para dejar el camino libre. En ese momento oigo algo así como un roce, pero no le doy la menor importancia hasta que bajo, y veo... Lo que veo es una piedra enorme, camuflada entre la alta hierba, que ha ido rozando el faldón lateral por debajo. No ha ocurrido nada hasta que se ha encontrado con la palanqueta que abre el depósito de las grises: el empuje del pedrusco ha hecho saltar la sujeción, deformando la varilla y dejándola hecha un higo. Por si el estropicio fuera poco, empiezan las recriminaciones: que si no has revisado el sitio, que tú te has metido antes de tiempo...

Como se haya roto la válvula del depósito estamos jodidos. Tengo un disgusto tan gordo que ni siquiera soy capaz de comer. Sólo cuando un rato más tarde consigo engullir los espaguetis, a la sazón transformados ya en una masa compacta y disforme, reúno el valor suficiente como para salir y valorar fríamente el estrago. Saco una esterilla y me tumbo bajo la auto. Por fortuna, el cierre del depósito está intacto. Por en lo que respecta a la varilla, ha quedado torcida en un ángulo tan acusado que cuando se tira de ella ni de broma consigue soltar las grises. Me empleo a fondo para enderezarla con cuidado de no empeorar las cosas. Al final queda más o menos derecha, pero la abrazadera que la sujetaba al chasis ha cedido, de modo que queda bailando peligrosamente cerca del suelo. Intento en vano fijarla con otros tornillos hasta que me harto y pruebo con una solución chapucilla pero eficaz, que consiste en elevarla y sujetarla al chasis mediante una cincha. No me fío demasiado del arreglo, pero el caso es que nos aguantará hasta el día de hoy.

Una vez solucionado lo más perentorio, nos vamos a dar un bañito para mitigar tanto el disgusto como el intenso calor. Permanecemos en la playa hasta que el sol baja lo suficiente como para pensar en buscar un sitio para dormir.

Nos estamos quitando la arena de los pies cuando por el estrecho camino pasa una mujer llevando una ternera joven. Ésta se asusta de Chandra, y Chandra de la ternera. La mujer le habla al animal con palabras tiernas, para convencerla de que Chandra no se la va a comer. A nosotros nos mira a los ojos y saluda con un *Hos geldiniz* que impresiona por su sinceridad y vehemencia. Finalmente ella y la becerra se van, y nosotros subimos a la auto.

Un rato después, mientras salimos del tortuoso e infausto camino, me parece que alguien nos mira desde la puerta de una casa cercana, y o mucho me equivoco o es la mujer de antes. No le damos importancia y aparcamos unos cientos de metros más allá, pues nos parece más eficaz buscar el sitio de pernocta a pie. Cruzamos bajo el puente de la carretera y seguimos río arriba. Evaluamos dos o tres sitios y nos decidimos por un descampado frente a un chalet con signos de hallarse habitado. Regresamos.

Cuando llegamos a la auto es prácticamente de noche. Vagamente divisamos tres figuras, que al vernos se acercan. Son dos hombres y la susodicha mujer. Por gestos nos preguntan si buscamos sitio para dormir. Les digo que sí. Pretenden que les sigamos con la auto pero yo, receloso -si no por naturaleza al menos por experiencia-, les digo que primero mirar. Al que lleva la voz cantante parece molestarle un poco mi desconfianza, pero aun así insiste en que le acompañemos.

Llegamos a un recinto vallado (40°58'40.30" N 37°59'52.64" E). Cuatro o cinco perros nos reciben ruidosamente, pero enseguida les hacen callar. Terror absoluto de Chandra por este súbito ingreso en el universo canino.

Tras la verja hay unas naves, unos depósitos como de gas y una vivienda. Comprobamos que, efectivamente, parecen ser gente de fiar y éste un buen sitio para quedarse, y así se lo hacemos saber. Vienen entonces las presentaciones: el cabeza de familia se llama Hasán, y su mujer Nédyela. El segundo hombre es amigo de la familia y se llama Murat, como el mariscal de Napoleón (ya descubriremos que se trata de un nombre de lo más corriente en Turquía, incluso cruzaremos un río denominado así). Acordamos que Bego y Chandra se quedan, mientras que Murat se viene conmigo a por la auto.

Nos sentamos en el porche. Cuando nos ofrecen de comer, amablemente decimos que no. La situación es de lo más surrealista: dado nuestro avanzado nivel de turco y el de ellos en lenguas foráneas, la conversación no parece que vaya a prosperar, y eso que hemos sacado nuestro pequeño diccionario turco-inglés. Yo no acabo de tenerlas todas conmigo y temo habernos metido en alguna extraña encerrona cuando de repente aparece la hija, y súbitamente se despejan todos mis temores. Se llama Tuba, tiene veinte años y estudia informática en Samsun. A diferencia de su madre, lleva el pelo descubierto y además viste pantalón corto y camiseta ajustada de tirantes, lo cual hablando de una joven musulmana es mucho decir. Sin embargo y asombrosamente sabe menos inglés que nuestros alumnos de la ESO -muy sintomático el interés del Estado turco por las lenguas extranjeras-, debido a lo cual, aunque ayuda a distender el ambiente, no nos sirve de gran ayuda en el aspecto comunicativo.

Tuba disfruta de lo que sin duda en Turquía puede considerarse un lujo: tiene como mascota un perro pequeño llamado Minoche, aunque nos corrigen: no es *erkek* (macho), sino *kadin* (hembra). Como el resto de los canes guardeses, Minoche también parece tener claro que tanto nosotros como Chandra somos huéspedes de sus amos, y no ladra ni se muestra agresiva. Con semejante sociedad perruna en casa, ahora comprendo por qué Nédyela se portó tan gentilmente cuando venía con la vaca.

Pese a las dificultades idiomáticas conseguimos enterarnos de algunas cosas, como por ejemplo que las instalaciones en las que nos hallamos (aparentemente no operativas) pertenecen a una compañía de gas, que Hasán es el vigilante y que por eso tiene aquí la vivienda. Nos parece entender que le gusta invitar a extranjeros a su casa, y que no hace mucho alojaron a unos suizos.

Poco a poco la situación se distiende. Al final sacan comida y hacemos una medio cena. Hasán nos ofrece *raki* (licor anisado típico de Turquía, 45 grados en canal), pero nosotros declinamos la oferta. Para que la cosa no decaiga, propongo enseñarles fotos con el portátil, y así ilustrar nuestro viaje. Se maravilla al ver mi ordenador (Tuba ni siquiera tiene uno de sobremesa), y durante un buen rato pasan ante nuestros ojos Italia, Eslovenia y demás países balcánicos. Me pregunta entonces si no tengo fotos de España. Le enseño algunas de cuando cruzamos Castilla, y entonces me acuerdo de algo mejor: en una carpeta guardo fotos de mi familia sacadas en las últimas Navidades. Esto parece complacerle, y asiste interesadísimo al desfile de instantáneas de nosotros con mi padre, mi madre y mi hermana. Me da la impresión de que el hecho de compartir estas imágenes tan personales con ellos lo consideran un acto de gentileza exquisita.

Creemos que es llegada la hora de retirarnos. Pregunto si puedo enchufar la auto a la corriente eléctrica, y Tuba me ayuda a desenrollar y conectar el cable.

El día de hoy quizá no haya sido el más propicio (percance con el pedrusco) y tal vez esta noche no sea la más tranquila (los perros ladran de cuando en cuando) pero aquí, a miles de kilómetros de casa, agasajados y cobijados por unos desconocidos, es cuando me duermo sintiendo que una gratitud primigenia y vegetal empapa mi corazón.

Kilómetros etapa: 239
Kilómetros viaje
Tierra: 4.871
Mar: 700

27 DE JULIO: ORDU-MAÇKA

Nos sentimos en profunda deuda con esta familia, y no sabemos muy bien cómo agradecérselo. Se nos ocurre que podemos ir dando un paseo a la zona comercial de Ordu en busca de una librería y regalarle a Tuba un diccionario inglés-turco en condiciones, para que vaya practicando.

Bajamos de la auto. No hay nadie a la vista y la puerta del recinto está abierta, de modo que salimos y vamos a la calle principal. En ese momento no sabemos que realmente no estamos en Ordu propiamente dicho, sino en un pequeño municipio del extrarradio llamado Turnasuyu, a 9 kilómetros del centro. Sin embargo, basta con caminar un poco y echar un vistazo a la larguísima carretera para que nos demos la vuelta ipso facto. Adiós a nuestro regalo de gratitud.

Al volver nos ladran los perros, pero allí está Nédyela para franquear la puerta. Una vez dentro, no dicen ni mu: aquí la ley de la hospitalidad se acata a rajatabla.

Aparece Hasán, tan simpático como anoche. Nos invitan a pasar dentro de la casa. Para ello es preciso descalzarse antes, y los perros tienen prohibida la entrada. Chandra se muestra medrosa al tener que quedarse fuera con los otros cinco, pero de una forma u otra acepta.

Nos preguntan si queremos comer, y antes de poder replicar la mesa empieza a llenarse de platos. Inútil es tratar de convencerle de que ya hemos desayunado en la auto, lo cierto es que nuestro invitador no se tranquiliza hasta ver que nos meternos algo en la boca. Y té, claro, escanciado de una de estas curiosas teteras de dos pisos (infusión de té arriba, agua caliente abajo).

En éstas llega Murat acompañado de otro hombre. No entran en la casa sino que se quedan afuera, en la puerta. En nuestra ámbito cultural eso de aparecer y no saludar sería considerado un gesto grosero, pero aquí no; cuando llevemos más días en el país entenderemos por fin que lo que ellos consideran educado es permitir que el anfitrión esté a solas con su huésped, para poderle atender y agasajar mejor. También tengo la impresión de que en Turquía se considera de buen tono tener invitados en casa, y que además da prestigio: durante unas horas, nuestro amigo Hasán puede jugar un poco a ser sultán de su propio reino.

Me asomo a la puerta a procurar por Chandra. La encuentro tranquila: no sólo se ha avenido con los otros perros, sino que se está haciendo amiga de Murat y el compañero. A menudo reflexionamos sobre lo crucial de este momento, pues creemos que fue precisamente entonces cuando nuestra perra -abandonada y maltratada, temerosa e incapaz de relacionarse con sus congéneres- empezó a cobrar la suficiente confianza en sí misma como para poder hacerlo. César Millán sostiene que para curar a un animal que padece un trauma de este tipo lo que hay que hacer es integrarle en una manada que no se rija por la agresividad.

Estamos convencidos de que éste es el mejor regalo que nos hicieron Hasán y su familia. Y sus perros, claro.

Tras el almuerzo somos invitados a pasar a otra habitación más grande, donde cuelgan fotos familiares. Allí está la de la boda, la de un hijo que murió siendo pequeño y la de su otra hija, mayor que Tuba, que tenía mala relación con el padre y que, en palabras de éste, *se escapó*. Ahora se ha casado, vive en Ordu y han vuelto a verse. Así relatado suena un poco sórdido, pero como Hasán tiene talento para la comedia –creo que hubiera hecho muy buen papel de cómico– le da a la historia un aire de sainete.

Lo que sí me entran ganas es de decirle que como continúe tratando a Tuba tan despóticamente probablemente seguirá el camino de su hermana, que ahora los tiempos son otros. Pero soy el huésped, y por discreción callo. En lugar de eso hablamos de nuestras respectivas edades: él tiene 47, y su mujer 49. Me quedo a cuadros: daba por supuesto que eran mayores que nosotros, pero no que nos sacaran tan poquísimos años. Nédyela, en particular, parece una anciana incipiente. Está claro que el tiempo no corre igual de rápido en todas partes.

Tras parlamentar con Murat, entra Hasán para decirnos que estará ocupado una media hora, y que después volverá. Como no queremos molestar más respondemos que no se preocupe, que nos marchamos ya. A punto de subirnos a la auto me armo de valor y hago lo que tengo que hacer si no quiero irme remordido, esto es, ofrecerle dinero. Él se niega a aceptarlo, y en respuesta se lleva la mano al corazón. Bego arguye que lo guarde para el ordenador de Tuba, y por un instante Hasán duda, pero reitera su negativa. Entonces ya sólo nos queda darles la mano, subir a la nave y marchar. Murat nos abre la puerta del vallado. Saludamos, saludan ellos y nos vamos con el corazón transido por semejante demostración de afecto y humanidad. Con el tiempo seguramente olvidaremos muchas cosas de este viaje, pero dudo que eso ocurra con esta amable familia.

Siempre que conocemos un país nuevo nos gusta saber lo antes posible cómo se traduce la palabra *Gracias*. Aquí y ahora lo que toca decir es *Tesekkür*.

Salimos a la carretera como flotando. Continúan los dos carriles, los pueblos se alargan y todo el recorrido es prácticamente un continuo urbano. Dos cosas me llaman la atención de esta carretera, a saber: una es que los pasos peatonales, aunque subterráneos, se hallan señalizados sobre la mediana (¿será para que pisemos con cuidado?). La otra, menos divertida, es que de vez en cuando hay una especie de rotondas para cambiar el sentido a las que se accede por el carril izquierdo, de tal manera que si vas adelantando a otro vehículo te puedes encontrar, de sopetón, con uno que está aminorando para girar. Un poco temerarios, estos turcos.

Luego están los *dolmus*, de los que no he hablado desde Estambul. Por decirlo lisa y llanamente, en carretera son peor que una almorrana, pues al tratarse de un transporte público a la carta te los puedes encontrar circulando despacísimo o adelantando a toda velocidad. A estos últimos los vuelves a ver enseguida, detenidos para recoger o soltar a alguien, y es necesario maniobrar para esquivarlos. Segundos después otra vez los tienes encima adelantándote, y vuelta a empezar. La mayoría llevan escrito por la parte de atrás, en grandes letras, uno de estos dos lemas: ALLAH KORUSUN (que Alá me proteja) o MAASALLAH (milagro). Deduzco que el primero lo ponen los que desean salvarse de un accidente -que no evitarlo-, lo cual es lógico si atendemos a cómo conducen. El segundo digo yo que lo escribirá el que pegó la torta y salió con bien.

El tiempo, soleado cuando salimos de Ordu, va nublándose poco a poco y al final caen chuzos de punta, aunque no dura mucho. En Akçakale paramos a echar gasoil, y en Akçaabat nos detenemos un instante a fotografiar su maravillosa mezquita. De este modo, poco a poco, nos acercamos a la ciudad que da nombre a este relato. Trabzon, Trebisonda, o Trapisonda, que fue capital de un reino desgajado del Imperio Bizantino y que subsistió nada menos que 257 años.

Trapisonda no es sólo famosa entre nosotros porque la nombre Cervantes en el primer capítulo de El Quijote. Por aquí pasó Marco Polo a la vuelta de China; y casi un siglo después, tanto a la ida como a la vuelta, nuestro paisano Ruy González de Clavijo, quien fue enviado en misión diplomática por el rey castellano Enrique III a la corte de Tamerlán el Grande, que se hallaba a la sazón en Samarcanda, actual Uzbekistán. La expedición partió de Cádiz en mayo de 1403 y no regresó hasta marzo de 1406. Fruto de ese viaje nos legó el libro titulado *Embajada a Tamorlán*, una de las desconocidas joyas de la literatura medieval castellana.

Sin embargo, para desgracia nuestra, Trabzon se nos resiste y no lo veremos ni mucho ni poco: accedemos por la ronda litoral hasta que un cartel nos indica el desvío para el centro. Pero allí hay organizado tal guirigay de gente y de coches que no vemos por ningún lado sitio para aparcar. Al llegar a la vista de las murallas me desvío a la derecha tratando de dar con algún lugar despejado, pero la carretera sube y sube y parece alejarnos de nuestro objetivo. Como puedo doy media vuelta y otra vez para abajo.

Queda claro que en el centro no hay forma humana de aparcar, y cuando por fin empiezan a aparecer sitios no nos ofrecen ninguna confianza para dejar en ellos la auto y volver andando. Así que, pian pianito, cuando vemos el letrero de la carretera hacia Maçka sabemos que no daremos ya la vuelta. Lo único que lamento es irme sin ver la iglesia de Santa Sofía, transformada en la actualidad en museo.

En cuanto nos alejamos un poco desaparece casi todo el tráfico: no dejará de asombrarme este singular fenómeno de las ciudades turcas. Necesitamos urgentemente comprar vituallas, y como en las tiendas de Trabzon no fue posible, paramos en una de carretera, bastante más pequeña de lo que nos pareció al pasar. Compramos garrafas de agua, fruta y pan, que se dice *ekmek*. Por cierto, el pan de Trabzon tiene una bien merecida fama, y es conocido a lo largo y ancho del país.

25 kilómetros al Sur de Trabzon está Maçka. Traigo este sitio tan estudiado por Google Earth que no dudo ni un instante acerca de dónde tengo que parar. Y es que vengo en cumplimiento de la especie de promesa o propósito que contraje antes de salir de casa:

- Tipo de suceso: accidente aéreo.
- Fecha: 26 de mayo de 2003.
- Modelo de avión: Yakovlev-42
- Causas del accidente: tripulación desorientada y fallos en los sistemas de vuelo durante la maniobra de aproximación al aeropuerto de Trabzon.
- Fallecidos: 75 personas, entre ellas 62 militares españoles procedentes de Afganistán.

La atmósfera y el paisaje son exactamente como aparecían en las fotos, muy nublado y muy verde. Yo me decía que seguramente en verano se vería de otra manera, pero no; parece que ésta es tierra de lluvias perpetuas.

Entro en el parquecillo con el mismo respeto con el que se va a un cementerio. Impresiona, tan lejos de casa, encontrarte palabras escritas en tu idioma materno. Sin tocarme de cerca, intuyo el inmenso dolor que aquí yace, cabalgando a lomos de la tragedia y de la nada. Porque para sufrimiento, el mayor no es el de los que se van, sino el de los que se quedan, con la vida a menudo hipotecada en un extenuante ejercicio de preguntas sin respuestas.

El avión no se estrelló aquí, sino en un monte cercano y en un lugar bastante más inaccesible. Recuerdo que cuando oí la noticia del accidente, hace ahora seis años, me pareció que aquello había ocurrido en el culo del mundo, y ahora sin embargo he llegado. Y es que, como diría Perogrullo, ningún sitio parece demasiado lejos cuando se está en él.

Los turcos son amigos de sorprender, tanto para lo bueno como para lo malo: al igual que abruma el gesto de solidaridad que supone levantar este monumento (y el fraternal trato que dispensaron a los familiares, según me han contado) también me deja a cuadros que el tipo que regenta la terraza de verano anexa haya desplegado mesas, sillas y sombrillas justo delante del conjunto conmemorativo (incluido un techado de madera con aspecto de ser permanente). Tengo que usar toda mi habilidad para sacar las fotos sin que se vean plásticos o anuncios de refresco. Yo, que no me considero precisamente un defensor de lo castrense, me indigno ante el ultraje. Al tabernero le vale que los muertos son soldados españoles, que como fueran turcos ya hace tiempo que le habrían metido las sombrillas por salva sea la parte.

De Maçka sale el desvío que en pocos kilómetros lleva al monasterio de Sumela. La carretera asciende por un valle siempreverde, remontando un torrente de montaña. Alcanzamos la entrada del Altindere National Park, donde cobran por el vehículo, no por los pasajeros. Un poco más arriba está el aparcamiento, sobresaturado de turismos y autobuses. Incluso hay dos pequeños coches que participan en el rally Londres-Mongolia (esta mañana nos han adelantado varios).

Encontramos un sitio para estacionar y nos disponemos a comer. Como afuera he visto un puesto en el que venden mazorcas de maíz, bajo a comprar dos. En Turquía son muy aficionados a consumirlas, bien hervidas o bien asadas.

Aunque no es muy tarde, la luz escasea de tan nublado, así que nos ponemos en marcha. Desde el aparcamiento hay un sendero que sube hasta el monasterio. Parece bastante empinado pero no nos arredra; además, así podemos disfrutar del frondoso paisaje. Nos llevamos el chubasquero por si llueve, pero no van ni diez minutos de caminata cuando empieza a caer tal diluvio que no queda otra que regresar a toda prisa y maldiciendo, con el sendero convertido en río.

Otra vez en la auto, ya secos y cambiados de ropa, evaluamos la situación. Teóricamente los vehículos grandes no pueden subir hasta el monasterio. Sin embargo, yo he visto tirar a microbuses y hasta un autobús, así que si ellos pueden nosotros también. La carretera es por lo general estrecha y con algún paso difícil, pero llegamos arriba sin novedad. Por cierto, ha dejado de llover del todo.

Desde este segundo aparcamiento hasta el monasterio hay que caminar todavía un poco por un camino que el agua recién caída y las raíces de los árboles hacen bastante resbaladizo. Casi todo el mundo viene en sentido contrario a nosotros, y eso hace suponer que están cerrando o a punto de cerrar, como efectivamente ocurre. De todos modos, con el hándicap de Chandra venimos ya mentalizados, y éste es precisamente uno de los sitios que se viene a ver más por el emplazamiento que por el edificio en sí, por muy espectacular que sea verlo colgar de los riscos.

El monasterio de Sumela estuvo ocupado por monjes ortodoxos hasta 1923, fecha en que fue abandonado como consecuencia del intercambio de población que siguió al Tratado de Lausana. Ahora lo tienen como oro en paño, pero durante un tiempo sufrió desidia y vandalismo. Como veremos después en Capadocia, la peor parte se la llevaron las pinturas murales, sobre todo las caras de las figuras, que fueron sistemáticamente machacadas en virtud del precepto coránico que prohíbe representaciones humanas.

Paseamos y sacamos algunas fotos, haciendo tiempo para que se marche el mayor número posible de vehículos. A última hora aparecen dos o tres muy grandes y ostentosos. Por la matrícula y lo negras que vienen las mujeres aventuramos que son iraníes.

Descendemos hasta el primer aparcamiento, con paradas para ver/fotografiar las espectaculares cascadas. El grado de humedad es tal que con el aire se podría hacer sopa.

Pero hay que plantearse el tema de la dormida: aquí no creo que sea posible por hallarnos dentro del parque. De regreso a Maçka vamos mirando a los lados de la carretera en busca del lugar propicio. Creemos encontrarlo en la rectificación de una curva, enfrente de un restaurante y unas casas. No hemos decidido aún si quedarnos o no cuando veo a un tipo haciendo insistentes gestos para que nos vayamos. Estamos en la carretera y fuera de los límites del Parque Nacional, pero pasamos de líos. Al maniobrar para volver a la carreta tengo ocasión de observarle más de cerca: alto, joven, bien criado. Va con dos mujeres tapadas hasta las cejas, y hace gala de una prepotencia tal que me lleva a pensar si no será militar o poli. Le miro a través de la ventanilla y redobla su negativa: el muy idiota creerá que busco ablandarle. Ayer nos acogen con los brazos abiertos y hoy nos expulsan. Qué cosas, esta Turquía.

Cuando llegamos a Maçka ya es noche cerrada. Atravesamos el pueblo mirando sitios, pero a oscuras ya se sabe lo difícil que es. Cruzamos el río y damos con un descampado en el que duermen muchos camiones. Dejamos allí la auto para buscar mejor a pie. Después de recorrernos todo el pueblo llegamos a la conclusión de que donde hemos aparcado, si bien no es el sitio ideal, sí que es el mejor posible dadas las circunstancias (40°48'45.00" N 39°36'40.64" E). Antes de volver pasamos por un super donde hacemos una –a nuestro pesar- raquítica compra. No venden fruta, y tenemos que adquirirla en otra tienda.

Camuflamos la auto entre dos camiones, y nos disponemos a pasar la noche. Estamos a menos de 300 metros del parquecillo donde el monumento al accidente aéreo, y por lo visto esta noche hay organizado un concurso de disc-jockeys *bakalas*. Lo que no me queda muy claro es si el premio es al mejor o al peor, a juzgar por cómo suena toda aquella chatarra. Entre esto y la expulsión sufrida a manos del turco chuleta estamos un poco tristes. Después me enteraré (cosas de leer un relato de viajes al revés) que Margaret y Barry, tras de mucho dar vueltas, consiguieron quedarse en el Altintas Camping-restaurante, que se halla en la bajada de Sumela. Creo que si nosotros no lo encontramos es porque los viajes son como la vida, diferentes e intransferibles.

Kilómetros etapa: 233
Kilómetros viaje
Tierra: 5.104
Mar: 700

28 DE JULIO: MAÇKA-ERZURUM
Durante la noche ha llovido a modo: me pregunto cuántos litros caerán aquí al cabo del año, si es julio y chucea de esta manera. El lugar de pernocta es por la mañana un auténtico barrizal, Chandra y yo tenemos problemas para no poner perdido el suelo de la auto cuando volvemos del paseo.

Estamos en otro de los puntos de inflexión del viaje: cuando andaba planificando en casa Trabzon constituía para mí el *Finis Terrae*, la frontera psicológica de la ruta debido a dos factores: el tiempo y las condiciones de seguridad o falta de ella que podríamos encontrar al Este del país. En cuanto al primero, ya la tarde de Sinop estuve haciendo recuento de días para ver si era posible extendernos más hacia Oriente, y llegué a la conclusión de que era factible. Por lo que respecta a la seguridad, hasta la fecha hemos comprobado que no representa ningún problema; ya veremos cuando entremos en el Kurdistán.

Cuando le dije a Bego que quería pasar Trabzon y llegar hasta Dogubeyazit, me vino a preguntar más o menos que qué se nos había perdido por allí. Fue suficiente con pronunciar *Monte Ararat* para que renunciara a cualquier objeción y se sumara entusiasmada al proyecto. En realidad, cuando iniciamos el viaje yo desconocía que la bíblica montaña caía por estos lares –lo que a mí me llevaba en realidad hasta Dogubeyazit era el palacio de Ishak Pasha-, pero mira tú por dónde también vamos a matar dos pájaros de un tiro, aunque no comparta en absoluto la literalidad del dicho.

Hemos dormido como quien dice a pie de carretera, así que nada más fácil que ponerse de nuevo en ruta. Vamos primero hacia el Sur, en dirección a Gümüshane, siguiendo el ramal de la Ruta de la Seda procedente de Irán. Ascendemos por una carretera ancha y nueva que cuenta, por fortuna, con carril para vehículos lentos: y es que en sólo 30 kilómetros pasamos de los 350 metros sobre el nivel del mar de Maçka a los 1.800 del paso de Zigana, donde no se sube más gracias al túnel de 2 kilómetros que atraviesa el monte. De camino navegamos por el mar de nubes que riega la cara Norte de estas sierras hasta que salimos a un sol y un cielo limpios y resplandecientes. No hay ya árboles por aquí arriba y sí en cambio algunos neveros que atestiguan la dureza del clima.

Comienza un descenso bastante fuerte, aunque el desnivel sea menor: ya no bajaremos por debajo de los mil metros, pues ingresamos en la meseta de Anatolia oriental (Erzurum, nuestro destino del día, se halla a 1.900 metros de altitud). Durante la bajada alcanzamos a una tanqueta del ejército escoltada por un vehículo de la policía. Detrás llega un turismo que nos adelanta, y pretende hacer lo mismo con la tanqueta y los polis... en línea continua. El soldado que va en la torreta se lo prohíbe con imperiosos gestos. Hay que ver estos conductores turcos, no se arredran en carretera ni ante un tío con ametralladora. Cuando la línea se vuelve discontinua adelantamos. Saludo con la mano al de la torreta y éste nos corresponde.

El cambio de paisaje no puede ser más dramático: en poquísimos kilómetros trocamos un escenario montañoso y húmedo por otro desarbolado y considerablemente más seco. En cuanto al paisaje humano, también acusa el cambio: las populosas e industriales ciudades de la costa se transforman en pueblos de decidido aire centroasiático. Ahora sí que tenemos la clarísima sensación de hallarnos lejos de casa, y de haber cruzado una frontera de las de verdad.

Son hoy tres puertos de montaña los que hay que franquear. El primero, ya mencionado, es el de Zigana. El segundo, de 1.900 metros, se encuentra entre Gümüshane y Bayburt. El tercero, entre esta última localidad y Erzurum, nos lleva hasta los 2.370 metros de altitud.

Antes de acometer el segundo hacemos una parada junto a una fuente con un caudal enorme. Llenamos el depósito y aprovecho para limpiar la parte trasera de la auto, que está de barro y suciedad hasta arriba. Llega un camionero y baja a comerse el bocata. Saluda y me ofrece un trozo, que yo rechazo con toda la amabilidad posible. Luego llega una familia. El patriarca pretende decirnos algo que suena a bienaventuranza para viajeros, pero descubre estupefacto que no le entendemos ni papa. Intentamos animarle ofreciéndole nuestro diccionario, pero él renuncia, se despide y entra de nuevo en el coche perseguido por las risas de sus familiares.

La carretera se duplica a tramos sí y a tramos no. Como partimos de una altura inicial elevada, del segundo puerto ni nos enteramos. Avanzamos por largas y despejadas rectas. Si la zona de Trabzon recordaba al País Vasco, ésta en la que nos hallamos ahora se asemeja a Castilla.

Cruzamos Bayburt, un tanto despoblado a esta hora, y acometemos el largo ascenso al tercer hito de la mañana, el puerto de Kop. La autocaravana sube con mucho garbo; no así los camiones, que se quedan clavados. Los árboles, bastante escasos en la zona, vuelven a desaparecer por completo. Tejados de chapa metálica rematan las casas, lo que da una idea de las inclemencias que deben de soplar por aquí en invierno.

Poco a poco culminamos la subida, que marca el límite entre las provincias de Trabzon y Erzurum. Hay aquí un enorme monumento a los soldados turcos que perecieron por estos lares durante la Guerra de Independencia. Paramos y bajo a echar un vistazo. Realmente hace frío aquí arriba. Aparecen dos chicos y una chica, cuyo coche está aparcado un poco más allá. Los tres me saludan estrechando efusivamente la mano. Parecen universitarios. Como ya es costumbre, inquieren de dónde soy, y a su vez me describen el viaje que están haciendo ellos, aunque no me entero muy bien. Despedida, parabienes y luego ellos y yo en dirección opuesta.

Afrontamos una descomunal bajada de casi 800 metros de desnivel. Por el camino vemos algunos asentamientos de pastores transhumantes. Cruzamos Askale y poco después nos detenemos en una gasolinera a comer. No en la gasolinera propiamente dicha, que nos parece mucho morro sin repostar, sino en un aparcamiento de camiones anejo en el que no hay ni un alma. Erzurum dista sólo 48 kilómetros.

Tiene mucho tráfico esta carretera: pasan camiones, autobuses y también bastantes turismos. Uno de éstos se detiene en el arcén, relativamente cerca de nosotros. De él bajan un hombre de mediana edad y tres chicas jóvenes, vestidas a la occidental. Al ser de la misma edad no parecen hermanas. Tal vez el hombre sea padre de una de ellas. O quizá simplemente oficie de taxista. A simple vista parece una avería: esperan fuera del coche y llaman por el móvil. Sin embargo, al cabo de una media hora montan y se van.

También nos vamos nosotros. Ya no hay más puertos que subir y la carretera se desliza buena y llanita, tanto que Erzurum se empieza a divisar desde bien lejos.15 kilómetros antes de llegar arranca la variante que evita la ciudad; nosotros elegimos la opción contraria, que es la de la izquierda.

Camino del centro cruzamos la pequeña localidad de Ilica. No estoy del todo seguro, pero me parece que es en este punto donde cruzamos el río Éufrates, que los turcos llaman Firat. No es extraño que no nos fijemos: aquí es apenas un reguero de agua, pues nace a escasos kilómetros, en el monte Palandöken. No he encontrado referencia alguna respecto al punto exacto donde comienza la andadura de este mítico-bíblico-histórico río, que recorre 2.780 kilómetros, cruza tres países y desemboca, hermanado con el Tigris, en el Golfo Pérsico.

La verdad es que, pese a la estación de esquí con que cuenta la ciudad, tienen que venir pocos extranjeros por aquí, y menos en autocaravana, a juzgar por cómo nos miran los ocupantes de los demás vehículos. En un semáforo el conductor de un microbús me saluda abiertamente, sin asomo de ironía, con esa amabilidad local que tanto nos entusiasma.

Nos metemos por la calle principal para ver el panorama. Mucha ropa oscura, mucha barba, mucha mujer tapada. De repente se diría que hemos llegado a Irán. Pasado el centro cruzamos un barrio donde no dejaría aparcada la autocaravana ni por todo el oro del mundo.

Debemos asumir que hemos entrado definitivamente en territorio comanche, y que no podemos quedarnos a dormir en cualquier sitio. Barry y Margaret, después de intentar en vano que les dejaran pernoctar junto a un hotel del *ski resort*, fueron acogidos en la estación de servicio que hay a la salida Este de la ciudad, dirección Pasinler. Lo primero que hacemos es pues localizar dicha gasolinera, que por cierto linda con un gigantesco polígono militar. Una vez encontrada (39°54'19.22" N 41°18'50.07" E) decidimos que no queremos marcharnos mañana sin haber hecho al menos una visita al pueblo, de manera que no entramos ni preguntamos, sino que regresamos al centro en busca de un sitio para aparcar que nos parezca seguro.

En lugar de cruzar otra vez, intentamos una aproximación diferente. Para ello tomamos por lo que, salvadas las diferencias, sería el equivalente de la M-30. A continuación giramos por una calle muy ancha pero con poco tráfico. Paramos enfrente de unos bloques de viviendas a cuya puerta se ve mucha gente, mayoritariamente críos. Un grupo en edad mastuercilla se coloca a nuestra vera, como esperando que se abra el platillo volante y salga E. T. Bego coge el toro por los cuernos, se va para ellos y les espeta: *Sehir Merkezi*? Ellos se quedan más bien alucinados de que les entren en turco, pero uno de los chavales se arranca en inglés. Nos explica que vive en Francia con sus padres (*soy francés*, puntualiza), que está aquí de vacaciones, y que aprovecha para asistir a la escuela coránica. El hecho de vivir en Europa le confiere un cierto prestigio entre sus adláteres, y dicha autoridad se ve incrementada al ser él quien ejerza de relaciones públicas y de intérprete con los *guiris*. Nosotros, por nuestra parte, lo utilizamos de puente con la juventud indígena para que dejen en paz la auto y nos la cuiden. Se comprometen a ello y, siguiendo sus explicaciones, nos vamos para el centro.

En muchos aspectos Turquía recuerda a la España de los 60 y los 70. Los niños no son una excepción: brutos y resabiados, pero de alma cándida. Por el camino nos damos cuenta de que ha sido un error sacar a Chandra: para los críos es como si lleváramos un mono de feria, y tenemos que ponernos serios un par de veces para que la dejen en paz. También nos gritan *money, money*, lo cual demuestra que el concepto del extranjero al que se le salen los euros por las orejas sí que ha llegado hasta aquí.

Los adultos, como ya ocurriera en Estambul, son más diplomáticos, simplemente nos esquivan y no dicen nada, pero el teórico anonimato que debería darte una ciudad de 338.000 habitantes no evita que nos sintamos en el centro de una intensa expectación que nos bloquea e impide pensar con claridad. Tampoco va a resultar fácil encontrar monumentos, pues el único mapa que hallamos se nos antoja incomprensible y no existen señales indicadoras de ningún tipo.

Por todo ello, tras un brevísimo paseo por la calle principal acordamos que por hoy ha sido suficiente y decidimos marcharnos. Nos aborda entonces un hombrecillo delgado, de edad indefinida, que habla muy bien el inglés y el alemán. La conversación crea a nuestro alrededor una especie de burbuja protectora: la gente mira menos, o al menos es lo que me parece. Mientras estamos parados, como en Estambul, algunos padres muestran a Chandra a sus niños pequeños. La mayoría la contemplan alucinados, salvo una cría que no quiere acercarse ni a tiros, pensará que es venenosa.

A los pocos minutos de animada conversación explica que es kurdo, y se queda como a la expectativa. Nosotros no hacemos comentarios; de sobra es conocida por aquí la simpatía que despierta la causa de este pueblo en Occidente, y bien podría ser un policía de paisano dispuesto a chequearnos. Después pregunta si hemos visto la medersa del doble minarete, y ante nuestra negativa se ofrece a acompañarnos. Por el camino nos cuenta que vivió en Alemania y después regresó a Turquía. Que a menudo viaja a Irán para comprar seda, y que le caen muy bien los iraníes, pero no el régimen que gobierna el país.

Una vez en la medersa, nuestro circunstancial guía aventura que es propietario de una tienda de alfombras, y que nos invita a tomar un té (previamente ya se ha informado de cómo viajamos y qué vehículo tenemos). Habla muy deprisa, para evitar que pensemos, pero nuestra resolución es firme: se agradece la invitación, pero nos vamos para casa. El kurdo que importa seda no insiste, y cortésmente se despide de nosotros.

De vuelta a la auto damos un rodeo para no pasar por donde los acosadores de Chandra. Cuando llegamos los vigilantes no están, pero aparecen enseguida y se sientan, quizá esperando algún obsequio. El emigrante que estudia El Corán explota al máximo su papel de embajador, y nosotros le damos coba. Acarician un poco a Chandra y nos despedimos.

Entramos en la estación de servicio anocheciendo: por nuestro bien espero que no nos pongan pegas. Lleno el depósito y pregunto mediante lenguaje universal que si podemos quedarnos a dormir. Sin problema, al contrario. Intento pagar con tarjeta, pero el aparato no acepta ninguna, así que liras contantes y sonantes. El hombre que me atiende tiene una mirada tan noble y limpia y sus gestos desprenden tal gentileza que acobarda.

La gasolinera cuenta con un gran restaurante, y aparcamos pegados a él, en un lateral. Barry y Margaret comieron aquí y hablaban maravillas. Como además estamos muy agradecidos por el hospedaje, nosotros también entramos a cenar.

Se trata de un lugar inmenso y casi vacío, imagino que la temporada alta será en invierno. El trato es exquisito, y la comida también: pedimos brochetas de carne de dos tipos diferentes que nos sirven en una fuente inmensa guarnecida con ensalada. Para beber, cerveza *Efes*, la única que se comercializa en Turquía, siempre en envases de medio litro.

Pedimos la cuenta: 27 liras, más 3 que dejamos de propina. Recogemos la carne que ha sobrado para Chandrita y nos vamos para la auto. Durante la cena ha refrescado una barbaridad. El sitio es bastante tranquilo, sobre todo cuando se van unos colegas que no tenían otra cosa que hacer que venir a lavar el auto a las once de la noche. Luego, ladridos de perros vagabundos y silencio.

Kilómetros etapa: 283
Kilómetros viaje
Tierra: 5.387
Mar: 700

29 DE JULIO: ERZURUM- DOGUBEYAZIT

Esta noche la temperatura ha bajado a 8 grados en el exterior. Me llama la atención, porque no alcanzábamos una similar desde que dormimos en la frontera italo-eslovena. No quiero ni imaginarme el frío que tiene que hacer por estas latitudes en lo más crudo del invierno.

A las 6 de la mañana ya es pleno día. Salgo con Chandra y recorremos los alrededores de la gasolinera. Contrasta la modernidad de ésta con lo paupérrimo del pueblecito cercano, Maksut Efendi. Entre él y nosotros se extiende la tierra de nadie, un desolado terreno festoneado de basuras en cuyo centro un perro se come una gallina muerta.

Cuando ya estamos preparados para irnos, muevo la auto hasta el lavadero de los coches para adecentar el parabrisas. Tienen allí una lanza de agua a presión. Al parecer no funciona con monedas, pero tampoco veo cómo se conecta. Aparece mi príncipe gasolinero y sin decir nada la enciende. Luego se queda esperando con aires mayordomiles y por eso, cuando termino, intento darle una propina pero él la rechaza y continúa allí hasta que nos vamos. ¿Realmente es cierto que se puede pagar todo con dinero?

La carretera que pasa enfrente es la que lleva a Dogubeyazit, así que no tenemos que volver a entrar en Erzurum, sino simplemente salir hacia la derecha. 40 kilómetros después cruzamos Pasinler, y un poco más allá la localidad de Köprüköy, que en turco quiere decir *el pueblo del puente*. Y es que aquí se levanta el viaducto de Çobandede, una soberbia estructura de siete arcos que cruza el río Aras, y que fue levantado a finales del siglo XIII. Estamos acostumbrados a ver muchos en Europa, pero es el primero que encontramos por estos lares. Como para preservarlo ya no circula tráfico por él, paramos a echarle un vistazo y sacar unas fotos. Aquí se juntan dos ríos, y es de ver cómo sus aguas, de diferentes colores, circulan sin mezclarse durante un trecho.

Tierra de cereales, vastísimos paisajes sin un solo árbol. Algunos rebaños de ovejas y muy pocos pueblos -los pocos que cruzamos dan un aire pobrísimo y destartalado, recuerdan a los del sur de Marruecos-. Comentan Barry y Margaret que vieron a un pastor con un fusil al hombro: no es de extrañar, con tanto espacio deshabitado ésta es tierra propicia para perros cimarrones.

Seguimos adelante hasta llegar a Horasan. Aquí la carretera se birfurca: la de la izquierda se dirige a Georgia y a Tiflis, su capital, y por ella marchan casi todos los camiones. La de la derecha va a Dogubeyazit; no sólo se halla menos transitada, sino en bastante peor estado. Ingresamos en un auténtico desfiladero de los de hacer emboscadas: diríase que en cualquier momento van a pasar por aquí las huestes de Genghis Khan, los soldados de Alejandro Magno o, puestos a apurar, el Séptimo de Caballería.

El firme carretero está tan deteriorado que cada vez que no hay tráfico nos pasamos al carril contrario. Observo que detrás viene un autobús, pero no de línea ni tampoco turístico, es un autobús urbano de los de letrero luminoso por encima del parabrisas. Yo pensaba que estos vehículos no corrían tanto, pero a la que puede nos rebasa y se pierde en la distancia. Un poco después se desvela el misterio: en una explanada junto a la carretera se concentran no menos de treinta autocares como nuestro adelantador, y siguen llegando: todos lucen una placa en la que se lee algo así como EXPORTACIÓN, y los bajos laterales forrados con plástico de burbujitas, para que lleguen sin rayones. Se trata de una flota de autobuses cuyo destino quizá sea alguna ciudad de Irán.

Alcanzamos el Saç Dagi Geçidi, a 2.290 metros de altitud. La montaña que da nombre a este puerto es el monte Saç, que con su forma cónica delata su pasado de antiguo volcán. Media hora después de este hito, un pico blanco empieza a descollar sobre las colinas: es el Ararat, que aparece y desaparece a intervalos, como un faro, acorde con los caprichos del terreno.

Cruzamos Agri, que nos produce una sensación penosa, al menos la zona de la circunvalación y del río: es, con diferencia, lo más tercermundista que hemos visto hasta ahora en Turquía. La carretera tampoco acompaña: aunque se halla duplicada, a los terribles socavones hay que sumar las obras perennes y la deficiente señalización: en más de una ocasión no sabemos si hay que ir por la parte de la derecha o por la izquierda. En otros sitios la parte arreglada (y aún cerrada al tráfico) lleva tanto tiempo inconclusa que hasta le están saliendo baches: los conductores no soportan el mal estado de la carretera vieja y circulan por donde Alá les da a entender. Llevo detrás un autobús iraní. Aunque no viene avasallando como sus colegas turcos, me orillo y le dejo adelantar, así dejo que sea él quien tome la decisión de por dónde se pasa mejor.

Finalmente llegamos a un punto –Ipek Geçidi, 2.010 m. desde donde es posible contemplar el Ararat en todo su esplendor. Pese al sol, fuera del vehículo hace un frío que pela. Junto a la carretera se levantan algunas casamatas, así como trincheras reforzadas con sacos terreros. Ahora mismo se hallan desocupadas pero más arriba, desde lo alto del monte, guardias armados otean sobre todo lo que se mueve en el valle. Y es que la llegada al Kurdistán no sólo se traduce en la pobreza de los pueblos y las penosas vías de comunicación, sino también en la presencia de lo militar que, a partir de este punto, se hará abrumadora.

El Agri Dagi -que es como se llama en turco- corona de nieves perpetuas sus 5.165 metros. Una extraña emoción nos embarga: aquí, dice la Biblia, se posó el Arca de Noé. Pese al carácter simbólico del mito –no deja de ser un poderoso relato de salvación y esperanza-, abundan los enteradillos que no viven tranquilos si no demuestran la cruda literalidad de la historia y así, durante los últimos cincuenta años, ha merodeado por aquí todo tipo de gente buscando alguna traza de la dichosa arca. Sin ningún resultado concluyente, claro está.

De hecho, la única arca que hay en la zona es la que en 2007 construyó Greenpeace en las faldas del Ararat como aviso del poco tiempo que nos queda para frenar el cambio climático; ése sí que es el auténtico *diluvio* que se nos viene encima.

Mientras volvemos a la autocaravana empiezan a pasar algunos de los autobuses con destino Irán. Los conductores saludan y nos dan con las luces; nosotros respondemos calurosamente a todas esas muestras de entusiasmo. Y es que, a partir de este preciso instante y por unos días, dejamos de ser turistas para convertirnos a nuestra modesta manera en héroes.

Desde aquí no son muchos los kilómetros que restan hasta Dogubeyazit, pero se hacen eternos por el mal estado del no-asfalto, que empeora aun más. Poco antes de entrar en la ciudad dejamos a la derecha la carretera por la que bajaremos hacia el lago Van.

Dogubeyazit tiene unos 60.000 habitantes y el aspecto polvoriento y caótico común a todas las ciudades de Asia Central. Por suerte, se trata de un follón controlado y tranquilo. No tenemos intención de detenernos aquí, sino que buscamos la carretera que lleva al Ishak Pasha Sarayi, esto es, el palacio de Isaac Pasha. Seguimos las indicaciones correctamente, pero a punto ya de salir del pueblo nos extraviamos. Por suerte, basta con preguntar una sola vez para retomar el buen camino.

La subida al palacio se halla pavimentada de adoquines, y eso hace botar más de la cuenta a la casa con ruedas. Impresiona mucho la enorme base militar que tenemos a la derecha del camino, y los centenares de blindados resguardados bajo marquesinas de camuflaje. No hay duda de que hemos llegado a una frontera bien calentita. A continuación vemos uno o dos carteles de camping y estamos tentados de entrar, pero como traemos la referencia de una página autocaravanista francesa, que recomienda el Camping Murat (39° 31'15.65" N 44° 7'34.77" E), a los mismos pies del palacio, continuamos hacia arriba.

Damos con el sitio en cuestión y entra Bego a preguntar. No hay problema para quedarse, y por lo que respecta al precio es éste tan ridículo -5 liras la noche- que nos preguntamos si habremos oído bien o no.

Entramos con la auto y es el dueño del camping, un hombre mayor, quien nos atiende y nos instala en una explanada junto al bloque de servicios. No hay vehículos vivienda ni nadie acampado, sólo familias turcas que vienen a pasar el día. Para ello alquilan en recepción una especie de tablados metálicos sobre los que colocan cojines, montando así una especie de salón moruno. Luego preparan la inevitable barbacoa. Es una modalidad de ocio al aire libre que no había visto jamás de los jamases.

Antes de dejarnos solos, el propietario nos invita a tomar té. Es muy buena gente, porque no sólo espanta a los críos que agobian a Chandra, sino que -rasgo que juzgo de una hospitalidad extrema- permite que ésta entre en el restaurante, cuyo suelo se halla enteramente alfombrado. La sala es muy grande, tiene deslumbrantes vistas sobre la llanura y, excepción hecha de los camareros y de dos parejas francesas almorzando, estamos solos. Nuestro anfitrión señala las fotos que cubren una de las paredes, alusivas a expediciones al Ararat. Nos habla orgulloso de su hijo, que trabaja de guía y es además experimentado montañero; nos proporciona una tarjeta a color en la que aparecen una docena de propuestas de excursiones por la zona.

Ni qué decir tiene que todo esto nos parece miel sobre hojuelas. Volvemos a la autocaravana para comer (hoy ha cundido bien la mañana) y subir después al palacio de Ishak Pasha. Por la hora que es sabemos que lo vamos a pillar casi cerrando, pero al ir con Chandra ya sabemos que para nosotros no es ningún problema.

Cuando preparaba el viaje en casa me *asaltó* una foto de este palacio. Utilizo el verbo en su significado literal, porque tanto el edificio como el paisaje circundante me impactaron de tal modo que sentí el deseo urgente y terrible de visitarlo. Luego, cuando lo localicé en el mapa y vi que caía por donde Cristo perdió el mechero, me resigné: no se puede ver todo y esas mandangas con que se consuela el viajero impenitente.

Sin embargo, cuánta verdad hay en el dicho de que si realmente deseas algo ya pondrás los medios: contra viento y marea, a más de seis mil kilómetros de casa, hete aquí que hemos llegado al lugar de la foto de marras, que por cierto también es el punto más alejado de nuestro viaje. Si medimos en línea recta, resulta que nos encontramos

- √ De Irán, a 13 kilómetros.
- √ De Armenia, a 58 km (y de Ereván, la capital, a 78 kilómetros).
- √ De Azerbaiyán, a 150 kilómetros.
- √ De Georgia, a 180 kilómetros.
- √ Y del mar Caspio, a menos de 450 kilómetros.

En cuanto al hecho de haber conseguido llegar hasta aquí por nuestros propios medios, nos parece tan extraordinario que sólo podemos sentirnos exultantes y recontentos.

Visto por fuera y de cerca, el palacio no parece tan espectacular: la verdad es que está un poquillo hecho polvo (se halla en curso de restauración), pero lo cierto es que desde su construcción, iniciada en 1685, ha estado en medio de varios conflictos. En 1917, por ejemplo, cuando los rusos conquistaron la ciudad le arrancaron las puertas al Ishak Pasha. Deben de ser muy bonitas, pues las tienen expuestas en el Hermitage de San Petersburgo.

Más arriba del palacio hay una mezquita, restos de antiguas murallas y una especie de parque para ocio familiar. Decidimos acercarnos, y en el trayecto nos ladran unos perros desde un redil de ganado situado por debajo del camino.

La mezquita está cerrada, pero dispone fuera de una terraza con espléndidas vistas sobre el valle. Es una pena que desde aquí no se divise el Ararat. Por las ventanas se aprecia que está reglamentariamente cubierta de alfombras, y me sorprende descubrir, arrimada a la pared, una aspiradora industrial tipo hotel; quede claro que lo tecnológico no tiene por qué estar reñido ni con lo remoto ni con lo religioso.

Emprendemos regreso buscando un buen punto de observación para la puesta de sol. Aquí el rey del cielo se oculta a las seis de la tarde hora española lo cual, teniendo en cuenta que estamos a mediados de verano, es mucho decir. Los perros del redil vuelven a ladrarnos como a todo el que pasa a pie, aunque percibo algo de inquina extra a cuenta de Chandra. Decidimos ignorarlos y concentrarnos en el soberbio espectáculo que ocurre ante nuestros ojos: el sol que va bajando lentamente, y el palacio, la llanura, la dura montaña y las ruinas del castillo que se tiñen poco a poco de dorado. Apenas llega ningún ruido, y el momento se transforma en algo realmente mágico.

El disco de fuego ha desaparecido del todo y nosotros sacado todas las fotos posibles. Iniciamos la vuelta colmados de paz y buenos pensamientos cuando, de improviso, dos de los perros aparecen en el camino a escasísimos metros de nosotros: los muy cabritos han tenido la paciencia de esperar a que nos moviéramos, y se han acercado sin que los viéramos amparados por la vaguada. Como de costumbre, Bego protege a Chandra y yo doy la cara, aunque estos perrancanos no parecen fáciles de intimidar. Tengo dos piedras en una mano y el spray de pimienta en la otra. Cada vez que trato de dar un paso atrás -por supuesto sin dejar de hacerles frente- se envalentonan. Por el camino bajan algunos coches con familias enteras, pero nadie considera oportuno prestarnos ayuda. La situación dura segundos o minutos. Asumo que de ésta no me escapo sin al menos un buen mordisco cuando, inesperadamente, se oye una especie de silbido y los perros desaparecen como por ensalmo.

Indignadísimo quedo yo por tener que venir al fin del mundo a que me hinque el diente un cochino mastín, e inevitablemente me viene el recuerdo de cuando en 2001, en Lanzarote, me atacó un perro de presa canario:

Habíamos viajado hasta allí para pasar las Navidades, y nos alojábamos en una casa rural en el Norte de la isla. Cierto día salimos a caminar cerca de la playa de Famara. Ascendimos por una garganta y a la vuelta nos encontramos con que en el camino había dos perros enormes. Provenían de una casa prácticamente incrustada en el torrente. Como la mayoría de los chuchos guardianes te dejan en paz si respetas su territorio, trazamos una curva fuera del camino para alejarnos de su radio de acción. Por si acaso yo había cogido lo que parecían piedras y en realidad era más barro volcánico que otra cosa. Cuando ya casi los hemos superado, el más joven se arranca hacia mí. No sé ni cómo tuve la sangre fría de tirarle una de aquellas piedras de pacotilla, el caso es que le di. Debía de ser la primera que encajaba en su vida el mamonazo, porque pegó un aullido y se fue corriendo para la casa. Su compañero -que en eso sí se notaba que era perro viejo-, le imitó en cuanto le di dos voces. Yo me acerqué hasta la puerta de la finca (ya me cuidé de no pasar) poniendo de desgraciado para arriba a quien pudiera haber dentro, pero nadie asomó la jeta.

Cuando más tarde relatamos nuestra odisea en la casa rural, los dueños -Lanzarote es pequeño y todo el mundo se conoce- nos contaron que quien allí vivía era una peruana asilvestrada que por lo visto debía de creerse Atahualpa, a juzgar por cómo se apropiaba del camino público. Lo que más me escandalizó fue que a trescientos metros del lugar de autos se levanta una urbanización poblada por suecos jubilados, y que un encuentro de cualquiera de ellos con semejantes perros a buen seguro tendría un desenlace fatal: verdaderamente hay que tener vocación de canalla o ser un auténtico irresponsable para obrar así, sea uno de Perú o de Cuenca.

El recuerdo del mordisco que pudo ser y no fue ha quedado grabado de forma tan vívida en mi memoria que enseguida aflora en situaciones similares. La de hoy no ha sido moco de pavo: si el incidente con el perro de presa canario lo califico con un 1 (máxima peligrosidad), al encontronazo con los canes dogubeyakos le otorgo un 2 (una nota de 0 equivaldría a mordisco aunque por fortuna en ningún caso fue necesario aplicarla.)

En ese momento nos alcanzan tres chavales que no se han enterado de la película. Dos son turcos y el tercero italiano, muy simpático. Nos pregunta que si les podemos bajar en coche al pueblo. Contestación: lo sentimos, pero nos quedamos en el camping. Tomamos el atajo por el que subimos antes, y ellos continúan por la carretera a ver si les coge alguien.

Ya en la auto nos echamos las siguientes cuentas: si nuestro anfitrión es tan hospitalario, y la pernocta tan barata, y si además queremos contactar con su hijo para que mañana nos lleve a visitar la zona, entonces lo suyo es que bajemos a cenar. El restaurante se halla más concurrido que esta mañana, aunque los comensales son todos hombres y turcos.

Nos ofrecen una mesa junto a la ventana. Nos sentamos, pero enseguida decidimos cambiar porque al lado están fumando. Se lo comunicamos al camarero y buscamos otra. Entonces nuestro nuevo vecino, que cena solo y tiene aspecto de hombre de negocios, se muda a nuestra primera mesa para no molestarnos, *porque él también va a fumar*. No recuerdo haber sido objeto nunca de un detalle semejante, y sí en cambio -y con bastante más frecuencia- de lo contrario, como por ejemplo renunciar a salir a comer con colegas del trabajo porque en concreto dos *compañeras* se empeñaban en sacudirse a la mesa un pitillo tras otro, pese a que prácticamente no fumara nadie más.

En el camping Murat no tienen carta, sino que te acercas a una vitrina y escoges el menú in situ. La verdad es que no hay mucha variedad: puedes elegir entre carne y carne, aunque de ensaladas tienen alguna otra cosa. De precio nos viene a salir más o menos como ayer, pero la calidad es infinitamente peor (mañana, por primera vez durante el viaje, padeceremos trastornos intestinales; es una suerte llevar water a bordo).

Nuestro anfitrión nos dijo que habría música en directo, pero terminamos la cena y aquí no canta ni el acomodador. Poco a poco el comedor se va vaciando. Preguntamos por el hijo del jefe, y nos dicen que aún no ha llegado. Aguardamos un rato más, después pagamos la cuenta (pernocta incluida) y nos disponemos a salir. El camarero, que ya está al tanto de lo que queremos, llama por el móvil y nos comunica que el chico está a punto de llegar, que esperemos unos minutos.

Aunque hace frío, salimos fuera a contemplar las estrellas. No mucho después llega una furgoneta con la música a todo trapo, y de ella se bajan dos hombres. Uno tiene aspecto de turista alemán. El otro... Bueno, el otro es el hijo del jefe. Si esperaba encontrar a alguien con aspecto *étnico*, me equivoqué de medio a medio: lo que viene es un tío de aspecto guaperillas, ropa montañera y gorra con visera del revés. Empero, la aparición dura poco rato: sin dignarse a saludar siquiera, entra en el edificio. Nos quedamos turulatos.

Somos muy sensibles a las muestras de simpatía, pero también a lo contrario. Por eso, de vuelta en la auto recapitulamos lo ocurrido: tratamos de quitarle hierro al asunto autoconvenciéndonos que debe de haber habido alguna confusión, o que no nos ha visto, o que no se ha enterado... Pero la evidencia pesa por sí misma: fuimos testigos de su conversación telefónica con el camarero, y sabía perfectamente quiénes éramos, y no existía confusión posible, pues no había nadie más allí. Le habremos parecido muy poca cosa al aprendiz de Indiana Jones, o creerá que los demás tienen que arrastrarse para implorar sus servicios. De todo esto nos queda bien clara una cosa: hay que ver cómo ciega a veces el amor de padre.

Pero en lo que respecta a nosotros, con buenos ha ido a dar. Nos marchamos mañana.

Kilómetros etapa: 276
Kilómetros viaje
Tierra: 5.663
Mar: 700

30 DE JULIO: DOGUBEYAZIT-GEVAS

Esta mañana el sol ha salido a las cuatro, aunque a eso las tres ya se veía bastante. Salgo con Chandra y paseamos entre las ruinas de lo que debió ser el poblado anejo al palacio. Nos ladra un perro pastor, aunque éste no nos parece tan peligroso como los de ayer.

La furgoneta de *Indiana Jones* ha desaparecido: tanto mejor. Aún mascamos el chasco y la decepción de anoche, pero no por eso nos vamos a amilanar. Si nadie quiere enseñarnos los alrededores, los descubriremos nosotros mismos.

Bajamos al pueblo. A la entrada, justo en la plazoleta donde nos extraviamos ayer, encontramos un super. Esto no tiene nada de extraordinario, pero sí lo es el que haya aparcamiento libre justo al lado. Se quedan Bego y Chandra y bajo yo a ver qué se puede comprar. Para mi sorpresa, el establecimiento es relativamente grande y se halla muy bien surtido. Tomo nota de todo lo que veo porque de este recado no me podré llevar mucho más que el agua.

Tras unas cuantas vueltas encuentro las garrafas colocadas en un expositor muy chulo. Ya he sacado unas cuantas cuando descubro al lado otra marca bastante más barata. Estoy en trámite de devolver a su sitio las que he cogido cuando me siento observado. Miro y me encuentro cara a cara con uno de los reponedores, que, amablemente, me indica que sí, que puedo llevarme esas garrafas. Estoy tratando de explicarle que si las dejo es porque me voy a llevar de las otras cuando me percato de que hay otros cinco tíos mirándome. Me los he cruzado antes un par de veces pululando por el super, y la verdad es que me chocó su aspecto, arreglado sin ser elegante: no son de la tienda, tampoco currantes manuales y por supuesto tampoco tienen aspecto de venir a comprar sino que están, lisa y llanamente, curioseando. Llego a la conclusión de que serán inspectores de Hacienda, o Sanidad o qué sé yo, y no vuelvo a acordarme de ellos hasta este preciso instante, en que me observan con curiosidad de entomólogos.

Sometido a tan descarado escrutinio, me siento como colegial pillado en falta, así que arramblo con mis treinta litros de agua y me voy a pagar. La cajera pone cara de preocupación al verme tan cargado, y se la ve dispuesta a buscar a alguien que me ayude pero le digo que no importa, que tengo el coche ahí al lado. Por cierto, esta vez es ella quien me pregunta a mí (y no al revés) que si hablo inglés, consulta que me hace de lo más feliz: no me lo esperaba por estos andurriales y menos de alguien de su gremio, que mi experiencia sitúa de entre los más alérgicos a aprender cualquier idioma que no sea el nativo.

Vuelvo a la auto y le cuento a Bego la movida del super. En ese momento pasan por la ventana dos de los espías. Llegamos a la conclusión de que pueden ser oficiales retirados (una puerta del megacuartel cae al otro lado de la calle) con nada que hacer y mucho tiempo que gastar.

Baja Bego a efectuar la segunda parte de la compra. Mientras, me entretengo con un chaval empeñado en venderme pañuelos de papel. Va aseado y viste decentemente, y de ello deduzco que no necesita realmente el dinero, así que no me da mucha pena que digamos. Al igual que la cajera, habla un inglés bastante aceptable, de manera que me voy gratamente sorprendido con el polilingüismo de Dogubeyazit.

Para nuestra *tournée* mañanera tenemos dos opciones: a) seguir la carretera hacia el Este para ver la frontera iraní, o b) tomar la que sube hacia el Norte para aproximarnos lo más posible al Ararat. Esta segunda opción nos parece más interesante. Vadeamos con paciencia el maremágnum de la calle principal, salimos del pueblo sin ningún problema y enfilamos una larga recta, hasta que reaparecen las obras (léase firme de tierra y muchísimo polvo), de manera que hasta aquí hemos llegado: nos orillamos para bajar y sacarnos unas fotos.

El terreno tiene aspecto de inestable e inundable, y debido a eso están construyendo una sólida plataforma para la nueva carretera. La piedra que emplean en algunos tramos y que están acarreando con volquetes proviene de una cantera cercana, y es volcánica. Recogemos unos cuantos trozos, contentos de haber conseguido tan fácilmente un recuerdo del Ararat. Y pensar que llevarse la más diminuta piedra del Teide está prohibidísimo...

Nos hubiera gustado acercarnos más, pero lo que tenemos es una autocaravana, no un 4x4, de modo que desandamos camino hacia el pueblo, paramos a echar gasoil y también a comprar tabaco en un puesto a pie de carretera. El Camel que venden va sin sello de impuesto estatal ni nada que se le parezca, y es por tanto barato: el viejecito que despacha le dice a Bego que vale *ich* (tres) *lira*. Bego responde que *iki*, porque en realidad lo que quiere es llevarse dos paquetes. *Üch, üch!* insiste el hombre, creyendo que le está regateando el precio.

Finalizada la transacción tabaquil, circunvalamos Dogubeyazit y salimos por la ruta que trajimos ayer para, enseguida, girar hacia el Sur por la D 975. Empezamos a ascender por entre campos de lava hasta alcanzar los 2.644 metros del Tendürek Geçidi (el monte del mismo nombre, cuya falda bordeamos, es un volcán de 3.584 metros de altitud). Circulamos pegadísimos a la frontera iraní, en algunos puntos a menos de 3 kilómetros, y por eso son perfectamente visibles las casamatas y las torres de vigilancia. Atravesamos varios controles; aunque no nos paran en ninguno, el despliegue es sencillamente acongojante: sacos terreros, ametralladoras pesadas, tanques y, en uno de los puestos, hasta un cañón. En cuanto a los Jandarma, van pertrechados con chaleco antibalas y casco de combate. Procuramos dejar atrás lo antes posible estos aquelarres bélicos sin -por razones obvias- sacar ninguna foto.

Precisamente por su carácter fronterizo la carretera es bastante aceptable, aunque los lugares habitados son escasos. Todo lo más, diminutos poblados de pastores transhumantes. Los niños, de piel curtida y aspecto pobre, nos saludan efusivamente. También lo hacen los conductores de los escasos camiones que circulan por aquí: supongo que es su forma de reconocer lo que sin duda debe parecerles tremenda osadía.

Cuando queremos darnos cuenta hemos llegado a orillas del lago Van, que es una especie de mar interior (80 kilómetros de ancho, 120 de longitud, 3.755 kilómetros cuadrados). Sus aguas tienen tal concentración de carbonato sódico y otras sales que puedes lavar la ropa sin usar detergente. También es posible bañarse siempre que no se tengan quemaduras de sol, heridas abiertas o llagas. Este fenómeno es debido a que el lago no tiene salida natural, y mantiene su nivel actual por evaporación. El responsable de la formación del lago es el volcán Nemrut Dagi (no confundir con la montaña homónima de las cabezas gigantescas, cerca de Malatya), visible desde la lejanía, cuyas coladas bloquearon la salida del agua en algún momento del Pleistoceno. También es visible al Sur una cadena de montañas, detrás de la cual sabemos que está Irak.

Bordeando el lago llegamos a Van, la ciudad homónima. En la actualidad la población es mayoritariamente kurda, aunque aquí vivieron armenios hasta la Primera Guerra Mundial, cuando el ejército turco perpetró lo que se conoce como el Genocidio Armenio.

Cuando hace unos años empecé a ir al que es ahora mi dentista habitual y me dio su tarjeta, observé que su segundo apellido era Nahabián. Como me pareció una persona muy accesible, le pregunté si dicho apellido era armenio. Me respondió que, efectivamente, sus abuelos eran de esa nacionalidad, que huyeron de los turcos y que un barco inglés los llevó a Argentina. Allí tuvieron una hija que casó con un gallego. Después la tercera generación (o sea, él) se vino para España una vez acabada la carrera, con lo cual se cierra, de momento, este curioso círculo de fusión-emigración.

Van es una ciudad bastante grande. La cruzamos sin ánimo de parar. Aquí estuvo la capital del legendario reino de Urartu, cuyo apogeo tuvo lugar durante los siglos IX y VIII antes de Cristo, y de ella se conservan restos sobre una colina denominada la Roca. Durante un rato nos sirve de referencia hasta que dejamos de verla. Nos llama mucho la atención la descomunal estatua de un gato. Por lo visto existe una raza específica de esta zona (el gato de Van) cuya peculiaridad es que le gusta nadar. Son especialmente valorados los ejemplares con los ojos de color impar.

Pasado el aeropuerto cruzamos Edremit. Pegados a la orilla encontramos algunos *tourist resorts*, pero seguimos adelante buscando un lugar más próximo a la isla de Akdamar. Es entonces cuando, detenida en el arcén, nos topamos con una autocaravana.

Ya hemos perdido la cuenta de cuántos días hace que vimos la última. Es bastante viejecita, en la matrícula leo las letras AL y se me viene a la mente Almería. Luego me doy cuenta de que es italiana. Me dispongo a rebasarla cuando aparecen dos mujeres corriendo y haciendo gestos ostensibles para que paremos.

El estado de agitación de ambas es tal que lo primero que pensamos es que han sufrido algún percance. Se acercan por la ventanilla del copiloto y nos preguntan si sabemos dónde vamos a pasar la noche. La pregunta choca un poco porque no es siquiera la hora de comer, pero les explicamos que vamos a mirar un poco más adelante, en Gevas, donde sabemos de un sitio recomendado. Inquieren entonces si pueden venirse con nosotros, ya que por lo visto no quieren dormir solos. Aceptamos, claro.

En un principio van ellos delante porque se supone que ya pasaron por esta carretera, pero su velocidad es tan lenta que lo interpreto como una invitación a adelantar, cosa que hago. Nos hace muchísima gracia este papel de guías-protectores que a nosotros, los novatos de Turquía, nos ha caído encima.

Llegamos por fin al camping (38° 18'46.33" N 43° 6'56.64"E). El aparcamiento de la entrada ha sido asfaltado hace muy poco, así que ruego encarecidamente al Universo tengan otro sitio para pernoctar, pues los vapores del alquitrán combinados con el calor pueden hacer que nos dé un pasmo. Bajamos todos de la auto para presentarnos. En la italiana, una capuchina más pequeña que la nuestra, viajan Luigi y Bianca, un matrimonio mayor junto con sus hijas Cecilia e Ilaria, que andarán por los 25-30 años: nos sorprende esta combinación familiar tan poco usual, pero la sorpresa es mayor cuando Bianca, que habla por los codos, nos cuenta que con éste llevan viniendo nueve años a Turquía (¡nueve! Entonces ¿a cuento de qué esa histeria de primerizos?). Bueno, matiza Bianca, pero es la primera vez que vienen al Kurdistán que, según ella, es un sitio peligrosísimo. No entendemos muy bien qué les ha podido ocurrir, pero colegimos que la madre se ha puesto un pelín nerviosa y se lo ha contagiado al resto de la familia.

En fin, que una cruzadera de cables la tiene cualquiera. Ya más asegurados y tranquilizados, voy con Bianca y Cecilia a negociar la pernocta. Esta última resulta ser las relaciones públicas de la familia: hablamos italiano, y cuando la cosa se atasca echamos mano del inglés. Es muy simpática y cariñosa (bautiza a Chandra con el segundo sobrenombre del viaje: *Cocolona*). Además, posee un insuperable don de gentes: en pocos minutos consigue que la pongan al teléfono con el director del establecimiento, y además apalabra el viaje en barco a Akdamar para esta tarde. La pernocta cuesta 20 liras por auto (el año pasado eran 10). Viene con nosotros un empleado del camping que nos saca del asfalto y guía hasta un espacio de tierra anejo al edificio, a unos 20 metros de la orilla. Ellos se conectan a la luz eléctrica, nosotros no. Acordamos comer, descansar y, a eso de las cinco -hora turca-, irnos para el embarcadero.

Mientras Bego prepara la comida, me voy con Chandra a dar una vuelta. Observo que todas las tiendas de campaña son idénticas, lo cual quiere decir que pertenecen al camping, y que éste las alquila. Me acerco a la pedregosa orilla y mojo las manos para comprobar por mí mismo las virtudes del agua, y la sensación al frotármelas es como si fuera jabonosa.

Hacia la izquierda está la *playa* frontera al camping y el embarcadero. Hacia la derecha, semiprotegidas por unos cañaverales, hay unas chicas bañándose. Cuando me descubren ríen y hacen gestos de que me marche. Como considero que están decorosamente tapadas, lo tomo por tonterías de adolescentes y no hago asunto (tampoco tengo intención de aproximarme más), hasta que un gordo bigotudo arrellanado en la terraza del bar me ordena por señas que me aleje. Vaya, hombre, hay que fastidiarse; si quieren intimidad, que se bañen en su casa. A la vuelta hablo -más bien monosilabeo- con mi barrigón: a pesar del incidente, la actitud del hombre es cordial. Su hija adolescente desea acariciar a Chandra y a la vez la mira como si estuviera viendo una cobra venenosa.

La sobremesa la pasamos regular, debido a la costumbre, tan arraigada en este país, de tener siempre música que llevarse al tímpano: más que un camping esto parece un super o la piscina municipal. A las cinco en punto viene Luigi a avisarnos de que nos esperan en el embarcadero. Preguntamos el precio del viaje, y sabemos que lleva suplemento de turista porque primero se habló de tres, más tarde de cinco y por último de diez liras por persona, pagables al regreso. Ahora bien, teniendo en cuenta que el barco es bastante grande y sólo para nosotros seis, no nos parece caro.

El trayecto hasta la isla dura media hora. Por el camino vemos la reforma intensiva a que se halla sometida la carretera que bordea el lago (Luigi y familia nos cuentan que ellos vinieron esta mañana por Bingöl y Mus y estaba, literalmente, patas arriba.)

Llegamos a la isla y desembarcamos. El capitán pretende que con quince minutos de visita nos sobra; con dificultad, le arrancamos media hora.

El motivo de este paseo –aparte, claro está, de navegar por el lago Van-, es visitar la iglesia del siglo X que se levanta en la isla. Según cuentan, Akdamar fue sede del patriarcado armenio (denominado *Catholicos*) entre 1116 y 1895. En 1915, durante el Genocidio, los monjes fueron masacrados y los edificios destruidos. Hasta 2005 el Ministerio Turco de Cultura no inició los trabajos de restauración de la iglesia, imagino que sobre todo de la parte exterior, porque los frescos siguen hechos una pena.

A la subida del embarcadero un funcionario nos cobra un precio simbólico. Tanto él como un guarda se vienen con nosotros hasta la iglesia. Con las controversias surgidas a raíz de su reparación temerán que alguien cause algún daño.

Lo más bonito del edificio son, sin duda, los relieves que cubren las paredes exteriores, todos ellos relacionados con la historia bíblica. Tienen un no sé qué de hipnótico y hechizante estas figuras, tan cercanas en lo religioso y tan lejanas en lo cultural. Cerca de la iglesia existe un cementerio en la actualidad bastante deteriorado.

Pendientes del exiguo plazo horario otorgado por el capitán, no disfrutamos de la visita como nos gustaría. Cuando suena una sirena que parece provenir del puerto volvemos a todo correr para encontrarnos que en el barco no hay nadie. Manda huevos: tanta prisa y ahora nos toca esperar. Mientras tanto tengo ocasión de charlar un poco con Ilaria, más tímida que su hermana. Aunque se turnan al volante, parecer ser que es ella la conductora *oficial*.

El viaje de vuelta es de una belleza inigualable, el sol tiñe de matices las montañas circundantes y se oculta en medio de una singular orgía cromática. Como en Dogubeyazit, a las 7 pm hora turca, una hora menos en España.

Ya estamos de nuevo en tierra firme, y enseguida anochece. La música perrera, por fortuna, cesa al poco rato. Luigi sale a tomar el fresco, y hablamos con él; me da la sensación de que, con tres mujeres a bordo, un poco él se deja hacer.

Luego, cada cual se retira a su autocaravana a cenar, descansar y meditar sobre esta jornada tan preñada de emociones.

Kilómetros etapa: 232
Kilómetros viaje
Tierra: 5.895
Mar: 700

31 DE JULIO: GEVAS-ENTRE BITLIS Y SARIKONAK

Es el momento de la despedida: nosotros continuamos viaje hacia el Oeste, mientras que nuestros amigos –me siento autorizado a llamarlos así- italianos se quedan para visitar la zona. Nos proporcionan las señas de un camping en Capadocia del que son habituales, y precisan que si paramos allí es muy posible que volvamos a vernos.

Marchan primero ellos, mientras que nosotros demoramos cargando agua en una fuente que hay a la entrada. A punto ya de irnos aparece una mujer alemana y sonriente –la hemos visto esta mañana con dos niños- diciendo que nos hemos olvidado *something*. Voy para allá y encuentro abandonados nuestros calzos de nivelar. *Dank Sie!* Menudo despiste.

Bordea la carretera el lago Van, y pasamos frente a la isla y la iglesia de Akdamar. Tal y como constatamos ayer desde el barco, hay tramos larguísimos en los que han levantado el asfalto por completo. Sin duda lo peor es el polvo: tan denso que los vehículos se ven obligados a encender la luz de cruce, y tan fino que se cuela por todas las rendijas: cuando al cabo de unos días hagamos limpieza descubriremos que se ha metido hasta el último recoveco de los armarios.

Pero más perjudicados que nosotros son los apicultores –hay muchas colmenas por la zona-: vemos a dos junto a la carretera, con el traje de su oficio y el semblante preocupado: imagino que el polvo no debe ser nada beneficioso para sus abejas. Un poco más allá han tratado de mitigar el problema regando la calzada con camiones cisterna, pero el remedio es casi peor que la enfermedad: la mezcla del agua con la tierra da como resultado una papilla tan densa y resbaladiza que las ruedas de la auto patinan como si fuera mantequilla.

Mientras vamos por la orilla el trayecto es más o menos llano. Luego se va hacia el interior, muy montañoso, y comienzan unas subidas y bajadas de espanto (aquí la carretera vieja se separa de la futura, que busca el fondo de los valles mediante desmontes y túneles). Tras un tiempo inconmensurable y después de mucho padecer, salimos de nuevo a la vera del lago.

El paisaje ribereño se ve más ameno -en el sentido horaciano del término- que por la zona de Van: más verde, más árboles. Observamos las gavillas de cereal punteando los campos, en espera de ser recogidas, y nos damos cuenta de que aquí todavía se siega a mano. Paramos a cortar flores de un girasol que crece solitario junto a la carretera. Hemos visto muchos así a lo largo de la ruta: ¿serán semillas que se caen de los camiones que las transportan? Lo malo es que con el calor se nos mustiarán enseguida.

Por fin llegamos a Tatvan. Como no pudimos aproximarnos al monte Ararat hoy traemos un empeño, que es subir al volcán Nemrut y, si es posible, meternos *dentro*. Según la guía Lonely existe una pista que llega hasta arriba, e incluso pasa al interior de la caldera. Al llegar a la salida del pueblo nos vamos hacia la derecha, y probamos suerte con una carreterilla que conduce hasta un depósito de agua: evidentemente, por aquí no es.

Volvemos a la principal y preguntamos en una gasolinera: la subida al Nemrut cae en dirección contraria, a unos dos o tres kilómetros.

Seguimos las indicaciones hasta encontrar un cartel diminuto y averiado que indica dónde tenemos que desviarnos, e iniciamos el ascenso. Aunque estrecho, está asfaltado y medio decente hasta la estación del telesilla. A partir de aquí se transforma en un camino de tierra que, como puede, se encarama hasta el borde del cráter. El último tramo se halla realmente muy deteriorado, con boquetes en los que ha cedido el terreno.

Estamos arriba. Desde la orilla del lago hemos subido mil metros. Nos cruzamos con un descapotable alemán cuyo conductor saluda con elocuentes muestras de admiración. Si supiera la procesión que llevamos por dentro...

La caldera del Nemrut es realmente impresionante: mide 8 kilómetros de diámetro, y dentro cuenta a su vez con un lago en forma de media luna de 5 kilómetros de largo, 3 de ancho y 150 metros de profundidad. También hay otro, más pequeño, de aguas termales.

Bajamos hacia el interior con muchísimo cuidado, pues con los depósitos de agua a tope no tengo claro si seremos capaces de salir. Por un firme más que deficiente recorremos 7 kilómetros -parece mentira que todo esto sea dentro de un volcán- y, cuando nos parece que el camino se encabrita demasiado hacia abajo, paramos la auto y continuamos a pie.

A punto de alcanzar la orilla del lago nos adelanta un coche con cuatro macarras a bordo que insisten en saludarnos. Los perdemos de vista hasta que rodean el lago pequeño. Luego reaparecen en la otra orilla, abren todas las puertas del vehículo y dejan que la *tak-tak-taktaktaktak-tak múuuusica* se desparrame por el lugar. Caen a seiscientos metros en línea recta, pero en las especiales condiciones acústicas de la caldera se les oye atronar como si estuvieran al lado. Es difícil describir nuestra rabia y desconsuelo: mira que subir hasta aquí arriba para vérselas con semejantes cernícalos... Decidimos irnos, pero antes nos acercamos a la orilla del lago termal (no sale vapor ni nada, pero hay juncos que en circunstancias normales no crecerían a esta altitud).

Durante el regreso a pie, escoltados por el horror cacofónico, Bego descubre un casquillo de bala. Y entonces, súbitamente, nos entra el canguelo: ¿pero qué demonios hacemos metidos en esta enorme ratonera colocada a su vez en el Kurdistán, donde tiene que haber más armas que ovejas? ¿Nos echaría alguien de menos si desapareciéramos por estos andurriales, donde no hay ni cobertura de móvil? Para colmo, allí abajo están esos cuatro tiparracos que pueden ser simples gamberros o algo más. Hay algunos coches por la zona, pero no nos fiamos: pensábamos comer al volver a la auto; en lugar de eso arrancamos y escapamos de allí por ruedas.

Pese a mis negros presagios, remontamos las peores rampas sin derrapar ni nada. Desandamos camino hasta el borde de la caldera e iniciamos el descenso por la parte de fuera. Un poco más abajo encontramos a una excursión escolar comiendo al aire libre, y eso nos relaja un poco. Buscando nuestro propio acomodo lo hallamos en las inmediaciones de la estación del telesilla. El vigilante nos observa un poco mosqueado, pero es suficiente con bajar, saludar con la mano y echar un par de fotos para que el hombre se tranquilice.

Comida, descanso y continuación del descenso hasta Tatvan. Esta vez no atravesamos el pueblo, sino que seguimos en dirección a Mus. Luego, tras 5 kilómetros, torcemos a la izquierda por la D 965 hacia Bitlis. El paso que vamos a dar lo decidimos tras deliberar mucho: nuestra intención era hacer la ruta hacia Elazig pasando por Mus y Bingöl, pero los italianos nos han hablado tan mal de esa carretera (por las obras) que finalmente hemos optado por un itinerario alternativo pasando por Bitlis y Diyarbakir. Por lo que respecta a Bitlis, se halla encajonada en un sinuoso valle, y tan colapsada que tardamos un rato en cruzarla. Nos pegamos a un camión de gran tonelaje y dejamos que sea él quien vaya abriendo camino.

A la salida nos topamos con un control de la Jandarma. Como nosotros ya venimos chequeados de la frontera no nos han parado en ningún control de tráfico, pero hete aquí que ahora sí que nos dan el alto. El policía que se nos acerca es un hombre joven que, por fortuna, habla inglés. Lo primero que quiere saber es adónde vamos (no dejo de captar el matiz paterno-protector de su pregunta, como diciendo *¿pero qué narices se os ha perdido por aquí, con lo peligroso que es esto?* Luego inquiere que de dónde somos, y de ahí a narrarle nuestro periplo, mapa en mano, sólo media un paso: que llevamos doce días en Turquía, que hemos recorrido la costa del *Kara Deniz*, que hemos llegado hasta Dogubeyazit... En ese momento ya no es un Jandarma de Tráfico, sino alguien realmente interesado en nuestro viaje y sus peripecias. Para finiquitar sus posibles recelos, le preguntamos si sabe de algún camping para dormir. Responde lo que ya sabemos: que en gasolineras, y nos recomienda quedarnos aquí en Bitlis. Como pensamos que aún queda bastante rato para oscurecer le decimos que preferimos seguir un poco más. Trata de disuadirnos alegando que la carretera está mal, pero como nos ve resueltos indica que más adelante podemos quedarnos en Sarikonak. Se despide de nosotros sin pedirnos los papeles del camión, ni pasaportes ni nada.

A ese pueblo de nombre tan vasco no llegaremos, por lo menos esta tarde: nada más salir de Bitlis empieza la obra en la carretera, y menuda obra. Aparte de los desvíos y del pedregoso firme, se ha formado tal caravana de camiones que dudo de que la velocidad media supere los 15 kilómetros por hora. El valle por el que polvorientamente nos arrastramos es muy angosto; la luz decae rauda, y empezamos a arrepentirnos de no haber hecho caso a nuestro policía. Tras un rato agónico -en el que incluso nos planteamos dar la vuelta-, de repente y como surgida de la nada aparece ante nuestros ojos una gasolinera (38° 17'40.29" N 41° 59'41.98"E)

Está, como quien dice, en mitad del campo así que, aunque cierre, forzosamente tiene que haber un vigilante toda la noche. De modo que paro, dejo que el mozo eche los 40,35 litros que entran en el depósito y a continuación pregunto que si podemos quedarnos a dormir allí. Responde que sin problema, que podemos ponernos detrás del edificio. Para corroborar nuestra bienvenida nos ofrece un té, que aceptamos (a Bego incluso se lo suben a la auto). Yo, por mi parte, voy a pagar el gasoil. La tarjeta, como era de esperar, no funciona; menos mal que aún nos quedan liras en billetes.

La estación de servicio tiene pinta de muy nueva, quizá ello se deba a que la hayan reubicado (el trazado viejo pasa por detrás de ella, y el nuevo por delante). Doscientos metros más allá están excavando un par de túneles (esta carretera, como les gusta a los turcos, tendrá cuatro carriles), menos mal que paran de trabajar durante la noche. Llevo la auto adonde me han dicho: debido a la curva y al peralte nos cuesta bastante nivelarla, pero al final medio lo conseguimos.

El tráfico no tiene pinta de cesar en muchas horas, y el polvo inunda el valle pero hemos encontrado un refugio y gente amigable en esta terra incógnita y eso, a mi parecer, es motivo suficiente para dar las gracias pero que muy bien dadas.

Kilómetros etapa: 202
Kilómetros viaje
Tierra: 6.097
Mar: 700

1 DE AGOSTO: DE ENTRE BITLIS Y SARIKONAK A KALE
Me siento un poco mal por algo que ocurrió anoche. Resulta que ya habíamos cenado, y Bego estaba prácticamente metida en la cama. Llaman a la puerta y abro. Es uno de los chicos de la gasolinera, que viene con una bandeja y dos cafés. Sin reflexionar le digo que muchas gracias, pero que no los queremos porque hemos cenado y estamos a punto de irnos a dormir. Luego, pensándolo fríamente, me doy cuenta de que quizá no he sido muy educado reaccionando así: ¿Era una propina lo que buscaba? Puede que sí y puede que no. En cualquier caso, tenía que haber aceptado los cafés, aunque los tirara después por el fregadero.

La gasolinera que tan generosamente nos ha acogido se llama Akpinar, que significa *Fuente Blanca.* Y es que aquí cerca hay una, pintada de naranja y azul, que mana por varios caños. A ella acerco la auto después de desayunar para quitar al menos el polvo del parabrisas. Mi sorpresa es mayúscula cuando descubro que en el ínterin prácticamente ha dejado de salir agua por todos los tubos, excepto por uno. Dos hombres que llenan una garrafa me miran como si hubiera caído de otro planeta, pero responden muy cortésmente a mi saludo. Pongo mi cubo en uno de los caños por donde apenas si brota un hilillo y voy a por el cepillo y el detergente. Cuando vuelvo los otros ya se han marchado, pero han colocado mi cubo bajo el chorro.

Me da un poco de apuro acercarme a despedirme (será por el episodio de los cafés), así que hago sonar el claxon y saludo con el brazo. Al arrancar la correa de distribución chirria un poco. Lo cierto es que lo viene haciendo desde hace unos días, pero como hoy ninguno. Por ir ya viejecita tuve la precaución de cambiarla en junio antes del viaje pero temo que no la dejaron bien ajustada. O tal vez será el polvo y la tierra acumulados en estos días.

Somos por naturaleza poco madrugadores, pero con lo temprano que sale aquí el sol a las ocho ya hace un rato que estamos en marcha. Reanudamos la carretera en obras. A ratos encontramos asfalto y creemos haber salido por fin de todo lo malo, pero es vana ilusión: a lo lejos se divisa una descomunal polvareda, signo inequívoco de que todavía queda tela por cortar.

Pasamos Sarikonak. Cuando vemos la birria de gasolinera que tiene nos alegramos de habernos quedado donde nos quedamos. Llama la atención la cantidad de cuarteles que jalonan el camino. Muchas veces están a pie de carretera, de modo que si reciben la orden de cortarla lo único que necesitan es salir a la puerta.

Dejamos por fin atrás la carretera levantada y la ratio kilómetros/tiempo empieza a cundir. Poco después de Baykan salimos del estrecho valle por el que circulamos desde Bitlis y el horizonte se abre. Pocos pueblos y poco tráfico. El paisaje, gradualmente, se desertiza: en línea recta estamos a poco más de cien kilómetros de la frontera siria y sólo a unos pocos más de la de Irak. El pelado panorama que tenemos ante nuestros ojos recuerda muchísimo a los escenarios servidos a diario por los informativos de todo el mundo desde que Estados Unidos invadiera el país. En consonancia, el calor aumenta.

Dejamos atrás el cruce de Batman (qué divertido nombre para una ciudad), y dos horas después de la partida estamos ya en Silvan, a sólo 80 kilómetros de Diyarbakir.

Esta última, oficiosamente la capital del Kurdistán turco, tiene 600.000 habitantes, y ha sido durante años epicentro de reivindicación independentista, a menudo salpicada de sucesos violentos. Por eso no vamos a parar, aunque da pena por lo que promete la apretada medina que encierran sus murallas. Pero lo cierto es que ni siquiera sabemos dónde podríamos aparcar la auto.

Nos limitamos pues a bordear la aglomeración buscando la D 885, que es la carretera que lleva a Elazig. En ello estamos cuando diviso una oficina bancaria al otro lado de la calzada. Me detengo en el arcén (ningún problema ni miedo a multas, después de lo que llevamos visto en materia de aparcamiento) y cruzo los cuatro carriles y la mediana. Al otro lado hay una vía de servicio. Por algún motivo interpreto que también es de un solo sentido, de manera que miro a la derecha, espero a que no pase ningún coche y me dispongo a cruzar. Oigo un claxon, pero me parece que el que lo toca va por la vía principal y no hago asunto. Estoy ya sobre la calzada cuando descubro con terror que el coche que ha pitado en realidad se aproxima por mi izquierda. Está tan cerca que es demasiado tarde para esquivarlo; por suerte el conductor, con estupendo criterio, se da cuenta de que no lo he visto y levanta el pie del acelerador. Todas las jugarretas de los automovilistas turcos quedan instantáneamente perdonadas en ese momento.

Meto la tarjeta en el cajero automático y saco 600 liras con el susto aún en el cuerpo: mira que venir a la calentita Diyarbakir y que no me detenga la policía, ni me pille un coche bomba ni un tiroteo, y en cambio estar a punto de ser atropellado... A veces el destino es así de prosaico y cutre.

Regreso a la auto -esta vez cruzo con más cuidado- y nos ponemos en marcha. Vamos buscando el río Dicle, que es el nombre que los turcos dan al mítico Tigris, y que hemos debido de cruzar a la entrada de la ciudad sin darnos cuenta. Pero ahora se aleja hacia el Norte; no lo recuperaremos hasta la localidad de Maden, 75 kilómetros más allá.

Hasta Ergani el terreno es llano, la carretera rectilínea y buena, y por eso avanzamos con rapidez. Poco antes de Maden el terreno se vuelve otra vez montañoso, y aparecen las curvas. Para entonces es ya hora de comer. Hace un rato que estamos a la caza y captura de una sombra, pero aparte de que por aquí no abunden tenemos más que comprobado que en Turquía cada sombra tiene un dueño: casi siempre vendedores, o gente esperando el *dolmus*, o simplemente echando el rato. Finalmente encontramos un sitio a pie de carretera donde el alto talud nos protege del sol. Salgo a dar una vuelta con Chandra, pero toca llevarla atada porque apenas hay espacio fuera del asfalto, y por aquí sí que pasan coches. Cruzamos y nos asomamos al cauce del Tigris, que a estas alturas es un pequeño riachuelo (con bastante basura, por cierto). Viéndolo así cuesta trabajo creer que este río, cuna de la civilización, llegue a recorrer 1.900 kilómetros y que haya sido origen de míticas ciudades como Nínive, Mosul, Bagdad o Basora.

Tras la comida continuamos remontando el valle y el río, cruzándonos ocasionalmente con la vía férrea que sigue idéntico camino hasta que finalmente llegamos a lo que debe ser su fuente originaria, el Hazar Gölü, o lago Hazar. Es posible que el Tigris nazca un poco más allá, en las montañas circundantes, pero no mucho más ya que es aquí donde el Éufrates traza su curva de ballesta, como acunando el nacimiento de su hermano menor.

El lago Hazar sería un sitio estupendo para dormir si no fuera porque no existe pueblo alguno al que arrimarse, sólo urbanizaciones privadas con vigilancia a la puerta. En el extremo occidental del lago está la localidad de Sivrice, pero Margaret y Barry, -nuestra inveterada pareja de británicos-, se tomaron la molestia de entrar en el pueblo y no encontraron sitio alguno para dormir. Habrá que hacerles caso.

La llegada a Elazig supone un cambio drástico respecto a lo que dejamos atrás: es lo que podría llamarse una ciudad *occidental*, mucho más limpia y ordenada. También más rica. Aunque geográficamente se halla incluida en el Kurdistán, resulta evidente que aquí empieza de nuevo la otra Turquía, la que dejamos atrás cuando salimos de Trabzon. Por un lado da cierta pena, pero por otro nos inspira tanta confianza que incluso estamos tentados de quedarnos a dormir en alguna de las barriadas del extrarradio.

Ocurre, sin embargo, que la carretera es ahora tan buena que invita a tirar millas. Tomamos la D 300 dirección Malatya. Pasamos varias gasolineras, pero no nos decidimos a entrar en ninguna. 50 kilómetros después de Elazig cruzamos el Éufrates. Nada que ver con el hilo cuasi invisible que atravesamos al llegar a Erzurum: aquí sus aguas se remansan en el gigantesco embalse originado por la presa Karakaya, una de las muchas que jalonan su cuenca. Turquía ha estado y sigue estando embarcada en una política de construcción de grandes infraestructuras hidroeléctricas tanto en el Tigris como en el Éufrates que amenazan con privar de agua a sus vecinos Siria e Irak, que si no han protestado más alto es porque Turquía ejerce de matón del barrio.

Está oscureciendo a marchas forzadas, no podemos demorar más la elección del sitio de pernocta. Estaría bien quedarse a orillas del Éufrates, pero ahora la carretera comienza a alejarse. Poco después de pasar una hermosa mezquita, Bego descubre un camino por el que en teoría es posible acceder al agua, y junto a él lo que parece un instituto de secundaria. Pero nos lo hemos pasado.

La ocasión es demasiado buena para desperdiciarla. Como la carretera tiene mediana elevada, continúo hasta donde puedo dar la vuelta, retrocedo un par de kilómetros y media vuelta más. Ahora voy despacio hasta que localizo la entrada del camino (38° 24'5.62" N 38° 44'46.43" E).

El centro educativo, sorpresivamente, no tiene valla alrededor. Aparcamos en el campo de fútbol que tiene en la parte de atrás, fuera de la vista de la carretera. Vemos cámaras de vigilancia en la fachada del edificio y alguna luz encendida, pero si hay alguien dentro no se asoma a decirnos nada.

Cerramos la auto y caminamos hasta la orilla, 600 metros más abajo. Pasamos junto a una casa aislada. Se oye gente, pero no nos ladra ningún perro. Unas cigüeñas nos observan desde su nido, instalado en una torreta de la luz. La autocaravana podría perfectamente llegar hasta aquí, pero concluimos que estamos mucho mejor al lado del instituto, al fin y al cabo todo queda en familia.

A diferencia de los exhaustos embalses españoles, éste se encuentra lleno. Sopla una brisa en apariencia suave, pero el oleaje que levanta en la inmensa masa de agua rompe con fuerza contra las piedras. Aguardamos a que se extingan las últimas luces del cielo. Luego, a cenar y a dormir.

Kilómetros etapa: 399
Kilómetros viaje
Tierra: 6.496
Mar: 700

2 DE AGOSTO: DE KALE AL NEMRUT DAGI

Noche muy tranquila: no ha habido ruidos, y tampoco se ha acercado nadie a la auto. Lo primero que hacemos es ir a repostar a una estación de servicio cercana. Echo 100 liras, que vienen a ser unos 40 litros. Además del dependiente hay otro hombre con ganas de pegar la hebra, de dónde somos y todo eso. Me cuenta que es armenio, y que va camino de Irán. Muy simpático, sólo que... se está echando un pitillo entre los surtidores con la mayor naturalidad del mundo y sin que el gasolinero le diga nada. *Cosas veredes.*

Una vez repostados, y sin ninguna explosión que consignar, continuamos en dirección Malatya. Tras 26 kilómetros nos desviamos a la derecha: vamos a intentar llegar al otro Nemrut Dagi, el de las cabezas misteriosas y monumentales.

Muy cerca del cruce está Yeniköy. En turco creo que significa Pueblonuevo, pero la mente es caprichosa: imposible no acordarse de la inefable Jeni, que me trajo por el camino de la amargura y me reventó las clases este curso durante todo el primer trimestre, con la que conseguí una frágil tregua a lo largo del segundo y con quien -definitivamente- firmé la paz durante el tercero. Estudiar no estudiaba (tenía asumido que iba a repetir), pero al menos decidió dejar trabajar a los demás. La mutación no fue espontánea, sino fruto de un largo, sostenido y meditado proceso de resocialización que propicié con todos los recursos a mi alcance y en el que el rencor y/o la venganza quedaban descartados. Quienes desprecian el papel de los docentes deberían saber que en casos así nuestra labor puede marcar la diferencia entre un final feliz y el más pavoroso fracaso no ya académico, sino personal.

En un instante salto de España a Turquía y paso de cuestiones pedagógicas a la ruta que nos ocupa. Como viene siendo habitual en estos casos los primeros kilómetros, sin ser una maravilla, prometen. Bianca nos había desaconsejado vivamente este trayecto, según ella era *impossibile* llegar hasta el Nemrut con la auto; lo que teníamos que hacer era ir hasta Malatya y buscar la empresa que organiza excursiones hasta aquí en *dolmus*. Ahora bien, si un *dolmus* pasa ¿no vamos a poder nosotros? Todo es cuestión de probar.

Hasta los primeros pueblos, como digo, la carretera es estupenda. Luego nos adentramos por zona montañosa, prácticamente deshabitada y encontramos, para variar, el firme levantado por gentileza de la Dirección General de Carreteras. Tampoco hay carteles indicadores por ningún lado, así que toca preguntar a los obreros que destrozan el pavimento si por aquí vamos bien hacia Tepehan. Efectivamente, la dirección es correcta, pero en el próximo cruce hay que desviarse a la derecha, donde recuperamos provisionalmente un firme más o menos civilizado. Bajamos entonces hasta un río ancho, arenoso y casi seco –diríase que es la cola del embalse de Karakaya- y luego toca ascender de nuevo por una serpenteante carretera hasta llegar a Tepehan, que nos recibe con un *Hos geldiniz* rotulado en un pórtico sobre la carretera. Pasado el pueblo nos parece el camino tan estrecho que preguntamos de nuevo a una mujer con una vaca, que de lejos y por la pose nos pareció una anciana y luego resulta mucho más joven. N*emrut Dagi?* -inquirimos. *Ilerde, ilerde,* responde ella, que se traduce por *to p´alante.*

A la salida, como si fuera un mal desodorante, nos abandona de nuevo el asfalto lo cual, aparte de hacernos tragar polvo, ralentiza la marcha especialmente cuando encontramos tramos de lo que se ha dado en llamar chapa ondulada. Descendemos a un nuevo riachuelo y, siguiendo su curso, arribamos a Yandere que supera todas nuestras expectativas de cutre. No me refiero, claro está, al villorrio ni a sus pobres gentes, que nos miran con la boca abierta (los niños saludan todos con la mano), sino al camino –usar aquí el término carretera sería pretencioso- que se degrada y estrecha hasta lo indecible, y además se halla encharcado: es como si de repente nos halláramos en las Hurdes de Buñuel. Ocioso es reseñar que a estas alturas la angustia me corroe cosa fina, porque no sé lo que nos espera más adelante, ni siquiera si podremos pasar o dar la vuelta.

Sólo un poquito más allá está la aldea de Büyüköz, último punto habitado. A partir de aquí el recorrido se encabrita sobre una inmensa espalda, y toca remontar casi mil metros de desnivel a costa de curvas y recurvas. Parece que la cuesta no se va a terminar nunca, voy todo el rato en primera-segunda y al motor se le adivina un calentón que no veas.

Finalmente llegamos a un pequeño valle alpino, al término del cual avistamos el hotel en cuyo parking es posible pernoctar. Recorrer los 80 kilómetros que hay desde aquí hasta la carretera principal nos ha llevado casi tres horas, lo cual da una idea de la acongojante media.

Algo más arriba está la garita que regula el paso al recinto arqueológico, y junto a ella –no nos lo podemos creer- ¡una autocaravana integral!

Aparcamos detrás de ella y bajamos. Fuera hay una pareja y, según parece, también acaban de llegar. Estamos los cuatro emocionados como si fuéramos exploradores de la Antártida, y nos estrechamos las manos con efusión. Ellos son Maurizio y Grazia. Su autocaravana es más grande que la nuestra, y realmente no comprendo cómo narices han conseguido pasar por donde tanto trabajo nos ha costado a nosotros.

Además de los italianos está el guarda del recinto, que nos pide 5 liras por el acceso, y otro hombre que identifico como el gerente del hotel, que nos ofrece parking gratis esta noche a condición de que cenemos en su chiringo. Le decimos que nos lo pensaremos.

Yo soy partidario de dejar aquí la auto y continuar a pie, pero Maurizio no se arredra: él va a subir montado sí o sí. De manera que dejamos un poco de espacio para no tragarnos todo el polvo y después seguimos.

Tras varias vueltas y revueltas llega un momento en el que el camino se inclina y alfombra de piedra suelta: es aquí donde toca parar (37° 58'58.87" N 38° 44'34.00" E). Con ayuda de los calzos conseguimos dejar la auto más o menos recta, lo que no es moco de pavo teniendo en cuenta el desnivel. Desde aquí las vistas son magníficas. Estamos a 2.100 metros de altitud, y casi todo lo que se divisa es terreno desolado y semidesértico. Al Sur, entre la calima, se perfila la enorme masa de agua de la presa de Atatürk.

Aunque estamos agotados y es hora de comer, no nos resistimos a subir y echar un vistazo a este lugar tan significativo y enigmático. En esencia, el conjunto consiste en un túmulo funerario formado por una montaña artificial hecha a base de piedra suelta y dos grupos de estatuas sedentes, uno orientado a la salida del sol y el otro a la puesta. Ninguna de las estatuas conserva la cabeza en su sitio, aunque andan todas por los alrededores. El conjunto fue mandado erigir por el rey Antíoco I Theos de Comagene en el año 62 a. de C. Se sospecha que su tumba pudiera estar debajo de la montaña de guijarros, pero hasta la fecha no ha sido posible localizarla. A mí lo que me sorprende es cómo un montón de piedras de tan pequeño tamaño ha podido aguantar veintiún siglos sin venirse abajo ni desperdigarse.

Lo realmente interesante -sobre todo cuando se trata de sitios que valen la pena-, consiste en contemplar el lugar a distintas horas del día, pues al ir variando el ángulo con que inciden los rayos de sol es como mejor se puede apreciar el cambiante juego de las luces y las sombras, la intensidad lumínica que devuelve la piedra y todas esas cosas que a los fotógrafos nos entusiasman tanto.

Grazia y Maurizio han subido con nosotros. Inmediatamente nos han caído bien, sobre todo él, que es locuaz y ocurrente (de perfil recuerda mucho a Robin Williams). Le pregunto si no le da palo meter una auto tan nueva por semejantes andurriales; responde que en Rumanía el año pasado, durante el estreno, fue todavía peor. Nos cuenta que son de la zona de Parma (vaya, como la familia de Luigi), que su mujer es maestra, y él carpintero. En la antena de la radio lleva puesta una bandera turca que le ha congraciado con todo bicho viviente desde que llegó a Turquía.

Una vez dada la vuelta y sacadas las reglamentarias fotos, bajamos a los respectivos vehículos a reponer energías.

La sobremesa se pasa bastante tranquila, pero a medida que avanza la tarde comienza a acudir más y más gente. Nos sorprenden un camioncillo y un *dolmus* que se empecinan en encaramarse más allá de donde estamos nosotros, pese a lo impracticable de la vía. Después nos enteraremos de que pertenecen a un equipo de televisión de Ankara que ha venido a filmar.

No son los únicos recién llegados: arriba hay un grupo de extranjeros a los que acompañan dos guías ataviados con trajes pseudo-típicos. En la forma de hablar, comportarse e incluso de mirarnos percibimos la soberbia ruin y el palurdo desprecio que acaba anidando en zonas con muchos visitantes. Ya en 1990 Tom Brosnahan –autor de la primera edición de la guía Lonely sobre Turquía- contaba horrores sobre el trato dispensado por los *agentes turísticos* que organizaban las excursiones desde Kâhta, el lado Sur, y recomendaba encarecidamente llevar a cabo la aproximación al Nemrut Dagi por la cara Norte, tal y como hemos hecho nosotros.

Es una gozada tener toda la tarde para gastarla aquí, a nuestro antojo, en lugar de andar pegando botes por carreteras de destino incierto. Estamos sentados Bego, Chandra y yo en la base de lo que debió ser un templo altar, disfrutando del panorama. Una mujer rubia que ha escuchado nuestra conversación pregunta si somos españoles. Ella procede de California, y habla un muy aceptable castellano debido a la larga temporada que residió en España. Está en Turquía de vacaciones, pero ahí termina toda la analogía con los turistas porque pertenece a una ONG, y ha pasado lo que va de verano en el Kurdistán iraquí, dando clases en la Universidad. Inquiero sobre cómo está la situación allí, y nos explica que se dan esporádicos actos de violencia en las grandes ciudades como Mosul, pero que en el resto de la zona las cosas son mucho más tranquilas. Cuenta que hace una semana hubo elecciones, y que a eso de las tres de la mañana la despertó un repiqueteo similar al de un martillo neumático. Intrigada, se acercó a la ventana para descubrir que las presuntas obras no eran tales, sino disparos de armas automáticas efectuados por milicianos que celebraban la victoria electoral.

Enfrascados en tan interesante conversación, de repente oímos a nuestra izquierda a un tipo practicando español en el más puro estilo principiante -¿*Cóoomoestáuuusteed?*-. Su intención evidentemente es pegar la hebra con nosotros, y a fe que lo consigue. Ellos son tres tíos jóvenes, kurdos por más señas. El *profe*, de un sorprendente parecido a «El Sevilla», el de *Mojinos Escozíos* (aunque más flaco), nos relata que estudió una temporada en el Instituto Cervantes de Estambul, ciudad en la que al parecer viven los tres. Enseguida se percatan de que la rubia viene sola, y se arriman con evidente morbo aunque ella, sin duda acostumbrada a lidiar con el elemento masculino de Oriente Medio, mantiene muy dignamente las distancias. Qué momento más sublime y surrealista éste en el que un kurdo se comunica en spanglish con una californiana y una extremeña –a mí, como era de esperar, ni puñetero caso-. Cuando le preguntan por su nacionalidad y ella responde *Amrekiya* a los tres se les ensombrecen los rostros, y se hace un breve pero incómodo silencio. Claro que cuando se enteran de que ahora no viene de Estados Unidos sino de Irak, la cosa cambia.

Luego de otro rato de grata charla, nuestra cooperante se despide diciendo que tiene que bajar, que sus compañeros *estarán intranquilos por su ausencia*. Yo estoy convencido de que viene sola y que esa frase no es sino un postizo de seguridad que se ha acostumbrado a llevar como segunda piel. Respondo que sí, que baje, no sea que piensen que la han secuestrado, y ahora por su rostro cruza una nube; imagino que sin querer he destapado el miedo latente con que convive cualquier occidental que deambule por zonas de guerra.

El sol ya está lo bastante bajo para que nos acerquemos al altar occidental. Debe de haber allí casi dos centenares de personas, con el aliciente añadido hoy de los focos y las cámaras de la televisión. Por el camino nos topamos con un grupo de turistas turcos con aire adinerado. Se emocionan tanto con Chandra, particularmente una joven ataviada con turbante, que toca esperar pacientemente a que la acaricien y la soben. El problema es que no se conforman con eso sino que, como si el perro no tuviera amo, se vienen detrás, persiguiéndonos. Nos encaramamos a unas rocas para escapar a sus ya cansinas atenciones. Luego, mientras saco fotos en las que aparece el personal allí congregado, por el objetivo diviso a la del turbante -desprovista ya de cualquier resto de simpatías, mieles y dulzura-, dirigiéndome ostensibles gestos de enfado para que no la retrate. Evito la polémica y rápidamente borro dos o tres fotos en las que aparece, no quiero llevarme ningún recuerdo de niñatas indeseables y malcriadas.

Hablando de fotos, nos encontramos con Maurizio y señora. Lleva éste un equipo de fotografía que incluye un enorme teleobjetivo con el que yo no cargaría ni por todo el oro del mundo. Nos cuenta que ha preguntado al guarda del recinto si podemos quedarnos a dormir, y que no le ha puesto ninguna pega. El que sí pone objeciones es el dueño del hotel –que aún pulula por aquí-, según el cual la pernocta dentro del recinto arqueológico está prohibidísima, y que lo que tenemos que hacer es dejarnos de gaitas, bajar a su parking y hacer gasto. A mí no me importaría, la verdad, pero después de los estropicios intestinales causados por la cena de Dogubeyazit prefiero renunciar a aventuras gastronómicas que puedan derivar en incómodas y no deseadas consecuencias.

Hace un rato que he aprendido por boca de Maurizio una hermosa palabra italiana que no conocía. O, mejor dicho, que sí conocía pero ignoraba su significado: *Tramonto*, que viene a ser puesta de sol y que es justo lo que está ocurriendo ahora: poco a poco desaparece nuestra estrella cercana, y poco a poco la gente se va marchando. Algunos en dirección a nuestro aparcamiento, pero la mayoría por la ladera Sur, por donde se va a Kâhta. Ambos accesos se hallan incomunicados, y la única forma de pasar de uno a otro es a pie o en mula.

Cuando llegamos a la auto ya ha oscurecido por completo. Al poco aparece Maurizio, que, aprovechándose de los focos de la tele, ha estado sacando fotos hasta que le han echado. Queda por marchar un grupito de extranjeros que están cenando a pie de microbús. Por un instante me asalta el temor de que puedan quedarse a dormir al raso –es decir, juerga garantizada-, pero al cabo de un rato suben al dolmus y desaparecen.

Quedamos los cuatros solos, de cara a la inmensidad. Ahora que está oscuro por completo, resulta asombroso contemplar la miríada de luces de pueblos y ciudades que se avistan desde aquí arriba. También está impresionante el cielo, cuyas abultadas estrellas parecen uvas a punto de cosecha.

Propone Maurizio que subamos mañana a ver la salida del sol. Eso equivale a levantarse a las tres y media, hora española. Yo acepto, y quedamos en que el primero que se despierte dé un toquecito a la otra auto.

Kilómetros etapa: 106
Kilómetros viaje
Tierra: 6.602
Mar: 700

3 DE AGOSTO: DEL NEMRUT DAGI A GÖREME

Si pensaba que a la salida del sol acudiría menos gente que ayer tarde, o que podría dormir al menos hasta las tres y media, me equivoqué en ambas cosas: los primeros vehículos llegan bastante antes, y sube tanta gente hasta el monumento que parece una romería. Doy un toque a Maurizio y me voy para arriba con Chandra. Claro que ella no va a tener paciencia para aguantar parada una hora, así que tras la vueltecilla de rigor regreso y la dejo de nuevo en la auto.

Esta mañana la gente se concentra en la escalinata del templo oriental como dispuesta a presenciar una obra de teatro. El personal viene pertrechado de mantas, gorros y abrigos; es verdad que hace frío, pero menos del esperable, sobre todo teniendo en cuenta que nos hallamos a más de dos mil metros. Andan por aquí los tres kurdos con aire legañoso y pinta de no haber pegado ojo. También aparecen Grazia y Maurizio el cual, además de la cámara y el tele, se ha traído un hermoso trípode. Debe de estar cachas, el tío, de tanto acarrear material.

A las cuatro ya hay claridad suficiente para sacar fotos, y a las 4:26 asoma el primer rayo de sol por detrás de las montañas. El contemplar la puesta y la salida intensifica el carácter del sitio: hay algo en el Nemrut Dagi que atrae a la gente como un imán. Y ese algo especial no son las estatuas, ni la montaña-tumba, ni tampoco el paisaje. O quizás es todo junto, sumado al fluir cosmogónico-telúrico de la Diosa Madre, lo que vuelve mágicos unos sitios y otros no. La gente asiste silenciosa al espectáculo y eso, teniendo en cuenta todos los que somos, ya es mucho decir.

Asciende ya la luz en el horizonte y el público comienza a dispersarse. Aún están por aquí los de la tele, que se quedaron para filmar el amanecer.

Visto ya todo lo que había que ver, bajo con los italianos hasta las autos. Bego no se ha despertado. Me tumbo durante una hora o así, pero apenas concilio el sueño. A eso de las seis nos levantamos, desayunamos y nos preparamos para partir. Aparentemente, Grazia y Maurizio siguen dormidos. Ayer nos explicaron que piensan bajar hacia Kâhta por una carreterilla en teoría transitable. Luego seguirán hacia el Este paralelos a la frontera siria, y quizá también hasta Sirnak y Hakkâri. En mi opinión se trata de una ruta un tanto expuesta, pues se acerca demasiado a la zona fronteriza con Irak, donde opera la guerrilla del PKK y donde el ejército turco ha lanzado varias operaciones recientemente, pero allá cada cual. Sinceramente da pena no despedirse de unas personas tan encantadoras, pero creemos que mejor eso que molestar. Si tuviera que piropearles, diría que con gente así podría ir al fin del mundo o más allá, si hace falta.

Bajamos por la pista de tierra hasta la barrera de entrada, donde saludamos al guarda (del dueño del hotel, ni rastro), y luego iniciamos el largo descenso hasta Büyüköz, que atravesamos sin novedad. Parece mentira que no haga ni veinticuatro horas que hemos pasado por aquí, es como si hubiera transcurrido muchísimo más tiempo.

Realmente lo que nos preocupa es cruzar el pueblo de Yandere que, como se recordará, tenía un tramo de camino en bastante mal estado. Cuando llegamos a la zona encharcada se confirman mis temores, pues nos topamos con un escalón transversal al sentido de la marcha que, la verdad, no comprendo cómo pudimos rebasar ayer sin tocar por debajo. Imagino que fue gracias a una ligera pendiente y a que íbamos a favor. Ahora que es al contrario no veo forma de superar el obstáculo, y menos con agua y barro, que harán patinar las ruedas.

Baja Bego y evalúa la situación. Si elevamos las ruedas delanteras con los calzos, tal como hicimos en Slavonski Brod, quizá consigamos altura suficiente como para escapar del trance. Pero para ello debo primero orillarme hacia el precipicio que hay a nuestra izquierda: muerto de miedo, coloco la rueda motriz a escasos treinta centímetros del borde confiando en que el talud, simple tierra apisonada, aguante todo nuestro peso. Pone Bego los calzos y muy muy lentamente comienzo a avanzar, pendiente de sus gestos más que de cualquier otra cosa, y esperando oír en cualquier momento cómo rascamos contra la tierra y las piedras. Pero nada de eso ocurre, y de repente ya estamos del otro lado, libres del peor atolladero del viaje.

Hoy hace justo un mes que salimos de casa, y hoy vamos a batir la plusmarca de kilómetros recorridos en un día, aunque eso aún no lo sabemos, enfrascados como estamos en este tramo tan malo. Otra vez Tepehan y otra vez el largo y angosto trecho a la entrada en el que, por fortuna, no encontramos a nadie. Menos mal, porque los escasos coches con que nos cruzamos van por mitad de la carretera y en los tramos asfaltados, además, a toda pastilla. Incluso nos damos de narices con un rebaño de vacas al doblar una curva. El pastor, un chico joven que de sobra nos ha visto llegar, ni se ha molestado en hacer gestos para que redujéramos.

Finalmente, tras 2 horas 45 minutos (algo hemos recortado respecto a la ida) estamos de nuevo en la D 300, la carretera Malatya-Elazig. Paro a descansar y recuperarme del soponcio, aunque lo que de verdad le apetece a uno es bajarse y besuquear el asfalto: hay ocasiones en que esto de volver a la civilización *is so nice*.

Son sólo las nueve de la mañana, y ya hemos finiquitado el trecho más difícil. Por contraste, el cruce de Malatya dura un suspiro. 10 kilómetros después de esta ciudad toca andar con ojo, ya que la carretera hacia Kayseri se desvía hacia la derecha, mientras que si sigues recto te vas hacia Adana, en el Mediterráneo.

Este primer tramo es llano, tiene carretera desdoblada y firme bastante bueno, pero la alegría dura poco: algo más allá el doble carril no deja de ser un proyecto, y el trazado empieza a bajar y a subir -sobre todo a subir- por un terreno plagado de obras y de curvas. No hay mucho tráfico que digamos, pero de vez en cuando te encuentras con un camión avanzando a paso de tortuga y se hace difícil adelantarlo.

Remontamos hasta los 1.800 metros de altitud y atravesamos una zona por completo despoblada. Más adelante, descenso de unos 600 metros para cruzar Asagiulupinar, donde tenemos ocasión de echar un ojo a su curiosa mezquita. A las doce y media llevamos recorridos casi 200 kilómetros. Lo que pasa es que entre el madrugón de esta mañana y lo que ha costado salir del Nemrut Dagi creo que nos merecemos temprana comida y buen descanso. Buscamos sobre todo tranquilidad y no vernos sometidos a la curiosidad ajena, de modo que cuando un poco después de Balaban divisamos una gasolinera aislada sabemos que ése es el sitio.

Lleno el depósito y pregunto al gasolinero, un tipo tremendamente bajito, que si podemos a) coger agua, y b) descansar un rato. No sólo responde a ambas cuestiones que sí (incluso instala una manguera para que llegue hasta donde hemos aparcado la auto), sino que además nos ofrece té. Al contar ya con experiencia de cómo sienta el té turco en ayunas, por señas le hago entender que sí, que gracias, pero que luego, primero manducar.

Estamos tan cansados que la comida degenera en siesta de canónigo. Cuando por fin nos recuperamos salimos de la auto *a* ver si sigue vigente la invitación al té. Nuestro anfitrión pone en marcha una máquina enorme y nos sirve la infusión en una mesita de fuera y a la sombra. Estamos como quien dice a pie de surtidor, pero tampoco éste se corta de fumar. En fin, *Allah korusun*.

En nuestro turco chapurrao tratamos de enterarnos de si continúan las obras más adelante. La respuesta es sí: parece como si toda Turquía, para afrontar la crisis, se hubiera embarcado en una orgía de obras públicas similar a nuestro Plan E, aunque aquí lo habrán bautizado como *Plan Atatürk*.

Como no hay mucho más de lo que hablar, el gasolinero menciona su pueblo, Darende, que cae un poco más adelante, y nos enseña un video que ha grabado con su móvil en el que se puede apreciar un manantial, un cañón y unas cascadas muy bonitas. Mientras compartimos tiempo y bebida con un desconocido en esta gasolinera perdida de la Anatolia tenemos otro atisbo de lo que aquí implica el concepto hospitalidad: un poco más allá, apoyados contra un coche, hay dos hombres con aspecto de estar esperando a alguien. Cuando por fin subimos a la auto descubro que les ha faltado tiempo para ocupar nuestros taburetes: como los amigos de Hasán, no se han arrimado hasta que no nos hemos ido para no desmerecer la hospitalidad que nos brindaba el trabajador de la gasolinera. Qué cosas.

Enseguida llegamos al río Tohma, cuyas verdes orillas contrastan con el secarral de alrededor. Siguiéndolo llegamos a Darende. Estaría bien parar, pero lo cierto es que hoy queda aún muuucho camino por delante. Durante un rato seguimos la serpiente de verdor encajonada entre montañas, y después nos internamos de nuevo por inhóspitos y semidesérticos territorios con un encanto tremendo. La tarde se estira sin pausa hacia el Oeste. Empiezo a estar cansado, y Bego me releva al volante. Chandra también está hecha polvo de ir todo el rato metida en su jaula, así que la saco y la llevo cogida en brazos.

Subimos un puerto de 1.900 metros, y nos encaramamos a una meseta que ya no abandonaremos hasta llegar a Kayseri. La carretera ha mejorado bastante. Poco a poco, en la distancia, comienza a dibujarse una silueta que acabamos identificando con el perfil inconfundible de un volcán. Tras mucho marear el mapa llegamos a la conclusión de que se trata del Erciyes, de 3.915 metros de altitud. No sabíamos nada de su existencia, pero tomamos buena nota; a estas alturas habrá quedado bastante claro lo mucho que nos entusiasman los volcanes.

No sabemos dónde parar esta noche, pero la tarde se ha dado tan bien que creemos posible lo que en principio no habíamos previsto, esto es, pasar Kayseri y llegar hasta Capadocia. Ahora bien, los setecientos mil habitantes de esa ciudad -y por consiguiente su entramado urbano- imponen bastante. Por eso, cuando se nos ofrece la posibilidad de ir por una circunvalación que no aparece en mapa alguno aceptamos sin dudarlo, pues nos permite circular paralelos al embolado urbano sin apenas retenciones. La vía es bastante reciente y ni siquiera está terminada. En algunos tramos sólo hay un carril en cada dirección, separado del contrario por conos y línea continua. Aun así, algunos conductores que vienen de frente insisten en adelantar, y cuando se echan encima... ¡nos dan con las luces!

Ya es prácticamente de noche cuando superamos Kayseri. Ahora es preciso tener mucho cuidado, porque primero hay que ir hacia el Sur, y luego encontrar la carretera que sale hacia el Oeste y lleva hasta Ürgüp. Lo que ocurre es que antes de llegar a ella damos con otra –tampoco viene en ningún mapa- que se dirige a Avanos para luego en un cruce desviarse hacia Ürgüp. Por suerte, y aunque no se ve un pijo, las carreteras aquí están como nuevas y muy bien señalizadas. Nuevos son también los coches que nos adelantan a grandísima velocidad, cómo se nota que nos adentramos en zona turística.

El lugar que nos recomendaron Luigi & family se llama *Kaya Camping*. Incluso Ilaria me dibujó un croquis explicando cómo llegar. Ahora bien, la noche, el cansancio y la diferencia de idiomas han hecho su trabajo, y lo que sucede es que acabamos en el centro de Ürgüp sin saber muy bien para dónde tirar. Siempre he temido, cuando estoy agotado de conducir, el meterme en cascos urbanos: tras largas horas de carretera los reflejos están agarrotados, y las posibilidades de sufrir un accidente se incrementan de manera exponencial sobre todo en sitios como éste, con la calle llena de coches y gente. Cuando veo que nos vamos a meter por una vía de incierta salida paramos y preguntamos a dos hombres que están sentados en la terraza de un restaurante. Según ellos, el Kaya Camping no está por aquí, sino en dirección Göreme. Nos recomiendan por tanto volver a la carretera y continuar.

La noche no es la mejor consejera a la hora de orientarse. Con todo, conseguimos encontrar de nuevo la carretera que traíamos y llegar al cruce de Ortahisar. Veo una gasolinera y nos metemos en ella de cabeza: si no consiguen indicarnos definitivamente dónde colorines está el camping, directamente solicitamos permiso para quedarnos a dormir.

Vuelve Bego con estupendas noticias: el Kaya Camping está a menos de dos kilómetros, primero a la izquierda y luego a la derecha. Cuando uno conoce el sitio y es de día, qué fácil parece todo. Ahora en cambio...

Por fin aparecen la entrada y el cartel (38° 38'12.04" N 34° 51'13.62" E). Menos mal. Aparco como puedo y dejo que Bego negocie los términos. Traemos incluso una tarjeta del camping con nota de recomendación por detrás, firmada por el *doctor Luigi*. No sé si esto supone alguna rebaja, el caso es que la noche nos cuesta 27 liras, electricidad incluida. No nos parece caro, teniendo en cuenta dónde estamos. Tampoco ponen pegas al perro. El dueño, que es muy amable, nos indica una zona cerca de la entrada, precisando que mañana *podemos ponernos donde queramos*.

Termina así un día de lo más duro: no hemos dejado de conducir, como quien dice, desde esta mañana, y pese al infernal trago de primera hora nos hemos pulido quinientos kilómetros. Más que cualquier otro día en lo que llevamos de viaje. Más de lo que nos dijeron los italianos de Amasra, que en dos meses nunca habían recorrido más de cuatrocientos en una sola jornada.

Kilómetros etapa: 515
Kilómetros viaje
Tierra: 7.117 (kilometraje capicúa)
Mar: 700

4 DE AGOSTO: GÖREME
Estamos tan hechos polvo que hoy remoloneamos todo lo posible. A eso de media mañana nos pasamos por recepción para rellenar la ficha de entrada. En el mostrador exhiben publicidad de excursiones en globo, y preguntamos. Al parecer, el hijo del dueño del camping lleva una empresa de *balloons*, y por el módico precio de 110 euros por cabeza (rebajado, oiga) puede llevarnos de paseo. Guardamos el folleto y le decimos que nos lo pensaremos.

Aunque el propietario del camping nos dio ayer libertad para elegir sitio hemos llegado a la conclusión de que el lugar en el que estamos es lo más parecido a una parcela individual con intimidad, de modo que aunque da el sol buena parte del día decidimos no movernos. Nuestra intención ahora es visitar el museo al aire libre de Göreme, que dista como 1 kilómetro del camping. Puesto que Chandra no podrá venir, la llevamos primero a dar un paseo. Justo al otro lado de la carretera hay un camino con cartel que indica una iglesia troglodita, y por él nos metemos. Para nuestra sorpresa y decepción la iglesia tiene *bicho*, o sea, vigilante que cobra por asomar la cabeza y mirar. Bego paga y entra; yo, con la excusa de la perra, me quedo fuera a la sombra. Estamos ya a punto de marcharnos cuando el hombre nos ofrece un té. Aceptamos.

Si, como se espera, fuéramos novatos en Turquía, si no supiéramos ya a estas alturas que aceptar una invitación aquí no compromete a nada porque es como dar los buenos días, entonces seríamos asaltados justo por las sensaciones que este buen hombre quiere que experimentemos, es decir: culpabilidad, pena. Cuenta que estuvo muy muy enfermo, que se pasó en el hospital no sé cuánto tiempo –para demostrar que dice la verdad, no tiene empacho en enseñarnos por dos veces la horrorosa cicatriz que le cose el cráneo- y que para vivir sólo tiene esto. Además, se queja de que la cantidad de turistas no está siendo buena este año. El oír hablar de nosotros como si fuéramos cosecha de castañas o nabos es signo sumamente indicativo de que nos hallamos –de nuevo- en zona turísticamente masificada. Empiezo a echar de menos cuando éramos vistos como alienígenas.

Sin tener que efectuar ningún desembolso adicional, nos despedimos de nuestro interesado anfitrión y volvemos al camping a dejar a Chandra. Para entonces ya hemos deliberado sobre el asunto de los globos: lo cierto es que el viajecito vale una pasta, pero si aceptamos haremos dos cosas nunca realizadas hasta ahora: a) montar en globo, y b) hacerlo sobre Capadocia. No es una propuesta que se pueda rechazar todos los días. La cita es al día siguiente, en la puerta, a las 4 de la mañana. No nos exigen ningún dinero por adelantado.

Efectuada la reserva, bajamos a patita la pronunciada cuesta que nos lleva hasta el museo al aire libre. Este lugar lo visitamos en Navidades de 1998, pero qué distinto se ve ahora todo: eran muchos menos los visitantes, había niebla y hacía un frío que pelaba. Recuerdo que era preciso caminar con precaución, ya que en algunos sitios el suelo estaba helado y te podías dar un resbalón más que peligroso, sobre todo si el incidente ocurría en una rampa o en el borde de un precipicio. Hoy, por contraste, el sol rueda por un cielo azul desprovisto de nubes, rebota sin encontrar obstáculos por paredes y oquedades y calienta el aire hasta que la atmósfera sofoca cual secarral hispano.

En la tienda de recuerdos de la entrada nos gusta la pequeña reproducción en bronce de un derviche danzante, le das un golpecito sobre la mano extendida y se pone a girar sobre su base como una peonza. Dice Bego que si queremos uno ya lo volveremos a encontrar más adelante, pero yo soy de la opinión que el mejor momento siempre es ahora, de manera que lo compramos.

Básicamente, el museo al aire libre de Göreme está compuesto por iglesias excavadas en la roca y sus correspondientes monasterios. Decir monasterios es una manera de hablar, porque aquí se juntaban cuatro o cinco monjes y enseguida se montaban una iglesia, de tan blanda que es la roca. Esa misma blandura de la piedra es el principal enemigo de estos monumentos: la sensación que da es que tarde o temprano una buena parte acabará viniéndose abajo.

Esta segunda visita tiene para nosotros algo de protocolario: ahora no nos impresionan tanto la enorme cantidad de estancias subterráneas, ni las cúpulas en miniatura, ni los frescos de los muros –muy deteriorados todos, salvo los de la Iglesia Oscura–. Con todo, el paisaje surrealista y como de cuento de hadas sigue seduciendo y cautivando, y se vienen a la mente imágenes de películas pero sobre todo de cómics, de éstos que cuentan oníricas historias de ciencia-ficción en el pasado o en el futuro, en este mundo o en otros.

Tras dos horitas de entra y sale (qué bien se está a la sombra) decidimos que ya vale por el momento. A la salida, mientras bebemos agua y nos reponemos, coincidimos con unos franceses que encontramos al venir y que, inexplicablemente, se habían pasado la entrada. En un primer momento nos parecieron una joven pareja de novios. Después, ya hablando, constatamos que él era mayor de lo que parecía, y en cambio ella bastante más joven. Ahora por fin nos enteramos de que son padre e hija. Ella habla inglés muy bien, pero cuando nos encontramos con franceses por el mundo a mí me hace ilusión dirigirme a ellos en su propio idioma.

Tras despedirnos trepamos por la cuesta arriba, aplanados por la calorina que multiplica el asfalto. Como tenemos la auto enchufada a la corriente hemos podido dejar conectado el enfriador sin problemas, así que Chandra nos recibe fresquita y contenta.

El camping tiene una red wifi un poco lenta y que en ocasiones se corta, pero que sirve para un apaño. Aprovecho la sobremesa para ponerme al día de correos, noticias y ver dónde estamos a través de Google Earth. Observo que por la parte de atrás del camping sale un camino estupendo para darse una vuelta. De modo que esperamos a que baje un poco el sol y luego nos vamos los tres.

Apenas hemos rebasado la linde del camping cuando encontramos una pista que sale a la derecha, y en ella un cartel casero que dice *To Rose Valley*. Lo seguimos, por supuesto, y al cabo de unos cientos de metros el sendero desciende y se interna en una vaguada cubierta de vegetación, como si fuera un oasis. Hay allí árboles, plantaciones de frutales y huertos, unos abandonados y otros no. Seguimos el curso del arroyo que da vida a todo aquello y lo que encontramos supera todas nuestras expectativas: casas empotradas en la roca, torres de piedra, arcos naturales horadados por el agua... Lo más increíble es que, estando como estamos en la hiperturística Capadocia, en todo el rato no nos cruzamos absolutamente con nadie. Si esta mañana fue lo conocido, lo previsible y mercantilizado, esta tarde nos asalta el placer íntimo del descubrimiento insospechado, y uno de los mejores recuerdos de esta región y del viaje entero.

El sol baja muy rápidamente, y nuestro éxtasis ante el descubrimiento discurre paralelo al temor a que se nos haga de noche en sitio desconocido. Consultamos el sencillo mapa que nos han proporcionado en el camping y resolvemos que lo mejor es continuar hacia delante para salir a terreno despejado y luego, en cuanto sea posible, cruzar la sierrecilla que llevamos a la izquierda para alcanzar Göreme.

Seguimos el lecho arenoso del arroyo, y pasamos por lugares que en época de lluvias deben de ser por completo intransitables. Desde la altura, viviendas habitadas hasta no hace mucho -y que por lo íntimamente ligadas a la tierra recuerdan a las de los Indios Pueblo-, nos miran desde sus ventanas silenciosas. Trato de imaginarme, sin conseguirlo, cómo será el acceso interior para llegar hasta ellas. ¿Tendrán escaleras con rellano, como los bloques de viviendas de hoy en día?

Finalmente salimos a campo abierto. Los últimos rayos de sol se proyectan sobre la toba calcárea, y nos hacen comprender por qué han bautizado el lugar como Valle Rosa o Rojo. Hay por aquí algún grupo viendo iglesias aisladas. Según nuestro mapilla, si seguimos adelante llegaremos a Çavusin, lo cual nos aleja irremisiblemente de nuestro destino. Estamos buscando un sendero practicable hacia la izquierda cuando nos encontramos con otros dos franceses, esta vez padre e hijo –parece que hoy la cosa va de familias galas monoparentales y extraviadas- que nos preguntan si sabemos por dónde se va a Göreme. Respondemos que no exactamente, pero que estamos buscando el mismo camino. Justo en ese momento divisamos un pequeño grupo que sigue a su guía monte arriba. Les indicamos a los franceses que probablemente sea por allí, que se vengan, pero los muy bobos no nos hacen caso.

El grupo se para ante otra torre-monumento-iglesia y nosotros seguimos adelante. Descendemos la ladera opuesta y enseguida divisamos Göreme, un par de kilómetros hacia el Sur. El sol ya se ha puesto hace rato, y una luna llena, enorme y redonda, se enseñorea del cielo nocturno.

Ahora caminamos por una pista cuyo principal problema es el polvo: furgonetas, motos y hasta grupos de quads transforman el aire en una sopa irrespirable.

Si en este momento hubiéramos seguido adelante habríamos acabado saliendo a la carretera que lleva de Göreme al camping, pero como ya es de noche y no es cuestión de jugársela, lo que hacemos es ir primero hasta el pueblo, de allí al museo al aire libre y desde allí, nuevamente, hasta el camping, tal y como hicimos esta mañana.

Vamos un poco intranquilos porque toca andar por carretera y ya sabemos de sobra cómo se las gastan por aquí los conductores. Menos mal que nos hemos traído el frontal para, llegado el caso, hacernos ver. Hasta el museo muy bien porque hay acerado, y nos cruzamos con gente que está de paseo. Después viene la cuneta pura y dura. A mitad de la cuesta nos encaramamos a unas rocas a descansar contemplando el paisaje lunar, nunca mejor dicho. Aprovecho para colocar el mini-trípode a la cámara y sacar una foto nocturna de la mole rocosa de Uçhisar.

Seguimos subiendo. Muy cerca ya de nuestro destino vislumbro a alguien entre las sombras. *Hello*, nos dice. Entonces yo, sin pensarlo mucho, le espeto: *Where are you from?* El otro capta la pulla y no contesta. No me gusta ir de sarcástico, pero es que durante las dos últimas semanas hemos sido sometidos tantas veces a este interrogatorio ritual que decir que está uno harto se queda muy, pero que muy corto.

En el camping está todo tranquilo, salvo un grupo de veinteañeros que montan fiesta en la terraza de recepción. Inopinadamente, Chandra se ve envuelta en una trifulca, y yo acudo corriendo en su auxilio. Para mi sorpresa, lo que tomé por un perro es en realidad un gato de tamaño descomunal que ya vimos por aquí antes y del que Chandra, inocentemente, ha intentado hacerse amiga.

Desde la auto se oyen perfectamente las voces y risotadas de los juerguistas, pero el palizón de la tarde ha sido tal -y eso que hoy tocaba día de descanso- que no nos queda otra que ignorarlos.

5 DE AGOSTO: GÖREME

Entre los juerguistas de anoche y el nerviosismo de montar en globo, lo cierto es que apenas si hemos dormido. Vamos hacia la puerta, y allí nos toca esperar un buen rato. Muy cerca hay plantadas unas cuantas tiendas donde sospecho duermen los fiesteros como ceporros. No puedo reprimirme y lanzo un buen berrido, tanto por desahogo como por darles de su propia medicina.

Al rato aparece una pareja de españoles. Preguntan si también nosotros vamos a montar en globo. *Es que nos habíamos quedado dormidos* –dice el chico-; *menos mal que hemos oído un grito y nos hemos despertado*. Ejem.

Por la carretera pasan un montón de *dolmus* llevando pasajeros y todoterrenos acarreando globos, va a parecer esto una romería. Antes de que llegue el transporte se nos suma un francés con un niño y una niña rubios, de unos seis o siete años.

Por fin llega nuestra furgoneta. Antes de subir, el conductor nos hace escribir nuestro nombre en un cuadrante. Luego nos lleva al campo de despegue, que se halla en una explanada un poco más allá del museo al aire libre. El espectáculo de una veintena de globos hinchándose y el sonido de los quemadores, con su penacho de fuego en medio del silencio de la mañana resulta sobrecogedor. Acudimos a un chiringuito cercano donde puedes tomar café y pastas que están incluidos en el billete. Calentando motores.

Hemos hecho buenas migas con la pareja de españoles, que según dicen son de Madrid. Pero el buen rollo se termina de golpe cuando viene nuestro conductor a decirnos que debe de haber un error, porque del camping venimos siete, y a él sólo le constan cinco reservas. Nos quedamos los cuatro pensativos, sopesando la posibilidad de que alguien (y a ver quién) se va a tener que quedar en tierra. El conductor nos dice que no hay problema, que si hoy no hay sitio *podemos volver mañana*. Qué chistoso. Sospecho que, al no cobrar la reserva, prefieren arriesgarse al *overbooking* contando con que alguien no acuda (si lo sé no chillo).

Se va el furgonetero y regresa al cabo de un rato con el anuncio de que ha encontrado dos plazas libres en otro globo, así que se lleva a los madrileños. Los demás nos disponemos a embarcar donde nos indican, previa inscripción de nuestro nombre -otra vez- en una nueva hoja. Más que a montar en globo parece que venimos a solicitar una pensión.

Si alguien tiene una idea romántica de los paseos en globo, éste es el momento del desengaño: la cesta de mimbre más que enorme es inmensa, y más que cesta parecería huevera dividida en cinco compartimentos. En el central y más grande viajan el piloto y las bombonas de combustible. En los otros cuatro, los pasajeros, a razón de seis por alveolo. Total veinticuatro. Bueno, veinticinco, porque los dos críos cuentan por uno, así que en nuestro nicho nos apretujamos siete sardinas en lata. Nada más subir, el francés esgrime la cámara, se adueña del mejor sitio (el rincón) y se desentiende por completo de los chavales. Ni siquiera se molesta en traducirles las indicaciones que da el piloto por si hacemos aterrizaje de emergencia y quedan, como quien dice, a cargo de Bego y mío. Nos elevamos.

Quien dice que qué miedo montar en globo o padece mucho de vértigo o no sabe de lo que habla: la ascensión es tan suave que apenas si se percibe. Con el viento calmo, la sensación es de tranquilidad y seguridad.

Ahora son las cinco, y asistimos al nacimiento del sol por encima de las colinas. Poco a poco nuestros ojos se adueñan de los arduos relieves de Capadocia. Qué bonito es encaramarse en mitad de la mañana limpia, con el mundo aún intacto. Los globos parecen seguir un rumbo prefijado, pero sin agobiarse, en grupos de dos o tres. Unos ascienden, otros bajan... Nuestro piloto va dando explicaciones, pero de su inglés no entiendo ni papa. Conservo en cambio muy vívido el recuerdo de flotar, silenciosos e ingrávidos, sobre las casas de Göreme, entre las que sobresalen monumentales conos de piedra, como si un ser de mandíbula monstruosa hubiera devorado el pueblo por debajo. En la lejanía, irresistible como un imán, se divisa el volcán Erciyes. Ya hemos decidido que mañana iremos a echarle un vistazo.

No hay apenas espacio en la barquilla para moverse ni para maniobrar con la cámara. Como además soy el más alto y me ha tocado el lugar más próximo a los quemadores, con el calor y la ceniza que cae se me está asando el cuero cabelludo. El piloto se percata, y me presta su gorra. *Tesekkür*.

Tras la visita al pueblo descendemos y nos internamos por un paraje que han bautizado como *Valle del Amor* y cuyas ostensibles formas fálicas no dejan lugar a dudas acerca del origen de la denominación. Alucino en colores al ver cómo los globos maniobran y evolucionan por entre las quebradas y las columnas pétreas sin despeinarse. En cuanto a nosotros, volamos tan bajo que casi rozamos las ramas de los frutales. Bajo sus copas dormita una banda de perros cimarrones.

Volvemos a ascender como preparación para el aterrizaje. Pensé que volveríamos a la explanada de despegue, pero no: el piloto nos señala el tractor que ha venido a recogernos, y anuncia que aterrizaremos sobre el mismo remolque. Yo me lo tomo a guasa. Entonces ordena que nos coloquemos en posición de aterrizaje, esto es, mirando hacia dentro, sujetando al compañero de delante por la cintura y con las rodillas flexionadas. Bego trata de explicárselo a la francesita, pero ésta le replica que nanay de la China. Yo le digo que no insista: si la niña se rompe la crisma será entera responsabilidad del padre, que por cierto no se ha girado ni una sola vez para ver cómo iban en los cuarenta y cinco minutos que ha durado la travesía.

Para mi asombro, el piloto cumple su palabra, y con precisión milimétrica aterriza –suavísimamente, por suerte para la cría- sobre el remolque del tractor: jamás pensé que fuera posible tanta pericia maniobrando un globo. Tampoco que un padre pudiera ser tan irresponsable: a partir de ese momento le retiramos el saludo, y además procuramos que se note. El remate llega con el fotógrafo que saca las típicas instantáneas de recuerdo, con la gente aún en el globo. A Bego y a mí nos encuadra... con nuestros hijos recién adoptados.

Tras el sueño de la ingravidez, de nuevo en tierra: copita de champán (a estas horas...), entrega de diplomas de vuelo (en el mío han puesto IOANA MARÍA), venta de gorras y camisetas y petición de propinas. En fin, es la parte cutre de la experiencia, pero ya tenemos nuestro paseo en globo. Vuelta al camping, a la auto y a la cama.

A media mañana nos levantamos. Cuando salgo lo primero que veo es que, muy próxima a nosotros pero en un nivel inferior, hay una auto que no estaba ayer. Me suena familiar, de modo que miro la matrícula: italiana. Entonces me doy cuenta. ¡Si son Luigi y familia! Les llamamos y aparecen. Nos abrazamos, nos saludamos. Cuando dijeron que a la vuelta del Kurdistán pasarían por aquí y que a lo mejor nos veíamos lo interpreté más como un deseo poético que como realidad, pero mira por donde hemos coincidido de nuevo. Pregunta Ilaria que si nos fue de ayuda su croquis para llegar aquí. Respondo que no, que anduvimos perdidísimos por Ürgüp, pero como veo que a medida que se lo cuento pone cara de compungida opto por correr un estúpido velo.

Intercambiamos un breve resumen de nuestras experiencias en los seis días que hemos estado sin vernos. Cuando fueron a la Roca de Van, un grupo de chiquillos empezó a hostigarles a ellos y a otros turistas. El vigilante del recinto intervino para protegerlos. Los críos empezaron a tirarle piedras y él, ni corto ni perezoso, empezó a devolvérselas. Cuando ya se iban algunos nenes se subieron al parachoques trasero de la auto, y desde entonces lo llevan medio desenganchado.

Menos divertida -aunque con final feliz-, fue la experiencia que tuvieron en Diyarbakir: como ningún lugar les inspiraba confianza, trataron de pernoctar a las puertas de un cuartel de la Jandarma, pero allí les dijeron que no podía ser, que se fueran al parking del aeropuerto. Eso hicieron, hasta que a las doce de la noche llamadita a la puerta: que el aeropuerto va a cerrar, y que dentro no se puede quedar nadie. Los cuatro imploran, gimen, suplican que *per favore* les permitan dormir allí, que cualquier sitio al que puedan ir *è molto pericoloso...* Al final los policías se apiadan: *Under your own responsibility!* Cierran la valla exterior y aquí tenemos a nuestra querida familia italiana solísimos en mitad del recinto del aeropuerto, mientras fuera ruge amenazadora la oscuridad y restallan los tiroteos que, noche sí noche no, pueblan las calles y los sueños de Diyarbakir.

Por lo que respecta a nosotros, hoy toca colada. La última vez que lavamos fue en el camping de Ljubljana, debe de hacer ya varios milenios. Tenemos materia prima no para una, sino para dos lavadoras, y mira que la de aquí es de capacidad industrial. Cada lavado cuesta cuatro liras, que se pueden abonar cuando nos vayamos.

De este modo plácido y hacendoso transcurre hoy la jornada. Con el toldo desplegado, sillas y mesa fuera, leo, consulto mapas, interneteo y me dedico a observar las idas y venidas del personal. Compruebo lo excelente anfitrión que es el propietario, que acompaña a todos los que llegan y les muestra personalmente las instalaciones. A nosotros nos saluda en varias ocasiones, y casi siempre pregunta si está todo bien.

Después de comer me voy a refrescar a la piscina, pero vuelvo enseguida porque hay mucho adolescente tirándose de bomba y jugando a la pelota dentro del agua. Cuando el sol baja un poco más, le propongo a Bego un paseíllo. Elegimos un camino distinto al de ayer que aunque va entre viñedos promete menos, entre otras cosas porque va muy cerca de la carretera. Bego tiene una pierna resentida y al cabo de un rato regresa al camping. A Chandra esto de dividir la manada nunca le ha gustado y expresa su disgusto. Aun así, consigo que caminemos otro trecho.

Nos internamos ambos por un sendero que se dirige a la parte superior del Valle Rosado. Saltamos de terraza en terraza hasta que ya no es posible avanzar más. Nos sentamos disfrutando del atardecer y su extraordinario silencio, aunque Chandra no deja de otear a ver si aparece de nuevo su amita. Por mi parte demoro todo lo que puedo este momento, pues sé que estoy empezando a despedirme de Capadocia, y sólo los dioses saben cuándo volverá uno por acá.

Para alivio de mi peluda compañera, regresamos al camping. Algo más tarde aparecen Luigi y familia, que han ido a cenar a un pueblo cercano. Les comunicamos que, aunque no sabemos dónde, nos marchamos mañana. Ellos, por su parte, irán a descansar unos días a un pequeño pueblo de la costa del Egeo llamado Datça. Para que tengan un recuerdo nuestro les regalo un ejemplar de mi libro de relatos *El Centro del Mundo* que andaba perdido por el fondo de los armarios. Sólo Cecilia entiende el castellano, pero promete que ejercerá de traductora para los demás. Ellos, por su parte, nos obsequian con una botella de vino que han comprado para nosotros en Göreme. *Grazie mille!*

6 DE AGOSTO: DE GÖREME AL VOLCÁN ERCIYES

Cuando vamos a recepción a pagar, averiguamos si es posible acceder al Erciyes con la autocaravana (estamos ya escarmentados después de los dos Nemrut Dagi). Pregunto también que por dónde se sube mejor, si por Kayseri (Norte) o por el Sur. El dueño del camping nos dice que es indiferente, pero que él nos recomienda ir por la cara Sur. Nos despedimos.

No queremos marcharnos de Capadocia sin darnos una vuelta por alguno de los pueblos de la zona, de manera que bajamos a Göreme (nueva parada en la tienda del museo, para agenciarnos otro derviche danzante) y desde allí nos dirigimos a Uçhisar, interesante por el *kale* o castillo, gigantesca roca horadada como un queso de gruyère. Recuerdo la primera vez que la vi: me pareció imposible que algo así pudiera existir fuera de las películas o de alguna mente a lo Tolkien. Entramos en el pueblo y subimos las primeras rampas, pero como no está claro lo ancha que será la calle más arriba, aparcamos a mitad de la cuesta y subimos el resto a pata. Sólo son las nueve am, y el sol aprieta ya que no veas.

En el *castillo* se puede entrar previo pago, pero al ir con la perra ni siquiera nos lo planteamos, así que lo que hacemos es rodearlo por la base, explorar las cuevas abiertas y asomarnos a este balcón desde el que se divisa toda la Capadocia.

A la vuelta pasamos por una zona de tiendas dedicadas a turistas. Sin embargo, se ven pocos, supongo que con el calor vendrán más temprano o ya a la caída de la tarde.

Entramos en una tienda a comprar algo de fruta, y a la salida tenemos el enésimo incidente con un perro que se nos viene encima en plan muy agresivo. El amo, que está sentado en una terraza, grita aquello del *No problem.* No problem será tu abuela, guapo: como agarre a tu chucho te lo estampo. Estamos tan hartos de movidas a cuenta de Chandra que lo único que uno siente a estas alturas es un infinito cansancio.

Volvemos a la auto, rodeamos el pueblo y seguimos nuestra *tournée* rumbo a Ortahisar. Antes de llegar paramos en una gasolinera donde nos atienden a cuerpo de rey. Ya estamos acostumbrados a las ofertas de té y demás, pero choca que esto siga sucediendo en una zona tan turística donde, se supone, deberían estar ya curados de espanto.

Ortahisar tiene un *kale* parecido al de Uçhisar, aunque no tan llamativo. En la aproximación nos metemos primero en una zona residencial, y después en un dédalo de callejuelas donde tenemos que dar marcha atrás. Finalmente dejamos la auto en un aparcamiento para camiones y nos vamos para el centro *andandíviri*.

En este pueblo, junto a las casas viejas, encontramos otras de nueva planta que supongo lujosas para los estándares turcos. Parece que el turismo realmente está trayendo ingresos a la zona.

El castillo está ubicado de tal manera entre las casas que no hay forma de sacarle una foto en condiciones. Paseo por la calle principal, repleta de cafés con turcos a la sombra (también aquí parecemos ser los únicos turistas) y vuelta a la auto. Por el camino, nueva incursión en dos tiendas: en una, el pan y la verdura; en otra, media docena de latas de cerveza *Efes*. Son las primeras que compramos en comercios, y comprobamos que, al igual que la gasolina, el alcohol es bien caro en este país.

Otra vez a bordo. Ahora el sol sí que abrasa de veras. Salimos a la carretera por la que llegamos hace tres días y nos metemos en Urgüp. Encontramos aparcamiento a la sombra y nos vamos de descubierta los dos, porque Chandra dice que está hasta el rabo de calor y que se queda. Le dejo el enfriador puesto.

La otra noche, cuando llegamos, pese al extravío y al cansancio nos pareció un lugar de lo más sugerente, pero lo cierto es que a la luz del día y con la temperatura desluce bastante. Antes de regresar a la auto meto la cabeza bajo el chorro de una fuente, y no han pasado ni cinco minutos cuando la tengo seca de nuevo.

Pronto será la hora de comer. No sabemos si hacerlo aquí o tratar de llegar hasta el Erciyes. Lo cierto es que nos apetecería subir un poco para librarnos de este bochorno. Desde Urgüp sale una carretera que va hacia el Sudeste y que casi derecha conduce a Develi, la localidad que debemos alcanzar para atacar la cara Sur del volcán. Pero nos trabucan las señales interiores del pueblo y acabamos en la ruta por la que entramos a Capadocia y que discurre hacia el Norte y luego hacia el Oeste, haciéndonos dar un considerable rodeo.

Por fin alcanzamos la D 805, la carretera que viene de Kayseri, y durante algo más de 20 kilómetros viajamos hacia el Sur. Diríase que el calor ha derretido el asfalto, porque brilla y silba al contacto con los neumáticos como si hubiera agua en la calzada.

30 kilómetros más hacia el Este, atravesamos una llanura que blanquea como si tuviera sal. Antes de cruzar Soysalli nos llama la atención un lago por la cantidad de porquería que flota en él, y por la gente que vemos bañándose.

En Develi no hace falta entrar porque el pueblo está circunvalado. A esta distancia el Erciyes luce ya imponente. Estamos a 1.200 metros de altitud, y en 20 kilómetros nos pondremos a 2.200. No es un desnivel excesivo, pero la aguja que indica la temperatura del motor sube alarmantemente, imagino que debido a las largas rectas en pendiente que hacen que ascendamos deprisa y con el motor bastante revolucionado.

Llegamos a una especie de meseta en medio de la cual hay un lago recrecido por una presa. Allí vemos familias pasando el día y también cabañas de pastores transhumantes. Es un sitio estupendo para comer, aunque casi se haya pasado la hora. Bajo de la auto a chequear la temperatura exterior: maravilloso, ni pizca de calor.

Desde aquí a la cima del volcán hay todavía 1.700 metros, y en sus laderas sobreviven algunos neveros. Estoy ensimismado en las alturas cuando, por el rabillo del ojo, me parece ver algo que aparece y desaparece del suelo al tiempo que se oye como un chasquido que suena a señal de advertencia. Me basta con permanecer un pequeño lapso inmóvil para que las criaturas se manifiesten: son algo mayores que una ardilla pero de cola más pequeña, y se ponen de pie de una forma que recuerdan a los suricatos que salen en los documentales de la 2. A la vuelta del viaje le enseñaré las fotos a un biólogo amigo y me confirmará que se trata del suslik europeo (*Spermophilus citellus*) o alguna especie muy parecida. Resulta encantador verlos corretear, jugar y esconderse en las madrigueras excavadas bajo tierra. Chandra se siente intrigadísima y se acerca con aire acechante, pero en cuanto la descubren los animalillos lanzan su peculiar chisteo y desaparecen para reaparecer unos metros más allá.

Tras la comida, merecidísimo descanso para recuperarnos del calor. Nos despierta un roce sospechoso en los laterales del vehículo. Me asomo por una ventana, y lo que descubro es un rebaño de avidísimas ovejas que arramblan con el último átomo de hierba que encuentran, incluida la que crece debajo de nuestra auto.

Baja el sol y con él la temperatura. Una a una, las familias suben a coches y furgonetas y se van marchando. Nosotros, en principio, quisiéramos quedarnos a dormir por aquí, pese a que el sitio parece muy solitario. Enfrente de nosotros, al otro lado del lago, vemos una tienda de campaña. Con los prismáticos compruebo que no pertenece a los transhumantes, sino a campistas locales – es como las que se estilaban por España en los 70 y los 80 y me hace gracia, porque en una muy parecida veraneé con mis padres durante algunos años-. Por ello decidimos seguir el camino y movernos hasta las inmediaciones, a ver qué tal. El objetivo es colocarnos cerca de ellos, aunque no demasiado.

Encontramos una explanada ideal a cosa de doscientos metros (38° 31'15.20" N   35° 31'45.97" E). Luego salimos a dar una vuelta, pasamos relativamente cerca de la tienda y saludamos, para que tengan la certeza de que no se les han arrimado extraterrestres. Continuamos nuestro periplo por la orilla, pero los enjambres de mosquitos y los ladridos de perros nos disuaden (debe de haber un rebaño al otro lado de la loma y a los mastines de por aquí, francamente, les hemos cogido miedo), así que regresamos a casita.

A las 17:30 el sol se ha puesto por detrás del cono del volcán. Sacamos las hamacas, y con ayuda de repelente aguantamos un rato fuera para disfrutar de la calma que poco a poco se adueña del paisaje. Al otro lado del lago discurre la carretera que baja a Kayseri, y por la que aún circula bastante tráfico. Pero, como suele suceder en alta montaña, el sonido se diluye y apenas si llega hasta nosotros.

A la derecha de la tienda de campaña y un poco más retirado hay un campamento de transhumantes. Proveniente de él se nos acerca un mastín que dispara todas nuestras alarmas pero que resulta ser una perra que ha parido hace poco, y que simplemente busca comida. A falta de otra cosa, le doy un trozo de chorizo. Como en Turquía no saben lo que es un cerdo, es de ver la cara de mayúsculo asombro que pone el animal, como diciendo *esto no lo he olido yo en la vida*. Aun así, se lo come. Cuando ve que no hay más se marcha pero no hacia el campamento, sino que desaparece dentro de una madriguera excavada un poco más arriba donde a buen seguro guarda a sus cachorros, al estilo lobuno.

Kilómetros etapa: 147
Kilómetros viaje
Tierra: 7.264
Mar: 700

7 DE AGOSTO: DEL VOLCÁN ERCIYES A SOGANLI

A las seis, como es habitual por estas tierras, ya estamos en pie. Los pastores se han marchado de nuevo con ovejas y mastines, y sus mujeres se dedican a cardar y batanear la lana. Pasan camioncillos que se internan por los vericuetos de la sierra y que luego bajan cargados hasta los topes de sacos con los frutos del esquilo.

Desayunamos, recogemos y desandamos camino hacia la carretera. Antes de llegar pasamos junto a unas madrigueras de susliks. Como ya sabemos por experiencia con los pájaros, la autocaravana constituye un *hide* estupendo: paro el motor y enseguida tenemos ocasión de verlos pelear, relacionarse, y también de sacarles fotos. La verdad es que son unas criaturas encantadoras y que -salvada la diferencia de tamaño- nos recuerdan mucho a las marmotas que vivían junto al glaciar Pasterze, en los Alpes austriacos.

Anoche, cuando no las teníamos todas consigo respecto a dormir aquí, estuvimos a punto de irnos a la puerta de un hotel solitario que se divisa a la otra punta del lago. Ahora descubrimos con asombro que de solitario nada: en cuanto traspones la loma te encuentras con una estación de esquí en toda regla; multitud de edificios entre los que ni siquiera falta un cuartel de la Jandarma. Por si fuera poco, el valle inferior es un hervidero de tiendas acampando por libre; por haber hay hasta una autocaravana. Ahora comprendo por qué el dueño del camping nos recomendó subir por donde lo hicimos ayer: la sensación de entorno natural e incontaminado es más auténtica mientras que por el otro lado, como diría José Luis Coll, la mano del hombre ya ha puesto el pie.

Ayer por la tarde nos pareció ver moverse el telesilla y ahora comprobamos que, efectivamente, se halla en funcionamiento. Cambiando una vez de remonte es posible ascender 600 metros, esto es, hasta los 2.800. Y eso es lo que hacemos. Nos gustaría llevar a Chandra, pero como no estamos seguros de cómo reaccionaría al verse volando por los aires preferimos dejarla en la auto.

Las pistas de esquí se asientan sobre una colada de lava que escapó por una colosal brecha abierta en el cono volcánico en dirección Nordeste. Cuesta imaginarse todo esto cubierto de nieve, y sobre todo que se pueda esquiar sobre sustrato volcánico. Al parecer, el volcán Erciyes tuvo mucho que ver con la formación de la Capadocia, pues la violenta erupción que experimentó hace unos tres millones de años cubrió de cenizas, barro y lava una superficie de 4.000 kilómetros cuadrados. Luego el viento, el agua y, cómo no, el tiempo cincelaron el paisaje hasta dejarlo como lo hemos contemplado estos días.

Desde donde nos suelta el telesilla hasta la cima restan todavía mil metros de ascensión; ni soñar con subirlos, pues nos llevaría un tiempo que no tenemos -nuestro propósito es dormir esta noche en el valle de Soganli-. Además, Chandrita nos aguarda, así que damos un paseíllo por las inmediaciones y otra vez para abajo. A la ida vinimos casi solos, pero ahora nos cruzamos con un grupo entero de turistas empaquetados de cuatro en cuatro.

Nos recibe la Cutufa con las muestras de alegría habituales. Enseguida arrancamos, pero ahora hemos decidido bajar por Kayseri. No porque nos mole especialmente esta ciudad, sino porque necesitamos comprar comida urgentemente, y para ello hemos de dar con un hiper.

Desde la estación de esquí hasta la ciudad hay 1.150 metros de desnivel que se nos hacen difíciles; debido a la mucha inclinación de la carretera toca usar el freno de motor mucho más de lo que hubiera deseado. Como de costumbre, y pese al tamaño de la urbe, no vemos cartel alguno que nos conduzca al local de marras, así que nos arrimamos a una parada de autobús y preguntamos a un hombre joven: *¿Carrefour? ¿Migros?*

El interpelado se lo piensa un poco y seguidamente nos pregunta si puede subir a la auto, que él nos lleva. En principio no es muy de recibo admitir desconocidos a bordo, pero hay que tener en cuenta que le hemos entrado nosotros a él, y no al revés. Además, el beneficio es mutuo: si nosotros somos guiados, él por su parte adelanta trecho hasta donde vaya. Llegamos así a un Migros, que se halla en el sentido opuesto de la marcha. Como estamos en una avenida de cuatro carriles y mediana, toca ir hasta la siguiente rotonda y volver para atrás. Nos despedimos de nuestro improvisado y amable guía.

Aparcamos en la puerta del super. Como tardamos más de dos minutos en bajar (estamos confeccionando la lista) el vigilante empieza a mirar y a ponerse nervioso. Hasta que no sale Bego y coge un carro no se tranquiliza. Y es que en Turquía tienen clarísimo que el espacio frente al establecimiento pertenece al propio establecimiento.

Tras la compra salimos de la ciudad en dirección Oeste, como el otro día, pero la pobre señalización nos hace desembocar en la avenida principal justo en una calle que no permite girar a la izquierda. Toca entonces circular en sentido opuesto al que deseamos, peleándonos con todo tipo de vehículos que cambian de carril a su antojo y se detienen donde quieren, y también con peatones que se cuelan como sabandijas. Cuando por fin consigo salir de Kayseri estoy, más que nunca, al borde de un ataque de nervios.

Enfilamos la D 805 con una aguda sensación de *déjà vu*: recorremos primero el tramo que va hasta la carretera de Avanos (como hace cuatro días), y continuamos luego hasta el cruce de Develi, como ayer, sólo que ahora lo sobrepasamos. 65 kilómetros después del desaguisado de Kayseri dejamos la carretera en Yesilhisar, que es de donde parte la carretera hacia Soganli, y nos detenemos a la sombra de unos árboles poco antes de entrar en el pueblo. Es hora de comer, y a fe mía que hemos aprovechado bien la mañana.

Dos horas después estamos de nuevo en camino. Circulamos ahora por una carretera que sigue el cauce de un río festoneado de verdes campos de cultivo que contrastan con la aridez del entorno. Comparado con la populosa ciudad que hemos dejado atrás, toda la zona da la sensación de desolada y pobre.

Al cruzar Soganli pueblo es todo tan íntimo y familiar que tenemos la sensación de habernos metido por el pasillo de una casa ajena. Nos cruzamos con un tractor, y un hombre que viaja en él como pasajero se apea y nos para: es el propietario del restaurante que se encuentra a la entrada del valle. Si por el módico precio de 10 liras por barba cenamos en su chiringo, nos permite dormir a la puerta. Ya traíamos referencia del sitio, así que le decimos que vale, que luego nos vemos.

A un kilómetro y medio está el restaurante (38° 20'37.12" N 34° 58'22.61" E). Aparcamos a la entrada y continuamos a pie. Siguiendo la pista de tierra encontramos una barrera y un edificio oficial donde seguramente se saquen los tickets, pero a estas horas no hay ni un alma. Un poco más allá y a la derecha está el Soganli viejo, prácticamente deshabitado (cabe imaginarse que la localidad que cruzamos antes, de nueva construcción, es donde han realojado a los que vivían en cuevas). Lo que sí continúa a pleno rendimiento es el bar de pueblo, muy animado a estas horas.

Precisamente aquí es donde se inicia uno de los episodios más desagradables e inquietantes de hoy y seguramente de todo el viaje: enfrente del bar hay un perro enorme tumbado, y automáticamente se viene para nosotros en cuanto descubre a Chandra. Actuamos como solemos en estos casos: Bego coge a nuestra perra en brazos y sigue adelante; yo bloqueo al perro hasta que éste se cansa o desiste. Esta táctica ha funcionado satisfactoriamente hasta ahora, pero el bicho éste, aparte de grande, es impetuoso y tenaz: pasa de los humanos como si no existiéramos y se viene para Chandra. Entonces echo mano de lo que no había utilizado jamás hasta ahora: el spray de pimienta. Como en el fondo me da palo usarlo contra el animal, efectúo una pequeña rociada que le alcanza *de raspajilón*. Él se retira un poco, y nosotros proseguimos la visita.

Diez minutos después ya me he olvidado por completo del dichoso chucho cuando, al salir de una de las iglesias, lo localizo de nuevo: el muy mamón nos está siguiendo. Le grito, le arrojo piedras pero todo es vano: se sienta, y en cuanto ve que nos alejamos reemprende el acoso.

Comparado este lugar con Göreme nos damos cuenta de que también tiene su mérito, pero la sensación que da es de que se halla más abandonado y deteriorado que cualquiera de los otros valles. Llegamos al punto último al que pueden acceder los automóviles. Aquí el desfiladero se estrecha considerablemente y se divide en dos. Elegimos el camino de la derecha, que enseguida se transforma en sendero. A mí me gustaría ascender hasta el final por si se puede ver la puesta de sol; Bego, por el contrario, preferiría darse ya la vuelta. En éstas estamos cuando, sombra maldita, aparece otra vez el perro.

Ahora que estamos en lugar por completo deshabitado, a más de un kilómetro de la entrada al sitio, constatamos un cambio de conducta del animal: mientras que en el camino mantenía las distancias, aquí arriba -subrepticiamente- se va acercando más y más hasta que lo tenemos prácticamente encima. Mientras que antes, donde había gente, exhibía sumisión y docilidad, ahora por el contrario empieza a mostrar abiertamente una actitud de desafío, y sostiene la mirada como diciendo: *Soy más fuerte que tú, podría destrozarte si me lo propusiera.* Lo insólito del sitio, lo tardío de la hora y lo surrealista de la situación hacen que, por primera vez, experimente miedo. Noto cómo la capa de complicidad y subordinación que le une a los humanos se va debilitando por momentos, y cuanto más arriba, más se crece, así que no queda más remedio que dar media vuelta y pasar a su lado. Hago un intento de contenerlo mientras Bego y Chandra bajan, pero pese a lo estrecho de la senda, me ignora olímpicamente y echa a correr tras ellas. Yo le sigo, sintiéndome involuntario protagonista de una película de terror de la serie B tipo *El perro de Soganli, Colmillos asesinos sobre Capadocia*, o similares.

Casi corriendo, con el psicópata pisándonos los talones, llegamos de nuevo a la pista de tierra pero ahora, en vez de seguirnos, nos adelanta a toda carrera por la margen opuesta del río. Diríase que, como los lobos, conoce el terreno y planea una emboscada.

Por fin llegamos a sitio habitado, esto es, al bar (hay ocasiones en que se alegra uno de reencontrar a sus semejantes). También está allí nuestro amigo, que hábilmente ha ocultado su faceta cimarrona y exhibe de nuevo el aire de no haber roto un plato. En esta ocasión le ignoramos, y ya no ocurre nada.

Encontrarnos otra vez en la auto es como sacudirnos de encima una espesa y pegajosa pesadilla. Sentado a la puerta está nuestro anfitrión de esta noche acompañado de otro hombre. Saludamos y hablamos de la cena. Como hemos comido tarde, preguntamos si podríamos cenar dentro de una hora, a lo que el otro responde que no puede esperar tanto, porque luego tiene que ir andando hasta su casa en el pueblo nuevo, más allá de donde nos lo encontramos. Entonces le propongo acercarle después con la autocaravana. Al principio parece pensar que estoy de broma pero yo reitero mi ofrecimiento, el cual acepta entusiasmado.

Cenamos fuera, bajo unos manzanos tan someros que a poco que te descuides tu cabeza choca con la fruta. Hemos pedido *çorba* y trucha (insiste en que está fresquísima, pues ha sobrado de un grupo de cincuenta turistas que ha comido aquí a mediodía). Nuestro amigo nos habla en francés y cuando menos te lo esperas salta al inglés, así que cuesta enterarse. Como quien no quiere la cosa, enciende las luces de una sala grande en la que cuelgan alfombras y tapices en exhibición. Y también, como quien no quiere la cosa, le hacemos saber que en nuestro anterior viaje quitamos las ganas con un tapiz de seda que costó cien mil de las antiguas pesetas. No insiste.

Luego me dispongo a cumplir mi palabra de acercarle al pueblo. Fuera del restaurante la noche está oscura, pero no tanto para que no descubramos al perro de nuestros amores tumbado al lado de la auto. Realmente esto es perseverancia y lo demás cuento. También oímos una conversación cercana: aunque no los vemos, hay dos hombres, uno de ellos el que estaba antes a la puerta y que es familiar del dueño. Al parecer se queda vigilando algo, aunque no nos queda claro si es el negocio o el huerto.

Me gusta llegar al pueblo y que todos los que están por la calle –mayormente críos- vean a nuestro cocinero-hospedador apearse de la auto. Nos invita a tomar un té a su casa, pero en parte por la hora y en parte por no inmiscuirnos en su intimidad declinamos la oferta.

Volvemos a nuestro parking troglodita. Silencio, oscuridad, estrellas, algo de frío.

Y el perro, claro.

Kilómetros etapa: 113
Kilómetros viaje
Tierra: 7.377
Mar: 700

8 DE AGOSTO: DE SOGANLI A SULTANHANI
Miro por la ventana y compruebo, aunque ya lo sospechaba, que nuestro incombustible enemigo continúa ahí. Pero Chandra tiene necesidad de hacer sus ídems, así que salimos del refugio. Para nuestra sorpresa al perro se le ve hoy de lo más conciliador y zalamero. Como además debe de tener super-prohibido entrar en el recinto del restaurante, nos deja en paz a partir del momento en que pasamos al jardín. Luego, a la salida, ocurre algo muy divertido: el recalcitrante se ha colocado justo en la puerta. Chandra mueve el rabo dispuesta a estas alturas de la película a hacerse su amiga. Salgo fuera y el mastín queda entre nosotros dos; entonces el don de gentes de mi perrita se esfuma y el miedo asoma a sus ojos. Tengo que acudir en su ayuda pese a que el otro no ha movido ni una pata: parece que en Turquía lo de la intangibilidad de los huéspedes lo tienen asumido hasta los perros.

Tras devolver a Chandra a la seguridad de la auto vuelvo al restaurante en busca de una manguera (ayer indagué sobre la posibilidad de llenar el depósito, y se me respondió que no había ningún problema). Aprovecho también para lavar el parabrisas y vaciar las negras en el water: servicio integral y gratuito. Por cierto, que en cuanto me vio aparecer con el agua, y pese a que en ningún momento hice amago de rociarle, el eterno can desapareció como si se lo hubiera tragado la tierra. La verdad es que tiene narices: lo que no lograron ayer las piedras, ni los gritos, ni siquiera el spray antiagresión lo consigue hoy una vulgar manguera de riego.

Yo quería marcharme pronto para no demorarnos en cortesías, pero el dueño del restaurante aparece antes de tiempo acompañado de otro hombre. A este último le debe de haber indicado que necesitamos agua, porque al poco aparece con la manguera. Me cuesta bastante que entienda que ya hemos llenado el depósito, y para ello tengo que mostrarle el suelo mojado junto a la auto. Por fin nos despedimos. Como es costumbre por estos sitios, nos hacen entrega de una tarjeta del restaurante a color, muy bonita.

Desandamos el camino recorrido ayer hasta la carretera 38-54 (creo que he acabado por comprender el curioso sistema de señalización turco: dicho número no indica una carretera concreta, sino más bien un sector de la misma, porque un poco más adelante se transforma en 38-56, y más tarde en 50-25. Esto es válido también para las carreteras principales) Por un paisaje de lo más rural nos dirigimos a Derinkuyu, lugar de visita obligada para todo aquel que pase por Capadocia debido a su celebérrima ciudad subterránea, y donde no paramos por conocerla ya.

El día se ha nublado. Atravesamos ahora una zona agrícola bastante fértil, donde se hallan en plena temporada de siega, y por donde nos toca ir durante un rato en caravana detrás de varias máquinas cosechadoras. Justo cuando paran y las sobrepasamos vemos un cartel que indica el Aci Göl o volcán Göl, que no es muy alto, pero que alberga en su interior un lago de 800 metros de diámetro. Como en este momento no disponemos de dicha información, ni nos planteamos entrar y pasamos de largo.

Nuestro destino ahora es el cañón de Ihlara, al que se puede acceder por la localidad del mismo nombre o por Belisirma. Nos decantamos por la primera opción, ya que hacerlo por la segunda implica recorrer una angosta carretera no muy apropiada para vehículos del tamaño del nuestro. Realmente no es un paraje fácil: bajamos una cuesta en la que hace tres años, viniendo en sentido contrario, el compañero Correkminos estuvo a punto de ser arrollado por un tractor que bajaba a carajo sacado y que incluso llegó a rozar la parte trasera de la auto. *Pa haberse matao.*

Cruzamos el pueblo y, siguiendo las indicaciones, llegamos a un parking amplio, nuevo y vacío con vistas al cañón, aunque éste es tan estrecho y profundo que a duras penas es posible divisar el fondo. Comprobamos que los coches continúan por la carretera, así que suponemos que debe de haber un aparcamiento más abajo. Les imitamos, pero cuando descubrimos a) que dicho parking es de pago, b) que nos quieren mover a otro sitio de dudosa maniobrabilidad, devolvemos la auto a donde estacionamos en un principio y regresamos a pie.

Para acceder al valle cobran entrada. No pregunto si admiten a Chandra, pero nos dejan entrar con ella sin ningún problema. Ahora toca bajar hasta el fondo del abismo cosa de doscientos escalones. Los visitantes se dividen en dos grupos, a saber: extranjeros y turcos. Los primeros fundamentalmente se dedican a visitar las iglesias-cueva; en cuanto a los segundos, vienen exclusivamente a disfrutar del paisaje, el agua y la sombra. Como de costumbre, estos últimos se subdividen en dos subgrupos: quienes profieren exclamaciones de asco y horror al descubrir a Chandra y quienes darían cualquier cosa por llevársela para casa. Como diría Obelix, *están locos estos romanos.*

Lo cierto es que estas iglesias, particularmente los frescos, se conservan mucho peor que las de Göreme; es una pena lo que puede hacer la desaprensión, el vandalismo o simplemente la exaltación religiosa. Y hablando de vandalismo: en una de las iglesias-gruta nos topamos con una pareja de treintañeros italianos. Pese a que en la puerta hay carteles bien claritos que dicen NO FLASH ella dispara el suyo alegremente, y no puedo evitar pedirle por favor que no lo haga. El maromo, que es algo chuletilla, espeta con suficiencia: *Ma è tutto rotto!* Reprimo las ganas de responder: *Come tutta l´Italia.* En lugar de eso, callo y me concentro en la cámara de la chica, que me ha pedido que le enseñe a anular el flash. Mientras recorro los menús, percibo la mirada del otro cargada de suficiencia, convencido de que no voy a saber dar con la tecla. Sin embargo lo consigo. A continuación nos marchamos de allí.

Recorremos un tramo del cañón en un sentido, y luego en el otro. Nos llama la atención el que, hallándonos como nos hallamos entre paredes verticales y rocosas, cuando levantamos los ojos al cielo no distinguimos ni una sola ave rapaz, ni siquiera un triste buitre. Caemos entonces en la cuenta de que tampoco los hemos visto en lo que llevamos recorrido de Turquía; supongo que es lo que tiene el vivir a quince kilómetros de Monfragüe, que tiendes a creer que grandes aves las hay por doquier, y evidentemente esto no es así.

Nos encontramos con un nutrido grupo de italianos ya mayorcitos que llevan consigo un perro pequeño, el primero que vemos en compañía de turistas. Claro que entre tanta gente va mucho más protegido que Chandra. En cuanto a ésta, todos se afanan en hacerle carantoñas: un grato hallazgo de este viaje ha sido descubrir la ternura de que hacen gala los italianos a la hora de relacionarse con los perros.

Damos por concluida la visita e iniciamos la ascensión de la monumental escalera. Como vamos mentalizados y subimos despacito no resulta pesada, pero el sol hace ya de las suyas.

Cuando llegamos al aparcamiento nos encontramos, oh sorpresa, que ha sido invadido por una docena de autocaravanas: ahora comprendo cómo han llegado los italianos amantes de los perros: tanto la actitud como la indumentaria no nos parecían propias de un grupo en las garras de un tour-operador.

Mientras Bego prepara la comida, me acerco a una autocaravana que tiene la puerta abierta. Llamo y aparece un matrimonio muy simpático: se han tenido que subir porque el hombre ha sufrido una caída en el cañón (a modo de prueba me enseña el brazo derecho totalmente cubierto de gasa). Les pregunto por dónde han venido, y de la respuesta deduzco que por donde nosotros. Inquiero a continuación si regresarán por el mismo sitio o seguirán carretera adelante. No saben, al parecer quien sí lo tiene claro es el conductor de la autocaravana-guía pero aún no ha subido.

La falta de información fiable sobre la ruta que tenemos delante aconseja no arriesgarme. Luego, cuando mire la zona por el satélite, comprobaré que la carretera que va de Ihlara pueblo hasta Selime va por la parte de arriba del cañón, que es llana y no parece presentar problemas. La estrecha y peligrosa que menciona Correkminos en su relato debe de ser la que baja a Belisirma (y eso que en una de las fotos se ven autocaravanas aparcadas al lado del río).

Pero uno actúa en cada momento de acuerdo a la información de que dispone. Por eso, después de la comida y la sobremesa, desandamos camino y volvemos a la carretera principal, y cuando llegamos al cruce de Selime giro a la izquierda, porque no quiero irme del Ihlara sin ver algo más. Llevo el miedo metido en el cuerpo a cuenta de las estrecheces (supongo que el fantasma del Geirangerfjord, con el toldo de la autocaravana mordido por un saliente de la roca, aún aletea por ahí). Por suerte delante de nosotros ha tirado un autobús, y mientras no lo veamos parado o dando la vuelta...

Lo mejor de los viajes es encontrarte con aquello para lo que no venías en absoluto preparado: cuantas más expectativas e información poseas acerca del lugar que vas a visitar, peor. Y no digamos nada si con anterioridad has visto fotografías estupendas y sugerentes que inevitablemente hacen que la realidad salga perdiendo en la comparación. Por eso me impactó tanto Selime. O, mejor dicho, la montaña que se halla sobre el pueblo, formada por conos rocosos similares a los que llevamos vistos por toda

Capadocia, pero increíblemente apretujados, como si fueran un manojo de monstruosos espárragos.

Paro a echar unas fotos sin dar del todo crédito a lo que estoy viendo y, como suele ocurrir en estos casos, los cables del tendido eléctrico vuelven la tarea de lo más difícil. Luego continuamos un poco más para dar la vuelta. Hay por aquí muchos restaurantes, y de ellos salen disparados camareros que gritan y gesticulan intentando que paremos en su chiringo. La verdad es que sería chulo quedarse por aquí, pero nuestro fin de etapa está hoy en Sultanhani.

Nos despedimos pues de Selime y encaminamos nuestros pasos hacia la ciudad de Aksaray, levantada también a los pies de un volcán (el Hassan Dagi). Por fortuna, cuenta con una variante que la rodea. Cerca ya de la salida nos encontramos una pequeña retención, causada por un accidente. El estropicio es pequeño: faros y algo de chapa, poca cosa a la vista de cómo conducen los amigos turcos.

Sultanhani dista de Aksaray 40 kilómetros. Enfilamos la D 300 que, recta como una flecha, se dirige hacia el Oeste por un paisaje desarbolado y plano. Cuando llegamos a la localidad toca buscar el Camping Caravanserai. Seguimos unos carteles indicativos que nos llevan al centro del pueblo, pero hay algo que no casa: según mis notas y tal como su nombre indica el camping está justo al lado del *caravansar*, y sin embargo éste no asoma por ningún sitio. Aparece entonces un hombre que afirma ser el dueño del establecimiento, y que se ofrece a llevarnos. El *campin*g en cuestión (38° 14'51.90" N 33° 33'23.40" E) cae una manzana más allá, y está inserto en una pequeña finca en la que nuestro amigo tiene su chalet. El sitio está ocupado tan sólo por una camper en la que viajan un alemán con su hijo, y ello es bastante raro teniendo en cuenta el gran movimiento de turistas que hay por la zona.

Como el dueño del restaurante de Soganli, también éste salta del francés al inglés sin motivo aparente, y eso hace incómodo seguirle. Preguntamos el precio, y son 20 liras. Por ese lado bien; lo que pasa es que acto seguido nos propone cenar, pues su mujer cocina muy pero que muy bien. En vista de que declinamos la oferta, nos invita para después de cenar a un té o un café y que de paso contemplemos su colección de tapices y alfombras. *No es para comprar, sólo mirar.* Le replico que eso dicen todos. Se ríe, pero no es una risa franca.

Salgo a comprar a una tienda cercana (a estas alturas ya domino lo que considero la carta de presentación en cualquier país al que uno vaya: saludar, pedir el pan, preguntar cuánto es y despedirme en idioma turco). A la vuelta le consulto a nuestro colega, que está en el porche tomando té con otro tipo, que por dónde cae el *caravansar*. Responde que ya está cerrado, que para verlo mejor mañana. Insisto que me parece estupendo que esté cerrado, pero que por favor me indique por dónde cae. De mala gana responde que calle adelante, a cosa de un kilómetro. Entonces comprendo que éste no es el sitio que buscábamos, sino que lo ha montado un oportunista que usurpa el nombre de un establecimiento ya existente, y que además lo utiliza como anzuelo que encubre otro negocio sin duda más lucrativo: la venta de alfombras a turistas incautos.

Decidimos lo que resulta ya evidente: que el plan tetero-textil no nos mola, y que no vamos a aceptar tan *generosa* invitación. Las alfombras, que se las enseñe a su familia.

Kilómetros etapa: 189
Kilómetros viaje
Tierra: 7.566
Mar: 700

9 DE AGOSTO: DE SULTANHANI A EGIRDIR

Por la mañana lleno limpias, vacío negras y tengo que controlar a Chandra, empeñada en perseguir a la única gallina del recinto. A nuestro vendedor de alfombras no se le ve por ningún lado, de modo que al salir paramos en la puerta del chalet. No tenemos ni que bajarnos, porque aparece enseguida, y Bego le paga. Debe de estar cabreado con nosotros, pero aguanta el tipo. Nos entrega la protocolaria tarjeta de su establecimiento y, en cuanto al tema alfombril, nos dice que *Next time* (tal como lo expresa suena casi a amenaza). Bueno, pues hasta la próxima, chato.

Lo primero es lo primero: vamos en busca del *caravansaray*, y una vez encontrado estacionamos en las inmediaciones. Bego no tiene interés en entrar, así que bajo yo solo. Este tipo de edificios, mitad mercado mitad posada, jalonaban los distintos ramales de la Ruta de la Seda. Éste, en concreto, era el que se dirigía a Izmir, la legendaria Esmirna, situada en la costa del Egeo.

En la puerta se paga, pero yo aprovecho la entrada de un grupo de españoles para colarme con ellos. Resulta curioso esto de oír a extraños hablar el idioma materno después de tanto tiempo.

Mi visita es breve: una vuelta, unas fotos y a la auto. Maurizio, nuestro colega del Nemrut Dagi, nos aconsejó encarecidamente que cuando pasáramos por aquí nos acercáramos al Tuz Gölu (Lago Salado), que era algo digno de ver, así que aprovecho el repostaje de gasoil para preguntar por el camino: no tiene pérdida, cinco kilómetros y a la derecha. Fuera de la carretera general nos internamos en un paisaje particular, casi privado, que me recuerda el día que fuimos hasta Vukovar, ya tan lejano.

18 kilómetros y estamos en Eskil, donde sufrimos un leve extravío, pues al seguir todo recto se nos acaba el pueblo y nos damos de narices con las marismas. Tras callejear un poco encontramos

de nuevo la carretera, pero como no hay señales claras toca preguntar.

Atravesamos ahora una estrecha franja de tierra cultivable flanqueada por saladares. De trecho en trecho cruzamos algún pequeño pueblo, y es aquí donde está a punto de ocurrirnos la gran desgracia: pasamos *Karakol*, y nos hace tanta gracia que Bego saca una foto al letrero. El siguiente pueblo es todavía más hilarante, se llama *Karaküllük*. Estoy pendiente de cómo mi copiloto hace la correspondiente instantánea... y entonces me doy cuenta de que tengo dos ruedas fuera del asfalto, y que me voy irremediablemente a la cuneta.

La velocidad es lo de menos, porque en ese momento, precisamente para facilitar la tarea de la fotógrafa, no circularía a más de 30 kilómetros por hora. Lo peor es que la carretera se halla a unos 60-70 centímetros por encima del terreno circundante, altura suficiente, creo yo, para que la autocaravana vuelque lateralmente.

Todo ocurre en décimas de segundo. No deja de ser irónico que un viaje de doce mil kilómetros corra el riesgo de verse truncado por una leve distracción, en una carretera secundaria, sin ningún otro vehículo implicado. Inexorablemente noto cómo las ruedas de la parte derecha se encaminan irremisiblemente hacia el abismo, y tras ellas los tres mil quinientos kilos de nuestra casa con ruedas.

Pienso que en estos momentos me salvó la experiencia al volante y también la suerte. La primera porque me fue posible hacerme con el vehículo girando la dirección hacia la izquierda de manera suficientemente suave como para devolver las ruedas al asfalto. La segunda porque, pese a la delicadeza citada, fue imposible evitar irme al otro lado de la estrecha carretera en un momento en el que, por fortuna, no venía nadie.

Vuelvo a mi carril, detengo la autocaravana y paro el motor, descompuesto. Bego me mira interrogante: ha notado que botábamos, pero no que he estado a un tris de perder el control del vehículo. Me apeo para intentar tranquilizarme, y ya de paso comprobar si ha reventado alguna rueda o se han dañado los bajos. Pero no, por lo visto ha sido más el ruido que las nueces.

Cuando uno sale indemne de una situación así lo primero que hace es ponerse en lo peor: se imagina entonces en mitad de ninguna parte, con la caravana acostada en la cuneta, tratando de localizar una grúa (y un taller) y tratando de entenderse con la policía turca... Por no hablar de la repatriación del vehículo desde tan requetelejos. Fin de las vacaciones. ¿Se querrá hacer cargo la compañía de seguros?

Semanas y semanas lidiando con conductores italianos, eslovenos y croatas, también con los serbios, búlgaros y turcos para luego estar a punto de pegármela yo solito. Qué raro es el mundo, y qué irónica es la vida.

Por fortuna estamos enteros, aunque por lo que a mí respecta hecho un manojo de nervios. Me pregunta que si quiero que conduzca ella, pero me niego: temo cogerle fobia al volante, así que arranco y continúo camino. Eso sí, muy despacito y con los cinco sentidos puestos, como un principiante.

Llegamos a un cruce: a la izquierda se va a Cihanbeyli, y a la derecha al lago. Llegamos a la puerta de entrada (una compañía extrae la sal) y estoy a punto de colarme por la salida de camiones. El guarda nos llama, y pregunta qué queremos. Le explicamos nuestro deseo de visitar las salinas. Pide un pasaporte, se lo guarda y nos deja pasar, con la condición de no avanzar por la carretera más de 5 kilómetros. Le prometemos ser obedientes.

De repente estamos inmersos en un universo blanco. El lago es enorme: de Este a Oeste mide 27 kilómetros, y de Sur a Norte casi 60. La carretera es como un trampolín en medio del mar salado que deslumbra como el sol. De vez en cuando, un camión se cruza con nosotros.

El asfalto se acaba y el suelo apisonado se llena de baches, lo que nos hace ir más despacio (tampoco es que me queden muchas ganas de correr). Llegamos así al kilómetro 5, que es el sitio donde se levantan varios edificios, oficinas y almacenes. La carretera sigue hacia delante, y yo daría lo que fuera por continuar, pero no queremos defraudar al guarda que tan amablemente nos ha dejado pasar.

Bajamos a dar una vuelta. Hay gente por aquí, pero nadie nos dice nada. Nos acercamos a la *orilla*, lo cual es un decir porque lo que hay a continuación es también sólido. La que flipa de verdad es Chandra, que huele y vuelve a oler esa sustancia blanca y petrificada.

Hago fotos a manta, con tantísima refracción que no estoy seguro de que se aprecie algo. Luego regresamos a la auto. Uno de los obreros, muy simpático, me saluda y hace el gesto de frotarse los dedos mientras dice: *¡Tuz, tuz!* Yo hago gestos ostensibles de que no entiendo, así que lo dejamos estar. Una vez a bordo busco en el diccionario inglés-turco:

Tuz = Sal

Desandamos camino y llegamos nuevamente a la entrada, donde nuestro guarda nos devuelve mi pasaporte. Damos las gracias y seguimos ruta. Primero hasta Cihanbeyli, donde nos incorporamos a la D 715, que es la carretera Ankara-Konya. Nosotros nos dirigimos hacia el Sur, hacia esta última. Son 100 kilómetros que se hacen tranquilamente y sin novedad.

A Konya ya vinimos durante nuestro anterior viaje, para ver la tumba del poeta y místico sufí Mevlana, creador de la orden de los derviches danzantes.

De esta visita se me quedó grabado el nulo respeto – o al menos eso me pareció a mí- que mostraban los turistas ante los sepulcros de Mevlana y sus discípulos: más que en un mausoleo, parecían hallarse en una taberna; y más que un lugar santo aquello parecía un parque temático, posiblemente la mejor y más triste metáfora de la trivialización de los tiempos.

Yo, que no pertenezco a ninguna religión reconocida, al mismo tiempo profeso un profundo respeto ante los símbolos de esas mismas religiones o cualquier otra cosa que manifieste lo sagrado; no porque piense que sean o no verdaderos, sino porque creo que son puertas que apuntan a la trascendencia a la que, como seres sabedores de que vamos a morir, tenemos el más perfecto de los derechos.

Cruzar la ciudad resulta fácil, en parte porque la tocamos tangencialmente y en parte porque en los últimos años han suprimido los principales cruces a base de túneles soterrados. Dejamos atrás Konya y su millón de habitantes y continuamos por la D 330. Se va haciendo la hora de comer, así que cuando nos acercamos al embalse de Altinapa me desvío por una secundaria y a continuación por un camino. Hoy toca día de incidentes, porque tratando de cruzar un pequeño vado rozo en tierra con el parachoques trasero, que se agrieta un poco más de lo que ya estaba.

Un par de horas después reanudamos ruta. Beysehir cae a unos 70 kilómetros y traemos referencia de varios lugares para dormir. Al estar junto a un lago debe de ser el sitio de vacaciones de Konya, porque por el camino padecemos un tráfico endemoniado, incluido un autobús que nos viene de frente, adelantando cuesta arriba, y que todavía da con las luces el muy cabrito.

En Beysehir ocurre que la carretera no cruza la ciudad, sino que la deja a la izquierda, así que cuando queremos darnos cuenta vamos ya bordeando el lago. Sobre éste y las montañas vecinas está cayendo una tormenta que difunde en el ambiente una luz espectral.

Pensamos que lo mejor sería arrimarnos a alguna población de la orilla, pero no resulta fácil porque la carretera dista de ésta 2-3 kilómetros, y todo lo que encontramos son cruces secundarios que, cuando quieres darte cuenta, ya te los has pasado. Hacemos un último intento en Kireli, donde aparece señalizada una especie de área de descanso. Con bastante dificultad enfilamos el desvío que, para nuestra sorpresa, muere a los doscientos metros en una especie de parque infantil. Un tío nos mira inquisitivamente como cuestionando nuestro derecho a quedarnos pero nos da igual, el sitio no reúne condiciones. Salimos de nuevo a la general. Estamos indecisos: por un lado nos gustaría quedarnos por aquí; por otro, y aprovechando que las tardes son ya más largas, podríamos estirarnos 100 kilómetros más hasta Egirdir, donde sabemos que hay camping. Estamos en ese punto de incertidumbre en que la puesta de sol se halla terriblemente próxima y estás a dos velas en el tema de la pernocta. Quizá lo sensato sería buscarse una gasolinera, pero con el vehículo en marcha las cosas se ven de otra manera, y decidimos seguir.

Atravesamos un pueblo (Sarkikaraagaç) que suena a finlandés, y que a buen seguro ganaría el concurso de nombres raros. Aunque para raro el recorrido de hoy, tan quebrado que parece el balance de cuentas de un banco hipotecario estadounidense: desde Sultanhani hemos ido hacia el Norte en busca del lago salado; desde allí hemos bajado a Konya, y más tarde a Beysehir. Luego de nuevo rumbo al Norte hasta superar el lago del mismo nombre, y otra vez hacia el Sur, hasta llegar a Egirdir. Al lago del mismo nombre (que por cierto es inmenso, como el de Beysehir) llegamos a las 19:15, hora española, con las últimas luces. Se ve la ciudad allí enfrente, y nos las prometemos muy felices. Pero los 28 kilómetros siguientes -ya con noche cerrada y bordeando la orilla por carretera de montaña- se nos hacen eternos porque hay bastante tráfico y porque estamos cansados.

Finalmente entramos en el pueblo. Como era de esperar, ni rastro de carteles del camping. Pasamos primero por un largo tramo de bloques con huecos para aparcar y muy bien iluminados, pero preferimos buscar un poco más adentro. Estoy ya tentado de darme la vuelta cuando veo un parking vigilado y, dentro de él, una autocaravana. Me meto de cabeza (37°52'28.76" N   30° 51'9.06" E).

La auto, para más sorpresa, tiene matrícula española, aunque no parece haber nadie dentro. Consultamos al vigilante, quien nos dice que son 10 liras de ocho de la tarde a ocho de la mañana. Preguntamos de nuevo que cuánto nos cobrará de más si nos vamos una hora o dos después. Respuesta: nada.

Apenas hemos acabado de aparcar cuando aparece una pareja que tiene todas las trazas de ser quienes son. Me dirijo a ellos en castellano, y no hace falta más presentación: son Luis y Carmen, de Madrid. Pensaban venir a Turquía en un grupo organizado, pero al final éste no cuajó. Entonces la agencia les proporcionó toda la información necesaria y se vinieron por su cuenta.

Charlamos un rato sobre lo humano y lo divino. Ellos van también de vuelta y llevan un itinerario similar al nuestro, así que es fácil que volvamos a vernos durante el camino. Están muy contentos de Turquía y de su gente; de las carreteras, no tanto: un cono de señalización con el que rozaron les hizo trizas la pieza deflectora de plástico que une la cabina con el habitáculo. Con los restos y abundante cinta americana han hecho un apaño hasta llegar a casa.

Ellos se retiran a descansar y nosotros tres nos vamos a dar un paseo por el puerto para relajarnos un rato. Después cenaremos.

La parte vieja de Egirdir se halla situada sobre una estrecha península que se adentra en el lago, pero como de noche todos los gatos son pardos a nosotros nos parece que la ciudad se halla sólidamente anclada a la orilla.

Regresamos dispuestos a recobrar fuerzas y disfrutar del sueño. Entonces descubrimos que detrás del seto del parking, a 30 metros escasos, hay una discoteca. Por fortuna no está al aire libre, pero se oye igualmente. Cuando el almuédano llama para la última oración del día paran la música, y luego sigue la juerga hasta bien entrada la madrugada. Con la que traigo encima no estoy dispuesto a que nadie me robe el descanso, así que clavo los tapones con saña, hasta el tímpano, y que les den dos liras.

Kilómetros etapa: 453
Kilómetros viaje
Tierra: 8.019
Mar: 700

10 DE AGOSTO: DE EGIRDIR A PAMUKKALE

Los madrileños han debido madrugar de narices, porque a las siete me voy a dar una vuelta con Chandra y su autocaravana ya no está. Bordeamos la orilla del lago en dirección a por donde entramos ayer. En cierta manera este sitio recuerda al Lago di Garda, por sus aguas de aspecto insondable y por las altas montañas que lo rodean.

Egirdir tiene fama de lugar ventoso, y las bruscas rachas de aire que nos sacuden lo confirman. Durante el regreso observo algo que no había visto antes: farmacia en turco se dice *eczanesi*. Pues bien, en la calle principal cuento hasta seis *eczanesi* juntitas, pared con pared. Por un lado está claro que aquí no existe una ley que regule el número de farmacias por kilómetro cuadrado. Por otro, me pregunto cómo podrán sobrevivir todos estos negocios con tan cercana competencia. En cualquier caso, el tema de la sanidad en Turquía lo encuentro inquietante: a lo largo del viaje no hemos dejado de ver unos llamativos carteles publicitarios que tenían en común la misma palabra: *Hastanesi*. No sabíamos de qué iba la cosa hasta que descubrimos que dicha palabra significa hospital. La sola idea de hospitales –previsiblemente privados- anunciándose a bombo y platillo en las carreteras sugiere en qué tenebroso estado debe de encontrarse la sanidad pública.

Tras el desayuno nos vamos otra vez de paseo, esta vez los tres y por el espigón del puerto. Cuando volvemos a la auto veo que alguien ha prendido un papel del limpiaparabrisas. Lo recojo todo mosqueado, temiendo algo así como una multa y lo que encuentro es un mensaje de Luis y Carmen, dándonos su número de móvil y deseándonos buen viaje.

No queremos irnos de Egirdir sin llegar al menos hasta el final del pueblo, de modo que conduzco calle adelante y rodeo el cogollo final que forma la península, ocupado casi todo por hostales y pensiones. Por suerte la calle tiene anchura suficiente para efectuar el periplo completo y volver a tierra firme sin estrecheces que lamentar.

La salida del pueblo la hacemos por la ya consabida D 330, que gana altura y serpentea entre intimidantes instalaciones militares (por lo visto, aquí tiene su sede una unidad de comandos, los cuales han pintado en el paredón de piedra que hay detrás de los cuarteles una descomunal bandera turca y eslóganes de treinta metros de altura.)

Una vez arriba, descendemos levemente y después llaneamos hasta la ciudad de Isparta, de la que entramos y salimos sin problema. De nuevo y como ayer la morfología del terreno impone que vayamos en dirección Norte-Noroeste hasta Dinar, y a partir de aquí hacia el Suroeste. Pasamos junto al Acigöl, que también es un lago salado con su correspondiente industria extractiva. Por fin llegamos a la entrada de Denizli, de donde sale la carretera a

Pamukkale, que dista de la primera apenas 10 kilómetros y adonde llegamos poco antes de la hora de comer.

En Pamukkale nos ocurre como en Capadocia, que lo conocimos en invierno, casi vacío, y que ahora en cambio se halla concurridísimo. Venimos avisados de que al cruzar el pueblo seremos asaltados por uno o varios individuos ofreciéndonos *camping*, y efectivamente así ocurre. Decidimos ignorarlos e investigar por nuestra cuenta, y continuamos hasta que las casas se acaban. Al final del todo hemos visto lo que parece un restaurante para turistas con gran piscina y zona verde en la que distinguimos una tienda de campaña y una autocaravana (37° 55'13.50" N 29° 7'1.73" E). Decidimos preguntar. El precio es de 15 euros -nada de liras- por noche, electricidad incluida. Entramos y nos aposentamos. Para combatir el calor, que aprieta cosa fina, sacamos el toldo, conectamos el enfriador y yo, además, me voy a estrenar la piscina.

Desde donde nos hemos instalado se disfruta de una vista estupenda de Pamukkale. Para quien no haya oído hablar nunca de éste sitio, diré que se trata de un lugar realmente único: su nombre significa *Castillo de Algodón,* y es que de verdad lo parece: por un desnivel de terreno de 160 metros de altura caen aguas termales en cascada. Al ser dichas aguas ricas en bicarbonato de calcio, con el tiempo se han ido originando una serie de terrazas-bañera festoneadas de estalactitas. El conjunto puede ser divisado a gran distancia, y la sensación que produce es la de una ladera con nieve o una catarata congelada lo cual, en pleno mes de agosto, resulta de lo más chocante.

Los tesoros de Pamukkale no se agotan aquí: en lo alto de la colina se hallan los restos de Hierápolis, ciudad greco-romana que sobrevivió hasta el siglo XIV. Pero no tenemos prisa por volver a ver todas esas maravillas: esta tarde descanso, y mañana será otro día.

Al lado de la tienda de campaña hay un coche con matrícula turca, pero no se ve a nadie en las inmediaciones. La autocaravana, que es alemana, se marcha al poco rato. Mientras comemos llega un automóvil checo del que se bajan dos parejas jóvenes con un niño. Pese a que nos hemos colocado en la esquina más recóndita –o quizás por eso mismo- deciden montar la tienda prácticamente al lado. La distancia entraría dentro de los estándares admitidos de intimidad, pero entonces van y colocan las sillas y la mesa entre la tienda y nosotros, violando flagrantemente todas y cada una de las normas de la Proxémica. Al no existir motivo alguno para ello, como pudiera ser sombra de árboles o similar, entendemos que nos hallamos -una vez más y como de costumbre- frente a la *Ley del Barco Fondeado* que, a tenor de su frecuencia de aparición, yo enunciaría más como Síndrome que como Ley. Procuramos ignorarlos, pero prometemos tomar luego medidas al respecto.

Cuando baja un poco el sol nos vamos paseando para el pueblo. Antes de salir del recinto nos aborda el que debe de ser el encargado. Con un poco de apuro, casi disculpándose, solicita el dinero de la pernocta. Sin duda temerá que nos larguemos mañana sin pagar. Aprovecho para preguntarle dónde puedo repostar agua, y me enseña una manguera, justo al lado del restaurante.

La localidad, como era de esperar, no tiene otra cosa que restaurantes y tiendas de recuerdos, pero en la parte baja de la cascada han construido un parque con lago bastante ameno. Existe también una zona de piscinas, imagino que puestas allí con la idea de llenarlas con agua termal, pero por algún motivo se hallan abandonadas y vacías.

Pasamos el resto de la tarde deleitándonos con el atardecer sobre la piedra blanca y con las luces de Denizli, visibles en la distancia. Muchas familias turcas pasean por la orilla del lago.

Descubrimos que los responsables del lugar están *ampliando el negocio*, esto es, mediante tubos y acequias de madera dirigen el agua bicarbonatada hacia los laterales del monumento natural, consiguiendo de este modo que zonas de piedra y roca se vuelvan también blancas. Justo por allí vemos a tres personas. A mí me gustaría encaramarme hasta esa zona o al menos subir un poco más, pero Bego teme que nos llamen la atención, de modo que lo dejamos.

Para cuando regresamos a la auto es ya noche completa. A esas horas el restaurante está cerrado. Como han apagado todas las luces, tanto interiores como exteriores, no se ve un pijo y damos con la puerta casi a tientas. Ha llegado una autocaravana italiana, y los checos pasan la velada en su comedor de campaña (no sé cómo pueden, pues hay mosquitos como demonios).

Es el momento de poner en marcha nuestro plan: arranco la auto y nos acercamos al bloque de servicios para vaciar el cassette de las negras (por el camino nos encontramos al italiano, que se queda mirándonos alucinado, y éstos adónde van. Ejecutada la tarea vaciatoria, nos desplazamos al lugar donde el encargado me indicó que estaba la toma de agua. No bien me he bajado del vehículo cuando del restaurante sale un tío joven, deduzco que el vigilante. Como no se ve un burro a tres pasos, no nos distinguimos las caras, y eso aumenta su nerviosismo. Yo, por contra, estoy de lo más tranquilo. *Su*, le digo, a modo de explicación. Y añado *manager* y *permission*, con la esperanza de que me entienda. Al final resulta que un poco de inglés comanche sí que habla, y me pregunta que si nos marchamos ahora. Como le respondo que no, parece que le fastidia un poco. Pues yo necesito el agua para ducharme mañana, oye. ¿O es que también tenéis horario de llenado?

Finalizado este menester, ubicamos la auto casi en el centro matemático del recinto, lejos de la tienda turca, del italiano y de los checos.

¿Por qué siempre habrá gente empeñada en arrimarse al que ama estar en soledad?

Kilómetros etapa: 218
Kilómetros viaje
Tierra: 8.237
Mar: 700

11 DE AGOSTO: DE PAMUKKALE A KARAHAYIT

Ayer nos acercamos a la taquilla de entrada a preguntar a qué hora abrían. Nos dijeron que a las ocho, hora turca, así que lo más temprano que podemos dejamos a Chandra en la auto -con gran pesar por su parte- y nos vamos al avío. La entrada para Pamukkale vale también para Hierápolis, y cuesta 20 liras del ala por cabeza (el año pasado eran 10, se ve que por estos sitios no pasa la crisis). No hay desde luego tanta gente como a media mañana, pero evidentemente están los que han madrugado más que nosotros. No vemos ningún cartel indicativo ni nadie nos dice nada, así que comenzamos la subida calzados. Más adelante, cuando nos percatamos de que nadie lleva zapatos, nos los quitamos nosotros también. Y lo cierto es que se agradece, porque el agua tibia corre por la cuesta abajo y es muy agradable sentirla en los pies.

Primer fallo del día: no habernos traído chanclas en lugar de zapatillas de trekking y calcetines.

El día que estuvimos aquí en Navidades estaba de lo más nublado, y el blanco de la piedra deslucía bastante. Hoy, en cambio, brilla un sol de justicia y el lugar parece sacado de un cuento. La luz, el agua y lo suave de los travertinos –a la vista y al tacto– invitan a un abandono de los sentidos, y así lo entienden las chicas jóvenes y bien parecidas que se hacen fotografiar en bikini en poses más o menos provocativas. Las mujeres turcas enfaldadas y empañoladas que se pasean por ahí abajo deben de considerar sin duda este lugar como un antro de perdición.

Cuenta Wikipedia que en 1988, cuando el lugar fue declarado Patrimonio de la Humanidad, se hallaba sumamente degradado: la gente se lavaba con jabón y champú en las pozas, se había construido una rampa de asfalto, y varios hoteles aparecidos en lo alto se apropiaron del agua termal para sus piscinas y vertían las residuales sobre el mismo risco. Por la citada rampa circulaban motos, y apuesto que también algún 4x4... Por fortuna, todo eso es reliquia del pasado: los hoteles fueron demolidos, y la subida de asfalto yace ahora bajo unas piscinas artificiales donde sí que está permitido remojarse.

Segundo fallo del día: no habernos traído bañador.

Una vez en lo alto nos volvemos a calzar, paseamos por el borde del risco y luego nos acercamos a las ruinas. Personalmente me cuesta mucho aceptar que una ciudad-balneario se abandonara por un simple terremoto, ya que nunca las catástrofes ocasionales han tenido fuerza suficiente para que la gente renuncie a un sitio: se reconstruye todo y la vida sigue adelante. En mi opinión tuvo que haber algún otro motivo, como por ejemplo que la zona se volviera insegura, o que clérigos intransigentes convencieran al personal de que Pamukkale no era más que un lugar de perversión y lenocinio.

Exploramos lo que queda de Hierápolis, que no es poco: aún son visibles los canales por los que conducían el agua curativa. En cuanto al teatro, de época romana, es de tamaño considerable, su capacidad se ha estimado en quince-veinte mil espectadores. Por lo que se ve, las tareas de excavación y restauración no han terminado, ya que hay un equipo de arqueólogos italianos trabajando sobre el terreno, moviendo incluso bloques con una grúa de gran tonelaje.

Hace mucho calor y querríamos que la visita fuera breve tanto por eso como por la Chandra, pero no somos capaces de resistirnos a ir hasta la puerta Norte de la ciudad, a más de un kilómetro de distancia. Vamos cruzando los jardines que han levantado al borde del risco (¿estarían por aquí los hoteles?) y regresamos por la vía principal. Al llegar a las calizas nos descalzamos de nuevo e iniciamos un lento descenso. Como ahora el sol aprieta cosa fina, lamentamos más que nunca no tener a mano el jodido bañador, y envidiamos hasta el paroxismo a los afortunados que se refrescan en el agua que fluye en cascadas. Los más atrevidos se embadurnan con el bicarbonato cálcico aún no solidificado, que les confiere un aspecto de aborígenes australianos. Yo no me fiaría: ¿Y si resulta ser abrasivo para la piel?

De modo que hacemos de tripas corazón, nos remojamos hasta las rodillas, metemos la cabeza bajo el chorro y seguimos bajando con cuidado, pues somos testigos de varios y aparatosos resbalones. Con toda la gente que hay ya por aquí, no siempre pisa uno donde quisiera.

Cerca de la salida secamos los pies como podemos y nos calzamos de nuevo. Notamos que la cara nos arde: la refracción de la caliza es similar a la nieve, y estamos algo chamuscados.

Tercer fallo del día: no haber traído protector solar.

Pero bueno, a pesar de los pesares nos vamos contentos por haber disfrutado de una fecunda y refrescante experiencia tanto para el cuerpo como para el alma.

Como siempre, nuestra ahijada canina nos recibe con una alegría sin fisuras. Como siempre, huele y rehuele tratando de averiguar dónde narices hemos estado. Para compensarla de su encierro, mientras Bego prepara la comida me voy con ella a dar un paseíllo.

Tras la comida, descanso y tras el descanso de nuevo en ruta. Aunque el viaje de hoy será corto entre los cortos pues nos lleva hasta Karahayit, a sólo 6 kilómetros de distancia. Traigo apuntado que allí se encuentra el *Termotes Camping*, que cuenta nada menos que con una piscina termal (ya que no hemos podido bañarnos esta mañana, merecemos un desahogo).

Dar con el pueblo es fácil, no así el susodicho establecimiento, pues se halla un tanto a las afueras (37° 57'26.73" N 29° 6'2.87" E).

El primer chasco nos lo llevamos al descubrir que aquí nadie sabe una palabra de inglés: se trata de un sitio de turcos para turcos, y los encargados se nos quedan mirando con aire de no saber muy bien qué es lo que queremos. Por fortuna logramos entendernos: una noche con luz nos cuesta 15 liras (la mitad que en Pamukkale). Pero nos quedamos como quien dice en el aparcamiento, porque el segundo chasco es descubrir que aquello no es un camping en el sentido que nosotros entendemos el término, sino una serie de bungalows pegados unos a otros (con aire acondicionado, eso sí) rodeando la piscina principal. A estas alturas ya nos ha quedado claro que eso de las tiendas de campaña no va con los turcos.

Como no podía ser menos, una música insistente atruena desde todos los rincones. El sitio es demasiado *étnico* para nuestro gusto, pero el hombre y la mujer que lo llevan tienen cara de buenas personas. Decidimos quedarnos y aceptar el té que nos ofrecen en recepción. Como deferencia exquisita, permiten que Chandra entre con nosotros.

Fuera hay un perro petardo que no deja a nuestra perra a sol ni a sombra, así que tras el té no queda otra que meterla en la auto.

De todos modos, hace demasiado calor. Vamos a bañarnos, primero Bego y luego yo. Piscinas hay dos: una grande, templada; otra pequeña, más caliente. Ambas presentan un aire de cierto abandono. En todo el tiempo que estoy allí nadie, ni hombre ni mujer, cruza conmigo la mirada ni por casualidad. De alguna forma tengo la sensación de estar invadiendo un espacio terriblemente vedado.

Cuando está a punto de anochecer y baja un poco el calor, decidimos acercarnos al pueblo a realizar algunas compras. En cuanto llegamos a zona concurrida nos damos cuenta de que por aquí tampoco hay extranjeros, y que nuestra perrita despierta tanta expectación como en Erzurum. Alguno hay que, además de asombrarse, siente que está autorizado a pasar a la acción: un anciano que anda con muleta la levanta con intención de sacudir a Chandra. No sé de qué manera percibo la intención antes de que se materialice, pues cuando quiero darme cuenta estoy agachado y sujetando la muleta con la mano izquierda, apenas un instante antes de que alcance su objetivo. En ese momento temo que el viejales monte un escándalo y provoque un motín contra nosotros, pero para mi sorpresa cuando miro hacia arriba me encuentro con que está sonriendo. Esto sí que me descoloca por completo, mucho más que el intento de garrotazo.

La calle principal de Karahayit es peatonal, por lo menos a esta hora, y han colocado una valla para impedir que pasen coches. Después del episodio de la muleta no seré yo quien entre ahí con Chandra, de manera que ella y yo nos quedamos esperando mientras Bego se va de compras. Al estar inmóvil tanto rato es difícil escapar a la curiosidad ajena, especialmente de los críos, que son pesadísimos. Tras un rato que se nos hace eterno regresa Bego. Como de costumbre, ha tenido que entrar en dos o tres tiendas y ni aun así trae toda la comida que necesitamos. Se queda con Chandra y me voy yo de exploración.

La calle comercial-peatonal se halla de lo más animada a esta hora. Dos turistas japonesas hablan con un grupo de niñas, y todo el mundo se vuelve a mirarlas. Por mi parte compro un pollo asado (a estas alturas ya sé que se dice *piliç*), pan y tabaco para Bego. Aquí el Camel no llega de contrabando, como en Dogubeyazit, así que lo pagamos a precio casi español.

De nuevo juntos los tres, volvemos al camping. La música perrera ha cesado. Vienen y van algunos coches, pero al final todo queda más tranquilo y, con el permiso de los perros y sus intermitentes ladridos, podemos dormir.

Kilómetros etapa: 6
Kilómetros viaje
Tierra: 8.243
Mar: 700

12 DE AGOSTO: DE KARAHAYIT A PAMUCAK

Ayer pagamos la estancia por adelantado y en principio no haría falta entrar en recepción, pero acabo de ver llegar al butanero-aguador y se me ocurre que es buena idea llevarse puestas algunas garrafas de agua mineral.

Lo del agua en Turquía es algo así como una especie de culto: se tienen bien aprendido lo que dice El Corán, que ofrecer agua es fuente de bienes para el donante; de todos los países visitados éste es donde menos problemas hemos tenido a la hora de repostar, siempre había una manguera a mano, o si no una fuente benefactora. En cuanto a la de beber, en mi vida he visto semejante cantidad de dispensadores en todos los sitios, ya fueran públicos o privados. Y, claro, quien reparte esas voluminosas garrafas de

25 ó 30 litros a domicilio no es otro que el butanero, que también merece comentario aparte:

Ayer, mientras estábamos en el camping de Pamukkale se oía, pululando por las calles y amplificada por altavoces, la voz melodiosa de una chica que salmodiaba *¡¡AYGAAAZZ!!*... No sabíamos lo que era hasta que pasó por la calle contigua y confirmamos nuestra sospecha, a saber: que se trataba del camión del butano y que la marca, como no podía ser de otro modo, era AYGAZ.

El contraste de esta musical y delicadísima llamada con la forma de anunciar la venta-reparto de gas en nuestra tierra, a bocinazo limpio, es de lo más chocante. Con lo burrillos que son los turcos en muchos otros aspectos, por lógica les correspondería a ellos el australopiteco reclamo con el claxon, mientras que a nosotros -los oficialmente civilizados- la celestial musiquita. Pero está claro que en esta vida hay que decir, como Battiato, que *Niente è come sembra.*

Volviendo a mi butanero-aguador, me le acerco y señalo las garrafas de agua de 5 litros. Él hace un gesto hacia recepción y se limita a responder: *manager*. Vamos, que él no es más que un repartidor. De modo que entro, compro, pago y me despido del *Termotes Camping*.

Ayer vimos carteles indicadores de una carretera que, a través de Akköy, lleva hasta la D 320 sin pasar por Denizli, pero sin GPS no nos atrevemos con tan excitante experiencia y volvemos por donde hemos venido, esto es, por Pamukkale. A la salida de este pueblo estoy a punto de arrollar a uno de los acomodadores de autocaravanas que se nos echa, literalmente, bajo las ruedas. Estoy echándole la bronca y todavía tiene el valor de acercarse a la ventanilla a ofrecernos un folleto de propaganda. Me entran unas ganas salvajes de apearme y sacudirle con el retrovisor.

Toca ahora ir casi hasta el centro de Denizli. Luego, 125 kilómetros hasta Aydin, que es donde empieza la autopista. No hay nada que reseñar de esta parte del viaje lo cual, traducido, significa que no encontramos obras de consideración ni otros ásperos azares de la carretera con que hemos sido obsequiados durante las jornadas anteriores.

La autopista a partir de Aydin es de peaje. Rebuscamos entre la maraña de tickets hasta dar con la tarjeta KGS, que nos abrió las puertas de Asia. El trámite es sencillo: en lugar de sacar ticket le muestras la tarjeta a un lector. Cuando suena un pitido es que la ha leído. Luego, cuando abandonamos la autopista en la salida de Selçuk basta con volver a enseñársela al sensor, que descuenta las liras correspondientes y levanta la barrera. Ocurre que las autopistas turcas son tan baratas que nos vendremos para casa con el saldo casi a medias.

Llegamos a Selçuk, que cuenta con un hermoso castillo cuyas torres y almenas me recuerdan mucho a las de Trujillo. La ciudad promete albergar lugares interesantes, pero nuestro destino, Éfeso, cae un poco más allá.

Mientras cruzamos el pueblo nos sobreviene un incidente: estamos parados en un semáforo y por la derecha se pegan dos críos a la ventanilla ofreciéndonos botellas de agua. Les decimos que no. Uno de ellos insiste, y nosotros que no. Entonces se nos encara con chulería y desprecio y empieza a largar improperios; hay tal ambiente de violencia que estoy convencido de que él o su compinche nos van a arrear una patada al vehículo. Por fortuna no pasa nada. Arrancamos y yo me siento triste ante el hecho de que un niñato se sienta autorizado a reducirme a un objeto cuyo único derecho, al parecer, es comprarle a él su jodida agua.

Me entra un poco de aprensión, porque justamente ahora recuerdo que a un compañero -en el aparcamiento de Éfeso, tras una agria discusión con un gorrilla- le regaron la autocaravana con Coca-Cola. Por eso estaba pensando en buscar primero un sitio sombreado para comer, y luego enfrentarnos a lo que sea. Creo encontrarlo en una avenida arbolada paralela a la carretera, pero mi gozo en un pozo, porque: a) la calle no tiene salida, y b) es justo la entrada a un cuartel que oficia de caja de reclutas, a juzgar por la cantidad de chavales vestidos de paisano que esperan por las inmediaciones. Los soldaditos de la puerta, al vernos, se ponen nerviosos, e incluso llaman al oficial de guardia; por lo visto, no debe de ser nada tranquilizador el que se plante en sus narices un vehículo de semejantes dimensiones que, además, no se sabe lo que lleva dentro. Con algo de dificultad consigo dar la vuelta, y con gran alivio me alejo de las miradas inquisitivas (y de los subfusiles) de los chicos de verde.

Resulta que apenas 300 metros más allá está la entrada al aparcamiento para visitar las ruinas del templo de Artemisa (que, mira por dónde, cae justo detrás del cuartel), pero eso lo averiguaré más tarde, mirando Google Earth; en ese momento pensamos que no queda otra que meternos en Éfeso de cabeza. Cuando por fin llegamos no sé qué me sorprende más, si el tamaño y lo concurrido del aparcamiento o el calorón que quita el hipo (hay incluso una ambulancia, por aquello de los golpes de calor). No se ven aparcacoches por ningún lado, y sí en cambio una discreta presencia policial; al parecer los excesos han llegado a tal punto que han terminado por echarlos.

Conseguimos encajarnos en un sitio entre los autobuses y un camión alemán todoterreno, ponemos el enfriador a todo trapo y comemos. Luego dejamos a Chandra al cuidado de la auto y cruzamos el largo pasillo formado por las tiendas que custodian la entrada. Una de ellas luce un cartel enorme que dice: *The most authentic fake watches* (los relojes falsos más auténticos).

Afortunadamente y debido a la hora apenas hay gente en la cola. Pagamos 20 liras cada uno y ya estamos adentro.

Recuerdo lo mucho que me impactó la otra vez caminar por la calle principal, con sus fachadas casi intactas, descubriendo en las losas del suelo el desgaste originado por las ruedas de los carros. Recuerdo el cabreo mayúsculo que nos cogimos con el guía, que nos dejó mucho menos tiempo del deseado para ver la ciudad a nuestras anchas sólo por llegar un poco antes al hotel. Aquel día me prometí que volvería por mi cuenta a Éfeso.

El recinto tiene dos puertas que distan entre sí algo más de un kilómetro. Nosotros hemos entrado por la de abajo. Aquí te entran proponiéndote un taxi para ir a la puerta de arriba y sólo tener que bajar, pero realmente no vale la pena: mejor realizar el trayecto dos veces, así amortizas el precio de la entrada.

Éfeso fue una ciudad importantísima en el mundo antiguo, aquí se levantaba una de las Siete Maravillas (el ya mencionado templo de Artemisa). Aquí nació Heráclito, y por aquí pasaron Estrabón, Pablo de Tarso y Juan el Evangelista (de hecho, Éfeso aparece nombrada en el libro del Apocalipsis). Asimismo, cuenta la tradición, en una casa cercana vivió y murió la Virgen María (llamada por los turcos *Meryem Ana*), quien fue traída por Juan tras la crucifixión de Cristo, huyendo de la persecución en Jerusalén. La carretera que lleva a la segunda entrada conduce también hasta la susodicha casa, la cual ya visitamos en la ocasión anterior.

Y es que hoy el recorrido será más rápido en parte porque ya lo conocemos, y en parte por el calorón, pero aun así nos detenemos en todos y cada uno de los hitos, a saber:

a) La comisaría de Jandarma ubicada dentro del recinto arqueológico (bueno, esto es broma. Lo de pararnos, no la comisaría).

b) La avenida del puerto. Éfeso tuvo en su día salida al mar, y sin embargo hoy la línea de costa cae a 5 kilómetros. La pérdida de este acceso pudo ser la causa de su declive, allá por el siglo XIII.

c) El teatro (24.500 espectadores). Esta vez tenemos que conformarnos con verlo desde fuera, pues lo están restaurando.

d) La biblioteca de Celso, o mejor dicho su fachada que, puestos ya en vena nostálgico-regional, recuerda mucho al teatro romano de Mérida. Aquí nos encontramos a una pareja de extranjeros con un perro. Ni se nos había ocurrido que los dejasen entrar. Por un lado nos da pena, aunque bien pensado Chandra está mucho más fresquita en la auto.

e) El odeón, que es como el teatro pero en chiquitito.

f) Las letrinas comunitarias: está claro que los romanos no tenían mayor inconveniente a la hora de liberar las aguas, mayores y menores, en presencia de sus conciudadanos. Una corriente continua pasaba por debajo para llevarse las inmundicias, y en el centro había un estrado donde tocaban músicos, imagino que con el propósito de ocultar otros sonidos tal vez más naturales, pero sin duda mucho más inconvenientes.

Recuerdo que aquella vez, como ahora, me senté en el banco corrido para comprobar personalmente cómo era un inodoro romano. El agujero tiene un aspecto bastante anodino y la verdad es que no inspiraba mucha confianza, pero una vez aposentado descubrí que era comodísimo; su morfología estaba tan sabiamente diseñada que incluso lograba que las nalgas se separaran ligeramente, facilitando de este modo la evacuación.

Llegados a la parte alta, iniciamos el descenso, parando de cuando en cuando a la sombra y a beber el agua que nos hemos traído. Hay por aquí muchos grupos de españoles, la verdad es que sigue sonándome un poco raro oír a otras personas hablar la lengua de Castilla.

La única novedad respecto a nuestra anterior visita es que han inaugurado un museo cubierto sobre las propias ruinas, y que se paga aparte. No sé exactamente qué alberga dentro, pero nosotros con lo visto tenemos bastante, así que iniciamos la retirada. Ya fuera, constatamos que el aparcamiento se ha vaciado algo, sobre todo de autobuses. Para acceder aquí hay una carretera de entrada y otra de salida, pero algunos insisten en irse por donde vinieron, y el vendedor de los tickets del parking tiene que salir de su garita para gritarles ¿*esquenohasvistoelprohibido-cooooño?*

Nosotros, por nuestra parte, nos vamos hacia la costa, a Pamucak (que, de acuerdo con el alfabeto turco, no se pronuncia *Pamukak*, sino *Pamuyak*), donde tengo entendido que es posible dormir a pie de playa. Seguimos las indicaciones de un camping y cruzamos un río. Nos estamos planteando entrar cuando, al otro lado, divisamos varias autocaravanas estacionadas. Ni cortos ni perezosos desandamos camino y damos con la entrada al sitio (37° 56'37.13" N 27° 16'28.63" E). El asfalto se acaba y toca recorrer unos doscientos metros por una senda arenosa que, sin embargo, parece bastante firme. Optamos por aparcar junto al mismo camión alemán con el que coincidimos en Éfeso, dejando claro está la distancia de cortesía. La maniobra de aparque se complica inesperadamente debido a un agujero en la arena, y estamos enfrascados en solucionar el problema cuando justamente llega un coche de la policía que insiste en pasar. Vaya por Dios, con lo larga que es la tarde.

Tras estacionar bien estacionados, nos vamos de paseo por la enorme playa que hay al otro lado del río. Correkminos decía que así era la Costa Brava en los años cincuenta o sesenta. Hay que ver, lo que nos hemos perdido. O perderemos, porque estos turcos están apostando sin pudor alguno por el turismo de sol y playa; aún conservamos los abanicos de cartón que nos regalaron nada más cruzar la frontera, y en los que se lee propaganda que nos incita a invertir en propiedades inmobiliarias.

También resulta de lo más curioso estar otra vez en la costa. Desde que abandonamos el Mar Negro en Trabzon hasta hoy, que hemos avistado el Egeo, han transcurrido dieciséis días. De pronto me doy cuenta de que el tiempo turco toca irremediablemente a su fin.

Asistimos a una puesta de sol extraordinaria desde la orilla del río. Luego volvemos a la auto. Al llegar pegamos hebra con los alemanes, y en eso estamos cuando se nos acerca una pareja. Con lo oscuro que está casi ni nos vemos, pero las voces sí que las reconozco: son Luis y Carmen, los madrileños de Egirdir. Llegaron ayer (no durmieron en Pamukkale) y hoy han aprovechado para bajar hasta Dídima. Les pregunto que dónde han dejado la auto, y nos explican que están instalados en el camping. Consultan sobre la posibilidad de vernos mañana, y les respondemos que habíamos pensado seguir camino; no obstante, si finalmente nos quedamos prometo enviarles un mensaje al móvil.

Kilómetros etapa: 228
Kilómetros viaje
Tierra: 8.471
Mar: 700

13 DE AGOSTO: DE PAMUCAK A PAMUCAK

Esta mañana, en la playa, he conocido a un italiano. Hemos empezado a hablar porque ambos llevábamos perro. Me cuenta que viene a este sitio desde hace más de diez años, que la primera vez se dejó el coche abierto y que le robaron absolutamente todo. Al no pertenecer Turquía a la UE, su banco italiano no podía enviarle dinero, y el consulado de Izmir sólo le proporcionaba el importe justo para la repatriación. Por casualidad se encontró con un amigo que visitaba Éfeso, y fue éste quien le sacó del apuro.

Me pregunta por nuestro camino de regreso a España, y cuando le explico que cruzaremos Grecia me recomienda un pueblo de montaña muy bonito llamado Metsovo, donde él para tanto a la ida como a la vuelta. Nos despedimos.

Después del desayuno hemos estado echando cuentas. En principio la idea era seguir camino, pero lo cierto es que al hablar con Luis y Carmen se nos ha despertado el gusanillo: a nosotros también nos apetece bajar por la costa para visitar el oráculo de Apolo en Dídima, a continuación ir a Mileto y luego volver a dormir aquí. De manera que eso hacemos. Dídima no cae lejos, unos 90 kilómetros, pero a poco de empezar la ruta toca cruzar Kusadasi, importante centro turístico con casi 12 kilómetros de continuo urbano que nos entretienen bastante. Luego la carretera se desvía hacia el interior, dirección Söke. A la salida de esta localidad paramos para echar gasoil. El empleado, que parece un tipo bastante serio, se enrolla de manera estupenda cuando le pregunto por la posibilidad de repostar agua: prácticamente le arrebata la lanza de agua a presión al conductor de un microbús que lavaba su vehículo. Durante el llenado, ambos miran muy interesados hacia el interior de la auto. Como el camionero serbio, parecen hacer cábalas acerca de la capacidad del depósito. Cuando termino, sólo resta dar las gracias y dejarle una propina.

A la salida de Söke se nos presentan dos opciones: una carretera estrecha y sinuosa que nos aproxima a la costa, o bien otra ancha y moderna (la D 525) que cruza el interior como una flecha. Obviamente, nos decantamos por esta última, aunque el tramo final lo acabamos haciendo por la orilla del mar.

Cuando llegamos a Didim, encontramos que parece lo suficientemente grande y turística como para tener al menos un hipermercado. Preguntamos a una chica que afortunadamente sabe inglés y damos sin problemas con el Carrefour Express. Se va Bego a comprar y yo con Chandra a dar una vuelta. La verdad es que, viendo el tamaño y la calidad de las casas, así como el aspecto de la gente, cuesta trabajo creer que se está en Turquía; podríamos hallarnos perfectamente en una zona turística de cualquier país europeo.

Tras la compra movemos la auto en busca del santuario. Los carteles nos llevan en la dirección correcta, pero cuando llegamos al lugar de marras no vemos aparcamiento ninguno y nos pasamos de largo. Unos cientos de metros más allá hay una gran explanada donde estacionan los autobuses, pero sin querer también nos la pasamos. Damos media vuelta en una gasolinera y volvemos hacia ella. Por suerte para Chandra, conseguimos dejar la auto en mediasombra. Y es que hoy, por variar, hace un calor del carajo.

Desandamos camino hasta el monumento cruzando polvorientas callejuelas a través de un barrio de apariencia poco tranquilizadora. Una vez en taquilla sacamos el ticket (3 liras, igualito que en Éfeso) y entramos, aunque lo que hay que ver se divisa ya desde fuera: se trata de un templo enorme, al estilo del Partenón, pero destruido casi por completo. Llaman la atención las dimensiones del edificio, la blancura del mármol y el detallismo de determinadas decoraciones. Tuvo que ser realmente majestuoso, digno de albergar uno de los más famosos oráculos del mundo griego. Había aquí una fuente sagrada, de la que no queda ni rastro. En cuanto al acceso al lugar, lo constituía una avenida flanqueada de estatuas que se alzaron allí durante 23 siglos, hasta que en 1858 alguien consideró que lucían mejor en el Museo Británico, donde permanecen en la actualidad.

Después de la visita y las fotos regresamos a la autocaravana. Para comer nos apetece un sitio con vistas al mar, y por eso emprendemos camino hacia Mileto y nos detenemos a 9 kilómetros de Dídim, junto a un pequeño puerto de pesca que vimos al venir. Pero ni la proximidad del mar es capaz de atemperar este mediodía de fuego. Tras la comida, y en vista de que no conseguimos echarnos la siesta, arrancamos de nuevo. 12 kilómetros más y estamos a la entrada de la mítica Mileto.

Esta ciudad fue importante entre el 700 a.C. y el 700 d.C. (la primera mención se remonta al 1320 antes de nuestra era), además de famoso centro filosófico. El trazado reticular de sus calles fue copiado por los romanos, quienes lo extenderían por todo el mundo antiguo y, de rebote, también por el moderno.

La ubicación de la ciudad es realmente peculiar, pues se halla situada en un pequeño cabo o península que no se prolonga mar adentro sino hacia el interior del golfo de Mileto. Bueno, eso en la antigüedad porque ahora, al igual que Éfeso, todo es ya tierra firme al haber sido colmatada la bahía por los aluviones del río Meandro (por cierto, de aquí fue y de ningún otro sitio de donde surgió el nombre con que se bautizó a las curvas que hacen los ríos en los valles).

Al llegar no encontramos entrada al recinto arqueológico propiamente dicho, así que aparcamos cerca del teatro (por suerte, debajo de una buena sombra) y buscamos la taquilla, un poco escondida, por cierto. Precio: también 3 liras.

Lo primero que hacemos es visitar el teatro –donde tenemos que despegarnos de unos turistas pejigueras que no hacen otra cosa que arrimarse y estorbar en las fotos, cuando no hay casi nadie en leguas a la redonda–. En lo alto del mismo, y aprovechando la abundante piedra de la *cantera*, se levantan las ruinas de un castillo de época medieval.

Luego nos damos una vuelta por el espacio donde antaño se levantó la ciudad, y donde sobresalen unas pocas ruinas. En ese momento nos damos cuenta del imperdonable error que hemos cometido al no traer agua. No por nosotros sino por Chandra, que acusa los efectos del inmisericorde calor, y que llega un momento en que se muestra incapaz de andar. Toca llevarla en brazos relevándonos varias veces, pues ocho kilos de perro son mucho perro, y nos encontramos bastante lejos de la auto. Cuando por fin llegamos, y para nuestra sorpresa se niega a beber el agüita que le ofrecemos.

Estamos recuperándonos del soponcio térmico al fresco de los árboles cuando me percato de que hay por allí un grifo con una manguera. Ya repostamos agua esta mañana, pero el enfriador se la ventila a tal velocidad que no vendría mal rellenar de nuevo. Podría hacerlo por todo el morro, pero prefiero pedir permiso al hombre de la taquilla, que me da su venia con esa cortesía tan turca. Finalizada la operación devuelvo la manguera a su lugar y le doy las gracias. *Tesekkür*.

Retomamos la carretera y, como una extraña embarcación marítimo-terrestre, cruzamos el extinto golfo de Mileto, ocupado ahora por tierras de cultivo. Se nos ha hecho un poco tarde, pero vamos a tratar de llegar a Priene antes de que cierren. Esta ciudad se yergue sobre la falda de una colina, justo enfrente de Mileto. No tuvo la importancia de ésta, pero aun así nos apetecería verla. Al llegar al aparcamiento se confirma nuestra certeza: faltan diez minutos para las seis, y ya no nos dejan entrar. Pos vale, nos vamos. De nuevo a la carretera (por cierto, la salida a ésta tiene una curvita que se las trae).

Con las montañas a un lado y el mar de tierra al otro llegamos a Söke, y de ahí otra vez a Kusadasi. El tráfico es bastante más denso que esta mañana, y para cuando terminamos de cruzar la ciudad ya es prácticamente de noche. Llegamos a la playa de Pamucak. El lugar donde dormimos anoche se encuentra libre, pero nos gustaría aparcar en la explanada de tierra que hay más allá, junto al río, ayer totalmente ocupada por autos italianas y ahora mismo vacía. El terreno engaña, pues tiene una pendiente extraña que no se aprecia a simple vista. Tras varios intentos conseguimos nivelar el vehículo. No han pasado ni diez minutos cuando llega un italiano y, con todo el espacio que hay, se nos planta al lado. Como además todo indica que el conductor se ha ido a buscar a otro colega, lo que hacemos es arrancar y largarnos adonde estábamos anoche, cerca del camión alemán, que según parece no se ha movido en todo el día. Luego llega otro vehículo de aspecto indefinido que resulta ser una camioneta turca, y que aparca a nuestro lado sin arrimarse demasiado.

Esta tarde envié un mensaje por el móvil a Luis y Carmen anunciándoles que nos quedábamos a dormir de nuevo aquí. Respondieron que se pasarían, pero no los hemos visto. Para acabar de sacudirme el calor me voy a dar un paseo por la playa. En plena oscuridad se acerca alguien y me empieza a hablar. Al principio me cago de miedo, pero sólo un instante, ya que según parece es el dueño del chiringuito que hay a la entrada de la playa, que nos saludó esta mañana cuando salíamos y que sólo quiere convencerme para que vayamos a cenar. Le digo que nos lo pensaremos.

Irrumpen en la playa las luces inconfundibles de tres autocaravanas. Circulan muy despacio, evidentemente es la primera vez que vienen. Por eso se van para la zona de la derecha, y cuando comprenden que allí no es posible estacionar vienen hacia donde estamos los demás. Me acerco al camino y paro a la primera, para indicarles. Aunque mi intención no es del todo altruista: lo que pretendo es que no nos acogoten, así que les mando a la explanada donde están los italianos. Al cabo de cinco minutos vuelven, el terreno les parece demasiado inclinado. Me preguntan si creo que la camioneta turca se marchará pronto, respondo que no creo, porque ha llegado hace sólo un rato. Los dejo allí deliberando y me meto dentro.

Kilómetros etapa: 196
Kilómetros viaje
Tierra: 8.667
Mar: 700

14 DE AGOSTO: DE PAMUCAK A ECEABAT

Chandra ha estado enferma. Anoche, al tocarla le notábamos fiebre; también tiritaba, y su respiración era muy rápida. Afortunadamente esta mañana parece encontrarse mejor. Lo atribuimos al golpe de calor de ayer, el mismo motivo por el que no era capaz de beber agua. Es posible que también tenga que ver el contraste de la temperatura de fuera con el aire del enfriador, que todos estos días llevamos a tope. Hacemos el propósito de tener más cuidado con ambos extremos.

Es hora de partir, y sabe a despedida de las grandes. Por eso previamente nos hemos dado un largo paseo por la playa. Pitamos a los del camión alemán, pero no asoma nadie (quizá hayan salido). En cuanto a los turcos de la camioneta –abuelo, madre y nietas-, observan impávidos nuestra marcha. Yo les saludo con la mano y el anciano corresponde, halagado y sorprendido, pues nosotros somos extranjeros y ellos unos paisanos corrientes y molientes. También nos despide el dueño del chiringuito. Quizá espere que volvamos esta tarde. Otra vez será, *mi amol*.

Cruzamos de nuevo Selçuk, camino de la autopista. Antes de llegar a ésta me pongo a adelantar a un coche que va muy despacio, y que justo en ese momento decide acelerar. Esto me obliga a mi vez a incrementar la velocidad, y justo entonces veo ante nosotros un coche inconfundible en el arcén, a la sombra de unos árboles, estacionado en sentido contrario a la marcha.

Hemos encontrado radares unas cuantas veces en las carreteras de Turquía, pero como soy tan prudente jamás hemos tenido el menor contratiempo. Un poco más allá está el coche patrulla con uno de los policías fuera, hablando por el walkie mientras nos mira. Convencido estoy de que me va a dar el alto, pero por algún motivo que desconozco se hace el sueco y nos deja pasar. Mi suspiro de alivio ha tenido que oírse en Capadocia.

Accedemos a la autopista, donde echamos de nuevo mano de nuestra infalible tarjeta KGS. 50 kilómetros de ruta estupenda y estamos en Izmir. La ciudad es enorme –más de cuatro millones de habitantes-, pero apenas si la rozamos. Aun así es perceptible la gran densidad de edificios, el océano de concreto que cierra el horizonte sin un árbol o un mísero parque a la vista.

La autopista se transforma en vía de doble carril y continúa hacia el Norte, dirección Bérgamo. Tras cruzar Aliaga paramos a descansar un rato a la vista de la bahía y sus barcos, y es aquí donde, por primera y única vez en todo el viaje, tenemos contacto con el submundo de la delincuencia.

Todo empieza con un tío en bañador que, sin ningún motivo aparente, cruza descalzo la carretera y se viene hasta donde hemos aparcado. Nos mira insistentemente mientras habla por el móvil. Quizá esto no nos habría llamado mucho la atención si no fuera porque un perro vagabundo que trataba de hacerse amigo nuestro, y también sin motivo aparente, empieza a ladrarle como una fiera. El tipo desaparece, y nosotros nos vamos.

Ya en carretera, no han pasado ni cinco minutos cuando un automóvil bastante destartalado se pone a nuestra altura. Miro de reojo. Lo conduce un tipo cuya cara no distingo, y de copiloto lleva a una mujer joven. Ésta me hace señas, indicando de forma insistente la parte trasera de la auto, tratando de hacerme ver que llevamos algo mal. Ni qué decir tiene que yo la ignoro. Al rato me doy cuenta de que ya no nos persiguen; miro por el retrovisor y veo al coche dar media vuelta e irse por donde había venido.

Veinte o treinta kilómetros más adelante me detengo y bajo a echar un vistazo por detrás y por debajo. Todo se halla en perfectísimo estado.

¿Tenía que ver el tipo del bañador y móvil con los *samaritanos* de la carretera? No lo sabemos, pero creemos que es muchísimo mejor no haberlo averiguado.

Tras pasar el cruce de Bérgamo la doble vía se acaba y empieza la carretera ordinaria que bordea la costa. La seguimos hasta la entrada de Edremit, donde paro a echar gasoil. Como sin duda en Grecia estará más barato, echo 100 liras esperando que duren. El gasolinero me pregunta la nacionalidad. Cuando respondo que español sonríe aprobatoriamente y empieza a nombrar equipos y jugadores que yo sólo conozco de oídas. No es la primera vez que nos ocurre por estos lares, quién me iba a decir a mí, aquejado de la más feroz indiferencia futbolera, que ésta iba a ser nuestra carta de presentación en Turquía.

Cruzada la ciudad, la carretera se dirige hacia el Oeste. Al ir pegados a la costa, esperamos encontrar algún buen sitio para la pausa de la comida, pero por espacio de 30 kilómetros afrontamos un continuo turístico-urbano sin lugares propicios. Estoy cansado del volante y escasamente dispuesto a enfilar de nuevo hacia el interior y la montaña. Por eso, cuando la carretera se dispone a abandonar la costa, me desvío por una estrecha calzada que serpentea entre olivos, a pocos metros de la orilla.

Aquí al menos no hay edificios que bloqueen la línea de playa, y unos kilómetros más allá encontramos un saliente plano sobre el mar, parecen los cimientos de un edificio derruido. El lugar está vacío, tan sólo la furgoneta de una familia turca que come y descansa al otro lado de la carretera, bajo la sombra de los árboles. Chandra y yo salimos a pasear por la playa de guijarros, a sacar fotos y a disfrutar, aprovechando que el sol casca menos que ayer.

Es el único momento de paz, porque ni siquiera hemos terminado de comer cuando aparecen unos niñatos motorizados con la música a toda pastilla. Mi esperanza es que se aburran y se marchen pronto, pero para nuestra desgracia aparcan al otro lado de la furgoneta y bajan a bañarse... dejando la música puesta y el maletero abierto. Se ve que esto de las olas con hilo musical debe de ser lo más. La familia turca contempla el espectáculo con cara de circunstancias. Por mi parte siento una rabia y una impotencia infinitas: experimento serias tentaciones de ir hasta el coche, quitarle el freno de mano y empujarlo al mar. En lugar de eso, acordándonos de la situación similar que padecimos en la costa del Mar Negro y preguntándonos cómo pueden proliferar tanto los idiotas sobre la faz de la tierra, recogemos a toda prisa y nos marchamos, cabreados porque, una vez más, nos han robado la paz y la siesta que tanto necesitamos.

Como dije antes, la carretera se adentra en la montaña con unas rampas la mar de majas que nos encaraman desde el nivel del mar hasta los 450 metros de altitud. Nuestra auto sube bien; no así los camiones a los que alcanzamos y que se quedan prácticamente parados. Después la pendiente se dulcifica e iniciamos un largo descenso. 70 kilómetros llevamos recorridos desde la infausta sobremesa cuando avistamos el Estrecho de los Dardanelos -llamado por los turcos *Çanakkale Bogazi*- no muy lejos del cruce de Troya. El yacimiento de la mítica ciudad ya lo visitamos en nuestro anterior y archinombrado viaje, y he de decir que lo más interesante de ella es la réplica del caballo de madera que tienen a la puerta, el cual es visitable por dentro. En cuanto al resto tiene interés sobre todo para los estudiosos, ya que sólo son visibles cuatro piedras, y si no fuera por los planos y las explicaciones uno no vería allí absolutamente nada.

Los Dardanelos, en cambio, son otra cosa: comunican el Egeo con el Mar de Mármara, miden 71 kilómetros de largo y su anchura oscila entre 1,6 y 6,5 kilómetros. Parece mentira que sea un estrecho tan estrecho el que separe Europa de Asia. Por ello mismo su importancia estratégica ha sido siempre indiscutible: fue el foco de la guerra de Troya, y por aquí pasaron el ejército de Jerjes I en el 480 a. C., y el de Alejandro Magno en el 334; ambos en direcciones opuestas e inscritos dentro del diálogo a mamporros que durante siglos mantuvieron Asia y la Grecia clásica. En época mucho más reciente, como es 1915, se desarrolló aquí una de las batallas más sangrientas de la Primera Guerra Mundial, cuando tropas francesas, británicas, australianas y neozelandesas intentaron hacerse con el control de los estrechos para a continuación tomar Estambul.

Los combates duraron nueve meses, y ambos bandos sufrieron centenares de miles de bajas, entre muertos y heridos. Al final, les tocó retirarse a los aliados. Fue precisamente aquí donde comenzó a forjarse el mito de Mustafá Kemal *Atatürk*; su conversión en héroe popular allanó el camino al generalato y, más tarde, a la Presidencia de la República.

Sobre esta batalla existe una película de Meter Weir llamada precisamente *Gallipoli* (1981) y que me dejó un sabor tristísimo por cuanto muestra descarnadamente cómo el absurdo de la guerra siega de cuajo las energías y las ansias de vivir de la juventud.

En la península se encuentran un total de 31 cementerios de guerra, además de numerosos monumentos conmemorativos. Nuestros mentores de Turquía, Barry y Margaret, que pasaron por aquí en 1997 y posteriormente en 2008, se quejaban de que el lugar está evolucionando para peor: con el invasor turismo de sol y playa por un lado, y con la exaltación nacional-militarista turca por otro (esta última como respuesta al reciente auge del islamismo), la zona parece irremisiblemente encaminada a perder su carácter de cementerio de guerra y a convertirse, como casi todo hoy día, en adocenado parque temático.

Unos kilómetros antes de Çanakkale vemos una señal que dice *Feribot Limani,* y debajo pintado un barquito, así que abandonamos la carretera y obedecemos la indicación (por el camino estamos a punto de dárnosla con uno que se ha saltado el stop). Al llegar nos dicen que sí, que de allí zarpan ferrys a Eceabat, pero que el último ya ha salido, o no saldrá hasta no sé qué hora, que nos vayamos al otro puerto, el que está en el centro. Otra vez a la carretera. Nos pasamos la entrada de Çanakkale y toca dar la vuelta donde podemos para poder enfilarla. Con un GPS todas estas maniobras serían más sencillas, pero no teniéndolo lo único que queda es ir a lo seguro, aunque haya que dar más vuelta, para no acabar metiéndose en donde uno no quiere.

Nos lleva bastante rato recorrer los dos kilómetros de la muy saturada calle principal hasta que por fin giramos a la izquierda. Menos mal que por lo menos el puerto está bien señalizado.

No hay cola, así que vamos directamente a la taquilla, donde por cruzar me piden 37,5 liras (de ellas, 3 son para el ayuntamiento de Çanakkale ¡en concepto de aparcamiento!) Mientras pago sin bajarme, observo que un tipo situado demasiado cerca de la auto no quita ojo a mi dinero. Al principio temo que sea un *mangui,* pero al poco me doy cuenta de que simplemente se trata de un vendedor ambulante tolerado por las autoridades, que quiere saber cómo andamos de dinero turco. Cuando estacionamos en la explanada de embarque el muchacho despliega todas sus argucias para colocarnos su producto, a saber, perfumes de imitación. Se pega a la ventanilla del copiloto y, como un ilusionista, va sacando uno tras otro cuatro frascos, todos fragancias de mujer. En cuanto a la política de precios, se basa en el descuento progresivo, es decir: un bote lo vende por 20 liras, dos por 30, tres por 40 y cuatro por cincuenta. Para hacer la oferta aun más irresistible, añade un quinto frasco –éste para hombre- y mantiene el precio en 50 liras.

Nos llaman para embarcar y arrancamos. Una vez en el ferry creemos habernos librado de él, pero ni por ésas: se viene tras nosotros con persistencia digna de encomio. Ya ha visto que a mí esto de las colonias ni fu ni fa, así que se concentra en Bego. Me apetecería bajarme, pero decido esperar a ver en qué queda la cosa. Al final Bego acepta comprarle uno por 15 liras. Antes de pagar, el chico nos lo pasa por la ventana de la cocina para que nos cercioremos de que estamos comprando perfume y no agua del grifo. Cuando le paga, el otro ya se ha dado cuenta de que ha sido más por compasión que por interés, y no deja de repetir: *Madame good*.

Yo no entendía cómo el vendedor se arriesgaba a meterse en el barco, pero lo cierto es que tardamos todavía un buen rato en zarpar. Hay por allí un hombre ofreciendo llaveros de metal a 2 liras la pieza. La mayoría representan motivos patriótico-atatürkianos, pero también tiene el Caballo de Troya. Me hace tanta gracia este último que compro media docena, para familia y amistades. Y es que mañana estaremos fuera de Turquía, toca deshacerse de las últimas liras.

Por fin nos vamos. El trayecto dura lo que la puesta de sol. Çanakkale está a kilómetro y medio de la orilla de enfrente, donde se yergue el *Kilitbahir kalesi* (o Castillo de la Cerradura del Mar, de curiosísima planta) pero nuestro destino, Eceabat, cae algo más al Norte y el trayecto es de casi 5 kilómetros. Vamos tan despacio que da tiempo de pasearse por toda la cubierta superior y sacar multitud de fotos. También de despedirse de Asia y de reencontrar Europa.

El ferry es de éstos que se abren tanto por la proa como por la popa, de modo que al atracar no necesita realizar engorrosas maniobras de media vuelta. Está casi oscurecido, de manera que ni pensar en ponerse en carretera. Andamos deliberando sobre dónde nos quedaremos cuando, en el aparcamiento que hay contiguo al puerto (40° 10'52.52" N 26° 21'40.62" E) vemos estacionadas dos autocaravanas, y junto a ellas que nos vamos.

Ambas tienen matrícula holandesa, pero no se ve a nadie dentro ni por los alrededores.

Queremos celebrar haber vuelto sanos y salvos a Europa, así que nos vamos de paseo. Entre el puerto y el aparcamiento hay montado al aire libre una especie de centro de interpretación de la batalla de Gallípoli, con un mapa enorme, murales, representaciones de trincheras y grabaciones dramatizadas en inglés, francés y turco. Estamos allí un rato y luego nos vamos a buscar las tiendas. Como de costumbre, toca entrar en unas cuantas para conseguir todo lo que queremos. Como aún sobra dinero, de vuelta a la autocaravana entramos en una licorería para comprar una botella de *raki*, que es el aguardiente nacional turco (45º en canal). Medio litro cuesta 19 liras, esto es, casi 10 euros; y es precio oficial, pues viene impreso en el cristal de la botella. La conclusión definitiva a la que llegamos es que en Turquía no debe de existir impuesto sobre la renta, y que la vía principal del Estado de recaudar impuestos sin duda es a través de la gasolina, el tabaco y el alcohol.

Como estamos algo alejados de la autocaravana, llevamos toda la compra y luego yo me acerco a una tienda próxima a fundirme las últimas liras en garrafas de agua y en cerveza.

Cuando liquido así el dinero es cuando me asalta la contundente certidumbre de que, en cierta manera, ya he abandonado el país.

Kilómetros etapa: 407
Kilómetros viaje
Tierra: 9.074
Mar: 700

15 DE AGOSTO: DE ECEABAT A PORTO LAGOS

Esta mañana los holandeses han embarcado temprano, aunque no tanto como para que no me cruzara con una de las mujeres, que había salido a pasear a su pastor alemán. Yo le doy los buenos días afablemente; ella, sin sonreír, corresponde con lo mínimo que se despacha en saludo. Me quedo un tanto perplejo: no comprendo que gente tan seria y poco comunicativa venga a visitar Turquía, donde la convivencia con la población es poco menos que obligada.

Salimos de Eceabat. Durante un rato pasamos al lado de numerosos puestos donde venden tomates, a media lira el kilo. Hemos de decir que los tomates turcos, aparte de baratos, nos devuelven el sabor de los que comíamos en la infancia, cuando la agricultura en nuestro país era menos artificial que ahora.

Durante 40 kilómetros bordeamos la costa hasta la localidad de Gelibolu, acompañando a los numerosos barcos que suben o bajan el canal. Lo que no comprendía de la batalla de Gallípoli era que cómo siendo los Dardanelos un estrecho los aliados intentaran conquistarlo por tierra. Hasta que al venir por aquí consulté el mapa y me di cuenta de que el lugar en cuestión es a la vez una península y un estrecho, y que al hallarse minado y no poder entrar con barcos optaron por tomarlo *por la espalda*, con el final de todos conocido.

A partir de Gelibolu la carretera pasa al otro costado de la península. Un poco más adelante nos desviamos hacia Kesan, y dejamos a la derecha (con cierta nostalgia) la ruta que va a Estambul. Estamos ya en el tiempo de las despedidas. Circunvalamos Kesan y, ahora sí que sí, enfilamos hacia Ipsala, que así se llama el puesto fronterizo entre Turquía y Grecia (país que los turcos llaman *Yunanistán*; resulta increíble la cantidad de días que nos costó averiguar a qué país se referían).

Son extraños estos últimos kilómetros, por una carretera ancha, recta, desierta y horriblemente parcheada. La verdad es que el asfalto turco se las trae: el otro día eché un vistazo a las cubiertas delanteras, casi nuevas cuando empezamos el viaje, y quedé horrorizado al constatar el mucho dibujo que habían perdido. Entonces entiende uno de golpe por qué hay tantísimos talleres de reparación de neumáticos a lo largo y ancho de las carreteras del país.

Así, 140 kilómetros después de Eceabat, llegamos a la aduana turca, la primera que cruzamos en veintiséis días. Nos habían hablado horrores sobre este paso fronterizo, pero nosotros, no sé si debido al día –es sábado- o a la hora –hemos amanecido tempranito- apenas si invertimos unos minutos. Funcionarios de aspecto ceniciento sellan y verifican nuestros pasaportes y nos permiten marchar. En el aire parece flotar el reproche implícito de *Ahora os vais con el enemigo*.

En sitios así no asomo la cámara ni por el forro, no sea que la vayamos a tener. Y es que, además, nos ha quedado claro que estamos ante una auténtica frontera de guerra: la carretera se halla bloqueada con barreras de hormigón que obligan a desviarse; se pueden ver militares por todos sitios, incluso unidades que patrullan la orilla del río. Y en cuanto al puente sobre el río Evros, parece una reliquia de la Guerra Fría, con sus garitas acristaladas unas enfrente de otras y sus soldados montando guardia, velando por la soberanía. Los turcos, muy marciales, apenas si te miran. En cuanto a los griegos, parece como si desviaran la vista, avergonzados de que ciudadanos de la UE les vean hacer el canelo de esa forma.

La aduana griega es más pequeña y, en consonancia con la adustez de las relaciones, se encuentra casi a dos kilómetros de la turca. Nos recibe un policía muy simpático que nos saluda con un

Hello, a lo que nosotros respondemos con el más apropiado *Kalimera*. Después de sellar el pasaporte, se nos acerca otro funcionario para preguntar si traemos alfombras, tabaco, obras de arte... Respondo a todo que no, hasta que llega al apartado mascotas. Lo más curioso es que se limita a verificar si el certificado de salud internacional está en regla, por Chandra ni pregunta.

Los trámites son aun más breves que los de la contraparte turca, ante lo cual doy las gracias: *evjaristó*. No hay duda que, por nacionalidad, somos unos *enchufaos*, basta ver que el trato a los emigrantes turcos es bien distinto: siento lástima por los pasajeros de un autobús, obligados a bajar y a abrir todas sus maletas una por una.

Es difícil describir la euforia que nos asalta al entrar en Grecia. Tal vez sea porque hemos superado el último trámite aduanero, o quizá por haber dejado atrás las temibles carreteras turcas. Por contraste, ante nosotros se extiende una cinta de seda denominada Egnatia Odós (Vía Egnatia), que a lo largo de 700 kilómetros cruza el Norte del país para plantarse en Igoumenitsa, de donde parten los barcos para Italia y donde tenemos que estar para el 21, esto es, dentro de seis días.

Por cierto que ahora da uno gracias al año que estudió Griego en el instituto porque -aunque la lengua actual poco tiene que ver con la clásica-, lo que no ha cambiado ha sido el alfabeto, y eso ayuda lo suyo. De todos modos, al menos en la autopista, los indicadores aparecen en caracteres griegos y latinos.

No hay mucho tráfico. Los coches que nos adelantan o bien son griegos o tienen matrícula francesa. Si a la ida coincidimos con los emigrantes que viven en Alemania, Austria o Suiza ahora lo hacemos con los que residen y trabajan en Francia. Me pregunto por cuántos millones de personas estará formada la diáspora turca en Europa.

Pasamos junto a Alexandroupoli y ni nos enteramos pues esta carretera, al ser nueva, evita las aglomeraciones urbanas. Paramos en un área de servicio y aprovechamos que hay grifos para repostar agua. Lo que no ha cambiado nada es el intenso calor.

A estas alturas ya nos hemos dado cuenta –nadie es perfecto– de que no hay gasolineras en la autopista, de modo que 100 kilómetros después de la frontera, en la ciudad de Komotini, nos desviamos en busca de combustible. En contraste con Turquía, llama la atención lo desierto que está todo. Damos con la gasolinera y lleno el depósito. 1,09/litro. Más barato que en Turquía, evidentemente, aunque también, como veremos después, más caro que en otros sitios, sin duda por proximidad a la Vía Egnatia.

Lo que no me cuadra es la explicación que da el gasolinero cuando le pregunto por cómo llegar a Porto Lagos, localidad de la costa donde hemos pensado quedarnos. Según él, debemos continuar por la autopista, pero eso no cuadra con la información del mapa: la siguiente salida está tan alejada que luego tendríamos que retroceder. En consecuencia, hacemos caso a nuestro instinto y cruzamos por debajo de la Vía Egnatia y nos dirigimos hacia el Sur. En principio es la opción correcta, lo que ocurre es que, debido a una confusión cartelera, en vez de ir por la carretera vieja nos vamos por la ultravieja, que más bien parece camino de cabras. Mientras nosotros penábamos yo veía circular coches a gran velocidad por una vía paralela, pero hasta un rato más tarde no caí en la cuenta de que fueran en la misma dirección que nosotros. 27 kilómetros después de Komotini, a la una hora española –en Grecia sigue siendo GMT +2– llegamos a la pequeña localidad de Porto Lagos. Mientras, se ha nublado.

Hace un rato pasamos un desvío que absorbía todo el tráfico. Es la carretera que lleva a Fanari, sin duda centro turístico estival con playita. Pero eso a nosotros no nos interesa, lo que buscamos es un sitio tranquilo donde poder descansar.

El puerto de Porto Lagos, valga la redundancia, cuenta con una explanada enorme, y allí paramos. No se ve gente pululando. Los restaurantes, sin embargo, se hallan abarrotados. Mientras Bego prepara la comida, Chandra y yo nos vamos a dar una vuelta. Llegamos hasta la iglesia de la Metamorfosis (o Transfiguración), de considerables dimensiones, al lado de la cual se levanta una primitiva capilla. Muy cerca de aquí, al pasar, hemos dejado de lado sin verla la iglesia y la capilla de San Nicolás, que se yerguen sobre sendos y diminutos islotes accesibles por una pasarela de madera. De golpe soy consciente de la invisible membrana religiosocultural que hemos atravesado hace pocas horas, en virtud de la cual en vez de minaretes ahora veo campanarios. La verdad, creo que voy a echar de menos al almuédano y su constante e impertérrita llamada a la oración.

La capilla se encuentra abierta y me asomo a echar un vistazo. El ambiente interior y, sobre todo, los iconos te trasladan instantáneamente a algún lugar más al Norte y al Este, porque lo cierto es que sigue pareciéndome raro que un país tan meridional profese la fe ortodoxa.

Porto Lagos se asienta sobre una franja de arena que cierra casi totalmente el lago Vistonida, lugar protegido por su importancia para las aves y que, en cierto modo, recuerda al Aveiro portugués. Como cualquier zona de marismas también alberga –lo descubriremos esta tarde– una considerable colonia de mosquitos.

Tras la comida y la siesta, nos vamos a dar una vuelta. Tenemos claro que nos quedamos aquí a dormir, pero nos gustaría dar con algún sitio más recatado. Lo encontramos en un pinar al Sur del pueblo y del puerto (41° 0'9.62" N 25° 7'8.21" E). Hay por aquí las ruinas de algunas instalaciones turísticas, y también una autocaravana suiza enorme, aparcada a la vista del mar. Regresamos a por la nuestra y nos colocamos a discreta distancia, un poco hacia el interior.

En esta zona no hay playa sino bajíos de cieno (Chandra se lleva un buen susto al hundirse hasta las corvas), por eso no se ven bañistas. Un poco más allá se halla un pequeño camping a base de bungalows. Salvo esto, y una chica que pasa petardeando con su vespino media docena de veces, se puede decir que es un sitio tranquilo.

De todos modos oscurece pronto. Eso y el ataque de los feroces mosquitos hace que nos retiremos a la auto más pronto que tarde.

Kilómetros etapa: 263
Kilómetros viaje
Tierra: 9.337
Mar: 700

16 DE AGOSTO: DE PORTO LAGOS A NEA IRAKLITSA

Hoy es domingo. Esta mañana, como era previsible, no nos ha despertado el almuédano, sino el señor cura a través de los altavoces de la iglesia. Como ya descubrimos en Ravanica, la misa salmodiada viene a durar hora y media, y la retransmiten al exterior íntegra y en directo, a ver si se le pega algo al personal.

Oficios religiosos aparte, nos damos cuenta de lo certera que fue la intuición que nos empujó ayer a marcharnos del puerto: lo que era una explanada vacía se ha cubierto en su totalidad y como por arte de magia con los puestos de un super-mercado callejero. De haber dormido ahí, a buen seguro nos habrían aporreado la puerta a las cinco de la mañana para que ahuecáramos.

Es nuestra primera oportunidad de mezclarnos con la población local, de modo que aparcamos la auto en la linde del pinar y nos metemos en el mogollón. En principio no se diferencia mucho de un mercadillo español. Me chocan, eso sí, algunas mujeres con indumentaria musulmana: y yo que creía que, como fruto de la enemistad, Grecia era al día de hoy un país racialmente homogéneo.

Compramos fruta y verdura, algo de ropa y un CD pirata de música griega que resulta que trae sólo cinco canciones. Por cierto que es un placer pagar de nuevo en euros, y que el cambio te lo devuelvan en monedas con el tetradracma de la lechuza. Para nosotros esta moneda tiene un significado especial, ya que el 1 de enero de 2002 -fecha de entrada en vigor de la moneda comunitaria-, nos hallábamos precisamente en Grecia. Era tal mi ansia de poseer y palpar el nuevo efectivo que en la cafetería del barco que nos llevaba de Santorini a Naxos propuse al camarero pagarle en dracmas y que él me devolviera el cambio en euros. El chaval se negó en redondo: una cosa era convivir durante seis meses con las dos monedas y otra muy distinta empezar el año con piruetas matemáticas.

Entonces lo primero que hice ese uno de enero, nada más llegar a Naxos, fue irme a un cajero automático y sacar unos cuantos billetes de nuevos y flamantes euros. Cuando volvimos a España me llevé todas las monedas que pude, y anda que no fardé ni nada enseñándole a todo el mundo la lechuza de Atenea (lo cierto es que los euros patrios, con Juan Carlos en el anverso, eran bastante menos *cool*).

Dejando de lado estos recuerdos viajero-crematísticos, volvemos a la auto con la compra e iniciamos viaje. Nuestro destino es la ciudad de Kavala, a 80 kilómetros de distancia. Cuando salimos del pueblo paro y me bajo a hacerle fotos a una de estas iglesias en miniatura –iconostasios creo que se llaman- de las que jalonan las carreteras griegas, y que siempre nos pillan tan a trasmano que no hay forma de enchufarles la cámara.

Retomamos la Egnatia Odós a la altura de Xanthi. Es divertido viajar por Grecia, porque parece una clase de Etimología: cruzamos el *Nestos Potamos* (río Nestos); un poco más allá está la ciudad de *Drama*, y cercano a Kavala se encuentra el monte *Símbolo*.

Tras una equivocación que nos lleva al puerto moderno, entramos en la ciudad y tenemos la suerte de encontrar aparcamiento justo al lado del acueducto erigido por Solimán el Magnífico.

Kavala es una ciudad compacta, recostada contra la sierra. Como toda urbe con puerto natural, su historia es antigua, se remonta al siglo VI a. C. Tiempo después, aquí se escondieron los asesinos de César -Bruto y Casio Longino-, y de aquí salieron para ser derrotados por Marco Antonio y Octavio en la batalla de Filipos, unos 14 kilómetros al Noroeste.

De Kavala me llama mucho la atención que perteneciera a los turcos nada menos que hasta 1912: anteayer, como quien dice. Seguramente a ello se deba la atmósfera oriental que reina en la parte vieja, y que en cierto modo recuerda a la Amasra del Mar Negro. Por si fueran pocas las reminiscencias, en la parte alta se erige una estatua ecuestre de Mehmet Alí, que nació en Kavala en la segunda mitad del siglo XVIII, y que llegó a ser pachá de Egipto. Parece que los kavalenses no se avergüenzan de su importante paisano, por muy turco que fuera.

Tras la vuelta de rigor volvemos a la auto. Hablar de calor a estas alturas resulta ya aburrido. Hay muy poca gente por la calle, deben de estar todos en casa o en la playa.

Atravesamos la ciudad, pero en lugar de buscar la autopista continuamos por la carretera vieja, que ya va siendo hora de encontrar un sitio para comer. Al ser la costa rocosa y accidentada el asunto no pinta fácil; sin embaro, 13 kilómetros después del acueducto descubrimos desde lo alto una amplia y arenosa bahía en la que hay coches aparcados, e incluso una autocaravana. La cuestión es encontrar un sitio por donde acceder. De pasada atisbamos una entrada entre las casas, así que damos la vuelta y nos metemos por allí (40° 52'53.83" N 24° 19'3.60" E).

El camino tiene algo más de cien metros. Cerca ya de la playa se ensancha lo suficiente para que podamos estacionar en el centro, semiprotegidos por unos árboles. Nos vamos a bañar por turnos.

Las viviendas que hay entre la carretera y la playa son fundamentalmente chalets de una o dos plantas. La urbanización pertenece al municipio de Nea Iraklitsa, cuyo casco urbano se divisa hacia el Sur, al final de la ensenada.

El agua está tibia, espejea y se ve increíblemente transparente. Qué diferencia con la del Mediterráneo español. ¿Es que acaso aquí no hay contaminación?

El sol no toma el rumbo que habíamos calculado, y se pasa la tarde atizándonos de costado. Pero no estamos peor que otras veces, yo creo que ya nos hemos acostumbrado a esto de la combustión lenta. Y cuando uno no aguanta más tenemos el mar ahí al lado.

Transcurre la siesta y deliberamos sobre el siguiente paso. Nuestra idea original era continuar ruta después de comer y pernoctar en algún lugar cercano a Tesalónica. Pero lo cierto es que este sitio está tan bien, y nadie nos espera, y quedan tan pocas horas de luz...

Me acerco nuevamente a la playa a la procura de un lugar apropiado. Evidentemente podríamos salir hasta ella con la auto, pero el badén originado por un cauce de agua seco hace que no podamos pasar a la izquierda, que es la zona más despejada, sin rozar con el voladizo. La autocaravana que estaba aquí cuando vinimos ya se ha marchado. Como no ha pasado por donde estamos nosotros, resulta obvio que debe de haber otro camino. Llego hasta donde termina la playa y, efectivamente, doy con una rampa encementada. Subo hasta arriba para localizar el lugar exacto en la carretera desde donde arranca. La verdad es que es muy pero que muy empinada, pero si la otra ha bajado y subido (y era una capuchina), entonces nosotros también.

Vuelvo a la auto y explico los pormenores. Salimos a la carretera y desandamos unos cientos de metros hasta dar con la entrada en cuestión. La verdad es que da auténtico yuyu tirarse por ahí para abajo. Y por si fuera poco es bien estrecha; me encomiendo mentalmente a San Cofronisio de Anatolia para que a ningún coche le dé por subir justamente ahora.

Llegamos al nivel de playa sin dificultad. Entre ésta y las viviendas se extiende un amplio espacio de tierra apisonada por el que se circula sin problemas. Un tío, seguro que propietario de chalet, se nos queda mirando fijamente y lo mismo hasta se plantea decirnos algo, pero nosotros nos vamos más allá y quedamos fuera de su radio de acción. El lugar que he escogido, además, se halla justo enfrente de un chalet en obras. Así nadie se podrá quejar de que le robamos la vista.

Sacamos las hamacas y nos sentamos a ver cómo cae la tarde sobre el Egeo. Enfrente tenemos un pequeño islote y, 25 kilómetros mar adentro, la isla de Thasos en la que paulatinamente se van haciendo visibles las luces de los pueblos.

Poco a poco la gente se marcha, y los coches también. Al final nos quedamos solos. Si alguien va a decirnos algo, éste es el momento, que luego se hace de noche y todos los gatos son pardos.

Toca afrontar ahora un problema mucho más acuciante, a saber: tenemos el cassette de las negras lleno a rebosar. Como no es cuestión de vaciarlo en mitad de la playa, recurro a la estratagema inaugurada en este viaje y empleada una sola vez, el día de Alaçam: vaciar los 20 litros en una bolsa de basura tamaño familiar y echarla luego en uno de estos contenedores semientierrados en la arena.

Si, tal y como sospecho, los vacían a mano de veras que lo siento por el pobre que tenga que lidiar con la megabolsa. Al menos espero que no se le ocurra abrirla; yo, por si acaso, la dejo atada y bien atada.

Kilómetros etapa: 87
Kilómetros viaje
Tierra: 9.424
Mar: 700

17 DE AGOSTO: DE NEA IRAKLITSA A METEORA
Hoy amanecemos tempranito, pues se avecina un largo día de viaje. Salimos de la playa y subimos hasta la carretera por la empinada rampa. Un poco más adelante encontramos un amplio sector de costa sin construcciones anejas y con bastante mejor acceso que donde hemos dormido (incluso hay un par de autocaravanas). Esto es lo que tiene el desconocer el terreno. Antes de meternos en la autopista paramos en un Lidl a hacer la compra, que resulta ser una gozada por dos motivos: porque los artículos que venden son reconocibles y reconocidos, y porque los precios cotizan a la baja si los comparamos con los de Turquía. Sirva de ejemplo la botella de licor griego que compramos y que se llama *ouzo*. Es similar al raki, aunque algo más anisado y con *sólo* 40 grados. La diferencia es que aquí cuesta 3,19 euros, casi la tercera parte que la botella turca.

Del *ouzo* guardo un nítido y agradecido recuerdo de nuestra anterior estancia en Grecia: a la mañana siguiente de llegar a Naxos (2 de enero), un temporal de frío y nieve nos dejó incomunicados: no salían barcos para Atenas, ni tampoco aviones. Con estupor vimos caer copos sobre el Egeo. En cuanto a la isla, que teníamos previsto recorrer en coche de alquiler, sólo conocimos la capital.

Como es habitual en estos casos, nadie se ocupó de nosotros, y tampoco nadie proporcionaba información. En la tele (sólo cadenas griegas, ninguna en inglés) lo único que se veía era a las quitanieves del ejército despejando carreteras -hacía cuarenta años que no nevaba en Atenas-, y lo único que entendíamos al locutor era *megála problémata* (grandes problemas). Por nuestra cuenta descubrimos dónde estaba la Capitanía del puerto. Allí sí que hablaban inglés, se portaron muy amables y nos dijeron que cada seis horas recibían el pronóstico meteorológico, que podíamos preguntar cuando quisiéramos, y eso hacíamos cada mañana. A la vuelta, el viento soplaba tan fuerte que evitábamos el paseo marítimo y nos internábamos por las callejuelas del centro. Fue una situación de absoluta y total emergencia.

Teníamos previsto quedarnos en la isla tres días, y al final fueron cinco. Mientras vagábamos como almas en pena por tan limitado espacio aprendimos a lidiar con Windows en alfabeto helénico en el ciber de la esquina, a mí me dio tiempo de leerme *Zorba el griego* en inglés y descubrimos a Pantelis Thalassinos, uno de cuyos discos compramos (enfundado en celofán y precintado con sello del Estado, lo que da idea de la acongojante piratería que debe de haber en Grecia.)

La canción suya que más me gusta se llama *Ta smyrneika Tragoudia* (La tragedia de Esmirna), y habla de cuando, en 1920, los turcos expulsaron de Esmirna a la totalidad de la población griega.

Sin saber cuándo iba a terminar aquello, estábamos la quinta noche cenando en un restaurante tristes y amurriados. Al terminar nos preguntó el camarero si deseábamos postre, café o un vaso de *ouzo*. Optamos por el ouzo, por no haberlo probado nunca, y nos gustó tanto que pedimos otra ronda. Nuestras risas resonaban por el restaurante vacío, y el camarero nos miraba con aire de preocupación. Cuando regresamos al hotel íbamos más contentos que unas pascuas, dándosenos un bledo del frío, de la nieve que caía, del trabajo que ya nos esperaba en España.

A la mañana siguiente, antes de desayunar, tuve una intuición, y le pedí a Bego que llamara a Capitanía. Respondieron que sí, que había barco, y que zarpaba dentro de dos horas, de modo que recogimos el equipaje a toda prisa y nos fuimos corriendo al puerto. Allí hubo que darse de codazos con una multitud aparecida de no se sabe dónde y que pretendía exactamente lo que nosotros: embarcar. A pie de escalerilla, nuestros tickets de tres días antes fueron dados por válidos (anteayer, en una agencia de viaje nos sugirieron que los adquiriéramos de nuevo -a ellos-, y que al llegar a Atenas reclamáramos el importe de los antiguos). De El Pireo directos al aeropuerto, donde se portaron muy bien y nos canjearon los billetes de avión para Madrid -la única vez en mi vida que he volado con Iberia-. Esa noche dormimos en una modesta pensión de Atenas, con inolvidables vistas a la Acrópolis nevada desde la ventana.

Del frío del pasado al calor del presente. Aunque he de decir que no sólo el destilado alcohólico unifica ambos viajes: aquella vez nos quedamos con las ganas de conocer Meteora (si escogimos la opción islas del Egeo fue debido precisamente a las, valga la paronomasia, inclemencias meteorológicas). Y a Meteora vamos hoy. Para ello es menester entrar en la autopista, que sigue siendo muy nueva, muy buena y además libre de peaje. Por cierto, en ella hay dos carteles que se repiten continuamente: uno es *eísodos*, que significa entrada. El otro es el más bíblico *éxodo*, que quiere decir salida. Y es que el griego cuenta con muchas palabras que suenan de lo más eclesial: en Atenas nos tronchábamos cuando descubrimos que un billete sencillo de metro se decía *canónico*. Y que al horario comercial lo denominaban *litúrgico*.

Los 140 kilómetros hasta Tesalónica los hacemos en un suspiro. Lo cierto es que a mí me gustaría mucho conocer la ciudad, entre otras cosas porque fue repoblada con judíos sefardíes invitados por el Sultán turco cuando fueron expulsados de España. Llamada la Jerusalén de los Balcanes, conoció durante siglos un inusitado desarrollo económico y social. En ella se compuso la famosa *Nana de Salónica*, que nos habla desde el fondo de los siglos a los que nos quedamos en el solar patrio, y que dice así:

> *Durme, durme, chikitiko*
> *Durme sin ansia y dolor*
> *Cerra tus lindos ojikos*
> *Durme, durme con sabor*
>
> *De las fashas tu salirás*
> *Y a la 'scola tu te irás*
> *Y ahy mi chikitiko*
> *Alef beit ambezarás*
> *[...]*

Lo que ocurre es que nos hallamos en esa fase crepuscular del viaje en que no entramos en una ciudad grande si no es absolutamente necesario, y la verdad es que Salónica impone (es la segunda mayor aglomeración urbana de Grecia). Por ello, con algo de pena, continuamos camino.

Para llegar a Meteora tenemos dos itinerarios posibles: seguir por la Egnatia Odós hacia el Oeste o bien bajar hacia el Sur por la costa, hasta Larisa. Tal vez el primer itinerario sea el más corto, pero la posibilidad de pasar junto al monte Olimpo, muy próximo a la ruta, no se presenta muchas veces, así que optamos por el segundo. Y ésta es la gran equivocación del día: para empezar, dicha autopista tiene muchísimo tráfico y se halla en un estado de conservación deplorable. Además, es toda de peaje (entre Tesalónica y Larisa apoquinamos 12,6 euros). Y lo peor de todo: pese a ser la carretera número 1 del país, la que comunica Tesalónica con Atenas, ni siquiera está terminada, y existe un tramo de 25 kilómetros que continúa siendo vía de dos carriles. Aquí el atasco es de campeonato, agravado por el proceder de algunos conductores griegos que se cuelan por el arcén sin pudor ninguno. Aunque sin duda el culmen surrealista lo pone la cabina de peaje que han colocado ¡en plena obra! Llegas renqueando por el atasco, tragando polvo, y en mitad de ninguna parte te encuentras con la garita pidiendo dinero. Miro insistentemente al chaval que cobra, pero éste desvía la vista, quizá avergonzado. Por si la guasa fuera poca, no nos hallamos sobre el futuro trazado, sino en un desvío: la autopista no va a pasar por aquí sino por un túnel que están excavando un poco más allá. Uno está harto de ver peajes que se mantienen décadas después de finalizadas las obras, pero esto de que te las cobren por adelantado... Pues sí que deben de estar mal las arcas del Estado.

Todo lo anterior contribuye a que lleguemos a Larisa en un estado de fatiga y cabreo considerables. Por eso, en cuanto enfilamos la carrretera 6 (E 92) nos ponemos a buscar un sitio para comer. Lo encuentro en una gasolinera con amplio aparcamiento alrededor. Lleno el depósito y pregunto si podemos parar a descansar. Me dice que sí, y me arrimo a la sombra de unos árboles. Estamos faltos de agua, así que mientras Bego cocina yo me voy a dar una vuelta por los alrededores en busca de un grifo. Pese a que detrás de la gasolinera hay un taller, no encuentro agua por ningún lado, hasta que al regresar a la auto descubro que hemos aparcado al lado de una toma. Feliz entre los felices, lleno el depósito de limpias, también el del enfriador y a comer y descansar, que son dos días.

Esperamos a que baje un poco el sol y nos ponemos de nuevo en camino. Estamos ya muy cerca de Kalambaka, que así se llama el pueblo que se encuentra por debajo de Meteora.

Y es que éste es uno de esos sitios que, en cuanto lo ves en fotos, dices: tengo que ir ahí como sea. A nosotros nos ha llevado ocho años.

Meteora significa literalmente *en el aire*, y la verdad es que no puede haber nombre más acertado para definir a estos monasterios erigidos sobre altísimos tocones de piedra, y que florecieron a partir del siglo XV. Llegó a haber hasta 24 recintos monacales, de los que hoy sólo subsisten 6, cuatro de monjes y dos de monjas.

A la entrada de Kalambaka aparece señalizado el desvío hacia los monasterios. Tras mucho subir nos desviamos hacia la izquierda y damos con el primero, que es el de Agia Triada. Continuamos hasta el final de la carretera, que es donde está el de Agios Stéfanos. Aquí paramos y nos vamos a dar una vuelta a pie hasta el borde de los vertiginosos riscos. En el aparcamiento hay una autocaravana alemana y otra polaca. También coches de matrícula griega de los que se bajan españoles. Nuestra primera intención es siempre saludar pero, sabedores de hallarse en país extranjero, hacen tanto el gil y dicen tantas tonterías que optamos por pasar desapercibidos.

Cae la tarde y la luz baja muy deprisa, de manera que volvemos a la auto para continuar la visita. La siguiente parada es un mirador desde el que asistimos a una puesta de sol color naranja, y después el monasterio de Varlaám. Justo enfrente de éste encontramos un lugar que nos parece idóneo para pernoctar, en lo alto de un promontorio rocoso donde se han instalado los polacos. El monasterio se halla ya cerrado, pero es posible acceder al tramo exterior de escaleras, que se eleva por el lateral de la pared de piedra.

Aparte de nosotros y los polacos hay en la zona cuatro o cinco autocaravanas más. Ya es noche cerrada, los turistas se han ido y estamos preparando la cena. Entonces llega un coche y acto seguido llaman a nuestra puerta. Por precaución, Bego contesta por la ventana de la cocina. El de fuera, muy educadamente y en inglés, declara ser el guarda de los monasterios, que dormir allí está *forbidden*, y que tenemos que marcharnos. Luego se va a decirles lo mismo a los de al lado.

Lo cierto es que era esperable algo así (de hecho, hemos visto algunas señales con una caravana tachada) en un sitio tan visitado; nuestra desazón, aparte de la molestia de tener que moverse, es que vamos a quedarnos sin ver amanecer en un lugar tan increíble. Da rabia, pero optamos por no complicarnos la vida y bajar.

La carretera a los monasterios forma una especie de circuito, de modo que salimos en sentido contrario a por donde entramos. Por el camino nos cruzamos con dos autocaravanas italianas que suben. Tentado estoy de parar y avisarles de que están echando a la gente, pero cuando quiero darme cuenta ya han pasado.

Terminamos el descenso y llegamos a la pequeña localidad de Kastráki. A la entrada lucen, bien lustrosos, los carteles de media docena de campings. Por lo que a nosotros respecta no estamos dispuestos a plegarnos a semejante extorsión, de modo que emprendemos la difícil tarea de encontrar un sitio idóneo en medio de la oscuridad y en mitad del pueblo. Por fin lo hallamos; no es que sea precisamente llano, pero menos da una piedra (39° 42'49.34" N 21° 36'46.05" E).

De un chalet cercano asoma una mujer a curiosear. Pido a los dioses del Olimpo que no nos dé la vara ni se le ocurra llamar a la policía, que con una por hoy ya hemos tenido bastante.

Kilómetros etapa: 388
Kilómetros viaje
Tierra: 9.812
Mar: 700

18 DE AGOSTO: DE METEORA A IOÁNNINA
Antes de nada he de decir, por si aún no ha quedado claro, que nosotros somos personas pacíficas y poco amantes de líos. Pero también sumamente cabezotas cuando consideramos que han sido menoscabados nuestros derechos: hemos dicho que queríamos ver amanecer y veremos amanecer: a las cinco suena nuestro despertador, y a las cinco y media estamos otra vez arriba. Para nuestra sorpresa, las dos autos italianas con las que nos cruzamos anoche están aquí, lo que significa una de dos: o que hicieron maldito caso al guarda o que éste no era tal, sino un infiltrado de los campings que cada noche hace un barrido de la zona a ver si consigue que algún incauto pase por caja. Sea lo que fuere, a estas alturas nos la suda.

Lo primero es subir con la auto hasta el Mégalo Meteoro, el monasterio que nos queda por ver. Una mujer mayor que ya tiene abierto su chiringuito de souvenirs nos previene diciendo que hoy está *closed* (existe un horario alterno en función del día de la semana, de manera que mientras unos cierran otros están abiertos), pero eso nos da igual: sólo queremos mirar por fuera, ya que a nuestro escaso interés por ver el interior se le suman los estrictos requisitos de vestimenta y el mosqueo por la expulsión de anoche; desde luego, no seremos nosotros quienes les hagamos gasto.

En cambio sí que nos acercamos a la tienda de la señora con intención de adquirir alguna chuchería. Yo me compro una medalla que lleva inserto un indescifrable alfabeto formando espirales, y estoy a punto de irme cuando me fijo en una campana de bronce como las que llevan los barcos con la palabra *Greece* grabada por fuera. No me gusta llevarme objetos de recuerdo que no sé dónde voy a colocar, pero esta campana ya tiene asignado su sitio en el porche de casa, de manera que pregunto lo que vale -25 euros- y me la llevo. Después veré que por dentro tiene una etiqueta en la que se lee 40 euros. Parece que la crisis también está haciendo mella por aquí.

Movemos ahora la auto hasta donde anoche pensábamos dormir en compañía de polacos. Éstos no están -los hemos visto aparcados en el pueblo-, pero sí un coche de matrícula española. Sus dueños, una pareja treinteañera, están recogiendo los sacos con los que han hecho vivac. Nos saludamos. Les pregunto si no vino anoche un guarda a darles la barrila y responden que no, que llegaron bastante tarde, y entonces paso a relatarles nuestra peripecia. Replican que desde luego no echarán a las autocaravanas por molestar, porque anoche a las tantas llegó al aparcamiento de Agia Roussánou un coche cargado de gamberros que estuvieron liándola y pegando berridos, y que entonces no apareció el *guarda* para echarlos. En fin, lo de siempre. ¡Nos asaltan tan entrañables recuerdos del hogar patrio!

Pasamos un buen rato hablando y disfrutando de la tranquilidad mañanera que aún no presagia oleadas de turistas. Ellos son de Madrid, y han venido hasta Macedonia porque el hermano de ella se casaba con una chica de Skopje. Como les caía a mano, han aprovechado para entrar en Grecia. Sus padres están alojados en un hotel de Kastraki, al parecer no les entusiasmaba la idea de pasar la noche bajo las estrellas.

Nos despedimos. Ellos van a bajar a ver si los progenitores ya se han levantado. Nosotros queremos hacer una ruta a pie, que de tanto tiempo como hace debemos de estar ya oxidados.

Por la parte contraria al monasterio me ha parecido ver una vereda que desciende. En principio, nuestra idea sería tratar de llegar hasta una cueva que se divisa en la roca-peñasco que forma la otra pared del valle, y que por cierto recuerda al mitológico monte Autana (*Wahari Kuawai*), que para los pueblos de la Amazonia venezolana es lo que quedó del Árbol de la Vida. En agosto aún no se había estrenado en cines la taquillera *Avatar*. De haberla visto, me habría recordado inmediatamente al árbol sagrado del pueblo *na'vi* que los brutos humanos derriban con sus mortíferas máquinas de guerra.

Por fortuna traemos las botas de montaña y los bastones de trekking, ya que el terreno se las trae. En una ocasión tenemos que rehacer camino porque nos hemos metido en una accidentada torrentera llena de vegetación por la que resulta imposible avanzar.

Finalmente salimos a la carretera cerca de Agia Roussánou, y seguimos por ella unos centenares de metros. A estas horas están llegando un montón de coches particulares y autobuses que ascienden trabajosamente la cuesta y realizan las sucesivas paradas de su particular viacrucis, pero nosotros nos libramos de ellos cuando encontramos un sendero que se interna en la espesura y nos aleja del bullicio de la gente, del rugir de los motores y sus malolientes gases.

Y repentinamente el lugar se transforma en algo realmente mágico: estamos en la masificada Meteora y nos hemos quedado solos, libres de los caminos trillados, protegidos del sol por un dosel de vegetación. Muy por encima de nuestras cabezas sentimos gravitar la imponente masa de los pináculos de piedra como oníricos barcos a la deriva.

Por lo que respecta a nuestro Wahari Kuawai particular, lo hemos perdido de vista, y nos orientamos por instinto. Entonces, en un recodo del camino, encontramos a la tortuga.

En los relatos de viajes a Turquía que hemos leído se hablaba del gran número de ellas que cruzaban la carretera; claro que eso debe de ocurrir durante el período de reproducción, porque en todo el periplo no hemos visto absolutamente ninguna. Y hete aquí que nos la encontramos en Grecia. En casa acostumbramos a llamar tortugas a los galápagos, pero no tienen nada que ver: ésta es bastante más grande, y su caparazón más vistoso y coloreado. La que no sale de su asombro es Chandra, que con algo de aprensión huele y rehuele al extraño ser escabullido en su concha.

El encuentro con la tortuga nos ha traído suerte, porque un poco más arriba damos con la cueva. Se trata de una hendidura enorme y alta, con forma de vagina. No cabe duda de que en su día el lugar estuvo habitado, pues se aprecian en la pared los huecos practicados para fijar las vigas de madera que sostenían varios pisos. También existe un conducto que, a modo de chimenea, asciende y se pierde en la oscuridad, pero por ahí ya no nos atrevemos.

Pasamos un rato contemplando el paisaje y la muchedumbre amontonada al otro extremo del valle mientras nosotros, aquí, solos. Luego iniciamos el regreso, aunque esta vez por un camino de aspecto más transitado que posiblemente provenga de Kastraki. Estamos descendiendo mucho y quizá el rodeo que demos sea considerable, pero el recorrido es más sencillo y se ve más expedito.

Desembocamos por fin en una pista más ancha, con aspecto de que por ella circulen coches. Hacia la izquierda baja en dirección al pueblo, así que nosotros giramos a la derecha con la seguridad de que antes o después acabaremos saliendo a la carretera.

Súbitamente, por la parte de abajo, aparece un automóvil. Lo conduce una chica, y lo cierto es que viene bastante rápido. Con Chandra suelta y lejos de nuestro alcance, me planto en mitad del camino para que la otra reduzca. Hay conductores que se lo toman bastante mal, pero ésta al menos no dice nada. Pasa a nuestro lado y continúa un trecho hacia arriba hasta que de pronto las ruedas comienzan a derrapar en la grava suelta. A mí me dan sudores ante la posibilidad de que nos pida que empujemos; por fortuna, no lo hace, sólo da marcha atrás hasta donde tiene espacio para girar con el coche. A modo de excusa o disculpa, señala al navegador instalado sobre el salpicadero, haciéndonos ver que ha sido él quien la ha traído hasta aquí. No te preocupes, hija mía: tenemos amplia experiencia en caminos de cabras por obra y gracia del TT.

Alcanzamos la carretera y continuamos por ella. Antes, al bajar, vimos un cartel de madera a la entrada de un sendero en el que se leía: *Varlaam*. Dedujimos que debe de tratarse del antiguo camino hacia el monasterio, y que con toda probabilidad subir por allí sea más sencillo. Efectivamente, hay tramos que conservan el empedrado a lo largo de sus muchas vueltas y revueltas. La pendiente es acusada, pero por fortuna los árboles y las cresterías de piedra hacen sombra. En el trayecto encontramos más tortugas, incluido el enternecedor espectáculo de una hembra con dos crías. Y yo que pensaba que estos animales eran absolutamente asociales...

Hemos alcanzado la base del peñón de Varlaam cuando, a nuestra derecha, se oye un fuerte ruido. Ayer nos dimos cuenta de que andaban de reformas en el monasterio y que los albañiles, ni cortos ni perezosos, arrojaban los cascotes al vacío. El punto de descarga estaba por la otra cara pero por aquí, a más de cien metros sobre nuestras cabezas, también se vislumbran andamios, y el suelo está alfombrado de fragmentos de ladrillo y cascotes. Por si acaso busco en la riñonera el silbato que acostumbro a llevar conmigo, dispuesto a utilizarlo al mínimo indicio de peligro.

Finalmente, nuestra ruta se decanta por la portilla que hay entre Varlaam y el Mégalo Meteoro. Entramos, como quien dice, por la puerta de atrás, y cuando nos queremos dar cuenta andamos mezclados con las hordas de turistas que llegan al monasterio. Muy cerca de la autocaravana, un coche que se cruza con nosotros nos pita: son los de Madrid, acompañados por los padres. Por lo visto se marchan ya.

Es tal el mogollón que nos rodea que para comer optamos por mover el vehículo hacia la parte de Agios Stéfanos, a ver si allí se está más tranquilo. Como la multitud también invade aquella zona, decidimos aposentarnos en un mirador a mitad de camino. Hace mucho calor, pero dentro de la auto y con el aire puesto ya ni lo notamos.

Llega el momento de reanudar viaje. Nos despedimos de Meteora convencidos de que es uno de los lugares más bellos que hemos visitado este verano. Cruzamos de nuevo Kastraki, y por la carretera 6 nos desplazamos hacia el Oeste. Enseguida escalamos un alto puerto de montaña que nos obliga a llevar entreabierta la trampilla del Thetford por miedo a indeseados géiseres. Toda la zona nos parece muy agreste y muy despoblada.

En principio la ruta de esta tarde nos tenía que llevar al pueblo recomendado por el turista italiano en Pamucak, Métsovo, pero entre medias he leído testimonios de autocaravanistas que lo definen como municipio hiperhostil a las autocaravanas (por no dejar, no te dejan ni parar), así que nos decantamos por Ioánnina. Para la hora que es se trata de un trayecto largo, pero a partir de Panagia nos incorporamos a la Odos Egnatia, terminada por esta parte no hace mucho, y que se acerca a nuestro destino bordeando el lago por el Sur (la carretera antigua lo hacía por el Norte). Todo el tramo está libre, al menos de momento, de peajes.

De Ioánnina no tenemos indicación clara de dónde podemos pernoctar, de modo que cruzamos el casco urbano buscando la orilla del lago. Nos cuesta un buen rato, pues la ciudad acoge bastante turismo nacional en verano.

Bordeamos la antigua ciudadela y descartamos, por denigrante, un aparcamiento donde aceptan autocaravanas a 9 euros la noche. Lo que ocurre es que, como no caben bajo los techados metálicos concebidos para la altura de los coches, las ves aparcadas de mala manera, prácticamente en el paso.

Un poco más allá la cosa despeja y podemos estacionar a pie de lago. Continuamos andando, y donde termina el paseo encontramos dos autos francesas. Ni corto ni perezoso les pregunto si tienen intención de dormir allí. Como la respuesta es que sí, regresamos a por la auto, se la dejamos al lado, a buen recaudo y nos vamos para el centro (39° 40'33.52" N 20° 50'54.86" E).

Pese a ser concurrido destino turístico, el ambiente de Ioánnina no tiene nada de cosmopolita: percibo la insana expectación que Chandra despierta entre los paseantes, muy al estilo Turquía, y también la hostilidad de algún encargado de restaurante porque al pasar nos arrimamos excesivamente a su negocio. Tampoco podía faltar el perro pejiguera que nos da la lata durante buena parte del paseo.

La antigua ciudadela ocupa una península en forma de rectángulo, y el recinto de sus murallas mide 500 por 400 metros. Aún nos da tiempo de visitar una de las mezquitas de la ciudad, la biblioteca turca y la sinagoga (todo en muy mal estado de conservación: mirando el torcido y agrietado minarete de la Aslán Pacha me asalta la sensación de que sencillamente están esperando a que se caiga). Y cuando veo las estelas funerarias con inscripciones en árabe inmisericordemente apiladas contra la pared percibo su orfandad, la intensa nostalgia que sienten desde que sus dueños marcharon de aquí hace 97 años.

En el castillo donde están el Palacio Real y la mezquita Fethiye ya no podemos entrar, lo cual es una pena porque tengo la impresión de que lo cuidan bastante más, aunque sólo sea porque tienen allí el museo arqueológico que alberga los tesoros de Dodona.

Salimos al paseo que hay por el exterior de las murallas (señales de prohibido autocas) y lo bordeamos. Entramos de nuevo y volvemos a salir, ya camino de casa. El sitio donde hemos aparcado está bastante oscuro y solitario (no nos quedaríamos aquí solos ni locos), tan sólo pasan de vez en cuando coches de parejitas. Justo al lado hay una discoteca que afortunadamente, y según me dijeron los franceses, lleva años cerrada.

Kilómetros etapa: 123
Kilómetros viaje
Tierra: 9.935
Mar: 700

19 DE AGOSTO: DE IOÁNNINA A PLATARIA

Nos vamos Chandra y yo de paseo matutino por la orilla del lago. Hay algunos pescadores que cuando pasamos no hacen siquiera amago de saludar; me están saliendo un tanto siesos estos griegos, comparados con los turcos.

Cuando vuelvo les digo *Bonjour* a los franceses, que están recogiendo y al poco rato se van. Como no es cuestión de dejar la autocaravana sola en este sitio tan apartado, la llevamos adonde aparcamos ayer en primera instancia, pues antes de marcharnos queremos visitar la isla del lago.

Los barcos salen de un muelle anejo al muro Oeste de la ciudadela. Preguntamos si podemos llevar a Chandra, y no nos ponen ningún problema. De todos modos, no hay mucha gente a esta hora tan temprana. Lo que sí sorprende es la cigüeña que viaja en el techo de la embarcación: no sé si está amaestrada, atada o herida; el caso es que se la ve totalmente a sus anchas, pendiente sólo de atrapar los trozos de pescado que le lanza una señora desde tierra.

El trayecto dura apenas diez minutos, y para llegar al puerto, que cae en la parte opuesta a Ioánnina, tenemos que rodear la isla. Se halla muy próximo a la otra orilla del lago, donde los habituales de la isla dejan el coche. Siempre hay pendiente alguien con una barca que va, recoge a los pasajeros y se los trae.

Una vez en tierra nos acomete una súbita sensación de agobio por lo saturado del terreno: en primera línea, los restaurantes; a continuación, una miríada de tiendas de recuerdos que te flanquean por ambos lados como los lineales de un centro comercial. Todo el mundo sigue los cartelitos que indican hacia los monasterios salvo nosotros, que decidimos rodear la isla por el otro extremo (teniendo en cuenta que en línea recta apenas mide un kilómetro de punta a punta, no es tan ardua la empresa como pudiera parecer). Además, así disfrutamos de una perspectiva variable del lago a medida que avanzamos por el sendero que la rodea. Afortunadamente no hay coches aquí, y como peatones podemos despreocuparnos de los monstruos a motor.

La isla del lago de Ioánnina tiene forma de paramecio y está dividida, por decirlo así, en tres ámbitos: al Norte, el pueblo; al Sur, prados. El resto de la isla, unas dos terceras partes, se halla cubierto de pinos. La costa Este se encuentra limpia, mientras que la Oeste está rodeada por extensos cañaverales y bajíos a través de los que han abierto calles para que puedan entrar y salir las barcas. Enfrente está Ioánnina que, la verdad, no cae muy lejos, pues con el zoom de la cámara soy capaz de distinguir la autocaravana.

Aunque sólo son las diez hora española, el sol ya calienta todo lo que puede. Por eso, en cuanto podemos, nos sentamos a la sombra, en el poyo que recorre la fachada de una casa. Al parecer en la isla hay cinco monasterios ortodoxos, pero estamos acabando de recorrerla y no hemos encontrado ninguno. Me asomo a la puerta por si fuera aquí, pero me doy la vuelta al ver ropa tendida, ya que no me gusta entrometerme en la vida de nadie.

Llegamos al pueblo completando así el circuito, y es entonces cuando encontramos un cartel con un plano que señala la ubicación de los monasterios de marras. Por lo visto, el sitio donde hemos estado sentados es uno de ellos, al igual que otro por delante del cual acabamos de pasar. Lo que ocurre es que, como no tienen cartel ninguno a la puerta y son tan pequeños, más que monasterios nos han parecido chalets ortodoxos.

Por estrechas callejuelas regresamos al puerto. Viendo cómo vienen de cargados los barcos con los que nos cruzamos, decidimos que ha sido una estupenda idea realizar la visita a primera hora.

Otra vez en tierra firme, de nuevo en la auto y arrancamos. El camino que bordea el lago y que conduce al sitio donde hemos dormido termina en un *cul-de-sac,* así que no queda otra que salir por donde vinimos ayer. Lo que ocurre es que dicha calle llega un momento en que acaba siendo de dirección única (prohibida para nosotros) y toca desviarse. Cruzamos una avenida de cuatro carriles donde está indicado Igoumenitsa a la derecha, pero como han colocado el cartel para que lo vean sólo los que entran, pasamos de largo. Siguiendo la corriente de coches nos internamos en un dédalo de calles de ésas que me producen sudores, de modo que en cuanto puedo tuerzo a la izquierda para regresar a la avenida. El problema es que al hacer esto me meto por sitios más estrechos todavía, y cuando en una de las esquinas me encuentro con un coche malaparcado, con dos ruedas subidas a la acera, comprendo que ahí no podremos girar.

Como siempre en estos casos, Bego se baja para evaluar la situación. Para hacerlo más divertido, ya tenemos otro coche detrás. No es que el conductor meta presión, que ya ve lo que hay, la presión me la meto yo.

Visto lo visto, sólo tenemos dos opciones: o montamos un pollo intentando salir marcha atrás (difícil) o trato de subirme al bordillo, veinte centímetros de pulidísimo mármol griego. Al percatarse de mi maniobra Bego me hace gestos ostensibles de que pare, pero yo me digo que sea lo que Zeus quiera: jugando con acelerador y embrague, suave suavísimo subo la rueda delantera izquierda, preparado para oírla reventar en cualquier momento. Cuando calculo que tengo espacio para el giro, comienzo a bajar con idéntica delicadeza. He remontado sólo el pico de la acera, e imagino que debido a eso, al desplazarse enseguida la trasera del vehículo a la derecha, es por lo que no rozan ni los faldones ni el tubo de escape. Es uno de estos instantes gloriosos en que pasas de estar atrapado a verte libre de nuevo. Mi copilota, alucinada con lo que acabo de hacer. Yo, más alucinado todavía.

La avenida en cuestión no nos lleva en dirección contraria hacia donde queremos ir, pero casi. Llegamos a un cruce en el que toca girar a la izquierda, y para ello hay que situarse en la fila correspondiente y esperar a que cambie el semáforo. Cuando quiero darme cuenta me he pasado, y el carril por el que vamos tiene el semáforo en verde para seguir hacia adelante. Muy a la griega, me pongo delante de los coches parados y sin esperar a que cambie el semáforo (estoy atravesado en los dos carriles) cruzo, aprovechando que de frente no viene nadie. Menos mal que tampoco hay guardias a la vista.

Nos internamos en un túnel y regresamos hacia el Sur siguiendo la circunvalación del pueblo, unos 10 kilómetros, hasta que reconocemos el lugar por donde entramos a Ioánnina ayer. Nuestro siguiente destino es Dodona y, al decir de los carteles, es posible ir por carretera secundaria, pero soponcios por hoy ya hemos tenido bastantes, de modo que elegimos la autopista. Otro túnel, éste de 3.300 metros, nos confirma lo montañoso del terreno y lo bien que hemos hecho al venirnos por aquí.

9 kilómetros de autopista, otros 4 de carretera estrecha y por fin estamos en el yacimiento arqueológico. El aparcamiento para coches se halla a pleno sol (y luce carteles de *No camping*), pero justo enfrente hay un terreno abierto donde, al parecer, a alguien

se le ocurrió construir un establecimiento turístico o algo similar que ahora se halla abandonado. Ahí sí que hay árboles y sombra, y ahí nos metemos con la auto. Dejamos a Chandrita al cargo y nos vamos para una rápida visita, que es mediodía y el sol casca lo suyo.

En cierto modo, Dodona recuerda a Mileto, aunque tiene más en común con Dídima, pues fue sede de un oráculo que data del segundo milenio antes de Cristo y que posteriormente perdió importancia debido a la competencia de Delfos. El santuario estaba dedicado a Zeus y a la Diosa Madre, y en él sacerdotes y profetisas interpretaban el murmullo de las hojas y las ramas del roble sagrado (muy céltico, oiga).

Como en Mileto, la parte mejor conservada es el teatro, que se halla en restauración y del que sólo te dejan pisar la escena. Aparte de esto es posible visitar los cimientos de los edificios sagrados y poco más: el resto, como suele ocurrir en estos casos, queda a la imaginación del viajero.

Volvemos a la auto para comer. Ha llegado una camper francesa que se instala por allí con idéntica intención. Soy consciente de que este sitio es privado, y estoy esperando que de un momento a otro venga alguien a decirnos que aquí no se puede estar, pero mis temores resultan infundados, y durante la siesta nos dejan en paz.

Desandamos camino hasta la autopista, y cuando pasamos sobre ella buscando la incorporación para Igoumenitsa descubrimos, atónitos, ¡que aún no la han construido! Bueno, como existir, existe la rampa de grava por la que sería posible acceder, pero como guardan en ella material y herramientas, los muy cabritos la tienen cerrada con una barricada de tierra.

No nos queda otra que volver hasta Ioánnina, desandando los 9 kilómetros que hay hasta el nudo de incorporación de esa ciudad para dar allí la vuelta y otra vez para atrás, aunque no sé si en este caso habría que decir para adelante. Así, el bendito túnel de los 3,3 kilómetros lo cruzamos tres veces. Menos mal que aún no es de peaje (un poco más adelante veremos cabinas de cobrar, por fortuna aún inactivas).

Desde que entras en Ioánnina a la autopista hasta que sales en Igoumenitsa hay 75 kilómetros. Por el camino se cumplen los diez mil recorridos por tierra de este viaje y ello, unido a que estamos a punto de llegar a la costa Oeste de Grecia, le da una solemnidad especial al momento.

Sin embargo, hoy no toca partir: tenemos pasajes para Italia en el barco que zarpa el 21 por la tarde. Es decir, dentro de dos días. Lo que ocurre es que el billete en cuestión lo compramos por Internet hace dos meses a una agencia de viajes griega (Paleologos) y de él no tenemos copia física, tan sólo el localizador. Por eso, un elemental sentido de la prudencia me dicta que es conveniente presentarse en el punto de embarque con cuarenta y ocho horas de margen, por lo que pudiera suceder.

En la entrada del puerto unos carteles advierten de que al recinto sólo se accede con tarjeta de embarque, de manera que nos desviamos hacia el pueblo. Localizo las oficinas de Ventouris Ferries y paro en doble fila, junto a los sempiternos coches de emigrantes que esperan, como nosotros, pasar a Italia. Se baja Bego, y a los diez minutos vuelve exultante, con los billetes en la mano. Por lo visto no nos han timado y todo está en regla, aunque pasado mañana tenemos que volver de nuevo a recoger la tarjeta de embarque.

El billete nos costó en su día 316 euros, es decir, más o menos lo mismo que el de Barcelona a Génova. Comparado con aquél, éste es caro carísimo ya que la distancia es casi la mitad (400 kilómetros) y como además dormiremos en la autocaravana viajamos sin camarote. Ocurre, sin embargo, que no estamos a primeros de julio sino a finales de agosto, y que Grecia-Italia es una ruta mucho mas turística.

Tenemos entonces dos días por delante que hemos pensado emplear recorriendo la costa hacia el Sur. Solventado el tema del barco, queda el de la pernocta. Lo cierto es que nos vendría bien un camping para cargar agua y enchufarnos a la luz. Traemos un directorio donde aparecen todos los de la zona, y nos decidimos por el Kalami Beach (39° 28'19.93" N 20° 14'36.64" E) porque está cerca de Igoumenitsa, porque cae en dirección Sur y porque tiene conexión wifi.

Bordeamos el cabo y enseguida llegamos a la puerta del camping. Estamos a punto de no entrar porque se halla muy encajonado entre el mar y la carretera, y a juzgar por lo angosto de la entrada y lo escarpado del terreno el espacio debe de ser de lo más exiguo, y la gente estará hacinada como piojos. Pero ya se ha ocultado el sol, y no es cuestión de ponerse a dar tumbos por tan accidentada costa.

Paro en recepción y preguntamos: 22,5 euros. Una chica muy agradable se viene con nosotros para ayudarnos a encontrar sitio. Lo cierto es que nos cuesta un poco porque, tal y como imaginábamos, el lugar está de bote en bote y los escasos puestos libres nos parecen -a nosotros, amantes de los grandes espacios- claustrofóbicos y excesivamente pegados a los vecinos. Estamos decidiéndonos entre Guatemala y Guatepeor cuando se acerca alguien a saludarnos. No salgo de mi asombro: ¡pero si es Luis, el madrileño! Nos vimos por última vez en la playa de Pamucak y desde luego no contábamos con volver a encontrarlos, mayormente una semana más tarde y a 1.600 kilómetros de distancia. Ellos salen para Italia mañana por la tarde, y han decidido pasar la última noche en el mismo camping que nosotros. Pero qué pequeño es el mundo de los autocavaranistas.

Vamos primero a saludar a Carmen, a quien encontramos en la hamaca leyendo el primer tomo de la trilogía de Stieg Larsson, el mismo que me he ventilado yo durante el viaje (dice que no le gusta). Luego, a colocar nuestra auto en el menos malo de los sitios. Por último, al bar del camping a bebernos unas cervezas, echarnos unas risas y relatarnos nuestras respectivas aventuras y desventuras. Es tal el batiburrillo de nombres, distancias y sitios aderezando nuestra cabeza que cuesta hilvanar un discurso coherente. Aunque, de todos modos, hay algo que los cuatro tenemos claro: es chulo encontrarse con paisanos agradables en el extranjero, es bonito hablar castellano y disfrutar de la compañía.

Aunque por una vez seamos nosotros quienes montemos el jolgorio nocturno.

Kilómetros etapa: 119
Kilómetros viaje
Tierra: 10.054
Mar: 700

20 DE AGOSTO: DE PLATARIA A AMMUDIA
Hoy me he despertado con el cuerpo lleno de picaduras, pequeñas pero extraordinariamente molestas. Lo más probable es me atacaran los mosquitos mientras estábamos en el bar. Lo curioso es que muchas las tengo debajo de la ropa y en sitios, ejem, digamos poco accesibles.

Preparamos nuestros bártulos. Antes de irnos bajamos a la playita del camping, para darnos un baño y decir adiós a los de Madrid. Ellos saldrán después de comer: han decidido aprovechar aquí todo el tiempo posible y evitar así cocerse vivos en el puerto mientras aguardan la salida del barco. Nos despedimos, imaginamos que ahora de veras, y les deseamos feliz travesía y venturosa vuelta a casa.

Nos vamos del camping, no sin antes pagar, soltar residuales y rellenar limpias. Salimos en dirección Sur y bordeamos la costa hasta Plataria, al fondo la isla de Corfú. A continuación vendrían interesantes localidades como Syvota, Perdika y Parga. Pero la carretera que lleva hasta ellas, aparte de estrecha, tiene pinta de ser endemoniadamente retorcida, y lo cierto es que no tengo ganas de verme atollado en la vertiginosa bajada a algún diminuto pueblo. De manera que optamos por seguir la carretera general, que discurre por el interior en dirección a Preveza. Aunque nosotros no llegaremos tan lejos, pues nos detenemos en una localidad de evocador nombre: Messopotamo. Aquí vamos a visitar el *Necromanteion* u Oráculo de la Muerte.

La calle que sube hasta el recinto arqueológico se halla cerrada para vehículos, de manera que seguimos las señales que indican el aparcamiento para autobuses. No encontramos sombra, así que dejamos la auto en mitad de la solajina. El calor es tal que preferimos llevarnos a Chandra.

El Necromanteion se encuentra en lo alto de una colina, rodeado de cipreses, y era el único oráculo de toda Grecia destinado a comunicarse con los muertos. De repente nos vemos inmersos en la mitología pura y dura, porque a poco más de 300 metros junto al cerro fluye el río Aqueronte por el que Caronte el barquero conducía a las almas de los muertos al inframundo previo pago del óbolo, instaurando así el sistema de exacción a viajeros mundialmente conocido como *peaje*. Contrasta la importancia de la función con lo diminuto del río, aunque por lo visto en este caso tampoco el tamaño es importante: según Platón, la mayor parte de su caudal corría bajo tierra, en dirección contraria al océano.

Además, lo que aquí vemos no sería más que un ramal del mismo, ya que otra bifurcación del río emergería en Eregli, Turquía; lo cual no está nada mal, especialmente si tenemos en cuenta que uno y otro punto distan 950 kilómetros, y que por medio se encuentra el mar Egeo.

Contado así, la visita promete ser de lo más interesante. Quienes desmerecen un tanto son los visitantes, que haciendo gala de acendrado civismo encienden sus cigarrillos dentro del santuario (es increíble lo que fuman estos griegos) y en general se comportan como si esto fuera un parque temático. Particularmente difícil es el acceso a la parte subterránea del recinto, con los bobos que se quedan plantificados en la escalerilla de acceso, o tratan de colarse mientras tú esperas como si no existiera nadie más en el mundo, todo ello adobado de flashazos cegadores.

En la parte alta del edificio se conserva una antigua iglesia. El panorama que divisamos desde aquí es de lo más curioso: la sensación que uno tiene es la de hallarse en una isla, sólo que el mar que nos rodea, el de los campos de cultivo, se ha petrificado en verde. Las poblaciones, por contra, se ubican en lo alto de colinas o peñones. Es muy posible que, como en Éfeso, el mar ocupara antiguamente esta zona o que en todo caso fuera un pantanal, como parecen atestiguar los canales de drenaje que alivian agua hacia la costa.

Finalizada la visita, volvemos a nuestra autocaravana-horno. Necesitamos con urgencia brisa de playa, así que nos vamos corriendo para Ammudia, a 4 kilómetros, situada en una cala tan cerrada que parece un teatro griego. Entramos en el pueblo, aparcamos donde buenamente podemos y nos vamos de descubierta. Bajamos primero por el paseo fluvial que bordea el Aqueronte, repleto de restaurantes, hasta que llegamos a un largo espigón destinado a mantener expedita la desembocadura. Este lugar se halla petado de autocaravanas. Italianos en su mayoría, pero también muchos alemanes.

El sitio, entre la playa y el río, es bien chulo pero la masificación, la falta de sombra y, sobre todo, la poca confianza que nos ofrecen los huecos libres debido a lo arenoso del suelo nos hacen a priori descartarlo. Continuamos paseo bajo el eucaliptal que hay entre la playa y el pueblo, y nos quedamos a cuadros: si la acumulación de autocaravanas ya nos pareció inquietante, ¿qué decir de todas las formas posibles e imposibles de acampada que ante nuestros ojos se muestran? Desde la colada tendida de árbol a árbol hasta el agua sacada de las duchas y llevada a pie de tienda mediante ingeniosos empalmes, por no hablar de los miserables chamizos que se levantan aquí y allá. Realmente se pregunta uno si esta gente está aquí por turismo o si simplemente son pobres que aprovechan el veranito para vivir cerca de la playa.

Llegamos al final de la arboleda sin encontrar ningún sitio que valga la pena: o el suelo es un arenal, o está al sol o no es accesible para nuestro vehículo. Finalmente nos decidimos por el menos malo, vamos a por la auto y la aparcamos. Marcha Bego a darse un baño, y no han transcurrido ni cinco minutos cuando aparece un tipo diciéndome que aquí no nos podemos quedar, que las autocaravanas tienen que estar en los extremos de la playa. A mis preguntas de por qué y de cuál es el problema repite una y otra vez la misma letanía. Como no hay señales de ninguna especie ni el tipo es guardia, le sigo con la mirada cuando se marcha y veo que entra en un restaurante. Así que ése es el problema: considera que esta zona es propiedad exclusiva suya y de los clientes de su negocio. Tomo nota del chiringo, no sea que en un descuido entremos allí a gastarnos los cuartos.

Vuelve Bego y le cuento la película. Por tener la fiesta en paz, terminamos por irnos al primer lugar que vimos, esto es, a la zona del espigón (39° 14'10.85" N 20° 28'49.16" E). Detrás de una auto alemana encontramos un sitio con el suelo aceptablemente firme.

Sólo tiene una pega, y es que si otro vehículo se coloca en el paso nos puede bloquear la salida.

Uno de los aspectos más llamativos de las autocaravanas es posiblemente su imprevisibilidad en el espacio: nuestro vecino alemán, que tenía pinta de no moverse hasta el fin del verano, de repente recoge las sillas, arranca y deja su codiciado sitio libre. Convenzo a Bego para ponernos allí, total es una sencilla maniobra y nadie nos cerrará la salida; el problema es que nos pilla con la comida a medio hacer. Como el señor Murphy no descansa, cuando estamos a punto de movernos aparece una auto griega -la única en todo Ammudia- vieja viejísima que se detiene justo enfrente, evaluando las posibilidades disponibles: ahora sí que tengo los segundos contados para ejecutar mi maniobra antes de que el otro descubra que la mejor opción la tiene precisamente debajo de sus narices; efectivamente llega a esa conclusión (lo sé por la cara de vinagre que pone) en el preciso momento en que yo lo ocupo. Lo siento, amigo: como dijo Napoleón, en el amor y el autocaravanismo todo vale. Para terminar de arreglar la cosa, al cabo de un rato vuelve el alemán que nos cedió el sitio y, aunque no tanto como el griego, también nos mira reprobatoriamente.

Como en el juego de las sillas musicales, el alemán se marcha y el griego pasa a ocupar el hueco donde antes estábamos nosotros. Pero el verbo *ocupar* ellos lo emplean en sentido amplio (tal vez habría que decir *okupar*): lo primero, porque son cinco en la familia, tres hijos, la mujer y el padre, un guaperas demasiado joven y demasiado chuleta para cargar con tanta familia. Lo segundo, porque montan un toldo casero (vientos incluidos) que ocupa casi el doble que la auto. Y lo tercero porque, como remate, empiezan a sacar y a repartir tal cantidad de cachivaches que más que una autocaravana parece un sombrero de ilusionista, resulta increíble que puedan llevar todo eso dentro y además caber ellos: si no andamos vivos y se nos colocan delante no hubiéramos podido salir en la vida. Detecto además por su parte -o al menos así me lo parece- una hosquedad de amplio espectro, tal vez derivada del hecho de hallarse rodeados de *guiris* y verse convertidos, en definitiva, en extranjeros en su propio país.

Después de tan agitada mañana, la tarde se va en siesta, baños y paseos por la playa y por el espigón. Pese a que un poco más allá hay aparcamiento de sobra para turismos, un musculitos de los de la música alta y la *ventanilla bajá* se empeña en embutir su coche entre las autos. Como el muy bruto ha metido las ruedas motrices en el arenal, luego se las ve y se las desea para salir. Al ver el panorama yo me hago el sueco y miro para otro lado, no sea que encima tenga que ayudarle.

En fin, son cosas que tiene el verano. En descargo del sitio, he de decir que aquí las puestas de sol, con su infinita variedad de amarillos y naranjas, son realmente espectaculares: lo fue ayer la que presenciamos desde arriba de los acantilados, entre Igoumenitsa y el camping, y la de hoy va por el mismo camino entre el mar, la luz, las olas y este viaje que parecía infinito y que ya se acaba.

Kilómetros etapa: 48
Kilómetros viaje
Tierra: 10.102
Mar: 700

21 DE AGOSTO: DE AMMUDIA A BARI

Ayer, mientras andábamos inmersos en la ardua tarea de buscar acomodo, nos ofrecieron un paseo en barco por el Aqueronte. La verdad es que no hicimos mucho asunto pero hoy, que nos despedimos de Grecia, sí que nos apetecería una navegación mitológica. Lo bueno es que el embarcadero lo tenemos a escasos metros de la auto, así que nos acercamos a preguntar a) *the price*, y b) si Chandrita puede venir con nosotros. La respuesta a lo primero es que son 8 euros por barba, y en cuanto al perro que sin ningún problema.

La embarcación es de pequeñas dimensiones, e iremos en ella unas 10-12 personas. Se sube un chaval joven que nos explica a grandes rasgos por dónde vamos a ir y qué vamos a ver. Nos pareció entender que nos acompañaría durante el viaje, pero a la hora de la verdad se baja y nos deja solos con el capitán, que de preguntarle respondería igual que aquel buen hombre a quien hace ocho años inquirimos en el puerto de Perama que dónde se cogía el barco para visitar la isla de Salamina, y que nos soltó aquello de *Egó mono heleniká* -es decir, *yo sólo griego*-. Como resulta que la mayoría de los que vamos a bordo somos extranjeros, nuestro capi forcejea con su inglés comanchísimo constituido por palabras-tótem, a saber: *sea, river, nest, bird* o *tree*.

La primera parte de la excursión nos lleva río abajo hasta su desembocadura. Desde allí cruzamos frente a la playa de Ammudia para llegar a un farallón rocoso que hay al otro lado, donde nos muestra una serie de cuevas. Como era de esperar, de la perorata en helénico no pillamos ni papa, pero deducimos que aquello debe de ser por lo menos la entrada del Averno.

De vuelta al río, pasamos por delante del embarcadero y continuamos aguas arriba. Cuando estábamos en el mar la brisa dulcificaba la temperatura; aquí, en cambio, el aire estancado y pegado a la tierra hace que sintamos los rayos inmisericordes del sol. Menos mal que la embarcación lleva toldo.

Cuando uno mira la zona desde el satélite, a través de Google Earth, comprueba que todo el terreno alrededor del río se halla parcelado, drenado y puesto en cultivo. Sin embargo, como en gran parte han respetado la vegetación de ribera, la sensación que uno tiene yendo en el barco es la de hallarse en un río de la selva (oigo a nuestro amable Caronte pronunciar nítidamente la palabra *Amazonas*). Vemos pájaros, vemos nidos, vemos peces y nos cruzamos con otros dos barquitos que también traen turistas a la zona. Antes de llegar al puente de la carretera general, la que pasa por Messopotamo, damos la vuelta y regresamos a nuestro punto de partida, muy contentos: la visita guiada no habrá sido gran cosa, pero el paseo nos ha sentado estupendamente a los tres. Como detalle delicado, he de decir que no nos pidieron el importe del pasaje hasta haber puesto nuevamente el pie en tierra.

El resto de la mañana transcurre entre baños, paseo a la compra, limpieza de la auto y lecturas en la hamaca a la sombra del toldo. Nuestros griegos comienzan a dar señales de vida, no comprendo cómo han podido aguantar tanto rato dentro de la autocaravana, con la calorina que está sacudiendo.

Ya es mediodía. Como esta tarde nos marchamos de Grecia, hemos pensado que habría que celebrarlo comiendo en un restaurante. No desde luego en el del tipo que nos echó ayer de debajo de los eucaliptos, ni tampoco en ninguno adyacente: ya hemos visto que en el interior del pueblo hay muchos y buenos, y seguramente menos avariciosos. De modo que comenzamos los preparativos de la marcha, seguidos con indisimulado interés por el griego, por el alemán -cuyo sitio ocupamos ayer y que finalmente pudo ubicarse más allá- y por un italiano que con jóbica paciencia está esperando en doble fila a que alguien se mueva. Ni siquiera hemos arrancado cuando el italiano, cual nuevo Colón, baja a tomar posesión oficial del terreno. Entonces aparece una mujer señalando su auto -aparcada también en doble fila, un poco más allá- y que reclama la plaza alegando que ellos estaban allí desde mucho antes. Ignoro cómo terminaría el pleito, o si el griego y el alemán se sumarían también a la trifulca para mayor gloria del autocaravanismo; en cualquier caso ya no es asunto nuestro, y prefiero hacer un discreto mutis. Se supone en teoría que la gente sale en vacaciones para relajarse y divertirse, en buena paz y compaña con tus compañeros de afición...

Entramos en el pueblo y aparcamos, ahora sí, a la sombra. No tenemos que caminar mucho para encontrar una calle con varios restaurantes. Elegimos uno que nos gusta: el comedor, un antiguo jardín, está techado de madera y abierto a la calle, construido de tal modo que respeta a los grandes árboles de los que sólo puedes ver el tronco, pero cuyas copas evitan que los mortíferos rayos solares incidan directamente sobre el tejado. La camarera, una chica muy joven, es simpática y servicial, y nos dice que podemos entrar con el perro.

A esta hora no hay mucha gente. Como de costumbre, elegimos la mesa más tranquila, situada en un rincón, y como de costumbre casi no hemos terminado de encargar la comida cuando aparece un grupo de ocho o diez personas (niños gritones incluidos) y se instalan al ladito. Como duchos que somos ya en estos lances, decidimos mudarnos a la otra punta del comedor y así se lo notifico a la camarera. Ésta, inexplicablemente, pone cara de pánico y me pide que la acompañe hasta la cocina. Entiendo que debe de tratarse de un malentendido, pero está claro que con ella no lo voy a poder solucionar. Sale primero una mujer que no entiende inglés, y después el cocinero, que me mira entre expectante y asustado. Me siento ridículo volviendo a formular mi petición: que nos vamos a cambiar a otra mesa. Por suerte el hombre sí me entiende a la primera, me da su venia y se mete otra vez para la cocina. Lo peor de no comprender bien un idioma es cuando se suple la ignorancia con imaginación: la chica sólo entendió la palabra *change* y, obviando mis elocuentes gestos, entendió que lo que quería era cambiar el menú. Aclarado el entuerto lingüístico, todos respiramos aliviados y nos disponemos a comer. A Chandra nuestra amiga le trae un cuenco con agua. *Evjaristó.*

Terminada la comida, nos despedimos y regresamos a la auto. Hoy no hay siesta: el barco zarpa a las 19:30 hora griega, y tenemos que estar en el puerto dos horas antes. Desde Ammudia a Igoumenitsa hay unos 50 kilómetros, pero teniendo en cuenta la carretera preferimos ir con tiempo.

Desandamos así la ruta de ayer y antesdeayer, con esa extraña mezcla de alegría y nostalgia que nos acompaña cada vez que abandonamos un país. Menos mal que llevamos la despensa repleta de latas de *Dolmades*, que prolongarán la magia helena durante algún tiempo más.

De camino paramos en una gasolinera para llenar el depósito de agua y el de gasoil. La primera porque nos hace falta. En cuanto al segundo, es aquí algo más barato que en Italia, así que toca aprovechar.

Llegamos a Igoumenitsa a las 16:30, hora griega. No hay ningún problema para sacar las tarjetas de embarque. En cuanto a la entrada del puerto... Pues la tienen cerrada a cal y canto, con todo el mundo a la puerta como si fuera un cine. Tenemos que maniobrar un poco para ponernos a la cola que, de todos modos, no aparece muy clara, aunque no oímos a nadie que proteste. Finalmente, a las 17:30 en punto, abren y nos metemos todos.

A la entrada piden los billetes y nos entregan una hojita en la que se lee *Bari*, para que la pongamos en el salpicadero. Luego no vemos a nadie que nos indique hacia dónde hay que ir, de modo que seguimos a unas autocaravanas italianas que había delante de nosotros y que parecen conocer el asunto. Resulta que no es tan difícil porque en el puerto sólo hay dos barcos, el que hace la ruta Igoumenitsa-Corfú y el nuestro, que se llama *Polaris* y que desde el muelle se ve imponente.

Otro ratito de espera. A los coches los agrupan a un lado, y a las autocaravanas a otro. Por una vez, los vehículos grandes vamos a entrar los primeros. Llega entonces una capuchina enorme, también italiana, y en vez de colocarse detrás se sitúa al lado, buscando claramente la *pole position*. Cuando por fin nos dan la orden de entrar la capu no se espera y arranca a la par de mí, tratando de adelantarme. Tan ridícula maniobra se ve abortada por el personal al cargo de la rampa de acceso, quienes obligan al *Fitipaldi* a detenerse y esperar a que pasemos nosotros.

Dentro ya del barco, y como si ascendiéramos por una escalera de caracol, escalamos dos pisos hasta la cubierta. Una vez allí, cuesta un poco aclararse con quienes ejercen el oficio de *colocadores*, pero finalmente conseguimos aparcar donde nos dicen. Salimos a cubierta a contemplar el espectáculo del puerto y el mar desde tan encumbrada atalaya. Entablo conversación con el italiano de la autocaravana de enfrente (no es la capuchina colona), para preguntarle si es posible enchufarse a la luz. Me indica dónde lo puedo hacer, pero me advierte que él no se conecta porque la tensión es tan baja que no cargan las baterías. Hablamos de nuestros respectivos viajes: él y su familia suelen venir casi todos los años a Grecia; los últimos días los han pasado por el Norte, cerca de la frontera de Albania, en un camping abandonado con agua y luz gratis. Se me ocurre pensar que cosas como ésta sólo ocurren en Grecia.

Existe algún motivo por el cual el tiempo de los barcos -tanto en la espera como durante la travesía- es diferente al de tierra firme: se diría que transcurre a un ritmo distinto, más rápido pero a la vez más pausado. Quizá es simplemente que uno está más tranquilo porque, a diferencia de cuando eres tú el que conduces, es más sencillo cuando te hallas exento de esa tarea y son otros los que te llevan, y permites que las cosas transcurran a su ritmo y a su modo.

Cuando ya han entrado todas las autos dan paso a los coches, que no consiguen llenar por completo la cubierta; y por último los camiones, que se quedan en los dos pisos inferiores. Unos minutos después de la hora fijada suena la sirena y el barco se separa de tierra.

La puesta de sol nos sorprende navegando hacia Corfú, que los griegos llaman *Kérkyra*. Al igual que ayer y anteayer, el descenso del astro rey suscita toda la gama posible de amarillos y dorados tanto en la atmósfera como sobre las aguas del mar. La sensación de paz y plenitud son nítidas, y como colofón -*Kolofón*- de la aventura griega la verdad es que no resultan nada mal.

Entre Igoumenitsa y la ciudad de Corfú hay poco más de 30 kilómetros, pero cuando llegamos ya es noche cerrada. Resulta curioso contemplar, como en una película muda, las luces de los edificios, la vieja fortaleza, el alumbrado público que tachona la carretera de la costa y los coches circulando por ella; diríase que asistes, como de rebote, a una escena doméstica y cotidiana a la que no has sido invitado.

Por fin atracamos en el puerto, entran o salen más vehículos y nos hacemos de nuevo a la mar. Corfú isla mide unos 60 kilómetros de largo, y por la parte Norte un estrecho de sólo 2 kilómetros de anchura la separa de Albania. De este país no veremos nada debido a que no hay muchas poblaciones en la costa, y también porque nos recluimos a cenar y pasar la noche. Estamos dentro de una auto que se halla encima de un barco que navega en la oscuridad sobre las aguas del antiguo mar Jónico.

Kilómetros etapa: 453
Kilómetros viaje
Tierra: 10.155
Mar: 1.100

22 DE AGOSTO: DE BARI A PAESTUM

No ha amanecido aún cuando a la proa de la autocaravana se reúne un grupo de viajeros que ignoran a los que allí dormimos y empiezan a hablar más alto de la cuenta. Como sus voces me espabilan del todo, salgo con el pretexto de tirar la basura y paso junto a ellos. Mi cara debe de ser un poema, porque así como quien no quiere la cosa uno a uno hacen mutis y se retiran al interior del barco.

Me doy una vuelta por las distintas cubiertas. El *Polaris* es un barco ya viejecito y no tiene, desde luego, la pinta de crucero del que nos llevó de Barcelona a Génova, aunque precisamente por eso dispone de la posibilidad de dormir en cubierta. Yo no sé si cuenta siquiera con camarotes, porque me encuentro gente dormida por todos lados, especialmente en el suelo. Hay incluso quien, ignorante del peligro, se halla roncando a pierna suelta atravesado en mitad del medio, y en más de una ocasión me toca saltar por encima.

Las luces de la costa italiana son visibles en la distancia, aunque esto no aclara nada sobre el camino que resta, ya que entre Bari y el final del tacón de la *bota* hay 180 kilómetros. Vuelvo a la cubierta de los coches y me abstraigo contemplando la negrura del mar que, poco a poco, va dejando de ser negro. Me cruzo con gente -mala cara y malos pelos- que no tiene aspecto de haber pasado muy buena noche. Nosotros hemos conectado el enfriador unas cuantas horas, aunque yo no tenía nada claro que las baterías aguantasen (pese a que estábamos conectados a la corriente del barco, si mirabas el indicador de carga éste fluctuaba de modo tan extraño que parecía que nos estuviesen sacando electricidad a nosotros, y no al revés).

Esta parte del litoral de Italia es increíblemente llana: no se divisa ni un acantilado, ni tampoco montañas. Tan sólo una delgadísima

Viaje al reino de Trapisonda

línea de costa que bien podría confundirse con arrecifes. Finalmente, en la distancia, aparece Bari.

En total el viaje ha durado trece horas, lo cual arroja la modesta velocidad media de 30 kilómetros por cada una. En fin, peor sería haber dado la vuelta por Albania. Cuando queremos darnos cuenta estamos ya en la rada, y se aceleran los preparativos del desembarco. Primero desalojan los grandes camiones de las bodegas inferiores -nunca dejará de maravillarme el que un barco sea capaz de cargar con semejantes paquidermos, que a bordo parecen aun más grandes que cuando te los cruzas en carretera-. Después los coches y luego nosotros. Con deleite descubro que a la capuchina italiana que se nos quiso colar ayer la dejan para el final, castiguito del Niño Jesús.

De nuevo en tierra –no por conocida menos sorprendente-, qué extraña sensación la de llevar después de ser llevado. Salimos del puerto guiados por los operarios que, a modo de balizas, muestran la salida. El último nos hace gestos de impaciencia, urgiéndonos a que vayamos más rápido. Yo le replico con un *ma non troppo* igualmente gestual: después de tantas horas enlatados se podría decir que nuestra prisa es igual a cero.

Son las nueve de la mañana de un sábado, y la ciudad se ve de lo más tranquila, con muy poco tráfico. Maurizio, nuestro colega del ya lejano Nemrut Dagi, nos aconsejó vivamente que saliéramos de Bari lo antes posible, que aquí llovían los rateros. Como no tenemos ganas de probar en carne propia la veracidad del consejo, decidimos hacerle caso. Enciendo el navegador, cosa que no hacía desde el 13 de julio, cuando abandonamos definitivamente Italia y nos tuvimos que conformar, a la antigua usanza, con los mapas de papel.

Hoy es 22 de agosto y nuestro barco para España no sale de Civitavecchia hasta el 26 por la tarde. Ello significa que tenemos cuatro días para solazarnos en esta nuestra primera visita al sur de Italia. Venimos requeteadvertidos de lo peligros inherentes a andar por aquí debido al tema de los robos (como al compañero de Madrid que, tras un viaje sin incidentes por Turquía, Siria y Jordania, le tuvieron que vaciar el vehículo justamente en una playa cerca de Roma). Por eso hemos tomado la determinación de no dejar la autocaravana sola a no ser en lugares vigilados.

Nuestro destino del día es la ciudad romana de Paestum, situada casi enfrente de Bari pero en la otra costa de la *bota*. Las opciones para llegar hasta allí son básicamente dos: seguir la autopista que sube hacia el Norte y bajar luego hacia Salerno, o bien atrochar por la S 96 y coger la autopista en Potenza. Ni qué decir tiene que esta segunda opción nos parece la más interesante, máxime teniendo en cuenta que no hay prisa ninguna y podemos conocer mejor el país.

De modo que rebasamos los suburbios de Bari, dejando a la derecha los carteles que señalan la localidad de Bitonto (vaya nombrecito) y seguimos los que indican hacia Altamura, 50 kilómetros después de desembarcar, donde hacemos una parada técnica.

Mientras Bego pone orden en el habitáculo, Chandra y yo nos vamos de paseo. Empieza ya a hacer calor a esta hora temprana, cosa que no es novedad. Sí lo es, en cambio, la sensación de hallarse ya en casa, sobre todo porque -después de lidiar con el idioma esloveno y el croata, con el incomprensible cirílico del serbio y el búlgaro, con el arduo idioma turco y con *el alfa-beta-gamma* de los griegos- nos hallamos de nuevo y como por arte de magia inmersos en una lengua prima-hermana que se comprende hasta con los ojos cerrados.

Reanudamos camino. Pasada Gravina in Puglia viene un tramo de 45 kilómetros de auténtico desierto: no hay pueblos, ni tampoco pasan coches. Estamos en la región de Basilicata, la antigua

Lucania. El perfil ondulado de las colinas, con el sol batiendo el suelo desprovisto de árboles, recuerda mucho a La Serena de Badajoz, donde a veces la soledad es tan grande que estalla por las costuras y rebota de aquí para allá entre la tierra y el cielo, como una pelota de goma oblonga e inmensa.

Pocos kilómetros antes de Oppido Lucano encontramos un desvío a nuestra izquierda en que se lee Potenza. Lo seguimos no muy convencidos, y no nos falta razón: la carretera, hasta ahora aceptable, se transforma en una senda de cabras que serpea por las sierras al mejor estilo de la costa turca del Mar Negro. Aunque el navegador diga que sí, que vamos bien, no tenemos muy claro por dónde andamos hasta que aparece Tolve en una revuelta del camino. Es curioso, porque todo este tramo apenas suma 26 kilómetros y es el que más se me queda grabado, quizá influya el tractor con doble remolque al que tengo que adelantar cuesta arriba, en un tramo estrechísimo, rezando para que en ese preciso instante no aparezca ningún vehículo en lo alto.

Súbitamente, al salir de una curva, aparece un nuevo cartel de desvío hacia Potenza y Salerno, pero nos pilla tan de sopetón que nos lo pasamos; tengo que dar la vuelta más adelante y regresar sobre mis pasos. Cuando llego al cruce en cuestión dudo si meterme: más que carretera, parece un acceso a fincas (eso sí, asfaltado) y con una pendiente tal que tengo mis serias dudas sobre si podríamos subir otra vez en el caso de habernos equivocado.

Descendemos al abismo rodeados de prados, vaquitas y cercados de alambre. Lo más increíble de todo es que, según todos los indicios, por aquí se accede a la autopista. La lógica italiana a la hora de construir o señalizar carreteras es algo que hasta la fecha se me escapa aunque, en confianza, no desisto de aprehenderla algún día.

Comparado con el suplicio vivido, los siguientes 85 kilómetros, por autopista, son coser y cantar. Circunvalamos Potenza. Este nombre nos parece muy gracioso, lo asociamos al de la actriz Franka Potente que, mira por dónde, no es italiana sino alemana (el apellido se lo debe a un bisabuelo siciliano y, contrariamente a lo sugerente del mismo, hay que reconocer que la chica tiene un físico de lo más modosito).

La autopista es libre de peaje, al menos el tramo que ahora recorremos. El tráfico ha aumentado, y se multiplica por cuatro o cinco cuando nos juntamos con la A 3, que viene del Sur. También hay algunas obras que colapsan aun más la circulación. Pasamos junto a Éboli, famosa por la novela autobiográfica de Carlo Levi, publicada en 1945 y llevada al cine en 1979.

Finalmente, en Battipaglia, abandonamos la rumorosa corriente de los cuatro carriles y nos encaminamos definitivamente a nuestro destino.

Hay algo de los viajes que me encabrona especialmente, y es cuando al final está uno a punto de llegar y sobreviene alguna circunstancia que te lo complica todo. En este caso es un continuo urbano y un densísimo tráfico, casi de atasco, que convierte los 26 kilómetros (de nuevo 26) hasta Paestum en *un via crucis* automovilístico. Sorprende el contraste entre este mogollón infame y el despoblado territorio que acabamos de cruzar hace poco más de una hora.

Una vez en Paestum nos liamos de nuevo, ya que el navegador se empeña en meternos por una vía peatonal pegada al yacimiento. Finalmente preguntamos en el aparcamiento de éste (coches 5 euros; autocas 10 euros *chin luz, chin agua y chin na*) y allí nos indican dónde se halla el sitio en cuestión, *La Fattoria del Casaro*, (40°24'54.41" N 15° 0'17.99" E), a 500 metros escasos de donde nos encontramos.

La verdad es que el lugar es bien curioso, pues aparte del área la finca cuenta con tienda de productos típicos y restaurante. Aunque sin duda la principal actividad (y atracción estrella) es la cría de búfalas para producir *mozzarella*.

Paramos en la puerta y Bego se baja a preguntar: el precio es de 10 euros, como en el aparcamiento de fuera, pero con agua y luz (no quedó muy claro si ésta se pagaba aparte, pero a nosotros nadie nos dijo nada). Se duerme entre olivos centenarios, por lo que más rural imposible.

En el área sólo hay dos autos: una francesa, que se marcha al rato, y otra italiana en la que no se ve a nadie. Como suele ocurrirnos en estos casos, tardamos un tiempo en encontrar la sombra idónea, el emplazamiento idóneo y la orientación idónea. Cuando por fin hemos resuelto satisfactoriamente todos estos trámites y me dispongo a enchufar la luz, mi gozo en un pozo: la toma del poste es de las de tres clavijas, y nosotros con estos pelos. En un intento de concitar la suerte que tuvimos en el área de las cuevas de Postojna, donde nos prestaron un adaptador, vamos para la recepción. Respuesta: no tienen de eso, pero en el pueblo (primera a la derecha, segunda a la derecha y después todo tieso) hay una ferretería donde probablemente vendan.

Hace un calor tórrido, estamos agotados del viaje tras una noche en el mar y aún no hemos comido. Pero hoy es sábado. ¿Y si, oh catástrofe, la ferretería no abriera esta tarde? Haciendo de tripas corazón, arranco de nuevo y nos vamos en busca de la dichosa tienda. Una a la derecha, dos a la derecha, un kilómetro recto... Y no vemos ferretería por ninguna parte. Pensando en que debo de haberme pasado, entro por un cruce a la derecha y me dispongo a dar la vuelta. A lo lejos viene un coche. Trato de quitarme de en medio lo antes posible, pero estoy cansado y no he debido de evaluar bien la distancia. Entonces siento el golpe.

Una cienmilésima de segundo antes de colisionar con la trasera he debido intuir que la pared estaba más cerca de lo calculado, pero ya no he podido hacer nada. Si comparo este porrazo con otros sufridos anteriormente y lo inscribo en una escala de magnitud, sin duda éste los aventajaría a todos. Una vez consumado el estropicio, podría haber parado el motor, podría haberme bajado a verificar los daños. En lugar de eso, me echo a llorar.

Bego, más serena que yo, pregunta si quiero cederle el volante. Respondo que no, pero que me indique. Salimos de nuevo a la carretera, y me pide que pare a la sombra de un pino, que lo primero es comer. Yo insisto en que trate primero de localizar la tienda, de modo que se baja mientras yo me quedo tratando de serenarme.

Vuelve al cabo de un rato, al menos trae buenas noticias: ha localizado el establecimiento en cuestión y comprado el adaptador de tres clavijas. Yo, mientras tanto, he estado rumiando en detalle la cadena de factores que ha culminado en el auto-porrazo. Manda narices que todo el verano recorriendo media Europa y parte de Asia, viéndonoslas con los conductores más energúmenos que imaginarse uno pueda y hete aquí que el único trastazo me lo doy en privado, yo solo y contra un muro. No sé qué me duele más, si los daños materiales (todavía no me he atrevido a bajar a mirarlos) o los del orgullo herido. Supongo que la tensión de diez mil kilómetros conducidos en ya se sabe qué circunstancias ha cristalizado en este momento preciso y los sentimientos han aflorado a la misma velocidad que el magma por la chimenea de un volcán.

Después de comer estoy ya lo bastante tranquilo como para ir a mirar. La colisión ha afectado a la esquina trasera izquierda, y lo que encuentro realmente es más de lo que esperaba, pero menos de lo que me temía: la pared, en su loco avance contra la autocaravana, ha impactado contra el perfil de aluminio de la esquina, que se ha abollado y deformado, aunque la peor parte se la lleva la pared lateral en la zona que va desde la puerta del garaje hasta la esquina: el panel se ha desviado un poco hacia afuera y, lo peor de todo, tiene abierto un *siete* en el preciso lugar donde ya se rompió la vez que saltó el Fiamma al engancharse con una viga, desembarcando del ferry Tánger-Tarifa.

Cuando, semanas más tarde, enseñe el costurón a amigos y familiares todos le restarán importancia, alegando que son gajes del oficio. Yo sé que eso es cierto, pero si los humanos consideramos los coches como una prolongación de la persona, ¿qué se puede decir de nuestra casa con ruedas? Además, luego está ese momento aciago en que le asalta a uno el recuerdo de todas las catástrofes y accidentes posibles, tanto los que pudieron suceder como los que no, y llega a la conclusión de que no somos nada, y que el Universo acabará en una gran implosión y todo eso.

Volvemos de nuevo al área-olivar, y esta vez estaciono con más soltura. El resto de la tarde lo dedicamos a limpieza y a descansar. Descubro una manguera conectada a la toma de agua junto a la que están los italianos (no sé si será de ellos o no) y aprovecho para asear la parte trasera de la auto, como quien limpia las heridas a un guerrero. Previamente tapo el *siete* con cinta americana, para que al menos no entre agua.

A no muchos metros de donde estamos se halla el cercado de las búfalas que viven, literalmente, enfangadas y revolcadas en el barro dando al sitio un aire de lo más africano. Aunque se las divisa perfectamente desde la auto, nos acercamos hasta la valla. Chandra se asombra muchísimo de ellas, y ellas igualmente de Chandra.

Está ya casi oscurecido cuando llegan los dueños de la auto. Son dos parejas y vienen en coche, por lo visto prefieren dormir aquí a hacerlo en la costa por ser más tranquilo y utilizan el automóvil para moverse durante el día.

Esta tarde, a la entrada del restaurante, vimos un cartel que ofertaba pizzas, y decidimos encargar una. A los diez minutos volvamos a por ella, y nos parece tan barata que, aunque tenemos mucha en la auto, también nos llevamos un par de cervezas.

La verdad es que no sé si es por la masa blandita y esponjosa, recién hecha, o por la *mozzarella* fresquísima, fabricada y consumida a pie de búfala. El caso es que esta noche, en mitad de la Campania, al término de un día ofuscado y azaroso, Juanma disfruta de la mejor pizza de su vida.

Kilómetros etapa: 230
Kilómetros viaje
Tierra: 10.385
Mar: 1.100

23 DE AGOSTO: DE PAESTUM A POMPEYA

Por aquello de esquivar el calor, ayer miramos el horario de apertura de las ruinas y hoy, bien tempranito, dejamos la auto entre olivos y nos vamos para la entrada.

Hemos venido hasta aquí por recomendación de unos amigos gallegos. Bueno, no es que nos recomendaran el sitio exactamente, sino que viendo sus fotografías me quedé impresionado por el tamaño y lo bien conservado de sus templos, y es uno de esos momentos en que una voz interior te dice *Yo tengo que ir ahí*. Y aquí estamos.

Paestum fue fundada por griegos sibaritas en los siglos VII o VI antes de Cristo, y recibió entonces el nombre de Poseidonia. Tuvo la suerte (para nosotros) de ser abandonada en el siglo XI debido a las invasiones sarracena y normanda, y sus ruinas estuvieron cubiertas por la maleza hasta que en 1752 Carlos VII –el futuro Carlos III de España- mandó construir una carretera, antecesora de la actual Statale 18, y los restos arqueológicos salieron a la luz. La parte mala es que dicha carretera se cargó la mitad del anfiteatro; la buena, que al haber estado la ciudad deshabitada durante siglos los restos son del todo visibles, sin añadido de construcciones posteriores: se aprecia perfectamente el trazado de las calles y los restos del foro, y se conservan muy bien las murallas y tres templos descomunales dedicados a Hera, Apolo y Atenea.

Mientras el sol levanta y empieza a apretar, paseamos por la extinta urbe sacando fotos y buscando diferentes perspectivas de los edificios. Por los carteles informativos nos enteramos de aspectos menos gloriosos, como por ejemplo aquel ciudadano que agregó una habitación a su casa por el sencillo método de usurpar un tramo de vía pública, lo cual muestra a las claras que el tráfico de influencias y el conchabeo urbanístico no son patrimonio exclusivo de nuestros días.

Entramos por la puerta Sur y salimos por la Este, donde hay un puesto de chucherías y recuerdos. El vendedor nos entra un tanto agresivamente, y se retira con una mueca de desprecio cuando constata que no tenemos intención de comprarle nada. De nuevo turistas-objeto.

Bordeamos el recinto arqueológico y subimos a un tramo de muralla accesible desde el exterior. Hemos empleado casi dos horas en la visita, de modo que volvemos a la auto y a Chandra. Pocos minutos después estamos otra vez en marcha.

Nuestro recorrido del día es hasta Pompeya, y aunque en total no suma ni 80 kilómetros lo cierto es que se vuelven de lo más entretenidos: si el trayecto desde la salida de la autopista hasta Paestum fue malo ayer sábado, hoy domingo es aun peor, pues se transforma en un atasco de 27 kilómetros. De todos modos lo chungo no es la cola ni la espera, sino los caraduras que te rebasan por el arcén al más puro estilo griego. En estas condiciones, es lógico que encontremos un accidente: al parecer, un coche ha colisionado con una moto a la entrada de un puente, y el conductor de ésta ha caído de la barandilla para abajo, aún lo están sacando.

Cuando por fin nos vemos en la autopista aparecen carteles de obra y recomendaciones para desviarse por Salerno, cosa que no hacemos por el miedo intrínseco de todo autocaravanista a meterse en una ratonera. La circulación es densísima y muy agresiva: un motero que viene a toda leche y que considera que yo no tengo derecho a adelantar se pone a mi altura y empieza a abroncarme. Yo hago caso omiso a las provocaciones del fantoche, y espero a que se aburra, acelere y se largue. *Va fan culo, stronzo.*

Tras abonar 5 euros de peaje dejamos la autopista en Pompeya, y a través de la Via Lepanto y Giuseppe Mazzini llegamos a Via Plinio. Es curioso encontrarse aquí ahora porque en junio, durante la preparación del viaje, recorrí esta calle una y otra vez mediante el *Street View* de Google, así que todo lo que veo me resulta de lo más familiar. Pasamos por delante del parking Plinio, que se anuncia como *Area atrezzata custodita 24 ore*, pero ni siquiera consideramos entrar en ella porque no tiene ni una mala sombra, de modo que nos metemos en el Camping Pompei (40° 44'48.05" N 14° 29'5.70" E), justo enfrente de las ruinas, y que cuesta 17,5 euros la noche, lo cual se nos hace muy barato teniendo en cuenta dónde estamos. Pegado a éste está el camping Spartacus, y un poco más allá el Zeus, pero por lo que pude investigar el que hemos escogido es el más barato de los tres.

Nos llevan a la parte de atrás, a una parcela en la que, pese a los árboles y al seto, da bastante el sol. Al poco rato se marcha la autocaravana de la parcela contigua, mucho más sombreada, así que voy a recepción a preguntar si podemos cambiarnos. Permiso concedido.

Mientras Bego prepara la comida, yo voy a informarme sobre los dos sitios que queremos visitar, a saber: las ruinas de Pompeya y la cima del Vesubio. Respecto al primero no hay problema, cierra a las 19:30 (última entrada a las 18:00). En cuanto al segundo, por lo visto hay un servicio de autobuses, y para saber más me derivan a la oficina de turismo, que encuentro cerrada. Regreso para comer.

Son casi las cinco cuando salimos del camping bajo un cielo que presagia tormenta. Por si las moscas, nos llevamos los paraguas.

De camino pasamos de nuevo por la oficina de turismo, que ahora está abierta. El chaval que me atiende debe de ser un poco lerdo, porque cuando le pregunto por los horarios del autobús para el Vesubio responde lacónicamente *que hoy ya no hay*. Ya supongo, replico sardónico, a las horas que son. ¿Y qué tal mañana? El chico parece como encasquillado, menos mal que acude en nuestro socorro una compañera mejor dispuesta y nos regala una cuartilla con los horarios.

Pompeya debió de ser el primer *robódromo* de Italia, adonde venía a doctorarse todo aquel chorizo que se preciara. Si no, a ver qué pinta el antiquísimo puesto de carabinieri empotrado en la entrada. Un poco más allá están las taquillas, prácticamente vacías a esta hora. Está claro que el grueso de los turistas viene más temprano.

Los tickets cuestan 11 euros por barba. Tenemos algo más de dos horas por delante para la visita, pero cuando examinamos el plano quedamos abrumados por las dimensiones de la ciudad: está claro que no lo podremos ver todo, y que habrá que seleccionar. Además, el cielo ha virado de negro a negrísimo, no sabemos cuánto aguantará.

Entramos por la Porta Marina y caminamos hacia el foro. Desde el primer momento percibo Pompeya como un sitio distinto a cualquiera que haya visitado hasta ahora: no se trata de las típicas ruinas que te hablan del destructor paso del tiempo y esas zarandajas, sino que más bien parece una ciudad abandonada por sus habitantes hace nada y menos. De alguna manera, la presencia de éstos impregna las calles.

Por una ironía del destino, hoy precisamente es la víspera del aniversario de la erupción, Y, de alguna manera, viendo la luz menguante ahogada por la tempestad que se nos viene encima es muy fácil rememorar aquel infausto 24 de agosto del año 79 de nuestra era, cuando se hizo la noche en pleno día, mañana hará de ello 1.930 años.

Empiezan a oírse detonaciones que no son truenos, sino cohetes: en algún pueblo hacia el Este tenían programados fuegos artificiales para esta noche, y ante la inminencia de la tormenta parece ser que han decidido prenderles fuego ahora. Y realmente han acertado de lleno, porque no pasan ni cinco minutos cuando empieza a arrear agua a lo bestia, con un aparato de truenos y relámpagos realmente terrorífico. Por suerte nos pilla visitando las termas que hay al lado del foro, y que son de los pocos edificios con techo en toda la ciudad. Compartimos refugio con más gente, entre ellos una familia catalana y su perrillo, que ladra como un poseso. Cuánto me alegro de que Chandra se haya quedado a resguardo en la autocaravana, por muy cagada de miedo que esté ahora.

Pruebo a abrir el paraguas y salir con él a la calle, pero no sirve de nada contra el diluvio que cae de lo alto; no queda otra que armarse de paciencia.

Al cabo de un buen rato empieza a amainar. Hemos perdido demasiado tiempo, hay que espabilar. El agua corre a raudales por el centro de la calle, menos mal que ésta dispone de excelentes aceras, qué invento más curioso que no ha cambiado nada en los últimos dos mil años. Vamos hacia el Noroeste en busca de la Villa de los Misterios, donde se hallan los frescos mejor conservados. También hay por allí algún cadáver yacente arropado por la ceniza. Siempre me dio yuyu cuando pensaba en visitar Pompeya precisamente por estos cuerpos amortajados por el volcán que yo, inconscientemente, asociaba con las víctimas de Hiroshima y Nagasaki. Pero hoy el destino se mostrará misericordioso conmigo y disfrutaré de la visita sin toparme con ninguno de estos espectros del pasado.

La Villa de los Misterios se encuentra extramuros de la ciudad, a unos 200 metros de la puerta de Herculano, y se halla en su totalidad techada, con lo cual te haces una mejor idea de cómo eran las casas patricias. Encontramos allí a un grupo de japoneses y a una familia española con niños extraordinariamente latosos. Las nubes se marchan a la misma velocidad con que llegaron, y asoma tímidamente el sol.

Volvemos al centro. El agua y la hora han ahuyentado a la mayoría de los turistas y recorremos fantasmagóricas calles con la sensación de ser los únicos seres vivos en kilómetros a la redonda. Pasamos junto a los quicios de las puertas con cuidado, como esperando darte de narices con alguien. A mí me llaman mucho la atención unos mostradores forrados de bellas lajas de mármol en los que se abren unos orificios circulares, tal vez para colocar ollas y cocinar en ellas. Se diría que el dueño y los parroquianos acaban de salir, y que volverán en cualquier momento.

Buscamos (y hallamos) el lupanar siguiendo las indicaciones de un bajorrelieve que no deja lugar a dudas (por favor, siga el pene). A otras horas debe de venir mucha gente por aquí, pues hay una puerta de entrada y otra de salida. Por fortuna para nosotros estamos solos y podemos recorrer el local a nuestro antojo: a los lados están los cubículos con camas de piedra (somier garantizado, no se rompe por mucho trajín que tenga), y a lo largo de las paredes de la zona común una serie de pinturas explícitamente eróticas que recuerdan a los murales de los Pans&Company o los McDonalds para facilitar la elección del cliente: *Por favor, ¿me pone una fellatio y un a cuatro patas?*

Salimos del lupanar hacia la Vía Stabiana, que arranca del foro, llega hasta las afueras de la ciudad y mide casi un kilómetro. Vamos a la carrera, como turistas de un viaje organizado cualquiera, dejando de lado un montón de sitios que a buen seguro nos gustaría conocer. Es una pena. Quedan, por supuesto, las ganas y el consuelo de volver, aunque las circunstancias de esta extraña tarde de ciudad deshabitada y con tormenta serán difícilmente repetibles.

Nos desviamos hacia la derecha en busca del anfiteatro. Comparado con el de Mérida, está como si lo hubieran terminado de construir ayer. Grandes charcos inundan el centro de la arena, como recordatorio de la que acaba de caer.

Poco a poco oscurece, y va llegando la hora de salir. Desde hace un rato me asalta el temor infantil a que nos dejen encerrados en la ciudad muerta (debe resultar de lo más fácil escamotearse en cualquier rincón y esperar a que cierren. ¿Habrá patrullas de vigilantes por la noche? ¿Y espíritus de pompeyanos?) Por fortuna, aún queda gente que, como nosotros, anda buscando una puerta. La más cercana es la de Nocera, pero el acceso desde el anfiteatro está cerrado; toca pues rodear la gran explanada de la palestra, recorrer una calle secundaria y después un cementerio de urnas cinerarias. Transidos de pena nos vemos de nuevo en el siglo XXI con sus luces, sus coches, su ruido y sus prisas.

Hemos salido a la Vía Roma que a su vez desemboca en la Vía Plinio, de manera que encontrar el camping es fácil. Chandra nos recibe loca de contento. Pese al tormentazo, y en contra de lo que esperábamos, no se ha hecho sus necesidades, la muy valiente. La sacamos de paseo como premio y compensación, aunque no resulta del todo agradable por la gran cantidad de tráfico que circula ahora. A la vuelta entramos en el restaurante del camping a encargar una pizza que, desafortunadamente, no está a la altura de la que comimos anoche en Paestum.

Kilómetros etapa: 76
Kilómetros viaje
Tierra: 10.461
Mar: 1.100

24 DE AGOSTO: DE POMPEYA A ROMA

La parte posterior del camping está pegada a la vía del tren. Por suerte, son pocos los convoyes que han circulado durante la noche y apenas nos han molestado. No podemos decir lo mismo de nuestros vecinos, dos autocaravanistas italianos. Por lo visto tienen un problema, se les abre el cofre lateral de uno de los vehículos, y llevan media mañana tratando de solucionarlo. En sus ires y venires invaden continuamente nuestra parcela, cosa que me molesta especialmente, de modo que en cuanto puedo salgo afuera para reivindicar mi territorio. Consciente o inconscientemente los otros parecen captar el mensaje y se retiran.

Hemos estado un buen rato dándole vueltas a lo del autobús del Vesubio. Nuestra primera duda es si la autocaravana podría subir o no hasta lo alto del volcán aunque, bien pensado, si llega el autobús, ¿cómo no vamos a llegar nosotros? La segunda pega es que no comprendemos cómo es posible que, habiendo sólo 24 kilómetros desde aquí hasta la cima, el susodicho autobús tarde hora y media en ir y otro tanto en volver (el porqué ya lo averiguaremos más tarde), de modo que la Chandrita tendría que quedarse medio día sola en la auto. Por todo ello decidimos animarnos e ir con la casa a cuestas.

Comienzo con los preparativos de la partida y de inmediato capto agitación en el campamento enemigo: ni siquiera he terminado de salir de la parcela cuando uno de los tipos ya se ha posesionado de ella, como si tuviera que competir por el sitio con otras diez o doce autocaravanas. Oh la educación y la delicadeza.

Cuando salimos a Via Plinio se nos plantea un nuevo dilema que en otro sitio sería una chorrada, pero no en Italia: a la misma puerta de las excavaciones está el acceso a la autostrada Nápoles-Pompeya, inaugurada en 1929. Ayer vimos allí un cartel en el que se leía SOLO NAPOLI y que nos induce a confusión: ¿qué quiere decir exactamente? ¿Que esta autopista sólo tiene salida al centro de Nápoles o, por el contrario, que siguiendo por aquí no se puede ir en dirección Sur? La segunda hipótesis nos parece una perogrullada, porque bastaría con que pusiera simplemente NAPOLI, como sucede en todas las carreteras del mundo mundial, así que nos inclinamos por la primera alternativa (más tarde nos enteraremos de que la respuesta correcta era la segunda, que para eso esto es Italia). Como para subir al Vesubio tenemos que apearnos antes, en Torre del Greco, decidimos ir por la antigua carretera, y ya de paso buscamos un super.

Nada más cruzar bajo la autopista divisamos a la izquierda el Auchan de Torre Annunziata, pero como no está nada claro por dónde se entra optamos por seguir. A continuación y sin previo aviso nos vemos inmersos en una de esas experiencias que luego uno recordará siempre: para empezar, no se trata de una carretera propiamente dicha, sino más bien de una calle eterna ya que los pueblos, encajados entre la autopista y el mar, se solapan unos con otros en una concentración humana apabullante. Y la densidad de población tiene en justa correspondencia una densidad de tráfico bestial: por descontado que se avanza muy despacio, pero lo peor es que cuando te encuentras un coche aparcado en doble fila –y hay muchos– te atascas, ya que el tráfico de frente es continuo. Al principio no sé qué hacer, me quedo parado; luego, poco a poco, aprendo a echarle morro y a meter progresivamente el ídem. Pasamos unos a centrímetros de otros en una especie de ballet surrealista que se vuelve más divertido cuando los turismos en doble fila ocupan las dos calzadas y sólo queda un angosto paso en medio. Sin embargo nadie pita, nadie grita ni se insulta. La carrocería de los vehículos, en cambio, habla por sí sola de esta muda pugna por el espacio: apenas se ven automóviles nuevos, la mayoría están birriosos, cochambrosos, caminan de milagro y lucen las cicatrices y mataduras de mil batallas.

Pero el retrato del paisaje no quedaría completo si no precisara que estamos atravesando un territorio auténticamente comanche donde todo el mundo sabe quién es quién, pero nadie conoce a nadie; al fin y al cabo éstos son los suburbios de Nápoles. Al avanzar es como si atravesáramos capas y más capas de una sustancia viscosa y elástica, no por invisible menos resistente. Me llaman mucho la atención los jóvenes, todos visten camisa con el cuello vuelto hacia arriba, al más puro estilo chuleta. En cuanto a los conductores, éstos evitan mirarse a los ojos, particularmente en los momentos de apuro, quizá sabedores de que el mínimo incidente puede acabar de mala manera. Se masca en el ambiente una especie de fatalidad.

El centésimo coche en doble fila obstaculiza mi camino. Estoy calculando cómo adelantarle y justo en ese momento se pone en marcha. Lo que ocurre es que en lugar de seguir hacia delante súbitamente y sin aviso realiza un giro de ciento ochenta grados. Dado que en el carril opuesto hay otro mal aparcado y no tiene espacio suficiente comienza a dar marcha atrás justo en el momento en que yo trato de pasar. Pito para avisarle, pues él no mira hacia atrás, ni tampoco por los retrovisores. No por bordería, es para evitar el conflicto.

Capítulo aparte merecen las motos, que se mueven entre los coches adelantando por izquierda y derecha y que te obligan a ir con mil ojos; hay una que no calcula bien el hueco que media entre mi retrovisor y los contenedores y se queda allí estampada. No mucho después oigo un golpe en la parte de atrás. Ya está, pienso, ya me dieron. Miro por el espejo y veo una scooter pegada a mi lateral. El conductor, hombre de unos cuarenta años, se acerca a la ventanilla y me pide disculpas: por lo visto nos ha rozado con el casco, pues lo lleva colgado del codo derecho a modo de protección. Es tan comedido, tan educado, se le ve tan compungido y, sobre todo, contrasta tanto con el mejunje que percibo ahí afuera que ahora me toca a mí ser cortés, ser amable y rogarle que no pasa nada, *prego*, que siga su camino.

Ni qué decir tiene que a estas alturas ya nos hemos olvidado del super, y eso que prácticamente estamos sin agua. A un lado y otro de la calle vemos algunos. Los más pequeños no tienen aparcamiento, y los grandes se hallan retranqueados de la calle principal; se accede a ellos por un callejón tan largo y estrecho que ni en mis más disparatadas fantasías me veo entrando por allí, y mucho menos saliendo.

Leopardi, Santa Maria la Bruna y, por fin, Torre del Greco: los 12 kilómetros desde el camping hasta aquí nos han costado una hora (se entiende entonces lo del autobús). Aquí es donde tenemos que cruzar por encima o por debajo de la autopista e iniciar la ascensión al Vesubio. Ocurre sin embargo que la calle es tan estrecha y los edificios tan altos que en el momento crítico perdemos la señal del satélite, y empiezo a vagar a la buena de Dios, buscando indicaciones que no existen. Cuando veo que la calle nos lleva de cabeza al puerto doy un volantazo y giro a la derecha. La calle sube y sube. Increíblemente, hemos acertado.

Poco a poco dejamos atrás la aglomeración urbana, sorprendidos de haber salido enteros y del enorme contraste con el bosque que ahora atravesamos. Nos cruzamos con autobuses que bajan y que no comprendo cómo pueden girar en las curvas, de tan estrechas y cerradas. Pese a ello, los 12 kilómetros restantes se me hacen coser y cantar comparado con lo que dejamos atrás.

Llegados al aparcamiento, a 1.000 metros de altitud, constatamos que está en cuesta arriba, que es de tierra y que está lleno.

Bueno, casi: los vigilantes, unos tipos duros con camisetas ceñidas y músculos de culturista, encuentran un hueco a nuestra medida y nos cobran 5 euros.

Una vez abonada la tasa del vehículo vienen las personas. La entrada individual cuesta 6,5 euros, y en teoría incluye una visita guiada, pero en la práctica los encargados de la misma no aparecen por ningún lado y cada cual va a su rollo.

Desde el aparcamiento hasta el borde del cráter se asciende a pata otros 150 metros. El final bien merece la pena: resulta sobrecogedor asomarse a esta boca de 550 metros de diámetro. Después de los volcanes de Turquía, éste es el cuarto que visitamos este verano. Claro que no es tan alto como el Ararat o el Erciyes, ni tiene una caldera colosal como el Nemrut Dagi, pero a diferencia de aquéllos el Vesubio es un volcán activo: la última erupción tuvo lugar en 1944, poco después de ocupar los aliados la ciudad (destruyó en tierra una escuadrilla de 88 B-25). Es, por añadidura, bastante matón: la erupción del año 472 fue de tal magnitud que las cenizas llegaron hasta Constantinopla. Ahora dormita pero no del todo: unas fumarolas avisan de que en un futuro más o menos lejano el volcán rugirá de nuevo, con el riesgo añadido de que jamás ha vivido tanta gente en las zonas aledañas al cráter como en la actualidad.

Está permitido recorrer más o menos la mitad de su perímetro, y si te sales del sendero marcado te llaman la atención con el silbato.

Mientras estamos allá arriba me doy cuenta de que se ha declarado un incendio en la ladera del monte, en la parte que da hacia Nápoles. Me preocupa un poco, porque de extenderse nos podría poner en dificultades (no por las llamas, que no pueden llegar hasta aquí, sino por el humo). Deben de estar acostumbrados porque, en contra de lo esperable, casi instantáneamente aparece un helicóptero antiincendios que impide que la cosa vaya a mayores.

En la bajada hacia el aparcamiento Chandra se muestra remisa a andar. Pensamos primero que es el calor; luego, que se ha clavado algo. Pero no tiene nada en las patas, debe de ser que la gravilla volcánica le hace daño al metérsele entre las almohadillas. Bego la coge en brazos y la lleva un rato, pero ocho kilos de perro pesan, así que pongo en práctica una idea mejor: me la echo al cuello y le sujeto dos patas con cada mano, al estilo Buen Pastor. Al principio pienso que no le va a agradar el invento, pero por lo visto va encantada, y de paso arrancamos sonrisas a todos los turistas que suben y, especialmente, a los guardas de la taquilla. Un niño pequeño, creyéndola un perro, la llama *Cocolino*; el recuerdo de Cecilia y del lago Van acude a nosotros de manera inevitable.

Es hora de comer, pero el aparcamiento no parece el mejor sitio, vista su inclinación. Antes, al subir, nos fijamos en un desvío a la derecha que llevaba a la antigua estación del funicular, y decidimos probar suerte. Atravesamos una especie de plazoleta en la que hay un bar con terraza de verano. Un poco más adelante la carretera termina en otro ensanchamiento donde no hay nadie. Nos ponemos a la sombra.

Teniendo en cuenta la proximidad de Nápoles, con todo lo que eso conlleva, no sé si es buena idea quedarse en un sitio tan solitario. Sin embargo, al cabo de un rato aparece un automóvil, de él baja una pareja joven con un crío, y eso nos tranquiliza más que si hubiera sido un coche de la policía.

Tras la comida, volvemos a la carretera y continuamos descendiendo. Al venir no me fijé, como ahora, en la enorme cantidad de basura que adorna las cunetas, y eso que estamos todavía dentro del Parque Nacional. Me viene a la memoria la crítica situación que vivió Nápoles hace un par de años, cuando la huelga de recogida que alfombró de porquería las calles de la ciudad te hacía pensar en lugares como Luanda o Calcuta.

A la derecha aparece un indicador hacia Nápoles prohibido para autobuses. Como no queremos salir de nuevo a Torre del Greco sino lo más al Norte posible, nos metemos por él. A través de muchas curvas y recurvas pasamos el pueblo de San Vito, y nos damos de narices con otra zona dejada de la mano de Dios: más y más basura, coches quemados, casas en ruina... Tal vez sea la hora, pero no hay ni un alma por la calle. Todas nuestras alarmas se disparan; como no nos gusta nada el cariz que está tomando la cosa (y cuanto más cerca de Nápoles posiblemente sea peor), resolvemos entrar en la autopista a la primera oportunidad. El acceso a la misma es alucinantemente angosto, pero pasamos. En el peaje nos cobran la tarifa más cara de toda Italia: 2 euros por algo más de 1 kilómetro. No obstante, pagamos a gusto, contentos de salir de semejante embolao.

Estamos en la A 1, *Autostrada del Sole,* y ni se nos ocurre entrar en Nápoles para buscar un hiper. Consultado el mapa vemos que a unos cien kilómetros está Cassino, donde podemos hacer una escala técnica y, ya de paso, visitar la abadía.

El nombre de Montecassino lo conozco desde niño, por mi afición a todo lo que versara sobre la Segunda Guerra Mundial. A aquella edad me fascinaba el lado épico-estragético del asunto, y era incapaz de comprender la enorme cantidad de sufrimiento y destrucción que lleva aparejada cualquier guerra. Ya por entonces estaba al tanto de que el cerco a Montecassino duró ciento veinte días, de que en torno a él se libraron cuatro cruentas batallas entre enero y mayo de 1944, durante las cuales el monasterio fue absolutamente destruido por la aviación y la artillería aliadas. Ahora, además, me entero de que los alemanes, habitualmente los malos de la película, salvaron la irreemplazable biblioteca de la abadía trasladándola al castillo de Sant'Angelo, en Roma.

Lo primero que hacemos al llegar al pueblo es buscar el dichoso hiper; damos con él en un polígono industrial al Este del casco urbano. Bego se va a comprar, y Chandra y yo nos quedamos esperando a la sombra. Descubro a varios mosquitos que intentan picarme. Como no son horas de ello, deduzco que se trata del temido *mosquito tigre*, llegado a Italia procedente del Sudeste asiático y que está cosechando un rotundo éxito a costa de sangre europea. Corro a la autocaravana a empaparme de repelente.

Tras la compra y la obligatoria visita al surtidor, cruzamos Cassino buscando el camino de la abadía. La verdad es que el desnivel es impresionante: en los 800 metros que hay en línea recta desde el monasterio hasta las últimas casas (9 kilómetros por carretera) el terreno sube más de 400; no es nada extraño que los aliados se las vieran y se las desearan para sacar de aquí a los alemanes, ni tampoco que recurrieran a tropas indias, marroquíes y polacas como carne de cañón pura y dura. Y sin embargo uno mira ahora el pueblo y las empinadas laderas cubiertas de vegetación y, como suele ocurrir en estos casos, no se distingue vestigio alguno que recuerde tan dramáticos acontecimientos.

El parking a la entrada de la abadía es de pago pero se halla prácticamente vacío, por lo que astutamente deducimos que el horario de visitas ha terminado (son las 18:30). Salgo a echar un vistazo y a sacar algunas fotos. Tampoco el monasterio tiene pinta de haber roto un plato o, mejor dicho, de haber sido arrasado hasta los cimientos: de no saber nada, parecería que lleve ahí intacto por los siglos de los siglos.

Observo a una pareja mayor que charla con uno de los benedictinos. De éste me llama la atención que luzca una gorra de béisbol negra que le hace juego con la sotana; de la pareja, que entre ellos hablen castellano. Cuando ya se marchan les pregunto de dónde son, y él me responde que de Méjico, pero que su abuelo era polaco, que murió en combate y que está enterrado en el cementerio de guerra situado cerca de la abadía. Charlamos agradablemente durante unos minutos, elogian la belleza de España y luego nos despedimos.

No falta mucho para que oscurezca. Por la zona hay varios aparcamientos que estarían bien para pasar la noche, pero la estricta solemnidad del sitio y la presencia de tanto muerto nos da algo de yuyu así que, pese a lo tardío de la hora, decidimos continuar camino: Roma está a sólo 120 kilómetros por autopista, y además tenemos las coordenadas del área de autocaravanas.

Todo marcha bien hasta que el tráfico se adensa y ralentiza hasta pararse, y los paneles indican que a causa de las obras hay un atasco de narices, y que todo el que pueda coja el itinerario alternativo, que es por la Via Casilina. Dado que nuestro destino se encuentra precisamente en el número 700 de dicha Via -que, antes de salir al extrarradio y convertirse en carretera, es una calle de Roma-, nos parece muy sencillo seguir todo tieso hasta llegar allí. Además, pienso que llevando navegador no habrá problema. Me equivoco: la carretera es sinuosa, y se halla repleta de baches que no ves debido al intenso tráfico en sentido contrario. Durante interminables kilómetros conduzco por ella, cegado por los faros y a pique de darme con un bordillo hasta que decido que nada puede ser peor que esto: en cuanto podemos nos reintegramos a la autopista. Para nuestra sorpresa, el atasco ha desaparecido, y continuamos sin incidencias hasta el anillo que circunvala Roma. Total peaje desde Pompeya: 13,1 euros.

A partir de aquí sólo restan 6 kilómetros hasta el área, pero está visto que un día que empiezas peleándote con los conductores napolitanos no puede acabar así por las buenas: un buen tramo de la susodicha calle está patas arriba a causa de las obras del metro, y al equivocar el desvío acabamos en un barrio de apariencia tenebrosa (otra vez los chasis de automóvil descuajaringados) y jóvenes de origen africano pululando por calles desiertas. Por fortuna, conseguimos salir de nuevo a la dichosa Via Casilina unos cientos de metros antes del área. La calle tiene cuatro carriles y por medio pasa la línea del tranvía, de modo que toca buscar un semáforo para invertir el sentido de la marcha y ya estamos (41° 52'32.95" N 12°33'20.12" E). El sitio en cuestión se llama LGP, y se dedica a la guardería de autocaravanas y a la venta de repuestos, aunque casi la mitad del espacio lo destinan a área de pernocta.

Desde dentro han debido de ver que llegábamos porque la verja se abre sola, sin necesidad de llamar. La acogida es excelente, cosa que se agradece después de un día tan ajetreado. Son 15 euros cada 24 horas, luz y agua incluidos. El encargado nos asigna una parcela en mitad de un espacioso prado. Han plantado árboles, pero son aún demasiado jóvenes para que durante el día proyecten la más mínima sombra.

Mientras cumplimentaba los trámites apareció una auto española. Bajó el conductor y nos saludamos. Como los envían muy cerca de nosotros, pegamos la hebra. Son una pareja joven, Juan Carlos y Cristina, que viajan con su hijo de ocho años. Nos cuentan que llegaron esta tarde a Roma, y que buscando dónde dormir han estado en otros dos sitios antes de éste que no les convencieron lo más mínimo. Como viven en Mataró, hablamos de conocidos comunes y, cómo no, de AC Pasión. También de los mosquitos tigre, que por lo visto están causando estragos en Cataluña. Aquí por la humedad debe de haber bastantes, porque se les oye rondar. Otra vez a embadurnarse.

Estamos en Roma, última escala del interludio italiano. Mañana, de visita. Y pasado, el mar.

Kilómetros etapa: 283
Kilómetros viaje
Tierra: 10.744
Mar: 1.100

25 DE AGOSTO: ROMA

Pasamos el rato de después del desayuno charlando con los de Mataró, poniendo todo en orden y organizando la jornada de hoy. A las 10:30 salimos por la puerta. En recepción hemos comprado un abono metro+bus+tranvía de 24 horas, así que procuraremos darle todo el uso posible.

Los dueños del área exhiben a la entrada un autobús inglés de dos pisos. Una de las fantasías de juventud de Bego consistía en habilitar uno y convertirlo en residencia permanente para recorrer mundo. De alguna forma, la autocaravana ha venido a dar forma a aquel sueño juvenil.

La parada del 105 cae enfrente de la puerta; la del tranvía, algo más lejos. Optamos por el primero, que tarda un ratillo en llegar y cuando lo hace viene hasta los topes: no hay lugar al que poder agarrarse, y mucho menos donde poderse sentar. El conductor toma las curvas a lo loco y frena como un poseso. Pierdo el equilibrio y caigo encima de una señora que me mira con ojos asesinos. Pero qué quiere que le haga, soy nuevo aquí y aún no he logrado, como diría Battiato, un *centro di gravità permanente*.

Hasta la estación Termini sólo hay 6 kilómetros, pero llevados en volandas por semejante animal parecen veinte. A mitad de trayecto se suben unos revisores. Me parece increíble que sean capaces de moverse entre tan espeso gentío, inspeccionar los billetes y simultáneamente mantener el equilibrio. Somos tantos a bordo que calculo que no les dará tiempo de llegar hasta nosotros, pero justo cuando aterrizamos en destino un revisor hembra -pues de una mujer se trata-, se abalanza sobre mí y me exige el ticket. Se lo doy, lo comprueba y lo devuelve sin mirarme y sin dar las gracias. Algo en su precipitación me dice que, al saberme turista, esperaba que no lo llevase.

Cogemos el metro. Tres estaciones nos separan de la Plaza de España. Aparecemos junto a la ultrafamosa escalinata. La primera vez que estuve en Roma fue en un viaje de estudios, en 1987. Desde entonces no he vuelto, pero son tantas las imágenes vistas de este lugar que tengo la sensación de haber estado aquí anteayer. Hay mucha gente, unos arrimados a la sombra, otros haciéndose fotos o haciendo cola para echar un trago de los chorros que brotan de la *Barcaccia*. El agua está muy buena y tremendamente fría.

Bego y Chandra se quedan junto a la fuente y yo me subo escaleras arriba, hasta la puerta de la Trinità dei Monti. Desde aquí, junto al obelisco, la vista es soberbia. A 2,5 kilómetros en línea recta destaca la cúpula de San Pedro, eclipsada parcialmente por la de San Carlo al Corso. Suenan las campanas de esta urbe beata y depravada que tan esplendidamente retratara Francisco Delicado en *La Lozana Andaluza*: aunque publicada en Venecia en 1528, el tema que trata es tan universal y humano que fue llevada al cine por Vicente Escrivá en 1976, marcando un hito entre las películas del *destape* español y quedando indeleblemente grabada en el inconsciente erótico-colectivo del españolito medio.

Delirios de cama aparte, es preciso reconocer el carácter cinematográfico de esta ciudad: Rossellini, Vittorio de Sica, Fellini, Visconti, Bertolucci...y otro montón de directores de culto. Cuando pienso en Roma suele venirme a la memoria *Roman Holiday*, la película que en 1953 catapultó a la fama a Audrey Hepburn. Cómo no acordarse de la escena frente a la *Boca de la Verdad*, cuando el periodista de incógnito (Gregory Peck) le explica a la no menos incógnita princesa que todo aquel que mienta y meta allí la mano la pierde.

Desciendo la escalera y me reúno con mis chicas. Mientras reposo a la sombra, robo fotos a dos hermosas jóvenes de aspecto exótico. Al final va a resultar verdad que la ciudad papal ejerce como potente afrodisíaco.

Seguimos la Via Condotti impregnándonos de los silencios y los sonidos que dormitan en sus paredes hasta llegar al Mausoleo de Augusto y al moderno edificio que alberga el Ara Pacis, junto al Tíber. Tiene éste en el exterior una fuente con chorros que brotan del suelo y una pared-cascada que nos viene de perlas para el refresque. Luego, cruzando el río y siguiendo el *lungotevere* –qué nombre más hermoso- llegamos a las puertas del Castillo de Sant'Angelo. Siempre me ha fascinado este edificio por su forma de tarta, aunque claro, ello es debido a que no fue concebido originalmente como fortaleza, sino que iba a ser el mausoleo del emperador Adriano. Desde 1277 se halla unido al Vaticano por un corredor amurallado que se llama *Passetto di Borgo*. Dicho pasadizo salvó el pellejo a dos Papas: a Alejando VI de los franceses, en 1494, y a Clemente VII de españoles y alemanes, en mayo de 1527, durante el episodio conocido como *El Saco de Roma*.

Cuenta la crónica que el comandante de las tropas imperiales, el duque Carlos, murió durante el asalto. Este suceso, en vez de desmoralizar a los atacantes, los enardeció hasta tal punto que consiguieron tomar las murallas, masacrar a la Guardia Suiza y saquear la ciudad entera. El Papa, como se ha dicho, escapó por los pelos pero acabó siendo prisionero de facto en su propio castillo. Se rindió un mes después, no sin antes apoquinar 400.000 ducados en concepto de autorescate.

De Sant'Angelo a San Pedro. Uno puede ser escéptico en materia de religiosidad o directamente beligerante con los tejemanejes de la jerarquía, pero a la Iglesia Católica es preciso reconocerle su innegable sentido de la escenografía: a medida que uno avanza por la Via della Conciliazione crece sin cesar la imponente masa de la basílica y hace que uno se sienta muy pero que muy pequeño. Mensaje implícto y explícito: las personas pasan, pero la Santa Madre Iglesia permanecerá, y a las pruebas me remito. Además, tampoco se puede negar la indiscutible aportación de la Curia a la literatura y al cine: si uno introduce en Google los términos *Vaticano y conspiración* salen 136.000 resultados. Si, por el contrario, lo que buscamos es *Vaticano misterios* nos saldrán 389.000 sitios. Y si escribimos *Vaticano extraterrestres* tendremos la nada desdeñable cifra de 171.000 lugares indexados. Dan Brown, con sus novelas y películas, y Tom Cruise, con Misión Imposible 3, engrosan asimismo la lista de individuos agradecidos a la ínclita institución.

Nos sentamos a la sombra, absortos en el bullicio y el ir y venir de la gente. Traemos asumido que al viajar con Chandra la visita va a ser eminentemente de exteriores. Eso no nos preocupa mucho, ya que los dos conocemos Roma como turistas *normales*, aunque de todos modos nos acarreará algún problema añadido, como más adelante se verá.

Lo que no faltan en Roma son fuentes: en la Via della Conciliazione hay dos pegadas al muro. Como no tienen mucho caudal, detecto señales de impaciencia en la cola cuando llega mi turno y me dispongo a llenar mi botella de aluminio de litro y pico en lugar de las reglamentarias PET de 300 centímetros cúbicos.

Con el agua fresquita nos sentamos en un banco a comernos la fruta y los bocatas que hemos traído. Luego no sabemos qué hacer. Hace excesivo calor para seguir andando, y tampoco podemos entrar en ningún local con aire acondicionado. Consideramos pues que la mejor opción es bajar a la orilla del Tíber, entre los puentes de Vittorio Emanuele II y Amadeo de Savoia. No es que haga mucho más fresco, pero se está más tranquilo. Además, a la sombra la temperatura es más soportable. Pasamos aquí aproximadamente una hora, un tanto aburridos. Ni soñar con refrescarse en el río, que presenta un aspecto bastante asqueroso.

Al final nos armamos de valor y decidimos salir. Nuestro destino es el Panteón y, de paso, la Plaza Navona. Caminamos en dirección Este dejándonos llevar por las estrechas calles que no vienen en las guías y donde se capta, mejor que en ningún sitio, la idiosincrasia de una ciudad. Pero tenemos una pequeña urgencia, y es que Bego necesita un baño de forma perentoria. Chandra desconoce esas trabas porque el pudor público no va con los perrillos y por lo que a mí respecta, al ser hombre, Natura me dio ciertas ventajas a la hora de miccionar de estrangis. Pero al fin y al cabo somos un equipo, y el problema de uno es problema de todos, así que nos vamos a buscar el dichoso water. Tras mucho andar constatamos que atender las necesidades básicas de los turistas no entra dentro de las prioridades del ayuntamiento romano. Pasamos por la puerta de un museo, y se asoma Bego a preguntar. Respuesta: sin entrada no hay meadero, manda narices.

En nuestro deambular topamos con una estatua totalmente erosionada y con el pedestal cuajado de carteles. Nunca hemos oído hablar de ella, aunque resulta evidente que su función es servir de altavoz a la sátira popular. Más tarde averiguaré que se trata del famoso Pasquino del que deriva, mira tú por dónde, el vocablo castellano pasquín, que según la RAE es un *escrito anónimo que se fija en sitio público, con expresiones satíricas contra el Gobierno o contra una persona particular o corporación determinada.*

Encontramos una farmacia. Como resulta que nos hace falta ibuprofeno, decidimos que Chandra y yo esperaremos en la puerta a que Bego entre, lo compre y ya de paso pregunte que dónde hay servicios públicos por la zona, aunque yo en el fondo albergo la secreta esperanza de que se compadezcan de la turista desvalida transfigurada en cliente y le permitan hacer uso de su baño. Ni por ésas: no hay wáteres públicos en millas a la redonda; en cuanto a la toilette de la farmacia, una utopía que ni se ha planteado (le han dicho que vaya a un bar, qué originales) y, para colmo, la compra ha sido un robo: una caja con comprimidos de 400 milígramos ha costado siete euros, cuando en España la de 600 milígramos vale menos de tres. ¡Pobres italianos!

Desesperados, no sabemos ya qué hacer en esta ingrata ciudad que desprecia las vejigas de los turistas cuando, en la acera de enfrente, divisamos lo que puede ser la solución: un bar que es a la vez heladería. Se acerca Bego, encarga dos cucuruchos y pregunta que si puede entrar al servicio.Afirmativo: tenemos rico helado para comer y resuelto una urgencia de peso.

Con tanto apremio urinario nos hemos despistado un poco: miro y remiro el mapa y no encuentro dónde estamos, hasta que por fin me doy cuenta de que hemos pasado de largo la Plaza Navona (parece mentira, con lo grande que es). Estamos ya más cerca del Panteón, así que tiramos para allá.

Este edificio es para mí otro de los lugares emblemáticos de Roma. La otra vez que estuve aquí, es decir hace 23 años, se hallaba en restauración y tuve que conformarme con disfrutarlo a través del ojo de la cerradura. Hoy está abierto, pero hay no sé qué celebración (fue reconvertido en iglesia) y no permiten la entrada. Vaya por Dios, habrá que probar en otra ocasión.

Plaza Navona. Aquí se ubicaba el estadio de Domiciano, y es de notar cómo el espacio abierto respeta milimétricamente el perímetro del antiguo edificio romano, inclusive la forma curvada de la cabecera. En el centro de la misma se encuentra la celebérrima Fuente de los Cuatro Ríos, obra de Gian Lorenzo Bernini. Me doy cuenta de que estamos haciendo una especie de ruta temática con la obra de este arquitecto-escultor: primero hemos visto la Fontana della Barcaccia, en la Plaza de España. Luego, la Plaza de San Pedro (sí, también es suya) y ahora esta fuente. Otra obra de este señor que me fascina es el Baldaquino de San Pedro, ubicado dentro de la basílica, bajo la cúpula de Miguel Ángel. No sé qué me impresiona más, si las cuatro columnas helicolidales de 14 metros que lo sostienen o que esté fabricado enteramente de bronce. Como no hay dicha sin desdicha el Papa Urbano para obtener el metal mandó fundir la cúpula del Panteón, de ahí que alguien colgara en el Pasquino la siguiente frase: *Quod non fecerunt barbari, fecerunt Barberini* (lo que no hicieron los bárbaros, lo hicieron los Barberini, oséase, la familia del Papa).

Tengo un recuerdo bastante curioso de la Plaza Navona en mi anterior visita: era la hora del oscurecer, y nos fijamos en unos tipos jóvenes, trajeados y bien parecidos que estaban por allí como esperando algo. La cosa no tendría por qué haber sido llamativa si no fuera porque entraban a las chicas que pasaban (muy educadamente, eso sí). Llegamos a la conclusión de que debían ser gigolós o, como se dice ahora, *escorts* ofreciéndose para dar una vuelta, tomar algo o lo que surgiera, y nos pareció una genuina muestra de excentricidad italiana.

Permanecemos un rato en la plaza, disfrutando de los mimos, la música y la pintura y esperando que amengüe el calor. Después salimos en dirección Sur rumbo al Campo dei Fiori (hoy no hay mercado, o ya lo han quitado) y de ahí al Teatro Marcelo, cerca de la Isla Tiberina. De entre un conjunto disforme de ruinas sobresale este edificio tanto por sus dimensiones como por el contraste entre las arcadas inferiores, de factura romana, con las superiores, donde lo que hay son casas modernas. Respecto al resto del yacimiento, se puede decir, como el italiano de Ihlara, *Ma è tutto rotto!*

Vamos en dirección a la Piazza Venezia, pero antes de llegar a ella ascendemos a la Colina Capitolina por unas escaleras que suben por detrás de *la máquina de escribir*. Arriba, en la Piazza Campidoglio, está la estatua ecuestre de Marco Aurelio. Bueno, una copia, porque la original tuvieron que retirarla debido a que con la contaminación le estaban saliendo grietas.

Desde aquí se puede contemplar en todo su esplendor el foro romano, que por su extensión puede compararse a Pompeya, sólo que aquí la concentración de edificios emblemáticos es mucho mayor, que para eso era la capi. Abarca una superficie de unos 600.000 metros cuadrados, y lo limitan el Circo Máximo al Sur y el Coliseo al Este. A diferencia de Pompeya, este lugar sí que me produce melancolía y *sic transit gloria mundi* porque aquí se percibe claramente el poder desctructor del transcurso del tiempo, que disuelve las obras humanas como si fueran azucarillos.

Bajamos de la Colina Capitolina por el lado opuesto, a la Via dei Fori Imperiali. A la izquierda, la Columna Trajana. Me acerco un poco para hacerle una foto. Siempre me ha agradado la multitud de figuras que se apiña en la espiral que gira y gira en torno a la columna, y que parece la versión latina del *¿Dónde está Wally?*

Son ya las siete. Ha bajado el calor y se ve mucha gente paseando, no sólo turistas. En el lado opuesto de la calle hay estatuas de emperadores romanos, y en el nuestro estatuas de mentirijillas, o sea mimos. Uno de ellos, con vestimenta y maquillaje que imitan a la perfección el bronce viejo, mosquea muchísimo a Chandra, quien primero piensa que se trata de algo inanimado, luego lo ha visto moverse y de nuevo ha vuelto a convertirse en inanimado.

Pasamos junto a un par de edificios imponentes: uno es la basílica de Majencio y Constantino, razonablemente bien conservada. El otro, el templo de Venus y de Roma al que posteriormente se le arrimó-agregó la basílica de Santa Francesca. Finalmente, el Coliseo.

Nada se puede explicar de este edificio que no se haya dicho ya. Fue utilizado sin interrupción durante casi 500 años: los últimos juegos se celebraron aquí en el siglo VI, bastante más tarde de la tradicional fecha de la caída del Imperio romano de Occidente. En la Edad Media tuvo multitud de usos, entre ellos el de cantera. Pese al expolio, aguanta en razonable buen estado y hoy día es icono de la Roma imperial y uno de los monumentos más famosos del mundo. Sin embargo poca gente sabe que a 750 kilómetros de aquí en la ciudad de El Djem, Túnez, el Coliseo tiene un hermano gemelo que en conjunto se halla mejor conservado que su homólogo romano.

Está anocheciendo. En teoría ahora sería un buen momento para recogerse, pero aún nos queda por ver un sitio: la irrenunciable Fontana de Trevi.

¿Sería famoso este lugar de no ser por *La Dolce Vita* de Fellini? Sin duda, pero la explosiva sensualidad de Anita Ekberg, pelo rubio y traje negro, incitando a Mastroianni al chapuzón quedará unida a la fuente más famosa de Italia para los restos. En la época actual es imposible que ninguna ciudad pueda tener su propia mitología si previamente no ha pasado por el tamiz del celuloide.

Cogemos el metro, hacemos transbordo en Termini y nos apeamos en Barberini. Bajando hacia la Fontana sucede algo realmente curioso, y es que nos cruzamos con la familia de Mataró. Ya sé que a los turistas Dios los cría y ellos se juntan, que en toda ciudad siempre hay una serie de sitios clave... Pero Roma es enorme, y muchos los lugares emblemáticos. Yo no los he visto, son ellos quienes saludan primero. Como el encuentro sobreviene en un paso peatonal atestado de gente, apenas si hay tiempo para un apresurado saludo antes de perdernos de nuevo entre la multitud.

Escondida en las callejuelas encontramos una tienda regentada por chinos. Compramos unas camisetas con el Hombre de Vitruvio, de Leonardo. Ya sé que son muy malas y que no durarán dos suspiros, pero es que nos hacía ilusión llevarnos un recuerdo de este tipo.

La Fontana está de bote en bote, pero la multitud no grita, ni alborota: se limita a contemplar el agua y las luces en estado de trance. ¿Qué es lo que vuelve a este monumento tan magnético?

No sé, tal vez el barroquismo de la composición, o el delirante equilibrio entre lo civilizado y lo salvaje. Además está el agua, sin ella todo este virtuosismo escultórico no valdría nada.

Quiero acercarme a tocarla, pero como las escaleras se hallan atestadas me cuelo por la barandilla. La superficie espejea de tanta luz. Meto la mano. Está fría. En mi ultrarrecordada visita anterior lancé la moneda ritual y pedí mi deseo, que era volver algún día a Roma. Bueno, pues parece que se ha cumplido; lo que no imaginé entonces es que el regreso ocurriría casi un cuarto de siglo después y que llegaría por el Este en lugar de por el Oeste, digno fin de fiesta para este viaje que nos trae desde las puertas de Irán. Me vuelvo de espaldas y lanzo otra moneda. No cuento cuál fue mi nueva petición, que la mejor forma de evitar que los deseos se cumplan es publicitarlos a los cuatro vientos.

Tras extasiarme un rato, lleno la botella en un grifo cercano (esta agua debe de ser como la de Lourdes, habrá que aprovechar) y vuelvo con Bego. Mientras ella baja a la fuente, me quedo yo con Chandrita. En parte por protegerla de los pisotones y en parte por que vea el espectáculo, la subo al pretil. Un hombre mayor que se ha puesto junto a mí parece entusiasmado con ella; le sonríe y a mí me hace preguntas.

Vuelve Bego, y tras una corta deliberación convenimos en que es absolutamente necesario un sitio donde descansar y cenar algo. En la Via del Lavatore hay un montón de restaurantes con mesas fuera. Elegimos uno y nos dejamos caer en las sillas. Chandra se acurruca en un rincón y se queda frita. Es que son ya muchas horas de tralla.

Aunque hay servicio de mesas, nos dicen que para pedir hay que entrar dentro. Voy yo, y encargo cuatro raciones de una especie de pizzas-empanada que se venden al peso. La camarera me cobra y a continuación se desentiende de mí. Le reclamo mi comida y me contesta, bastante borde, que ya la sacará el camarero.

Me quedo perplejo. Con el mogollón que hay ¿cómo va a saber el mesero adónde tiene que llevar la comanda, si ni siquiera me ha visto? La tipa sube un grado el baremo de su desprecio, pero yo aguanto impertérrito hasta que aparece el susodicho, y pongo en relación el pedido con nuestra mesa. Sólo entonces me voy a mear.

En la mesa de al lado se sientan dos chicas, jóvenes y estadounidenses. Las acompaña una tercera que no me queda claro si es yanqui que vive en Italia o a la inversa. A éstas sí que las atiende el camarero. Efectúan el pedido y dos desaparecen dentro del bar. La tercera se queda sola, bebiendo un refresco. Están las mesas tan juntas que me parece una grosería no decirle nada, pero la veo tan tiesa, tan rígida en la inseguridad de su propio territorio comanche que opto por no intentarlo.

Terminamos de comer y volvemos sobre nuestros pasos. Nos despedimos de la fuente (últimas fotos), y por la Via della Stampeña salimos a la Via del Tritone, que a la derecha y todo tieso lleva de nuevo hasta Barberini.

La fotocopia que nos dieron esta mañana refiere que hay tres formas de ir a o volver del centro: a) autobús 105 (el de esta mañana), b) tranvía y c) autobús 558, que enlaza el área con la estación de metro Ponte Lungo, en la línea A. Esta última opción nos parece la más cómoda, porque Barberini cae precisamente en esa línea, y podemos evitarnos una parte del trayecto a lomos de la batidora-bus. El problema es que cuando nos apeamos en Ponte Lungo no vemos señal alguna del 558, ni en los planos de la estación ni tampoco en las paradas de superficie. Como veo que no nos va a quedar otra que llegar a la Via Casilina andando, saco una foto al plano por si nos sirve de algo. Supongo que lo que debíamos haber hecho en esa situación es volver de cabeza al metro, retroceder hasta Termini y pillar allí el autobús pero el caso es que, sencillamente, no se nos ocurre.

Preguntamos a un señor mayor si para la Via Casilina vamos bien. Responde que sí, aunque precisa que *è lungo*. Seguimos andando. A nosotros caminar nos encanta, aunque no tanto cuando llevas doce horas pateando asfalto, es de noche y estás en un barrio desconocido. Además, hemos salido de la zona estrictamente residencial y la calle está desierta. Empiezan a darme sudores fríos cuando recuerdo los comentarios oídos acerca de la inseguridad que reina en la periferia de Roma por las noches: mira que si venimos del quinto pino para sufrir algún percance, como quien dice, a la puerta de casa...

Entonces vemos una pareja de mediana edad, y nos acercamos a preguntar.

Debido a la apariencia desolada del sitio yo tengo mis dudas sobre cómo reaccionarán. Sin embargo, lo hacen con mucha naturalidad: no sólo nos indican la dirección correcta, sino que se ofrecen a acompañarnos, pues están dando un paseo. Bego entabla una animada charla con la mujer y yo me emparejo con el hombre, como si nos conociéramos de toda la vida. Nos cuentan que ella es alemana, pero vive en Italia desde hace bastantes años. En cuanto a él, me sorprendo bastante cuando me doy cuenta de que me está hablando en castellano: al parecer ha residido temporadas en España por motivos de trabajo. Me pregunto si las vivencias que han tenido en países distintos al suyo no influirán para que se comporten con nosotros de forma tan exquisita.

Nuestros ángeles guardianes nos sacan hasta la Via Casilina dando un rodeo considerable (hay aquí un nudo ferroviario que hace de tapón), y nos indican dónde está la parada del tranvía más cercana. Emocionados, y con la fe en la condición humana renovada, nos despedimos.

En la estación hay dos o tres hombres con aspecto de inmigrantes que me imponen un poco, aunque se los ve tranquilos.

Pasa un metro y no para a recoger a nadie, de lo que astutamente deducimos que se ha terminado el servicio, y que va camino de las cocheras. Toca pues esperar al autobús, que si esta mañana se retrasó ahora parece que no fuera a llegar nunca. Esto, unido al cansancio supremo que arrastramos, propicia una discusión de las que hacen historia.

Un par de eternidades más tarde aparece el fatídico 105, que acogemos con una mezcla de fatalidad y alivio. No va tan repleto como hace trece horas, pero casi. Un chico negro se levanta y cede su sitio a Bego, que lleva a Chandra en brazos. De todos modos, el viaje dura poco: el loco del conductor (el mismo de esta mañana u otro) surca la Via Casilina a la velocidad de la luz y se detiene en la puerta del área con chirriar de frenos y crujir de huesos. Después de lo vivido no me acabo de creer que hayamos llegado. Entramos como si viniéramos de la guerra: hay semanas enteras de mi vida cotidiana que, en lo tocante a experiencias, dan menos de sí que días como éste.

Juan Carlos y Cristina están aún despiertos. Nos referimos mutuamente las incidencias del día, y yo en particular los sinsabores de la última hora. Luego nos encerramos en la auto y los tres nos quedamos *off*.

26 DE AGOSTO: DE ROMA AL MAR TIRRENO

Habíamos pensado en aprovechar la mañana visitando algún sitio camino de Civitavecchia (las playas nos dan reparo, por aquello de los robos), pero después del palizón de ayer lo que nos apetece es, ante todo, descansar. Por mi parte estoy cosido de picaduras de mosquito tigre: los muy cabritos se burlaron del repelente y me han mordido a través de la camiseta: tengo unos ronchones que dan miedo y que, además, escuecen una barbaridad.

Decido que es un buen momento para cambiar la luz derecha de cruce, que se fundió hace unos días. Juan Carlos es un mañoso, me ayuda y al final casi lo hace él solito.

Ellos van a volver hoy a Roma, pues todavía les quedan un par de días antes de que salga su barco. Nos despedimos deseándonos buen viaje.

Como tenemos la mañana libre se me ocurre hacer lo que otro no pudiera hacer por mí, esto es, lavar la autocaravana: cerca de la entrada disponen de un espacio habilitado para ello, con lanza a presión y toda la parafernalia. Paso por recepción para comunicar mis intenciones, y allí me entero de que el lavado se paga aparte. El propietario del área -porque es el propietario, seguro- me entrega una ficha para la máquina, precisando que si no tengo suficiente que venga a por otra. No te preocupes que vendré, digo para mí. Tú no sabes cómo viene de guarra. Es más que cierto: creo que jamás le he visto tanta mugre como ahora, sobre todo en los bajos pero también por delante, por los lados y por arriba (el aseo de la trasera que le hice en Paestum no fue más que una ablución ritual, comparado con lo que me espera ahora.)

En un recipiente me han puesto detergente industrial, con la recomendación expresa de que utilice guantes para prevenir posibles alergias. Mediante una escalerilla con ruedas que recuerda a la de los aviones subo al techo, me descalzo y comienzo el embadurne general. Mucho ojo con la lanza, ya que la presión es tan fuerte que una vez casi me hace perder el equilibrio.

Como era previsible, la primera ficha se acaba enseguida y toca volver a por la otra. Litros de roña caen por los costados del vehículo, como si brotaran de un géiser inagotable. Pero el punto culminante llega cuando enchufo la lanza a los bajos: sale a colación toda la tierra adherida de las carreteras turcas en obras: cae aquí un terrón de Dogubayazit; allí, otro del lago Van. Aprovecho el agua hasta la última gota, y no queda absolutamente nada para deshacerse de los residuos terrestres que, a modo probatorio, quedan inertes sobre el cemento.

Una vez limpia y refrescada la auto, lleno el depósito y los otros vacíos, volvemos a nuestro sitio asignado. Enchufo la corriente, conecto el enfriador y despliego el toldo, pues hoy pinta tan caluroso como ayer.

Salvo la creciente temperatura, transcurre la mañana sin incidencias, igual que la comida y la siesta. Después recojo todo y arrancamos. Cuando vamos a pagar nos piden 30 euros mondos y lirondos, ningún recargo por marcharnos después de las doce ni tonterías por el estilo. Los campings deberían aprender.

En el navegador he visto (después de convencerle para que no nos lleve por el centro de Roma) que desde aquí al puerto de Civitavecchia hay unos cien kilómetros. El barco zarpa a las 22:15, y tenemos que estar en el puerto un par de horas antes. Vamos con tiempo de sobra, pero esto es Italia y nunca se sabe.

Desandamos la Via Casilina hasta el anillo de circunvalación de Roma. Si éste fuera un reloj de esfera, lo tomaríamos donde marca las cuatro y saldríamos a la altura de las nueve, recorriendo toda la mitad inferior. Hasta aquí es la teoría, porque en la práctica cuando me incorporo al anillo equivoco la puerta y salgo en dirección contraria. Tal y como señalizan en este país deben estar de lo más acostumbrados, porque un poco más allá encuentro un cambio de sentido.

En todo el trayecto pagamos dos peajes de 1,9 euros cada uno. En cuanto al tráfico, es menor del que esperaba, teniendo en cuenta que hoy es miércoles. El camino, sin incidencias por lo menos hasta las inmediaciones de Civitavecchia, donde se produce una colisión de opiniones: el navegador me ordena que deje la autopista y me vaya por Civitavecchia Centro, mientras que los paneles indicadores dicen que el puerto es hacia adelante. Por experiencia de otras veces decido hacer caso a estos últimos, aunque hoy no es el ídem: nos quedaban 5 kilómetros para llegar y ahora por lo visto faltan 16. La carretera sube tanto hacia el Norte que temo que vayamos a parar a Génova. De repente la autopista se acaba justo donde hay que girar, y para tomar el desvío al puerto es menester incorporarse al carril contrario y compartirlo durante 100 metros en forma de X con el tráfico que viene a toda pastilla desde arriba (vaya, que nos tenemos que cruzar). Si hubiera un certamen internacional de carreteras negligentemente construidas creo que este kafkiano enlace se llevaría el premio. Me pregunto cómo harán esta maniobra los camioneros.

Esta extraña cualidad italiana en vitud de la cual lo fácil se convierte en difícil hace que lleguemos al puerto bastante mosqueados. Pero no se vayan todavía, aún hay más: la entrada la bloquean las barreras automáticas de lo que parece un peaje. Lo que dicen los carteles es que si pasas en el recinto portuario más de no sé cuántas horas tienes que pagar tal y tal; lo que nosotros debemos inferir, ya que no se dice nada al respecto, es que como venimos a embarcar el ticket que nos da la máquina nos lo podemos pasar por salva sea la parte. En fin. Una vez dentro, buscamos alguna señal o indicación que nos mande al muelle de embarque, o a las oficinas de Grimaldi o donde sea, pero no hay nada de nada. Como la autocarava no es un seiscientos que puedas dejar en cualquier lado, tenemos que encontrar un sitio para aparcar y que Bego pregunte. Por fin encuentra alguien que le indica que tenemos que ir hacia la izquierda, y justo cuando me lo está explicando descubro que sí que hay carteles indicadores, pero como están de obras en el puerto los han tapado con unos amarillos provisionales, de manera que los importantes (para nosotros) no se ven. *E così via*.

Damos por fin con las oficinas de Grimaldi, allí presentamos nuestra reserva y tras un sencillo trámite nos entregan nuestros billetes. Menos mal, porque si después de los 582 euros del ala que pagamos en junio encima hay problemas...

Vamos para la zona de embarque. Como aquí tampoco hay indicaciones, nos metemos en la primera que vemos y de inmediato viene alguien a sacarnos: por lo visto es el sector destinado a los camiones. El operario se sorprende de nuestro cabreo mayúsculo, y me toca explicarle que desde que entramos en el puerto no hemos dado una a derechas.

Por fin estamos donde se supone que hemos de estar. Aún es muy temprano, y apenas han llegado coches. Tampoco el barco. Sin embargo, con el pasaje asegurado y dentro de la autocaravana el tiempo pasa rápido. Ya ha oscurecido, y salgo a dar una vuelta con Chandra a tiempo de ver cómo atraca el barco. La cola de coches ha crecido enormemente. Paseamos a lo largo del muelle hasta que noto a los tigres revolotear. De vuelta a la auto veo a una chica española que examina cuidadosamente la carrocería de su coche y, en cuanto localiza a un díptero lo aplasta. Les da con mucha saña, tengo la impresión de que durante los días que haya pasado en Italia le han hecho sufrir lo suyo.

A eso de las nueve embarcamos. El navío tiene muy buena pinta, pero en su interior el descontrol es total: no hay personal allí para organizar nada y aparcamos donde buenamente podemos. Sólo entonces aparece un tipo con chaleco amarillo y pinta de lord inglés que pese a ser el azafato nos mira a todos con displicencia, como dejando claro que él no está aquí para eso.

El acceso a las cubiertas superiores está regido por idéntico caos: hay un follón de mil demonios, nadie indica por dónde hay que subir y aparecemos en la zona de los camarotes; un azafato nos dice que el perro allí no puede estar. Le pido a Bego que se espere, que voy yo a buscar las llaves del camarote. Cuando las consigo y vuelvo tanto ella como Chandra han desaparecido, y me cuesta una agonía encontrarlas: por lo visto, el otro capullo las ha echado a cubierta.

A diferencia del Barcelona-Génova, este barco no ofrece la posibilidad de viajar con tu perro en el camarote, así que es obligatorio llevarlo al *canile*, situado en la cubierta superior. Escogemos uno de los cubículos, dejamos las cosas de Chandra y salimos fuera.

Nada más asomar se nos viene encima un pastor alemán que anda por allí suelto. El dueño –al que a partir de ahora bautizaremos *Tarzán*, pues en todo el viaje no le vi vestir otra cosa que un taparrabos- nos dice que no nos preocupemos, que es sólo un cachorro. Cachorro o no, debe de pesar ya tres veces lo que Chandra, y el bicho se divierte corriendo a toda velocidad hacia ella, frenando en el último momento y llevándosela por delante. El conflicto se resuelve por la vía del alejamiento. Alejándonos nosotros, quiero decir.

Mientras esperamos a que el barco arranque se nos acerca un hombre a quien el acento delata como argentino, y que se dirige a nosotros con mucha cortesía y educación. Resulta que viaja con una perrita, y quiere saber dónde vamos a dejar la nuestra, ya que le han avisado de que en los camarotes está prohibido. Le explico lo del *canile* y le acompaño para que lo vea. Escoge una jaula que queda libre al lado de la de Chandra y baja a recepción a pedir un candado.

Zarpa por fin el barco, y en poco rato la noche se traga las luces y el puerto de Civitavecchia. Hacemos turnos en cubierta para estar con Chandra. Estoy paseando con ella cuando aparece de nuevo el pastor alemán haciendo de las suyas. Un poco harto, le digo a *Tarzán* que los perros se llevan atados, y en vez de disculparse reacciona cogiéndose un cabreo de la leche. Menos mal que la chica que le acompaña tiene más cabeza y sujeta al chucho. Nos separamos mirándonos fieramente, como en las películas del Oeste.

Aparece Bego y le narro el incidente. Llega el argentino y se lo cuento también. Convenimos en que hay mucho desgraciado y sinvergüenza suelto (*Cuidado con el amo. Firmado: el perro*). Por cambiar de tema nos presenta a su familia (mujer, hijo, suegra) y aprovecha para contarnos algo de su historia: llegaron a Italia hace ocho años, durante un tiempo vivieron en la isla de Capri, y después se mudaron a Ancona. Su mujer es médico, y ha conseguido un contrato para trabajar en Orihuela, de manera que se mudan todos a vivir a España.

Hay mucha animación en cubierta, especialmente en la zona del bar. A medida que avanza la noche es perceptible un claro proceso de decantación: la gente de más edad desaparece rumbo a las cubiertas inferiores. Quienes quedan, o sea los jóvenes, resulta evidente que se conocen entre sí (debe de tratarse de una excursión) y andan en plan desparrame: ya hemos visto en los pasillos escenas de tumulto y griterío, y a los de seguridad vigilándolos con cara de pocos amigos.

Le propongo a Bego que nos tomemos unas cervezas. Me acerco a la barra, donde hay cuatro camareros. Cuando por fin consigo que uno me haga caso me dice que a él no, y me señala a quien tengo que encargárselas. Reitero mi petición al segundo camarero y éste me responde que vuelva dentro de un rato, que ahora no me puede cobrar. Conclusión: el barco será un palacio flotante, pero la organización *is the milk*.

Si no hay cerveza, nos vamos a cenar. Dejamos a nuestra perra en el *canile* y bajamos al camarote. Mientras, damos vueltas al plan que acariciamos hace días: nuestra idea es *secuestrar* a Chandra y bajarla de incógnito a dormir con nosotros. Francamente, no nos apetecía la perspectiva de dejarla en esa cárcel de perros donde los hay que aúllan como posesos. Menos aun después del incidente con *Tarzán*, al que no supongo tan amante de los animales como para no intentar hacerle alguna putada a nuestra niña si se le presenta la ocasión.

Estudiamos la disposición del terreno con minuciosidad militar: nuestro camarote se halla en la cubierta nueve, y el *canile* en la once, prácticamente encima. Son sólo dos pisos y muy poco tramo de pasillo, no puede fallar.

Hacemos tiempo hasta las doce, confiando en que la mayoría del *staff* se haya recogido. Cogemos la mochila y subimos. La perra del argentino no está. En cuanto a Chandra, se pone muy contenta al vernos: esto de la celda de castigo y la forzada comunidad con otros perros le tiene que recordar demasiado a los quince días que pasó en la perrera municipal, antes de que la adoptáramos.

Abro la bolsa y la coloco en el suelo. He de confesar que esta operación ya la ensayamos en Paestum, con nulo éxito: una cosa es ir en la mochila, y otra bien distinta permitir que te metan la cabeza dentro y además cierren la cremallera. El día de Paestum, como digo, no funcionó. Ahora, sin embargo, se ve en la tesitura de elegir: la mochila o el *canile*. Con sorprendente sensatez escoge la mochila.

Bajamos un poco nerviosos, como si realmente estuviéramos haciendo algo delictivo, y debido a ello estamos a punto de despistarnos por estos pasillos tan clónicamente iguales (es justo lo que no necesitamos, llamar la atención). Por fortuna damos con nuestra puerta sin cruzarnos con nadie. La cerradura se abre con tarjeta magnética y funciona de pena, pero al menos esta vez se abre a la primera. O a la segunda.

¡Felicidad suprema la de dormir con los amitos! Como es una perra hipersilenciosa, sobre todo cuando sale de viaje, sabemos que por ese lado no habrá problema. En cuanto a sus aguas mayores y menores, confío fervientemente en que aguante hasta por la mañana.

Kilómetros etapa: 113
Kilómetros viaje
Tierra: 10.867
Mar: 1.100 (+ 900 de Civitavecchia a Barcelona)

27 DE AGOSTO: DEL TIRRENO A BARCELONA

Esta noche, como era de esperar, ha habido ratos de bastante escándalo a cargo de los postadolescentes juerguistas. Luego, en algún momento de la madrugada, hemos atracado en Porto Torres y los altavoces se han desgañitado a placer. Por lo visto faltaba por desembarcar el coche de alguien que se había quedado dormido, y mucho me temo que espabiló a última hora o viene con nosotros a Barcelona.

Me da pena haber cruzado el Estrecho de Bonifacio durante el sueño, con las ganas que tenía de ver Córcega y Cerdeña...

La urgencia más inmediata ahora es sacar a Chandra del camarote: durante la noche no se ha hecho caca ni pis, pero nunca se sabe, así que espabilemos. Repetimos la maniobra de la mochila (para ella ahora ya es un juego), subimos, la liberamos en el *canile* y aparecemos en cubierta como si tal cosa. La mascota del argentino sigue sin estar, mucho me temo que por lo menos han sido dos los canes que esta noche han dormido bajo cubierta.

Llevamos trece horas de travesía, por lo que deduzco que debemos llevar recorridos dos tercios del trayecto y hallarnos ya a mitad de camino entre Porto Torres y Barcelona: si dividimos los 900 kilómetros de travesía entre las veinte horas que ésta dura nos sale una media de 45 kilómetros/hora, algo más si tenemos en cuenta el tiempo empleado en desembarcar en Cerdeña. Si multiplicamos 45x7 nos da 315, que son más o menos los kilómetros que deben de quedar para llegar a destino.

La mañana transcurre plácida y un poco aburrida. Cae el sol a plomo y arranca destellos enceguecedores del mar. Por ninguna parte se ve tierra, ni tampoco barcos, y más que en el Mediterráneo parece que nos hallemos en medio del Atlántico. Es fácil ahora ponerse en el lugar de Ulises y los suyos. Resulta curioso, además, darse cuenta de que cuando uno mira la superficie no suele pensar en el abismo que hay debajo, imagino que se trata de un mecanismo de defensa: por donde navegamos ahora mismo el fondo se halla a una profundidad de 2.600 metros. Francamente, es mucha agua para nuestra imaginación de animales terrestres.

Pasamos la mayor parte del tiempo en cubierta, con breves turnos para bajar al camarote o darnos una vuelta por el barco (para cuando hayamos conseguido orientarnos del todo ya estaremos tocando tierra). Poco a poco van apareciendo los juerguistas de anoche, con unas caras de resaca que son un poema.

Descubrimos que la parte de la popa, a cubierto de la brisa, es el sitio más cómodo y adecuado para tomar el solito. Yo me quedo absorto contemplando la estela que deja el barco. Al ser tan grande, la sensación no es que nosotros avancemos, sino que es el mar quien retrocede.

Pero por muy grande que sea no deja de ser un barco: estoy algo inquieto por si *Tarzán* aparece de nuevo. En toda la mañana lo hemos visto sólo una vez (me parece que su pastor alemán chupa más horas de *canile* que otra cosa). Seguía llevando al perro suelto, y cuando éste hizo ademán de venirse hacia Chandra al menos lo sujetó por el collar. Podría pensarse que ha recapacitado sobre el incidente de ayer y ha decidido ejercer de Buen Salvaje, pero no: antes de desembarcar aún habrá tiempo de tener otro encontronazo, y es que los hay que jamás aprenden.

Compartimos muchos ratos con la familia argentina. Ninguno hace alusión a la pernocta de las perrillas, aunque sospecho que ambos sabemos que al final ninguno acató las órdenes del Almirante Grimaldi.

Pasan las horas, y el movimiento del sol es el único que lo delata, lo demás sigue todo igual. Es extraña la vivencia del barco: por un lado resulta tediosa; por otro, no deseas que acabe por lo que tiene de liberación de todas las cuitas asociadas a la tierra firme. Entonces me doy cuenta de que algo se divisa en el horizonte: es tierra otra vez. El viaje, o al menos la parte marítima, toca a su fin.

Empiezan a verse barcos, y ahora es el perfil de Barcelona y sus rascacielos lo que se recorta allá a lo lejos. El 6 de Julio, hace hoy cincuenta y dos días, escribí: *La luz del puerto de Barcelona es opaca y blanquecina.* Soy consciente del enorme círculo que cerramos esta tarde, de la multitud de cosas que nos han sucedido, y de todo lo que en la comodidad de casa jamás habríamos podido aprender.

Me doy cuenta -aunque ya lo sabía de otras veces- que hace falta al menos tanto coraje para regresar a lo cotidiano como para salir de aventura. Y también –pero esto he tardado más en verlo- que cuantas más veces abres el frasco de la pócima *Viajes* más difícil es cerrarlo, porque a partir de ese fatídico momento el mundo deja de ser un sitio hermético y hostil, y se abre ante ti como los gajos de una fruta madura.

Esto es sencillamente imposible de olvidar, por mucho que después se viva.

Om Namaha Shiva
Om Namaha Shiva...

CIFRAS

Fechas del viaje: del 3 de Julio al 28 de Agosto de 2009

Días empleados: 57

Países recorridos: 7

Kilómetros totales: 13.794

Tierra: 11.794

Mar: 2.000

GASTOS

Ferries: 1.211,8 euros

Gasoil Euros: 1.498,3 Litros: 1.374,03

Peajes: 144,73 euros

Comida, camping y otros: 1.577,89 euros

TOTAL: 4.432,72 euros

BIBLIOGRAFÍA

GUÍAS

Eslovenia: Guía Viva. Editorial Anaya. Demasiado breve para mi gusto, y demasiado centrada en Ljubljana. Hubiéramos preferido la Guía Total, pero estaba agotada.

Croacia: Guía Total, editorial Anaya. La verdad es que fuimos tan rápido que le sacamos poco partido.

Turquía: Editorial Lonely Planet. Muy buena, aunque nosotros llevábamos una edición bastante antigua publicada por Kairós.

Grecia: Guía Total, editorial Anaya.

MAPAS

Europa: *Atlas Michelín*. Mapas a diferentes escalas.

Eslovenia, Croacia y Bosnia-Herzegovina: *Freytag & Berndt* escala 1:500.000. Éste nos pareció excesivamente general para lo que nosotros necesitábamos (Eslovenia), así que una vez in situ me compré un mapa *Slovenia and Istria* escala 1:300.000.

Croacia: *International Travel Maps* escala 1:325.000. Éste la verdad es que lo usé poco por lo arriba comentado.

Bulgaria: *Reise Know-How* escala 1:400.000. Ídem del lienzo.

Turquía: *Freytag & Berndt* escala 1:800.000 y 1:2.000.000. La verdad es que no sirvió de mucho, poco claro, nada actualizado y además se nos hizo pedazos antes de abandonar el país. Nos fue mucho más útil el *Türkiye Karayollari Haritasi,* comprado sobre el terreno hace doce años y, si no muy detallado, al menos bien clarito.

Grecia: *Freytag & Berndt* escala 1:700.000. Mucho dato y poca claridad.

Impreso en Barcelona en octubre de 2010.

Diseño, maquetación, imágenes y mapas: el autor.

Corrección de pruebas y persecución de erratas:
Begoña Sánchez, Clara Pascual, Eloísa Badillo
y Gloria García.
Mi agradecimiento sincero a las cuatro.

Foto de Chandra en Neringa: Begoña Sánchez.

Printed in Great Britain
by Amazon